郡齋讀書志校證

[宋] 晁公武 撰　孫猛 校證

(下)

上海古籍出版社

郡齋讀書志卷第十五

藝術類〔一〕

古畫品録一卷〔二〕袁本前志卷三下雜藝術類第一

右南齊謝赫撰。言畫有六法，分四品〔三〕。夫秋之弈，延壽之畫，伯樂之相馬，甯戚之飯牛，以至於曹丕之彈棊〔四〕，袁彦之摴蒱〔五〕，皆足以擅名天下。昔齊侯禮九九，而仲尼賢博弈，良有以哉。或曰：「藝成而下，奈何？」曰〔六〕：「經著大射、投壺之禮，蓋正己養心之道存焉，顧用之何如耳，安可直謂之藝而一切廢之？」故予取射訣、畫評、弈經、算術、博戲、投壺、相牛馬等書〔七〕，同次之爲一類〔八〕。953

〔一〕藝術類　原本、前志、後志文中標目作「雜藝術類」，前志子類總論作「雜藝類」，今據原本目録、袁本附衢本目録、衢本子類總論改。

〔二〕古畫品録　四庫闕書目雜藝類、祕續目藝術類、宋志卷六雜藝術類題作古今畫品，今本題同原本。

〔三〕分四品　按「四」當「六」之誤。王氏畫苑本分六品：第一品五人，第二品三人，第三品九人，第四品五人，第五品三人，第六品二人，凡二十七人。諸本皆同。

〔四〕以至於曹丕之彈棊　鮑校本無「以至於」三字，經籍考卷五十六無「於」字。

〔五〕袁彦之摴蒱　宛委本顧校本「彦」作「宏」、鮑校本作「産」。按晉袁宏彦伯與摴蒱事未詳，古摴蒱事在史而詳者，有晉劉毅希樂，傳見晉書卷八十五。

〔六〕或曰藝成而下奈何曰　經籍考無此九字。

〔七〕相牛馬等書　卧雲本、經籍考作「相馬牛等書」。

〔八〕爲一類　袁本無「夫秋之弈」至此凡一百二十三字，諸衢本、經籍考同原本。按原本所增乃此類小序。

續畫記一卷〔一〕　袁本前志卷三下雜藝術類第二

右唐李嗣真撰。補謝赫之闕〔二〕。954

〔一〕續畫記一卷　新唐志卷三、崇文總目卷三、通志藝文畧卷七藝術類、宋志卷六題作畫後品，今通行本題作續畫品録，乃僞書，見四庫總目卷一一四、鄭堂讀書記卷四十八、人民美術出版社古畫品録續畫品録一書附王伯敏僞作李嗣真續畫品録辨識，可參看。

〔二〕補謝赫之闕　袁本無「補」字，殆脱。經籍考卷五十六此句下有「又有古今畫人名一卷」九字，乃馬端臨取書録解題卷十四著録之李嗣真古今畫人名一卷附綴於解題之末，非讀書志所有者也。

後畫録一卷　袁本前志卷三下雜藝術類第三

右唐僧彦悰撰〔一〕。品長安名畫，凡二十七人。955

〔一〕唐僧彦悰撰　原本「悰」作「宗」，諸衢本、經籍考卷五十六同，袁本作「悰」，今通行諸本同袁本。彦悰，唐京兆大慈恩寺沙門，玄奘弟子，宋高僧傳卷四有傳，云：「或有調之曰：『子與隋彦琮相去幾何？』對曰：『賜也何敢望回？雖長卿慕藺，心宗慕于玉宗，故有以也』。」是當作「悰」，據改。又，袁本無「撰」字，經籍考同原本。

名畫獵精六卷〔一〕　袁本前志卷三下雜藝術類第四

右唐張彦遠纂。彦遠，字愛賓〔二〕。記歷代畫工名姓，自史皇以降至唐朝，及論畫法并裝背褫軸之式、鑒別閱玩之方。956

〔一〕名畫獵精六卷　經籍考卷五十六同原本。秘續目作名畫獵精録二卷，遂初堂書目雜藝類著録歷代名畫記，又著録名畫獵精録。此外諸目於張彦遠此書皆作歷代名畫記十卷。四庫館臣疑二書非一書而晁氏誤署撰人，四庫總目卷一一〇曰：「考郭若虛圖畫見聞志，叙諸家文字，列有是書。注曰：『無名氏撰』，其次序在張懷瓘畫斷之後、李嗣真後畫品録之前，則必非張彦遠之作，晁氏誤也。」按：四庫館臣疑所不當疑，鄭堂讀書記卷四十八云：「考讀書志不載是記，而有名畫獵精六卷。今以其説，校之是書，所謂『歷代畫工名姓』云云，即卷一之第三篇『裝褙褫軸之式』，即卷三之第四篇：『鑒別閲玩之方』，即卷二之第五篇：『論畫法』即各卷諸篇是也。蓋其初稿曰名畫獵精，後續成歷代小傳，另編是記，而未及移卷一之第三篇冠于歷代小傳之首也。其初稿雖不載入史志，而別自流傳，晁氏因得以志之爾。至郭若虚圖畫見聞志列有名畫獵精録，竟注爲亡名氏。核郭氏雖在晁氏之前，然其賞鑒圖畫則妙矣，恐簿録之學萬不及晁氏也。今則獵精録久佚，而是記獨存。」余嘉錫四庫提要辯證卷十四曰：「周氏所考，至爲確鑿可據。提要知其書初止三卷，而不悟其即名畫獵精，蓋爲郭氏之説所惑也。名畫獵精，本六卷，今只三卷者，蓋彥遠既續作小傳，因併其卷帙載入書首，改題此名耳。」今宛委山堂本説郛弓九十有彥遠名畫獵精一卷，碧琳琅館叢書丙部收有彥遠名畫獵精録三卷。

〔三〕彥遠字愛賓　袁本無此五字，諸衢本、經籍考同原本。

五代名畫補遺一卷　袁本前志卷三下雜藝術類第六

右皇朝劉道成纂〔一〕。符嘉應撰序〔二〕，云：胡嶠嘗有梁朝名畫目〔三〕。因廣之，故曰補遺。957

〔一〕皇朝劉道成纂　按「成」當「醇」之訛。書録解題卷十四、宋志卷六皆云劉道醇撰。四庫總目卷一一二著録毛晉繙宋本、皕宋樓藏書志卷五十二明刊本，以及今通行本皆作劉道醇撰。袁本、諸衢本、經籍考卷五十六俱誤。

〔二〕符嘉應撰序　袁本「應」作「祥」。按爲五代名畫補遺撰序者乃陳洵直，讀書志殆以符嘉應爲劉道醇聖朝名畫評撰序，遂誤題此書撰序人，而袁本又誤「應」作「祥」。洵直序見今本補遺，公武所引序中語，正見嘉祐四年十二月洵直序。

〔三〕胡嶠嘗有梁朝名畫目　原本「嶠」誤作「矯」，據袁本、卧雲本、經籍考改。又，「目」，經籍考作「録」。按洵直序云：「蒙聞成紀李嗣真之畫品、吳郡朱景玄之畫斷，採摘古今畫家名氏，叢而録之，以廣其傳。故五代名流抑多遺闕，則有若國朝監察御史胡嶠遂採摭遺事，紀于編帙，始自尹繼昭，終於劉永，總四十三人，名之曰廣梁朝名畫目。」又云，劉道醇「今因集本朝名畫評，又捃拾其見遺者，敘而編之，名曰五代名畫補遺。其門品上下一如聖朝名畫評之例類，仍附之於後者。」胡嶠書崇文總目卷三、通志藝文略卷七藝術類作梁朝畫目，宋志卷六正作廣梁朝名畫目，三卷。

名畫見聞志六卷〔一〕　袁本後志卷二雜藝術類第一

右皇朝郭若虛撰。若虛以張愛賓之畫記絶筆永昌元年，因續之〔二〕，歷五代，止國朝熙寧七年。分敘論、紀藝、故事、近事四門〔三〕。958

〔一〕名畫見聞志六卷　四庫闕書目雜藝類、祕續目藝術類、書録解題卷十四、宋志卷六、遂初堂書目雜藝類四庫總目卷一一二及今本題皆作圖畫見聞志，疑讀書志「名」當作「圖」。

〔二〕以張愛賓之畫記絶筆永昌元年因續之　袁本、卧雲本、宛委本、經籍考卷五十六脱「記」字。按彥遠歷代名畫記序云絶筆武宗會昌元年。永昌乃武后紀年，讀書志、經籍考皆誤。然今本見聞志序實作「永昌」，序云：「續自永昌元年，後歷五季，通至本朝熙寧七年，名人藝士，編而次之。」公武所據本此序，俞劍華中國畫論類編第一編疑避諱而改。

〔三〕故事近事四門　按「故事」下疑當有「拾遺」二字。今本分卷爲：第一卷叙論，第二卷紀藝上，第三卷紀藝中，第四卷紀藝下，第五卷故事拾遺，第六卷近事。又，陳鱣校本在此句下，尚有「乃看畫之綱領也」七字，諸本皆無，疑乃後人批語羼入。

書畫史二卷〔一〕　袁本前志卷三下雜藝術類第五

右皇朝米芾元章撰。輯本朝公卿士庶家藏法書、名畫，論其優劣真僞。959

〔一〕書畫史二卷　按米芾撰有書史一卷、畫史一卷，讀書志乃合二書爲一條著録。經籍考卷五十六同讀書志。

聖朝名畫評三卷〔一〕　袁本前志卷三下雜藝術類第七

右皇朝劉道成纂〔二〕。符嘉應撰序〔三〕。集本朝畫工之名世者，第其品，以王瓘爲神品〔四〕，云在吳生上。960

〔一〕聖朝名畫評三卷　經籍考卷五十六「聖」作「宋」，乃馬端臨所改。按此書書録解題卷十四題同讀書志，止一卷，祕續目藝術類作聖朝畫評，亦一卷，宋志卷六作宋朝畫評四卷，四庫總目卷一一二作宋朝名畫評，王氏畫苑本題同讀書志，俱三卷。

〔二〕劉道成纂　按「成」當作「醇」，見五代名畫補遺校注〔一〕，今本皆題劉道醇撰。

〔三〕符嘉應撰序　原本脱「序」字，據喬録王校本王懋竑校語增補。袁本、諸衢本、經籍考皆脱。按道醇原書當有符嘉應序，今佚，讀書志偶奪「序」字。今本佚名序，乃後人以書前發凡抵充，非嘉應原序。見四庫總目、鄭堂讀書記卷四十八。

〔四〕以王瓘爲神品　經籍考「瓘」下衍「之」字。

益州名畫録三卷〔一〕　袁本前志卷三下雜藝術類第八

右皇朝黄休復纂〔二〕。唐乾符初至宋乾德歲〔三〕。休復在蜀中，目擊圖畫之精者五十八人〔四〕，品以四格云。961

〔一〕益州名畫録　諸目及今本題同讀書志，書録解題卷十一小説家類茅亭客話條云：「江夏黄休復端本撰。所記多蜀事，別有成都名畫記，蓋蜀人也。」是此書亦名成都名畫記。

〔二〕黄休復纂　宋志卷六題李畋撰，書録解題卷十四、經籍考卷五十六同讀書志。書録解題云：「黄休復撰。中興書目以爲李畧撰（按「畧」當作「畋」），而謂休復書今亡。案此書有景祐三年序，不著名氏，以爲休復所録明甚，又有休復自爲後序，則固未嘗亡也。未知題李畧者與此同異。」按今本無休復序，而有景德三年五月虞曹員外郎李畋序，讀書志解題即採畋序爲之，陳振孫所見蓋偶失其名。而中興書目、宋志著録蓋别有一本，題李畋之名。公武未著撰序人名姓，豈亦失其名歟？又宛委本「纂」作「撰」。

〔三〕唐乾符初　原本無「符」字，據袁本、宛委本、剜改本補。按王氏畫苑本畋序云：「故自李唐乾元初至皇宋乾德歲，其間圖畫之尤精，取其目擊者五十八人，品以四格，離爲三卷，命曰益州名畫録。」疑「乾符」當「乾元」之誤，參其書卷上盧楞伽條。

〔四〕目擊　殿本經籍考「目」訛作「自」，元刊本不誤。

射評要略一卷〔一〕　袁本前志卷三下雜藝術類第九

右題曰李廣撰。凡十五篇。962

〔一〕射評要畧　祕續目藝術類、通志藝文畧卷七藝術類題作射訣要畧，宋志卷六作射評要録，玉海卷七十五引中興書目、書録解題卷十四題皆同讀書志。中興書目云：「題漢李廣撰。論學射體法之病，凡十五篇，淺近，蓋依託也。」

嚴悟射訣一卷〔一〕　袁本前志卷三下雜藝術類第十

右唐王思永撰。思永射學於成都工曹嚴悟，因取悟法著書十篇，故每篇首必稱「師曰」。963

〔一〕嚴悟射訣　崇文總目卷三、通志藝文畧卷七藝術類有嚴悟撰射法指訣一卷，玉海卷七十五引中興書目、宋志卷六、通志藝文略卷七另條有馬思永射訣一卷，祕續目作思永射訣一卷。袁本解題稍異，俱錄於下：「右唐王思永撰。思永學射法於成都工曹嚴悟，成書十篇，每篇首必稱『師曰』。」卧雲本、宛委本、瞿鈔本、季錄顧校本、經籍考卷五十六皆同袁本。中興書目云：「十篇，論體法，辨弓箭弦及射親之要。」

益津射格一卷〔一〕 袁本前志卷三下雜藝術類第二十

右皇朝錢師益序。以五善圖及武陵格疎密不同，參酌爲之。964

〔一〕益津射格 宛委本、鮑廷博校本「津」作「精」。

投壺經一卷 袁本前志卷三下雜藝術類第十二

右唐上官儀奉勅删定，史玄道續注。采周顒、郝同、梁簡文數家書爲之〔一〕。唐志有其目。965

〔一〕采周顒郝同梁簡文數家書爲之 原本「顒」缺末二筆，宛委本作「永」避清仁宗諱，據袁本改。又「郝同」當作「郝沖」，原本、袁本、玉海卷六十三引讀書志、經籍考卷五十六「沖」皆作「同」，此乃公武避父諱。按隋志卷三兵類有投壺經一卷，未著撰人，又云梁有投壺經四卷，投壺變一卷，晉左光禄大夫虞潭撰，投壺道一卷，郝沖撰。舊唐志卷下雜藝術類有投壺經一卷，云郭沖、虞譚法撰。新唐志卷三有郝沖、虞譚法投壺經一卷，上官儀投壺經一卷。崇文總目卷三有投壺經一卷，未著撰人。宋志卷六有上官儀投壺經一卷。虞潭傳見晉書卷七十六，兩唐志「法」字疑當作「注」，舊唐志「郭」當「郝」之誤。投壺之法參見顏氏家訓雜藝篇。

木射圖一卷　袁本前志卷三下雜藝術類第十一

右唐陸乘撰〔一〕。爲十五筍以代侯，擊地毬以觸之，筍飾以朱墨字，以貴賤之。朱者，仁、義、禮、智、信、溫、良、恭、儉、讓；墨者，慢、傲、佞、貪、濫。仁者勝，濫者負，而行一賞罰焉〔二〕。966

〔一〕唐陸乘撰　袁本、卧雲本、宛委本、經籍考卷五十六、賓退録卷四引讀書志「乘」作「秉」。按祕續目藝術類有陸秉木射圖一卷，疑原本誤。

〔二〕行一賞罰焉　顧校本「一」作「其」。

溫公投壺新格一卷　袁本後志卷二雜藝術類第二

右皇朝司馬光君實撰。舊有投壺格，君實惡其多取奇中者以爲僥倖，因盡改之。967

九章算經九卷〔一〕　袁本後志卷二雜藝術類第三

右未詳撰人姓名〔二〕，或曰周公。「九章」者，一方田、二算粟〔三〕、三衰分、四少廣、五商功〔四〕、六均輸、七盈不足、八方程、九勾股〔五〕。魏劉徽、唐李淳風嘗爲之注，則此術起於漢之前矣。968

〔一〕九章算經　袁本「算」作「筭」，下同。按隋志卷三曆數類作十卷，日人藤原佐世日本國見在書目同讀書志。隋志另有劉徽九章重差圖一卷，蓋合圖計之爲十卷。唐、宋志及讀書志著録本當合劉、李二氏注本，與隋志單劉注者不同。

〔二〕未詳撰人姓名　袁本作「未詳撰人者姓名」，王先謙刊本先謙校語云袁本衍「者」字。

〔三〕算粟　按今四部叢刊影印微波榭刊本作「粟米」。

〔四〕商功　袁本「商」訛作「啇」。

〔五〕勾股　袁本、卧雲本、經籍考卷五十六「勾」作「句」。

求一算經一卷〔一〕　袁本後志卷二雜藝術類第四

右未詳撰人。969

〔一〕求一算經一卷　崇文總目卷三有求一算法三卷、解注求一化零歌一卷，祕續目算術類有求一算術歌一卷，宋志卷六有求一算術化零歌一卷，又有求一筭法一卷。以上諸目並不知作者。按錢寶琮有求一源流考，見古算考源。

六問算法五卷〔一〕 袁本前志雜藝術類第二十四

右皇朝龍受益撰〔三〕。并化零歌附。970

〔一〕六問算法五卷 新唐志卷三曆算類有龍受算法二卷，注云：「貞元時人。」崇文總目卷三有龍受算法二卷，祕續目算術類有唐龍受益注算範九列訣一卷，曆算類又有龍受益撰新易一法算範九例要訣一卷，宋志卷六曆算類有龍受益筭法二卷，又求一筭術化零歌一卷，新易一法筭範九例要訣一卷。

〔三〕右皇朝龍受益撰 經籍考卷五十六「右皇朝」作「唐」。按讀書志二本誤以龍受益爲宋人，當從經籍考，參見校注〔一〕。 新唐志、崇文總目「龍受」當作「龍受益」，見陳漢章崇文總目輯釋補正卷三。

應用算三卷〔一〕 袁本前志卷三下雜藝術類第二十五

右皇朝蔣舜元撰。971

〔一〕應用算三卷 按書録解題卷十四有應用算法一卷，云：「東門叟郭京元豐三年序，稱平陽奇士蔣舜元撰。凡八篇，曰：釋數、田畝、粟米、端匹、斤秤、修築、差分、雜法，總爲百五十七門。」

象棋一卷〔一〕 袁本前志卷三下雜藝術類第十七

右皇朝尹洙撰。凡五圖，今世所行者不與焉。972

〔一〕象棋一卷　袁本作「象棋經一卷」，卧雲本、經籍考卷五十六於「卷」字下空一格，下有「又棋勢二一卷」五字。按祕續目藝術類通志藝文略卷七藝術類有尹洙象戲格一卷，殆即象棋。

温公七國象棋一卷〔一〕　袁本後志卷二雜藝術類第五

右皇朝司馬光君實撰。周、秦、韓、魏、趙、楚、齊、燕實八國，而云七者，周室不與焉。973

〔一〕温公七國象棋一卷　卧雲本「國」作「家」，袁本、卧雲本「棋」作「碁」，經籍考卷五十六同原本。按讀書敏求記卷三有鈔本温公七國象戲局一卷，云：「謂七國者，秦、韓、趙、魏、楚、齊、燕也，周居中而不與，尊周室也。」殆即此書。今宛委山堂本說郛弓一百二、麗廔叢書、郎園先生全書中有司馬光古局象棋圖一卷。

摴蒱經一卷摴蒱格一卷〔一〕　袁本前志卷三下雜藝術類第十三

右不題撰人。序云：「摴蒱，古之戲也。劉毅、李安民、慕容寶之徒，皆擲盧不聞餘采，今以盧、梟爲上〔二〕，雉、犢次之。」974

〔一〕摴蒱經一卷摴蒱格一卷　袁本二「摴蒱」作「樗蒲」，下同，經籍考卷五十六同原本。按摴蒱，或作樗蒲，或作摴蒱。參見藝文類聚卷七十四、太平御覽卷七二六。

〔三〕以盧梟爲上　袁本作「以盧三擲爲上」。

釣鼇圖一卷〔一〕　袁本前志卷三下雜藝術類第十四

右不題撰人。凡四十類，各有一詩。975

〔一〕釣鼇圖一卷　書録解題卷十四、宋志卷六通志藝文略卷七有釣鼇圖一卷，并不知作者。賓退録卷四云：「釣鼇圖一卷。不知作者。刻木爲鼇魚之屬，沈水中，釣之以行勸罰。凡四十類，各有一詩。」

采珠局一卷〔一〕　袁本前志卷三下雜藝術類第十五

右不題撰人。序云「王公」而不知其名。凡三十餘類，亦各有一詩。976

〔一〕采珠局一卷　經籍考卷五十六「采」作「採」。按祕續目藝術類、書録解題卷十四、通志藝文略卷七有採珠格局一卷，俱未著撰人。

彈棋經一卷〔一〕　袁本前志卷三下雜藝術類第十六

右未詳撰人。序稱世説曰：魏武帝好彈棊〔二〕，宮中皆效之，難得其局，以粧奩之蓋，形狀相類，就蓋而彈之〔三〕，俗中因謂魏宮粧奩之戲〔四〕。案西京雜記云：劉向作彈棊。典論云：前代馬合卿、張公子皆工彈棊〔五〕。然則起於漢朝〔六〕，非自魏始，世説誤矣。977

〔一〕彈棋經一卷　隋志卷三兵類有徐廣撰彈碁譜一卷。宋志卷六有梁冀彈棋經一卷，書録解題卷十四、通志藝文略卷七有張東之彈棋經一卷，宋志卷六作張學士棋經，祕續目「東」誤作「束」。

〔二〕魏武帝好彈棋　卧雲本無「武」字，顧校本無「帝」字，經籍考卷五十六同原本。沈録何校本改「武」作「文」。按魏文帝好彈棋事，見世説新語卷五巧藝篇。此處「武帝」當「文帝」之誤。

〔三〕就蓋而彈之　袁本「彈」作「殫」，誤。

〔四〕俗中因謂魏宮粧奩之戲　顧校本作「俗因魏宮中粧奩之戲」。

〔五〕前代馬合卿張公子皆工彈棋　袁本「張公子」作「長公」，經籍考「工」作「善」。按三國志卷二文帝紀注引典論自述云：「昔京師先工有馬合鄉侯、東方安世、張公子，常恨不得與彼數子者對。」公武語本此。

〔六〕然則起於漢朝　袁本宛委本「於」作「自」。

捉卧甕人事數一卷〔一〕　袁本前志卷三下雜藝術類第十八

右皇朝李庭中撰。以畢卓、嵇康、劉伶、阮孚、山簡、阮籍、儀狄〔二〕、顔回、屈原、陶潛、孔融、陶侃、張翰〔三〕、李白、白樂天爲目，有趙昌言序〔四〕。978

〔一〕捉卧甕人事數一卷　賓退録卷四題作捉卧甕人格。

〔二〕儀狄　原本「儀」作「夷」，據袁本宛委本、經籍考卷五十六改。按書録解題卷十四謂釣鼇圖、採珠格局及此書皆「酒邊雅戲」。此書所列十五人皆醉鄉中人，儀狄乃傳説中造酒者，事見戰國策卷二十三魏策二。

〔三〕張翰　原本「翰」作「瀚」，據袁本、卧雲本、經籍考卷五十六改。翰字季鷹，稱江東步兵，李白有詩曰：「八月枚乘筆，三吴張翰杯。」

〔四〕有趙昌言序　顧校本「序」上有「爲之」二字。通志藝文畧卷七有趙昌言捉卧甕人格一卷，蓋誤撰序人爲作者。

雙陸格一卷〔一〕　袁本前志卷三下雜藝術類第十九

右不題撰人。其法：左右十二梁，設二朋，朋各十五子，一白一黑〔二〕，用明瓊二，各以其采，由右歸左，子單，則他子得擊，兩子則曰「成梁」，他子雖相當〔三〕，不得擊。故武后夢雙六不勝，狄仁傑所以云無子也。979

〔一〕雙陸格　宛委本、經籍考卷五十六「陸」作「六」，下同。按隋志卷三兵類有雙博法一卷，似即此書。遂初堂書目雜藝類有雙陸譜、通志藝文畧卷七有雙陸格一卷，俱不著撰人。

〔二〕一白一黑　袁本「黑」作「墨」。

〔三〕兩子則曰成梁他子雖相當　袁本、卧雲本、宛委本、瞿鈔本、季録顧校本、舊鈔本、經籍考皆作「兩子以上，他子雖相當」。顧校本「當」作「值」。

葉子戲格一卷　袁本前志卷二雜藝術類第六

右不著撰人〔一〕。世傳葉子，婦人名也〔二〕，撰此戲，晚唐之時也〔三〕。980

〔一〕不著撰人　新唐志卷三有李郃骰子選格三卷，注云：「字仲玄，賀州刺史」。此書亦見崇文總目卷三、宋志卷六。通俗編卷三十一俳優據咸定録云「李郃與妓葉茂連撰骰子選，謂之『葉子』，似其戲亦兼用骰子。」又，崇文總目卷三、宋志卷六有繫蒙小葉子格一卷，崇文總目云僞唐後主妃周氏撰，宋志云李煜妻周氏撰。又，崇文總目卷三、宋志卷六有劉蒙叟撰新修採選格一卷。

〔二〕婦人名也　袁本、卧雲本、經籍考無「名」字。

〔三〕晚唐之時也　歸田録卷二云：「葉子格者，自唐中世以後有之。說者云因人有姓葉，號葉子青者撰此格，因以爲名，此説非也。」澠水燕談録卷九云：「唐太宗問一行世數，禪師製葉子格進之，葉子，言『二十世李』也……近世，職方員外郎賈谷損益舊本，撰舊歡新格尤爲詳密。」

三國圖格一卷金龍戲格一卷打馬格一卷旋棋格一卷　袁本前志卷三下雜藝術類第二十一

右不題撰人〔一〕。981

〔一〕右不題撰人　卧雲本、經籍考卷五十六「右」下有「並」字。按祕續目藝術類有謝景初打馬格一卷，宋迪打馬格一卷。今存李清照打馬圖一卷。金龍戲格、旋棋格，亦載通志藝文略卷七藝術類，一卷，不具撰人。

漢官儀采選一卷〔一〕　袁本前志卷三下雜藝術類第二十二

右皇朝劉敞撰。刪取西漢之官，而附其列傳黜陟可戲笑者雜編之，以爲博弈之一物。982

〔一〕漢官儀采選一卷　袁本「采」作「彩」，經籍考卷五十六作「新」，殆「彩」之訛。按宋志卷六有劉敞漢官儀三卷，注云：「亦投子選也。」沈録何校本何焯批語云：「此書今尚存。」愛日精廬藏書志卷二十四有鈔本、皕宋樓藏書志卷五十二有影宋鈔本，通行者有宛委別藏、十萬卷樓叢書、續古逸叢書諸本皆作漢官儀三卷，與宋志合。序云：「凡此書皆漢儀也，故始爲戲者，先置盆入金，以象口錢。非劉氏不得王，爲宗正及尚公主，以象一姓。漢自董仲舒言曆者皆曰土德之運，其數五，五五二十五，極矣，故率二十五擲，乃一終局。吾幼年時集西漢士大夫遷官故事爲博戲，仲原父爲之序，書遂流行，及後四十五六年，予年六十，爲亳州守，得舊書閱之，惜其少年讀書未能精熟，未盡善也，因復增損之，然後該備。……漢之仕宦異於今，居官者輒累歲不數數遷徙，故亦變改戲彩，令其相似，又皆爲諸彩定名，令其雅而不俗可喜云。」觀此序，此書撰者當爲劉敞之弟攽。若敞自序，何得云「原父爲之序」？且敞卒於熙寧元年，年五十，安得云「予年六十」？攽嘗徙知兖、亳，仕履亦與序合。四庫未收書目提要卷一著録紹興九年刊本，改題劉攽撰，今行世諸本亦已改正，是。又讀書附志卷上采選集條亦云貢父劉攽字所撰。可參見。

右皇朝劉仲甫編。載唐韋延祐棊訣并古今棊圖〔二〕。 983

〔一〕忘憂集三卷　祕續目藝術類有劉仲甫忘憂集三卷，通志藝文畧卷七作一卷。書録解題卷十四有忘憂清樂集一卷，云：「棋待詔李逸民撰集。」二者非一書，書録解題著録者尚見鐵琴銅劍樓藏書目録卷十五，宋刊本，題與卷數俱同書録解題。瞿氏云：「此書無標題，亦無序跋。首列皇祐中張學士棋經十三篇，次列劉仲甫棋訣四篇、張靖論棋訣要雜説，後列孫吳至宋舊圖若干局，又列棋勢若干局，共裝三册。……此本棋經後次徽宗御製詩，有『忘憂清樂在棋枰』之句，又有『前御書院棋待詔賜緋李逸民重編』一行，黄復翁遂據以定此名，想當時標題在序首，今失之耳。」瞿氏藏本原在黄丕烈、汪士鍾，錢大昕竹汀日記鈔卷一記作三卷，殆以分三册。今存北京圖書館。此外，讀書敏求記卷三有李逸民棋譜一卷，亦題「前御書院棋待詔賜緋李逸民重編」，又曰：「逸民云我朝善弈顯名天下者，昔年待詔老劉宗，今日劉仲甫，楊仲隱，以至王琬、孫詵、郭範、李百祥輩」云云。據此，錢氏所藏殆亦書録解題著録本，非讀書志著録者。今行世有仲甫棋訣一卷，具墨海金壺、高昌秘笈甲集，逸民忘憂清樂集一卷，具隨盦徐氏叢書續編。

〔二〕唐韋延祐棋訣　新唐志卷三有韋珽碁圖一卷，宋志卷六「珽」作「琁」，祕續目藝術類有延祐棋論一卷。珽，國子祭酒澄之孫，慶植之子，官閬州刺史，見元和姓纂卷二。延祐，其字歟？

相鶴經一卷〔一〕 袁本後志卷二雜藝術類第七

右題曰浮丘公撰〔二〕。其傳云：「浮丘公授於王子晉〔三〕，後崔文子學道於子晉，得其文〔四〕，藏於嵩山之石室，淮南公采藥得之〔五〕，乃傳於世。」984

〔一〕相鶴經一卷　隋志卷三五行類稱梁有淮南八公相鵠經、浮丘公相鶴書，未著卷數，兩唐志農家類有浮丘公相鶴經一卷。之後，崇文總目卷三、書録解題卷十二形法類、宋志卷五五行類均同。觀解題所引傳，淮南八公相鵠經亦即浮丘公相鶴經，「鵠」、「鶴」二字古通。然據東觀餘論卷下跋慎漢公所藏相鶴經後、跋陳碧虛所書相鶴經後，當時完本相鶴經已逸，所書特自馬總意林及文選鮑照舞鶴賦李善注鈔出，且流俗誤録，著故相國舒王集中（見王文公文集卷三十三）。據此，讀書志所著録，當亦宋人輯本。此書今有重輯本，載百川學海癸集，王仁俊輯本載玉函山房輯佚書續編，陶棟輯本，載輯佚叢刊，王氏輯本題八公相鶴經。

〔二〕浮丘公　經籍考卷四十七形法類「丘」作「邱」，下同。

〔三〕浮丘公授於王子晉　卧雲本、經籍考「授」作「傳」。文選卷十四舞鶴賦李善注作「公以自授王子晉」。

〔四〕得其文　顧校本「文」作「書」。文選李善注同原本。

〔五〕淮南公　文選李善注及説郛本録熙寧十年王安石題識皆作「淮南八公」，疑此脱「八」字。「八公」事見史記卷一一八淮南衡山列傳司馬貞索隱引淮南要畧，云：「安養士數千，高才者八人：蘇非、李尚、左吳、陳由、伍被、毛周、雷被、晉昌，號曰『八公』也。」

相馬經二卷　袁本後志卷二雜藝術類第八

右伯樂撰。985

相馬經一卷　袁本後志卷二雜藝術類第九

右未詳撰人〔一〕。述相馬法式，并著馬之疾狀及治療之術〔二〕。李氏書目有之。986

〔一〕未詳撰人　諸家書目著録相馬經多種，或不著撰人，或云伯樂撰（舊唐志卷下「樂」訛作「鑾」），此外兩唐志農家類有徐成等撰相馬經二卷，諸葛穎等相馬經六十卷，崇文總目卷三有周穆王相馬經三卷，宋志卷五五行類有蕭繹相馬經一卷、常知非馬經三卷，書録解題卷十四有光禄少卿孫珪集馬相書一卷，等。宛委山堂本説郛弓一〇七有徐咸相馬書一卷，鄭堂讀書記補逸卷二十四謂咸，宋代郡人，其書述相馬法式凡十。今相馬經輯本有王仁俊、陶棟兩家，分載玉函山房輯佚書續編及輯佚叢刊。

〔二〕并著馬之疾狀　袁本「著」作「書」。

黃帝醫相馬經三卷〔一〕 袁本後志卷二雜藝術類第十

右唐穆蠡集伯樂、王良等六家書成此編。皇帝斥神農也〔二〕。 987

〔一〕黃帝醫相馬經三卷 袁本、臥雲本、宛委本、經籍考卷五十醫家類「黃」作「皇」，顧校本無「相」字。按疑當作「黃」。淮南子卷六覽冥篇云：「黃帝治天下，……青龍進駕，飛黃伏皂。」山海經卷七海外西經云：「白民之國，在龍魚北，白身被髮。有乘黃，其狀如狐，其背上有角，乘之壽二千歲。」飛黃，即乘黃也。曹植黃帝贊云：「土德承火，炎帝是滅，服牛乘馬，衣裳是制。」是書撰者蓋以軒轅氏爲醫馬、相馬之祖，而斥舊說以神農氏爲其祖者，故名。

〔二〕皇帝斥神農也 臥雲本無「皇」字。按此「皇」亦當作「黃」，說詳前。

育駿方三卷〔一〕 袁本後志卷二雜藝術類第十一

右未詳撰人。相馬術及醫治畜牧之方。 988

〔一〕育駿方三卷 臥雲本「駿」作「駮」，袁本、經籍考卷五十醫家類同原本。按隋志卷三醫方類有伯樂治馬雜病經一卷、治馬經四卷、治馬經目一卷，治馬經圖二卷、俞極撰治馬經三卷，注云「亡」。療馬方一卷，注云：「梁有伯樂療馬經一卷，疑與此同。」通志藝文略卷四食貨類有景祐醫馬方一卷。育駿方殆即此類書。

相牛經一卷〔一〕 袁本後志卷二雜藝術類第十二

右題曰〔二〕：甯戚傳之百里奚，漢世河西薛公得其書以相牛，千百不失其一。至魏世高堂生又傳晉宣帝，其後秘之。 細字，薛公注也。 989

〔一〕相牛經一卷 隋志卷三五行類相馬經條注云：「梁有齊侯大夫甯戚相牛經、王良相牛經、高堂隆相牛經。」兩唐志農家類有甯戚相牛經一卷。讀書志此書，當後人托甯、王、高堂三氏名姓而爲之，與所謂卜式養羊法、陶朱公養魚法相仿，而公武所引題識，則好事者採世説新語汰侈篇附焉，今宛委山堂本説郛弓一〇七已失此題識。是書王仁俊亦有輯本，見玉函山房輯佚書續編。

〔二〕題曰 袁本、卧雲本、宛委本、經籍考卷四十七形法類皆作「序曰」。

醫書類〔一〕

黄帝素問二十四卷 袁本前志卷三下醫家類第一

右昔人謂素問者，以素書黄帝之問，猶言「素書」也〔二〕。唐王砅注〔三〕。砅謂〔四〕：「漢藝文志有黄帝内經十八卷，素問即其經之九卷，兼靈樞九卷，迺其數焉。」先是第七亡逸，砅時始獲，乃詮次注釋，凡八十一篇，分二十四卷〔五〕。今又亡刺法、本論二篇〔六〕。砅自號啓玄子〔七〕。醫經傳於世者多矣。原百病之起癒者，本乎黄帝；辨百藥之味性者，本乎神農；湯液則稱伊尹。三人皆聖人也〔八〕。憫世疾苦，親著書以垂後，而世之君子不察，乃以爲賤技，恥於習之〔九〕。由此，故今稱醫者多庸人，治之常失理，可生而死者甚衆〔一〇〕。激者至云「有病不治，猶得中醫〔一一〕」，豈其然乎？故予録醫頗詳。隋志以此書爲首，今從之〔一二〕。990

〔一〕醫書類　前志、後志標目作「醫家類」。

〔二〕昔人謂素問者以素書黄帝之問猶言素書也　袁本無此十八字，經籍考卷四十九醫家類同原本。按所以名素問者，宋林億等校語（書中稱「新校正」）云：「全元起有説云：『素者，本也；問者，黄帝問岐伯也；方陳性情之源，五行之本，故曰素問。』元起雖有此解，義未甚明。按乾鑿度云：『夫有形者生於無形，故有太易，有太初，有太始，有太素。太易者，未見氣也；太初者，氣之始也；太始者，形之始也；太素者，質之始也。』氣形質具而痾瘵由是萌生，故黄帝問此太素質之始也。素問之名，義或由此。」公武之解「素問」，乃臆度之詞，不足據。

〔三〕唐王砅注　新唐志卷三明堂經脈類、崇文總目卷三醫書類、書録解題卷十三醫書類、玉海卷六十三引中興書目、宋志卷六醫書類「砅」皆作「冰」。當以「冰」爲正，經籍考同讀書志，亦誤，詳見四庫總目卷一〇三醫家類一、日丹波元胤醫籍考卷三醫經三、四庫提要辨證卷十二。

〔四〕砅謂　袁本「砅」作「叙」。按以下「漢藝文志」云云乃王冰自序中語。

〔五〕分二十四卷　袁本無「分」字。

〔六〕本論　林億等校語稱，第七十二刺法論、第七十三本病論亡於冰注之前，此當脱「病」字。

〔七〕啟玄子　原本「玄」作「元」，據袁本改。

〔八〕皆聖人也　卧雲本、宛委本、瞿鈔本、季録顧校本、舊鈔本、經籍考皆作「皆古聖人也」。

〔九〕恥於習之　陳鱣校本作「而恥習之」，卧雲本、宛委本、瞿鈔本、季録顧校本、舊鈔本、經籍考作「恥習之」。

〔一〇〕治之常失理可生而死者甚衆　卧雲本、宛委本、瞿鈔本、陳鱣校本、季録顧校本、舊校本、經籍考作「治之失理，生爲死者甚衆」。

〔一一〕猶得中醫　卧雲本、宛委本、瞿鈔本、季録顧校本、舊鈔本、經籍考「猶」作「常」。

〔一二〕今從之　袁本無「醫經傳於世者」至此凡一百二十二字，諸衢本、經籍考同原本。按原本所增補乃醫書類小序。

靈樞經九卷　袁本後志卷二醫家類第一

右王砅謂此書即漢志黄帝内經十八卷之九也。或謂好事者於皇甫謐所集内經倉公論中鈔出之，名爲古書也，未知孰是〔一〕。 991

〔一〕未知孰是　按公武引或者語不可信。玉海卷六十三引中興書目云：「黄帝靈樞九卷，黄帝、岐伯、雷公、少俞、伯高問答之語，隋楊上善序，凡八十一篇。鍼經九卷，大氏同，亦八十一篇。鍼經以九鍼十二原爲首，靈樞以精氣爲首，又間有詳畧。王冰以鍼經爲靈樞，故席延賞云靈樞之名，時最後出。」是靈樞、鍼經，實一書異名，南宋時皆存，不必鈔出別行。或者殆以皇甫謐甲乙經序不見靈樞之名，止有鍼經，而所見靈樞又多同鍼經，遂疑自倉公論出矣。詳見四庫提要辨證卷十二。

呂楊注八十一難經五卷〔一〕　袁本前志卷三下醫家類第二

右秦越人撰。吳呂廣注。唐楊玄操演〔二〕。越人生於渤海〔三〕，家於盧，受桑君祕術〔四〕，洞明醫道。世以其與黃帝時扁鵲相類，乃號之爲「扁鵲」。采黃帝内經精要之說，凡八十一章。以其理趣深遠，非易了，故名難經。玄操編次爲十三類。992

〔一〕呂楊注八十一難經五卷　袁本作黃帝八十一難經一卷。經籍考卷四十九同原本。袁本解題亦異於原本，俱録於下：「右秦越人撰，吳呂廣注，唐楊玄操演。越人授堯君祕術，洞明醫道，采黃帝内經精要之説，凡八十一章，編次爲十三類。其理趣深遠，非易了，故名難經。」按「采黃帝内經」以下云云，漢藝文志考證卷十引作崇文總目，疑王應麟錯引。又，史記卷一〇五倉公列傳云，淳于意於高后八年受師臨菑元里公乘陽慶脈書，其書遺傳自黃帝、扁鵲，分上、下經，余嘉錫云：「所謂黃帝扁鵲脈書，疑即指難經言之，以其書爲扁鵲所著，發明黃帝明堂經脈之理，故謂之黃帝扁鵲脈書。」見四庫提要辨證卷十二。隋志卷三、新唐志卷三、崇文總目卷三、書録解題卷十二、宋志卷六著録黄帝八十一難經，俱作二卷，殆即脈書之上、下經。舊唐志卷下作一卷，疑乃「二卷」之誤。袁本作一卷，疑亦有誤。原本五卷者，當以有吕、楊注，卷帙又加多焉。本書所收丁德用、虞庶注本難經亦皆作五卷，平津館鑒藏記書籍卷三著録影宋鈔本王翰林集注黄帝八十一難經五卷，所集有吕廣、丁德用、楊玄操、虞庶、楊康侯諸家，當從諸家五卷注本出。日人藤原佐世日本國見在書目作九卷，亦當爲「五」之誤。

〔二〕楊玄操　原本「玄」作「元」，據袁本改。下同。按史記卷一〇五扁鵲列傳張守節正義引玄操八十一難序及其説，蓋唐開元前人也。

〔三〕生於渤海　卧雲本、宛委本、瞿鈔本、季録顧校本、舊鈔本、經籍考作「渤海人」。

〔四〕受桑君祕術　袁本作「授堯君祕術」。按長桑君授禁方書扁鵲，事見史記扁鵲列傳，「堯」當「桑」之訛。

丁德用注難經五卷　袁本後志卷二醫家類第二

右皇朝丁德用注〔一〕。以楊玄操所演甚失大義，因改正之。經文隱奥者，繪爲圖。德用，濟陽人，嘉祐末，其書始成。993

〔一〕右皇朝丁德用注　經籍考卷四十九作「德用」，連下爲句。按公武謂德用濟陽人，書録解題卷十二亦云「濟陽丁德用補註」。然丹波元胤醫籍考卷七醫經七引日大永間僧幻雲史記扁倉列傳附標云：「(丁德用)補註五卷，嘉祐七年壬寅□月戊申日洛陽丁德用序」，與晁、陳云濟陽人者相異，録以備考。大永，乃日本戰國時代後柏原年號，凡八年（一五二一——一五二七），值明嘉靖初。

虞庶注難經五卷〔一〕　袁本後志卷二醫家類第三

右皇朝虞庶注。庶，仁壽人，寓居漢嘉。少爲儒，已而棄其業，習醫術〔二〕，爲此書，以補呂、楊所未盡。黎泰辰治平間爲之序〔三〕。994

〔一〕虞庶註難經五卷　原本黄丕烈校語云：「瞿鈔本『庶』作『世』，後同，恐誤。通考『庶』。」卧雲本「五」作「一」，經籍考同原本。

〔二〕習醫術　經籍考無「術」字。

〔三〕黎泰辰治平間爲之序　原本脱「治平間」三字，據袁本、卧雲本、宛委本、瞿鈔本、舊鈔本、經籍考補。虞庶注本已佚，泰辰語尚可於元滑壽難經本義卷首彙考見到，日僧幻雲史記扁倉列傳附標云泰辰結銜爲：「承議郎守尚書屯田員外郎前知三泉縣兼管勾兵馬橋道勸農事騎都尉賜緋魚袋黎泰辰」，又謂序撰於治平四年端午。

金匱玉函經八卷〔一〕　袁本後志卷二醫家類第四

右漢張仲景撰，晉王叔和集。設答問雜病形證脈理，參以療治之方。仁宗朝，王洙得於館中，用之甚效。合二百六十二方。995

〔一〕金匱玉函經八卷　隋志卷三、舊唐志卷下、新唐志卷三有張仲景藥方十五卷，新唐志另有傷寒卒病論十卷（「卒」乃「雜」之誤），其後諸目（除傷寒論別出外）大體分三卷、八卷兩種。三卷者，見崇文總目卷三，題金匱玉函要畧，見宋志卷六、四庫闕書目醫家類，題金匱要畧方，見書録解題卷十二，題金匱要畧。八卷者，除讀書志外，見四庫闕書目（重出）、宋志卷六（重出）、祕續目醫書類，題金匱玉函八卷。今二本俱各有刊本，或以爲乃詳畧有異（見黄云眉古今僞書考補證引章炳麟傷寒論單論本題辭），或以爲金匱玉函即仲景之書稱也，金匱要畧亦出玉函（見王好古醫壘元戎），或以爲金匱玉函是傷寒雜病論之別本，同體而異名者。蓋從唐以前傳之，大抵與千金翼方所援同，而外臺秘要小柴胡湯及柴胡加芒湯方後引玉函經，正與今本符合。其總例稱「張仲景曰」，又云今以察色診脈，辨病救疾。可行合宜之法，并方藥，共成八卷，號爲金匱玉函經，則後人就于晉人經方之書而湊合所撰也。至於金匱要畧方論，後人又録出其中論雜病者，節畧以爲三卷者也（見丹波元胤醫籍考卷二十五方論三引其父説）。按今本金匱玉函經卷首林億等經進疏云：「金匱玉函與傷寒論同體而異名，臣等先校定傷寒論，次校成此書。」又云：「此經文理或有與傷寒論不同者，然其意義皆通。聖賢之法，不敢臆斷，故兩存之。」又，林億等校上金匱要畧序云：「國家詔儒臣校正醫書，臣奇等先校正傷寒論，次校定金匱玉函經，今又校成此書（按指金匱要畧三卷）。」綜上所述，金匱玉函經與金匱要畧當爲二書，前者蓋唐人合傷寒雜病論爲一，改稱金匱玉函，後人（疑即王洙）除其論傷寒者，止傳其論雜病及方藥者，約爲三卷，更名金匱玉函要畧，省稱金匱要畧。讀書志標題作金匱玉函經八卷，解題實爲金匱要畧，著録即王洙删約本，故丹波元胤謂「讀書志以是書（按指金匱要畧）與玉函經相混」。（見醫籍考卷三十八方論十六）

仲景傷寒論十卷　袁本後志卷二醫家類第五

右漢張仲景述，晉王叔和撰次。　按名醫録云：「仲景，南陽人，名機；仲景，其字也。舉孝廉，官至長沙太守。有宗族二百餘口〔一〕。建安紀年以來，未及十稔，死者三之二，而傷寒居其七，乃著論二十二篇，證外合三百九十七法，一百一十二方。」善醫者或云：「仲景著傷寒論，誠不刊之典，然有大人之病而無嬰孺之患，有北方之藥而無南方之治，此其所闕者。蓋陳蔡以南，不可用柴胡、白虎二湯，治傷寒。」其言極有理。996

〔一〕有宗族二百餘口　袁本、宛委本、瞿鈔本、舊鈔本、經籍考卷四十九「有」作「以」。

脈經三卷　袁本後志卷二醫家類第六

右題云黃帝撰。　論診脈之要〔一〕，凡二十一篇。997

〔一〕論診脈之要　袁本、卧雲本作「論脈胗之要」。

王叔和脈經十卷〔一〕　袁本前志卷三下醫家類第五

右晉王叔和撰。按唐甘伯宗名醫傳曰〔二〕：「叔和，西晉高平人，性度沈靜〔三〕，博通經方，精意診處，尤好著述。」其書纂岐伯、華佗等論脈要訣所成，敍陰陽表裏，辨三部九候，分人迎、氣口、神門，條十二經，二十四氣，奇經八脈，五藏六府〔四〕，三焦四時之疴，纖悉具備，咸可按用〔五〕。凡九十七篇。皇朝林億等校正。998

〔一〕王叔和脈經十卷　袁本作「脈經十卷」，解題頗簡，俱録於下：「右晉王叔和撰。纂岐伯、華陀論書論脈要訣。」諸衢本、經籍考卷四十九標題、解題皆同原本。按原本羨出部分，皆採林億等校正脈經序爲之。

〔二〕甘伯宗名醫傳　原本「甘伯宗」作「甘宗伯」，據卧雲本、宛委本、瞿鈔本、陳鱣校本、舊鈔本、經籍考乙正。按新唐志卷三有甘伯宗名醫傳七卷，宋志卷六題作歷代名醫録。讀書志所述王叔和事蹟蓋自林億等進書序轉引，林億序亦作「唐甘伯宗名醫傳」。

〔三〕性度沈靜　卧雲本、經籍考「靜」作「靖」，林億等序作「靖」。

〔四〕五藏六府　卧雲本、經籍考「藏」作「臟」、「府」作「腑」。林億等序「五」上有「以舉」二字。

〔五〕纖悉具備咸可按用　「具備」經籍考作「備具」。原本「咸」作「誠」，卧雲本、宛委本、經籍考俱作「咸」，林億等序作「爲至詳悉，咸可按用」，據改。瞿鈔本、季録顧校本、舊鈔本作「成」，顧廣圻改作「誠」，俱誤。

脈訣一卷　袁本後志卷二醫家類第七

右題曰王叔和撰〔一〕。皆歌訣鄙淺之言，後人依託者〔二〕，然最行於世。999

〔一〕王叔和撰　袁本、卧雲本、宛委本、經籍考卷四十九皆無「撰」字。

〔二〕後人依託者　按陳言三因方謂六朝高陽生著，李時珍瀕湖脈學引王世相醫開謂乃五代高陽生著。劉元賓有補註王叔和脈訣三卷，今尚存。元賓，宋熙寧、元祐時人，是柳貫脈經序謂疑出於宋之中世爲近似也。

巢氏病源候論五卷〔一〕　袁本前志卷三下醫家類第六

右隋巢元方等撰。元方，大業中被命與諸醫共論衆病所起之源。皇朝舊制，監局用此書課試醫生〔二〕。昭陵時，詔校正刊刻頒行〔三〕，宋綬爲序。1000

〔一〕巢氏病源候論五卷　隋志卷三有論病源候論五卷，注云：「目一卷，吳景賢撰。」兩唐志有吳景諸病源候論五十卷，新唐志另有巢氏諸病源候論五十卷，注云：「巢元方」。崇文總目卷三、宋志卷六同新唐志，書録解題卷十三作巢氏病源論五十卷。按吳景賢乃隋大業中醫者，事見隋書卷六十四麥鐵杖傳，當爲預修者之一，題景賢名者亦即巢元方書。四庫總目卷一〇三謂隋志五卷，「五」下脱「十」字，讀書志誤與隋志相同，當作「五十卷」。按四庫總目之説是，今本此書亦五十卷。

〔二〕皇朝舊制監局用此書課試醫生　袁本無「舊制」以下十一字。諸衢本、經籍考同原本。

〔三〕詔校正刊刻頒行　袁本、臥雲本、宛委本、經籍考作「詔校本刻牘頒行」。按仁宗天聖四年十月十二日乙酉，命集賢校理晁宗慤（公武高祖）、王舉正校定黄帝内經素問、難經、巢氏元方病源候論。五年四月乙未，命國子監摹印頒行。事見玉海卷六十三。

雷公炮炙三卷〔一〕　袁本後志卷二醫家類第八

右宋雷斆撰〔二〕，胡洽重定〔三〕。述百藥性味，炮熬煮炙之方，其論多本之於乾寧晏先生〔四〕。斆稱「内究守國安正公〔五〕」，當是官名，未詳。1001

〔一〕雷公炮炙三卷　崇文總目卷三、通志藝文略卷七醫方類上有雷教炮炙論三卷，宋志卷六作雷斆炮炙方三卷。按是書不傳，唯李時珍本草綱目頗引載其書，序例第一卷歷代諸家本草題作雷公炮炙論，云：「藥凡三百種，爲上、中、下三卷，其性味、炮炙、煮熬、修事之法多古奥，文亦古質，别是一家。」

〔二〕宋雷斆撰　顧校本改「宋」作「皇朝」，誤。此「宋」非趙宋，乃六朝宋。是書後經胡洽重定，洽名既見隋志，斆不得爲趙宋人明矣。讀書志凡稱「宋人」者，必指劉宋，後妄人改「皇朝」爲「宋」，遂紊其例。顧廣圻蓋以爲此「宋」字亦出後人手，不意此「宋」字不誤。

〔三〕胡洽重定　按隋志卷三有胡洽百病方二卷，舊唐志卷下有胡洽胡居士方三卷，新唐志卷三有胡治胡居士治百病要方三卷，崇文總目卷三有胡道洽方三卷，宋志卷六題同崇文總目，一卷。按劉敬叔異苑卷八云：「胡道洽者，自云廣陵人，好音樂、醫術之事。」疑胡洽亦劉宋時人。新唐志「治」當「洽」之誤。

〔四〕乾寧晏先生　本草綱目云：「乾寧先生名晏封，著制伏草石論六卷，蓋丹石家書也。」按是書見新唐志卷三、崇文總目卷三，題晏封乾寧晏先生制伏草石論，六卷，秘續目有草石論五卷，宋志卷六有草食論六卷（「食」當「石」之誤）。題郭晏封撰。隋志卷三有石論一卷，未著撰人，疑即是書。

〔五〕內究　袁本「究」作「究」，沈録何校本改正。

天元玉策二十卷〔一〕　袁本前志卷三下醫家類第九

右啟玄子撰，即唐王砯也。書推五運六氣之變。唐人物志云：「砯仕至太僕令，年八十餘，以壽終〔二〕。」1002

〔一〕天元玉策二十卷　袁本、臥雲本、經籍考卷四十九「二」作「三」。宋志卷六曆算類有啓玄子天元玉册十卷，國史經籍志卷四下醫家作三十卷。按王冰素問序稱：「辭理秘密，難粗論述者，別撰玄珠，以陳其道。」素問林億等校語云：「詳王氏玄珠世無傳本，今有玄珠十卷、昭明隱旨三卷，蓋後人附託之文也。雖非王氏之書，亦於素問第十九至二十二四卷頗有發明，其隱旨三卷，與今所謂天元玉册者正相表裏，而與王冰之義不同。」今天元玉策不存，玄珠尚有存者，題王冰素問六脈玄珠密語大抵有十卷、十七卷（十六卷本乃合十一、十二爲一卷）兩種。此書旨在養生，本素問五運六氣之説以立言，與公武所言天元玉策相近，故吳騫拜經樓藏書題跋記卷四云：「晁氏讀書志有天元玉册三十卷，今此只十六卷，未知與天元玉册相同否？」

〔三〕唐人物志云砯仕至太僕令年八十餘以壽終　袁本無此十八字。經籍考同原本。按此十八字乃抄録林億素問校語。

金寶鑑三卷〔一〕　袁本後志卷二醫家類第九

右衛嵩撰〔二〕。嵩仕至翰林博士。崇文總目云：「不詳何代人，述脈候徵驗要妙之理。」1003

〔一〕金寶鑑三卷　新唐志卷三、崇文總目卷三有衛嵩撰醫門金寶鑑三卷，又有金寶鑒一卷，未著撰人。宋志卷六、經籍考卷四十九同讀書志。

〔二〕衛嵩　陳師曾刊本「衛」訛作「魏」。按通志藝文略卷七醫方類上有金寶鑑一卷，唐衛嵩撰。

寶藏暢微論三卷　袁本後志卷二醫家類第二十二

右五代軒轅述撰。青霞君作寶藏論三篇〔一〕，著變煉金石之訣既詳，其未善，復刊其謬誤〔二〕，增其闕漏，以成是書〔三〕，故曰「暢微」。時年九十，實乾亨二年也。1004

〔一〕青霞君作寶藏論三篇　崇文總目卷四道書類七有青霞子寶藏論一卷，蘇玄朗撰。四庫闕書目神仙類、宋志卷四道家類有青霞子寶藏論一卷，未著玄朗名。祕續目道書類題作青霞子撰爐火寶藏論三卷。玄朗著有龍虎通玄要訣，見本書卷十六，公武引李淑語，謂「青霞子，隋開皇時人」。而通志藝文略卷五道家類四外丹種有青霞子寶藏論三卷，注云：「蘇元朗，號青霞子。」又有青霞子授茅君歌一卷，注云：「青霞子，晉太康時人。」蘇玄朗所著尚有玄晉蘇元明太清石壁記三卷，見新唐志卷三道家類，丹臺新錄九卷，旨道篇一卷，見四庫闕書目等。

〔二〕復刊其謬誤　袁本、臥雲本、宛委本、瞿鈔本、經籍考卷四十九「復」作「因」。

〔三〕以成是書　袁本、舊鈔本「書」作「言」。

聖濟經十卷〔一〕　袁本前志、後志未收

右徽宗皇帝御製。因黃帝內經〔二〕，采天人之賾，原性命之理，明營衛之清濁〔三〕，究七八之盛衰，辨逆順之盈虛〔四〕，爲書十篇，凡四十二章。1005

〔一〕聖濟經十卷　按趙希弁因讀書附志收是書，故未將衢本此條摘録入後志，見袁本存目，標題作御製聖濟經。諸衢本、經籍考卷四十九同原本。附志載卷上醫家類，可參看。

〔二〕因黃帝內經　原本脱「因黃帝」三字，據臥雲本、經籍考補。宛委本、瞿鈔本、季録顧校本、舊鈔本作「黃帝內經」，脱「因」字。

〔三〕明營衛之清濁　臥雲本「營」作「榮」。

〔四〕辨逆順之盈虚　按今本作「辨逆順，鑒盈虚」，見十萬樓叢書本徽宗序；讀書志本條解題乃録徽宗序而爲之。

通真子傷寒訣一卷〔一〕　袁本後志卷二醫家類第十

右題曰通真子而不著名氏〔二〕。用張長沙傷寒論爲歌詩，以便覽者，脈訣之類也。1006

〔一〕通真子傷寒訣一卷　原本「真」作「元」，據臥雲本、經籍考卷四十九改。袁本此字空格，鮑廷博校本、季録顧校本作「玄」，瞿鈔本作「元」，按疑讀書志初作空格以避宋仁宗諱，後人但知通玄先生劉完素，遂妄添「玄」字，而原本，瞿鈔本等又避清聖祖諱改「玄」作「元」，遂致誤。下同。

〔二〕題曰通真子而不著名氏　原本脱「子」字，據袁本、臥雲本、經籍考補。按宋志卷六有通真子續注脈賦一卷、脈要新括二卷。通志藝文畧卷七醫方類有通真子傷寒括要詩一卷。脈要新括也見書録解題卷十三，作一卷，云：「通真子撰。以叔和脈訣有骫骳鄙俗處，疑非叔和作，以其不類故也，乃作歌百篇，案經爲注。又自言嘗爲傷寒括要六十篇，其書未之見。」丹波元胤醫籍考卷二十九方論七著録傷寒括要二卷，乃其叔自朝鮮人所編醫方類聚録出。丹波氏云：「劉元賓，自號通真子。是書以仲景舊論，裁爲詩括，又以剩義爲註，註中有所發明，朱氏活人書多襲其語。詩凡一百一十二篇，每篇七言四句，末附藥方三十九道。」又引其父語云：「意子儀始作六十篇，後又補之者。讀書後志所著，似是一書。」劉元賓，字子儀，著補註王叔和脈訣。

傷寒百問三卷　袁本後志卷二醫家類第十一

右題曰無求子〔一〕。大觀初所著書。1007

〔一〕題曰無求子　按無求子即朱肱，南陽活人書則爲傷寒百問之訂補本也。書録解題卷十三南陽活人書條云：「朝奉郎直祕閣吳興朱肱翼中撰。以張仲景傷寒方論，各以類聚，爲之問答。本號無求子傷寒百問方，有武夷張藏作序，易此名。」此「張藏」當「張蕆」之誤，蕆序撰於大觀五年正月，畧云：「頃余在三茅山，見無求子傷寒百問，披而讀之，不知無求子何人。今秋遊武林，邂逅致政朱奉議，因論方士，然後知昔之所見百問乃奉議公所作也。因乞其繕本，校其詳畧，而傷寒百問十得五六，前日之所謂歉然者，悉完且備。」宋乾道間有錢聞禮注朱肱書，題曰類證增注傷寒百問歌，四卷，今存。朱肱南陽活人書、酒經分見本卷及卷十二農家類，可參看。

運氣論奧三卷〔一〕　袁本後志卷二醫家類第十二

右皇朝劉温舒撰。温舒以素問運氣最爲治病之要〔二〕，而答問紛揉，文辭古奧，讀者難知，因爲三十論、二十七圖〔三〕，上於朝。1008

〔一〕運氣論奧三卷　按宋志卷六作内經素問論奧四卷，四庫總目卷一〇三與今本題作素問入式運氣論奧三卷，又附黃帝内經素問遺篇一卷：遺篇載素問所亡刺法論、本病論兩篇，林億嘗見，謂「辭理鄙陋，無足取者」（見素問林億等校語」，公武著録，似未含遺篇。

〔二〕素問運氣　袁本、卧雲本、宛委本、瞿鈔本、季録顧校本、舊鈔本、經籍考卷四十九「運氣」皆作「氣運」。

〔三〕因爲三十論二十七圖　四庫總目云：「今詳考其圖，實二十九。蓋十干起運、十二支司天二圖，原本别題曰訣，故公武不以入數，僅曰二十有七。其論實爲三十一篇，末五行勝復論一篇，原本别註附字，故公武亦不以入數，僅曰三十也。」

脈粹一卷　袁本後志卷二醫家類第十三

右皇朝蕭世基撰。世基嘗閲素問及歷代醫經，患其難知，因綴輯成一編〔一〕。治平中姚誼序之。1009

〔一〕因綴輯成一編　袁本、卧雲本、宛委本、經籍考卷四十九「輯」作「緝」。

南陽活人書二十卷　袁本前志卷三下醫家類第十八

右皇朝朱肱撰〔一〕。序謂〔二〕：「張長沙傷寒論，其言雅奥〔三〕，非精於經絡〔四〕，不能曉會。頃因投閒，設爲對問〔五〕，補苴綴輯〔六〕，僅成卷軸。作於己巳，成於戊子，計九萬一千三百六十八字〔七〕。」1010

〔一〕朱肱撰　肱字翼中，臨安人（書録解題卷十三云吴興人），元祐三年進士，官至朝奉郎直秘閣。事跡詳見儀顧堂題跋卷七南陽活人書跋。

〔二〕序謂　按下引乃張蒧序中語。

〔三〕其言雅奥　原本作「奥雅」，據袁本、卧雲本、宛委本、經籍考、張蒧序乙正。

〔四〕非精於經絡　袁本「絡」誤作「署」，經籍考「絡」下有「者」字，張蒧序同原本。

〔五〕設爲對問　原本「爲」作「其」，據袁本與張蒧序改。

〔六〕補苴綴輯　袁本「苴」訛作「宜」，沈録何校本已改正。「輯」，袁本、經籍考作「缉」。

〔七〕九萬一千三百六十八字　原本「八」譌作「六」，據袁本、卧雲本、宛委本、經籍考、張蒧序改。

存真圖一卷〔一〕　袁本後志卷二醫家類第十四

右皇朝楊介編。崇寧間，泗州刑賊於市，郡守李夷行遣醫併畫工往〔二〕，親決膜，摘膏肓〔三〕，曲折圖之，盡得纖悉。介校以古書，無少異者，比歐希範五藏圖過之遠矣〔四〕，實有益醫家也。王莽時，捕得翟義黨王孫慶，使太醫、尚方與巧屠共刳剥之〔五〕，量度五藏，以竹筳導其脈，知所終始〔六〕，云可以治病，是亦此意〔七〕。　1011

〔一〕存真圖一卷　按是書已佚，然明施沛撰藏府指掌圖書，尚得以參考。丹波元胤醫籍考卷十六藏象引日僧幻雲史記扁倉列傳附標亦載其書序，可參看。附標又引宋政和三年洛陽賈偉節存真環中圖序，云：「楊君介吉老以所見五藏之真，繪而爲圖，取煙蘿子所畫，條析而釐正之，又益之十二經，以存真環中名之。」幻雲曰：「存真，五藏六府圖也：環中，十二經圖也。」

〔二〕醫併畫工　原本「醫」下有「家」字，袁本、卧雲本、宛委本、舊鈔本、經籍考卷四十九、附標引楊序俱無，據删。

〔三〕親決膜摘膏肓　卧雲本「親」作「視」，屬上讀。附標引楊序「親」作「覩」。屬上讀，無「肓」字，疑是。

〔四〕歐希範五藏圖　希範，慶曆間起事於廣南，見執，宜州吏吳簡使人剖其腹，圖其狀。事見趙與旹賓退録卷四。

〔五〕太醫尚方　袁本「太」作「大」。

〔六〕知所終始　卧雲本、經籍考「終始」作「始終」。

〔七〕是亦此意　宛委本作「亦是此意」。

補注神農本草二十卷　袁本前志卷三下醫家類第三

右皇朝掌禹錫等補注。舊説本草經神農所作，而藝文志所不載。平帝紀：「詔天下舉知方術、本草者〔一〕。」本草之名，蓋起於此。梁之録載神農本草三卷〔二〕。書中有後漢郡縣名，蓋上世未著文字，師學相傳，至張機、華佗始爲編述。嘉祐初，詔禹錫與林億、蘇頌、張洞等爲之補注。以開寶本草及諸家參校，采拾遺逸，刊定新舊〔三〕，合得藥一千八十二種〔四〕，總二十卷。1012

〔一〕詔天下舉知方術本草者　袁本「舉」下有「通」字，疑是。按讀書志此條解題蓋本掌禹錫嘉祐補注本草序，序引漢書平帝紀云：「元始五年，舉天下通知方術、本草者，在所爲駕一封軺傳，遣詣京師。」所引平帝紀見漢書卷十二，亦有「通」字。

〔二〕梁之録載神農本草三卷　按「之」當「七」之訛，掌禹錫序云：「惟梁七録載神農本草三卷。」

〔三〕刊定新舊　袁本「刊」作「判」，經籍考卷四十九同原本。

〔四〕合得藥　袁本作「藥合」，卧雲本、宛委本、瞿鈔本、舊鈔本、經籍考同袁本。

圖經本草二十卷目録一卷　袁本前志卷三下醫家類第四

右皇朝蘇頌等撰。先是，詔掌禹錫、林億等六人重校神農本草，累年成書奏御〔一〕。又詔郡縣，圖産藥本，用永徽故事，重命編述。於是頌再與禹錫等裒集衆説，類聚詮次，各有條目云。嘉祐六年上。1013

〔一〕成書奏御　袁本「書」作「章」。

證類本草三十二卷〔一〕　袁本後志卷二醫家類第十五

右皇朝唐慎微纂。合兩本草爲一書〔二〕，且集書傳所記單方附之於本條之下，殊爲詳博。1014

〔一〕證類本草三十二卷　書録解題卷十三作大觀本草三十一卷，宋志卷六作大觀經史證類備急本草三十二卷。按此書原題曰經史證類備急本草。大觀二年艾晟所序本曰經史證類大觀本草三十一卷，書録解題著録本是也。政和六年曹孝忠奉敕校刊本，曰政和新修證類備用本草，三十卷（以第三十一卷移于三十卷之前，合作一卷）。讀書志著録殆爲大觀本草，三十二卷乃并目録一卷入數也。

〔二〕兩本草　按指前補注神農本草與圖經本草。

本草廣義二十卷〔一〕　袁本前志卷三下醫家類第八

右皇朝寇宗奭編。以本草二部著撰之人，或執用己私，失於商榷〔二〕。并考諸家之説〔三〕，參之事實，覈其情理，證其脱誤〔四〕，以成此書〔五〕。1015

〔一〕本草廣義　書録解題卷十三作本草衍義，後世著録宋刊本者，如平津館鑒藏記書籍卷一、拜經樓藏書題跋記卷四、東湖叢記、日本訪書志卷九等俱題作本草衍義。楊守敬云：「趙希弁讀書後志（按是書著録於袁本前志）作本草廣義，與其序例不相應，當誤也。」按宗奭自序云：「依舊作二十卷，及目録一卷，目之曰本草衍義。」楊氏故云。

〔二〕失於商榷　原本「榷」作「確」，據袁本改。按日本訪書志著録宋刊本，引其自序「商榷」作「商較」。

〔三〕并考諸家之説　袁本「并考」作「併行」。按宋刊自序同原本，袁本「行」字誤。

〔四〕證其脱誤　袁本「脱誤」作「誤脱」。按自序作「誤脱」，疑此倒文。

〔五〕以成此書　袁本「此」作「其」。按自序作「此」。

子午經一卷〔一〕　袁本後志卷二醫家類第十六

右題云扁鵲撰。論鍼砭之要，成歌訣〔二〕。蓋後人依託者。1016

〔一〕子午經一卷　按宛委山堂本説郛号一〇九有子午經一卷，題扁鵲撰。

〔二〕成歌訣　袁本、卧雲本、宛委本、瞿鈔本、季録顧校本、經籍考卷四十九「訣」皆作「詠」，疑是。

銅人針灸圖三卷〔一〕　袁本前志卷三下醫家類第十一

右皇朝王惟德撰〔二〕。仁宗嘗詔惟德考次針灸之法，鑄銅人爲式，分府藏十二經〔三〕，旁注俞穴所會〔四〕，刻題其名，并爲圖法并主療之術，刻板傳於世〔五〕。夏竦爲序〔六〕。1017

〔一〕銅人針灸圖三卷　袁本、宛委本作銅人腧穴鍼灸圖三卷，其餘衢本、經籍考卷四十九同原本，唯「針」作「鍼」。下同。按崇文總目卷三醫書類五作銅人俞穴鍼灸圖經三卷（「炙」當「灸」之誤），祕續目作鍼灸圖三卷，宋志卷六作新鑄銅人腧穴鍼灸圖經三卷。後世書目如平津館鑒藏記書籍卷二有正統刊本，題曰鼎雕銅人腧穴鍼灸圖經三卷，鐵琴銅劍樓藏書目録卷十四、舊鈔本，題曰銅人腧穴鍼灸圖經三卷，夏竦序云「名曰新鑄銅人腧穴鍼灸圖。」今本多作五卷，乃金大定中所刊補註本。

〔二〕皇朝王惟德撰　崇文總目不著撰人，通志藝文略卷七醫方類上、秘續目俱作王惟一撰，宋志作王維一撰。按夏竦序、玉海卷六十三亦謂撰人爲殿中省尚藥奉御王惟一，故丹波元胤醫籍考卷二十一明堂經脈一引其先父云：「讀書後志『惟一』作『惟德』，鍼灸聚英（按明高武撰）、古今醫統（按明徐春甫撰）亦同，可疑。」又續資治通鑑長編卷一〇五謂王惟一上此書時爲天聖五年十月壬辰。

〔三〕分府藏十二經　袁本「府藏」作「腑臓」。

〔四〕俞穴　殿本經籍考「穴」訛作「冗」，元刊本不誤。

〔五〕刻板傳於世　袁本「刻」上有「勒」字，諸衢本、經籍考同原本。

〔六〕夏竦爲序　袁本、卧雲本、宛委本、瞿鈔本、季録顧校本、舊鈔本、經籍考此句下尚有「明堂者，謂雷公問道，黄帝授之，故名云」十五字，係下一條明堂針灸圖之解題，錯簡而誤置於此。

明堂針灸圖三卷〔一〕　袁本後志卷二醫家類第十七

右題云黄帝論人身俞穴及灼灸禁忌〔二〕。明堂者，謂雷公問道，黄帝授之，故名云〔三〕。1018

〔一〕明堂針灸圖三卷　袁本「灸」訛作「炙」，經籍考卷四十九「針」作「鍼」。

〔二〕人身俞穴　經籍考「穴」訛作「冗」。

〔三〕明堂者謂雷公問道黄帝授之故名云　袁本、經籍考以及諸衢本無此十五字，俱錯置前條銅人針灸圖條下，參見該條校注〔六〕。又，原本所據底本脱「故名云」三字。

點烙三十六黃經一卷〔一〕 袁本後志卷二醫家類第十八

右不著撰人。唐世書也。國史補云：「自茗飲行於世，世人不復病黃癉。」 1019

〔一〕點烙三十六黃經一卷　按崇文總目卷三、宋志卷六有扁鵲療黃經三卷，蔣淮療黃歌一卷，通志藝文略卷七醫方類下又有烙三十六黃法并明堂一卷，殆即此類療黃書。醫籍考卷二十一明堂經脈一云：「按聖惠方第五十五卷載治三十六種黃證候點烙論并方、三十六種黃點烙應用俞穴處，蓋採是書全文而編入者也。」

千金方三十卷〔一〕 袁本後志卷二醫家類第十九

右唐孫思邈撰。思邈博通經傳，洞明醫術，著用藥之方，診脈之訣〔二〕，針灸之穴，禁忌之法〔三〕，以至導引養生之要，無不周悉。後世或能窺其一二，未有不爲名醫者。然議者頗恨其獨不及傷寒之數云〔四〕。 1020

〔一〕千金方三十卷　按此書新唐志卷三、崇文總目卷三、書録解題卷十三、宋志卷六俱作此題。孫思邈自序謂是書題爲千金備急要方，三十卷。後世諸目著録宋、元本多作備急千金要方，簡稱千金要方。（九十三卷者乃明嘉靖喬世定録道藏太平部刊之，見喬世寧序）皕宋樓藏書志卷四十四著録孫真人千金方三十卷，宋配元、明刊本、有黃丕烈己未清明前五日跋，畧云：「余家舊藏錢述古抄本（按即讀書敏求記校證卷三之下著録之千金要方三十卷），云從宋閣本抄出者，已自侈爲善本。今得宋刻勘之，鮮有一處符合者。初不解其故，後檢通考，知晁所見者爲千金方三十卷，陳所見者爲千金備急要方三十卷本，其前類例數十條，林億等新纂，則知抄本即從宋閣本出，已是經後人增損原書，故與宋刻原本多不同也。」此本嘗歸陸心源，儀顧堂題跋卷九云：「其本「惟與治平本校勘記所稱唐本多合，洵爲孫真人之真本，非林億既校以後刊本所可同日語也」。故日本訪書志卷九云：「蓋孫氏原書名千金方，林億等校本名千金備急要方，固自不同也。」據此，讀書志著録蓋未經林億治平間校正，源自唐本之千金方，書録解題標目雖同，實爲林億校刊本，黄丕烈因此而有「晁志真堪據，題應陋振孫」之歎。

〔二〕診脈之訣　袁本「診」作「胗」，王先謙刊本校語曰袁本誤。

〔三〕禁忌之法　原本「忌」作「架」，顧校本「架」字傍加點，疑其字誤，鮑廷博校本改「架」爲「忌」，按宛委本正作「忌」，據改。

〔四〕頗恨其獨不及傷寒之數云　袁本、卧雲本、宛委本、經籍考卷四十九「及」作「知」。卧雲本、顧校本「數」作「類」。按葉夢得避暑録話卷上云：「思邈爲千金前方時，已百餘歲，固以妙盡古今方書之要，獨傷寒未之盡，似未盡通仲景之言，故不敢深論。後三十年，作千金翼，論傷寒者居半，蓋始得之，其用志精審不苟如此。」葉氏語可與林億等千金翼方後序相參證，公武引議者説，蓋未悟二書相輔之意。

千金翼方三十卷　袁本後志卷二醫家類第二十

右唐孫思邈撰〔一〕。思邈著千金方，復掇集遺軼以羽翼其書，成一家之學〔二〕。林億等謂首之以藥録，次之以婦人、傷寒、小兒、養性、辟穀、退居、補益、雜病、瘡癰〔三〕、色脈、針灸而禁經終焉者，皆有指意云。1021

〔一〕右唐孫思邈撰　經籍考卷四十九無此六字，諸衢本等同原本。

〔二〕成一家之學　臥雲本「學」作「言」。

〔三〕瘡癰　據今通行清翻元大德本林億序「婦人」上有「本草」，「雜病」上有「中風」，「瘡癰」上有「萬病」、「飛鍊」，其書子目「養性」上更有「竅病」，公武所舉有脱落。

外臺祕要方四十卷〔一〕　袁本前志卷三下醫家類第七

右唐王燾撰。燾在臺閣二十年，久知弘文館，得古方書數千百卷，因述諸病證候，附以方藥、符禁、灼灸之法，凡一千一百四門。天寶中，出守房陵及大寧郡，故以「外臺」名其書〔二〕。孫兆以燾謂「鍼能殺生人，不能起死人，取灸而不取針」，譏其爲醫之蔽。予獨以其言爲然。1022

〔一〕外臺祕要方四十卷　袁本解題頗簡，俱録於下：「右唐王燾撰。燾之序云，嘗得古方書數千百卷，因述諸病證候，删集方藥、符禁、鍼灸之法。」

〔二〕故以外臺名其書　孫兆校正序云：「夫『外臺』者，刺史之任也；『祕要』者，祕密樞要之謂也。以出守於外，故號外臺祕要方。」公武蓋從兆序也。四庫總目卷一〇三亦持此説，云：「其作是編，則成於守鄴時，其結銜稱持節鄴郡諸軍事兼守刺史，故曰『外臺』。」原注云案猗覺寮雜記曰：「外臺見唐高元裕傳。故事，三司監院官帶御史者，號

『外臺』。」日本訪書志卷十以爲此說非，云：「王燾自序，結銜不帶御史，則謂出守于外即稱『外臺』者，未確。據魏志王肅傳注薛夏曰蘭臺爲外臺，祕閣爲内閣云云。燾自序云：『兩拜東掖，便繁臺閣二十餘歲，久知弘文館圖籍方書等，由是覩奥升堂，皆探其祕要。』據此，則取魏志蘭臺爲外臺甚明，非出守於外之謂也。」醫籍考卷四十三方論二十一亦取魏志注說。

産寶二卷〔一〕 袁本前志卷三下醫家類第十

右唐昝殷撰〔二〕。殷，蜀人。大中初，白敏中守成都，其家有因免乳死者，訪問名醫，或以殷對。敏中迎之，殷集備驗方藥三百七十八首以獻。其後周頲又作三論，附於前。1023

〔一〕産寶二卷　袁本解題頗簡，但録於下：「右僞蜀昝殷撰。輯産乳備驗方藥三百七十八首。」按此書周頲序云三卷，崇文總目卷三作産寶三卷，祕續目作昝氏産寶三卷，宋志卷六作昝殷産寶三卷，清光緒七年日本重刊宋本則作經效産寶三卷續編一卷（其續編收周頲救急方論二十一、産後論十八），讀書志「二卷」當「三卷」之誤。

〔二〕唐昝殷撰　袁本謂殷爲僞蜀人，蓋以其爲蜀人而誤也。原本云，大中初，昝獻備驗方藥白敏中。據唐方鎮年表卷六，敏中以大中六年爲西川節度使，十一年，徙荆南。昝獻方殆即此時。又，經籍訪古志補遺著録南宋本，題「唐節度隨軍昝殷撰集」，殷署名次，有「相國白敏中家藏宋本」一行。又，頲序稱丁巳，是爲昭宗乾寧四年，頲亦當爲唐季人，殷爲唐人無疑，袁本誤。

龍樹眼論三卷〔一〕 袁本後志卷二醫家類第二十一

右佛經龍樹大士者，能治眼疾。或假其説，集治七十二種目病之方。1024

〔一〕龍樹眼論三卷 崇文總目卷三，宋志卷六皆作一卷，經籍考卷四十九同讀書志。按是書有輯本一卷，醫籍考卷六十八方論四十六丹波元胤云：「按朝鮮醫方類聚所輯龍樹菩薩眼論，即是書也。弟堅録出以爲一卷。跋曰：世傳龍樹王菩薩能療眼疾，故往往假託，以神其書。史志著録，亦頗爲夥。今如是書文辭雅古，與外臺祕要、謝道人論相出入，而證治之法，鍼鎌之術，其精微非彼所及，又有波斯之法，與漢土用藥不同等語，則或是隋唐間人傳録夷法者矣。白香山病眼詩云『案上謾鋪龍樹論，盒中空撚決明丸』，蓋指是書也。且觀其篇第，函蓋備具，非出零殘之餘者，宋志所謂龍樹眼論者，亦是耳。唯菩薩療眼，未詳所出。或曰：玄奘西域記稱『龍猛善閑醫藥』，隋志亦有龍樹菩薩藥方四卷，而菩薩所撰大智度論，辨五種眼，疑後人湊合爲言者。余素暗内典，未敢決也。」

太平聖惠方一百卷 袁本後志卷二醫家類第二十三

右太宗皇帝在潛邸日，多蓄名方異術。太平興國中，内出親驗者千餘首，乃詔醫局各上家傳方書〔一〕，命王懷隱、王祐、鄭彦〔二〕、陳昭遇校正編類，各於篇首著其疾證。淳化初書成〔三〕，御製序引。1025

〔一〕乃詔醫局 袁本「局」作「官」

〔二〕鄭彥　按宋史卷四六一王懷隱傳作「鄭奇」。

〔三〕淳化初書成　按續資治通鑑長編卷三十三云：「淳化三年五月，上復命醫官集太平聖惠方一百卷。己亥，以印本頒天下，每州擇明醫術者一人補醫博士，令掌之，聽吏民傳寫。」

太醫局方三卷〔一〕　袁本前志卷三下醫家類第十二

右元豐中，詔天下高手醫，各以得效祕方進，下太醫局驗試，依方製藥鬻之。仍模本傳於世〔二〕。1026

〔一〕太醫局方三卷　袁本、卧雲本、經籍考卷五十「三」皆作「十」。

〔二〕仍模本傳於世　袁本「模」訛作「摸」，脱「本」字。沈録何校本補「本」字。

和劑局方十卷〔一〕　袁本後志卷二醫家類第二十四

右大觀中，詔通醫刊正藥局方書。閲歲書成，校正七百八字，增損七十餘方。1027

〔一〕和劑局方十卷　書録解題卷十三作太平惠民和劑局方六卷，宋志卷六作陳師文校正太平惠民和劑局方五卷，今通行本題增廣太平惠民和劑局方十卷。按宋史卷一六五職官志五，崇寧中始設藥局七所，至宣和三年減罷，七局之中有和劑局。據玉海卷六十三，紹興六年置和劑局，十八年改熟藥所爲太平惠民局，是時和劑局非初設乃復置耳。玉海云：「大觀時，詔措置醫官陳承、裴宗元、陳師文修和劑局方五卷，得方二百九十七，分二十一門。」故宋志著録本有「陳師文校正」之題。此五卷本，後有吳直閣增廣校正本，尚見丹波元胤醫籍考卷四十六方論二十四著録，無「太平惠民」標題，與讀書志相符。且公武云「閱歲書成」，正是陳師文等上書表中語，疑公武著録非陳師文原本即吳直閣增廣本，讀書志「十」字殆由後人據晚出通行本誤改。今通行之十卷本，已經紹興、寶慶、淳祐重修、增補，非大觀舊本面目矣。

沈存中良方十卷〔一〕　袁本前志卷三下醫家類第十三

右皇朝沈括存中撰。存中博學通醫術，類其經驗方成此書〔二〕。用者多驗。或以蘇子瞻論醫藥雜説附之。1028

〔一〕沈存中良方十卷　袁本「十」作「十五」，經籍考卷五十同原本。袁本同卷同類又著録蘇沈良方十五卷，解題曰：「右皇朝沈括通醫學，嘗集得效方成一書。後人附益以蘇軾醫藥雜説，故曰『蘇沈』。」袁録顧校本顧廣圻在此條上方加校語，云：「按前有沈存中良方，此趙希弁誤複。」按書録解題卷十三有蘇沈良方十卷，又云中興書目有沈氏良方十卷、蘇沈良方十五卷，宋志卷六亦複出，出沈括良方十卷，蘇沈良方十五卷，注云：「沈括、蘇軾所著。」四庫總目卷一〇三云：「蓋晁氏所載良方，即括之原本，其云『或以蘇子瞻論醫藥雜説附之』者，即指蘇沈良方，由其書初尚並行，故晁氏兩載。」劉桂續醫説卷一云：「蘇沈良方十卷，前有永嘉道士林靈素序。余家有宋刊本。竊意靈素在二公文集中或雜記、或筆談等書抄出，彙成一編，附託二公之盛名，以行其方耳。」是書今大典輯本作八卷，題蘇沈良方；程永培六醴齋醫書本題蘇沈內翰良方，十卷，據其藏本刊行。其卷數同讀書志，林靈素序雖止論沈，不論蘇，然内容雜以蘇說，與此條相合。

〔三〕存中博學通醫術類其經驗方　袁本無「存中」二字，「類」上有「故」字。

靈苑方二十卷〔一〕　袁本前志卷三下醫家類第十四

右皇朝沈括存中編〔二〕。本朝士人如高若訥、林億、孫奇、龐安常，皆以善醫名於世〔三〕，而存中尤喜方書〔四〕。此書所載多可用〔五〕。 1029

〔一〕靈苑方二十卷　經籍考卷五十無「方」字。按書録解題卷十三、宋志卷六皆作靈苑方二十卷。

〔二〕右皇朝沈括　經籍考無此五字，而作一「亦」字，蓋連上條行文。

〔三〕名於世　袁本、經籍考無「於」字。

〔四〕尤喜方書　臥雲本、經籍考「喜」作「善」。

〔五〕此書所載　袁本「書」作「中」。

王氏博濟方五卷〔一〕　袁本前志卷三下醫家類第十五

右皇朝王袞撰〔二〕。袞，慶曆間官滑臺〔三〕，因暇日出家藏七十餘方〔四〕，擇其善者，爲此書。名醫云：其方用之無不效，如「艸還丹」治中風，「太一丹」治鬼胎〔五〕，尤奇驗。 1030

〔一〕王氏博濟方五卷　袁本作「博濟方五卷」，解題頗簡，曰：「右皇朝王袞撰。」經籍考卷五十同原本。

〔二〕皇朝王袞　臥雲本、宛委本、經籍考作「皇朝太原王袞」。

〔三〕袞慶曆間官滑臺　經籍考無「袞」字，又臥雲本、宛委本、經籍考「間」下有「因」字而無「臺」下「因」字。按袞自序云：「鄙侍家君之任滑臺，道次得疾，遇醫之庸者，不究其脈理，妄投湯劑，而疾竟不瘳。後又母氏多病，遂潛心醫術，博采禁方，所得方論凡七千餘道。」是官滑臺者乃袞之父，非袞也。

〔四〕七十餘方　按「十」當「千」之訛，見校注〔三〕引王袞自序。袞擇七千餘方中之尤精者編成博濟方，凡五百餘首，四庫輯本尚存三百五十餘首。

〔五〕太一丹　臥雲本、經籍考「一」作「乙」。

錢氏小兒方八卷〔一〕　袁本前志卷三下醫家類第十六

右皇朝錢乙仲陽撰。神宗時，擢太醫丞。於書無所不窺，他人斬斬守古〔二〕，獨乙度越縱舍〔三〕，卒與法合。尤邃本草，多識物理，辨正闕誤，最工療嬰孺病。年八十二而終。閻季忠方附於後〔四〕。　1031

〔一〕錢氏小兒方八卷　書錄解題卷十三有錢氏小兒藥證真訣三卷，云：「太醫丞東平錢乙仲陽撰，宣教郎大梁閻季忠集。上卷言證，中卷敘嘗所治病，下卷爲方，季忠亦頗附以己說。且以劉斯立所作仲陽傳附於末。宣和元年也。」疑晁、陳兩家著錄實一書，而卷數不合，經籍考卷五十兩存焉，宋志卷六作錢乙小兒藥證直訣八卷，通志藝文略卷七醫方類下作錢氏小兒方八卷。按閻氏序稱是書分爲上、中、下三卷。是時蓋有三卷與八卷者。今通行本亦三卷，唯明薛鎧注本作四卷，熊宗立注本作十卷。

〔二〕他人斬斬守古　宛委本、瞿鈔本「斬斬」作「僅僅」，卧雲本作「勒勒」，經籍考作「勤勤」。

〔三〕獨乙度越縱舍　袁本、卧雲本、經籍考無「乙」字，喬録王校本王懋竑校語云：「『古』下當有『乙』字。」按疑袁本脱「乙」字。

〔四〕閻季忠　原本「忠」作「終」，據袁本、卧雲本、宛委本、經籍考改，袁本「季忠」作「孝忠」。按書録解題、平津館鑒藏記書籍卷三影寫本等作「季忠」，適園藏書志卷六著録宋本、明正統五年熊宗立注本、清康熙間陳世傑仿宋本等作「孝忠」，一九五五年人民衛生出版社影印光緒十七年周氏醫學叢書本，二名並舉，未詳孰是。劉昉云孝忠字資欽，許昌人。

養生必用方十六卷〔一〕　袁本後志卷二醫家類第二十五

右皇朝初虞世撰。序謂：「古人醫經行於世者多矣。所以别著者，古方分劑與今銖兩不侔〔二〕，用者頗難。此方其證易詳，其法易用，苟尋文爲治，雖不習之人，亦可無求於醫也。」虞世，本朝士，一日削髮爲僧。在襄陽，與十父遊從甚密〔三〕。1032

〔一〕養生必用方十六卷　書録解題卷十三作養生必用書，云：「靈泉山初虞世和甫撰。紹聖丁丑序。」宋志卷六作古今録驗生養必用方（按「生養」當作「養生」），通志藝文畧卷七醫方類上作初虞世必用方，俱三卷。

〔二〕古方分劑與今銖兩不侔　原本脱「分」字，據袁本、宛委本、經籍考卷五十補。袁本「與」作「爲」，誤。

〔三〕十父　參見卷八山海經條校注〔三〕。

嬰童寶鏡十卷〔一〕　袁本後志卷二醫家類第二十六

右題曰栖真子，不著姓名。録世行應驗方，成此書。1033

〔一〕嬰童寶鏡十卷　按宋志卷六有栖真子嬰孩寶鑑方十卷，通志藝文畧卷七醫方類下有嬰童寶鑑三卷，不著撰人，蓋即此書，宋人避太宗之祖敬嫌名改「鏡」爲「鑑」。

小兒靈祕方十三卷　袁本後志卷二醫家類第二十七

右不題撰人。辨小兒疾證及諸療治之方〔一〕，多爲歌訣。1034

〔一〕辨小兒疾證及諸療治之方　瞿鈔本、季録顧校本「疾」作「雜」。經籍考卷五十同原本。「及諸療治之方」，卧雲本、宛委本、經籍考作「及治療之方」，袁本、舊鈔本作「及諸療之方」。

傷寒證治三卷〔一〕　袁本後志卷二醫家類第二十八

右皇朝王實編〔二〕。實謂百病之急〔三〕，無踰傷寒，故畧舉病名法及世名醫之言，爲十三篇，總方百四十六首。或云潁川人，官至外郎，麗安常之高弟也〔四〕。 1035

〔一〕傷寒證治三卷　宋志卷六有王寔傷寒證治三卷，又局方續添傷寒證治一卷。

〔二〕王實編　袁本「實」作「寔」，下同。經籍考卷四十九同原本。按疑當作「寔」。

〔三〕實謂百病之急　袁本「謂」作「爲」，袁録何校本改「實」爲「以」。宛委本無「實」字。

〔四〕高弟也　袁本「弟」作「第」，卧雲本作「苐」，誤。按劉昉幼幼新書謂王寔爲信陽太守。

小兒玉訣一卷〔一〕　袁本後志卷二醫家類第二十九

右未詳撰人名氏。爲韻語以記小兒疾證治法，凡二十三〔二〕。 1036

〔一〕小兒玉訣一卷　祕續目有小兒玉櫃金鎖訣一卷、小兒蒽台訣一卷、小兒訣三卷，皆不著撰人。

〔二〕凡二十三　經籍考卷五十無「凡」字，顧校本「三」作「二」，袁本同原本。

孫尚祕寶十卷〔一〕　袁本後志卷二醫家類第三十

右皇朝孫尚撰。呂惠卿帥邊日，尚之子在屬郡〔二〕，因取此書刻板傳於世。 1037

〔一〕孫尚祕寶十卷　經籍考卷五十作孫尚祕寶方十卷，解題唯引書録解題，未引讀書志。書録解題卷十三作孫氏傳家祕寶方三卷，云：「尚藥奉御太醫令孫用和集，其子殿中丞兆，父子皆以醫名，自昭陵時，迄於熙、豐，無能出其右者。元豐八年，兆弟宰爲河東漕，屬吕惠卿帥并，從宰得其書，序而刻之。兆自言爲思邈之後。晁氏讀書志作孫尚祕寶方凡十卷。」據此，讀書志標題當有「方」字。按祕續目作孫尚藥方三卷，宋志卷六作孫用和傳家祕寶方五卷。善本書室藏書志卷十六有日本影宋本傳家祕寶脈證口訣并方殘本三卷（缺上卷），題「宣德郎守殿中省尚藥奉御權太醫令充醫師上騎都尉賜紫金魚袋孫用和集」，殆即此書。

〔二〕尚之子在屬郡　袁本、卧雲本、宛委本「郡」作「部」。按據書録解題云用和有子兆、宰，爲吕惠卿屬下者乃宰。然邵氏聞見前録卷二謂用和有子奇、兆二人。

楊子護命方五卷通神論十四卷　袁本後志卷二醫家類第三十一

右皇朝楊退修撰。退修以岐伯論五運六氣以治百病〔一〕，後世通之者，惟王砯一人而已，然猶於變遷行度〔二〕，莫知其始終次序，故著此方、論云。　1038

〔一〕以治百病　袁本「百」作「疾」。

〔二〕猶於變遷行度　袁本、卧雲本、宛委本、經籍考卷五十「變遷」作「遷變」。又，袁本「度」作「氣」，卧雲本、經籍考同原本。

郡齋讀書志卷第十六

神仙類〔一〕

度人經三卷〔二〕　袁本前志、後志未收

右元始天尊說。唐志有其目〔三〕，古書也。神仙之說，其來尚矣。劉歆七畧，道家之學與神仙各爲録。其後學神仙者稍稍自附於黄、老，乃云：有元始天尊〔四〕，生於太元之先，姓樂〔五〕，名靜信，常存不滅。每天地開闢，則以祕道授諸仙，謂之開劫度人。延康、赤明、龍漢、開皇，即其紀年也。受其道者〔六〕，漸致長生，或白日昇天。其學有授籙之法，名曰「齋」；有拜章之儀，名曰「醮」；又有符咒以攝治鬼神，服餌以蠲除穢濁。至於存想之方，導引之訣，烹錬變化之術，其類甚衆。及葛洪、寇謙、陶弘景之徒相望而出，其言益熾於世。富貴者多惑焉，然通人皆疑之。國朝修道藏，共六部，三百一十一帙，而神仙之學如上所陳者居多，與道家絶不類。今於其間取自昔書目所載者録之，又釐而爲二；凡其說出於神仙者，雖題曰「老子」〔七〕、「黄帝」，亦皆附於此，不以名亂實也。若夫容成之術，雖收於歆輩者，以薦紳先生難言之，特削去不録。1039

〔一〕神仙類　後志文中標目作「道書類」，當爲趙希弁臆改。

〔二〕度人經三卷　趙希弁以讀書附志卷上神仙類已收録御序集註無量度人經二卷，故未摘録此條入後志，見後志存目。按此書全稱爲太上洞玄靈寶无量度人上品妙經，通稱元始无量度人上品妙經，正統道藏洞真部本文類作六十一卷，其中一卷爲本經，六十卷乃敷衍經文。道藏目録詳註洞真部本文類著録。

〔三〕唐志有其目　按兩唐志俱不載此經，公武誤記。

〔四〕有元始天尊　臥雲本、宛委本、瞿鈔本、季録顧校本、舊鈔本、經籍考卷五十一神仙類「尊」下俱有「者」字。

〔五〕姓樂　原本「樂」作「謝」，據臥雲本、宛委本、經籍考改。按讀書志此條小序乃本隋志卷四道經類小序爲之，隋志曰：「自云天尊姓樂，名靜信。」樂靜信事見雲笈七籤卷一〇一。

〔六〕受其道者　原本「受」作「授」，據瞿鈔本、季録顧校本改。

〔七〕雖題曰老子　原本無「雖」字，據臥雲本、宛委本、經籍考補。

大洞真經一卷〔一〕　袁本後志卷二道書類第一

右題云高上虚皇君等。道書，三十七章〔二〕。晉永和中，上清紫微元君降授於王夫人，是上清高法。道藏書六部〔三〕：一曰大洞真部，二曰靈寶洞元部〔四〕，三曰太上洞神部，四曰太真部，五曰太清部，六曰正一部。李氏道書志四類〔五〕：一曰經誥類，二曰傳録類，三曰丹藥類，四曰符籙類，皆以此書爲之首，然唐志不載，故以次度人經云〔六〕。 1040

〔一〕大洞真經一卷　按崇文總目卷四道書類三、經籍考卷五十一同讀書志，道藏目録詳註洞真部本文類有上清大洞真經六卷。

〔二〕三十七章　按疑當作「三十九章」。大洞真經凡三十九章，高上虚皇道君而下三十九道君，各著一章，故又稱三十九章經，參見雲笈七籤卷八三洞經教部。

〔三〕道藏書六部　按道藏分三洞四輔凡七科，除公武下列三洞三輔外，更有太玄部，然神仙類小序（綴前條度人經解題後）亦謂「國朝修道藏，共六部」，不詳其故。公武所指當大宋天宮寶藏或崇寧重校道藏、政和萬壽道藏，張君房領修之天宮寶藏爲後二道藏所本，俱以三洞四輔分類。

〔四〕靈寶洞元部　按「元」當作「玄」，讀書志諸本及經籍考俱作「元」，蓋避宋始祖諱，姑仍之。

〔五〕李氏道書志四類　袁本、宛委本「李氏」上有「邯鄲」二字，顧校本無「四類」二字。按李淑邯鄲圖書志分八目，道書志爲其中之一，參見卷九書目類邯鄲圖書志條。

〔六〕故以次度人經云　鮑廷博校本校語云：「衢本次於度人經之後，則知析爲後志之非。」按公武編次自有體例，趙希弁以度人經已載附志而删之，既紊公武之例，亦使「故以次度人經云」一句無着落矣。二本優絀，此亦一例。

黃庭内景經一卷〔一〕 袁本前志卷三下神仙類第一

右題大帝内書，藏暘谷陰，三十六章，皆七言韻語。梁丘子敍云〔二〕：「扶桑大帝命暘谷神王傳魏夫人，一名東華玉篇。黃者，中央之色，庭者，四方之中。外指事，即天、人、地中〔三〕；内指事，即腦、心、脾中〔四〕，故曰『黃庭』〔五〕。」1041

〔一〕黃庭内景經一卷　兩唐志道家類有老子黃庭經一卷、新唐志卷三神仙類有白履忠注黃庭内景經（原注云：卷亡）。崇文總目卷三道書類一、秘續目道書類有梁邱子注太上黃庭内景玉經一卷，宋志卷四作梁丘子注黃庭内景玉經一卷。四庫闕書目神仙類、祕續目、宋志卷四有務成子注太上黃庭内景經一卷、書録解題卷十二神仙類作黃庭内景經一卷，務成子注。經籍考卷五十一、道藏目録詳注洞玄部本文類人字號作太上黃庭内景玉經（未著卷數）。袁本解題頗異，俱録於下：「右題太帝内書，藏湯谷陰，三十六章，不載注人，皆七言韻語。敍云：扶桑太帝命湯谷神王傳魏夫人，一名東華玉篇。黃者，二儀正色；庭者，四方之中。近取諸身，以脾爲主，故曰『黃庭』。」

〔二〕梁丘子敍云　經籍考「丘」作「邱」。按下引「扶桑大帝」至「名東華玉篇」，雲笈七籤作務成子注敘，云：「扶桑大帝君命暘谷神仙王傳魏夫人。黃庭内景者，一名太上琴心文，一名大帝金書，一名東華玉篇。」

〔三〕天人地中　經籍考脱「中」字。

〔四〕腦心脾中　原本「腦」作「肺」，據顧校本改。按原本「黃者」至「黃庭」凡三十二字，乃採自黃庭内景經釋題注文，原文云：「黃者，中央之色也；庭者，四方之中也。外指事，即天中、人中、地中；內指事，即腦中、心中、脾中；故曰黃庭。內者心也；景者象也。外象諭即日月星辰雲霞之象；內象諭即血肉筋骨藏府之象也。心居身內，存觀一體之象色，故曰內景也。」袁本釋「黃庭」語異於斯，乃採自太上黃庭外景經序（見正統道藏第一六册、六七九册、雲笈七籤卷十二），原文云：「黃庭經者，蓋老君之所作也。其旨遠，其詞微，其事肆而隱，實可爲典要，强識其情，則生之本也。故黃者二儀之正色，庭者四方之中庭，近取諸身，則脾爲主，遠取諸象，而天理自會。」二本所採各異，故其文亦不同。

〔五〕故曰黃庭　經籍考「庭」下有「內景」二字，原本黃丕烈校語云：「元刻通考亦無。盧氏拾補云：『內景二字，誤在上條說下，此指中黃經二卷而言。』以爲『內景』當在下條上，則原本無『內景』是已。」按經籍考卷五十一於黃庭內景經條之次，著錄中黃經二卷，此書當名內景中黃經，盧文弨以爲「內景」二字乃由此書標題前二字錯簡誤置本條解題「故曰黃庭」之下。又，經籍考引中黃經二卷，作「晁氏曰」，卧雲本正有內景中黃經二卷，而書錄解題卷十二神仙類亦有內景中黃經二卷，解題無一字不同。未知乃馬端臨誤「陳氏曰」爲「晁氏曰」，抑四庫館臣將讀書志所載誤輯入書錄解題。茲將卧雲本解題俱錄於下，以備考：「右題九仙君撰，中黃真人注。亦名胎藏經。」

黃庭外景經三卷〔一〕　袁本前志卷三下神仙類第二

右敍謂老子所作，與法帖所載晉王羲之所書本正同，而文句頗異〔二〕。其首有「老子閒居，作七言解說身形及諸神」兩句，其末有「吾言畢矣勿妄陳」一句，且改「淵」爲「泉」，改「治」爲「理」，疑唐人諱者附益之。

崇文總目云「記天皇氏至帝嚳受道得仙事」，此本則無之。1042

〔一〕黄庭外景經三卷　袁本「三」作「一」，經籍考卷五十一同原本。按兩唐志道家類著録老子黄庭經一卷，殆即指外景經。崇文總目卷四道書類一有黄庭外景經一卷，又有黄庭外景玉經訣一卷。四庫闕書目、宋志卷四有尹喜黄庭外景經注一卷，祕續目作尹氏注黄庭祕言外景經一卷。祕續目又有務成子注太上黄庭外經一卷，書録解題卷十二作外景經一卷，務成子注。宋志卷四另有梁丘子注黄庭外景經一卷，黄庭外景玉經注訣一卷。道藏目録詳註洞玄部本文類人字號有太上黄庭外景玉經十卷。雲笈七籤卷十二太上黄庭外景經序云：「今故纂注，以成一卷，義分三部。」據此卷數似當作「一卷」，原本殆以經分三部而謂「三卷」歟？今道藏洞玄部本文類載本經、洞真部方法類載梁丘子注本，俱三卷，道藏精華録第九集中有務成子、梁丘子注本，作一卷。又，袁本解題亦頗異於原本，俱録如下：「右叙謂老子所作，旡陽子注，分上、中、下三篇，亦皆七言韻語。元陽子不詳其人。」沈録何校本改「旡」作「无」，改「元」作「无」。按雲笈七籤卷一〇四太和真人傳附有元陽子傳，謂老君遺經一卷，名曰黄庭。據此，當作「元陽子」，而「旡」、「无」皆誤。又，梁丘子即注黄庭内景經之白履忠，見隱逸傳。

〔二〕文句頗異　太上黄庭外景經序云：「後晉有道士好黄庭之術，意專書寫，常求于人，聞王右軍精於草隸而復性愛白鵝，遂以數頭贈之，得乎妙翰。且右軍能書，繕録斯文，頗多逸興自縱，而未免脱漏矣。」歐陽修集古録謂晉永和中刻石，世傳王羲之書，然後世頗有疑之者。隋智永、唐歐陽詢、虞世南、褚遂良、吴通微等皆有臨本，宋刊有祕閣續帖本、潭帖本、寶晉齋本、越州石氏本，閱古堂本。

真誥十卷〔一〕　袁本前志卷三下神仙類第四

右梁陶弘景撰。皆真人口授之誥〔二〕，故以爲名。記許邁、許謐〔三〕、楊羲諸仙受道之説〔四〕，本七卷：運題一，象甄二，命授三，協昌期四，稽神樞五，握真輔六，翼真檢七。後人析第一、第二、第四，各爲上下〔五〕。1043

〔一〕真誥十卷　袁本「十」作「七」，經籍考卷五十一同原本。按二本分卷之異詳下。兩唐志、崇文總目卷四道書類五、四庫闕書目神仙類、玉海卷六十三引中興書目、書録解題卷十二、宋志卷四均作十卷。道藏目録詳註太玄部安字號、定字號作二十卷，乃後人所析也。

〔二〕口授之誥　袁本「授」作「受」，經籍考同原本。

〔三〕許謐　原本所據底本「謐」訛作「謚」，黄丕烈據袁本改。按當作「謐」，詳本書，又可參見雲笈七籤卷五經教相承部。又，經籍考無「許謐」二字。

〔四〕受道之説　卧雲本、宛委本、經籍考作「受授之説」。

〔五〕各爲上下　袁本無「本七卷」至此凡四十一字。按公武以誤讀誤斷，真誥諸篇名支離割析，且有脱漏，吳昌綬松鄰遺集卷一真誥殘本跋嘗駁正之。七篇篇名當作：運題象一、甄命授二、協昌期三、稽神樞四、闡幽微五、握真輔六、翼真檢七。見真誥序録。

西昇經四卷　袁本後志卷二道書類第二

右題曰天上真人尹君紀録〔一〕。老子將遊西域，既爲關令尹喜説五千言，又留祕旨，凡三十六章，喜述之，爲此經。其首稱老君西昇，聞道竺乾，有古先生，是以就道。説者以「古先生」，佛也。事見廣洪明集辨惑論〔二〕。1044

〔一〕天上真人　袁本、宛委本、季録顧校本、殿本經籍考卷五十一「天」作「太」，元刻經籍考同原本。按「尹君」即關尹喜，道家尊號爲「无上真人」，疑此「天」當「无」之誤。

〔二〕廣洪明集辨惑論　袁本脱「明」字。又，「洪」當作「弘」，宋人避太宗父弘殷諱。

韋注西昇經二卷〔一〕　袁本後志卷二道書類第三

右梁道士韋處玄〔二〕。分上下經：上經三七，法天之陽數，分二十一章；下經四七，法地之陰數〔三〕，總四十九章，象大衍用數云。唐志稱處玄集解〔四〕。以「聞道竺乾」爲「經道竺乾」，以「古先生」爲老子自謂。1045

〔一〕韋注西昇經二卷　經籍考卷五十一「韋」訛作「章」，下同。又，經籍考作「三卷」，當誤。新唐志卷三有韋處玄集解老子西昇經二卷，祕續目有道士韋處玄注老子西昇經二卷。

〔二〕梁道士韋處玄　原本「梁」訛「唐」，據袁本、臥雲本、宛委本、經籍考改。按隋志卷三道家類有韋處玄老子義疏四卷，疑此即注西昇經，非道德經。處玄，始末不詳，蓋陶弘景弟子。

〔三〕法地之陰數　原本、袁本「地」作「天」，據臥雲本、宛委本、經籍考改。

〔四〕唐志稱處玄集解　按新唐志卷三題韋處玄集解老子西昇經二卷，無「聞道竺乾」云云諸語；「聞道竺乾」云云乃韋注西昇經中語。

同玄注西昇經四卷〔一〕　袁本後志卷二道書類第四

右唐同玄子注，其姓名未詳。唐志有戴詵注西昇經，疑此或詵書也〔二〕。分三十六章，謂竺乾古先生非釋迦之號云〔三〕。 1046

〔一〕同玄注西昇經四卷　臥雲本、經籍考卷五十一「同玄」作「洞玄」，下同。按「同」當作「沖」，公武避父諱改。通志藝文畧卷五道家類二有沖元子注老子西昇經四卷，道藏目録詳註卷三洞神部本文類維字號，作沖虛子。新唐志卷三神仙類有沖虛子胡慧超傳一卷，注云：「失名，慧超，高宗時道士。」崇文總目卷四道書類九更有潘真師傳一卷，亦題沖虛子撰。

〔二〕疑此或詵書也　按新唐志卷三有戴詵老子西昇經義一卷，舊唐志作老子西昇經一卷，公武當指此書。然詵書尚見於隋志，隋志卷三道家類有老子義疏九卷，戴詵撰，詵不當爲唐人。此沖玄子亦非詵也。太平御覽卷六六六道部八道士篇載老氏聖紀，謂戴詵與梁劉昭次子緩同時，姚振宗據以考詵爲梁人，説見隋書經籍志考證卷二十五。

〔三〕非釋迦之號　袁本「迦」作「氏」。

徐注西昇經二卷〔一〕　袁本後志卷二道書類第五

右徐道邈撰。句曲人，未詳何代。其本以「有古先生善入無爲」作「善入泥丸」。「古先生者，吾之師也，化乎竺乾」作「吾之身也，化胡竺乾」云〔二〕。1047

〔一〕徐注西昇經二卷　祕續目、宋志卷四、通志藝文畧卷五道家類二有徐道邈注老子西昇經二卷。

〔二〕化乎竺乾　宛委本、瞿鈔本、季録顧校本、舊鈔本「乎」作「胡」，袁本、經籍考同原本。

步虛經一卷〔一〕　袁本後志卷二道書類第六

右太極真人傳左仙公〔二〕，其章皆高仙上聖朝玄都、玉京，飛廵虛空之所諷詠，故曰「步虛」。1048

〔一〕步虛經一卷　祕續目作靈寶步虛經一卷，崇文總目卷四有靈寶步虛詞一卷，陸修靜撰，當即此書。道藏目録詳註洞玄部讚頌類玉音法事三卷，有步虛詞，又太清部有洞玄靈寶玉京山步虛經一卷，大明續道藏目録亦收録，名同太清部所録，殆即全稱。

〔三〕左仙公　經籍考卷五十一「公」作「翁」。

定觀經一卷〔一〕　袁本後志卷二道書類第七

右題曰〔二〕：天尊授左玄真人述，定心慧觀等修〔三〕，故以爲名云。 1049

〔一〕定觀經一卷　崇文總目卷四道書類三有達摩撰胎息定觀經一卷，定觀經訣一卷，道藏目録詳註洞玄部玉訣類有洞玄靈寶定觀經注一卷。

〔二〕題曰　袁本、卧雲本、經籍考卷五十一作「題云」。

〔三〕天尊授左玄真人述定心慧觀等修　袁本、瞿鈔本、季録顧校本、經籍考「慧」作「惠」，原本李富孫校語謂二字通。雲笈七籤卷十七云：「定者心定也，如地不動；觀者慧觀也，如天常照。定體無念，慧照無邊，故曰『定觀』。」按定心、慧觀乃道家修煉養生之法，公武似誤解爲修撰人名矣。

内觀經一卷〔一〕　袁本前志卷三下神仙類第三

右老子撰。述人胞胚、魂魄、衆神之名，當諦觀身心，俾不染濁穢，乃可常存云。凡二十有二章〔二〕。 1050

〔一〕内觀經一卷　袁本作老君内觀經一卷，解題亦異，云：「右凡十二章，首皆云『老君曰』，其言皆修心鍊神之法。」經籍考卷五十一同原本。按雲笈七籤卷十七題作太上老君内觀經，未著卷數，崇文總目卷四道書類三題曰靈寶内觀經一卷，道藏目録詳註洞神部本文類作太上老君内觀經，亦不標卷數。

〔三〕凡二十有二章　袁本作「凡十二章」。按雲笈七籤所載爲十二章，原本誤。

老子化胡經十卷〔一〕　袁本後志卷二道書類第八

右魏明帝爲之序。經言老子歸崑崙化胡，次授罽賓，後及天竺。按裴松之三國志注言「世稱老子西入流沙，化胡成佛」。其説蓋起於此。議化胡經八狀附於後〔二〕。唐志云〔三〕：「萬歲通天元年，僧惠澄上言乞毁老子化胡經，秋官侍郎劉如璿等議狀〔四〕。」證其非僞，此是也。1051

〔一〕老子化胡經十卷　隋衆經目録卷二始載正化内外經二卷，注云一作老子化胡經。此經全稱爲太上靈寶老子化胡妙經，讀書志著録卷數與敦煌殘卷相合。今存殘卷有卷一（斯一八五七、伯二〇〇七）、卷二（斯二〇八一、斯六九六三）、卷八（伯三四〇四）、卷十（伯二〇〇四）。卷一、十有鳴沙石室佚書續編影印本、卷八有敦煌祕籍留真新編影印本。此經撰者爲晉王浮，老子化胡事詳見王維誠老子化胡説考證（載國學季刊卷四第二號）、黄華節老子化胡經的公案（載海潮音第十七卷第六期）等文。

〔二〕議化胡經八狀　新唐志卷三道家類作議化胡經狀一卷。

〔三〕唐志云　原本無「云」字，據袁本、經籍考卷五十一補。

〔四〕秋官侍郎劉如璿等議狀　新唐志「秋」上有「敕」字，「如」作「知」。

太清經一卷〔一〕　袁本後志卷二道書類第九

右太清護命靈文，金闕上真按付修道之士，可以除邪治病云。1052

〔一〕太清經一卷　隋志卷三醫方類有太清神丹中經一卷，兩唐志作一卷，疑即此書。抱朴子內篇卷四金丹篇謂大清觀天經九篇（雲笈七籤卷六十七作十篇），其上三篇，不可教授，其中三篇，世無足傳，其下三篇，正是丹經，上、中、下，凡三卷，與兩唐志合。又謂書出左元放，三傳而至葛洪。

天蓬神呪一卷〔一〕　袁本前志、後志未收

右未詳撰人。邯鄲書目載道書最衆〔二〕，已上八種皆有之。1053

〔一〕天蓬神呪一卷　崇文總目卷四道書類同原本。按今道藏精華録第九集有天蓬神咒一卷，云一名北帝祝文，道藏目録詳註洞真部本文類有太上洞淵北帝天蓬護命消災神咒經（與大雨龍王等三經同卷），蓋即此經之全稱。

〔二〕最衆　經籍考卷五十二「衆」作「多」。

登真隱訣二十五卷〔一〕　袁本後志卷二道書類第十

右梁陶弘景撰。景以爲學其訣者，當由階而登，真文多隱，非訣莫登，故以名書。凡七篇十七條，隋志云〔二〕。1054

〔一〕登真隱訣二十五卷　新唐志卷三作十五卷，崇文總目卷四道書類二、通志藝文略卷五道家類二作六十卷，宋志卷四作三十五卷，道藏目録詳註洞玄部玉訣類、今道藏洞玄部玉訣類俱作三卷，舊唐志卷下、四庫闕書目神仙類、陶翊華陽隱居先生本起録、經籍考卷五十二俱同讀書志。

〔二〕隋志云　按隋志卷四道經類小序云：「陶弘景者，隱於句容，好陰陽五行，風角星算，脩辟穀導引之法，受道經符籙。武帝素與之遊。及禪代之際，弘景取圖讖之文，合成景梁字以獻之，由是恩遇甚厚。又撰登真隱訣，以證古有神仙之事。又言神丹可成，服之則能長生，與天地永畢。帝令弘景試合神丹，竟不能就。乃言中原隔絶，藥物不精故也。帝以爲然，敬之尤甚。」隋志道、釋二類有序無目，記弘景事及登真隱訣一書語如此，未知公武所據是否如上。

神仙可學論一卷〔一〕　袁本前志、後志未收

右唐吳筠撰。嵇康謂神仙不可以學致，筠意不以爲然，故演修習之方，以勉學仙之士云。1055

〔一〕神仙可學論一卷　趙希弁以附志卷下拾遺已收録此書，故未摘録此條入後志，見存目。卧雲本、宛委本、經籍考卷五十二「卷」作「篇」。新唐志卷三、崇文總目卷四道書類二、宋志卷四同讀書志。

坐忘論一卷〔一〕 袁本前志卷三下神仙類第六

右唐司馬承禎子微撰〔二〕。凡七篇。其後有文元公跋，謂子微之所謂「坐忘」，即釋氏之言「宴坐」也。1056

〔一〕坐忘論一卷　新唐志卷三、書録解題卷九、宋志卷四、道藏目録詳註太玄部俱同讀書志，崇文總目卷四道書類二作二卷。

〔二〕司馬承禎子微　袁本「承」訛作「丞」，「禎」下有「字」字。經籍考卷五十二同原本。

天隱子一卷〔一〕 袁本前志卷三下神仙類第八

右唐司馬子微爲之序，云：「天隱子〔二〕，不知何許人，著書八篇。修鍊形氣，養和心靈，歸根契於伯陽〔三〕，遺照齊乎莊叟。殆非人間所能力學者也〔四〕。」王古以天隱子即子微也。一本有三宮法附於後。1057

〔一〕天隱子一卷　今本多同讀書志，唯宛委山房本説郛弓七十五題作天隱子養生書。按書録解題卷九、通志藝文略卷五道家類一、道藏目録詳註太玄部、四庫總目卷一四六皆同讀書志。

〔二〕天隱子　袁本無「子」字。

〔三〕伯陽　經籍考卷五十二「陽」訛作「陰」。

〔四〕力學者也　袁本無「也」字。

抱朴子内篇二十卷〔一〕　袁本前志卷三上道家類第十六

右晉葛洪撰。洪，字稚川，丹陽句容人。元帝時，累召不就〔二〕，止羅浮山，鍊丹著書，推明飛昇之道，導養之理〔三〕，黄白之事。二十卷名曰内篇，十卷名曰外篇，自號抱朴子，因以命書。1058

〔一〕抱朴子内篇二十卷　袁本「朴」作「扑」，下同。又，「卷」下有「外篇十卷」四字。諸衢本、經籍考卷五十二同原本。按原本外篇入雜家類，見本書卷十二。

〔二〕不就　卧雲本、經籍考「就」作「起」。

〔三〕導養之理　原本所據底本脱「養」字，李富孫據瞿鈔本、經籍考補。按袁本不脱。

雲笈七籤一百二十卷　袁本後志卷二道書類第十一

右皇朝張君房等纂。君房，祥符中謫官寧海。時聖祖降，朝廷盡以祕閣道書付杭州，俾戚綸、陳堯佐校正〔一〕，綸等同王欽若薦君房專其事。君房詮次，得四千五百六十五卷，於是掇其藴奧，總萬餘條，成是書。仁宗時上之。1059

〔一〕陳堯佐　經籍考卷五十二、陳師曾刊本「佐」訛作「臣」，原本、袁本不誤。君房自序亦同原本。

羣仙會真記五卷〔一〕 袁本前志卷三下神仙類第九

右唐施肩吾集鍊養形氣〔二〕、補毓精神、成内丹之法，凡二十五篇〔三〕。1060

〔一〕羣仙會真記五卷 經籍考卷五十二題作西山羣仙會真記，殆從書録解題卷十二。今道藏洞真部方法類同經籍考。

〔二〕右唐施肩吾集 經籍考無此六字。袁本、卧雲本「集」下有「言」字，宛委本則作「右唐施肩吾希聖撰言」。按陳振孫疑此肩吾非能詩之肩吾，書録解題云：「九江施肩吾希聖撰。唐有施肩吾，能詩，元和中進士也。而曾慥集仙傳稱吕巖之後，有施肩吾者，撰會真記，蓋别是一人也。」

〔三〕凡二十五篇 經籍考「二」誤作「三」。

彭曉注參同契三卷〔一〕 袁本前志卷三下神仙類第五

右漢魏伯陽撰。按神仙傳：伯陽，會稽上虞人，通貫詩律，文辭贍博，修真養志，約周易作此書〔二〕，凡九十篇。徐氏箋注〔三〕。桓帝時，以授同郡淳于叔通，因行於世。彭曉爲之解。隋、唐書目皆不載〔四〕。按唐陸德明解「易」字云〔五〕：「虞翻注參同契〔六〕，言字從『日』下『月』。」今此書有「日月爲易」之文，其爲古書明矣〔七〕。1061

〔一〕彭曉注參同契三卷　袁本、經籍考卷五十一題作周易參同契。按後蜀彭曉序題作周易參同契，書録解題卷十二作參同契分章通真義，宋志卷四、道藏目録詳註太玄部作周易參同契分章通真義（宋志「義」作「儀」）。

〔二〕作此書　袁本無「此」字。

〔三〕徐氏箋注　彭曉序云：「魏伯陽所述多以寓言借事，隱顯異文，密示青州徐從事，徐乃隱名而注之」。俞琰周易參同契發揮卷三謂徐氏乃青州徐景休。崇文總目卷四道書類五有徐從事撰陰陽統略周易參同契三卷。

〔四〕隋唐書目皆不載　原本脱「目」字，據袁本補。按魏伯陽書不見隋志，然舊唐志卷下、新唐志卷三五行類俱有魏伯陽周易參同契二卷。蓋公武指彭曉注本歟？曉，後蜀人，隋唐書目自然不載。

〔五〕陸德明解易字　袁本「字」作「序」，殆誤，下引文見經典釋文卷一。

〔六〕虞翻注　殿本經籍考「翻」誤作「翔」，元刊同讀書志。按經典釋文作「翻」。

〔七〕其爲古書　袁本「其」上有「則」字。

張隨注參同契三卷〔一〕　袁本後志卷二道書類第十二

右皇朝張隨皇祐中居青城山，注魏伯陽之書，列十數圖於其後。1062

〔一〕張隨注參同契三卷　宋志卷四有張隨解參同契一卷，經籍考卷五十一同讀書志。

參同契太易圖一卷〔一〕 袁本後志卷二道書類第十三

右不題撰人。論周天火候，有太易、太初、太始、太素、太極、四象、五行等二十四篇并圖。按崇文總目云「張處撰」。而李獻臣以爲「天老神君撰，雲常子張處序。亦名至藥丹訣」。未知孰是。1063

〔一〕參同契太易圖一卷　崇文總目卷四道書類五作參同契太易志圖三卷，張處撰，又參同契太易志圖一卷，重元子注，祕續目道書類有天老神君撰參同契太易圖一卷，宋志卷四有張處參同契大易圖一卷（按「大」當作「太」），通志藝文略卷五道家類一有參同契太易志圖一卷，張處撰。

混元內外鑒二卷延壽經一卷〔一〕 袁本後志卷二道書類第十四

右「混元」，謂老子也，亦導引之術〔二〕，內篇八，外篇三〔三〕。其延壽經一卷附後〔四〕。1064

〔一〕混元內外鑒二卷延壽經一卷　袁本、臥雲本、宛委本、經籍考卷五十一下一「卷」字下有「附」字。

〔二〕導引之術　袁本「導」作「道」。

〔三〕內篇八外篇三　宛委本作「內篇八、外篇二」，經籍考作「內篇、外篇二」。袁本同原本。

〔四〕其延壽經一卷附後　袁本、臥雲本、宛委本、經籍考無此八字。崇文總目卷四道書類八有孫真人長生延壽經一卷，殆即此經。

玉皇聖胎神用訣一卷〔一〕 袁本後志卷二道書類第十五

右玉皇訣，云野人郎肇注〔二〕。1065

〔一〕玉皇聖胎神用訣一卷　今道藏正乙部與重刊道藏輯要斗集題作長生胎元神用經一卷，郎肇注。四庫闕書目道書類、宋志卷四俱作玉皇聖台神用訣一卷，崇文總目卷四道書類四、通志藝文略卷五道家類三同讀書志，此道家胎息書，四庫闕書目「台」當「胎」之誤。

〔二〕云野人郎肇注　原本「云」作「之」，據臥雲本、宛委本、經籍考卷五十二改，袁本亦誤。

太上說魂魄經二卷〔一〕 袁本後志卷二道書類第十六

右題曰老子撰。載三魂七魄名字、形狀、好惡，以呪術存制之。崇文題曰太上靈書〔二〕。李氏亦有其目。1066

〔一〕太上說魂魄經二卷　袁本「二」作「兩」。

〔二〕崇文題曰太上靈書　崇文總目卷四道書類八作太上靈書三魂七魄經一卷，朱錫鬯按云：「讀書後志云太上說魂魄經二卷，崇文目題曰太上靈書。據此，則『三魂七魄』四字，乃後人所加，或後志失檢也。今仍舊本。」

無上祕要九十五卷〔一〕　袁本後志卷二道書類第十七

右題曰元始天尊說〔二〕。藝文志止七十二卷，不知何時析出二十三通也。 1067

〔一〕無上祕要九十五卷　兩唐志皆作七十二卷，崇文總目止一卷。按道藏目錄詳註太平部叔字號至孔字號標卷第止於一百，是原本當爲百卷，兩唐志、崇文總目、讀書志著錄蓋俱非完本，今道藏本實存六十九卷，見七六八册至七七九册，寶顏堂祕籍續集所收亦止一卷。

〔二〕題曰元始天尊說　按續高僧傳卷二釋彥琮傳云：「及周武平齊，尋蒙延入，其談玄籍，深會帝心，敕領通道觀學士。……武帝自纘道書，號無上祕要。」據此，撰人乃周武帝宇文邕也。

葛仙翁胎息術一卷　袁本後志卷二道書類第十八

右仙翁葛洪也〔一〕。 1068

〔一〕仙翁葛洪也　沈録何校本何焯校語云：「仙翁，孫吳時人，事跡具抱朴子，非洪也。」按焯當指葛玄孝先，乃洪從祖父，事見抱朴子內篇卷四金丹篇，道家稱之爲葛仙翁、太極左仙公，公武誤。

太清服氣口訣一卷太起經一卷閉氣法一卷〔一〕太上指南歌一卷 袁本後志卷二道書類第十九

右四書皆題曰老子撰。服氣訣也。1069

〔一〕閉氣法 經籍考卷五十二「閉」作「開」，袁本同原本。

食氣經一卷 袁本後志卷二道書類第二十

右太皇子撰。未詳。李邯鄲云「似雜集之書」。1070

導引養生圖一卷〔一〕 袁本後志卷二道書類第二十一

右梁陶弘景撰。分三十六勢，如「鴻鶴徘徊」、「鴛鸞戢羽」之類〔二〕，各繪像於其上。田偉家本少八勢。1071

〔一〕導引養生圖一卷 袁本「導」作「道」。

〔二〕鴛鸞戢羽 卧雲本、宛委本、瞿鈔本、季録顧校本、經籍考卷五十二「鸞」作「鴦」，原本李富孫校語以爲誤。

天真皇人九仙經一卷〔一〕 袁本後志卷二道書類第二十二

右天真皇人爲黃帝說〔二〕。一行、羅公遠、葉法靜注〔三〕。論水火龍虎造金丹之術，崇文書也。按九仙興廢記云〔四〕：「此經黃帝留峨眉山石壁，漢武帝時得之，大中嘗禁斷〔五〕」。1072

〔一〕天真皇人九仙經一卷　四庫闕書目神仙類、宋志卷四有僧一行天真皇人九仙經一卷，崇文總目卷四道書類一同讀書志。

〔二〕天真皇人爲黃帝說　原本脫「真」字、「黃」作「皇」，據袁本補正。匑改本已補「真」字，宛委本作「天真皇人爲皇帝說」，經籍考卷五十一作「天皇人爲黃帝說」。

〔三〕一行羅公遠葉法靜注　按通志藝文略卷五道家類二有天真皇人九仙經一卷，唐葉靜能撰，羅公遠、僧一行注。葉靜能，唐明州人，嘗講經虛白觀，新唐志卷三有所撰太上北帝靈文三卷，當即此人。唐高宗、中宗時有道士葉法善，傳具舊唐書卷一九一、新唐書卷二〇四，公武蓋涉此人名而誤題「葉靜能」爲「葉法靜」。

〔四〕九仙興廢記　袁本、卧雲本、宛委本、顧校本、經籍考俱作「九仙經興廢記」，疑原本脫「經」字。

〔五〕禁斷　卧雲本、經籍考「斷」作「絶」。

陰符内丹經一卷〔一〕　袁本後志卷二道書類第二十三

右題曰老子說。1073

〔一〕陰符内丹經一卷　袁本「符」作「府」，誤。鮑廷博校本改「府」作「符」。經籍考卷五十一同原本。

日月元樞論一卷〔一〕 袁本後志卷二道書類第二十四

右唐劉知古撰。明皇朝，爲綿州昌明令。時詔求通丹藥之士，知古謂神仙大藥無出參同契，因著論上於朝。 1074

〔一〕日月元樞論一卷 袁本、卧雲本、季録顧校本、經籍考卷五十二「元」作「玄」，疑是。卧雲本脱「一卷」二字。新唐志卷三、崇文總目卷四道書類五作日月元樞一卷。

大還丹契祕圖一卷 袁本後志卷二道書類第二十五

右草衣洞真子玄撰〔一〕。凡十二章〔二〕。大還丹者，乃日月精氣之所致也。論火候，則以朔望爲據，記藥物，則以鉛汞爲名云〔三〕。 1075

〔一〕草衣洞真子玄 原本「玄」作「元」，據袁本改。按崇文總目卷四道書類五作草衣子、雲笈七籤卷七十二作草衣洞真子，祕續目道書類作草衣洞真人子玄，通志藝文略卷五道家類四有草衣子還丹契秘圖一卷，題元子撰。

〔二〕凡十二章 宛委本、陳師曾刊本、經籍考卷五十二「十二」作「三十」，袁本、卧雲本、瞿鈔本同原本。按本書叙謂「類成十二章，以象十二月」，是原本不誤。

〔三〕以鉛汞爲名 本書叙「名」作「先」。

紫陽金碧經二卷〔一〕 袁本前志、後志未收

右皇元真人撰，廣成子述，河上公修。爲六十四章。上明合和習真之法〔二〕，中有調神理氣之方，下有還丹九鼎上昇之術。崇文目有三卷，今逸其一。1076

〔一〕紫陽金碧經二卷 崇文總目卷四道書類三、通志藝文略卷五道家類三作三卷，四庫闕書目神仙類、宋志卷四作一卷。

〔二〕合和習真之法 卧雲本、經籍考卷五十一「合和」作「和合」。

金碧潛通一卷 袁本前志、後志未收

右題長白山人元陽子解，未詳何代人〔一〕，不知其撰人姓名〔二〕。按邯鄲書目云羊參微集〔三〕。其序言「本得之石函，皆科斗文字。世有三十六字訣，七曜、五行、八卦、九宮，論還丹之事，其辭多隱，人莫之識〔四〕。劉真人演仰觀上象〔五〕，以定節度，今之所作，多不成者，蓋不得口訣故也。吾恐墜匿聖文，故著上經，託號金碧潛通。金者，剛柔得位，火不能灼，服之則仙遊碧落」云。疑即參微所撰也。道藏止收一卷。1077

〔一〕未詳何代人 宋董思靖謂當爲唐人，見道德真經集解序。

〔二〕不知其撰人姓名　經籍考卷五十二作「不著撰人姓氏」。

〔三〕羊參微集　祕續目道書類有楊三微金碧潛通經一卷，通志藝文略卷五道家類四有金碧潛通經一卷，羊參微撰。

〔四〕人莫之識　經籍考作「人莫測」。

〔五〕劉真人演　宋志卷四有河間真人劉演金碧潛通祕訣一卷。通志藝文畧卷五道家類四有金碧要旨一卷，云真人劉演集。又有龍虎上經金碧潛通訣三卷，劉演撰。崇文總目卷四道書類五有龍虎上經金碧潛通訣三卷，雲笈七籤卷七十三有金丹金碧潛通訣，不著撰人。

還丹歌一卷〔一〕　袁本前志、後志未收

右元陽子撰。次序雜亂，非完書也。大旨解參同契。李氏書目云：「海客李玄光遇玄壽先生於中岳〔二〕，授此。」未詳玄光何代人。1078

〔一〕還丹歌一卷　四庫闕書目神仙類作元陽子金石還丹訣一卷，祕續目道書類元汨子歌一卷（「汨」疑作「陽」）、元陽子金液歌一卷、元陽子九轉金丹歌一卷，元陽子還丹訣一卷，宋志卷四作元陽子金石還丹訣一卷，道藏目錄詳註洞真部方法類有元陽子金液集、還丹金液歌註，云元陽子修，真通玄先生註。

〔二〕李玄光遇玄壽先生　原本二「玄」字均作「元」，據卧雲本改，下同。按道藏目錄詳註洞真部方法類另有還丹

歌訣（原注云：「上、下同卷，元陽子集諸仙還丹歌訣」），金液還丹百問訣一卷，云：「渤海李光玄集。」光玄、玄光，未知孰是。祕續目有李玄光撰金液還丹論一卷。通志藝文略卷五道家類三内丹有李元光撰還元丹論一卷，道家類四外丹有元光撰日月混元經一卷，國史經籍志卷四上道家内丹種有李光元金丹百問一卷。

龍虎通元要訣一卷〔一〕 袁本前志、後志未收

右蘇元朗撰〔二〕。以古訣龍虎經、參同契祕、金碧潛通訣，其文繁而隱，故纂其要爲是書。李邯鄲家本題云「青霞子，隋開皇時人」，不出名氏〔三〕，豈元朗之號耶〔四〕？ 1079

〔一〕 龍虎通元要訣一卷 經籍考卷五十二、季録顧校本「元」作「玄」，下同。按新唐志卷三有龍虎通元訣一卷，未著撰人，崇文總目卷四道書類六有龍虎還丹通元要訣二卷，云蘇元明撰，書録解題卷十二、宋志卷四有龍虎金液還丹通元論一卷，陳氏云：「稱羅浮山蘇真人撰。」祕續目道書類則作青霞子撰龍虎金液還丹通玄要訣一卷。今道藏太玄部有龍虎還丹訣一卷，不題撰人，洞神部衆術類有龍虎還丹訣二卷，題金陵子述。

〔二〕 蘇元朗撰 卧雲本、經籍考「元」作「玄」。 按崇文總目「朗」作「明」，蓋避宋始祖諱。

〔三〕 不出名氏 顧校本作「不出姓名」。

〔四〕 豈元朗之號耶 按崇文總目卷四道書類七有青霞子寶藏論一卷（按此書又名爐火寶藏論，見祕續目），云蘇元明撰。

胎息祕訣一卷〔一〕　袁本前志、後志未收

右唐僧遵化撰。論達磨胎息，總十八篇，歌二十三首，凡一千四百四十言，天祐丁酉書成〔二〕。1080

〔一〕胎息祕訣一卷　新唐志卷三有菩提達磨胎息訣一卷，未著撰人。崇文總目卷四道書類四作達摩胎息訣一卷。此書祕續目道書類作賈遵化撰養生胎息祕訣一卷，宋志卷四、通志藝文畧卷五道家類三同。國史經籍志卷四上道家胎息同讀書志。

〔二〕天祐丁酉　卧雲本、宛委本、瞿鈔本、季録顧校本、經籍考卷五十二「酉」作「丑」。按唐哀帝天祐紀年無丁酉，亦無丁丑，乙丑爲天祐二年，丁卯爲天祐四年。

易成子大丹訣一卷　袁本前志、後志未收

右彭仲堪撰〔一〕。不知何代人〔二〕，字舜元。天台遇一異僧，授此術。論火候。1081

〔一〕易成子大丹訣一卷　祕續目道書類、通志藝文畧卷五道家類四題與撰人俱同讀書志。

〔二〕不知何代人　卧雲本、宛委本、經籍考卷五十二「知」作「著」。

青牛道士歌一卷〔一〕　袁本前志、後志未收右題曰青牛道士，未詳。1082

〔一〕青牛道士歌一卷　雲笈七籤卷四十五有青牛道士存日月訣。

八段錦一卷　袁本前志、後志未收

右不題撰人。吐故納新之訣也。1083

高象先歌一卷〔一〕　袁本前志、後志未收

右高先撰。象先，其字也，未詳何代人。論參同契。1084

〔一〕高象先歌一卷　宋志卷四有高先大道金丹歌一卷，道藏目録詳註太玄部有金丹歌，與玉室經同卷，注云：「真人高象先述。」俞琰席上腐談卷下有高象先破迷歌。

金丹訣一卷　袁本前志、後志未收

右皇朝張瑾撰。治平中，授丹訣於榮中立，後因敍其事，以教後學。自此以下，皆非古今書目所載。以其世多傳者，不可不收也。至於北斗經之類，以爲永壽元年老子所説，尤鄙淺可笑，雖行於世，亦削去〔一〕。1085

〔一〕亦削去　經籍考卷五十二無「自此以下」至此凡五十二字，臥雲諸本同原本。

真一子還丹金鑰一卷〔一〕太清火式經一卷〔二〕九天玄路祕論一卷靈源銘一卷〔三〕太清爐鼎斤兩訣一卷　袁本前志、後志未收

右五書，不著撰人。論龍虎鉛汞火候之術。1086

〔一〕真一子還丹金鑰一卷　按雲笈七籤卷七十有還丹內象金鑰匙并序，曰一名黑鉛水虎論，一名紅鉛火龍訣，題昌利化飛鶴山真一子撰。四庫闕書目神仙類、宋志卷四作真一子金鑰匙一卷。通志藝文略卷五道家類三內丹種有真一子還丹內象金鑰匙一卷，道家類四外丹有真一子還丹內象龍虎訣一卷。道藏目録詳註洞真部方法類有真一金丹訣（附胎息節要），云：「宋長生集。內言神仙抱一之法，清虛煉神之法，煉元炁、復本還元等法。」

〔二〕太清火式經一卷　經籍考卷五十二「火式」作「大或」，原本黃丕烈校語云「恐誤」。按宋志卷四有海蟾子還金篇一卷，太清篇火式一卷。俞琰席上腐談卷下云劉海蟾還金篇有詩十四首。

〔三〕靈源銘　按席上腐談卷下有靈源歌，曾先生撰，謂丹家詩詞歌訣，蓋即此書。

玉芝書三卷〔一〕　袁本前志、後志未收

右皇朝陳舉撰。舉，字子堙，蘇州人。1087

〔一〕玉芝書三卷　書録解題卷十二云：「朝元子陳舉撰。上卷論五篇，中爲詩八十一首，下爲賦九道。」宋志卷四作陳君舉朝元子玉芝書三卷，席上腐談卷下作陳朝元玉芝之詩。

授道志一卷〔一〕　袁本前志、後志未收

右皇朝楊谷，真宗朝嘗遇神仙於成都藥市，自授其道本。李氏書目亦載，云谷自號純粹子。1088

〔一〕授道志一卷　祕續目道書類、經籍考卷五十二同原本。

通玄祕要悟真篇一卷〔一〕　袁本前志、後志未收

右皇朝張用成撰。用成，字平叔，天台人。熙寧中，隨陸師閔入蜀，授道於隱者，因成律詩八十一首。1089

〔一〕通玄祕要悟真篇一卷　書録解題卷十二有悟真篇集注五卷，云「有葉士表、袁公輔者，各爲之注」。宋志卷四有張端金液還丹悟真篇一卷，「張端」當作「張伯端」，用成，一名伯端。道藏目録詳註洞真部方法類有悟真篇五卷，玉訣類有拾遺一卷，神符類有紫陽真人悟真篇注疏八卷，謂象川無名子翁葆光註，集慶空玄子載起宗疏，武夷陳達

靈傳。（按「薦」疑當作「葆」，「載」當作「戴」）又有悟真篇三註五卷，謂紫賢薛道光、紫野陸墅、上陽子陳致虛三家註（按明彭好古取此三註，附以己說爲四註，其中薛注即翁注，參見鄭堂讀書記補逸卷三十），又有翁葆光撰紫陽真人悟真篇直指詳說三乘秘要一卷。讀書志著録本蓋無註者。

養生丹訣一卷〔一〕　袁本前志、後志未收

右皇朝皇甫士安撰。士安，岷山道士也。1090

〔一〕養生丹訣一卷　宋志卷四有傅士安還丹訣一卷，通志藝文畧卷五道家類四有龍虎還丹詩一卷，又題和士安撰。

歸正議九卷　袁本前志、後志未收

右皇朝林靈素撰。駁佛書中非道家者〔一〕。1091

〔一〕駁佛書中非道家者　經籍考卷五十一脫「駁」字，宛委本、瞿鈔本、季録顧校本、畬鈔本「非」作「排」。

釋書類

四十二章經一卷〔一〕 袁本前志、後志未收

右天竺釋迦牟尼佛所說也。「釋迦」者，華言「能仁」。以周昭王二十四年甲寅四月八日生〔二〕。十九學道，三十學成，處世演道者四十九年而終，蓋年七十九也。没後，弟子大迦葉與阿難纂掇其平生之言成書。自漢以上，中國未傳，或云雖傳而泯絶於秦火。張騫使西域，已聞有浮屠之教，及明帝感傳毅之對，遣蔡愔、秦景使天竺求之，得此經以歸。中國之有佛書自此始，故其文不類他經云。佛書自愔、景以來至梁武帝華林之集，入中國者五千四百卷。曰經、曰論、曰律，謂之「三藏」，傳於世盛矣。其徒又或摘出別行，爲之注釋、疏鈔，至不可選紀，而通謂之律學。厥後達磨西來〔三〕，以三藏皆筌蹄，不得佛意，故直指人心，俾之見性，衆尊之爲祖，學之者布於天下。雖曰不假文字，而弟子録其善言，往往成書，由是禪學興焉。觀今世佛書，三藏之外，凡講説之類，律學也；凡問答之類，禪學也。藏經猥衆，且所至有之，不録，今取其餘者列於篇。此經雖在藏中，然以其見於經籍志，故特取焉。1092

〔一〕四十二章經一卷　趙希弁以讀書附志卷上釋書類已收録御註四十二章經一卷，故未摘録衢本此條入後志，見後志存目。按出三藏記集卷二曰：「舊録云：孝明皇帝四十二章，安法師（按東晉道安）所撰。録闕此經。」讀書志

未云何家註，殆係蜀版大藏經本，今入大正藏卷十七。附志御註殆真宗註本，後者入明南藏，見大正藏卷三十九。

〔二〕以周昭王二十四年甲寅四月八日生　顧校本「以」作「也」，屬上讀；「寅」下有「年」字，「八」上有「初」字。按隋志卷四佛經類小序云生當周莊王九年四月八日。

〔三〕達磨　季録顧校本「磨」作「摩」。

華嚴經合論一百二十卷〔一〕　袁本後志卷二釋書類第一

右按纂靈記云〔二〕，華嚴大經，龍宮有三本：佛滅度後六百年，有龍樹菩薩入龍宮，誦下本十萬偈，四十八品，流傳天竺。晉有沙門支法領得下本，分三萬六千偈，至此土，義熙十四年，譯成六十卷〔三〕。唐證聖元年，于闐沙門喜學再譯舊文〔四〕，兼補諸闕，通舊總四萬五千頌，成八十卷，三十九品。合論者，唐李通玄所撰。通玄，太原人，宗室子也。當武后時，隱居不仕。舊學佛者皆曰佛說此經時，居七處九會，獨通玄以爲十處十會云。1093

〔一〕華嚴經合論一百二十卷　宋志卷四有李通玄華嚴合論一卷。經籍考卷五十四同讀書志。今續藏經第一編第五套同讀書志，題李通玄造論，志寧釐經合論。

〔二〕纂靈記　按當指唐僧賢首大師法藏所著華嚴經纂靈記，五卷，見崇文總目卷四釋書類下。

〔三〕六十卷　按指東晉天竺三藏佛陀跋陀羅等所譯大方廣佛華嚴經六十卷，此書又名晉譯華嚴、六十華嚴。今入大正藏卷九。

〔四〕于闐沙門喜學再譯舊文　按宋高僧傳卷二、開元釋教録卷九載，證聖元年，實叉難陀自于闐至洛陽，與菩提流志、義淨、復禮、法藏等譯大方廣佛華嚴經八十卷(又名新譯華嚴、八十華嚴)。今入大正藏卷十。實叉難陀(Siksananda)，亦譯作施乞叉難陀，意譯作學喜(見宋、元、明本開元釋教録卷九、日本正倉院聖語藏本貞元新定釋教目録卷十三)，亦有作喜學者，(見大正藏卷五十五所影印以上二書)與此相合。

華嚴經清涼疏一百五十卷〔一〕　袁本後志卷二釋書類第二

右唐僧澄觀撰。澄觀居清涼山，號清涼國師，即韓愈贈之詩者〔三〕。文元公有言曰：「明法身之體者，莫辯於楞嚴；明法身之用者，莫辯於華嚴。」學佛者以爲不刊之論云。1094

〔一〕華嚴經清涼疏一百五十卷　按此經全稱大方廣佛華嚴經疏，亦稱新華嚴經疏、清涼疏、華嚴大疏等，明南藏四十卷，北藏六十卷。此百五十卷，疑合華嚴經疏六十卷、華嚴經隨疏演義鈔九十卷稱之，前者入大正藏卷三十五，後者入卷三十六。

〔三〕即韓愈贈之詩者　沈録何校本何焯批語云：「此又一澄觀，非韓子贈詩之人，晁氏蓋誤也。」按澄觀事跡詳宋高僧傳卷五、佛祖統紀卷二十九、四十一、四十二。韓愈詩曰送僧澄觀，見朱文公校昌黎先生文集卷之六。

華嚴決疑論四卷〔一〕 袁本前志卷三下釋書類第二十六

右唐李通玄撰。通玄既爲華嚴合論〔二〕，又著此書。皇朝張商英使河東，得之壽陽縣東浮居廢書中。1095

〔一〕 華嚴決疑論四卷 袁本題作華嚴經決疑論，諸衢本、經籍考卷五十四題同原本。按是論全稱畧釋新華嚴經修行次第決疑論，今本亦四卷，入大正藏卷三十六、續藏經第一編第七套。

〔二〕 通玄既爲華嚴合論 袁本作「太原人，則天朝撰華嚴合論」。

華嚴經略一卷〔一〕 袁本後志卷二釋書類第三

右唐僧澄觀撰。澄觀既疏華嚴，又撮其大意爲此，凡四十二章。1096

〔一〕 華嚴經畧一卷 按是書蓋即大華嚴經畧策，今本亦一卷，見大正藏卷三十六。

法界觀一卷〔一〕 袁本前志卷三下釋書類第二十三

右唐僧杜順撰〔二〕。華嚴最後品法名曰「法界」〔三〕，叙善財參五十三位善知識〔四〕，經文廣博，罕能通其說。杜順乃著是書，宗密注之，裴休爲之序。1097

〔一〕法界觀一卷　崇文總目卷四釋書類中、宋志卷四(重出)題作華嚴法界觀門，讀書志乃省稱。今北京刻經處本題修大方廣佛華嚴法界觀門，亦一卷。

〔二〕唐僧杜順　按即法順，俗姓杜，故稱杜順和尚，見續高僧傳卷二十五、佛祖統紀卷二十九。

〔三〕華嚴最後品法　袁本作「華嚴經最後品」。

〔四〕叙善財參五十三位善知識　袁本「三」作「二」，誤，善財參訪五十三位善知識事見華嚴經入法界品，今禪宗寺院大殿背後觀世音菩薩海島圖中善財童子像，即取材于此。

華嚴起信文一卷　袁本後志卷二釋書類第四

右唐僧善孜撰。善孜〔一〕，潭州太平寺僧也。每品一章，撮其大指，凡三十九章。1098

〔一〕善孜　原本無「善」字，據袁本補。

華嚴經百門義海二卷〔一〕　袁本後志卷二釋書類第五

右唐僧法藏撰。法藏〔二〕，長安崇福寺僧也。分十章。1099

〔一〕華嚴經百門義海二卷　袁本、宛委本無「經」字。按此書今本題作華嚴經義海百門，一卷，入大正藏卷四十五。又，袁本「二」作「丙」。

〔三〕法藏　原本無「法」字，據袁本補。法藏傳見宋高僧傳卷五，又大正藏卷五十有崔致遠撰唐大荐福寺故寺主翻經大德法藏和尚傳。

華嚴奥旨一卷　袁本後志卷二釋書類第六

右唐僧法藏撰。又曰妄盡還源觀〔一〕。凡六門。1100

〔一〕又曰妄盡還源觀　袁本「又」作「文」，誤。按是書全稱修華嚴奥旨妄盡還源觀，今本亦一卷，入大正藏卷四十五。有静源序。

法界摭要記四卷〔一〕　袁本前志卷三下釋書類第二十四

右皇朝僧遵式述。其序云：「元豐初，覽清涼玄鏡〔二〕，圭峯注〔三〕，取其合者録之。」1101

〔一〕法界摭要記四卷　袁本題作法界觀摭一要記，經籍考卷五十四同原本。

〔二〕清涼玄鏡　按指澄觀著華嚴法界玄鏡。

〔三〕圭峯注　按指宗密著注華嚴經法界觀門。

法界披雲集一卷　袁本後志卷二釋書類第七

1102 右皇朝僧道通述〔一〕。杜順纂華嚴經義，撰法界觀，道通又分十玄門〔二〕。

〔一〕道通述　原本「通」作「适」，袁本本條下文作「适」，宛委本、經籍考卷五十四俱作「道通」，據改。袁本、瞿鈔本亦誤。按道通名亦見華嚴呑海集條，可參看。是書今本題法界觀披雲集，亦一卷，入續藏經第二編八套。

〔二〕道通又分十玄門　原本「通」作「适」，據袁本、宛委本改，卧雲本、經籍考亦同袁本。原本「玄」作「元」，亦據袁本改。

華嚴呑海集一卷〔一〕　袁本後志卷二釋書類第八

1103 右皇朝僧道通述〔二〕。華嚴經七處、九會、三十九品、五萬四千偈，其文浩博。澄觀爲之疏，尤難觀覽。道通約之，成萬三千言，以便初學。

〔一〕華嚴呑海集一卷　按今續藏經第一編十二套所收作三卷。

〔二〕道通述　瞿鈔本、季録顧校本「通」作「适」，袁本、經籍考卷五十四同原本。下同。

注維摩詰所說經十卷〔一〕

右天竺維摩詰撰。西域謂淨名曰維摩詰，廣嚴城處士也〔二〕。佛聞其病，使十弟子、四菩薩往問訊，皆以不勝任固辭。最後遣文殊行，因共談妙道，遂成此經。其大旨明真俗不二而已。淨名演法要者，居世出世也。不以十弟子、四菩薩爲知法者，斥其有淨穢之別也。文殊大智，法身之體也。淨名處俗〔三〕，法身之用也。俾體用相酬對，皆真俗不二之喻也。姚秦僧鳩摩羅什譯。按開元釋教録云「羅什」者，華言「童壽」，天竺人也。苻堅遣呂光破西域，俘之以歸。姚興迎致長安，譯經於逍遥園。凡四十部〔四〕，此其一也。本三卷十四品，其後什之徒僧肇、道生、道融等爲之注，釐爲十卷。予得之董太虛家，蓋襄陽木本也〔五〕。唐李繁頗言此注後人依託者。1104

〔一〕注維摩詰所説經十卷　袁本重見，一作維摩詰所説經三卷，解題云：「右姚秦僧鳩摩羅什譯，什與其弟子肇、生等注，十四品。」一作注維摩詰經十卷，解題云：「右後秦羅什譯，什又與其高弟生、肇、道融注釋之。淳化中，張齊賢刻之板。」袁録顧校本顧廣圻校語謂「乃趙希弁誤分爲二也」，王先謙刊本先謙校語云：「蓋因張刻別出，然實一書也」。按此經凡七譯：後漢嚴佛調譯，名曰古維摩詰經二卷，佚；吳支謙譯，名曰維摩詰經二卷，存；西晉竺叔蘭譯，名曰異毘維摩詰經二卷，佚；西晉竺法護譯，名曰維摩詰所説法門經一卷，佚；東晉祇多密譯，名曰維摩詰經四卷，佚；姚秦鳩摩羅什譯，名曰維摩詰所説經，今本三卷，即本條；唐玄奘譯，名曰説無垢稱經六卷，存。

〔二〕廣嚴城處士也　按本經謂居毗耶離城。毗耶離，亦譯作吠舍離、鞞舍離等，大唐西域記卷二作吠舍釐。

〔三〕淨名處俗　顧校本「俗」作「世」。

〔四〕凡四十部　按羅什譯經，據出三藏記集卷十四云凡三十二部，三百餘卷，歷代三寶記卷八、大唐内典録卷三則謂九十八部四百二十五卷，宣録詳列其目。

〔五〕襄陽木本　宛委本、經籍考卷五十三無「木」字。

法華言句二十卷〔一〕　袁本後志卷二釋書類第九

右唐僧智顗撰〔二〕。智顗居天台山，號天台教。五代兵亂，其書亡。錢俶聞高麗有本，因賈人厚賂求得之〔三〕，至今盛行於江浙。1105

〔一〕法華言句二十卷　今本題作妙法蓮華文句二十卷，入大正藏卷三十四。

〔二〕唐僧智顗　按智顗乃陳、隋間人，卒於隋開皇十七年，未嘗入唐，見陳垣釋氏疑年録卷三，讀書志誤。

〔三〕因賈人厚賂求得之　袁本、卧雲本、宛委本、瞿鈔本、舊鈔本、經籍考卷五十四作「厚賂因賈人求得之」。

金剛經會解一卷〔一〕　袁本前志卷三下釋書類第三

右後秦僧鳩摩羅什譯。唐僧宗密、僧知恩、皇朝僧元仁〔二〕、賈昌朝、王安石五家注。予弟公愬日誦三過。予靳之曰：「汝亦頗知其義乎？」對曰：「知之。其義明萬物皆空，故古人謂以空爲宗也。」予曰：「金剛者，堅固不壞之義也。萬物之空，何以謂之金剛？」復曰：「『六如偈』其言明甚，獨奈何？」因語之曰：「汝之過，正在以有爲法同無爲法，以真空同頑空耳。張湛曰：『身與萬物同有，其有不有；心與太虛同無，其無不無。』庶幾知此哉！」〔三〕1106

〔一〕金剛經會解 經籍考卷五十三題作金剛般若經，蓋從書録解題卷十二釋氏類所題。

〔二〕皇朝僧元仁 袁本無「僧」字，元刊經籍考卷五十二作「皇朝恩元仁」，殿本「恩」作「思」。

〔三〕知此哉 袁本無「予弟公憩」至此凡一百二十五字。按公武弟公遡，字子西，紹興八年進士，歷官朝奉大夫，有嵩山居士集五十卷。「憩」當作「遡」。

禪宗金剛經解一卷 袁本後志卷二釋書類第十

右皇朝安保衡采摭禪宗自達磨而下發明是經者參釋之。序稱：其有言涉修證者，北宗法門也；舉心即佛者，江西法門也；無法無物者，本來如是者，曹溪法門也。1107

六祖解金剛經一卷 袁本前志、後志未收

右唐僧惠能注〔一〕。金剛經凡六譯〔二〕，其文大概既同，時小異耳，而世多行姚秦鳩摩羅什本。1108

〔一〕唐僧惠能 按即慧能，傳見宋高僧傳卷八。

〔二〕凡六譯 按指元魏北天竺僧菩提流支、梁、陳西天竺優禪尼國僧真諦、隋南賢豆羅囉國僧達摩笈多、唐僧玄奘、唐僧義淨以及鳩摩羅什六譯。

楞伽經四卷〔一〕　袁本前志卷三下釋書類第二

右宋天竺僧求那跋陀羅譯〔二〕。楞伽，山名也。佛爲大慧演道於此山〔三〕。元魏僧達磨以付僧慧可〔四〕，曰：「吾觀中國所有經教，唯楞伽可以印心。」謂此書也。釋延壽謂此經，以佛語心爲宗，而李通玄則以爲五法、三自性、八識、二無我爲宗〔五〕。按經說第八業種之識，名爲如來藏，言其性不二，明僞即出世也。延壽所云者，指其理，通玄所云者，指其事，非不同也〔六〕。 1109

〔一〕楞伽經四卷　按此經全稱楞伽阿跋多羅寶經，異譯本有北魏僧菩提流支入楞伽經十卷，唐僧實叉難陀大乘入楞伽經七卷。求那跋陀羅譯本見大正藏卷十六。

〔二〕求那跋陀羅譯　袁本、經籍考卷五十三「陀」作「陁」。

〔三〕演道於此山　經籍考「於」作「爲」，臥雲本同原本。袁本無「楞伽」至此凡十四字。

〔四〕元魏僧達磨以付僧慧可　袁本「魏」下有「時」字，「磨」作「摩」。「達磨」，或譯作「達摩」，即菩提達摩，意譯「道法」，事見續高僧傳卷二十八、景德傳燈錄卷三。

〔五〕無我　舊鈔本「我」作「吾」。

〔六〕非不同也　袁本無「釋延壽」至此凡七十六字，諸衢本、經籍考同原本。

圓覺經疏三卷〔一〕 袁本前志卷三下釋書類第五

右唐長壽二年，天竺僧覺救譯，宗密疏解。圓覺之旨，佛爲十二大士，説如來本起因地，終之以三觀〔二〕。楞嚴之旨，阿難因遇魔嬈〔三〕，問學菩提最初方便，終之以二義。蓋圓覺自誠而明，楞嚴自明而誠，雖若不同，而二義三觀，不出定慧，其歸豈有二哉〔四〕！ 1110

〔一〕圓覺經疏三卷　按圓覺經全稱大方廣圓覺修多羅了義經，亦稱圓覺修多羅了義經。今覺救（即佛陀多羅）譯本一卷，見大正藏卷十七，宗密疏註見大正藏卷三十九，作四卷。

〔二〕終之以三觀　經籍考卷五十三「終」作「修」，原本李富孫校語以爲誤。

〔三〕因遇魔嬈　宛委本、經籍考作「因遇魔障嬈」。

〔四〕豈有二哉　袁本無「圓覺之旨」至此凡七十七字。

六祖解心經一卷 袁本前志卷三下釋書類第二十二

右唐僧慧能解〔一〕。慧能，其徒尊之爲六祖〔二〕。 1111

〔一〕慧能解　袁本「慧」作「惠」，無此下「慧能其徒尊之爲六祖」九字。

〔二〕尊之爲六祖　經籍考卷五十三「之」下有「以」字。

忠國師解心經一卷〔一〕　袁本前志卷三下釋書類第二十一

右唐僧慧忠，肅宗師事之。此其所著書也。1112

〔一〕忠國師解心經　袁本「解」作「多」，經籍考卷五十三同原本。按今續藏經第一編第四十一套有慧忠著、宋道楷、懷琛述般若心經三注一卷。

心經會解一卷〔一〕　袁本前志卷三下釋書類第四

右唐陳留僧玄奘譯并注〔二〕。「般若」者，華言「智慧」；「波羅蜜多」者，華言「到彼岸」，謂智可以濟物入聖域也〔三〕。長安中，僧法藏爲之疏。元豐中，僧法泉亦注之。1113

〔一〕心經會解一卷　袁本作般若波羅蜜多心經集解一卷，諸衢本、經籍考卷五十三同原本。按袁本著録乃其全稱，今玄奘譯本入大正藏卷八，法藏注本題般若波羅蜜多心經畧疏，一卷，見大正藏卷三十三。

〔二〕玄奘　袁本「奘」訛作「奬」。

〔三〕入聖域也　袁本無「般若者」至此凡二十七字。諸衢本、經籍考同原本。

楞嚴經疏二十卷〔一〕　袁本前志卷三下釋書類第六

右唐神龍二年，天竺國僧彼岸於廣州譯，房融筆授〔二〕，皇朝僧子璿撰疏，王隨爲之序。1114

〔一〕楞嚴經疏二十卷　袁本作大佛頂首楞嚴經疏，經籍考卷五十三同原本。按此經全稱大佛頂如來密因修證了義諸菩薩萬行首楞嚴經，今大正藏卷十九所收般剌蜜帝譯本作十卷，子璿注本二十卷，與此合，見大正藏卷三十九。

〔二〕唐神龍二年天竺國僧彼岸於廣州譯房融筆授　按元僧惟則大佛頂首楞嚴經會解有僧克立題語，云：「唐武后長安末，般剌密帝三藏始持梵本自南海至廣州，令宰相房融知南銓在廣，請制止寺，譯出而筆受之。中宗神龍元年乙巳三月二十三日經成，謄寫入奏，適朝廷多故，未遑頒行，有神秀禪師入内道場，見所奏本，傳寫歸荆州度門寺。時慧振法師訪度門而得之，經始傳。天寶十年，西京興福寺惟慤法師復於故相房融家得其筆受之本，始於疏解而廣傳之，繼是，則有長水（按即子璿）、孤山、吳興諸公遞相發明而解益詳矣。」按據此，經譯成於神龍元年，「授」當作「受」。又，般若密帝，乃中天竺人，袁本、經籍考「天竺國」正作「中天竺國」，「般若密帝（Parāmiti）」，意譯「極量」，傳見楞嚴經義海卷三十，未詳讀書志「彼岸」者，是否即「極量」。

楞嚴標旨十卷〔一〕　袁本前志卷三下釋書類第八

右皇朝僧曉月撰〔二〕。其弟子應乾録，范峋爲之序。圓覺經云：「修多羅教，如標指月。」其名書之意，蓋取此〔三〕。1115

〔一〕楞嚴標旨　袁本作楞嚴標指要義。「標旨」，宛委本、經籍考卷五十三作「標指」，舊鈔本同袁本作「摽指」，王先謙刊本先謙校語以爲「摽指」誤。

〔二〕曉月　袁本作「月公」。按宋僧曉月，晚居泐潭道濟庵，與其徒應乾論楞嚴指訣，以成此標旨。宋志卷四有僧應乾楞嚴經標指要義二卷。

〔三〕蓋取此　袁本無「圓覺經」至此凡二十字。諸衢本、經籍考同原本。

會解楞嚴經十卷　袁本前志卷三下釋書類第二十七

右唐僧彌伽釋迦譯語〔一〕，房融筆授。皇朝井度集古今十二家解，去取之，成書〔二〕。予嘗爲之序。1116

〔一〕彌伽釋迦譯語　袁本脱「迦譯」二字，經籍考卷五十三同原本。按彌伽釋迦乃烏萇國沙門。

〔二〕成書　袁本作「成此書」。又，袁本無此下「予嘗爲之序」五字。

修己金剛經旨要一卷〔一〕　袁本前志卷三下釋書類第二十八

右皇朝僧修己，住持峨眉山白水寺，道楷之法嗣也。1117

〔一〕修己金剛經旨要一卷　原本、諸衢本、經籍考皆未收録此條，今據袁本補，參見袁本附考異。

景德傳燈録三十卷　袁本前志卷三下釋書類第十三

右皇朝僧道原編〔一〕。其書披奕世祖圖，采諸方語録，由七佛以至法眼之嗣，凡五十二世，一千七百一人〔二〕。獻於朝〔三〕，詔楊億、李維、王曙同加裁定。億等潤色其文，是正差繆〔四〕，遂盛行於世〔五〕，爲禪學之源〔六〕。夫禪學自達磨入中原，世傳一人，凡五傳至慧能，通謂之祖。慧能傳行思、懷讓，行思之後，有良价，號「洞下宗」〔七〕；又有文偃，號「雲門宗」；又有文益，號「法眼宗」；懷讓之後有靈祐、慧寂，號「潙仰宗」；又有義玄〔八〕，號「臨濟宗」。五宗學徒徧於海内，迄今數百年。「臨濟」、「雲門」、「洞下」，日愈益盛。嘗考其世〔九〕，皆出唐末五代兵戈極亂之際，意者，亂世聰明賢豪之士，無所施其能，故憤世嫉邪，長往不返，而其名言至行，譬猶聯珠疊璧，雖山淵之高深，終不能掩覆其光彩，而必輝潤於外也。故人得而著之竹帛，罔有遺軼焉〔一〇〕。1118

〔一〕皇朝僧道原編　延祐本紹興二年鄭昂跋謂「本住湖州鐵觀音院僧拱辰所撰」。張元濟據鄭跋亦云：「然則，著此書者，名道原而實拱辰也」，見涉園序跋集録。讀書志所據乃楊億序，陳垣以爲撰者當屬道原，見中國佛教史籍概論卷四。

〔二〕凡五十二世一千七百一人　明智旭閱藏知津卷四十二云：「先叙七佛并偈，始自摩訶迦葉，終於南岳第九世、青原第十一世，其祖師一千七百十二人，内九百五十四人有語見録，餘七百五十八人但存名字。」按讀書志所據乃楊億序，四部叢刊三編本億序亦作「凡五十二世，一千七百一人。」

〔三〕獻於朝　袁本「於」作「之」，經籍考卷五十四「朝」作「廟」。

〔四〕是正差繆　袁本作「是正其差繆上之」，經籍考同原本，唯殿本「是」作「考」。

〔五〕遂盛行於世　袁本「盛」作「大」。

〔六〕爲禪學之源　袁本「源」作「祖」。

〔七〕號洞下宗　以良价居豫章高安洞山，故名。然世稱此禪宗五家之一爲「曹洞宗」，蓋以良价弟子、曹洞宗二祖本寂嘗居臨川曹山而得名。

〔八〕又有義玄　按義玄事見宋高僧傳卷十二、景德傳燈録卷十二、人天眼目卷一。

〔九〕嘗考其世　楊希閔校本「世」作「書」，希閔云：「『玩義作『書』是。」

〔一〇〕罔有遺軼焉　袁本無「夫禪學自達磨入中原」至此凡一百八十七字。諸衢本、經籍考同原本。

玉英集十五卷〔一〕　袁本前志卷三下釋書類第十四

右皇朝王隨撰。先是楊億編次傳燈録三十卷，隨删去其繁大半，上之。1119

〔一〕玉英集十五卷　袁本題作傳燈玉英集。按宋藏遺珍影印本題同袁本。胡寅斐然集卷十九有傳燈玉英即録序。又，袁本解題頗異，玆録於下：「右皇朝王隨撰。以傳燈録繁冗難觀，删爲此録，景祐甲戌上之，詔書奬答，有序附于後。」按諸衢本、經籍考卷五十四標題，解題俱同原本。

天聖廣燈録三十卷〔一〕　袁本前志卷三下釋書類第十五

右皇朝李遵勗編〔二〕。斷自釋迦以降。仁宗御製序。 1120

〔一〕天聖廣燈録　原本所據底本無「録」字，李富孫據袁本、經籍考卷五十四補。瞿鈔本、季録顧校本、舊鈔本亦無。按宋志卷四有李遵天聖廣燈録三十卷，避廟諱而省「勗」字。今續藏經乙編第八套同原本。

〔二〕皇朝李遵勗編　原本所據底本、瞿鈔本、季録顧校本、舊鈔本脱「李」字，李富孫據袁本補。又，卧雲本、宛委本、經籍考卷五十四「皇朝」下有「駙馬都尉」四字。

分燈集二十五卷　袁本前志卷三下釋書類第十六

右皇朝井度編。蓋續三燈録也。 1121

靖國續燈録三十卷〔一〕　袁本後志卷二釋書類第十一

右皇朝僧惟白編。惟白，靖國初住法雲寺〔二〕，駙馬都尉張敦禮以其書上於朝，徽宗爲之序。分正宗、對機、拈古、頌古、偈頌五門。1122

〔一〕靖國續燈録　卧雲本、宛委本、經籍考卷五十四作建中靖國續燈録，袁本同原本。鮑廷博校本廷博校語云：「衢本無『建中』字（按鮑氏所見袁本爲陳師曾刊本，有『建中』二字），按惟白靖康時人，而徽宗爲之序，則靖國非年號。『建中』字或後人所增也，似當從衢本。」按玉海卷五十八引中興書目，題作續燈録僧（疑「僧」字衍），藏園羣書題記卷四宋刊殘本嘉泰普燈録跋録僧正覺上皇帝書，云：「建中靖國之初，佛國禪師惟白所進續燈録，徽宗皇帝亦親製序以賜。」據此，鮑氏誤矣，「靖國」，正爲徽宗紀年「建中靖國」。今續藏經乙編第九套中有建中靖國續燈録三十卷、目録三卷。

〔二〕靖國初　袁本作「靖康初」，經籍考卷五十四同原本。鮑廷博校本廷博校語云：「衢本作『靖國初』，亦似誤。」按衢本不誤，袁本誤，見校注〔一〕。

禪苑瑶林一百卷　袁本前志卷三下釋書類第十七

右皇朝井度編。取三燈録所載祖師言行，附入諸方闍提語句〔一〕，且是正其差誤云〔二〕。1123

〔一〕闍提語句　袁本「闍」作「拈」，疑是。所謂「拈提語句」，即發揮祖師大意之語句也。「闍提」，亦譯「一闡提」、「一顛迦」、「一闡提迦」、「阿顛底迦」，意爲「不具信」，或稱「斷善根」，見大涅槃經卷五。

〔二〕是正其差誤　殿本經籍考卷五十四「是」作「考」，元刊本同原本。

龐蘊語録十卷〔一〕 袁本前志卷三下釋書類第十二

右唐龐蘊，襄陽人〔二〕，與其妻子皆學佛。後人録其言成此書〔三〕。 1124

〔一〕龐蘊語録十卷　袁本題作龐居士語録，殿本經籍考卷五十四作龐公語録，元刊本同原本。按新唐志卷三有龐蘊詩偈三卷，崇文總目卷四釋書類中有龐居士歌一卷，宋志卷四有龐蘊語録一卷，注云：「唐于頔編。」讀書敏求記卷四有龐居士語録一卷詩二卷，宋本（述古堂書目語録作二卷）。今續藏經甲二編第二十五套所收，題龐居士語録三卷。

〔二〕龐蘊襄陽人　經籍考「蘊」作「公」。又，新唐志小注云：「字道玄，衡州衡陽人，貞元初人。三百餘篇。」

〔三〕録其言成此書　袁本「言」上有「名」字，宛委本、舊鈔本、鮑廷博校本「言」作「言行」。

雪竇頌古八卷〔一〕 袁本前志卷三下釋書類第十九

右皇朝僧道顯撰。道顯居雪竇山〔二〕。所謂「頌古」者，猶詩人之「詠史」云〔三〕。 1125

〔一〕雪竇頌古八卷　袁本解題頗異，俱録於下：「右皇朝僧道顯撰。居雪竇山。」

〔二〕雪竇山　殿本經籍考卷五十四「雪」訛作「雲」，元刊本不誤。按道顯（即重顯）於乾興元年居明州雪竇山資聖寺，遂以「雪竇」爲號，所著亦多以「雪竇」名。見續傳燈録卷二、五燈會元卷十五、佛祖歷代通載卷十八。

〔三〕詠史　宛委本、經籍考「史」作「古」。

古塔主語録三卷　袁本後志卷二釋書類第十二

右皇朝僧道古撰。范文正喜之，嘗親爲疏，請説法〔一〕，有句云：「道行無玷，孤風絶攀」，時以爲非溢美也。1126

〔一〕請説法　袁本、舊鈔本「説」作「閲」，王先謙以爲誤。

碧巖集十卷〔一〕　袁本後志卷二釋書類第十三

右皇朝僧克勤解雪竇頌古，名曰碧巖集。1127

〔一〕碧巖集　按此書全稱佛果圓悟禪師碧巖録，今本亦十卷，見大正藏卷四十八。

肇論四卷〔一〕　袁本前志卷三下神仙類第七

右姚秦僧洪肇撰。師羅什〔二〕，規模莊周之言，以著此書。物不遷、不真空、般若無知、涅槃無名四論〔三〕。傳燈録云，肇後爲姚興所殺〔四〕。1128

〔一〕肇論四卷　今大正藏卷四十五作一卷。

〔二〕洪肇撰師羅什　喬録王校本王懋竑校語云：「『師』字上當有『肇』字。」按疑「洪」字衍。

〔三〕般若無知涅槃無名　原本作「涅槃無知，般若無名」，今據本書改。袁本亦誤。

〔四〕爲姚興所殺　袁本此句下有「高僧傳不載其事」七字。按僧肇傳見高僧傳卷六。

觀心論一卷　袁本後志卷二釋書類第十四

右魏菩提達磨撰〔一〕。1129

〔一〕魏菩提達磨　顧校本「磨」作「摩」。按「魏」乃指北魏。

百法論一卷〔一〕　袁本後志卷二釋書類第十五

右唐僧玄奘譯〔二〕。西域僧天親所造〔三〕。所謂一切法者，其畧有語〔四〕：一心法，二心所有法，三色法，四心不相應行法，五無爲法。心法八種，心所有法五十一種，色法十一種，心不相應行法二十四種，無爲法六種，故曰「百法」。1130

〔一〕百法論　按是書全稱大乘百法明門論畧録，亦稱百法明門論，讀書志著録用省稱，今本亦一卷，入大正藏卷三十一。

〔二〕玄奘　袁本「奘」訛作「奬」。

〔三〕天親　按「天親」亦譯「世親」，音譯作「婆藪槃豆」、「伐蘇畔度」。古印度佛教瑜伽行派創始者之一。

〔四〕其畧有語　顧校本改「語」作「說」。

起信論一卷〔一〕　袁本後志卷二釋書類第十六

右唐僧宗密注，僧真諦譯。天竺第十二祖馬鳴大士所造也。雖云名相，蓋明心宗，指義玄微，文辭明緻，故盛行於世，若肇論、百法、唯識及此學者〔二〕，皆顯門名家，故藏中所收亦録於此。　1131

〔一〕起信論一卷　按新唐志卷三、崇文總目卷四釋書類上俱作二卷。大正藏卷三十二所收真諦譯本一卷，弘教書院刊大藏經調字套第八册有宗密注、法藏述大乘起信論疏四卷。

〔二〕唯識及此學者　原本「唯」作「惟」，據袁本、卧雲本、宛委本、經籍考卷五十四改正。成唯識論、唯識二十論俱可省稱唯識論，此蓋指前者。經籍考「學」作「義」，疑誤。

辨正論八卷〔一〕　袁本後志卷二釋書類第十七

右唐釋法琳撰。潁川陳良序云〔二〕：「法琳，姓陳，關中人。著此書，窮釋、老之教源，極品藻之名理。」宣和中，以其斥老子語〔三〕，焚毀其第二、第四、第五、第六〔四〕、第八凡五卷，序文亦有翦棄者〔五〕。　1132

〔一〕辨正論　卧雲本、經籍考卷五十四「辨」作「辯」，袁本同原本。按新唐志卷三道家類作「辯」，崇文總目卷四釋書類上、宋志卷四作「辨」，今本作「辯」，見大正藏卷五十二。

〔二〕潁川陳良序　袁本「潁」訛作「穎」，沈録何校本改「穎」作「潁」。又，新唐志、宋志法琳此書小注云：「陳子良注。」平津館鑒藏記書籍補遺有宋刊足本辨正論八卷，云：「前有東宫學士陳子良序。」今本同。讀書志二本當脱「子」字。又，子良非潁川人，乃吳人，法琳實關中潁川人，此當有誤。

〔三〕以其斥老子語　原本所據底本「斥」作「出」，李富孫據袁本補。瞿鈔本、季録顧校本、舊鈔本亦作「出」，經籍考脱「斥」字。

〔四〕第六　經籍考脱此二字。

〔五〕有翦棄者　袁本「翦棄」作「剪弃」。

破邪論二卷〔一〕　袁本後志卷二釋書類第十八

右唐釋法琳撰。辨傅奕所排毁〔二〕。虞世南爲之序。1133

〔一〕破邪論二卷　經籍考卷五十四此題下有「甄正論三卷」五字，合二條爲一，且删去破邪論解題。今大正藏卷五十二所收亦二卷。

〔二〕辨傅奕所排毁　卧雲本作「辨傅奕而併非毁孔、孟」。袁本同原本。

甄正論三卷〔一〕 袁本後志卷二釋書類第十九

右唐釋法琳撰。已上三書，皆經宣和焚毁，藏中多闕〔二〕，故録之。1134

〔一〕甄正論三卷　兩唐志有杜乂甄正論三卷，新唐志卷三又有玄嶷甄正論三卷。玄嶷書亦見明釋藏（南輦北微）及大正藏卷五十二，三卷。法琳著辯正論八卷、破邪論二卷，見大唐内典録卷五著録，而未聞撰有甄正論，疑公武誤署撰人。

〔二〕已上三書皆經宣和焚毁藏中多闕　經籍考馬端臨按語云：「按破邪、甄正二論，昭德讀書記以爲宣和焚毁，藏中多闕。然愚嘗於村寺經藏中見其全文。破邪論未詆傅奕，而併非孔、孟，所謂詖淫邪道之辭，無足道者，甄正論譏議道家」云云。袁録何校本（沈録何校本同）何焯批語云：「傅奕主老子而排釋氏，則此書正與宣和所尚合，何緣倒遭焚毁？」袁録顧廣圻批語云：「按此法琳破傅奕之論也，何誤會。」按何、顧二氏語乃對破邪論而言，以語及焚版事，故綴於此。

輔教編五卷〔一〕 袁本後志卷二釋書類第二十

右皇朝僧契嵩撰。藤州人。皇祐間，以世儒多詆釋氏之道，因著此書，廣引經籍，以證三家一致，輔相其教云。1135

〔一〕輔教編五卷　祕續目釋書類、宋志卷四、明釋藏（南回北漢）鐔津文集本、卍字藏第三十一套、弘教藏雨字套俱三卷。

玄聖蘧廬二卷〔一〕　袁本後志卷二釋書類第二十一

右唐李繁撰。繁學於江西僧道一，敬宗時，嘗與丁公著、陸亘入殿中抗佛、老，講論唐、虞。愈稱其家多書〔二〕，一覽終身不忘。大和中〔三〕，舒元輿誣其濫殺不辜〔四〕，繫獄。知且死，著書十六篇，以明禪理。自謂臨死生而不懼，賢於顏回在陋巷不改其樂。嗚呼，可謂賢矣！而史載其生平行事甚醜〔五〕，獨何歟？1136

〔一〕玄聖蘧廬二卷　按新唐志卷三、崇文總目卷四釋書類上作一卷。

〔二〕愈稱其家多書　顧校本「書」上有「藏」字。又，魯巖所學集卷六讀書後志跋云「愈」上當補「韓」字。

〔三〕大和中　宛委本、殿本經籍考卷五十四「大」作「太」，元刊本同原本。

〔四〕舒元輿　舊鈔本「輿」字空格，季録顧校本補「輿」字。

〔五〕生平行事　袁本、卧雲本、宛委本、經籍考「生平」作「平生」。

原人論一卷〔一〕　袁本前志卷三下釋書類第九

右唐僧宗密撰。斥執迷〔二〕、褊淺〔三〕、直顯真源、會通本末〔四〕，凡四篇。1137

〔一〕原人論　袁本作圭峰原人論，經籍考卷五十四同原本。按宗密出家後居陝西鄠縣圭峰草堂寺，世稱圭峰大師，袁本標題本此。新唐志卷三、今大正藏卷四十五所收亦作原人論一卷。

〔二〕斥執迷　按「執迷」疑當作「迷執」，明釋藏（南青北跡）與今通行本俱作「斥迷執」。

〔三〕褊淺　按疑「褊淺」上當有「斥」字，明釋藏斥迷執第一，斥褊淺第二。

〔四〕會通本末　經籍考「會」訛作「佘」。

宗鏡録一百卷　袁本前志卷三下釋書類第七

右皇朝僧延壽撰。延壽，姓王氏，餘杭人，法眼嫡孫也。建隆初，錢忠懿命居靈隱，以釋教東流，中夏學者不見大全，而天台、賢首、慈恩性相三宗又互相矛盾〔一〕，乃立重閣，館三宗知法僧，更相詰難，至詖險處，以心宗旨要折衷之。因集方等祕經六十部，華、梵聖賢之語三百家，以佐三宗之義，成此書。學佛者傳誦焉。天台者，僧智顗也，解法華經；賢首者，僧法藏也，述華嚴經；慈恩者，僧玄奘也，譯般若經〔二〕。1138

〔一〕天台賢首慈恩性相三宗　原本所據底本無「性相」二字，原本李富孫校語云：「宗原本脱『性相』二字，今據瞿鈔本、通考增。」剜改本删去以上校語，而云：「瞿鈔本、通考此下有『性相』二字，依下文此當衍。」按延壽所集三宗爲天台（法華）、賢首（華嚴）、慈恩（法相）。其中天台，空宗也，亦稱法性宗，而慈恩，有宗也，亦稱法相宗。大凡佛教宗派，不外法性宗、法相宗，原本據補「性相」二字亦可通，姑仍之。宛委本、瞿鈔本、經籍考卷五十四同原本。

〔三〕般若經　袁本無「延壽姓王氏」至此凡一百四十二字。卧雲本、經籍考同原本。

六祖壇經三卷〔一〕　袁本前志卷三下釋書類第十一

右唐僧惠昕撰〔二〕。記僧盧慧能學佛本末。慧能號六祖。凡十六門〔三〕。周希復有序〔四〕。1139

〔一〕六祖壇經三卷　袁本前志卷三下此書複出，俱作六祖壇經二卷，複出居該類第十一者與原本解題同，居第二十五者解題獨異，俱録於下：「右唐僧慧能授禪學于弘忍，韶州刺史韋據請説無相心地戒，門人紀録，目曰壇經，盛行于世。」按弘忍乃禪宗五祖，慧能從之受學，事見宋高僧傳卷八、景德傳燈録卷三、卷五，「授」當作「受」。袁録何校本何焯校語云：「壇經有兩書，今所見者此耳。」袁録顧校本顧廣圻校語云：「按經籍考所引但有前文，而無此，乃趙希弁誤複也。何説非。」按今存壇經有四本：一敦煌寫本，題作南宗頓教最上大乘摩訶般若波羅蜜經六祖慧能大師于韶州大梵寺施法壇經，一卷，慧能弟子法海集記；一日本興聖寺複刻宋紹興年間晁子健蘄州刊本，題作六祖壇經，二卷，晚唐僧人惠昕改編；一曹溪原本，題作六祖大師法寶經曹溪原本，一卷，不著撰人（或題「門人法海録」，或據郎簡六祖壇經序，以爲乃契嵩改編）；一元至正二十八年僧宗寶改編本，一卷。以上四種有普慧大藏經刊行會合編本。晁子健乃公武之姪，讀書志所收似子健刊本，疑原本「三卷」當從袁本，作「二卷」。

〔二〕惠昕撰　經籍考卷五十四「昕」訛作「眇」。

〔三〕凡十六門　按今興聖寺本止十一門。

〔四〕周希復有序　袁本、經籍考「復」作「後」。

釋氏要覽三卷〔一〕　袁本前志卷三下釋書類第二十九

右皇朝僧道誠集〔二〕。雜録釋典，旁求書傳〔三〕，分門編次，成二十類〔四〕。天禧三年書成。1140

〔一〕釋氏要覽三卷　袁本「三」作「十」，經籍考卷五十四同原本。按宋志卷四有僧道誠釋氏要覽三卷，又有釋氏須知三卷。今本亦作三卷。

〔二〕道誠集　原本「誠」作「成」，據袁本改。按宋志、今大正藏卷五十四所收皆作「誠」。經籍考同原本。

〔三〕旁求書傳　袁本「求」作「采」。

〔四〕成二十類　今本上、中、下三卷各九篇，凡二十七類。

錦囊集一卷〔一〕　袁本前志卷三下釋書類第三十三

右皇朝僧瑞光集。皆教其徒答問也。1141

〔一〕錦囊集一卷　按此條原本未收，今據袁本、并參王先謙刊本編次補入。經籍考亦未收。

弘明集十四卷〔一〕 袁本前志卷三下釋書類第十

右梁釋僧祐纂。僧祐居鍾山定林寺，號祐律師〔二〕。采前代勝士書記文述有益於釋教者，集之成此書〔三〕。1142

〔一〕弘明集十四卷　袁本解題頗異，俱録於下：「右梁釋僧祐纂。采前代勝士書記文述有益於釋教者，多宗炳、何尚之輩著述。」按弘明集卷二有宗炳明佛論、卷三有宗炳答何衡陽書二篇，卷十一有何尚之答宋文帝讚揚佛教事。

〔二〕號祐律師　經籍考卷五十四「祐」誤作「右」。

〔三〕集之成此書　經籍考無此五字，宛委本、瞿鈔本亦無。

廣弘明集三十卷 袁本後志卷二釋書類第二十二

右唐僧道宣撰〔一〕。道宣，麟德初居西明寺。以中原自周、魏以來，重老輕佛，因采輯自古文章，下逮齊隋，發明其道者，以廣僧祐之書，分歸正、辨惑〔二〕、佛德、法義、僧行、慈惻〔三〕、成功〔四〕、啓福、滅罪〔五〕、統歸等十門。1143

〔一〕僧道宣撰　袁本、卧雲本、宛委本、經籍考卷五十四作「僧釋道宣撰」。

〔二〕辨惑　經籍考「辨」作「辯」。按四部備要本（據常州天寧寺藏本刊印）亦作「辯」。

〔三〕慈惻　王聞遠鈔本繆荃孫校語云：「明藏本寶宏明集『慈惻』作『慈濟』」。
〔四〕成功　袁本、宛委本、經籍考作「誠功」。魯巖所學集卷六續書後志跋云：「誠功」當作「誡功」。王聞遠鈔本繆荃孫校語云明藏本「成功」作「戒功」。
〔五〕滅罪　繆荃孫校語云明藏本「滅罪」作「悔罪」。

林間録四卷〔一〕　袁本前志卷三下釋書類第十八

右皇朝僧德洪撰。記高僧嘉言善行，謝逸爲之序。然多寓言，如謂杜祁公、張安道皆致仕居睢陽之類〔二〕，疎闊殊可笑〔三〕。1144

〔一〕林間録四卷　袁本「四」作「二」，經籍考卷五十四同原本。今通行之續藏經乙編第二十一套所收作二卷。陳垣中國佛教史籍概論卷六云：「晁志著録衢本四卷、袁本二卷，其實一也。」按謝逸序云：「惠洪與林間勝士抵掌清談，每得一事，隨即録之。本明上人以其録析爲上下二帙，刻之於版。」是二卷、四卷乃分合不同耳。續藏經乙編另有後録一卷，乃後人採石門文字禪卷十七至二十之文附入。
〔二〕皆致仕居睢陽之類　宛委本作「致仕皆居睢陽」。袁本此下有「是也按祁公慶曆六年致仕治平中薨安道元豐末始請老蓋相去二十年矣其」三十一字。按中國佛教史籍概論卷六云：「杜祁公衍以慶曆六年告老，七年致仕，嘉祐二年卒，年八十。宋史三一〇及五朝名臣言行録七、歐陽文忠集三十墓誌皆同。張安道方平，元豐末請老，元祐初致仕，元祐六年卒，年八十五（按方平行狀，王鞏撰，見樂全集附録）。二人致政，相去凡四十年，不止如晁志袁本所云也。」按經籍考同原本。

〔三〕可笑　袁本作「可笑也」。

郡齋讀書志卷第十七

集部其類有四〔一〕：一曰楚辭類，二曰别集類，三曰總集類，四曰文説類〔二〕。内别集猥多，復分爲上、中、下〔三〕，合四百八部，計六千一百六十一卷〔四〕。昔屈原作離騷，雖詭譎不可爲訓〔五〕，而英辨藻思〔六〕，閎麗演迤，發於忠正〔七〕，蔚然爲百代詞章之祖。衆士慕嚮，波屬雲委。自時厥後，綴文者接踵於斯矣〔八〕。然軌轍不同，機杼亦異，各名一家之言。學者欲矜式焉，故别而序之〔九〕，命之爲集。蓋其原起於東京，而極於有唐，至七百餘家。當晉之時，摯虞已患其零雜難觀〔一〇〕，嘗自詩賦以下彙分之，曰文章流别。後世祖述之而爲總集，蕭統所選是也。至唐亦且七十五家。嗚呼，盛矣！雖然，賤生於無所用，或其傳不能廣，值水火兵寇之厄，因而散落者十八九〔一一〕。亦有長編鉅軸，幸而得存，屬目者幾希〔一二〕。此無他，凡以其虚詞濫説〔一三〕，徒爲美觀而已〔一四〕，無益於用故也。今録漢迄唐，附以五代、本朝作者，其數亦甚衆。其間格言偉論，可以扶持世教者，爲益固多。至於虚詞濫説如上所陳者，知其終當泯泯無聞〔一五〕，猶可以自警，則其無用亦有用也，是以不加銓擇焉。

〔一〕其類有四　原本作「其類有三」，據卧雲本以及袁本所附衢本目録改。袁本亦作「三」。鮑廷博校本鮑氏按曰：「衢本經、史、子小序，與袁本微異，而集部獨與袁本同，疑衢本佚集部，傳鈔者即以袁本補之耳。」又曰：「總集後尚有文說類，序中無之。」按鮑說甚確。衢本於集部增設文說類，收録文學批評著述九種，分類爲四而非三。

〔二〕四曰文說類　原本、袁本無此五字，據臥雲本、袁本附衢本目録補。

〔三〕分爲上中下　袁本實分上、中、下、下下。別集類上，在卷四上；別集類中、下，在卷四中；別集類下下，在卷四下。

〔四〕合四百八部計六千一百六十一卷　原本無此十四字，據臥雲本補。袁本亦無。按衢本公武自序較袁本自序已增補其藏書總數，衢本經、史、子三部序亦俱增添該部著録書卷數統計，以此推之，集部序亦當增補。今存諸衢本皆缺，蓋如鮑廷博言，以採之袁本故耳。唯臥雲本未缺，衢本集部序，幸賴此以存。

〔五〕不可爲訓　袁本、臥雲本、宛委本作「不槩諸聖」，經籍考卷五十七集部總論例言引「晁氏曰」亦作「不槩諸聖」。

〔六〕英辨　袁本、宛委本、經籍考作「英辯」。

〔七〕忠正　臥雲本、瞿鈔本作「中正」。

〔八〕接踵於斯　臥雲本、經籍考「斯」作「道」。

〔九〕別而序之　袁本、臥雲本、宛委本、經籍考「序」作「聚」，瞿鈔本作「敘」。

〔一〇〕零雜　袁本、臥雲本、宛委本、經籍考「零」俱作「淩」。

〔一一〕因而散落　宛委本無「因」字，經籍考「散落」作「散失」。

〔一二〕屬目者　袁本作「其屬目者」，宛委本、經籍考作「而屬目者」。
〔一三〕虛詞　袁本、經籍考「詞」作「辭」，下同。
〔一四〕徒爲美觀而已　「美觀」，卧雲本、經籍考作「觀美」。
〔一五〕泯泯無聞　季録顧校本「泯泯」作「泯没」。

楚辭類

楚辭十七卷　袁本前志卷四上楚辭類第一

右後漢校書郎王逸叔師注〔一〕。楚屈原，名平，爲懷王左徒，博聞强志，嫻於辭令〔二〕。後同列心害其能而讒之，王怒，疏平，平自傷忠而被謗，乃作離騷經以諷，不見省納。及襄王立，又放之江南，復作九歌〔三〕、天問、九章、遠遊、卜居、漁父、大招，自沉汨羅以死。其後，楚宋玉作九辯〔四〕、招魂，漢賈誼作惜誓，淮南小山作招隱士〔五〕，東方朔作七諫，嚴忌作哀時命，王褒作九懷，劉向作九歎，皆擬其文，而哀平之死於忠。至漢武時，淮南王安始作離騷傳，劉向典校經書〔六〕，分爲十六卷。東京班固、賈逵各作離騷章句，餘十五卷，闕而不説。至逸自以爲南陽人，與原同土，悼傷之，復作十六卷章句，又續爲九思，取班固二序附之，爲十七篇。按漢書志屈原賦二十五篇，今起離騷經至大招凡六〔七〕，九章、九歌又十八，則原賦存者二十四篇耳〔八〕，并國殤、禮魂在九歌之外爲十一，則溢而爲二十六篇。不知國殤、禮魂何以係九歌之末〔九〕，又不可合十一爲九，然則謂大招爲原辭，可疑也。夫以「招魂」爲義，恐非自作，或曰景差，蓋近之。其卷後有蔣之翰跋，云晁美叔家本也〔一〇〕。1145

〔一〕右後漢校書郎　袁本脱「右」字，卧雲本、經籍考卷五十七「右」作「爲」。

〔二〕嫺於辭令　袁本「嫺」作「嫺」，誤。

〔三〕復作九歌　舊鈔本「復」作「後」。

〔四〕九辯　袁本、卧雲本、宛委本「辯」作「辨」。

〔五〕淮南小山　原本作「淮南王小山」，據宛委本、經籍考删「王」字。袁本亦有「王」字。

〔六〕劉向典校　原本「典」作「與」。按讀書志語本王逸楚辭章句序，王逸序、袁本、卧雲本、宛委本、經籍考俱作「典」，據改。

〔七〕今起離騷經至大招凡六　原本「大招」作「太招」，據袁本、卧雲本、宛委本、季録顧校本、經籍考以及本條上文改。又，「按漢書志」以下至「又不可合十一爲九」云云，乃摘自晁補之離騷新序（雞肋集卷三十六），新序亦作「大招」（四部叢刊影印明詩瘦閣本）。按六篇謂離騷經、遠遊、天問、卜居、漁父、大招。

〔八〕則原賦存者　袁本脱「則」。

〔九〕係九歌之末　袁本「係」作「系」，卧雲本、經籍考作「繫」。

〔一〇〕晁美叔　袁本「晁」誤作「鼂」。按美叔乃端彦字，公武从父説之、詠之之父。

楚辭釋文一卷〔一〕 袁本前志卷四上楚辭類第二

右未詳撰人〔二〕。其篇次不與世行本同。蓋以離騷經、九辯、九歌、天問、九章、遠遊、卜居、漁父、招隱士、招魂、九懷、七諫、九歎、哀時命、惜誓、大招、九思爲次。按今本九章第四，九辯第八，而王逸九章注云：「皆解於九辯中〔三〕。」知釋文篇第蓋舊本也〔四〕，後人始以作者先後次第之耳〔五〕。或曰天聖中陳説之所爲也〔六〕。 1146

〔一〕楚辭釋文　書録解題卷十五題作離騷釋文，宋志卷八、經籍考卷五十七標題同讀書志。

〔二〕右未詳撰人　袁本、經籍考皆無「右」字。書録解題曰：「古本，無名氏，洪氏（按指洪興祖）得之吳郡林虙德祖。」是亦不知撰人。余嘉錫以爲當爲南唐王勉。四庫提要辨證卷二十曰：「考宋史藝文志總集類有王勉楚辭章句二卷，楚辭釋文一卷，離騷約二卷，在宋遵度羣書麗藻之後。徐鍇賦苑之前，則作者姓名，具有可考。宋遵度，當作崔遵度。書録解題有羣書麗藻六十五卷，南唐司門員外郎崔遵度撰（按見書録解題卷十五，乃陳氏採中興館閣書目語）。王勉雖不知何時人，然既廁於遵度與鍇之間，疑亦南唐人也。」余氏謂王勉三書，宋志乃因北宋國史藝文志之舊，然則，楚辭釋文自南渡以前，已收入中祕，林虙、晁公武所得之本，殆即自中祕鈔出而失其姓名也。

〔三〕九辯　原本「辯」作「辨」，據袁本、卧雲本、宛委本改。

〔四〕篇第　「第」原本作「次」，袁本、卧雲本、宛委本、瞿鈔本皆作「第」，按「按今本九章第四」云云，公武語本楚辭目録後按語，按語作「篇第」，據改。又，書録解題此條幾悉同讀書志，殆鈔自讀書志，書録解題亦作「第」。

〔五〕次第之耳　袁本「耳」作「爾」，諸本與書録解題皆作「耳」，按語作「次叙之爾」。

〔六〕或曰天聖中陳説之所爲也　經籍考無「蓋以離騷經」至此凡九十六字，諸衢本同原本。書録解題曰：「朱侍講按：天聖十年陳説之序，以爲舊本篇第混并，乃考其人之先後，重定其篇第。然則今本説之所定也。」按朱熹語見楚辭辨證卷上。

補注楚辭十七卷考異一卷〔一〕　袁本前志卷四上楚辭類第三

右未詳撰人〔二〕。凡王逸章句有未盡者補之。自序云：「以歐陽永叔、蘇子瞻、晁文元、宋景文家本參校之〔三〕，遂爲定本。又得姚廷輝本作考異。」且言辨騷非楚辭本書〔四〕，不當録。1147

〔一〕考異一卷　按：「考異」上當有「楚辭」二字，參見書録解題卷十五、宋志卷七。公武殆以此書因補注而録，遂省其標題。按後世考異散入補注句下，非其舊矣。

〔二〕右未詳撰人　袁本、經籍考卷五十七皆無「右」字。按此二書撰人爲洪興祖，見書録解題、宋志。

〔三〕家本參校之　經籍考脱「本」字；又，「校」作「考」。

〔四〕辨騷　袁本、卧雲本、宛委本、經籍考皆作「辯騷」。按「辨騷非楚辭本書」云云，乃興祖附記引鮑欽止語。今文心雕龍篇名作辨騷。

重編楚辭十六卷　袁本前志卷四上楚辭類第四

右族父吏部公重編〔一〕。獨離騷經仍故，爲首篇。其後以遠遊、九章、九歌、天問、卜居、漁父、大招、九辯、招魂、惜誓、七諫、哀時命、招隱士〔二〕、九懷、九歎〔三〕，爲次而去九思一篇。其説曰：按八卷。屈原遭憂所作。故首篇曰離騷經，後篇皆曰離騷〔四〕，餘皆曰楚辭。今本所第篇或不次序，於是遷遠遊、九章次離騷經，在九歌上，以原自敍其意近於離騷經也〔五〕。而九歌、天問乃原既放之後攄憤所作者，故遷於下。卜居、漁父，自叙之餘意也〔六〕，故又次之〔七〕。大招古奥，疑原作，非景差詞〔八〕，沈淵不返，故以終焉。爲楚辭上八卷。九辯、招魂皆宋玉所作〔九〕，或曰九辯原作，其聲浮矣。惜誓宏深，或以爲賈誼作，蓋近之。東方朔、嚴忌皆漢武帝廷臣〔一〇〕，淮南小山之詞，不當先朔、忌。王褒，漢宣帝時人，後淮南小山〔一一〕。至劉向最後作，故其次序如此。皆西漢以前文也，爲楚辭下八卷。王逸，東漢人，九思，視向以前所作，相闊矣。又十七卷非舊録，故去之。又頗删逸離騷經訓釋淺陋者，而録司馬遷原傳冠其首云。1148

〔一〕族父吏部公　按晁補之無咎也。

〔二〕招隱士　袁本、卧雲本、經籍考卷五十七俱脱「士」字。

〔三〕九歎　原本所據底本「歎」誤作「歌」，李富孫據袁本改。卧雲本、經籍考亦誤。按宛委本、季録顧校本不誤。

〔四〕後篇皆曰離騷　袁本脱「後」字。晁補之語見雞肋集卷三十六離騷新序中，有「後」字。

〔五〕近於離騷經也　袁本、卧雲本、經籍考均無「於」字，離騷新序亦無。

〔六〕自叙之　袁本、卧雲本、經籍考「叙」作「序」，離騷新序同原本。

〔七〕故又次之　袁本誤「又」爲「後」。

〔八〕非景差詞　袁本、卧雲本、經籍考「詞」皆作「辭」，離騷新序同袁本，下同。

〔九〕皆宋玉所作　袁本、卧雲本、宛委本、瞿鈔本、季録顧校本、舊鈔本、經籍考俱無「所作」二字，離騷新序作「皆宋玉作」。

〔一〇〕皆漢武帝廷臣　原本脱「武」字，據袁本、瞿鈔本、季録顧校本、經籍考以及離騷新序補。「廷」，袁本作「庭」。

〔一一〕後淮南小山　原本脱「後」字，據袁本、卧雲本、經籍考補。離騷新序作「皆後」。

續楚辭二十卷　袁本前志卷四上楚辭類第五

右族父吏部公编。擇後世文賦與楚辭類者編之。自宋玉以下至本朝王令〔一〕，凡二十六人，計六十篇。各爲小序，以冠其首。而最喜沈括，以爲詞近原，蓋深探其用意，疾徐隨其步驟而與之偕〔二〕，然亦暇而不迫也。1149

〔一〕自宋玉以下至本朝王令　袁本「以」作「已」，季録顧校本「本朝」作「宋朝」。瞿鈔本無「王令」二字。

〔三〕疾徐隨其步驟　原本所據底本脱「隨」字，李富孫據經籍考卷五十七補。「隨」字袁本、卧雲本、宛委本、瞿鈔本、顧校本皆脱。又，經籍考脱「徐」字，「驟」作「趨」。

變離騷二十卷　袁本前志卷四上楚辭類第六

右族父吏部公编。公既集續楚辭，又擇其餘文賦大意祖述離騷〔一〕，或一言似之者爲一编。其意謂原之作曰離騷，餘皆曰楚辭。今楚辭又變，而迺始曰變離騷者，欲後世知其出於原也，猶服盡而係其姓於祖云。所録自楚荀卿至本朝王令，凡三十八人，通九十六首〔二〕。1150

〔一〕大意祖述離騷　袁本「大意」上有「或」字。

〔二〕通九十六首　宛委本「首」作「篇」。

别集類上

蔡邕集十卷〔一〕　袁本前志卷四上别集類上第一

右後漢蔡邕伯喈也〔二〕，陳留圉人〔三〕。仕至左中郎將，後爲王允所害。邕博學，好辭章、術數、天文，妙操音律〔四〕。在東觀欲補漢紀，自陳十意。及付獄，乞黥刖以成書，不能得，遂死獄中。所著文章百四篇，今録止存九十篇，而銘墓居其半。或曰碑銘〔五〕，或曰神誥，或曰哀讚，其實一也。嘗自云「爲郭有道碑，獨無愧辭」，則其他可知矣〔六〕。凡文集，其人正史自有傳者，止掇論其文學之辭，及畧載鄉里、所終爵位，或死非其理，亦附見，餘歷官與其善惡，率不録。若史逸其行事者，則雜取他書詳載焉，庶後有考。 1151

〔一〕蔡邕集　經籍考卷五十七題作蔡中郎集。經籍考并引晁、陳二書，其列標題、卷數多從陳者，下仿此。

〔二〕右後漢蔡邕伯喈也　袁本無「後」、「也」二字。

〔三〕陳留圉人　原本「圉」作「郡」，據袁本、卧雲本、經籍考改。瞿鈔本、季録顧校本「圉」誤作「國」，顧氏已加校改。按此條解題本諸後漢書卷六十下蔡邕傳，傳云：「陳留圉人也。」

〔四〕妙操音律　喬録王校本王懋竑校語曰：「『操』字疑誤。」按此語亦本諸本傳，本傳同原本。

〔五〕或曰碑銘　袁本作「或曰碑、或曰銘」。玉海卷六十漢銘論條引讀書志此處同袁本。

〔六〕可知矣　經籍考「矣」作「已」，玉海作「也」。

曹植集十卷〔一〕　袁本前志卷四上別集類上第二

右魏曹植子建也。太祖子，文帝封植爲陳王〔二〕，卒年三十一〔三〕，謚曰思。年十歲餘〔四〕，誦讀詩論及辭賦數十萬言〔五〕。善屬文，援筆立成。自少至終，篇籍不離於手。按魏志〔六〕：「景初中，撰録植所著賦、頌、詩、銘、雜論，凡百餘篇〔七〕。」隋志植集三十卷，唐志植集二十卷。今集十卷，比隋、唐本有亡逸者，而詩文二百篇〔八〕，返溢於本傳所載，不曉其故。 1152

〔一〕曹植集十卷　經籍考卷五十七題作陳思王集。「十卷」，袁本作「一卷」。按三國志卷十九本傳云：「景初中，撰録植前後所著賦、頌、詩、銘、雜論，凡百餘篇，副藏内外。」未明卷數。隋志卷四著録魏陳思王曹植集三十卷，兩唐志均著録二十卷、三十卷二本，書録解題卷十六作二十卷，宋志卷七同衢本讀書志，作十卷。余嘉錫以爲植集有前録、全集兩種：前録爲其手定少作，兩唐志之二十卷本即是；全集即景初敕編之本，隋志、兩唐志著録之三十卷本是也。書録解題云：「其間亦有采取御覽、書鈔、類聚書中所有者，意皆後人附益，然則亦非當時全書矣。」觀此，陳氏卷數雖合二十之數，實非前録，當別是一本，疑爲中晚唐人所重輯（四庫提要辨證卷二十）。衢本及宋志所録之十卷本，尚可考其面目，詳注〔八〕。至於袁本著録之一卷本，不見諸目，疑「一」爲「十」之訛。

〔二〕文帝封植爲陳王　顧校本無「植」字。又，「文帝」當「明帝」之誤，三國志卷十九武文世王王公傳云明帝太和六年二月封植爲陳王。

〔三〕卒年三十一　按曹植生於漢獻帝初平三年（一九二），卒於魏明帝太和六年（二三二），年四十一，見資治通鑑卷七十二魏紀四。張宗泰魯巖所學集卷六三跋郡齋讀書志亦云「三」當作「四」，是，見三國志本傳。

〔四〕年十歲餘　袁本、宛委本作「年十餘歲」。本傳同原本。

〔五〕數十萬言　顧校本無「數」字。

〔六〕按魏志　袁本無此三字。

〔七〕凡百餘篇　袁本此下有「今集僅二百篇，通爲一卷」十字，而無「隋志」云云以下四十三字。余嘉錫疑三國志本傳云「凡百餘篇」，其「百」上脱「二」或「三」字。參見四庫提要辨證卷二十。

〔八〕詩文二百篇　經籍考卷五十七「詩文」下有「近」字。按四庫總目云宋嘉定六年刊本賦四十四篇、詩七十四篇、雜文九十二篇，凡二百十篇；四部叢刊本實即一本，然凡賦四十三篇，詩七十三篇，雜文九十二篇，合計則得二百八篇。瞿氏鐵琴銅劍樓藏書目録卷十九亦收有一南宋刊本，十卷，猶在嘉定之前，瞿氏云：「凡賦四十三篇、詩六十三篇、雜文九十篇，與明嘉靖時郭萬程本篇數次第不合。」此宋本合計爲一百九十六篇。然則，植集宋時不止一刻，有二百餘篇者，有近二百篇者，晁氏著録殆與後者同源。又，袁本云：「今集僅二百篇。」僅，近也。據此，衢本殆脱「近」字。

王粲集八卷　袁本前志卷四上別集類上第三

右後漢王粲仲宣也。高平人。爲魏國侍中〔一〕。粲博物多識〔二〕，强記善算〔三〕，屬文舉筆便成，無所改定，時人常以爲宿製〔四〕，然正復精意覃思〔五〕，亦不能加。著詩、賦、論、議垂六十篇。今集有八十一首。按唐藝文志粲集十卷，今亡兩卷，其詩文返多於史所紀二十餘篇〔六〕，與曹植集同〔七〕。1153

〔一〕魏國侍中　原本無「國」字，據袁本、卧雲本、宛委本、瞿鈔本、舊鈔本補。經籍考卷五十七無「國」字。

〔二〕博物多識　原本「物」作「學」，據袁本、卧雲本、宛委本、季録顧校本、經籍考改。瞿鈔本、舊鈔本「物」誤作「而」。三國志卷二十一本傳云：「魏國既建，拜侍中，博物多識，問無不對。」讀書志此條解題大抵據本傳。

〔三〕强記善算　陳師曾刊本脱「算」字，何焯校補。袁録顧校本顧氏校曰：「經籍考正有『算』。」

〔四〕時人常以爲宿製　原本無「常」字，據袁本、卧雲本、宛委本、季録顧校本補。按本傳作「時人常以爲宿構」，經籍考同原本。

〔五〕然正復精意覃思　原本無「然」字，據袁本、卧雲本、宛委本、經籍考補。按本傳亦有「然」字。

〔六〕所紀二十餘篇　袁本「紀」作「記」。又，「篇」下有「不曉其故」四字。諸衢本、經籍考同原本。姚振宗隋書經籍志考證卷三十九之二云：「案史所言篇數，或以卷分，或以類分，晁氏以首數爲篇數，似不然。又云亡兩卷者，蓋即尚書問析出别行。其後鄭氏門人田瓊、韓益爲解釋之，即七録所載尚書釋問四卷是也。」按姚説是，古人之篇，即後人之云卷也，公武不得以首數比卷數。王粲著尚書問二卷，事具舊唐書卷一〇二元行沖傳。鄭玄弟子田瓊、韓益答其義，合成尚書釋問四卷，見隋志卷一書類、兩唐志書類。姚氏疑尚書問原載集中，公武所見本已析出，故云。

〔七〕與曹植集同　袁本無此五字，諸衢本及經籍考同原本。

阮籍集十卷　袁本前志卷四上別集類上第四

右魏阮籍嗣宗也。尉氏人。籍志氣宏放〔一〕，博覽羣籍，尤好莊老，屬文不留思〔二〕，嗜酒，能嘯，善彈琴。當其得意，忽忘形體〔三〕。雖不拘禮教〔四〕，而發言玄遠。晉帝輔政，爲從事中郎，後求爲步兵校尉。1154

〔一〕志氣宏放　袁本「放」作「達」。諸衢本、經籍考卷五十七同原本。按：晉書卷四十九本傳云：「籍容貌瓌傑，志氣宏放。」

〔二〕不留思　卧雲本、經籍考脱「思」字。

〔三〕忽忘形體　袁本「體」作「骸」。按晉書本傳作「骸」，疑當從袁本。

〔四〕不拘禮教　原本「教」作「數」，據袁本、卧雲本、宛委本、經籍考改。瞿鈔本、季録顧校本同原本。按晉書本傳曰：「籍雖不拘禮教，然發言玄遠。」

嵇康集十卷　袁本前志卷四上別集類上第五

右魏嵇康叔夜也〔一〕。譙國人。康美詞氣，有丰儀〔二〕，土木形骸，不自藻飾。學不師受〔三〕，博覽該通，長好莊老〔四〕，屬文玄遠。以魏宗室婚，拜中散大夫。景元初，鍾會譖於晉文帝，遇害。1155

〔一〕叔夜也　袁本脱「也」字。

〔二〕有丰儀　袁本、經籍考卷五十七「丰」作「風」。按晉書卷四十九本傳同袁本。

〔三〕學不師受　袁本「受」作「授」，誤。按本傳同原本。

〔四〕長好莊老　卧雲本「莊」「老」互倒。按本傳同卧雲本，作「老莊」。

張華集三卷〔一〕　袁本前志卷四上別集類上第六

右晉張華茂先也。范陽人。惠帝時爲司空，趙王倫，孫秀黨謀害之〔二〕。華學業優博，辭藻温麗，圖緯、方伎等書，莫不詳覽。家有書三十乘，天下奇祕悉在〔三〕。博物洽聞，世無與比。集有詩一百二十，哀詞、册文二十一，賦三。1156

〔一〕張華集　經籍考卷五十七題作張司空集。

〔二〕趙王倫孫秀黨謀害之　宛委本「趙」上有「爲」字，經籍考作「爲趙王倫所害」。

〔三〕天下奇祕悉在　顧校本「悉」作「咸」。

陸機集十卷　袁本前志卷四上別集類上第七

右晉陸機士衡也。抗之子。少有異才，文章冠世，服膺儒術〔一〕，非禮不動。吳滅，退居舊里，閉門勤學，積有十年。太康末，入洛〔二〕。成都王穎令機率師伐長沙王乂〔三〕，至河橋大敗〔四〕，爲穎所誅。初，造張華，華重其名，如舊相識，嘗謂之曰：「人常恨才少〔五〕，而子更患多。」葛洪著書亦稱歎焉。所著文章凡三百餘篇〔六〕，今存詩、賦、論、議、箋、表、碑、誄一百七十餘首〔七〕。以晉書、文選校正外，餘多舛誤〔八〕。1157

〔一〕服膺儒術　原本所據底本脱「服」字，李富孫據經籍考卷五十七補。袁本、瞿鈔本、舊鈔本「服」作「伏」。按晉書卷五十四本傳亦作「伏」。

〔二〕入洛　顧校本作「入洛陽」。

〔三〕成都王穎令機率師伐長沙王乂　臥雲本脱「成」字。原本「乂」作「又」，據袁本、宛委本、經籍考、晉書本傳改正。

〔四〕河橋　袁本誤作「阿橋」，沈録何校本改「阿」爲「河」。

〔五〕人常恨才少　袁本作「人之爲才，常恨才少」。按張華語見世説新語文學篇注引文章傳，曰：「機善屬文，司空張華見其文章，篇篇稱善，猶譏其作文大治，謂曰：『人之作文，患於不才，至子爲文，乃患太多也。』」又見晉書本傳，曰：「人之爲文，常恨才少，而子更患其多。」公武蓋採自本傳，袁本「人之爲才」乃「人之爲文」之誤。

〔六〕所著文章凡三百餘篇　按本傳作「凡二百餘篇」，此「三」當「二」之誤。

〔七〕今存詩賦論議箋表碑誄一百七十餘首　顧校本「存」作「有」。袁本「箋」作「牋」。宋慶元庚申奉議郎知華亭縣事信安徐民瞻嘗合刻二陸文集，稱晉二俊文集，各十卷。孳經室外集卷一著録影鈔宋本陸士衡文集，其篇數正與讀書志合，阮元曰：「則民瞻所刻即公武之本也。」

〔八〕以晉書文選校正外餘多舛誤　袁本、宛委本「校」作「較」。阮元曰：「今案：卷末周處碑中有『韓信背水之軍』一段，乃以他文雜廁，文義不相屬。公武所指，殆謂此類。」又，卧雲本、宛委本、經籍考於「舛誤」之下，有「機仕終平原内史」七字，原本、袁本俱無。

陸雲集十卷　袁本前志卷四上别集類上第八

右晉陸雲士龍也。吴郡人。惠帝時，爲中書侍郎。會兄機兵敗，同遇害。雲六歲能屬文，性清正，有才理〔一〕。與機齊名〔二〕，雖文章不及，而持論過之。所著文章三百四十九篇，新書十篇〔三〕。 1158

〔一〕有才理　原本「理」作「思」，據袁本、卧雲本、宛委本、瞿鈔本、季録顧校本、舊鈔本、經籍考卷五十七改。晉書卷五十四本傳亦作「理」。

〔二〕與機齊名　袁本「機」作「兄」。

〔三〕新書十篇　卧雲本、宛委本、經籍考此下有「雲仕終清河内史」七字，原本、袁本均無。

陶潛集十卷〔一〕　袁本前志卷四上别集類上第九

右晉陶淵明元亮也〔二〕。一名潛〔三〕。潯陽人〔四〕。蕭統云：「淵明字元亮。」晉書云：「潛字元亮。」宋書云：

「潛字淵明。」或云字深明，名元亮。按集孟嘉傳與祭妹文皆自稱淵明〔五〕，當從之。晉安帝末，起爲州祭酒。桓玄篡位，淵明自解而歸。州召主簿，不就，躬耕自資。劉裕舉兵討玄，誅之〔六〕，爲鎮軍將軍。淵明參其軍事，未幾，改爲建威將軍〔七〕。淵明見裕有異志〔八〕，乃求爲彭澤令〔九〕，去職。潛少有高趣，好讀書，不求甚解，著五柳先生傳以自況，世號靖節先生。今集有數本：七卷者，梁蕭統編，以序、傳、顏延之誄載卷首。十卷者，北齊陽休之編〔一〇〕，以五孝傳、聖賢羣輔録〔一一〕、序、傳、誄分三卷，益之詩，篇次差異。按隋經籍志潛集九卷，又云梁有五卷，録一卷。唐藝文志潛集五卷。今本皆不與二志同。獨吳氏西齋書目有潛集十卷，疑即休之本也。休之本出宋庠家云。江左名家舊書〔一二〕，其次第最有倫貫〔一三〕，獨四八目後八儒、三墨二條〔一四〕，似後人妄加〔一五〕。1159

〔一〕陶潛集　經籍考卷五十七題作陶靖節集。

〔二〕晉陶淵明元亮也　袁本作「晉陶潛淵明也」。按衢本以孟嘉傳（即孟府君傳并贊，見四部叢刊影印宋巾箱本卷五）、祭妹文（即祭程氏妹文文，見影印宋本卷八）皆自稱「淵明」，故改「淵明」爲名，而不作字。詳下。隋志卷四別集類列陶潛爲宋人。

〔三〕一名潛　袁本無此三字。

〔四〕潯陽人　沈録何校本改「潯」爲「尋」。

〔五〕按集　卧雲本、宛委本、經籍考作「按集中」，疑原本、袁本脱「中」字。

〔六〕劉裕舉兵討玄誅之　經籍考「舉」作「起」。顧校本無「玄誅」二字。

〔七〕改爲建威將軍　宛委本、經籍考「改爲」作「遷」，宛委本、陳鱣校本「將」作「參」。按疑當作「參」。陶淵明集卷三有始作鎮軍參軍經曲阿作，又有乙巳歲三月爲建威參軍使都經錢溪。爲鎮軍參軍時，其鎮軍今人多以爲是劉牢之，詳陶澍靖節先生年譜考異、梁啓超陶淵明年譜，公武以爲乃劉裕，蓋據文選卷二十六李善注引臧榮緒晉書。淵明爲建威參軍時，其建威將軍蓋是劉敬宣（從吳瞻泰陶詩彙注），此「改爲建威將軍」，所指乃淵明，故「將」字誤。

〔八〕淵明見裕有異志　顧校本「見」作「知」。

〔九〕乃求爲彭澤令　袁本無自「蕭統云」迄「乃求」凡百一十二字，而作「晉、宋史皆有傳。晉安帝時爲彭澤令」。

〔一〇〕北齊陽休之編　原本「陽」作「楊」，據袁本、經籍考改。

〔一一〕聖賢羣輔録　經籍考「羣」誤作「郡」。

〔一二〕江左名家　袁本、卧雲本、宛委本、瞿鈔本、舊鈔本、經籍考皆無「名家」二字。

〔一三〕最有倫貫　原本所據底本「有」作「爲」，李富孫據經籍考改，袁本、卧雲本、瞿鈔本、舊鈔本、顧校本作「若」。

〔一四〕獨四八目後　袁本「八」誤「百」。按四八目即聖賢羣輔録，參見四庫總目卷一三七類書類存目一。

〔一五〕似後人妄加　卧雲本、經籍考「似」作「疑」。

鮑照集十卷〔一〕　袁本前志卷四上別集類上第十

右宋鮑照明遠也。上黨人〔二〕。世祖以爲中書舍人，後臨海王子頊鎮荆州〔三〕，以照爲參軍〔四〕。子頊敗，爲亂兵所殺。初，孝武好文〔五〕，自謂人莫能及。照悟其旨〔六〕，爲文多鄙言累句，當時謂照才盡，實不然也。事見沈約書。而李延壽乃以世祖爲文帝〔七〕。集有齊虞炎序〔八〕，云：「爲宋景所害。」儻見於他書乎〔九〕？唐人避武后諱，改「照」爲「昭」〔一〇〕。1160

〔一〕鮑照集十卷　經籍考卷五十七題作鮑參軍集十卷。原本所據底本脱卷數，李富孫據袁本、經籍考補。瞿鈔本、舊鈔本亦脱卷數，卧雲本、宛委本未脱。

〔二〕上黨人　按中興書目亦謂上黨人，書録解題卷十六曰：「館閣書目直以爲鮑昭，且云上黨人，非也。」陳振孫蓋未見虞炎序。宋書卷五十一、南史卷十三皆謂照東海人，公武據虞炎序。

〔三〕臨海王子頊　經籍考「海」誤爲「川」，袁本、卧雲本、瞿鈔本皆同原本。

〔四〕以照爲參軍　袁本、卧雲本、宛委本、舊鈔本、經籍考皆無「以」字。

〔五〕初孝武好文　袁本無「初」字。

〔六〕照悟其旨　袁本「照」上有「故」字。按「孝武好文」云云，語見宋書卷五十一本傳，本傳無「故」字。

〔七〕而李延壽　袁本作「而延壽史」，經籍考則作「而李延壽史」。按鮑照傳，宋書、南史皆附臨川烈武王道規傳。

〔八〕集有齊虞炎序　原本、袁本以及經籍考「齊」皆誤爲「唐」，沈録何校本、袁録何校本改「唐」爲「齊」，據改。按虞炎爲齊會稽人，初爲博士，累遷散騎侍郎、驍騎將軍，有集七卷。事見南齊書卷五十二、南史卷四十八。

〔九〕云爲宋景所害儻見於他書乎　虞炎序云：「江陵人宋景因亂掠城，爲景所害。」袁録何校本何焯批語曰：「虞炎去照未遠，宋景掠城事，史文略耳。」

〔一〇〕唐人避武后諱改照爲昭　獨經籍考無此十字，當馬端臨刪去。

謝朓集十卷〔一〕　袁本前志卷四上別集類上第十一

右齊謝朓玄暉也〔二〕。陽夏人。明帝初，自中書郎出爲東海太守〔三〕。東昏時，爲江祏黨譖害之〔四〕。朓少好學〔五〕，有美名，文章清麗，善草隸，尤長五言詩。沈約嘗云：「二百年來無此詩也。」文選所録朓詩僅二十首〔六〕，集中多不載，今附入。1161

〔一〕謝朓集十卷　經籍考卷五十七題作謝宣城集十卷。「朓」袁本訛作「眺」，舊鈔本訛作「眺」，下同。袁録何校本何焯批語曰：「此十卷之本，又與今所傳樓炤刊前五卷稍異。」按樓炤本序刊於紹興丁丑（二十七年），公武所見十卷本不傳，陳振孫著録即樓氏刊本。書録解題卷十六曰：「集本十卷，樓炤知宣州，止以上五卷賦與詩刊之，下五卷皆當時應用之文，衰世之事，可采者已見本傳及文選，餘視詩劣焉，無傳可也。」

〔二〕齊謝朓玄暉也　卧雲本「朓」誤爲「眺」，殿本經籍考誤爲「眺」，元刻經籍考不誤。下同。

〔三〕出爲東海太守　袁本脱「爲」字。

〔四〕江祏　袁本、卧雲本、舊鈔本「祏」俱訛作「祐」。江祏傳見南齊書卷四十二、南史卷四十七。

〔五〕少好學　卧雲本、經籍考脱「好」字。

〔六〕詩僅二十首　袁本脱「詩」字；「僅」，經籍考作「近」。

謝惠連集五卷　袁本前志卷四上別集類上第十二

右宋謝惠連，方明子也〔一〕。元嘉七年，爲彭城王法曹行參軍〔二〕。十歲能屬文，爲雪賦，以高麗見奇。族兄靈運每見其新文〔三〕，曰：「張華重生，不能易也。」1162

〔一〕宋謝惠連方明子也　袁本作「宋謝惠連也，方明子」。臥雲本無「方明子也」四字，經籍考卷五十七無「方明子」三字。

〔二〕法曹行參軍　顧校本無「行」字，按宋書卷五十三無「行」字，疑衍。

〔三〕新文　原本「新」作「詩」，據袁本、臥雲本、宛委本、經籍考改。按本傳作「新文」。

吳均集三卷　袁本前志卷四上別集類上第十三

右梁吳均叔庠也〔一〕。史稱均博學多才，俊拔有古氣〔二〕。好事效之，謂「吳均體」〔三〕。有集二十卷。唐世搜求，止得十卷，今又亡其七矣〔四〕。舊題誤曰吳筠〔五〕。筠乃唐人，此詩殊不類，而其中有贈周興嗣、柳貞陽輩詩〔六〕，固已知其非筠。又有蕭子雲贈吳朝請入東詩〔七〕，蓋均在武帝時爲奉朝請〔八〕，則知爲均也無疑矣。蕭子雲詩八、蕭子顯、朱异、王筠〔九〕、王僧孺詩各一附。顏之推譏均集中有破鏡賦，今已亡之〔一〇〕。1163

〔一〕叔庠　袁本、舊鈔本「庠」訛爲「宰」，沈録何校本改「宰」爲「庠」。

〔二〕史稱均博學多才俊拔　袁本作「史稱均博學才俊清拔」，卧雲本、宛委本、瞿鈔本、舊鈔本、經籍考卷五十七俱作「史稱均博學才俊體清拔」。南史卷七十二、梁書卷四十九曰：「均好學有俊才」，「均文體清拔」。

〔三〕謂吳均體　經籍考作「謂之『吳均體』」。

〔四〕唐世搜求止得十卷今又亡其七矣　袁本「今又」作「文」，疑「又」之訛。按今兩唐志別集類俱作二十卷，隋書經籍志考證卷三十九之八云：「案此則晁氏所見唐志作十卷，與崇文目同，今本作二十卷，似後人據隋志妄改也。」隋志卷四有梁奉朝請吳均集二十卷，崇文總目卷五別集類一有吳均集十卷。

〔五〕誤曰吳筠　「筠」字袁本缺筆，作「筠」。下文「筠乃唐人」之「筠」同此，然「固已知其筠」之「筠」未缺。

〔六〕有贈周興嗣柳貞陽輩詩　袁本脱「周」字。經籍考「周興嗣」、「柳貞陽」互倒。

〔七〕又有蕭子雲贈吳朝請入東詩　經籍考「又」作「文」，誤。顧校本脱「贈」字。

〔八〕蓋均在武帝時　經籍考、陳師曾刊本脱「均」字。

〔九〕朱異王筠　原本「王」誤作「平」，據沈録何校本改。袁本、卧雲本、經籍考「異」作「异」。按南史卷三十三何遜傳云：「（武帝）曰：『吳均不均，何遜不遜，未若吾有朱异，信則異矣。』」是異、异雖同，用於人名，自有別也。朱异傳見梁書三十八、南史卷六十二。又，袁本「筠」作「均」，按袁本誤，王筠傳具梁書卷三十三、南史卷二十二。

〔一〇〕今已亡之　袁本「已」作「亦」。

江淹集十卷　袁本前志卷四上別集類上第十四

右梁江淹文通也。濟陽人。梁初，爲散騎常侍，封醴陵侯。少好學，不事章句，留情於文章，晚節才思微退，人謂才盡。著述百餘篇，自撰爲前後集。今集二百四十九篇。魏晉間名人詩文行於世者〔一〕，往往羨於史所載。曹植、王粲及淹皆是也，豈後人妄益之歟〔二〕？ 1164

〔一〕詩文行於世者　經籍考卷五十七作「詩文之行於世者」。

〔二〕益之歟　卧雲本、經籍考作「附益之歟」。又，袁本無「魏晉間」至此凡三十四字。

何遜集二卷〔一〕　袁本前志卷四上別集類上第十五

右梁何遜仲言也〔二〕。東海人。終水部員外郎。遜少能詩，州舉秀才。范雲見其文，嗟賞曰〔三〕：「觀文人〔四〕，質則過儒，麗則傷俗。能含清濁，中今古〔五〕，見之何生矣。」沈約謂：「每讀卿詩，一日三復，猶不能已。」與唐孝綽以文章見重於世〔六〕，謂之「何、劉」〔七〕。王僧孺集其文爲八卷，今亡逸不全。 1165

〔一〕何遜集二卷　按黄伯思東觀餘論云：「隋經籍志、唐藝文志，何遜集皆八卷（隋志七卷，黄氏所見與今本異歟？），晉天福中但有詩兩卷，今世傳本是也。獨春明宋氏有舊本八卷，特完，因借傳之。」據此，公武著録殆即此二卷本詩集，而宋時尚有足本，公武未之見也。

〔二〕仲言　袁本「言」誤作「信」。

〔三〕嗟賞曰　舊鈔本「嗟」作「嘆」。

〔四〕觀文人　沈録何校本作「頃觀文人」，蓋據梁書卷四十九、南史卷二十三本傳補，疑讀書志脱「頃」字。

〔五〕能含清濁中今古　原本、袁本俱作「能含清濁古今」，據梁書、南史本傳改。沈録何校本亦據改。袁録顧校本顧廣圻校語曰：「經籍考同刻。」按經籍考引本條見卷五十七，脱「含」字。臥雲本亦脱。

〔六〕以文章　宛委本、經籍考作「俱以文章」。

〔七〕謂之何劉　梁書、南史本傳皆作「世謂之何、劉」，疑讀書志脱「世」字。

庾信集二十卷〔一〕　袁本前志卷四上別集類上第十六

右周庾信子山也。南陽人。梁元帝時，爲散騎常侍。聘西魏，遂留長安。孝閔時，終司憲中大夫〔二〕。信在梁與徐陵文並綺麗，世號「徐庾體」。集有滕王逌序。1166

〔一〕庾信集　經籍考卷五十七題作庾開府集。

〔二〕司憲中大夫　臥雲本、宛委本、經籍考脱「中」字，陳師曾刊本亦脱，沈録何校本已補。袁録顧校本顧廣圻校語曰：「經籍考無。」按北史卷八十三庾信傳云：周孝閔帝踐阼，封信臨清縣子，除司水下大夫、弘農郡守、驃騎大將軍、開府儀同三司、司憲中大夫，進爵義城縣侯，拜洛州刺史，徵爲司宗中大夫。大象初，以疾去職，隋開皇元年卒。

據此，信仕終司宗中大夫。然書録解題卷十六庾開府集條題信所終亦曰「周司憲中大夫」。姚振宗隋書經籍志考證卷三十九之十一疑宋本舊題如此。

陰鏗集一卷　袁本後志卷二別集類第二

右陳陰鏗字子堅〔一〕，幼聰慧，五歲能誦詩賦，日千言。及長，博涉史傳，尤善五言詩〔二〕。徐陵言之於世祖，使賦安樂宮，援筆立成。累遷散騎常侍。有集三卷，隋志已亡其二，今所存者十數詩而已〔三〕。杜少陵嘗贈李太白詩，有云〔四〕：「李侯有佳句，往往似陰鏗。」今觀斯集，白蓋過之遠矣，甫之慎許，可乃如此〔五〕。1167

〔一〕字子堅　宛委本、經籍考卷五十七作「字子堅也」。

〔二〕尤善五言詩　卧雲本、經籍考「善」作「工」。

〔三〕所存者　經籍考作「所存」。

〔四〕有云　袁本、宛委本、經籍考作「首云」。

〔五〕可乃如此　楊希閔校本、舊鈔本「可」作「何」，顧校本原缺「可」字，顧廣圻補。

揚雄集三卷〔一〕　袁本後志卷二別集類第一

右漢揚雄子雲也。古無雄集，皇朝譚愈好雄文〔二〕，患其散在諸篇籍〔三〕，離而不屬，因綴輯之，得四十餘篇〔四〕。1168

〔一〕揚雄集三卷　經籍考卷五十七題作揚子雲集五卷。嚴可均鐵橋漫稿重編揚子雲集叙云：「揚子雲集，隋、唐志皆五卷，亡于唐末，宋譚愈輯爲三卷，或作五卷，余未之見。明鄭樸補輯爲六卷，即四庫所收也。余又重編爲四卷。」此云三卷者，蓋指讀書志。然姚振宗隋書經籍志考證卷三十九之一云：「案此三卷似五卷之寫誤。」又，此書當置別集類上之首，原本如此，姑仍之。

〔二〕皇朝譚愈　舊鈔本「皇」作「宋」。

〔三〕散在諸篇籍　卧雲本、經籍考無「諸」字。

〔四〕因綴輯之得四十餘篇　顧校本「綴」作「掇」。經籍考「輯」作「繹」，又無「得」字。按玉海卷五十五、六十六引中興書目曰：「四十三篇」。四庫總目卷一百四十八曰：「雄所撰諸箴，古文苑及中興書目皆二十四篇，惟晁公武讀書志稱二十八篇，多司空、尚書、博士、太常四篇。」此乃經籍考録陳書二十四箴條誤置「晁氏曰」之下，而四庫館臣又未檢讀書志原書，仍以爲晁氏語，遂致誤。參見余嘉錫四庫提要辨證卷二十。

王績東皋子集五卷〔一〕　袁本前志卷四上別集類上第十七

右唐王績無功也。龍門人〔二〕。隋大業中，舉孝悌廉潔〔三〕，授六合丞。棄官耕東皋，自號東皋子。唐書以爲隱逸。集有呂才序。稱其幼岐嶷〔四〕，年十五謁楊素〔五〕，占對英辨〔六〕，一坐盡傾，以爲神仙童子。薛道衡見其登龍門憶禹賦，歎曰：「今之庾信也！」且載其卜筮之驗者數事云〔七〕。 1169

〔一〕王績東皋子集　經籍考卷五十八先引「陳氏曰」、「周氏涉筆曰」，其標題蓋從書録解題卷十六，故無「王績」二字。袁本、卧雲本、宛委本、經籍考俱無「集」字。

〔二〕右唐王績無功也龍門人　經籍考無此十字，亦以置「晁氏曰」於「陳氏曰」之後，故削去。

〔三〕孝悌　經籍考「悌」作「弟」。

〔四〕其幼岐嶷　袁本「岐嶷」作「歧嶷」。按「岐嶷」語出詩經大雅生民：「誕實匍匐，克岐克嶷。」毛傳云：「岐，知意也；嶷，識也。」鄭箋云：「其貌嶷嶷然，有所識別也。」後常用以形容幼年聰慧。

〔五〕年十五　顧校本作「年十三」。

〔六〕占對英辨　袁本、卧雲本、經籍考「辨」作「辯」。

〔七〕數事云　四部叢刊續編影印明趙琦美鈔本有呂才序，然讀書志所稱引者，不見才序，亦不載登龍門憶禹賦。王重民以爲今本爲陸淳删本，賦既爲淳所删，序亦並及也。見敦煌古籍叙録東皋子集條。

楊炯盈川集二十卷〔一〕　袁本前志卷四上别集類上第十八

右唐楊炯也。華陰人。顯慶六年舉神童〔二〕。授校書郎，終婺州盈川令，卒〔三〕。炯博學，善屬文，與王勃、盧照鄰、駱賓王以文詞齊名，海內稱王、楊、盧、駱「四才子」，亦曰「四傑」。炯自謂：「吾愧在盧前，恥居王後。」張説曰：「盈川文如懸河，酌之不竭。恥王後，信然；愧盧前，謙也。」集本三十卷，今多亡逸。 1170

〔一〕楊炯　袁本、經籍考卷五十八「炯」作「烱」，下同。

〔二〕顯慶六年舉神童　四部叢刊初編影印明童珮本楊盈川集十卷，其附録一卷徵引經籍考，與今元本、殿本經籍考俱異，其文曰：「晁氏曰：唐楊炯也。炯，華陰人。顯慶四年舉神童。」按楊盈川集卷一有渾天賦，其自序云：「顯慶五年，炯時年十一，待制弘文館。」是顯慶四年爲十歲，顯慶六年爲十二歲。據新唐書卷四十四選舉志上、唐會要卷七十六貢舉，唐時應童子科須在十歲（含十歲）以下，故炯應神童舉當在顯慶四年。讀書志以及今經籍考諸本皆誤「四」爲「六」。詳見傅璇琮唐代詩人叢考楊炯考。

〔三〕終婺州盈川令卒　經籍考無「卒」字。按新唐書卷四十一地理志五江南東道衢州信安郡有龍丘縣，下注云：「如意元年，析置盈川縣。」又云：「元和七年省盈川入信安。」據此，炯爲令之盈川當在衢州而非婺州。又，太平廣記卷二百六十五輕薄門云：「唐衢州盈川縣令楊炯，詞學優長，恃才簡倨，不容於時。」是亦證盈川屬衢州。參見勞格讀書雜識卷六文苑英華辨證補，岑仲勉讀全唐詩札記三函一册條。

王勃集二十卷　袁本前志卷四上別集類上第十九

右唐王勃子安也。通之孫〔一〕。麟德初，劉祥道薦其才〔二〕，對策高等，授朝散郎。沛王召署府修撰，以戲爲諸王作鬬雞檄〔三〕，高宗怒，斥出府。父爲交趾令〔四〕，勃往省，溺海卒〔五〕。勃屬文，初不精思，先磨墨數升，酌飲〔六〕，引被覆面卧，及寤，援筆成篇，不易一字，時人謂之「腹藁」。有劉元濟序。1171

〔一〕通之孫　唐才子傳卷一謂勃「通之諸孫」，而楊炯唐王子安集序謂通爲勃祖父，與讀書志合。

〔二〕薦其才　袁本「才」作「材」。

〔三〕以戲爲諸王作鬬雞檄　原本脱「作」字，據袁本補。

〔四〕交趾　原本「趾」作「阯」，據袁本、宛委本、經籍考卷五十八改。

〔五〕溺海卒　宛委本、經籍考「卒」作「死」。

〔六〕酌飲　按「酌」疑當作「酣」。此段解題公武本新唐書卷二〇一本傳，本傳與唐才子傳作「酣飲」。

盧照隣幽憂子集十卷　袁本前志卷四上別集類上第二十

右唐盧照隣昇之也。范陽人〔一〕。調新都尉，病去官，隱具茨山下。手足攣癈，疾久，訣親戚，自沈潁水〔二〕。照隣自以當高宗時尚吏，己獨儒；武后尚法，己獨黄老；后封嵩山，聘賢士，己病癈〔三〕。著五悲文，今在集中。嘗自號幽憂子。1172

〔一〕范陽人　袁本作「洛陽人」，誤。舊唐書卷一九〇上、新唐書卷二〇一皆稱「范陽人」。沈録何校本、陳鱣校本、鮑廷博校本均改「洛」爲「范」。

〔二〕潁水　袁本「潁」誤作「穎」。沈録何校本改「穎」爲「潁」。

〔三〕已病癈　宛委本作「已已癈」，袁本作「已已廢」，當「已已廢」之誤。卧雲本、瞿鈔本、舊鈔本、季録顧校本、經籍考卷五十八俱無「病」字。按公武解題蓋據新唐書二〇一本傳，本傳與今幽憂子集卷四五悲文序俱作「已已廢」。

駱賓王集十卷　袁本前志卷四上別集類上第二十一

右唐駱賓王也。義烏人〔一〕。武后時，數言事，得罪，貶臨海丞。不得志，棄官去。文明中，徐敬業亂，署府佐，爲敬業傳檄天下〔二〕，斥武后罪〔三〕。后讀之矍然〔四〕。及敗，亡命，不知所之。後宋之問逢之於靈隱〔五〕，已祝髮爲浮屠矣。賓王七歲能屬文，妙於五言詩。中宗詔求其文，得百餘篇，命郗雲卿次序之〔六〕。1173

〔一〕駱賓王也義烏人　原本作「駱賓王，義烏人也」。按讀書志集部首句句式多置「也」於撰人姓名下，袁本、卧雲本、宛委本、經籍考卷五十八正合此句式，據改。

〔二〕爲敬業　宛委本作「爲徐敬業」。

〔三〕斥武后罪　顧校本無「武」字。

〔四〕矍然　袁本「矍」作「瞿」，誤。

〔五〕靈隱　卧雲本、宛委本、瞿鈔本、季録顧校本、經籍考作「靈隱寺」。

〔六〕郗雲卿次序之　袁本「郗」誤作「郄」。顧校本「次」上有「爲之」二字。按公武謂中宗勅搜賓王詩文，乃據雲卿駱賓王文集序，舊唐書卷一九〇上本傳則曰：「則天素重其文，遣使求之，有兖州人郗雲卿集成十卷，盛傳於世。」

蘇頲許公集二十卷〔一〕　袁本前志卷四上別集類上第二十二

右唐蘇頲廷碩也〔二〕。武功人。調露二年進士〔三〕、賢良方正異等，除左司禦率府胄曹〔四〕。玄宗時，中書舍人、知制誥。開元四年，同紫微黄門平章事。頲幼敏悟，一覽五千言〔五〕，輒覆〔六〕。景龍後，與張説俱以文章顯〔七〕，時號「燕、許」。李德裕謂：「近世詔誥，惟頲叙事外爲文章〔八〕。」韓休爲序。集本四十六卷〔九〕，今亡其半矣。 1174

〔一〕蘇頲許公集　經籍考卷五十八題作蘇許公集。

〔二〕廷碩　原本、袁本、卧雲本、宛委本、舊鈔本、經籍考「碩」俱作「石」，剜改本已改「石」爲「碩」，此據剜改本改。季録顧校本作「碩」，沈録何校本則改「石」爲「碩」。按新唐書卷一二五本傳謂頲字廷碩。

〔三〕調露二年　經籍考馮天馭本、何喬新本「二年」作「三年」，誤，調露無三年。元本、殿本同原本。按唐登科記考卷二即據讀書志此條，繫頲於調露二年進士，然徐松云：「按蘇頲卒於開元十五年，年五十八，是年方十一歲，讀書志所載，未知何據？」

〔四〕左司禦率府胄曹　原本、袁本、舊鈔本無「率」字，宛委本、剜改本、季録顧校本無「禦」字，今參以新唐書本傳與卷四十九上百官志四上補。

〔五〕一覽五千言　按新唐書本傳「五」作「至」，疑當作「至」。

〔六〕輒覆　宛委本、沈録何校本作「輒覆誦」，新唐書本傳亦有「誦」字，疑脱。

〔七〕俱以文章顯　袁本、宛委本、舊鈔本無「俱」字。

〔八〕叙事外爲文章　按「爲」上當有「自」字，見新唐書本傳。

〔九〕集本四十六卷　袁本、沈録何校本作「集四十卷」。按頲集不見兩唐志、崇文總目、書録解題。宋志卷七、通志藝文略卷八作三十卷。又，善本書室藏書志卷二十四有明翻宋本蘇許公詩集三卷、明銅活字本則作蘇廷碩集二卷，俱非原貌。韓休序本，據下文「今亡其半」之語，似應爲四十卷。

陳子昂集十卷　袁本前志卷四上別集類上第二十三

右唐陳子昂伯玉也。梓州人。文明初舉進士〔一〕，上書，召見，累擢拾遺。新唐書稱子昂聖曆初解官歸養〔二〕。父喪，廬墓。縣令段簡貪暴，脅取其賂不厭，逮捕，死獄中。沈下賢獨云爲武承嗣所殺。未知孰是〔三〕。子昂少以豪俠使氣，及冠，折節爲學，精究墳籍，耽愛黄老、易象，尤善屬文。唐興，文章承徐、庾餘風，天下祖尚，至是始變雅正。故雖無風節，而唐之名人無不推之。柳儀曹曰：「張說以著述之餘攻比興而莫能極，張九齡以比興之暇窮著述而不克備，唐興以來，稱是選而不作者，子昂一人而已〔四〕。」1175

〔一〕文明初舉進士　唐才子傳卷一謂子昂爲開耀二年許且榜進士，唐登科記考卷二據以繫開耀二年，曰：「按永樂大典引潼川志，陳子昂文明初舉進士，又趙儋故拾遺陳公旌德之碑亦云『子昂年二十四，文明元年進士』，與才子傳異，考碑言射策高第在高宗崩之前，當以才子傳爲是。」

〔二〕新唐書稱子昂聖曆初　袁本無「新唐書稱子昂」六字。

〔三〕沈下賢獨云爲武承嗣所殺未知孰是　袁本無此十五字。按沈下賢文集卷八上九江鄭使君書謂子昂爲武三思所害，公武誤記。

〔四〕子昂一人而已　袁本、宛委本、經籍考卷五十八無「一人」二字。按語見柳河東集卷二十一、文苑英華卷七〇四楊評事文集後序，公武引用有所改動，原文無「一人」二字，曰：「唐興以來，稱是選而不作者，梓潼陳拾遺。」

宋之問考功集十卷　袁本前志卷四上別集類上第二十四

右唐宋之問延清也。汾州人。武后召與楊炯分直習藝館。諂事太平公主〔一〕，爲考功員外郎。睿宗初，貶欽州〔二〕，賜死。自魏建安迄江左，詩律屢變，至沈約、庾信，以音韻相婉附，屬對精密，及之問、沈佺期，又加靡麗，回忌聲病，約句準篇，如錦繡成文，學者宗之，號曰「沈、宋」。徐堅嘗論之問之文〔三〕：「如良金美玉，無施不可。」其爲當時所重如此。 1176

〔一〕諂事　袁本「諂」誤作「謟」。

〔二〕貶欽州　袁本脱「貶」字，沈録何校本補「流」字，作「流欽州」，蓋據新唐書卷二〇二本傳。袁録顧校本曰：「經籍考『貶』。」按經籍考見卷五十八。

〔三〕之問之文　顧校本作「之問詩文」。

沈佺期集五卷　袁本前志卷四上別集類上第二十五

右唐沈佺期雲卿也。相州人。及進士第，由協律郎累遷弘文館直學士〔一〕。嘗侍中宗宴〔二〕，舞回波，爲弄辭悦帝〔三〕。還，賜牙笏、衣緋〔四〕。 1177

〔一〕累遷弘文館直學士　袁本脱「累」字。按新唐書卷四十七百官志二云神龍元年十月十九日改弘文館爲昭文館，明年，又改昭文館復爲修文館。舊唐書卷一九〇中本傳謂佺期爲修文館直學士。此「弘文」當作「修文」。

〔二〕嘗侍中宗宴　袁本作「常侍中宴」，當脱「宗」字。

〔三〕爲弄辭悦帝　宛委本、陳師曾刊本、經籍考卷五十八「悦」上有「以」字。

〔四〕賜牙笏衣緋　袁本、臥雲本、宛委本、經籍考皆作「賜牙、緋」，與舊唐書本傳、新唐書卷二〇二本傳、唐詩記事卷十一、唐才子傳卷一同，此段解題，蓋本新唐書本傳，疑當從袁本等。

杜審言集一卷　袁本前志卷四上別集類上第二十六

右唐杜審言必簡也。襄陽人。預之後裔。擢進士，恃高才以傲世〔一〕。嘗對武后賦歡喜詩，后歎重其文。與李嶠、崔融、蘇味道爲「文章四友」。集有詩四十餘篇而已。1178

〔一〕恃高才以傲世　經籍考卷五十八作「恃博才傲世」。按此段解題本新唐書卷二〇一本傳，本傳同讀書志。

張説集三十卷〔一〕　袁本前志卷四上別集類上第二十七

右唐張説道濟也。洛陽人。永昌元年，賢良方正策第一〔二〕，累遷鳳閣舍人。睿宗時，兵部侍郎、平章事〔三〕。開元十八年，終左丞相、燕國公。説爲文精壯，長於碑志，朝廷大述作多出其手〔四〕。嘗典集賢圖書之任〔五〕，間爲天平軍大使及致仕一歲，皆即軍中、於其家論撰國史〔六〕。晚謫岳州，詩益悽惋，人謂得江山助。1179

〔一〕張説集　經籍考卷五十八題作張燕公集。

〔二〕永昌元年賢良方正策第一　唐登科記考卷三繫於垂拱四年，據唐才子傳卷一。按陳祖言撰張説年譜，謂永昌、垂拱二説皆可疑，説登科蓋在載初元年。據通典卷十五選舉三、册府元龜卷六四三貢舉部考試一、資治通鑑卷二〇四唐紀二十皆謂武后策貢士於洛城殿自載初元年二月始。又，曲江集卷十八張公墓誌銘云：「天后稱制，舉郡國賢良」，大唐新語卷八云：「則天初革命，大搜遺逸，四方之士應制者向萬人。則天御雒陽城南門，親自臨試。張説對策，爲天下第一。則天以近古以來，未有甲科，乃屈爲第二等，拜太子校書。」武后「革命」、「稱制」在載初元年，迄開元十八年説卒，凡四十一年，與張公墓誌銘云「起家太子校書，迄於左丞相，官政四十有一」語亦相合。

〔三〕平章事　袁録同本作「同平章事」。按何焯校補是，新唐書卷一二五本傳謂時爲景雲二年。

〔四〕朝廷大述作　顧校本作「朝廷有大述作」。新唐書本傳同原本。

〔五〕嘗典集賢　袁本、卧雲本、「嘗」作「常」，經籍考同原本。

〔六〕間爲天平軍大使及致仕一歲皆即軍中於其家論撰國史　袁本無「其」字。又，經籍考無「間爲」迄「其家」十九字。按「天平軍」當「天兵軍」之誤。天兵軍乃張説前任張嘉貞奏請所置，時開元五年，見唐會要卷七十八。開元八年，張説爲檢校并州大都督府長史、持節天兵軍節度大使，見唐方鎮年表卷四。從馬總奏，以鄆、曹、濮等州節度賜號天平軍，在憲宗元和十五年，見舊唐書卷十四憲宗紀，張説焉得節度？讀書志諸本皆誤，姑仍之。

李嶠集一卷　袁本前志卷四上別集類上第二十八

右唐李嶠巨山也。贊皇人。擢進士第，制策甲科〔一〕，拜爲監察御史〔二〕。武后時，同鳳閣鸞臺平章事。嶠富才思，前與王勃、楊炯，中與崔融〔三〕、蘇味道齊名，晚諸人没，爲文章宿老，學者取法焉〔四〕。集本六

十卷〔五〕，未見。今所録一百二十詠而已〔六〕，或題曰單題詩，有張方注〔七〕。 1180

〔一〕制策甲科　原本「甲」作「下」，據袁本、卧雲本、宛委本、瞿鈔本、季録顧校本、經籍考卷五十八改。按新唐書卷一二三本傳作「舉制策甲科」，公武即本此。

〔二〕拜爲監察御史　袁本、卧雲本、宛委本、瞿鈔本、舊鈔本、經籍考俱無「拜」字，疑原本衍。

〔三〕中與　原本「中」作「續」，據袁本、卧雲本、宛委本、瞿鈔本、季録顧校本、舊鈔本、經籍考改。按新唐書本傳謂「其仕前與王勃、楊盈川接，中與崔融、蘇味道齊名」。或原本當於「續」下讀斷，而補「中」字，作「前與王勃、楊炯續，中與崔融、蘇味道齊名」。

〔四〕取法焉　袁本、卧雲本、宛委本、經籍考皆無「焉」字，疑脱。

〔五〕集本六十卷　舊唐志卷下作三十卷，新唐志卷四作五十卷，唐才子傳卷一亦曰「今集五十卷」，讀書志所據不詳。

〔六〕今所録一百二十詠而已　按觀此，讀書志著録李嶠集，即宋志卷七李嶠新詠（按疑「新」當作「雜」）一卷。

〔七〕有張方注　按「張方」乃「張庭芳」之誤，庭芳注雜詠，今有日本佚存叢書刊本，書首有庭芳序。庭芳結銜登仕郎守信安郡博士，時天寶六年。庭芳嘗注哀江南賦，見宋志卷七。唐才子傳卷一亦作張方，公武蓋有所據，姑仍之。

張九齡曲江集二十卷　袁本前志卷四上別集類上第二十九

右唐張九齡子壽也。曲江人。長安二年進士，調校書郎，以道侔伊呂科策高等〔一〕，爲左拾遺。開元中，爲中書令，卒，謚文獻。九齡風度醞藉，幼善屬文。玄宗朝，知制誥，雅爲帝知。爲相，諤諤有大臣節。及貶荆州，惟文史是娛〔二〕，朝廷許其勝流。徐堅論九齡之文，如輕縑素練，實濟時用，而窘邊幅。柳宗元以九齡兼攻詩文，但不能究其極爾。集後有姚子彦所撰行狀，吕温撰真贊，鄭宗珍撰謚議，徐浩撰墓碑及贈司徒敕辭。1181

〔一〕高等　宛委本作「高第」。

〔二〕惟文史是娛　袁本、經籍考卷五十八「是」作「自」，新唐書卷一二六本傳同原本。

王維集十卷〔一〕　袁本前志卷四上別集類上第三十

右唐王維摩詰也。太原人。開元九年進士〔二〕，終尚書右丞。維幼能屬文，工草隸，善畫，名盛。安祿山反，嘗陷賊中。賊大宴凝碧池，賦詩痛悼。詩聞行在，後得免死。代宗訪維文章於維弟縉〔三〕，裒集十卷上之。李肇譏維「漠漠水田飛白鷺，陰陰夏木囀黄鸝」之句〔四〕，以爲竊李嘉祐者〔五〕，今嘉祐之集無之，豈肇之厚誣乎？1182

〔一〕王維集　經籍考卷五十八題作王右丞集。　按後世所存宋本有兩種：一稱王右丞文集，見讀書敏求記卷四；一稱王摩詰文集，見思適齋集卷五。二本皆十卷，顧千里曰：「題摩詰集者，蜀本也；題王右丞集，建昌本也。」

〔二〕開元九年進士　按維爲開元十九年狀元及第，見唐才子傳卷二，公武此據舊唐書卷一九〇下本傳，徐松以爲脱「十」字，見唐登科記考卷七。

〔三〕訪維文章於維弟縉　袁本、卧雲本、經籍考皆無下一「維」字。又，袁本「弟」訛作「第」。

〔四〕李肇譏維漠漠水田飛白鷺陰陰夏木囀黄鸝之句　袁本、卧雲本、經籍考「譏」皆作「記」，誤。又，袁本「田」作「天」，今四部叢刊影印元刊須溪先生校本唐王右丞集同原本。按「漠漠」二句見維積雨輞川莊作詩。肇語見國史補卷上，又，葛立方亦以爲維詩出嘉祐，見韻語陽秋卷一。

〔五〕李嘉祐者　顧校本脱「嘉」字。

儲光羲集五卷　袁本前志卷四上別集類上第三十一

右唐儲光羲也〔一〕。魯人〔二〕。登開元十四年進士第〔三〕，嘗爲監察御史。後從安禄山僞署。賊平，貶死。1183

〔一〕儲光羲也　原本脱「也」字，據卧雲本、宛委本、經籍考五十八補。袁本亦脱。

〔二〕魯人　顧況監察御史儲公集序曰：「開元十四年嚴黄門知考功，以魯國儲公進士及第。」見文苑英華卷七〇三。讀書志謂光羲「魯人」，蓋本此。岑仲勉以爲光羲乃潤州人，見唐史餘瀋卷二，傅璇琮則云魯國乃其望，潤州乃其貫，見唐代詩人叢考王昌齡事迹考略。

〔三〕登開元十四年進士第　袁本無「登」字、「第」字。顧校本無「第」字。

王昌齡詩六卷　袁本前志卷四上別集類上第三十二

右唐王昌齡少伯也。江寧人〔一〕。開元十五年進士〔二〕，爲校書郎〔三〕，又中宏詞科〔四〕。不謹細行〔五〕，貶龍標尉。以世亂，歸鄉里，爲刺史閭丘曉所殺。昌齡工詩，縝密而思清〔六〕，時謂王江寧云。1184

〔一〕江寧人　按公武謂昌齡江寧人，蓋本新唐書卷二〇三本傳。唐詩紀事卷二十四、書録解題卷十九亦從新唐書。舊唐書卷一九〇下云「京兆人」，河嶽英靈集卷之中、唐才子傳卷二又作「太原人」。傅璇琮以爲「京兆人是大致可以信從的。」詳唐代詩人叢考王昌齡事迹考略。

〔二〕開元十五年進士　書録解題卷十九云昌齡「與常建俱開元十四年進士」。按文苑英華卷七〇三顧況監察御史儲公集序曰：「開元十四年，嚴黄門知考功，以魯國儲公進士高第，與崔國輔員外、綦毋潛著作同時。其明年，擢第常建少府、王龍標。此數人皆當時之秀。」唐才子傳卷二云：「開元十五年李嶷榜進士。」據此，書録解題誤。

〔三〕爲校書郎　卧雲本、宛委本、瞿鈔本、季録顧校本、舊鈔本、經籍考俱作「爲祕書郎。」按舊唐書本傳云：昌齡「進士登第，補祕書省校書郎」。新唐書本傳則云：昌齡「第進士，補祕書郎」，將「祕書省校書郎」并稱爲「祕書郎」，殊不知「校書郎」、「祕書郎」同屬祕書省而非一職。疑公武原據新唐書，此「校書郎」係後人所改。所改是。

〔四〕又中宏詞科　袁本、卧雲本、舊鈔本、經籍考皆無「科」字，與新唐書本傳合。季録顧校本已補。疑此「科」字，亦係後人所補。

〔五〕不謹細行　袁本、卧雲本、宛委本、舊鈔本、經籍考「謹」皆作「護」。按河嶽英靈集卷之中云：「奈何晚節不矜細行。」舊唐書本傳云：「不獲細行，屢見貶斥。」新唐書本傳、唐詩紀事卷二十四云「不護細行」。疑當作「護」，「謹」字乃後人所改。

〔六〕縝密　張宗泰魯巖所學集卷六三跋郡齋讀書志云：「『縝』當作『緒』。」按宗泰所據蓋新唐書本傳。

常建集一卷〔一〕　袁本前志卷四上別集類上第二十三

右唐常建也〔二〕。開元十五年進士〔三〕。歐陽永叔嘗愛「竹徑通幽處，禪房花木深」之句，乃建詩也〔四〕。　1185

〔一〕常建集　袁本、宛委本題作常建詩。按建詩集始見新唐志卷四，題作常建詩，宋志卷七、通志藝文略卷八同。而書録解題卷十九則與衢本標題同。天禄琳琅後編卷六著録宋陳道人書棚本標題作常建詩集，楹書隅録卷四著録另一宋刊本又作常建詩。是宋時建詩集標題各異。

〔二〕唐常建也　原本無「也」字，據宛委本、經籍考卷五十八補。

〔三〕開元十五年進士　書録解題「十五」誤爲「十四」，說見王昌齡詩條校注〔三〕。

〔四〕歐陽永叔嘗愛竹徑通幽處禪房花木深之句乃建詩也　袁本無此二十二字。按「竹徑」二句見建題破山寺後禪院，「徑」或作「逕」，見楹書隅録卷四，汲古閣本「竹」作「曲」。

劉長卿集十卷〔一〕 袁本前志卷四上別集類上第三十四

右唐劉長卿字文房。開元末中進士第〔二〕。至德中，監察御史，以檢校祠部員外郎爲轉運使判官〔三〕，知淮西、岳鄂轉運留後〔四〕，觀察使吳仲孺誣奏，貶潘州南巴縣尉〔五〕。會有爲之辨者〔六〕，除睦州司馬，終隨州刺史。長卿剛而犯上，故兩逢斥廢。詩雖窘於才，而能鍛鍊。權德輿嘗謂爲「五言長城」。今集詩九卷，雜文一卷。 1186

〔一〕劉長卿集十卷 原本所據底本脱卷數，李富孫據新唐志、袁本補。卧雲本、瞿鈔本、季録顧校本、經籍考卷五十八均脱。按宛委本不脱。新唐志卷四、書録解題卷十六、通志藝文略卷八俱作十卷，宋志卷七著録則爲二十卷。

〔二〕開元末中進士第 袁本作「開元二十一年進士」，卧雲本、經籍考作「開元末第進士」。按長卿爲開元二十一年進士，事見極玄集卷下、書録解題、唐才子傳卷二。

〔三〕以檢校祠部員外郎爲轉運使判官 袁本、宛委本、經籍考無「郎」字，又，袁本無「使」字。按讀書志此條解題「至德中」迄「終隨州刺史」乃録新唐志卷四劉長卿集條注，原本同新唐志注，袁本等有奪字。

〔四〕淮西岳鄂轉運留後 按「岳鄂」當作「鄂岳」，諸本、經籍考皆倒，姑仍之。

〔五〕南巴縣尉 袁本無「縣」字。按新唐志有。

〔六〕會有爲之辨者　袁本無「之」字。按新唐志有，袁本脱。

顔真卿文一卷　袁本前志卷四上別集類上第三十五

右唐顔真卿清臣也。萬年人。博學，工辭章。開元二十二年進士，又登制科。代宗時，爲太子太師。使李希烈，爲希烈所害〔一〕。世謂真卿忤楊國忠、李輔國、元載、楊炎、盧杞，拒安禄山、李希烈，廢斥者七八，以至於死，而不自悔，天下一人而已〔二〕。而學問文章往往雜於神仙浮屠之説〔三〕，不皆合於理，而所爲乃爾者，蓋天性然也。1187

〔一〕爲希烈所害　袁本作「遇害」。

〔二〕天下一人而已　「世謂」至此評真卿語，袁録何校本何焯校語曰：「世論本曾南豐。」按語見元豐類藁卷十八撫州顔魯公祠堂記。

〔三〕而學問文章往往雜於神仙浮屠之説　袁本無「於」字。顧校本「而」作「至其」，「神仙」、「浮屠」互倒。按祠堂記作「公之學問文章，往往雜於神仙浮圖之説」。

蕭穎士集十卷　袁本前志卷四上別集類上第三十六

右唐蕭穎士茂挺也。梁宗室之後。舉進士，開元二十三年中第〔一〕，爲史館待制。安禄山反，竄山南。

節度崔圓授揚州工曹〔二〕，至官，信宿而去。客死汝南逆旅。門人謚曰文元先生。穎士善觀書，一覽即誦〔三〕，通百家譜系、書籀，嘗教授濮陽〔四〕，時號蕭夫子。李林甫惡不附己〔五〕，故數罷去。閻士和盛推穎士文章〔六〕，以爲聞蕭氏之風者，童子羞稱曹、陸〔七〕。唐書云：穎士作伐櫻桃賦以詆李林甫，君子恨其褊。按集載其辭〔八〕，有曰：「每俯臨乎蕭牆，姦回得而窺伺」，蓋謂林甫之必致寇也。其後果階禄山之禍〔九〕，唐遂不振，然則穎士可謂知幾矣，宜褒而返加以貶詞，何哉？〔一〇〕 1188

〔一〕舉進士開元二十三年中第　袁本作「開元二十三年進士」。

〔二〕崔圓授揚州工曹　原本「揚」作「楊」，據袁本、宛委本、經籍考卷五十八改。按「工」當作「功」，見新唐書卷二〇二本傳。沈録何校本已改「工」爲「功」。

〔三〕穎士善觀書一覽即誦　袁本作「穎士屬文觀書一覽即誦」。喬録王校本王懋竑校語曰：「疑脱『善』字。」魯巖所學集卷六則云：「『穎士屬文』當作『四歲屬文』，見新唐書本傳。」又，顧校本「誦」作「通」，蓋涉下而誤。按新唐書本傳云：「穎士四歲屬文，十歲補太學生。觀書一覽即誦，通百家譜系、書籀學。」

〔四〕教授濮陽　袁本「授」作「學」。

〔五〕惡不附己　顧校本作「惡其不附己」。

〔六〕盛推穎士文章　顧校本「推」作「稱」。

〔七〕童子羞稱曹陸　顧校本無「童子」二字。

〔八〕按集載其辭　經籍考「集」下有「中」字。

〔九〕階禄山之禍　經籍考「禍」作「亂」。

〔一〇〕何哉　袁本無自「唐書云」迄此凡七十九字。

張鷟龍筋鳳髓判十卷　袁本前志卷四上別集類上第三十七

右唐張鷟字文成。辭章藻麗，嘗八中制科〔一〕。此乃其書判也，凡一百首。自號浮休子。1189

〔一〕嘗八中制科　卧雲本「嘗八」誤作「常入」，袁本、其餘衢本、經籍考卷五十八不誤。按鷟凡八應舉，皆登甲科，事見舊唐書卷一四九、新唐書卷一六一本傳。然容齋續筆卷十二以爲未必有八中制舉甲科。徐松輯得有：上元二年進士科，三年下筆成章科，神龍二年才膺管樂科，同年才高位下科，景雲二年賢良方正科，分見唐登科記考卷二、卷四、卷五。

孟浩然詩一卷　袁本前志卷四上別集類上第三十八

右唐孟浩然也〔一〕。襄陽人。工五言詩，隱鹿門山，年四十，乃遊京師。一日，諸名士集祕省聯句，浩然句曰：「微雲淡河漢，疎雨滴梧桐〔二〕。」衆皆欽服〔三〕。張九齡、王維雅稱道之。維私邀入禁林，遇玄宗臨幸，浩然匿牀下，維以聞。上曰：「素聞其人」。因召見，命自誦所爲詩，至「不才明主棄」之句，上曰：

「不求進而誣朕棄人。」命放歸。所著詩二百一十首〔四〕。宜城處士王士源序次爲三卷，今併爲一，文有天寶中韋縚序〔五〕。1190

〔一〕孟浩然也　原本脱「也」字，據袁本、臥雲本、宛委本、經籍考卷五十八補。

〔二〕疎雨滴梧桐　袁本「滴」誤作「滴」。

〔三〕衆皆欽服　顧校本「欽」作「歎」。袁本、臥雲本、經籍考「服」作「伏」。

〔四〕所著詩二百一十首　書録解題卷十九云：「宜城王士源序之，凡二百十八首，分爲七類。太常卿韋縚爲之重序。」是晁、陳所見皆韋氏重序本，然篇數多寡小異。今影印宋本士源序亦云：「今集其詩二百一十八首，别爲七類，分上、中、下卷。」而毛晉嘗藏宋刊三卷本，收詩二百一十首。見汲古閣書跋。

〔五〕韋縚　今本多作「韋滔」，縚，舊唐書卷一八九下、新唐書卷一二二有傳，元和姓纂卷二亦作「韋縚」。

嚴從中黄子三卷〔一〕　袁本前志卷四上别集類上第三十九

右唐嚴從，開元中爲著作郎，春宮侍讀，集賢院學士，卒。自號中黄子。當時，命太子侍文吕向訪遺文於家，得訓考〔二〕、經頌等八篇，序爲三卷。1191

〔一〕嚴從中黄子三卷　袁本「子」下有「集」字。按從集新唐志卷四、通志藝文略卷八别集類四作嚴從集，亦三卷，玉海卷五十三引中興書目、宋志卷七、經籍考卷五十八同衢本。

〔三〕訓考　袁本、卧雲本、宛委本、經籍考「考」皆作「老」。

李翰林集二十卷〔一〕　袁本前志卷四上別集類上第四十

右唐李白太白也。白集舊十卷〔二〕，唐李陽冰序。咸平中，樂史別得白歌詩十卷，凡歌詩七百七十六篇，又纂雜著，爲別集十卷。宋次道治平中得王文獻及唐魏萬所纂白詩〔三〕，又裒唐類詩洎刻石所傳者〔四〕，通李陽冰、樂史集，共一千一篇，雜著六十五篇。曾子固乃考其先後而次第之，云：「白，蜀郡人。天寶初至長安，明皇召爲翰林供奉，頃之不合，去。安禄山反，明皇在蜀，永王璘節度東南。白時卧廬山，迫致之。璘敗，坐繫潯陽獄，崔渙、宋若思驗治白，以爲罪薄，釋白囚〔五〕，使謀其軍。乾元元年，終以汚璘事，長流夜郎，以赦得釋〔六〕，過當塗以卒。始終更涉如此〔七〕。此白之詩書所自序可考者也。舊史稱：『白，山東人，爲翰林待詔』。又稱：『白在宣城謁見永王璘，遂辟爲從事。』而新書又稱『白流夜郎，還潯陽，坐事下獄，宋若思釋之』者，皆不合於白之自序，蓋史誤也。」予按杜甫詩亦以白爲山東人，而蘇子瞻常恨白集爲庸俗所亂〔八〕，則白之自序亦未可盡信，而遂以爲史誤〔九〕。近蜀本又附入左綿邑人所裒白隱處少年所作詩六十篇〔一〇〕，尤爲淺俗。白天才英麗，其辭逸蕩儁偉，飄然有超世之心，非常人所及，讀者自可別其真僞也。 1192

〔一〕李翰林集二十卷　按李陽冰寶應元年序編草堂集爲十卷（新唐志卷四著録「二十卷」，乃「十卷」之誤），咸平元年欒史序編本李翰林集爲二十卷，又有別集十卷，熙寧元年宋敏求重編本三十卷，曾鞏即以此本編年，并爲後序，晏知止元豐三年刊於蘇州。讀書志解題本之宋敏求序及曾鞏後序，是其著録本即曾鞏本，應爲三十卷。（四部叢刊影印明郭雲鵬本曾鞏後序謂三十二卷，今依清康熙繆曰芑本。）趙希弁讀書附志云：「讀書志云『二十卷』，希弁所藏三十卷，以常山宋敏求、南豐曾鞏序攷之，則三十卷爲是。」據此，袁本所據蜀刻四卷本讀書志已訛「三十」爲「二十」。

〔二〕白集舊十卷　袁本作「白舊集十卷」。

〔三〕得王文獻及唐魏萬所纂白詩　沈録何校本於「文獻」二字旁注「溥」字，又於眉上批曰：「魏萬纂李詩，趙德録韓文。」

〔四〕刻石所傳者　經籍考卷五十八「刻石」作「石刻」。沈録何校本亦作「石刻」。皕宋樓藏書志卷六十八著録北宋蜀刻本，其宋敏求序正作「石刻」。

〔五〕釋白囚　原本「白」作「其」，袁本、宛委本、經籍考、今本曾鞏後序作「白」，據改。

〔六〕以赦得釋　袁本脱「以赦得」三字。沈録何校本補此三字。

〔七〕始終更涉如此　袁本「始」字上有「其」字，與曾鞏後序合，疑原本脱。

〔八〕常恨　袁本、臥雲本、經籍考「常」作「嘗」。

〔九〕而遂以爲史誤　袁本無「遂」字。

〔一〇〕所哀白隱處少年所作詩　袁本「白」字上有「曰」字，無「詩」字，顧校本無「所作詩」三字。

岑參集十卷　袁本前志卷四上別集類上第四十一

右唐岑參，南陽人。文本裔孫〔一〕。天寶三年進士，累官補闕、起居郎〔二〕，出爲嘉州刺史〔三〕。杜鴻漸表置幕府，爲職方郎中兼侍御史〔四〕，罷，終於蜀。參博覽史籍，尤工綴文，屬辭清尚〔五〕，用心良苦，其有所得，往往超拔孤秀，度越常情。每篇絶筆，人競傳諷。至德中，裴薦、杜甫等〔六〕，嘗薦其「識度清遠〔七〕，議論雅正，佳名早立，時輩所仰，可以備獻替之官」云。集有杜確序。 1193

〔一〕文本裔孫　袁本「裔孫」作「之後」。唐詩紀事卷二十三、唐才子傳卷三同袁本。書録解題卷十九云參「文本之曾孫」。元和姓纂卷五、杜確序亦謂文本爲參曾大父。

〔二〕補闕　袁本「闕」訛作「闘」。

〔三〕出爲嘉州刺史　袁本脱「爲」字。袁録何校本、鮑廷博校本、喬録王校本皆已補。

〔四〕職方郎中　卧雲本、顧校本無「中」字，與杜確序合。

〔五〕屬辭清尚　袁本「辭」作「詞」。沈録何校本改「尚」爲「迥」，唐才子傳作「尚」。按解題所本蓋杜確序，序云：「屬辭尚清，用意尚切」。

〔六〕裴薦杜甫等　宛委本、元刊、殿本經籍考、陳師曾刊本「裴」字下有「越」字，卧雲本、何喬新本經籍考「裴」下有「度」字，馮天馭本經籍考則有「垍」字，影宋袁本、黄丕烈所見舊鈔袁本、瞿鈔本、顧校本俱同原本。又，唐才子傳

「薦」作「休」，唐詩紀事同原本。

〔七〕識度清遠　原本「遠」作「越」，據袁本、卧雲本、宛委本、瞿鈔本改。

李嘉祐詩二卷　袁本前志卷四上別集類上第四十二

右唐李嘉祐，别名從一。趙州人〔一〕。天寶七年進士，爲祕書正字，袁、台二州刺史。善爲詩，綺靡婉麗，有齊、梁之風，時人以比吳均〔二〕、何遜云。1194

〔一〕趙州人　極玄集卷下、唐詩紀事卷二十一引中興間氣集云嘉祐爲袁州人，蓋以嘉祐嘗守袁州而誤。按四部叢刊本中興間氣集卷上云「袁州自振藻天朝」云云，當以所刺州代名，非謂其爲袁州人。

〔二〕時人　舊鈔本「時」訛作「詩」，經籍考卷五十八無「人」字。

高適集十卷〔一〕集外文一卷〔二〕别詩一卷　袁本前志卷四上別集類上第四十三

右唐高適達夫也〔三〕。渤海人〔四〕。天寶八年，舉有道科中第。永泰初，終散騎常侍〔五〕。五十始爲詩〔六〕，即工，以氣質自高。每一篇出，好事者輒傳布云。1195

〔一〕高適　袁本「適」誤作「適」，下同。

〔二〕集外文一卷　袁本、卧雲本、宛委本、經籍考卷五十八皆作「集外文二卷」。按新唐志、崇文總目、書録解題、宋志皆未著録集外文，唯祕續目別集類有高適集外文一卷。

〔三〕高適達夫也　袁本、卧雲本、宛委本、瞿鈔本、季録顧校本、經籍考此下俱有「又字仲武」四字，與中興間氣集作者誤混爲一人。唐才子傳卷二云：「一字仲武」，殆亦沿袁本之誤。新唐書卷一四三本傳、唐摭言卷七、唐文粹卷三十八俱止曰字達夫。

〔四〕渤海人　舊唐書卷一一一本傳云「渤海蓨人」，新唐書卷一四三本傳云「滄州渤海人」。孫欽善高適年譜曰：「按唐時已無渤海郡，渤海爲郡，蓨爲其屬縣，乃漢代建置，舊唐書當是稱高適之郡望。」（見北京大學學報一九六三年第六期）

〔五〕永泰初終散騎常侍　袁本「初」作「中」。按適卒於代宗永泰元年正月，見二唐書本傳、舊唐書卷十一代宗紀。衢本是。

〔六〕五十始爲詩　袁本脱「詩」字。沈録何校本已補。按高適年五十始爲詩云云，蓋本新唐書本傳，不可信據。

賈至集十卷　袁本前志卷四上別集類上第四十四

右唐賈至幼幾也〔一〕。洛陽人。天寶十年，明經擢第〔二〕。累官起居舍人、知制誥〔三〕。從幸西川，當撰傳位册，既進藁，上曰：「先天誥命，乃父爲之。今玆册命，又爾爲之〔四〕。兩朝大典，出卿父子，可謂繼美矣。」大曆中，終散騎常侍。集，李邯鄲淑家本二十卷，蘇弁編次〔五〕，常仲孺爲序，以墓銘、敍碑列於後，今亡其半〔六〕。蘇子瞻嘗行呂惠卿責詞〔七〕，有「元兇在位」之語，仇人乃曰：「世惟宋太子劭謂之元兇」，因誣其指斥。殊不知曹子建責躬詩有曰「元兇是率」，蓋自謂也。今至制誥中除魏仲犀、徐歸道詞〔八〕，亦以元兇指禄山〔九〕，豈獨劭爲元兇邪？世多疑子瞻失詞，因表出之〔一〇〕。1196

〔一〕賈至幼幾也　經籍考卷五十八「至」下有「字」字。新唐書卷一一九本傳、唐詩紀事卷二十二云「至字幼鄰」，書録解題卷十六、唐才子傳卷三同讀書志。文苑英華卷七四四李華三賢論稱「長樂賈至幼鄰」，注云：「一作幾」。

〔二〕明經擢第　卧雲本、經籍考「明經」上有「以」字。

〔三〕累官起居舍人知制誥　經籍考「累官」下有「至」字，袁本「誥」誤爲「詔」。

〔四〕今兹册命又爾爲之　卧雲本、宛委本、經籍考「又爾」作「爾又」。按新唐書本傳作「今兹命册，又爾爲之」，疑「册命」當作「命册」。

〔五〕集李邯鄲淑家本二十卷蘇弁編次　顧校本無「集」字。新唐志卷四著録賈至集二十卷別十五卷，注云：「蘇冕編。」

〔六〕今亡其半　袁本「半」作「本」，卧雲本、宛委本、經籍考「半」下有「矣」字。袁録何校本改「其半」爲「本」。

〔七〕蘇子瞻嘗行呂惠卿責詞　經籍考「行」作「作」。

〔八〕今至制誥中除魏仲犀徐歸道詞　卧雲本、經籍考「至」下有「集」字。袁本「誥」誤作「詔」。經籍考「中」下有「有」字。原本所據底本「魏仲犀」作「魏舒」，李富孫據袁本、瞿鈔本、經籍考改，是，宛委本、顧校本亦作「魏仲犀」。全唐文卷三六七載賈至撰册漢中王李瑀等文中，稱魏仲犀爲御史中丞。仲犀事蹟，見岑仲勉元和姓纂四校記卷八。

〔九〕亦以元兇指禄山　宛委本、顧校本「指」下有「稱」字。

〔一〇〕因表出之　顧校本「因」作「故」。

錢起詩二卷〔一〕　袁本前志卷四上别集類上第四十五

右唐錢起，徽之父也〔二〕。吴郡人〔三〕。天寶中舉進士。初，從鄉薦，客舍月夜，聞人哦於庭曰：「曲終人不見，江上數峯青。」起攝衣從之，無所見矣。及就試，詩題乃湘靈鼓瑟也〔四〕。起即以鬼謡十字爲落句〔五〕，主文李暐深嘉之〔六〕，擢置高第，釋褐授校書郎，終考功。與郎士元齊名，時曰「前有沈、宋，後有錢、郎」。 1197

〔一〕錢起詩二卷　經籍考卷六十九題作錢考功集。

〔二〕徽之父也　卧雲本、宛委本、陳師曾刊本、經籍考「徽」訛作「徵」。

〔三〕吴郡人　按公武蓋本舊唐書卷一六八錢徽傳，然史傳多謂起乃吴興人，見新唐書卷二〇三盧綸傳、書録解題卷十九、嘉泰吴興志卷十六。錢大昕謂「當作吴興人」，見廿二史考異卷六十。

〔四〕湘靈鼓瑟　袁本「鼓」作「皷」。

〔五〕起即以鬼謡　袁本脱「以」字。

〔六〕李暐　袁本「暐」誤作「暐」，卧雲本、宛委本、瞿鈔本、季録顧校本、舊鈔本、陳師曾刊本、經籍考又誤作「暉」。

按據舊唐書卷一六八錢徽傳作「暐」。然天寶十載知貢舉，非李暐，而是李麟，見唐語林卷八，故徐松謂舊唐書之「李暐」當作「李麟」，見唐登科記考卷九。據唐詩記事卷二十七賈邕條，天寶九載知貢舉爲李暐，而凡述及錢起登第者，俱謂主試者爲李暐，故傅璇琮以爲錢起登第當爲天寶九載，而非十載。見唐代詩人叢考錢起考。

元子十卷琦玗子一卷〔一〕文編十卷　袁本前志卷四上別集類上第四十六

右唐元結次山也。後魏之裔。天寶十三年進士〔二〕，復舉制科，授右金吾兵曹，累遷容管經畧使。始在商餘山，稱元子，逃難入琦玗洞，稱琦玗子，或稱浪士，漁者稱爲聱叟，酒徒呼爲漫叟〔三〕，及官呼爲漫郎〔四〕，因以命其所著。結性耿介，有憂道閔世之思〔五〕。逢天寶之亂，或仕或隱〔六〕，自謂與世聱牙〔七〕，豈獨其行事而然〔八〕，其文辭亦如之。然其辭義幽約，譬古鍾磬，不諧於里耳〔九〕，而可尋玩。在當時，名出蕭、李下，至韓愈稱數唐之文人，獨及結云。1198

〔一〕琦玗子一卷　原本脱「子」字，袁本作「琦玕子」，卧雲本、宛委本、經籍考卷五十九作「琦玗子」，據補。按新唐書卷一四三本傳引自釋作「猗玗子」，新唐志卷三小説類著録則作「猗犴子」，孫望校本元結集卷六虎蛇頌序、卷七別韓方源序作「猗玗子」，沈録何校本改「琦玕」爲「猗玗」，疑「琦玗」當作「猗玗」。

〔二〕天寶十三年進士　宛委本、殿本經籍考「年」作「載」，元刻經籍考同原本。

〔三〕呼爲漫叟　袁本無「爲」字。

〔四〕呼爲漫郎　袁本無「爲」字。

〔五〕憂道閔世之思　袁本、臥雲本、宛委本、舊鈔本、經籍考「思」作「意」。

〔六〕或仕或隱　袁本脱「或仕」二字，沈録何校本已補，喬録王校本王懋竑校語云：「『或隱』上當有『或仕』兩字。」

〔七〕與世聱牙　袁本脱「世」字，沈録何校本已補，喬録王校本王懋竑校語云：「『與』字下當有『世』字。」

〔八〕豈獨其行事而然　沈録何校本改「而」爲「爲」。喬録王校本王懋竑校語亦云：「『而』當作『爲』。」

〔九〕譬古鍾磬不諧於里耳　顧校本「譬」作「如」。袁本、臥雲本、經籍考「里」皆作「俚」，喬録王校本王懋竑校語云：「『俚』當作『里』。」

韓翃詩五卷〔一〕　袁本前志卷四上別集類上第四十七

右唐韓翃君平也〔二〕。南陽人。天寶十三年進士〔三〕，淄青侯希逸、宣武李勉相繼辟幕府〔四〕。俄以駕部郎中知制誥，終於中書舍人。翃詩興致繁富〔五〕，朝野重之。1199

〔一〕韓翃詩　原本所據底本「翃」誤爲「翊」，李富孫據袁本、經籍考卷六十九改正。下同。瞿鈔本、顧校本亦誤。按臥雲本、宛委本未誤。又，經籍考「詩」作「集」。

〔二〕唐韓翃君平也　袁本脱「唐」字，經籍考脱「也」字。

〔三〕天寶十三年進士　臥雲本作「天寶十二載進士」，宛委本、經籍考同原本，「年」作「載」。按翃乃天寶十三載楊紘榜進士，見唐才子傳卷四，卧雲本誤。

〔四〕相繼辟幕府　袁本、經籍考脱「相」字。

〔五〕翃詩興致繁富　袁本「翃」訛作「雄」。

杜甫集二十卷〔一〕集外詩一卷注杜詩二十卷〔二〕蔡興宗編杜詩二十卷〔三〕趙次公注杜詩五十九卷〔四〕　袁本前志卷四上別集類上第四十八

右唐杜甫子美也。審言之孫。天寶十三年玄宗朝〔五〕獻太清宮、享廟及郊，奏賦三篇，使待制集賢院。宰相試文，再遷右衛率府胄曹〔六〕，終於劍南參謀、檢校工部員外。曠放不自檢，好論天下大事，高而不切。少與李白齊名，時號「李、杜」〔七〕。數當寇亂，挺節無污。爲歌詩，傷時橈弱〔八〕，情不忘君，人憐其忠云。集有王洙原叔、王琪君玉序。皇朝自王原叔以後〔九〕，學者喜觀甫詩〔一〇〕，世有爲之注者數家，率皆鄙淺可笑。有託原叔名者〔一一〕，其實非也。呂微仲在成都時，嘗譜其年月。近時有蔡興宗者，再用年月編次之。而趙次公者，又以古律詩雜次第之，且爲之注。兩人頗以意改定其誤字云。1200

〔一〕杜甫集　經籍考卷五十九題作杜工部集。

〔二〕注杜詩　袁本、宛委本作「注杜甫詩」。

〔三〕蔡興宗編杜詩　袁本作「蔡興宗編杜甫詩」。按興宗所編名杜詩正異，見胡震亨唐音癸籤。

〔四〕 趙次公注杜詩　集注杜工部詩姓氏（見四部叢刊本分門集注杜工部詩）云：「西蜀趙氏次公字彦材，著正誤。」按次公在蜀與公武遊，增刊校正王狀元集注分類東坡先生詩卷之四芙蓉城并序「竟坐誤讀黄庭經」句引次公注云：「聞之晁子止，云神僊黑紙白字寫黄庭經，名曰玉字黄庭經。唐人有詩『誤緣不是凡心起，月黑筠牕讀字難。』」

〔五〕 天寶十三年玄宗朝　宛委本「年」作「載」，經籍考無「天寶十三年」五字。

〔六〕 宰相試文再遷右衛率府胄曹　袁録何校本「文」下補「章」字。按公武語本新唐書卷二〇一本傳，本傳云：「命宰相試文章，擢河西尉，不拜，改右衛率府胄曹參軍。」何焯蓋據本傳補「章」字。又，杜工部草堂詩箋卷五官定後戲贈詩自注云：「時免河西尉，爲右衛率府兵曹。」新唐書本傳殆據元稹墓誌，疑當從詩中自注。舊唐書卷一九〇下本傳又作「京兆府兵曹參軍」，此「兵曹」不誤，而「京兆府」則當「右衛率府」之誤。

〔七〕 時號李杜　袁本無「時」字。

〔八〕 橈弱　袁本「橈」作「撓」。按「橈」、「撓」通。

〔九〕 皇朝自王原叔以後　袁本、卧雲本、經籍考「皇」皆作「本」。又，經籍考無「王」字。

〔一〇〕 喜觀甫詩　袁本作「喜杜詩」。

〔一一〕 有託原叔名者　袁本作「有原甫名」，脱「託」、「者」二字，「甫」當作「叔」。沈録何校本已予補正。

吳筠宗元先生集十卷　袁本後志卷二別集類第三

右唐吳筠撰。前有權德輿序。筠字貞節，華陰人。生十五年，隱於南陽。天寶初，召至京師，請爲道士，居嵩山〔一〕。已而敕待詔翰林。筠知祿山將亂，求還茅山，許之。乃東遊會稽，往來天台、剡中，與李白、孔巢父酬唱〔二〕。大曆中卒，弟子謚爲宗元先生。筠通經義，美文辭，性高鯁。其待詔翰林也，特承恩顧。高力士素奉佛，嘗短筠於帝，故筠所著文賦，深詆釋氏頗爲通人所譏云。 1201

〔一〕居嵩山　袁本、宛委本「嵩」作「崧」。

〔二〕酬唱　袁本、顧校本「唱」作「倡」。

獨孤及毘陵集二十卷　袁本前志卷四上別集類上第四十九

右唐獨孤及至之也。洛陽人。天寶中，舉洞曉玄經科〔一〕。代宗初，爲太常博士，濠、舒二州刺史，政最，徙常州，卒於官〔二〕。及幼有成人之量〔三〕，徧覽五經，觀其大義，不爲章句學。爲文以立憲誡世、褒賢遏惡爲用，長於論議。唐實録稱韓愈師其爲文云。集有李舟、梁肅前後序〔四〕，末載崔祐甫碑誌。 1202

〔一〕天寶中舉洞曉玄經科　袁本、卧雲本、舊鈔本「天寶中」作「天寶十三年」，宛委本、經籍考卷五十九作「天寶十三載」。按梁肅獨孤公行狀云及天寶十三年應詔至京師，以洞曉玄經對策高第。

〔二〕卒於官　袁本、卧雲本無「於」字。

〔三〕及幼有成人之量　袁本「及」作「自」。

〔四〕集有李舟梁肅前後序　經籍考「集有」下有「門人」二字。按梁肅後序稱「門下生」。又，宛委本、陳師曾刊本

「舟」譌作「丹」。

皇甫冉詩二卷〔一〕　袁本前志卷四上別集類上第五十

右唐皇甫冉茂政也。丹陽人。天寶十五年進士〔二〕，爲無錫尉，歷拾遺、補闕，卒。與弟曾齊名，當時比張氏景陽、孟陽云。集有獨孤及序〔三〕。　1203

〔一〕皇甫冉詩二卷　經籍考卷六十九作皇甫冉集一卷，標題、卷數當從書録解題。楹書隅録卷四有宋本冉集，楊紹和云：「此本分上、下二卷，與讀書志合，共詩二百一十八首，惟獨孤及序已佚。」又，丁丙藏有明正德依宋刊本皇甫補闕詩，亦二卷，見善本書室藏書志卷二十四。

〔二〕天寶十五年進士　殿本經籍考「年」作「載」，元刊本同原本。

〔三〕集有獨孤及序　顧校本作「有集二卷，獨孤及爲之序」。

郎士元詩一卷〔一〕　袁本前志卷四上別集類上第五十一

右唐郎士元字君胄，中山人。天寶十五年進士〔二〕，爲郢州刺史。與錢起俱有詩名，而士元尤更清雅〔三〕。時朝廷公卿出牧奉使，若兩人無詩祖行，人以爲愧〔四〕。　1204

〔一〕郎士元詩一卷　袁本脱「一卷」二字。

〔二〕天寶十五年進士　宛委本、殿本經籍考「年」作「載」。

〔三〕尤更清雅　袁本「清」作「嫻」。

〔四〕人以爲愧　顧校本「人」作「便」。

顧況集二十卷〔一〕　袁本前志卷四上別集類上第五十二

右唐顧況字逋翁〔二〕，蘇州人。至德二年，江東進士〔三〕。善爲歌詩，性詼諧。德宗時，柳渾輔政，以祕書郎召況〔四〕。況素善李泌〔五〕，及泌相，自謂當得達官，久之，遷著作郎〔六〕。及泌卒〔七〕，有調笑語，貶饒州司户，卒。集有皇甫湜序〔八〕。1205

〔一〕顧況集二十卷　殿本經籍考卷六十九脱「十」字，元刻本不脱。

〔二〕字逋翁　袁本「翁」訛作「公」。沈録何校本已改。

〔三〕江東進士　唐才子傳卷三云：「至德二年，天子幸蜀，江東侍郎李希言下進士。」

〔四〕以祕書郎召況　舊唐書卷一三〇李泌傳附況傳云：「柳渾輔政，以校書郎徵。」唐文士多以校書郎進身，此「祕書郎」當「校書郎」之誤。唐詩紀事卷二十八顧況條亦誤。

〔五〕況素善李泌　袁本、宛委本無「況」字。經籍考無「況素」二字。

〔六〕久之遷著作郎　原本、袁本皆無「之」字，卧雲本有「之」字，舊唐書本傳云：況「久之，方遷著作郎」，據補。

〔七〕及泌卒　顧校本脱「及」字。

〔八〕集有皇甫湜序　袁本「皇甫湜」訛作「皇甫冉」，季録顧校本、舊鈔本「湜」訛作「詩」。按皇甫湜所撰序見皇甫持正集卷二、文苑英華卷七〇五。

陳蛻詩一卷　袁本前志卷四上别集類上第五十三

右唐陳蛻。未詳其行事〔一〕。集有長安十五詠。自序云〔二〕：「蛻生長江、淮間，以詩句從賊〔三〕，近十餘年矣〔四〕。今我后撫運，澤及四海〔五〕，蛻復得爲太平人」云云〔六〕。若此殆肅、代間人也〔七〕。 1206

〔一〕未詳其行事　袁本無此五字。

〔二〕自序云　袁本無「云」字。

〔三〕以詩句從賊　袁本、卧雲本、經籍考卷七〇、唐詩紀事卷三十三「賊」皆作「賦」，黄丕烈云：「觀下『我后撫運』句意，則『從賊』『賊』字爲是。」按宛委本作「戎」，疑是。

〔四〕近十餘年矣　袁本、卧雲本、宛委本、經籍考「近」作「僅」。按僅，近也。

〔五〕澤及四海　袁本、卧雲本「海」作「夷」，經籍考同原本，唐詩紀事作「夷」。

〔六〕爲太平人云云　袁本「人」下有「也」字。

〔七〕若此殆肅代間人也　袁本、卧雲本、宛委本、經籍考「若此殆」作「蓋」。按唐登科記考卷二十七引徐鍇陳氏書堂記云：「潯陽廬山之陽有陳氏書樓，子弟之秀者，弱冠以上，皆就學焉。自龍紀以降，崇之子蛻、從子渤、族子乘登進士第。」是蛻乃唐末人，且入五代矣。

盧綸詩一卷　袁本前志卷四上別集類上第五十四

右唐盧綸與吉中孚、韓翃、錢起、司空曙、苗發、崔峒〔一〕、耿緯〔二〕、夏侯審、李端皆以能詩名〔三〕，號「大曆十才子」。綸字允言，累舉進士，不第。1207

〔一〕崔峒　袁本、舊鈔本「峒」作「峒」、臥雲本、宛委本、經籍考卷六十九作「烱」。按新唐書卷二〇三盧綸傳作「峒」。

〔二〕耿緯　新唐書盧綸傳「緯」作「湋」。按今本多作「湋」。姚合極玄集卷上「耿湋」名下註云：「或作『緯』」，「『湋』音爲」。書録解題卷十九耿湋集條云：「登科記一作『緯』」。

〔三〕皆以能詩名　袁本、臥雲本、經籍考作「皆能詩齊名」。按讀書志此段解題乃録新唐書盧綸傳爲之，新唐書此句語同袁本。

耿緯詩二卷〔一〕　袁本前志卷四上別集類上第五十五

右唐耿緯。寶應元年進士〔二〕，爲左拾遺〔三〕。1208

〔一〕耿緯詩二卷　臥雲本、陳師曾刊本「緯」作「湋」。袁録何校本改「湋」爲「緯」。按「緯」、「湋」異同，參見盧綸詩條校證〔三〕。又，經籍考卷六十九未引讀書志此條。

〔二〕寶應元年進士　極玄集卷上「耿湋」名下注云：「寶應二年進士」，書録解題卷十九、唐才子傳卷四亦云湋爲寶應二年進士。唐詩紀事卷三十同原本。徐松唐登科記考卷十據唐才子傳定爲寶應二年洪源榜進士，又云寶應元年停貢舉，若此，則讀書志「元年」當爲「二年」之誤。

〔三〕爲左拾遺　新唐書卷二〇三盧綸傳、書録解題皆云爲右拾遺，極玄集、唐詩紀事、唐才子傳同原本。

韋應物集十卷〔一〕　袁本前志卷四上別集類上第五十六

右唐韋應物，京兆人。周逍遥公敻之後〔二〕。左僕射扶陽公待價生令儀〔三〕，令儀生鑾，鑾生應物。天寶時，爲三衛〔四〕。永泰中，任洛陽丞、京兆府功曹。大曆十四年，自鄠縣制除櫟陽令〔五〕，稱疾辭歸。建中二年，授比部郎中〔六〕，守滁州。居頃之，改江州。召還，擢左司郎中。或娼其進，媒孽之〔七〕，出爲蘇州刺史。性高潔，鮮食寡欲，所居焚香除地而坐。詩律自沈、宋以後，日益靡嫚〔八〕，鎪章刻句，揣合浮切，雖音韻婉諧〔九〕，屬對麗密，而嫻雅平淡之氣不存矣，獨應物之詩，馳驟建安以還，得其風格云。1209

〔一〕韋應物集十卷　經籍考卷六十九未引讀書志，標題從書録解題卷十九，作韋蘇州集，與王欽臣校本序相合。

〔二〕周逍遥公敻之後　原本脱「逍」字，據袁本、宛委本補。按韋敻傳見周書卷三十一。應物出敻之後，見元和姓纂卷二、新唐書卷七十四上宰相世系表。

〔三〕 待價生令儀　袁本「價」作「賈」。按新唐書宰相世系表、卷九十八韋挺傳，皆作「價」；挺乃待價之父。

〔四〕 天寶時爲三衞　此六字袁本在「京兆人」之下，王先謙謂袁本錯竄。

〔五〕 大曆十四年自鄠縣制除櫟陽令　袁録何校本於「鄠縣」下補「令」字。按應物集卷四謝櫟陽令歸西郊贈別諸友詩自注云：「大曆十四年六月二十三日，自鄠縣制除櫟陽令。」公武語本此，未必有「令」字。又，「櫟陽」，袁本訛作「機陽」。

〔六〕 授比部郎中　按「郎中」當「員外郎」之誤，四部叢刊本韋蘇州集卷四有始除尚書郎別善福精舍詩，題下自注云：「建中二年四月十九日，自前櫟陽令除尚書比部員外郎。」王欽臣校定本序、姚寬西溪叢語卷下葛蘩校刻本書後、趙與旹賓退録卷九載沈作喆補傳俱同自注。

〔七〕 媒孽之　袁本「孽」作「蘖」。按「媒孽」語見漢書卷六十二司馬遷傳：「隨而媒孽其短。」師古注云：「媒如媒娉之媒，孽如曲孽之孽。」是「孽」或可作「櫱」，從米，不可從「木」。

〔八〕 日益靡曼　袁本、卧雲本、宛委本、書録解題「曼」皆作「嫚」。

〔九〕 雖音韻婉諧　袁本脱「雖」字。卧雲本、書録解題「婉諧」作「諧婉」。

李端司馬集三卷　袁本前志卷四上別集類上第五十七

右唐李端，趙州人。大曆五年進士，爲校書郎。卒官杭州司馬。郭曖尚昇平公主，賢明，招納士類，故端等皆客之〔一〕。嘗座上賦詩，奇甚，主大加稱歎〔二〕。錢起曰：「素爲之，請賦起姓。」端立獻一章云〔三〕：「新開金埒看調馬，舊錫銅山許鑄錢〔四〕。」錢起乃服〔五〕。主喜，厚賜之〔六〕。1210

〔一〕皆客之　袁本作「多從曖游」。

〔二〕嘗座上賦詩奇甚主大加稱歎　袁本作「嘗進官，宴客，端席上賦詩甚工，一坐稱歎」。按袁本語本新唐書卷二〇三盧綸傳，其文曰：「端等多從曖游。曖嘗進官，大集客，端賦詩最工。」

〔三〕立獻一章云　經籍考卷六十九「章」作「篇」。顧校本「云」作「有」。

〔四〕舊錫銅山許鑄錢　宛委本「錫」作「賜」，是。舊唐書卷一六三李虞仲傳所引、唐詩紀事卷三十、全唐詩卷二八六所載，俱作「賜」。

〔五〕錢起乃服　顧校本「錢」作「之句」，經籍考無「錢」字。

〔六〕厚賜之　袁本「之」作「帛」。按端席間賦詩事，初見國史補卷上，云：「曖大出名馬金帛遺之。」新唐書盧綸傳紀此事，殆即出肇書，而改爲「主賜帛百」。

李益詩一卷　袁本前志卷四上別集類上第五十八

右唐李益君虞也。姑臧人。大曆四年進士，調鄭縣尉，幽州劉濟辟從事。憲宗雅聞其名，召爲集賢殿學士。負才，淩藉士類〔一〕，衆不能堪，暴其獻濟詩「不上望京樓」之句，以涉怨望〔二〕，詔降秩，俄復舊。益少富詞藻〔三〕，長於歌詩〔四〕，與宗人賀齊名〔五〕。每作一篇，樂工以賂求取，被聲歌，供奉天子。征人、早行詩〔六〕，天下皆施之圖繪。今集有從軍詩五十首〔七〕，而無此詩，惜其放逸多矣。1211

〔一〕凌藉士類　袁本、經籍考卷六十九「藉」作「籍」，誤。又，袁本、經籍考無「類」字，與新唐書卷二〇三本傳合。

〔二〕以涉怨望　顧校本「以」作「爲」。

〔三〕少富詞藻　宛委本、經籍考「富」作「負」，誤。

〔四〕長於歌詩　袁本脱「詩」字。

〔五〕與宗人賀齊名　舊唐書卷一三七本傳、新唐書本傳云：「貞元末，名與宗人賀相埒。」按公武語本此，宗人賀乃指李賀。聞一多、朱自清以爲益、賀齊名之説不可信。見清華學報卷十一第一期李賀年譜補記。

〔六〕征人早行詩　顧校本「征」上有「其」字。袁本「詩」作「篇」。按舊唐書本傳稱爲征人歌、早行篇。新唐書本傳云：「至征人、早行等篇，天下皆施之圖繪。」是征人、早行乃二詩，然公武下云「無此詩」，似作爲一詩。詩不見全唐詩，殆佚去。

〔七〕五十首　袁本作「五十篇」。

陸贄奏議十二卷翰苑集十卷〔一〕　袁本前志卷四上別集類上第五十九

右唐陸贄敬輿也。贄，嘉興人〔二〕。大曆八年進士，中博學宏詞書判拔萃科。德宗初，爲翰林學士。從奉天，還〔三〕，爲中書舍人平章事。贄在奉天，日下詔書數百，初如不經思〔四〕，逮成，皆周盡人情。嘗爲帝言：「今盜徧天下，宜痛自悔，以感人心〔五〕。誠不吝改過，以言謝天下，使臣持筆無所忌〔六〕，庶叛者革心。」上從之。故下制書，雖武夫悍卒，無不感動流涕〔七〕。議者謂與元戡難功，雖爪牙宣力，蓋腹心有助焉〔八〕。舊翰苑集外〔九〕，有膀子集五卷，議論集三卷〔一〇〕。元祐中，蘇子瞻乞校正進呈，改從今名。疑是時裒諸集以成云〔一一〕。1212

〔一〕陸贄奏議十二卷翰苑集十卷　經籍考卷五十九「陸贄」作「陸宣公」。袁本、經籍考皆無「翰苑集十卷」五字。按新唐志卷四著録陸贄議論表疏集十二卷、又翰苑集十卷，翰苑集下注云：「韋處厚纂。」書録解題卷十六著録陸宣公集二十二卷，曰：「權德輿爲序，稱制誥集十卷，奏草七卷，中書奏議七卷。今所存者翰苑集十卷、膀子集十二卷。序又稱別集、文賦、表狀十五卷，今不傳。」趙希弁讀書附志卷下著録亦作陸宣公文集二十二卷，云：「讀書志云陸贄奏議十二卷。希弁所藏制誥十卷、奏草六卷、奏議六卷，凡二十二卷云。」據此，宋時所存贄集當有二十二卷，其中翰苑集十卷，希弁則稱制誥，奏議十二卷，即新唐志之議論表疏集、讀書附志之奏草、奏議；奏議又名膀子集（見書録解題卷二十二），故讀書志之「奏議十二卷」，即書録解題所謂今存之「膀子集十二卷」。總之，贄集宋時或分而稱之，如衢本讀書志，其奏議亦可稱膀子集；或合而稱之，如書録解題、讀書附志，故孫星衍藏有元至大辛亥刊本唐陸宣公集二十二卷，其板心則題「苑十卷、奏十二卷」，見增訂四庫簡明目録標注集部二別集類一。又，合稱之陸宣公集，宋時又稱翰苑集（讀書敏求記卷四著録宋大字本翰苑集二十二卷），然此集已非單行之翰苑集；至於後世有二十二卷本奏議，殆亦合稱，已非宋時單行之奏議。參見莫伯驥五十萬卷樓藏書目録初編卷十五。此外，宋郎曄編經進注陸宣公奏議二十卷（孳經室外集卷五著録十五卷，非原本，見傅增湘藏園羣書題記卷三），當即書録解題卷二十二、宋志卷七所收録者，又別爲一本矣。四庫總目卷一五〇曰：「公武所見乃元祐本，恐非全册，而今世刊行贄集，亦有題作陸宣公奏議者，則又沿讀書志而失之者也。」提要撰者未見衢本，又未詳檢經籍考。

〔二〕贄嘉興人　經籍考無「贄」字，疑衍。原本「興」訛作「輿」，據袁本、卧雲本、宛委本、經籍考改。按舊唐書卷一三九、新唐書卷一五七本傳皆謂陸贄嘉興人。

〔三〕從奉天還　沈録何校本「從」下補「狩」字。按公武此條解題蓋本新唐書本傳，何焯當據本傳補。

〔四〕初如不經思　袁本「經」訛作「細」。顧校本作「初如不經意者」。新唐書本傳同原本。

〔五〕以感人心　顧校本作「以感動人心」。

〔六〕無所忌　宛委本「無」作「亡」，袁本訛作「忘」，新唐書本傳作「亡」。顧校本「所」下有「顧」字。

〔七〕無不感動流涕　顧校本無「動流涕」三字。

〔八〕蓋腹心有助焉　袁本「腹心」作「贊」，與新唐書本傳合，然今四部叢刊本贄集附權德輿唐陸宣公翰苑集序云「蓋亦資文德腹心之助焉」，與原本合。

〔九〕翰苑集外　袁本無此四字。

〔一〇〕議論集三卷　袁本此下有「翰苑集十卷」五字。按二本著録贄集歧出，疑當以衢本爲准，參見校注〔一〕。

〔一一〕疑是時裒諸集以成云　袁本作「疑是裒諸集成書」。

王建詩十卷〔一〕 袁本前志卷四上別集類上第六十

右唐王建也。大曆十年進士。爲昭應縣丞、太府寺丞〔二〕。大和中，陝州司馬。尤長宫詞。 1213

〔一〕王建詩　經籍考卷六十九題作王建集。按經籍考此條未引讀書志，只引書録解題與漁隱叢話，其標題乃從書録解題卷十九。

〔二〕太府寺丞　陳師曾刊本脱此四字。

柳郯詩一卷〔一〕 袁本前志卷四上別集類上第六十一

右唐柳郯。集有與李端、盧綸輩相酬贈詩〔二〕。大曆間進士也。 1214

〔一〕柳郯詩一卷　沈録何校本改「郯」爲「淡」。按柳淡即柳中庸，名淡（或作「澹」，見因話録卷三「商部」下），以字行，河東人。見世綵堂本柳河東集卷十二先君石表陰先記。幼善屬文，學通百氏，詔授洪州户曹掾，不就。娶蕭穎士女。見元和姓纂四校記卷七引拓本開成五年柳尊師志。其傳畧見新唐書卷二〇二柳并傳，然「淡」作「談」。全唐詩採其詩凡十三首，見卷二五七。讀書志諸本與經籍考卷七十皆作「郯」。

〔二〕集有與李端盧綸輩相酬贈詩　袁本脱「集有」、「詩」三字。

武元衡臨淮集二卷〔一〕 袁本前志卷四上別集類上第六十二

右唐武元衡伯蒼也。河南人。建中四年進士。元和二年〔二〕，以門下侍郎、平章事，出爲劍南節度〔三〕。八年，復秉政。明年，早朝遇盜，爲所害〔四〕。元衡工五言詩，好事者傳之〔五〕，被於管絃。嘗夏夜作詩曰：「夜久喧暫息，池臺惟月明。無因駐清景，日出事還生。」翌日遇害〔六〕。舊有臨淮集七卷，此其二也。議者謂唐世工詩宦達者惟高適，達宦詩工者惟元衡〔七〕。 1215

〔一〕武元衡臨淮集二卷　袁本、卧雲本、顧校本、經籍考卷六十九「二」俱作「兩」。

〔二〕元和二年　袁本作「元和三年」，新唐書卷一五二本傳、唐詩紀事卷三十三、經籍考同原本，唐才子傳卷四同袁本。按舊唐書卷十四憲宗紀謂元和元年十月丁卯爲劍南西川節度使，代高崇文鎮蜀，崇文於十二月丙寅改邠寧節度使，故新唐書本傳云元衡二年節度劍南，袁本誤。

〔三〕出爲劍南節度　袁本、卧雲本脱「爲」字。沈録何校本已補。

〔四〕明年早朝遇盜爲所害　按武元衡元和八年召還，十年六月癸卯遇害，見資治通鑑卷二三九唐紀五十五，此云「明年」，誤。袁本、卧雲本、宛委本、經籍考「爲所害」作「害之」。

〔五〕好事者傳之　顧校本「傳」上有「每」字。

〔六〕翌日遇害　顧校本「遇」上有「遂」字。

〔七〕達宦詩工者惟元衡　原本「宦」作「官」，據袁本改。按「達宦詩工」乃與上文「工詩宦達」對舉，當作「宦」。唐才子傳卷四：「議者謂工詩而宦達者惟高適，達宦而詩工者惟元衡。」卧雲本、宛委本、顧校本、經籍考「達宦」作「宦達」。

羊士諤詩一卷　袁本前志卷四上別集類上第六十三

右唐羊士諤也。貞元元年，擢進士第。順宗時，爲宣歙巡官，王叔文惡之〔一〕，貶汀州寧化尉。元和初，李吉甫知獎，擢監察御史，掌制誥。嘗出爲資州刺史。 1216

〔一〕王叔文惡之　袁本、卧雲本、宛委本、瞿鈔本、季録顧校本、舊鈔本、經籍考卷六十九俱作「王叔文所惡」。按唐才子傳卷五「羊士諤」條幾悉同讀書志，亦作「所惡」。按士諤爲王叔文所惡事見資治通鑑卷二三六唐紀五十二，順宗實録卷四謂貶宣州巡官，蓋誤。

麴信陵集一卷〔一〕　袁本前志卷四上別集類上第六十四

右唐麴信陵。貞元元年進士。爲舒州望江令，卒〔二〕。 1217

〔一〕麴信陵集一卷　按容齋五筆卷七云：「予因憶少年寓無錫時，從錢伸仲大夫借書，正得信陵遺集，財有詩三十三首，祈雨文三首。……乾道二年，歷陽陸同爲望江令，得其詩於汝陰王廉清，爲刊板而致之郡庫，但無祈雨文也。」

〔三〕爲舒州望江令卒　經籍考卷六十九「卒」上有「以」字。

楊巨源詩一卷〔一〕　袁本前志卷四上别集類上第六十五

右唐楊巨源字景山，河中人〔二〕。貞元五年第進士，爲張弘靖從事，自祕書郎擢太常博士，遷禮部員外郎。出爲鳳翔少尹，復召除國子司業。巨源在元和中，詩韻不造新語，體律務實，用功頗深。旦暮搖首，微詠不輟，年老成疾。嘗贈弘靖詩，敍其世家云〔三〕：「伊陟無聞祖，韋賢不到孫。」時人稱之。年滿七十，乞歸。時宰惜其去，使爲其鄉少尹〔四〕，不絶其禄。大和時〔五〕，以官壽卒。 1218

〔一〕楊巨源詩一卷　袁本「源」訛作「濟」，下同，沈録何校本已改。袁本此條解題殊略，俱録如下：「右唐楊巨濟字景山，貞元五年進士，爲張弘靖從事，太常博士，禮部員外郎。」

〔二〕河中人　唐才子傳卷五作「蒲中人」，蒲中，即蒲州，亦即河中。張籍有送楊少尹赴蒲城、和裴司空酬蒲城楊少尹（二詩見籍集卷四，一本「蒲」訛作「滿」）。

〔三〕敍其世家　卧雲本脱「世」字，宛委本、陳師曾刊本作「敘其家世」。

〔四〕使爲其鄉少尹　新唐志卷四注云巨源「大和河中少尹」。書録解題卷十九則以爲當是河南少尹，曰：「按韓退之有送楊少尹序，蓋自司業爲少尹，稱其都少尹者，乃其鄉里也。藝文志乃云『太和河中少尹』，誤。」又，巨源爲河中少尹，新唐志云「大和中」，唐詩紀事卷三十五云「大中時」。韓愈送楊少尹序，據方崧卿韓文公年表云，撰於長慶四年。

〔五〕大和時　臥雲本、宛委本、經籍考「大」作「太」，又脫「時」字。

歐陽詹集十卷　袁本前志卷四上別集類上第六十六

右唐歐陽詹行周也〔一〕。泉州人。貞元八年進士〔二〕，終國子四門助教。初，閩人不肯北宦〔三〕。及常袞爲觀察使，興學勸士，詹始以進士舉〔四〕。其聯第者如韓愈、李絳諸人，皆天下選〔五〕，時稱「龍虎榜」云〔六〕。此集李貽孫纂〔七〕，退之作詹哀辭，稱詹甚美。大意謂詹貢舉京師，將以爲父母榮也。又云其德行信於朋友。而唐小說載詹惑太原一妓，爲賦「高城已不見，况復城中人」之詩，卒爲之死。今集中載焉〔八〕。然則〔九〕，詹之志豈僅在父母哉〔一〇〕！有德行者乃爾耶〔一一〕？ 1219

〔一〕歐陽詹行周也　顧校本作「歐陽詹字行周」。

〔二〕貞元八年進士　臥雲本、宛委本、經籍考卷五十九無此六字。

〔三〕不肯北宦　原本「宦」作「官」，據袁本、新唐書卷二〇三本傳改。

〔四〕興學勸士詹始以進士舉　袁本作「興學勸仕，第進士自詹始」。臥雲本、經籍考同袁本，唯「仕」作「士」，「第」作「舉」。按唐人「舉進士」乃應試之謂，未必登第，「舉」字誤。又，閩人第進士非自歐陽詹始，王應麟據閩川名士傳謂其前有薛令之、林藻，考之登科記信然。見困學紀聞卷十七。薛令之，長溪人，神龍二年進士，見太平廣記卷四九

四、淳熙三山志卷二十六。林藻，莆田人，貞元七年進士，見太平廣記卷一八〇「尹極」條。又，參見唐摭言卷十五閩中進士條。

〔五〕其聯第者如韓愈李絳諸人皆天下選　袁本作「與韓愈、李絳聯第，皆天下選」，卧雲本、宛委本、經籍考作「與韓愈、李觀、李絳貞元八年聯第」，沈録何校本「韓愈」下有「李觀」二字。按唐摭言卷一云：「貞元八年，歐陽詹第三人，李觀第五人。」是觀與詹、愈、絳爲同年。聯第諸人，見新唐書本傳。

〔六〕時稱龍虎榜　袁本「稱」作「號」。

〔七〕此集李貽孫纂　袁本、宛委本作「福州刺史李貽孫纂」。按貽孫唐故四門助教歐陽詹文集序云：「太和中，予爲福建團練副使，其子價自南安抵福州，進君之舊文共十編，首尾凡若干首，泣拜請序，予以諾其命矣，而詞竟未就。價徵有文，又早死。大中六年，予又爲觀察使，令訪其裔，因獲其孫曰澥。不可使歐陽氏之文遂絶其所傳也，爲題其序，亦以卒後嗣之願云。」是貽孫先後爲福建團練副使、觀察使，未嘗爲刺史；又，貽孫止爲其集撰序耳，詹集并非貽孫纂編。書録解題卷十六云：「其序福建廉使李貽孫所爲也。」是也。

〔八〕今集中載焉　卧雲本、宛委本、經籍考「載」上有「亦」字。

〔九〕然則　宛委本、經籍考作「若然則」。

〔一〇〕豈僅在父母哉　卧雲本、宛委本、經籍考無「僅」字，宛委本、經籍考「父母」上有「其」字。

〔一一〕有德行者乃爾耶　袁本無「退之作詹哀辭」迄此凡八十六字。按詹太原函髻事見太平廣記卷二七四引唐黄璞閩川名士傳。

韓愈集四十卷〔一〕集外文一卷　袁本前志卷四上別集類上第六十七

右唐韓愈退之也。南陽人〔二〕。貞元八年進士，累擢知制誥，進中書舍人，遷吏部侍郎。爲京兆尹，與李紳不協，紳出，愈罷爲兵部，俄復舊。劉昫唐書稱愈「恃才肆意，盭孔孟之旨〔三〕。若南人妄以柳宗元爲羅池神，而愈作碑以實之〔四〕。李賀父名晉肅，不應進士，而愈爲作諱辨〔五〕。又爲毛穎傳，譏戲不近人情。此文章之甚紕繆者。」新書稱「愈三歲而孤，自知讀書。比長，盡通六經、百家學。」「性明鋭，不詭隨。」「每言文章自相如、子長後，作者不世出，故深探本原，卓然樹立，成一家言。造端置辭，要爲不襲蹈前人者」。議者謂舊史譏其文章甚紕繆〔六〕，固不待辨，而新史褒其造端置辭〔七〕，不襲蹈前人，亦未爲知愈。蓋愈之置辭造端〔八〕，字字悉有依據〔九〕。如毛穎傳、進學解之類，皆有所師範云。其集屢經名人是正，其訛舛絕少〔一〇〕，但編次殊失倫類，當重爲編輯之〔一一〕。1220

〔一〕韓愈集　經籍考卷五十九作韓昌黎集。

〔二〕唐韓愈退之也南陽人　經籍考「唐韓愈退之也」作「韓愈字退之」。按韓愈當爲河南河陽人，南陽乃其郡望，詳岑仲勉唐集質疑。

〔三〕盭孔孟之旨　袁本「盭」訛作「盩」。按盭，古戾字。舊唐書卷一六〇本傳同原本。

〔四〕而愈作碑以實之　袁本、宛委本、經籍考脱「作」字。

〔五〕而愈爲作諱辨　袁本脱「爲」字。

〔六〕舊史譏其文章甚紕繆　袁本「譏其」作「謂愈」。

〔七〕新史褒其造端置辭　袁本「褒其」作「謂」。

〔八〕置辭造端　袁本、卧雲本、宛委本、經籍考無「造端」二字。

〔九〕悉有依據　袁本、卧雲本、宛委本、舊鈔本、經籍考皆作「悉有據依」，又，此句下有「其造端」三字。

〔一〇〕其詭舛絶少　顧校本無「其」字。卧雲本、經籍考「詭舛」作「舛詭」。

〔一一〕當重爲編輯之　袁本、宛委本作「有暇日者宜再編之」，卧雲本、經籍考同袁本，唯無「日」字。

李絳論諫集七卷〔一〕　袁本前志卷四上別集類上第六十八

右唐李絳深之也。贊皇人。貞元八年進士，中宏詞科〔二〕，補渭南尉。六年〔三〕，進中書侍郎、平章事。大和初，爲山南西道節度使〔四〕。四年〔五〕，南蠻入寇，爲亂兵所害。絳儀質魁偉〔六〕，以直道進退，望冠一時，賢不肖太分〔七〕，屢爲讒邪所中。平生論諫數十百事〔八〕。其甥夏侯孜所編，大中史官蔣偕爲序〔九〕。1221

〔一〕李絳論諫集七卷　經籍考卷七十四題作李司空論諫集七卷。按絳集始見於新唐志卷四，作李絳論事集二卷，後世諸目著録多異：崇文總目卷五作李絳論三卷，書録解題卷五作李司空論事一卷，玉海卷六十一引中興書目作李司空論事集七卷，遂初堂書目集部章奏類作唐李絳論事集，宋志卷二故事類作李司空論事七卷，卷七別集類又見李司空論事，作十七卷，又著録李絳文集六卷。四庫總目卷五十七傳記類著録本舊題李深之文集六卷，館臣以爲當標題曰李相國論事集，其解題云：「前有大中五年偕自序，稱『今中執法夏侯公授余以公平生所論諫，凡數十事。其所爭皆磊磊有直臣風概，讀之令人激起忠義。始自内廷，終於罷相，次成七篇，著之東觀，目爲李相國論事集』云云。其説本明，此本標題，殆後人所妄改歟？」據此，讀書志標題亦非蔣偕所編原題。

〔二〕中宏詞科　袁本、宛委本、經籍考無「科」字。

〔三〕六年　按元和六年。

〔四〕山南西道節度使　袁本無「使」字。按新唐書卷一五二本傳有「使」字，疑袁本奪脱。

〔五〕四年　袁本無此二字，殆亦奪脱。

〔六〕絳儀質魁偉　袁本、宛委本、經籍考作「絳偉儀質」。

〔七〕賢不肖太分　袁本「太」作「大」。

〔八〕平生論諫數十百事　玉海引中興書目云：「偕序謂『生平論諫凡數十百事』，今存於世者曰李司空論事集七卷，凡七十事，云卷一之三總二十七事，卷四之七總四十有三事。」四庫總目著録本止六十五事，是又有亡失也。

〔九〕蔣偕爲序　顧校本作「蔣偕爲之序」。

李觀文編三卷外集二卷　袁本前志卷四上別集類上第六十九

右唐李觀元賓也。華之從子〔一〕。貞元八年進士，中宏詞科，終太子校書郎。觀爲文不襲前人，時謂與韓愈相上下〔二〕。觀少夭，文故未極，愈得中壽，故獨擅名〔三〕。大順中，陸希聲編觀文，爲之序，有謂「觀尚辭〔四〕，故辭勝理；愈尚質，故理勝辭。雖愈窮老，終不能加觀之辭；觀後愈死，亦不能逮愈之質」云。其後蜀人趙昂又得其安邊書至晁錯論一十四首，爲後集二卷。頃年，從父詹事公掌誥命〔五〕，以「四之日」爲「四日」〔六〕，不學者鬨然以爲非。觀集中亦云爾，乃知本於此〔七〕。1222

〔一〕華之從子　按唐時有四李觀，元賓李觀并非李華從子，其誤始自新唐書卷二〇三李華傳，後世沿訛踵繆而不察，岑仲勉嘗爲辨證，詳見唐集質疑。岑氏云：「御史觀，參軍觀，趙郡之李也；少府觀，趙郡而徙洛者也；元賓李觀，隴西之李也。自新傳亂其宗，於是後之人盲然和之，如郡齋讀書志一七云『右唐李觀元賓也，華之從子』。謬說流傳，千年不悟。」

〔二〕時謂與韓愈相上下　原本奪「韓」字，據袁本、宛委本、經籍考卷五十九補。

〔三〕觀少夭文故未極愈得中壽故獨擅名　袁本作「議者以觀少夭，文未極；愈老不休，故擅名」。卧雲本、宛委本、瞿鈔本、季録顧校本、經籍考同袁本，唯宛委本脱「夭」字，卧雲本、經籍考脱「少夭」二字，卧雲本「極」訛作「及」。按新唐書卷二〇三李華傳附觀傳云：「議者以觀文未極，愈老不休，故卒擅名。」袁本蓋本此。愈生大曆三年，卒長慶四年，年五十七，衢本改「老不休」爲「得中壽」，循其意殆以愈壽不盈甲子歟？

〔四〕大順中陸希聲編觀文爲之序有謂　袁本作「陸希聲大順中編觀文，爲序，以爲」。卧雲本、宛委本、經籍考同袁本，唯「爲」下有「之」字。

〔五〕從父詹事公掌誥命　卧雲本、經籍考「從」上有「予」字。按「從父詹事公」乃晁説之以道。

〔六〕以四之日爲四日　卧雲本、宛委本、經籍考「以」上有「嘗」字。

〔七〕觀集中亦云爾乃知本於此　袁本作「觀集中亦嘗如此用，不知本于此」。卧雲本、宛委本、經籍考同原本，唯「觀」上有「今」字。

柳宗元集三十卷集外文一卷〔一〕　袁本前志卷四上别集類上第七十

右唐柳宗元子厚也。後魏濟陰公某之裔〔二〕。貞元九年進士，中博學宏詞科，授校書郎，終於柳州刺史。宗元少精敏絶倫，爲文章卓偉精緻〔三〕。既竄斥，堙厄感鬱，一寓諸文，倣離騷數十篇，讀者悲惻。在柳州，進士走數千里從學，經指授者，文辭皆有法。世號柳柳州〔四〕。韓愈評其文曰〔五〕：「雄深雅健，似司馬子長，崔、蔡不足多也〔六〕」。集中有御史周君碣，司馬温公考異以此碣爲周子諒碣，實開元二十五年，宗元作天寶時〔七〕，誤。按子諒以彈牛仙客，杖流瀼州，死藍田。舊唐書紀、牛仙客傳及玄宗實録皆載之，而此碣殊疎畧〔八〕。1223

〔一〕柳宗元集三十卷集外文一卷　卧雲本作「柳宗元集四十五卷集外文二卷」，經籍考卷五十九卷數同卧雲本，唯「柳宗元集」，作「柳柳州文集」。按柳集乃劉禹錫編次，然諸本所載禹錫序，以及諸書所引禹錫序，其所云卷數，參差不一：有三十卷者，如四部叢刊影宋本禹錫序；有三十二卷者，如書録解題卷十六所引；有三十三卷者，如陸之淵爲潘緯柳文音義所撰序所引；有四十五卷者，如趙希弁讀書附志卷下所引。諸説所出悉宋本而歧異如此。新唐志卷四、崇文總目卷五著録皆三十卷，意者讀書志著録三十卷本爲最古，而三十二、三十三、四十五卷本未必爲禹錫所編舊本，其所引禹錫序或已經竄改。至於集外文一卷，宋祁嘗有識語，云：「此一卷集外文，其中多後人妄取他人之文冒柳州之名者，聊且裒類於此。」見渭南文集卷二十七跋柳柳州集所引。其非原編，殊不待辨，而諸家書目著録多作二卷，卧雲本、經籍考亦然，疑「二」乃「一」之訛。宋乾道永州刊本外集一卷，嘗爲傅增湘所藏，莫仲武以爲讀書志著録即此本。見藏園羣書題記卷十二宋本柳柳州外集跋附莫氏跋文。

〔二〕後魏濟陰公某之裔　經籍考無此八字，卧雲本同原本，然「後魏」上有「河東人」三字，經籍考亦有此三字。按河東集卷十二先侍御史府君神道表云：「六代祖諱慶，後魏侍中平齊公；五代祖諱旦，周中書侍郎濟陰公。」疑此「濟陰」當作「平齊」，或「後魏」下有脱文。

〔三〕爲文章卓偉精緻　袁本無「爲」字。原本「緻」作「徵」，據袁本、宛委本、卧雲本改。新唐書卷一六八本傳作：「爲文章卓偉精緻。」讀書志本此。

〔四〕世號柳柳州　袁本作「世號柳州」，脱「柳」字。又，卧雲本、經籍考此句下有「劉禹錫序之」五字。

〔五〕韓愈評其文曰　經籍考作「韓退之言，吾嘗評其文」。卧雲本同原本。

〔六〕崔蔡不足多也　袁本「也」作「云」。卧雲本、經籍考此句下有「安定皇甫湜於文章少所推讓，亦以退之之言爲然」二十字，原本、袁本無。按「韓愈評其文」以下云云，讀書志當本新唐書本傳，而本傳又採自劉禹錫集卷十九唐故尚書禮部員外郎柳君集紀，紀云：「子厚之喪，昌黎韓退之誌其墓，且以書來弔曰：『哀哉若人之不淑。吾嘗評其文，雄深雅健似司馬子長，崔、蔡不足多也。』安定皇甫湜於文章少所推讓，亦以退之之言爲然。」

〔七〕實開元二十五年宗元作天寶時誤　宛委本，無「實」字，袁本「年」下有「也」字，「宗元」作「柳」。喬録王校本王懋竑校語云：「『元』字上當有『貞』字，『開』字疑誤。」按周子諒杖流瀼州事在開元二十五年四月，見資治通鑑卷二一四唐紀三十，正公武所本，「開元」不誤。

〔八〕此碣殊疎畧　袁本、卧雲本、宛委本、季録顧校本自「子諒以彈牛仙客」至此文與原本異，作：「此碣殊疎畧，舊唐書紀、牛仙客傳、玄宗實録皆載子諒彈牛仙客杖流瀼州，死藍田。」又，經籍考無「集中有御史周君碣」迄此凡七十三字。

劉禹錫集三十卷〔一〕外集十卷　袁本前志卷四上別集類上第七十一

右唐劉禹錫夢得也〔二〕。中山人。貞元九年進士，登博學宏詞科。貶朗州司馬。元和十年召還，欲任以南省郎〔三〕，作玄都觀看花詩，譏忿當路，出爲播州刺史。裴度以母老爲請〔四〕，得易連州。入爲主客郎中，復作遊玄都詩，以詆權近。俄分司東都，遷賓客。會昌時，加檢校禮部尚書，卒。禹錫少工文章，恃才而廢，老年寡所合，乃以文章自適。素善詩，晚節尤精。白居易推爲「詩豪」，嘗言：「其詩在處應有神物護持」。禹錫早與柳宗元爲文章之友，稱「劉柳」；晚與白居易爲詩友〔五〕，號「劉白」；雖詩文似少不及，然能抗衡二人間，信天下之奇才也。1224

〔一〕劉禹錫集三十卷　袁本題作劉禹錫夢得集，經籍考卷五十九題作劉賓客文集。按禹錫集本四十卷，至宋逸其十卷，宋敏求裒輯遺文，編爲外集。讀書志著録即宋時所存正集與敏求所編外集。正集標題，書録解題卷十六作劉賓客集，宋志卷七同原本。鐵琴銅劍樓藏書目録卷十九著録宋刊殘本，原藏士禮居，題作劉夢得文集，而四部叢刊影印宋刊本則作劉夢得集。

〔二〕劉禹錫夢得也　顧校本作「劉禹錫字夢得」。

〔三〕欲任以南省郎　袁本無「以」字。

〔四〕裴度以母老爲請　袁本「度」訛作「杜」。

〔五〕晚與白居易爲詩友　袁本無「白」字。又，袁本、顧校本、舊鈔本「詩友」作「詩交」。

孟郊詩集十卷〔一〕　袁本前志卷四上別集類上第七十二

右唐孟郊東野也。湖州人。貞元十二年進士，調溧陽尉，辟爲興元參謀，卒。郊少隱嵩山，性介寡合。韓愈一見爲忘形交。爲詩有理致，然思苦澁。李觀論其詩〔二〕曰：「高處在古無上，平處下顧二謝」云。張籍謚爲貞曜先生〔三〕。集宋次道重編〔四〕。先時，世傳汴吳鏤本，五卷一百二十四篇。周安惠本，十卷三百三十一篇。別本五卷三百四十篇。蜀人蹇濬用退之贈郊句〔五〕，纂成咸池集二卷〔六〕，一百八十篇。

自餘不爲編秩，雜録之，家家自異。次道總拾遺逸，摘去重複〔七〕，若體製不類者，得五百十一篇，而十聯句不與焉〔八〕，一贊二書附於後。郊集於是始有完書。1225

〔一〕孟郊詩集　袁本題作孟東野詩集，其他諸本及經籍考卷六十九同。按讀書志之後諸目著録多宋敏求本。書録解題卷十六別集類作孟東野集十卷，卷十九詩集類又收詩集，作孟東野集一卷，宋志卷七作孟東野詩集十卷。黄丕烈嘗收藏北宋小字本、北宋蜀刻本殘卷、明初鈔本（見百宋一廛賦注），皆題作孟東野詩集，宋景定壬戌，天台國材成德覆刊敏求本題亦同袁本。疑標題當從袁本。

〔二〕韓愈一見爲忘形交爲詩有理致然思苦澁李觀論其詩　袁本脱「愈」至「觀」凡一十八字，沈録何校本改「李觀」作「李翺」。按「高處古無上」云云，公武語本新唐書卷一七六本傳，今語見李翺薦所知於徐州張僕射書引李觀薦郊於梁肅補闕書，乃觀語，何焯蓋誤以翺書語。翺書見唐文粹卷八十六。

〔三〕貞曜先生　原本「曜」作「耀」，據袁本、宛委本、瞿鈔本、季録顧校本、舊鈔本改。

〔四〕集宋次道重編　顧校本「集」上有「其」字。

〔五〕蜀人蹇濬用退之贈郊句　原本「蹇」訛作「騫」，據袁本、四部叢刊本孟東野詩集宋敏求序改。經籍考殿本「用」訛作「周」，元刊本不誤。

〔六〕纂成咸池集二卷　袁本、卧雲本、經籍考皆無「成」字，按四部叢刊本敏求序亦無。

〔七〕總拾遺逸摘去重複　按敏求序「拾」作「括」，「摘」作「擿」。

〔八〕而十聯句不與焉　原本「而」訛作「四」，據袁本、臥雲本改。

呂温集十卷〔一〕　袁本前志卷四上別集類上第七十三

右唐呂温和叔也，一字化光。河中人。貞元十四年進士。以善韋執誼、王叔文起家，再命左拾遺。同張薦使吐蕃，元和初使還。累進知御史雜事，再貶道州刺史〔二〕，徙衡州。温從梁肅，爲文章，規摹左氏，藻贍精富，流輩推尚。劉禹錫爲編次其文，序之云：「古之爲書，先立言而後體物。賈生之書首過秦〔三〕，而荀卿亦後其賦，故斷自人文化成論至諸葛武侯廟記爲上篇。」今集先賦詩，後雜文，非禹錫本也。1226

〔一〕呂温集　經籍考卷五十九題作呂衡州集，蓋據書録解題卷十六著録。

〔二〕再貶道州刺史　温先貶均州，故此云「再貶」。事見舊唐書卷一三七本傳。

〔三〕首過秦　袁本「首」訛作「道」。按劉禹錫集卷十九唐故衡州刺史呂君集紀同原本。

李翺集十八卷〔一〕　袁本前志卷四上別集類上第七十四

右唐李翺習之也〔二〕。涼武昭王之後。貞元十四年進士。調校書郎，知制誥〔三〕。會昌初，終山南東道節度使。翺性峭鯁〔四〕，論議無所屈，仕不得顯官，怫鬱無所發。從韓愈爲文，詞致渾厚，見推當時。集皆雜文，無歌詩，前有蘇舜欽序，云：「唐之文章稱韓柳，翺文雖辭不逮韓，而理過於柳。」1227

〔一〕李翺集十八卷　經籍考卷六十作李文公集十八卷。按翺集新唐志卷四作李翺集十卷，崇文總目卷五作李翺文集一卷，書録解題卷十六作李文公集十卷，宋志卷七作李翺集十二卷。經籍考標題取書録解題，卷數又取讀書志。後世諸家書目多作十八卷，宋刊者見五十萬卷樓羣書跋文集部一、郘園讀書志卷七、羅振常善本書所見録，題作李文公集，然俱佚蘇舜欽序，疑非公武所見之本。書録解題云：「蜀本分二十卷，集中無詩。」讀書志著録多蜀本，公武亦云「集皆雜文，無歌詩」，意者即此讀書志二十卷本所收而佚去二卷者。

〔二〕李翺習之也　袁本脱「也」字。

〔三〕知制誥　袁本「誥」誤作「詔」。

〔四〕翺性峭鯁　袁本無「性」字。

張籍詩集五卷　袁本前志卷四上别集類上第七十五

右唐張籍文昌也。和州人〔一〕。貞元十五年登進士第。終國子司業。籍性狷急，爲詩長於樂府〔二〕，多警句〔三〕。元和中，與白樂天、孟東野相酬唱〔四〕，天下宗之，謂之「元和體」云。其集五卷，張洎爲之編次〔五〕。1228

〔一〕和州人　按籍里貫當爲吳郡，見昌黎集卷十三張中丞傳後序。書録解題卷十九云：「湯中季庸以諸本校定，且考訂其爲吳郡人。」庶幾得之。新唐書卷一七六謂籍和州烏江人，讀書志乃沿其訛。詳見四庫提要辨證卷二十。

〔二〕爲詩　袁本「爲詩」二字作「惟」。按此條解題本新唐書本傳，本傳同原本。

〔三〕多警句　袁本此下有「次有序」三字。喬録王校本王懋竑校語云：「『次有序』三字當在『張洎編』下。」

〔四〕相酬唱　袁本作「歌辭」，臥雲本、宛委本、瞿鈔本、季録顧校本、舊鈔本、經籍考卷六十九同袁本，「辭」作「詞」。

〔五〕其集五卷張洎爲之編次　袁本、臥雲本、宛委本、瞿鈔本、季録顧校本、舊鈔本俱作「集張洎編」，無此十字。按依王懋竑校語，袁本等此句當作「集張洎編次，有序」。又，經籍考與二本皆異，作「一本纔三卷」。按書録解題卷十九著録籍集凡三條，其中之一爲「張籍集三卷」，經籍考當指此。

郡齋讀書志卷第十八

別集類中

白居易長慶集七十一卷〔一〕袁本前志卷四中別集類中第一

右唐白居易樂天也〔二〕。太原人〔三〕。居易自序生於鄭州滎陽〔四〕。貞元十七年進士〔五〕，中拔萃科。元和初，制策一等〔六〕，調盩厔尉，入翰林爲學士。大和初〔七〕，遷刑部侍郎。會昌初，以刑部尚書致仕。居易於文章最爲精切〔八〕，然尤工詩〔九〕，當時士人爭傳〔一〇〕，雞林賈國相，率篇易一金〔一一〕。在杭州時〔一二〕，自類詩稿，分諷諭閒適、感傷、雜律四類。前集五十卷，有元稹序。後集二十卷，自爲序、紀。又有續後集五卷，今亡三卷矣。予按樂天嘗與劉禹錫遊〔一三〕，人謂之「劉、白」，而不陷八司馬黨中〔一四〕，及與元稹遊〔一五〕，人謂之「元、白」，而不陷北司黨中〔一六〕；又與楊虞卿爲姻家，而不陷牛、李黨中：其風流高尚，進退以義，可想見矣〔一七〕。嗚呼！叔世有如斯人之髣髴者乎〔一八〕？獨集中載聞李崖州貶二絶句〔一九〕，其言淺俗，似幸其禍敗者，余固疑非樂天之語，及考之編年〔二〇〕，崖州貶時，樂天没將踰年，或曰浮屠某所作也〔二一〕。 1229

〔一〕白居易長慶集七十一卷　經籍考卷六十一「白居易」作「白樂天」。顧校本「七十一卷」作「七十二卷」。按白集乃居易手編，爲七十五卷，見白氏長慶集卷七十一白氏集後記。新唐志著録即作此數。然迨宋時，崇文總目卷五著録只前集五十卷、後集二十卷。書録解題卷十六、宋志卷七所收七十一卷本，未明編次。四部叢刊影印那波道圓活字覆宋本，卷七十一收律詩一百首，不入總目；而文學古籍刊行社影印宋本則前三十七卷爲詩，後三十四卷爲文。是宋時同爲七十一卷者，其編次、分卷亦異。讀書志下文云：「前集五十卷，有元稹序；後集二十卷，自爲序、紀。」又有續後集五卷，今亡三卷矣。」據此，總卷數當作「七十二卷」。又，書録解題云：「今本七十一卷，蘇本、蜀本編次亦不同，蜀本又有外集一卷。」然則，公武所見殆蜀本邪？

〔二〕白居易樂天也　袁本、經籍考無「也」字，顧校本「居易」下有「字」字。

〔三〕太原人　宛委本、瞿鈔本、季録顧校本「太」上有「唐史云」三字，舊鈔本「史」訛作「詩」。

〔四〕居易自序生於鄭州滎陽　袁本無此十字。卧雲本、宛委本、瞿鈔本、經籍考「自序」上有「詩中」二字，顧校本「自序」下有「云」字。

〔五〕貞元十七年進士　按白居易第進士在貞元十六年，詳唐登科記考卷十四，此「十七」當「十六」之誤。

〔六〕制策一等　袁本「一」作「乙」，當從之。舊唐書卷一六六本傳謂居易應元和元年四月才識兼茂明於體用科，策入第四等。

〔七〕大和初　袁本、宛委本「大」作「太」，袁本「初」作「中」。按居易於大和二年，詔受刑部侍郎。

〔八〕居易於文章最爲精切　袁本作「居易以文章精切」，卧雲本、宛委本、經籍考同袁本，然「以」字作「於」。向録顧校本改「以」爲「於」，喬録王校本王懋竑校語則以爲當作「爲」。按讀書志語本新唐書卷一一九本傳，本傳曰：「居易於文章精切。」

〔九〕然尤工詩　袁本「尤」作「最」。卧雲本、宛委本、舊鈔本、經籍考同袁本。顧校本「工」字下有「於」字。又，袁本、卧雲本、宛委本、瞿鈔本、季録顧校本、舊鈔本、經籍考此下有「初，頗以規諷得失，及其多，更下偶俗好」十五字。按袁本等所羡者語見新唐書本傳，疑原本脱去。

〔一〇〕當時士人爭傳　顧校本「傳」下有「之」字。

〔一一〕率篇易一金　卧雲本、宛委本、瞿鈔本、季録顧校本、經籍考此下有「與元微之酬唱，故號『元、白』；與劉禹錫齊名，號『劉、白』」十九字。舊鈔本脱「與元微之」四字。按讀書志於「元、白」、「劉、白」，下文自有説明，此十九字蓋後人據新唐書本傳所增。

〔一二〕在杭州時　袁本、卧雲本、宛委本、經籍考無「時」字。

〔一三〕予按樂天嘗與劉禹錫遊　袁本、卧雲本、宛委本、瞿鈔本、季録顧校本、舊鈔本作「予嘗謂樂天進退以義，風流高矣。與劉禹錫游」。又，原本脱「劉」字，據袁本、卧雲本補。

〔一四〕而不陷八司馬黨中　原本脱「八」字，據袁本、卧雲本補。宛委本、瞿鈔本、季録顧校本、經籍考訛作「八」爲「入」。

〔一五〕及與元稹遊　袁本、卧雲本、宛委本、季録顧校本、舊鈔本、經籍考皆無「及」字。

〔一六〕不陷北司黨中　袁本「陷」作「蹈」，誤。舊鈔本「司」下衍「馬」字。

〔一七〕其風流高尚進退以義可想見矣　袁本、卧雲本、宛委本、瞿鈔本、季録顧校本、經籍考皆無此十三字。

〔一八〕如斯人之髣髴者乎　袁本無「之」字。

〔一九〕獨集中載聞李崖州貶二絶句　袁本、卧雲本、宛委本、經籍考「中」作「後」，經籍考殿本「二」作「三」，元刊本同原本。按今本三首，題李德裕相公貶崖州。欒城後集卷二十一、苕溪漁隱叢話後集卷十三、塵史卷中等俱已辨其僞。

〔二〇〕及考之編年　袁本作「及以唐史攷之」，卧雲本、宛委本、舊鈔本、經籍考作「及以編年書攷之」。

〔二一〕浮屠某所作也　袁本、宛委本、舊鈔本、經籍考無「所」字。

戴叔倫述稿十卷〔一〕 外詩一卷書狀一卷　袁本前志卷四中別集類中第二

右唐戴叔倫幼公也。潤州人。爲人温雅，善舉止。中進士第〔二〕，累遷容管經略使，政治稱最。德宗賜中和詩，世以爲榮。代還，請爲道士〔三〕。未幾，卒。集有馬總序。或題曰會録〔四〕。唐史但云「師事蕭穎士」，初不稱其能詩〔五〕，以時人少其詩骨氣綿弱故也〔六〕。 1230

〔一〕戴叔倫述稿　袁本、經籍考卷六十「稿」作「藁」。

〔二〕中進士第　袁本作「貞元十六年進士」。按權載之文集卷二十四唐故容州刺史戴公墓志銘云，「貞元五年，叔倫以疾受代，回車甌駱，六月甲申，次於清遠峽而薨，春秋五十八。」是則至貞元十六年，叔倫卒已一紀。貞元前紀年至十六年者爲開元，而叔倫尚未生也。袁本誤。唐才子傳卷五更云叔倫爲十六年陳權榜進士，唐登科記考卷十四據唐才子傳繫其登第之年。又，岑仲勉云：「誌又云『公早以詞藝振嘉聞』，其詞甚泛，且疑叔倫非從進士科出身矣。」詳唐史餘瀋卷二。

〔三〕請爲道士　按此事不見權德輿撰墓志及兩唐書本傳，讀書志蓋本唐摭言卷八入道條。

〔四〕或題曰會録　袁本作「或題會録云」。

〔五〕初不稱其能詩　袁本脱「不」字。

〔六〕以時人少其詩骨氣綿弱故也　袁本無「以」字。

權德輿集五十卷〔一〕　袁本前志卷四中別集類中第三

右唐權德輿載之也。秦州人。未冠，以文章稱諸儒間。貞元十年，知制誥〔二〕，累官中書舍人。元和五年，以禮部尚書、平章事。德輿三歲知變四聲，四歲能賦詩，積思經術，無不貫綜。自始學至老，未曾一日去書。其文雅正贍縟，當時公卿功德卓異者，皆所銘記〔三〕。雖動止無外飾，其醞藉風流，自然可慕。貞元、元和間，爲縉紳羽儀。其兩漢辨亡論、世祖封不義侯議，世多稱之云。嘗自纂制誥集五十卷〔四〕，楊憑爲序，今亡逸。文集孫憲孫編次，楊嗣復爲序。1231

〔一〕權德輿集五十卷　袁本脱「十」字。又，經籍考卷五十九題作權丞相集，當本書録解題卷十六。

〔二〕貞元十年知制誥　袁本、宛委本「十年」作「十五年」。按舊唐書卷一四八本傳云：「(貞元)十年遷起居舍人，歲中，兼知制誥。」唐才子傳卷五云：「貞元十五年，知制誥，進中書舍人。」

〔三〕皆所銘記　袁本「記」作「紀」。

〔四〕嘗自纂制誥集五十卷　袁本無「誥」字。按楊嗣復序云「公昔自纂録，爲制集五十卷。」新唐志卷四有德輿童蒙集十卷、集五十卷、制集五十卷，袁本題與楊氏序、新唐志相合。

符載集十四卷〔一〕　袁本前志卷四中別集類中第四

右唐符載字厚之，岐襄人〔二〕。幼有宏遠之志〔三〕，隱居廬山，聚書萬卷，不爲章句學。貞元中，李巽江西觀察〔四〕，薦其材，授奉禮郎，爲南昌軍副使，繼辟西川韋皋掌書記、澤潞郄士美參謀，歷協律郎，監察御史。元和中卒。段文昌爲墓誌，附於後。集皆雜文，末篇有數詩而已。集前有崔羣、王湘送符處士歸覲序〔五〕，皆云載蜀人，以比司馬、王、揚云。 1232

〔一〕符載集十四卷　元刊本經籍考卷六十「符」作「苻」。岑仲勉讀全唐詩札記云：「按載之姓从艹作苻，見載所爲亡妻李氏誌(關中金石文字存逸考卷二)，普通文字苻、符通用，在姓恐不然也。」

〔二〕岐襄人　按載里貫有二說，一云鳳翔人(見亡妻李氏誌)，一云蜀人(詳解題)。鳳翔即岐州，「襄」，未知何說。

〔三〕幼有宏遠之志　袁本、卧雲本、宛委本、舊鈔本、經籍考「遠」皆作「達」。

〔四〕李巽江西觀察　袁録何校本改「觀察江西」。按唐詩紀事卷五十一引「或曰」云云，語多同原本，疑與公武所本同出，其作「李巽爲江西觀察」，此殆脱「爲」字。

〔五〕集前有崔羣王湘送符處士歸覲序　原本「羣」訛作「郡」，據袁本、宛委本、卧雲本改。經籍考亦誤。按，崔羣送廬嶽處士符載歸蜀覲省序，見唐文粹卷九十八。又，袁本脱「王湘」、「覲」三字。唐史餘瀋卷二云：「衢本『送』上有『王湘』二字，『序』上有『覲』字，是也，否則不得言『皆云』。」

張登集六卷　袁本前志卷四中别集類中第五

右唐張登〔一〕。性剛潔耿介〔二〕，始以巾褐就辟，歷衛佐，廷尉平、監察御史。貞元中，改河南士曹掾〔三〕，遷殿中侍御史，漳州刺史。居七年，坐公累受劾，吏議侵誣，感疾，卒。權德輿爲之序甚詳，以公幹、景陽比之。國史補亦稱登長於小賦，氣宏而密，間不容髮，有織成隱起結絲蹙金之狀。其舊集詩賦之外，書、啓、序、述、誌、記、銘、誄，合一百二十二篇，今存者纔六十餘首。1233

〔一〕唐張登　按「登」下疑脱「撰」字。

〔二〕耿介　袁本、卧雲本、宛委本、瞿鈔本、季録顧校本、舊鈔本、經籍考卷六十皆作「介特」。按此條解題大抵本權德輿序，序載權載之文集卷三十三，亦作「介特」，疑當從袁本等。

〔三〕河南士曹掾　袁本「掾」訛作「椽」。經籍考「河南」下有「府」字，權德輿序同原本。

戎昱集三卷　袁本前志卷四中別集類中第六

右唐戎昱撰。初，李蘷廉察桂林〔一〕，月夜聞鄰居吟詠之音清暢〔二〕，遲明訪之，乃昱也，即延爲幕賓。後因飲席調其侍兒，蘷微知其故〔三〕，即贈之，昱感作賦詩〔四〕，有「恩合死前酬」之句〔五〕。又爲衛伯玉荆南從事。後歷辰、虔二州刺史。1234

〔一〕初李蘷廉察桂林　袁本無「初」、「察」二字，疑脱。又，「蘷」袁本作「夔」，下同。盧文弨云：「蘷」乃「夔」之俗字，見羣書拾補經籍考拾補。按舊唐書卷十一代宗紀云：「大曆八年九月，「戊戌，以辰錦觀察使李昌巙爲桂州刺史、桂管防御觀察使」。卷十二德宗紀上云：「建中二年二月乙未，「以桂管觀察使李昌巙爲江陵尹、兼御史大夫、荆南節度等使」。文苑英華卷四〇九載常衮授李昌巙辰錦等州團練使制，此外，昌巙事尚見大唐傳載。據此，讀書志二本皆脱「昌」，且訛「巙」爲「夔」、「蘷」。

〔二〕聞隣居吟詠之音清暢　顧校本「之音」作「詞韻」，袁本奪「暢」字。

〔三〕蘷微知其故　卧雲本、宛委本、經籍考卷五十九「故」作「意」。

〔四〕感作賦詩　顧校本「作」作「激」。

〔五〕有恩合死前酬之句　沈録何校本何焯批語云：「此事殆小説之妄，今集中尚存再赴桂州先寄李大夫五言四韻，味其全篇，蓋不然也。」按詩見全唐詩卷二七〇。

元稹長慶集六十卷外集一卷〔一〕　袁本前志卷四中別集類中第七

右唐元稹微之也。河南人。擢明經，書判入等，授校書郎。元和初，舉制科，對策第一，拜左拾遺。在江陵，與監軍崔潭峻善，潭峻以稹歌詩奏御，穆宗賞悅，除祠部郎中〔二〕，知制誥。未幾，入翰林，爲中書舍人、承旨學士。長慶二年，拜同中書門下平章事。稹爲文長於詩，與白居易齊名，號「元和體」，往往播樂府。穆宗在東宮，妃嬪近習皆誦之〔三〕，宮中呼爲元才子〔四〕。及知制誥，變詔書體，務純厚明切，盛傳一時。有長慶集百卷，今亡其四十卷。又有外集一卷，詩五十二篇，皆宮體也〔五〕。　1235

〔一〕元稹長慶集六十卷外集一卷　袁本無「外集一卷」四字，解題中亦無「又有外集一卷，詩五十二篇，皆宮體也」十五字。按稹集百卷，乃其自彙，新唐志卷四著録百卷外，又有小集十卷。然迨及宋時，原本不存，世傳止宣和建安劉麟序刊之六十卷本。乾道四年，洪适覆刊劉本，跋云：「傳於今者，惟閩、蜀刻本，爲六十卷。三館所藏，獨有小集，其文蓋已雜之六十卷中矣。」書録解題卷十六云：「中興書目止四十八卷，有逸詩二卷。稹嘗自彙其詩爲十體，其末爲艷詩，暈眉約鬢，匹配色澤，劇婦人之怪艷者。今世所傳李娃、鶯鶯、夢遊春、古決絶句、贈雙文、示楊瓊諸詩，皆不見於六十卷中。意館中所謂逸詩者即其艷體者耶？」據洪、陳二氏語，南宋中祕尚存小集，所收有已入六十卷者，亦有出六十卷者。公武隆興二年嘗兼國史編修（見南宋館閣録卷八官聯下），乾道二年之前，供職臨安，衢本之外集，疑即适言之小集，騤言之逸詩，乃公武於館閣所見：而「宮體」云云則正合「艷體」之語。

〔二〕除祠部郎中　袁本「除」作「即以」。

〔三〕妃嬪近習皆誦之　袁本無「皆」字，疑脱。

〔四〕呼爲元才子　袁本、宛委本無「爲」字。

〔五〕又有外集一卷詩五十二篇皆宮體也　袁本無此十五字。疑此十五字乃公武後補，參見校注〔一〕。

皇甫湜文六卷〔一〕　袁本前志卷四中別集類中第八

右唐皇甫湜持正也。睦州人。元和元年進士，仕至工部郎中。裴度辟東都判官〔二〕。度修福先寺，欲求碑文於白居易〔三〕。湜怒曰：「近舍湜而遠取居易〔四〕，請從此辭」。度謝之。湜即酣飲，援筆立就。度贈車馬繒綵甚厚〔五〕，湜怒曰：「吾自爲顧况集序〔六〕，未嘗許人，今碑字三千，一字三縑，何遇我薄邪〔七〕？」度笑曰：「不羈之才也。」從而酬之〔八〕。今集雜文三十八篇而已。况集序在焉，而碑已亡矣。1236

〔一〕皇甫湜文六卷　卧雲本題作皇甫湜集六卷，經籍考卷六十作皇甫持正集六卷。按經籍考標題乃據書録解題卷十六。

〔二〕裴度辟東都判官　按事見高彦休唐闕史。唐闕史卷上云：「晉公時保釐洛宅，人有以爲言者，由是卑辭，辟爲留守府從事。」據是，當云「東都留守判官」。

〔三〕欲求碑文於白居易　袁本無「欲」字。按此條解題，公武本新唐書卷一七六本傳，本傳無「欲」字，與袁本合。

〔四〕近舍湜而遠取居易　顧校本「近舍」作「捨近」。經籍考「取」作「徵」。

〔五〕贈車馬繒綵甚厚　顧校本「贈」下有「以」字。原本脱「甚厚」二字，據袁本、卧雲本、宛委本、瞿鈔本、季録顧校本、舊鈔本、經籍考以及新唐書本傳補。

〔六〕吾自爲顧況集序　原本「序」下有「後」字，據袁本、宛委本、經籍考以及新唐書本傳删。又，本傳「吾自」作「自吾」。

〔七〕何遇我薄邪　顧校本「我」作「吾」。按唐闕史云：「正郎省札大忿，曰：『寄謝侍中，何相待之薄也。此碑約三千餘字，每字三匹絹，更減五分錢不得！』」四庫提要辨證卷二十云：「則一字三縑，乃湜所索之價，非以此爲薄也。新書但求簡古，致失其本意。」公武照録新唐書本傳，未審察。

〔八〕從而酬之　按湜撰作福先寺碑事，姚範、蕭穆嘗先後考證，以爲純出高彦休臆造。分見援鶉堂筆記卷三十三、敬孚類稾卷六。余嘉錫覆考，則以爲姚、蕭之説不可據，詳見四庫提要辨證卷二十。

李紳追昔遊三卷〔一〕　袁本前志卷四中別集類中第九

右唐李紳公垂也。亳州人。元和元年進士，補國子助教。穆宗召爲翰林學士，累進中書舍人。武宗即位，拜中書侍郎、平章事。紳爲人短小精悍，於詩最有名，號「短李」。與李德裕、元稹同時，號「三俊」。

追昔遊者，蓋賦詩紀其平生所遊歷。謂起梁漢〔二〕，歸諫署，升翰苑〔三〕，及播越荆楚，踰嶺嶠，止高安〔四〕，移九江，過鍾陵，守滁陽，轉壽春，留洛陽，廉會稽〔五〕，分務東周，守蜀，鎮梁也。開成戊午八月自爲之序。1237

〔一〕李紳追昔遊三卷　經籍考卷六十九「遊」下有「集」字。沈録何校本何焯批語云：「公垂詩南渡時已僅存此三卷。」按追昔遊詩，新唐志卷四，崇文總目卷五，書録解題卷十九，宋志卷七皆著録三卷，書録解題、遂初堂書目別集類標題作追昔遊編，宋志則徑標李紳詩。今世傳汲古閣本、席氏刊本亦作三卷，又雜詩一卷。

〔二〕起梁漢　按以下公武約紳自序而爲之。今本不見紳序，然唐詩紀事卷三十九所録視公武爲詳，可參看。唐詩紀事「起」作「赴」。

〔三〕升翰苑　原本脱「升」字，據袁本、卧雲本、宛委本、經籍考、唐詩紀事補。

〔四〕止高安　原本「止」訛作「上」，據袁本、唐詩紀事改。

〔五〕廉會稽　唐詩紀事「廉」作「歷」。按紳在長慶時嘗爲浙東觀察使，詳唐方鎮年表卷五。

鮑溶詩五卷〔一〕　袁本前志卷四中別集類中第十

右唐鮑溶字德源〔二〕。元和四年中進士第〔三〕。集中有別韓博士愈詩，云：「不知無聲淚，中感一顧厚。」蓋退之所嘗推激也〔四〕。張爲謂溶詩氣力宏贍〔五〕，博識清度，雅正高古，衆才無不備具〔六〕。曾子固亦愛其詩清約謹嚴而違理者少。因以史館本及歐陽公所藏互校〔七〕，得二百三十三篇。今本有一百九十二篇，餘逸〔八〕。1238

〔一〕鮑溶詩五卷　袁本「五卷」作「一卷」，經籍考卷六十九同原本。按據曾鞏元豐類藁卷十一鮑溶詩集目録序云，宋時鮑溶詩集有不分卷第者，收詩百餘篇，歐陽修所藏；有五卷者，收詩二百篇，史館所藏，原題鮑防集，經宋敏求、曾鞏辨覈，斷爲溶集；有鞏取以上兩種合編爲六卷者，收詩二百三十三篇，修藏本有三十三篇爲史館本所無，別爲一卷附於後。意者，袁本著録一卷本，殆即不分卷第者，傳增湘嘗有天一閣舊藏明鈔本，疑即此本之傳本。詳藏園羣書題記卷十二。衢本著録五卷本，當即五卷本或六卷本之殘本，而後世所傳，更非鞏編原貌，收詩視公武所見又多逸失，如四庫總目卷一五一著録本爲一百七十八首，汲古閣本爲一百七十七首。

〔二〕鮑溶字德源　袁本無「字」字。

〔三〕元和四年中進士第　袁本、卧雲本、經籍考作「元和四年進士」。

〔四〕嘗推激也　袁本無「集中」至此凡二十八字。

〔五〕張爲　原本作「張薦」，據袁本改正。

〔六〕無不備具　袁本「具」下有「云」字。卧雲本「備具」作「具備」，經籍考同原本。

〔七〕歐陽公　宛委本、經籍考作「歐公」。

〔八〕餘逸　袁本無「曾子固」至此凡四十七字。經籍考同原本，然無「清約謹嚴而違理者少因」十字。

朱倣詩一卷〔一〕 袁本前志卷四中別集類中第十一

右唐朱倣字長通〔二〕，襄陽人〔三〕。隱居剡溪。嗣曹王皐鎮江西，辟節度參謀。貞元初，召爲拾遺，不就。1239

〔一〕朱倣詩一卷　按極玄集卷之下、新唐志卷四、書録解題卷十九、宋志卷七「倣」皆作「放」，唐詩紀事卷二十六朱放條注云「一作『倣』。」

〔二〕右唐朱倣字長通　袁本脱「右唐朱」三字。

〔三〕襄陽人　書録解題謂吳郡人，唐才子傳卷五謂南陽人。按讀書志此條解題採自新唐志，而新唐志又本諸極玄集「朱放」條注。極玄集、新唐志皆云襄州人；襄州即襄陽。

沈亞之集十卷〔一〕 袁本前志卷四中別集類中第十二

右唐沈亞之字下賢，長安人〔二〕。元和十年進士。涇原李彙辟掌書記，爲祕書省正字。長慶初，補櫟陽尉。四年，爲福建都團練副使〔三〕，事徐晦。後累進殿中丞、御史内供奉。大和三年〔四〕，栢耆宣慰德州〔五〕，取爲判官。耆罷，亞之貶南康尉。後終郢州掾。亞之以文詞得名，狂躁貪污〔六〕，曾輔耆爲惡〔七〕，故及於貶。嘗遊韓愈門，李賀、杜牧、李商隱俱有擬下賢詩〔八〕，亦當時名輩所稱許云〔九〕。此本之後有景文宋公題字，稱得之於端明李學士，編次無倫，蓋唐本也。予頗愛其能造語，然其本極舛誤，頗是正之。且裒其遺闕者數篇，及賀、牧、商隱三詩附於後〔10〕。1240

〔一〕沈亞之集十卷　袁本「十卷」作「八卷」。按新唐志卷四、崇文總目卷五作九卷，書録解題卷十六、宋志卷七作十二卷。今世傳本亦多作十二卷，蓋皆出元祐丙寅闕名序刊本。

〔二〕長安人　元祐丙寅闕名序、唐詩紀事卷五十一、唐才子傳卷六皆云亞之爲吳興人。按沈下賢集卷九別權武序云：「余，吳興人，生於汧隴之陽。」讀書志誤。書録解題云：「吳興者，著郡望，其實長安人。」亦誤。詳見樊川集卷二沈下賢條馮集梧注。

〔三〕福建都團練副使　袁本無「都」字。

〔四〕大和三年　原本所據底本「三年」作「初」，李富孫據袁本、瞿鈔本、經籍考卷六十改。按顧校本亦作「大和初」。

〔五〕栢耆　按舊唐書卷一五四、新唐書卷一七五本傳俱作「柏耆」，元和姓纂卷十云柏耆「濟陰人」。「栢」爲「柏」之異體。「耆」，從「老」省，「旨」聲，原本、袁本俱誤「耆」，袁本下一「耆」字不誤。今正。下同。

〔六〕狂躁貪污　袁本、卧雲本、經籍考「污」作「冒」。

〔七〕曾輔耆爲惡　袁本、卧雲本、經籍考無「曾」字。經籍考「耆」訛作「其」。

〔八〕李賀杜牧李商隱俱有擬下賢詩　袁本「下賢」作「沈下賢」。按李賀送沈亞之歌（見李長吉歌詩卷一）、杜牧沈下賢詩（見樊川詩集卷二）皆非擬作，唯商隱有擬沈下賢詩（玉谿生集卷一）。

〔九〕所稱許云　袁本無「許」字，顧校本「許」作「傳」，舊鈔本譌作「詩」。

〔一〇〕附於後　袁本無「此本之後」迄此凡六十三字。沈録何校本補「此本之後」至「蓋唐本也」凡二十八字。

姚合詩十卷〔一〕　袁本前志卷四中別集類中第十三

右唐姚合也。崇曾孫〔二〕。以詩聞。元和十一年〔三〕，李逢吉知舉進士，歷武功主簿，富平、萬年尉。寶應中〔四〕，監察、殿中御史，户部員外郎，出金、杭二州刺史，爲刑、户二部郎中，諫議大夫，給事中，陝虢觀察使。開成末，終祕書監〔五〕。世號姚武功云。1241

〔一〕姚合詩十卷　經籍考卷六十九作姚少監集十卷，標題乃本書録解題卷十九。書録解題云：「川本卷數同，編次異。」蓋題姚合集者，爲蜀本，題姚少監集者，爲浙本。

〔二〕崇曾孫　按舊唐書卷九十六崇傳云合爲崇玄孫，新唐書卷一二四云合爲崇少子弈曾孫，而新唐書卷七十四下宰相世系表四下則云合乃崇弟元素曾孫，崇之曾姪孫。羅振玉李公夫人吳興姚氏墓誌跋考合當爲元景曾孫，新表誤系元素。詳見岑仲勉唐集質疑姚合與李德裕及其系屬條。疑公武讀新唐書本傳「曾孫合、勗」一句，以爲對崇而言。書録解題、唐詩紀事卷四十九、唐才子傳卷六亦謂合爲崇曾孫。

〔三〕元和十一年　顧校本「元和」誤作「貞元」。

〔四〕寶應中　按「寶應」疑「寶曆」之誤。

〔五〕開成末終祕書監　唐集質疑云：「余按姚少監集一〇有太尉李德裕自城外拜辭後歸弊居詩，德裕守太尉在會昌四年八月，明合會昌時猶健在，讀書志亦有未盡信者。合自給事中出陝虢觀察，見舊紀一七下開成四年八月，讀書志之『開成末』，或約言之耳。」

施肩吾西山集五卷袁本前志卷四中別集類中第十四

右唐施肩吾，吳興人〔一〕。元和十五年進士〔二〕。以豫章之西山乃十二真仙羽化之所〔三〕，心慕之，因卜隱焉。且以名其所著〔四〕，自爲之序。1242

〔一〕吳興人　按新唐志卷三道家類辨疑論條注、唐才子傳卷六謂肩吾睦州人，唐詩紀事卷四十一謂洪州人。唐才子傳同原本。

〔二〕元和十五年進士　按唐摭言卷八及第後隱居條、唐詩紀事謂肩吾元和十年及第，唐登科記考卷十八以爲誤。

〔三〕以豫章之西山乃十二真仙羽化之所　袁本作「以洪州西山十二真君羽化之地」。諸本與經籍考卷六十九同原本。按袁本解題大抵與唐摭言、唐詩紀事相同，疑本唐摭言，或與二書所出同。

〔四〕心慕之因卜隱焉且以名其所著　袁本作「慕其真風，高蹈于此，輯其所著」。諸本與經籍考同原本。

李賀集四卷外集一卷〔一〕　袁本前志卷四中別集類中第十五

右唐李賀字長吉〔二〕，鄭王之孫〔三〕。七歲能辭章，韓愈、皇甫湜聞之，過其家，使賦詩，援筆輒就，自目曰高軒過，二人大驚。年二十七，終協律郎〔四〕。賀詞尚奇詭，爲詩未始先立題，所得皆警邁〔五〕，遠去筆墨畦逕，當時無能效者。樂府十數篇〔六〕，雲韶工合之絃管云。或説賀卒後〔七〕，爲不相悦者盡取其所著投圊中，以故世傳者不多。外集予得之梁子美家〔八〕。姚鉉頗選載文粹中〔九〕。1243

〔一〕李賀集四卷外集一卷　經籍考卷六十九作「李長吉集四卷」，無「外集一卷」四字。按其標題乃本書録解題卷十九。

〔二〕唐李賀字長吉　袁本、臥雲本、宛委本作「唐李賀長吉也」。

〔三〕鄭王之孫　顧校本「孫」下有「也」字。按舊唐書卷一三七本傳謂賀爲「宗室鄭王之後」，新唐書卷二〇三本傳謂「系出鄭王後」，公武改「後」爲「孫」，此「孫」當「諸王孫」、「宗孫」之義。鄭王，乃鄭孝王亮，詳朱自清李賀年譜（清華學報第十卷第四期）。

〔四〕終協律郎　按兩唐書本傳皆言賀爲協律郎，公武此條解題大致本新唐書本傳，故沿其説。朱自清謂「協律郎」當「奉禮郎」之誤，詳李賀年譜。

〔五〕警邁　袁本、臥雲本、新唐書本傳「警」作「驚」。

〔六〕樂府十數篇　按本傳作「樂府數十篇」。

〔七〕賀卒後　袁本「賀」作「既」。

〔八〕得之梁子美家　袁本無「家」字。

〔九〕姚鉉頗選載文粹中　袁本無此七字。

盧仝詩一卷〔一〕　袁本前志卷四中別集類中第十六

右唐盧仝，范陽人。隱少室山，號玉川子，徵諫議不起。唐史稱〔二〕：「韓愈爲河南令，愛其詩，厚禮之。嘗作月蝕詩，以譏元和逆黨，愈稱其工。」按其詩云元和庚寅，蓋五年也。憲宗遇弒在十五年，後十歲也。豈追託庚寅歲事爲詩乎？不然，則史誣也〔三〕。後死於甘露之禍。1244

〔一〕盧仝詩一卷　卧雲本、經籍考卷六十九「詩」作「集」，標題乃從書録解題卷十九。

〔二〕唐史稱　袁本無此三字。按以下引文出新唐書卷一七六本傳。

〔三〕則史誣也　袁本無「按其詩」至此凡四十字。沈録何校本已補。

劉义詩一卷〔一〕　袁本前志卷四中別集類中第十七

右唐劉义也。少嘗任俠殺人，後更折節讀書，善歌詩，客韓愈門，作冰柱、雪車二詩，出盧仝、李賀右〔三〕。歸齊、魯，不知所終。今集二十餘篇爾，不載二詩。1245

〔一〕劉乂詩一卷　經籍考卷六十九著録，殿本「乂」作「乂」，元刊本同。按新唐書卷一七六韓愈傳附其傳作「乂」，公武本此。然姚少監集卷四有贈劉乂，蘇東坡集卷六雪後書北臺（其二）用「劉叉」押韻，王安石亦用其韻，作讀眉山集次韻雪詩（其五），見臨川集卷十八，是其名當作「叉」。

〔三〕出盧仝李賀右　按讀書志此條解題本諸新唐書本傳，然本傳「李賀」作「孟郊」。

斷金集一卷〔一〕　袁本前志卷四中

右唐李逢吉、令狐楚自未第至貴顯所唱和詩也〔二〕。後逢吉卒，楚編次之，得六十餘篇。裴夷直名曰斷金集，爲之序。1246

〔一〕斷金集一卷　按此條原本、袁本俱於別集類、總集類複出，經籍考亦於卷七十、卷七十五複出。參見卷二十總集類斷金集條。宛委本唯載此條，不重。

〔二〕令狐楚自未第至貴顯所唱和詩也　宛委本無「自」字，「第」下有「時」字。

杜牧樊川集二十卷外集一卷　袁本前志卷四中別集類中第十九

右唐杜牧牧之也。京兆人。大和二年進士，復舉制科。會昌中，以考功郎中知制誥，終中書舍人。牧善屬文，剛直有奇節，敢論列大事〔一〕，指陳利病〔二〕，爲詩情致豪邁，人號「小杜」，以別甫云。臨終自爲墓誌〔三〕，悉焚所爲文章。其甥裴廷翰輯其稿編次，爲之後序。樊川蓋杜氏所居。外集皆詩也。1247

〔一〕敢論列大事　袁本、卧雲本、舊鈔本「列」作「引」，經籍考卷六十同原本。按此條解題本新唐書卷一六六本傳，本傳作「列」。

〔二〕指陳利病　顧校本「病」作「害」。本傳同原本。

〔三〕臨終自爲墓誌　袁本「終」作「死」。本傳同原本。

許渾丁卯集二卷　袁本前志卷四中別集類中第二十

右唐許渾字用晦，圉師之後。大和六年進士。爲當塗、太平二令，以病免，起潤州司馬。大中三年，爲監察御史，歷虞部員外，睦、郢二州刺史。嘗分司於朱方丁卯間，自編所著，因以爲名〔一〕。賀鑄本跋云：按渾自序，集三卷，五百篇。世傳本兩卷，三百餘篇。求訪二十年，得沈氏、曾氏本，并取擬玄、天竺集校正之〔二〕，共得四百五十四篇〔三〕。予近得渾集完本，五百篇皆在〔四〕，然止兩卷。唐藝文志亦言渾集兩卷，鑄稱三卷者，誤也〔五〕。1248

〔一〕嘗分司於朱方丁卯間自編所著因以爲名　袁本「間」作「澗」，無「爲」字。按許渾分司朱方，買田築室，後抱病退居丁卯澗橋村舍，暇日綴録所作，因以名集。原本「間」、袁本「澗」，當「澗」之誤。諸衢本、經籍考卷七十亦誤作

「間」，姑仍之。

〔二〕并取擬玄天竺集校正之　原本「玄」作「元」，據袁本、卧雲本改。按擬玄集十卷，通志藝文略卷八詩總集類云梁陳康圖集，崇文總目卷五總集類下題作擬玄類集，亦十卷。

〔三〕共得四百五十四篇　原本作「共得五百四十四篇」，據袁本改。按剜改本已改。然顧校本同原本。鑄本及序，今不得見，未知孰是。

〔四〕五百篇皆在　四庫總目卷一五一云：「惟晁氏稱近得渾集完本五百篇，止二卷。是本篇數雖合，而卷帙不同，蓋總非宋人刊本之舊矣。毛晉汲古閣刊本亦二卷，詩僅三百餘篇，疑即晁氏所見之本。讀書志或誤『三』爲『五』，亦未可知。」楹書隅録卷四著録元刊本增廣音註唐許郢州丁卯詩集二卷續集一卷，云：「此本詩集卷數、篇數，視毛刻略同，則讀書志之誤『三』爲『五』愈信。」

〔五〕誤也　顧校本「誤」作「非」。

李涉歌詩一卷　袁本前志卷四中别集類中第七十二

右唐李涉也〔一〕。早從陳許辟，一再謫官夷陵。大和中，爲太學博士，自號清溪子。渤三詩附。 1249

〔一〕唐李涉也　卧雲本、宛委本、季録顧校本、經籍考卷六十九作「唐李涉，渤之弟也」。按涉乃渤之仲兄，見新唐書卷一一八李渤傳。

雍陶詩五卷　袁本前志卷四中別集類中第二十一

右唐雍陶字國鈞〔一〕。大和八年進士。大中六年，自國子毛詩博士出刺簡州〔二〕。唐志集十卷，今亡其半。1250

〔一〕唐雍陶字國鈞　袁本、卧雲本、宛委本、經籍考卷六十九皆無「字」字。

〔二〕大中六年自國子毛詩博士出刺簡州　按新唐志卷四雍陶詩集條小注云：「大中八年，自國子毛詩博士出爲簡州刺史。」讀書志本此，疑「六年」當作「八年」。唐詩紀事卷五十六亦作「八年」。唐才子傳卷七則云：「大中六年，授國子毛詩博士，大中末，出刺簡州。」

李商隱樊南甲集二十卷乙集二十卷又文集八卷　袁本前志卷四中別集類中第二十二

右唐李商隱義山也〔一〕。隴西人〔二〕。開成二年進士。令狐楚奏爲集賢校理，楚出汴、滑、興元，皆表幕府，嘗補太學博士〔三〕。初，爲文瑰邁奇古，及從楚學，儷偶長短，而繁縟過之。旨意能感人〔四〕，人謂其横絶前後無儔者。今樊南甲、乙集皆四六，自爲序〔五〕，即所謂繁縟者。又有古賦及文共三卷，辭旨恢詭〔六〕，宋景文序傳中稱「譎怪則李商隱」〔七〕，蓋以此。詩五卷，清新纖豔，故舊史稱其與溫庭筠、段成式齊名，時號「三十六體」云。〔八〕1251

〔一〕唐李商隱義山也　顧校本「隱」下有「字」字。

〔二〕隴西人　商隱里貫乃懷州河內，見兩唐書本傳。魯巖所學集卷六跋晁公武郡齋讀書志云：「按史通邑里篇原注：『近代爲王氏傳者云瑯琊人，爲李氏傳者曰隴西成紀人，非惟王、李二族久離本居，亦自當時無此郡縣。』茲於李商隱不曰懷州河內人而猶標其郡望，稱隴西人，則史通所訶也。」

〔三〕嘗補太學博士　袁本「嘗」作「常」，「太」訛作「大」。

〔四〕旨意能感人　袁本無「意」字，蓋脫。

〔五〕自爲序　袁本脫「自」字。

〔六〕辭旨恢詭　袁本「恢」作「恠」。卧雲本、經籍考卷六十「詭」作「譎」。

〔七〕序傳中稱譎恠則李商隱　袁本稱作「云」。卧雲本、經籍考「譎」作「詭」。又，經籍考無「李」字。

〔八〕時號三十六體云　舊唐書卷一九〇下本傳云：「與太原温庭筠、南郡段成式齊名，時號三『十六』。」新唐書卷二〇三本傳妄改爲「三十六體」，遂泯舊傳李、温、段三人皆行十六之意。（詳見玉谿生年譜會箋平質丁）讀書志未察新傳之誤而襲之。

李德裕會昌一品集二十卷姑臧集五卷平泉詩一卷窮愁志三卷別集八卷

又賦一卷〔一〕　袁本前志卷四中別集類中第二十三

右唐李德裕文饒也〔二〕。趙郡人。宰相吉甫之子。少力於學，既冠，卓犖有大節。不喜與諸生試有司，憲宗時，以廕補校書郎。穆宗初，擢翰林學士，號令大典皆出其手〔三〕。進中書舍人，召兵部尚書、中書門下平章事。會昌初，復秉政。平澤潞，策功拜太尉，封衛公。大中貶崖州司户參軍，三年，卒。德裕性孤峭，明辨有風采，善爲文章。雖在大位，手不去書。謀議援古，袞袞可喜，爲武宗所知〔四〕。常以經綸天下爲己任，時王室幾中興焉。一品集，鄭亞爲之序，皆會昌制誥、表狀、外内册贊、碑序文也。賦詩四首。窮愁志乃在崖州時所撰〔五〕。姑臧集題段全緯纂〔六〕，上四卷亦制誥，第五乃戛黠斯朝貢傳與八詩〔七〕。別集乃哀合古賦，平泉詩、集外雜著。又有古賦一卷，載金松等四賦。1252

〔一〕李德裕會昌一品集二十卷姑臧集五卷平泉詩一卷窮愁志三卷別集八卷又賦一卷　袁本「又」作「別友」，誤。經籍考卷六十作「會昌一品集二十卷別集八卷外集四卷」。按書録解題卷十六云：「外集則窮愁志也。……窮愁志，晚年遷謫後所作，凡四十九篇。」故經籍考删窮愁志而代之外集。又，讀書志解題云：「別集乃哀合古賦、平泉詩、集外雜著。」是平泉詩、古賦已在別集内，經籍考亦予删去。唯姑臧集未録，不知其故。書録解題著録會昌一品集二十卷別集十卷外集四卷，又有李衛公備全集五十卷年譜一卷摭遺一卷，又有平泉雜文一卷。其耿秉直所輯之李衛公備全集即含姑臧集。

〔二〕唐李德裕文饒也　顧校本作「唐李德裕字文饒」。

〔三〕皆出其手　袁本「其」作「于」。

〔四〕爲武宗所知　袁本無「所」字，顧校本下有「遇」字。

〔五〕在崖州時所撰　袁本、宛委本、舊鈔本、經籍考作「崖州所撰」。

〔六〕段全緯　崇文總目卷五、書録解題作「段令緯」。新唐志卷四著録有段全緯集二十卷。又，宋志卷七會昌一品集之後著録段全緯集五卷，疑乃讀書志所稱段全緯纂之德裕姑臧集。

〔七〕戛黠斯朝貢傳　按「戛黠斯」當作「黠戛斯」，讀書志諸本與經籍考俱誤倒，姑仍之。

陳黯文集三卷　袁本後志卷二別集類第四

右唐陳黯撰。黯，字希孺，潁川人〔一〕。十歲能詩，十三袖文謁清源牧，牧面令賦詩，頗稱賞之，由是一時聲名大振。會昌初，就鄉薦，至禮部，輒罷歸。咸通中卒。有羅隱、黄滔序。1253

〔一〕潁川人　袁本、卧雲本、宛委本「潁」訛作「頴」。沈録何校本何焯校語曰：「閩人。」按新唐志卷四陳黯集條注云：「泉州南安人，昭宗時。」何校當本此。

劉得仁詩集一卷〔一〕　袁本前志卷四中別集類中第二十四

右唐劉得仁，公主之子。長慶中以詩名，五言清瑩，獨步文場。自開成後，昆弟皆居顯仕，獨自苦於詩，舉進士二十年〔二〕，竟無所成。嘗有寄所知詩，云：「外族帝王是〔三〕，中朝親故稀。翻令浮議者，不許九霄飛。」及卒，詩僧棲白以絶句弔之，曰：「忍苦爲詩身到此，冰魂雪魄已難招。直教桂子落墳上，生得一枝寃始銷。」1254

〔一〕劉得仁詩集一卷　袁本作劉得仁詩集一秩一卷。又，原本所據底本「得」作「德」，李富孫據袁本、新唐志卷四、宋志卷七，書録解題卷十九改。按卧雲本、顧校本、瞿鈔本、經籍考卷七〇亦作「德」，下同。岑仲勉謂當作「得」，見讀全唐詩札記。

〔二〕舉進士二十年　按唐摭言卷十、唐詩紀事卷五十三俱謂出入舉場三十年而無所成。

〔三〕外族帝王是　袁本「是」訛作「足」，卧雲本、經籍考作「恩」，瞿鈔本、季録顧校本同原本。

劉綺莊歌詩四卷〔一〕　袁本前志卷四中別集類中第二十五

右唐劉綺莊，未詳其人〔二〕。唐四庫書目有綺莊集十卷，今所餘止四卷〔三〕，詩三十二，啓狀四十四而已，惜其散落大半〔四〕。其本乃南唐故物，紙墨甚精，後題曰「昇平四年重題」〔五〕，印其文曰「建鄴文房」〔六〕，本內「密」字皆闕其畫，而「超」字不闕，蓋吳時所繕寫也。其詩如置酒、揚州送人，皆不凡，而樂府格調尤高。然史逸其行事，詩中亦不可考〔七〕。獨啓事內有白、韋、崔三相公狀〔八〕，白乃敏中，崔乃元式，韋乃琮也。三人同相於宣宗初載，其末云「限守藩服」，則知綺莊時已任刺史矣〔九〕。1255

〔一〕劉綺莊歌詩四卷　經籍考卷六十誤置此條解題於陳黯文集題下，而脫劉綺莊歌詩四卷之題及陳黯文集解題。

〔二〕唐劉綺莊未詳其人　袁本、卧雲本、宛委本、瞿鈔本、季録顧校本、舊鈔本、經籍考皆無此八字。
〔三〕今所餘止四卷　顧校本作「今集四卷止」。
〔四〕散落大半　袁本、卧雲本「大」作「太」。
〔五〕昇平四年重題　按「昇平」當「昇元」之誤，昇元乃南唐李昪年號，南唐無「昇平」紀年。
〔六〕印其文曰　袁本作「印其文云云」，宛委本、舊鈔本「曰」作「云」。
〔七〕詩中亦不可考　經籍考「亦」作「有」字。
〔八〕内有白韋崔三相公狀　卧雲本「白、韋、崔」作「白、崔、韋」。按循下文白、崔、韋之序，疑當從卧雲本。
〔九〕時巳任刺史矣　袁本無「曰建鄴文房」至此凡一百零六字，疑奪脱。沈録何校本補「曰建鄴文房」至「吳時所繕寫也」一段以及「其樂府格調尤高，然史逸其行事」十三字。

薛逢歌詩二卷　袁本前志卷四中別集類中第二十六

右唐薛逢陶臣也〔一〕。河東人。會昌元年進士。終祕書監〔二〕。逢持論骾切，以謀畧高自標顯〔三〕。與楊收、王鐸同年登第，而逢文藝最優。收作相，逢有詩云：「誰知金印朝天客，同是沙堤避路人。」鐸作相，逢又有詩云：「昨日鴻毛萬鈞重，今朝山岳一毫輕。」二人皆怒，故不見齒。1256

〔一〕右唐薛逢陶臣也　袁本「右」下衍「故」字。經籍考卷七十無「也」字。

〔二〕終祕書監　顧校本無「終」字，疑脱。

〔三〕標題　袁本「標」訛作「摽」。

鄭畋集五卷　袁本前志卷四中别集類中第二十七

右唐鄭畋台文也。滎陽人。會昌二年進士〔一〕，書判入等，授校書郎，調渭南尉，知制誥，中書舍人。乾符四年，以本官同中書門下平章事。二年〔二〕，召復秉政。至成都，以疾不拜〔三〕，終太子少保。稿草皆乾符掌判敕語云〔四〕。1257

〔一〕會昌二年進士　殿本經籍考卷六十「二年」作「元年」，元刊本同原本。按鄭畋爲會昌二年進士，詳唐登科記考卷二十二。

〔二〕二年　按當指中和二年。

〔三〕以疾不拜　袁本「疾」作「病」。

〔四〕稿草皆乾符掌判敕語云　按新唐志卷四著録畋玉堂集五卷、鳳池稾草三十卷、續鳳池稾草三十卷，其玉堂集殆即讀書志著録之鄭畋集，是稾草不在五卷之内。又，「掌」，袁本、卧雲本、宛委本、顧校本、經籍考皆作「堂」，疑是。又，卧雲本、經籍考此句下尚有「又名勑語唐判集，凡一卷」十字，乃採自書録解題卷十六：「勑語堂判集一卷」。「唐」當「堂」之訛。

趙嘏渭南詩三卷〔一〕 袁本前志卷四中別集類中第二十八

右唐趙嘏承祐也〔二〕。會昌四年進士。終渭南尉。杜紫微讀其早秋詩云「殘星幾點雁橫塞，長笛一聲人倚樓」，因謂之「趙倚樓」云。 1258

〔一〕 趙嘏渭南詩三卷　原本「嘏」作「嘏」，據袁本、臥雲本改。下同。

〔二〕 趙嘏承祐也　原本「祐」作「祜」，據袁本、臥雲本、經籍考卷七十改。按新唐志卷四、書録解題卷十九、唐詩紀事卷五十六、唐才子傳卷七皆作「祐」。

孟遲詩一卷〔一〕 袁本前志卷四中別集類中第二十九

右唐孟遲字叔之〔二〕，平昌人。會昌五年，陳商下及第。 1259

〔一〕 孟遲詩一卷　臥雲本、宛委本、陳師曾刊本、經籍考卷七十「遲」訛作「逵」。下同。

〔二〕 字叔之　按新唐志卷四、唐詩紀事卷五十四、唐才子傳卷七「叔」皆作「遟」。沈録何校本何焯云：「叔之或作升之。」「叔」、「升」草書形近，往往互訛，未知孰是。

薛能集十卷〔一〕　袁本前志卷四中別集類中第三十

右唐薛能字大拙，汾州人。會昌六年登進士第。大中末，書判中選，補盩厔尉〔二〕，辟太原、陝虢、河陽從事。李福鎮滑，表署觀察判官〔三〕，歷御史、都官、刑部員外郎。福從西蜀，奏以自副。咸通中，攝嘉州刺史。造朝，遷主客、度支、刑部郎中〔四〕。俄刺同州。京兆尹温璋貶，命權知尹事。出帥咸化〔五〕，入授工部尚書。復節度徐州，徙忠武。廣明元年，徐軍戍溵水，經許，能以軍懷舊惠，館之城中。時軍以供備踈闕，大譟。能登子城樓，慰勞之久〔六〕，乃定；忠武亦遣大將周岌詣溵水，聞之，夜還，襲擊徐卒，盡殺之；且怨能之厚徐卒也，遂逐之。能將奔襄陽，亂兵追殺之，并屠其家〔七〕。能爲政嚴察，禁絶私謁〔八〕。資性倨傲，輕佻忤物。晚節惑浮屠法，信奉惟謹。其爲藩鎮，尤易武吏〔九〕。嘗命其子屬櫜鞬〔一〇〕，雅拜新進士〔一一〕，或問其故，曰：「與渠銷弭災咎」云〔一二〕。 1260

〔一〕薛能集　臥雲本、經籍考卷七十題作薛許昌集，蓋從書録解題卷十九。

〔二〕盩厔尉　袁本「盩」作「盭」。

〔三〕表署觀察判官　袁本「署」訛作「置」。

〔四〕度支刑部郎中　袁本「支」訛作「攴」。

〔五〕出帥咸化　按「咸化」當作「感化」，讀書志諸本、經籍考俱誤。徐州本武寧軍，中嘗罷節鎮爲觀察，咸通十一年十一月復爲感化軍。薛能於乾符中節度感化，詳唐方鎮年表卷三。

〔六〕慰勞之久　按「之久」當作「久之」，諸本、經籍考俱倒。

〔七〕并居其家　袁本、卧雲本、宛委本、瞿鈔本、季録顧校本、經籍考自「時軍以供備踈闕」至此文頗異，玆録於下：「許軍懼見襲，大將周岌乘衆疑怒，逐能，據城自稱留後，因屠其家。」楊希閔校本、舊鈔本同袁本，唯「許」作「時」。按原本語大抵與資治通鑑卷二五三唐紀六十九相同，而唐詩紀事卷六十、唐才子傳卷七文字又與袁本等近似，可參看。

〔八〕能爲政嚴察禁絶私謁　袁本、卧雲本、宛委本、經籍考無「爲」、「禁」二字。

〔九〕尤易武吏　袁本自「資性倨傲」至此文頗異，其文曰：「癖於詩，日賦一章。晚節惑浮屠法，奉之唯謹。然資驁倨故，佻輕以忤物，及爲藩鎮，尤易武吏。」卧雲本、宛委本、瞿鈔本、季録顧校本、舊鈔本、經籍考同袁本，唯「資」作「恣」、「故」作「傲」，疑是。

〔一〇〕屬櫜鞬　袁本「櫜鞬」訛作「槖鞬」。按「屬櫜鞬」語見左傳僖公二十三年。

〔一一〕雅拜新進士　袁本「新」訛作「雜」。

〔一二〕與渠銷弭災咎云　袁本脱「與」字。顧校本、舊鈔本無「云」字。

李郢端公詩一卷　袁本前志卷四中別集類中第三十一

右唐李郢楚望也。大中十年進士。詩調清麗。居餘杭，踈於馳競。爲藩鎮從事，兼侍御史。1261

鄭嵎津陽門詩一卷　袁本前志卷四中別集類中第三十二

右唐鄭嵎字賓光〔一〕。大中五年進士。津陽，即華清宮之外闕。嵎開成中過之，聞逆旅主人道承平故實，明日，馬上成長句一千四百言，自爲之序云〔二〕。1262

〔一〕字賓光　卧雲本、經籍考卷七十作「字賓先」。沈録何校本何焯曰：「『光』一刻『先』，謬也。此取嵎夷賓日之義。」按「嵎夷賓日」語出尚書堯典。

〔二〕自爲之序云　袁本自「嵎開成中過之」迄此語異，其文曰：「爲詩百韻，紀明皇時事，自有序云。」卧雲本、宛委本、經籍考同原本，唯「馬上」下有「裁刻」二字，「自爲之序云」作「自有序云」。按諸本異同，語俱見津陽門詩序，兹録有關段落備考：「開成中，嵎常得羣書，下帷於石甕僧觀，而甚聞宮中陳跡焉。今年冬，自虢而來，暮及山下，因解鞍謀飡，求客旅邸。而主翁年且艾，自言世事明皇。夜闌酒餘，復爲嵎道承平故實。翌日，於馬上輒裁刻俚叟之語，爲長句七言詩，凡一千四百字，成一百韻止，以門題爲之目云耳。」觀此，是詩當撰於開成後，非開成中。

劉滄詩一卷　袁本前志卷四中別集類中第三十三

右唐劉滄字藴靈〔一〕。大中八年進士。詩頗清麗，句法絶類趙嘏。1263

〔一〕字藴靈　袁本「藴」作「温」，誤。新唐志卷四、書録解題卷十九、唐詩紀事卷五十八、唐才子傳卷八皆同原本。

孫樵經緯集三卷　袁本前志卷四中別集類中第三十四

右唐孫樵字隱之〔一〕。大中九年進士。廣明初，黄巢犯闕〔二〕，赴岐隴，授職方員外〔三〕。時詔書曰「行在三絶」，以常侍李隲有曾、閔之行，前進士司空圖有巢、由之風，樵有揚、馬之文〔四〕，遂輯所著名經緯集。1264

〔一〕字隱之　沈録何校本何焯校曰：「今皆作『可之』」。按新唐志卷四、書録解題卷十六俱謂「字可之」。

〔二〕黄巢犯闕　袁本「黄巢」作「狂寇」。

〔三〕授職方員外　袁本「外」下有「郎」字。

〔四〕樵有揚馬之文　原本「揚」作「楊」，據宛委本改。袁本亦作「楊」。

李羣玉詩一卷　袁本前志卷四中別集類中第三十五

右唐李羣玉文山也。澧州人。曠逸不樂仕進，專以吟詠自適。詩筆妍麗，才力遒健〔一〕。好吹笙，善書翰〔二〕。親友强赴舉，一上而止〔三〕。裴休廉察湖南，延郡中。大中八年來京師，進詩三百篇。休復論薦，授弘文館校書郎。集後附其進詩表，并除宫制。太平廣記所載黄陵廟事甚異〔四〕，其絶句在焉〔五〕。1265

〔一〕才力遒健　卧雲本、經籍考卷七十「遒」作「邁」。

〔二〕善書翰　袁本、經籍考作「美筆翰」，卧雲本作「美書翰」。

〔三〕一上而止　袁本「一」、「上」二字互倒。

〔四〕太平廣記　袁本無「太平」二字。

〔五〕其絶句在焉　袁本無「其」字。

張祜詩一卷〔一〕　袁本前志卷四中別集類中第三十六

右唐張祜字承吉〔二〕，清河人。樂高尚。客淮南，杜牧爲度支使，善其詩，嘗贈之詩，曰：「何人得似張公子，千首詩輕萬户侯。」嘗作淮南詩〔三〕，有「人生只合揚州死〔四〕，禪智山光好墓田」之句。大中中，果終丹陽旅舍〔五〕，人以爲讖云〔六〕。 1266

〔一〕張祜詩　卧雲本、陳師曾刊本、經籍考卷七十「祜」誤作「祐」，袁本不誤，下同。

〔二〕字承吉　袁本無「字」字。

〔三〕淮南詩　袁本脱「南」字。

〔四〕人生只合揚州死　袁本「揚」訛作「楊」。

〔五〕丹陽旅舍　袁本、卧雲本、宛委本、經籍考「旅舍」作「隱舍」，瞿鈔本、季録顧校本、舊鈔本「舍」上脱一字。按唐詩紀事卷五十二、唐才子傳卷六語同袁本，疑當從袁本。

〔六〕人以爲讖云　袁本無「云」字。

陳陶集二卷　袁本前志卷四中別集類中第三十七

右唐陳陶嵩伯也。鄱陽人。大中時，隱洪州西山，自號三教布衣云。江南野史有傳。1267

于武陵詩一卷〔一〕　袁本前志卷四中別集類中第七十四

右唐于武陵，大中進士。1268

〔一〕于武陵詩一卷　經籍考卷七十題作于武陵集一卷，并與周濆集一卷、陳光集一卷、劉威集一卷，合作一條，解題亦止引書録解題語。

令狐楚表奏十卷　袁本後志卷二別集類第五

右唐令狐楚字殼士撰〔一〕。楚相憲宗〔二〕，爲文善於牋奏。自爲序云：「登科後，爲桂、并四府從事，掌牋奏者十三年，始遷御史。綴其稿，得一百九十三篇。」自號白雲孺子。1269

〔一〕殼士撰　顧校本無「撰」字。

〔三〕楚相憲宗　顧校本無「楚」字。

温庭筠金荃集七卷外集一卷　袁本前志卷四中別集類中第三十八

右唐温庭筠也。庭筠，本名岐，字飛卿，宰相彦博之裔。詩賦清麗，與李商隱齊名，時號「温李」。然薄於行，多作側辭豔曲，累舉不第〔一〕，終國子助教。宣宗嘗作詩賜宫人，句有「金步摇」，遣塲中對之，庭筠對以「玉跳脱」。上喜其敏，欲用之，以嘗作詩忤時相令狐綯〔二〕，終廢斥云〔三〕。1270

〔一〕然薄於行多作側辭艷曲累舉不第　袁本、臥雲本、宛委本、瞿鈔本、季録顧校本、舊鈔本文頗異，其曰：「能逐弦吹之音，爲側艷之辭，爲行塵雜，由是累年不第。」按袁本等語本舊唐書卷一九〇下本傳，而原本語則本新唐書卷九十一本傳。

〔二〕以嘗作詩　袁本、宛委本、經籍考卷七十「以」作「而」。

〔三〕終廢斥云　袁本作「終棄不用」。

皮日休文藪十卷　袁本前志卷四中別集類中第三十九

右唐皮日休字襲美，一字逸少，襄陽人。隱鹿門山，自號醉吟先生。以文章自負，尤善箴銘。咸通八年，登進士第，爲著作佐郎，太常博士。乾符之亂〔一〕，東出關，爲毘陵副使，陷巢賊中。賊遣爲讖文，疑其讖已，遂害之。集乃咸通丙戌年居州里所編。自序云：發篋次類文稿，綮如藪澤，因以名之。凡二百篇。1271

〔一〕乾符之亂　袁本、卧雲本、宛委本、經籍考卷六十「之」皆作「喪」。

司空圖一鳴集三十卷　袁本前志卷四中別集類中第四十

右唐司空圖表聖也。河中人。咸通十一年，王凝下及第〔一〕。黄巢陷長安，僖宗次鳳翔，召爲知制誥〔二〕、中書舍人。朱温將篡，召爲禮部尚書，不赴。聞哀帝遇弒，不食而卒。圖居中條山，自號知非子、耐辱居士〔三〕。集自爲序，以濯纓亭、一鳴牕名其集〔四〕。子荷別爲集後記。最長於詩，其論詩有曰：梅止於酸而鹽止於鹹〔五〕，味常在於酸鹹之外〔六〕，謂其詩「棋聲花院靜，旛影石壇高」之句爲得之〔七〕，人以其言爲然〔八〕。1272

〔一〕咸通十一年王凝下及第　按舊唐書卷一九〇下本傳謂圖咸通十年進士，唐才子傳卷八云：「咸通十年歸仁紹榜進士，主司王凝初典絳州，圖時方應舉，及知貢，圖第四人。」讀書志「十一年」當「十年」之誤，詳唐登科記考卷二十三。

〔二〕召爲知制誥　袁本脱「爲」字，卧雲本、經籍考卷六十「爲」作「拜」。

〔三〕耐辱居士　袁本「耐」作「奈」。

〔四〕一鳴聰　原本「聰」訛作「摠」，據袁本、臥雲本、宛委本改。

〔五〕鹽止於醎　袁本「醎」作「鹹」。下同。

〔六〕味常在於酸醎之外　袁本「味」作「其美」，無「於」字。

〔七〕旛影石壇高　袁本「旛」作「幡」。

〔八〕人以其言爲然　臥雲本「以」下有「爲」，疑衍。沈録何校本何焯批語云：「表聖有韻者殊卑弱。」

唐彥謙鹿門詩一卷　袁本前志卷四中別集類中第四十一

右唐唐彥謙茂業也〔一〕。并州人。咸通末舉進士第。中和中〔二〕，王重榮表河中從事，歷節度副使，晉、絳二州刺史。重榮遇害，貶漢中掾〔三〕。興元楊守亮留署判官，遷副使，閬、壁刺史，卒。彥謙才高負氣，無所摧屈，博學多藝，尤能七言詩〔四〕，師温庭筠〔五〕，故格體類之，世稱「耳聞明主提三尺，眼見愚民盜一抔」〔六〕，蓋彥謙句也。自號鹿門先生。有薛廷珪序。1273

〔一〕茂業　臥雲本、宛委本、經籍考卷七十「業」作「鄴」。

〔二〕中和中　袁本、臥雲本、宛委本、經籍考脱下一「中」字。

〔三〕漢中掾　袁本、臥雲本、殿本、經籍考「掾」訛作「椽」，元刊本、何喬新本不誤。

〔四〕尤能七言詩　袁本作「尤能言詩」。

〔五〕師温庭筠　袁本無「温」字，疑脱。

〔六〕世稱耳聞明主提三尺眼見愚民盜一抔　顧校本無「世稱」二字，「抔」，袁本訛作「杯」，卧雲本訛作「抷」，宛委本作「坯」。

曹唐詩一卷　袁本前志卷四中別集類中第四十二

右唐曹唐字堯賓，桂州人。初爲道士。咸通中，爲府從事，卒。作遊仙詩百餘篇〔一〕。或斬之曰：「堯賓嘗作鬼詩。」唐曰：「何也？」「『井底有天春寂寂，人間無路月茫茫』〔二〕。非鬼詩而何〔三〕？」唐乃大哂。今集中不見，然他詩及神仙者尚多。1274

〔一〕遊仙詩百餘篇　經籍考卷七十「百餘篇」作「百編」，有脱誤。

〔二〕唐曰何也井底有天春寂寂人間無路月茫茫　沈録何校本「也」下補「曰」字，是。喬録王校本王懋竑亦云當有「曰」字。「月」，原本作「日」，據袁本、卧雲本、宛委本、瞿鈔本、經籍考改。按此條解題，大抵與唐詩紀事卷五十八、唐才子傳卷八相似，可參看。

〔三〕非鬼詩而何　袁本、顧校本無「詩」字。按唐才子傳同袁本，唐詩紀事同原本。

秦韜玉投知小録三卷　袁本前志卷四中別集類中第四十三

右唐秦韜玉字中明〔一〕，京兆人〔二〕。有詞藻，工歌吟，險而好進，爲田令孜所善。僖宗幸蜀，令孜引爲工部侍郎。中和二年，賜進士第，編入春榜。1275

〔一〕字中明　袁本無「字」字，唐詩紀事卷六十三謂字仲明，唐才子傳同原本。

〔二〕京兆人　書錄解題卷十六云郃陽人，唐摭言卷九、唐詩紀事、唐才子傳同讀書志。

雲臺編三卷宜陽外編一卷　袁本前志卷四中別集類中第四十四

右唐鄭谷字守愚，宜春人〔一〕。光啓三年，擢高第〔二〕，遷右拾遺，歷都官郎中。乾寧四年，歸宜春，卒於別墅。其集號雲臺編者，以其扈從華山下觀居所編次也〔三〕。谷詩屬思凝切於理〔四〕，而格韻繁猥〔五〕，語句浮俚不競〔六〕，不爲議者所多，然一時傳諷，號鄭都官而弗名也。1276

〔一〕宜春人　袁本、宛委本「春」訛作「陽」。按東晉后諱列諱榜，凡有「春」字地名者，悉以「陽」字易之，避鄭太妃諱也；宜春嘗改宜陽。然讀書志未必用此舊名，下文「歸宜春卒」，不作「宜陽」，是證。

〔二〕光啓三年擢高第　按唐登科記考卷二十三據鄭谷乾符丙申歲奉試春漲曲江池詩注，以爲「光啓三年」當「乾符三年」之誤，然書錄解題卷十九、唐才子傳卷九俱同原本，唐郎官石柱題名考卷九、岑仲勉讀全唐詩札記亦主光啟中第說。

〔三〕以其扈從華山下觀居所編次也　袁本無「下」字，疑脫。又，袁本、臥雲本、宛委本、經籍考卷七十「也」作

「云」。

〔四〕凝切於理　袁本、卧雲本、宛委本、經籍考「凝」作「頗」。

〔五〕格韻繁猥　袁本、卧雲本、經籍考「繁」作「凡」。

〔六〕語句浮俚不競　袁本無「不競」二字。

陸龜蒙笠澤叢書四卷〔一〕　袁本前志卷四中别集類中第四十五

右唐陸龜蒙魯望也。蘇州人。少高放〔二〕，通六經大義，尤明春秋。舉進士，一不中〔三〕，從張摶爲蘇、湖從事〔四〕。居松江甫里，以文章自怡。少工歌詩，其體裁不一，卒造乎平淡而已〔五〕。自號江湖散人，或號甫里先生〔六〕。著作之博，新史多取之，而獨不云工歌詩〔七〕。笠澤者，松江地名也。其集自序云：「自乾符六年春卧病笠澤時，隱几著書，詩賦銘記，往往雜發，混而録之〔八〕，故曰『叢書』。」今按其集歌詩爲多，又比他文最工，新史疎漏如此〔九〕。1277

〔一〕笠澤叢書四卷　顧校本「四」作「三」，舊鈔本「書」下空一格，脱卷數。按龜蒙自序未云所編卷數，新唐志卷四、崇文總目卷五著録叢書三卷、詩十卷、賦六卷，似宋時唯有元符庚辰樊開序刊蜀本十七卷、政和元年朱袞序刊吳江本四卷補遺一卷，以及朱袞所據四卷本（見書録解題卷十六。寶祐五年葉茵本已合笠澤叢書、松陵集爲一，名曰甫里先生文集，二十卷，時代遲於讀書志，書名、卷數亦不合，不討）。讀書敏求記卷四云：「叢書爲陸魯望卧病松陵時雜著，元符庚辰樊開序而鏤板，政和改元毗陵朱袞又爲後序刊行，止分上、下二卷，補遺一卷。」顧廣圻笠澤叢書跋云：「笠澤叢書宋槧本上、下二卷，補遺一卷，錢遵王猶及見之而今無有也。」此錢、顧所言三卷者，未知是否顧校本所云三卷者。疑錢氏所見本非朱袞刊本，乃是另一宋刊；顧氏所校讀書志蓋與舊鈔同，闕其卷數，顧氏遂據敏求記、參以新唐志、崇文總目而補其空格耳。

〔二〕少高放　卧雲本「高」作「豪」，沈録何校本改「高」爲「豪」。袁本、經籍考同原本。按此條解題大抵取新唐書卷一九六本傳與龜蒙自序，本傳亦同原本。

〔三〕舉進士一不中　顧校本無「一」字，袁本同原本，本傳亦有「一」字。

〔四〕從張搏　袁本「搏」訛作「摶」。

〔五〕少工歌詩其體裁不一卒造乎平淡而已　袁本無此十六字。沈録何校本已補。

〔六〕或號甫里先生　袁本、宛委本「號」下有「天隨子」三字。

〔七〕著作之博新史多取之而獨不云工歌詩　袁本無此十六字。卧雲本、宛委本、經籍考「著作之博」作「皆爲之傳」。

〔八〕混而録之　袁本自「六年春」以下至此，其文曰：「卧病笠澤，遇體中不甚羸耗，時亦隱几著書，詩賦銘記，往往雜發，不類不次，混而録之。」按袁本逸出者皆見龜蒙自序。諸衢本、經籍考同原本，唯宛委本、舊鈔本、經籍考「隱」字上有「亦」字。

〔九〕今按其集歌詩爲多又比他文最工新史疏漏如此　袁本無此二十字。顧校本「最」作「爲尤」。

韓偓詩二卷香奩集一卷〔一〕　袁本前志卷四中別集類中第四十六

右唐韓偓致堯也〔二〕。京兆人。龍紀元年進士，累遷諫議大夫、翰林學士。昭宗幸鳳翔，進兵部侍郎、承旨。朱全忠怒，貶濮州司馬，榮懿尉。天祐初，挈族依王審知而卒。香奩集，沈括筆談以爲和凝所作〔三〕，凝既貴〔四〕，惡其側豔，故詭稱偓著。或謂括之言妄也〔五〕。1278

〔一〕香奩集一卷　袁本脱「一卷」二字。按偓集新唐志卷四著録韓偓詩一卷，又香匳集一卷，而書録解題卷十九著録香奩集爲二卷，另有入内廷後詩集一卷、別集三卷。

〔二〕唐韓偓致堯也　袁本、卧雲本、經籍考卷七十「致堯」作「致光」。按新唐書卷一八三本傳、書録解題卷十九同袁本，唐詩紀事卷六十五、唐才子傳卷九同原本。唐詩紀事云：「偓字致堯，今曰致光，誤矣。」四庫總目卷一五一云：「案劉向列仙傳稱偓，佺，堯時仙人，堯從而問道，則偓字致堯，於義爲合。」而吳融有和韓致光侍郎無題三首十四韻詩，則似以致光爲是。

〔三〕沈括筆談以爲和凝所作　袁本作「或曰和凝」。按沈括語見夢溪筆談卷十六。胡道靜新校正夢溪筆談云：「宋葛立方韻語陽秋五及宋陳正敏遯齋閒覽（曾慥類説四十七引）并引述各種論據，以證韓偓實有香奩集，非和凝所作而嫁名者。和凝自另有香奩集，不行於世，故不得以今香奩集爲凝作。」

〔四〕凝既貴　袁本無「凝」字，連上讀。

〔五〕故詭稱偓著或謂括之言妄也　袁本作「故詭稱偓著云」，無「或謂」云云七字。又，卧雲本、經籍考於此句下有「許彦周詩話」云云六十六字，非讀書志本文，乃馬端臨竄加。

李洞詩一卷　袁本前志卷四中别集類中第四十七

右唐李洞字才江〔一〕。諸王之孫。慕賈島爲詩，銅鑄爲像〔二〕，事之如神。時人多誚其僻澁〔三〕，不貴其奇峭，惟吳融稱之。昭宗時不第，遊蜀，卒。 1279

〔一〕李洞字才江　袁本「字」上有「撰」字，疑衍。

〔二〕銅鑄爲像　袁本、卧雲本、宛委本、經籍考卷七十「爲」作「其」。

〔三〕時人多誚其僻澁　袁本「時」訛作「詩」，又脱「其」字。按皕宋樓藏書志卷七十一著録葉奕舊藏鈔本李洞詩集二卷，有公武題識，曰：「右唐李洞字才江，諸王之孫。慕賈島爲詩，銅鑄其像，事之如神。時人多峭其僻澁，不賞其奇峭，唯吳融稱之。昭宗時不第，遊蜀，卒。晁公武子止題。」未知題識乃公武手筆，抑後人自讀書志迻録，姑録之，以備參證。

杜荀鶴唐風集十卷〔一〕　袁本前志卷四中别集類中第四十八

右唐杜荀鶴，池州人。大順二年進士，善爲詞章〔二〕。宣州田頵重之，嘗以牋問至，梁祖薦爲翰林學士，主客員外。恃勢侮易搢紳，衆怒，欲殺之而未及。天祐初，病卒。有顧雲序。荀鶴自號九華山人。1280

〔一〕杜荀鶴　袁本「鶴」作「鸖」，下同。

〔二〕善爲詞章　袁本、卧雲本、宛委本、瞿鈔本、經籍考卷七十作「善爲詞句切理」。按此條解題，公武蓋本舊五代史卷二十四本傳，本傳曰：「善爲詩，辭句切理。」疑當從袁本而補「詩」字。

程晏集六卷〔一〕　袁本前志卷四中別集類中第四十九

右唐程晏字晏然〔二〕。乾寧二年進士〔三〕。集皆雜文。1281

〔一〕程晏集六卷　經籍考卷六十作一卷。按晏集新唐志卷四、崇文總目卷五作七卷，宋志卷七作十卷。諸目著録岐異，未知孰是。

〔二〕唐程晏字晏然　袁本作「唐程晏然」。按讀書志蓋本新唐志，新唐志云：「字晏然。」疑袁本脱「字晏」二字。

〔三〕乾寧二年進士　卧雲本「二」作「三」。按唐登科記考卷二十四即據讀書志繫晏於乾寧二年。

孫郃文纂一卷　袁本前志卷四中別集類中第五十

右唐孫郃字希韓，四明人。乾寧四年進士。好荀卿、揚雄、孟氏之書〔一〕，慕韓愈。爲校書郎，河南府文學。舊四十卷。1282

〔一〕好荀卿揚雄孟氏之書　袁本、臥雲本、宛委本、經籍考卷六十作「好荀、楊、孟之書」。

朱朴致理書十卷〔一〕　袁本前志卷四中別集類中第五十一

右唐朱朴也〔二〕。襄陽人。以三史舉，爲荆門令。乾寧中，方士許巖士得幸禁中，言朴有經濟才，帝幸石門召對，即拜諫議大夫、平章事。1283

〔一〕朱朴致理書十卷　此書衢本、袁本皆複出，袁本卷四中別集類作「一卷」，當「十卷」之誤。袁本卷三上雜家類作「十卷」。原本李富孫校語云：「案此書已見雜家類，袁本、通考俱複出。盧氏拾補云，唐志本在雜家，不應在別集類。晁氏語兩處不同。」袁録顧校本顧廣圻校語：「按複子部雜家，乃趙希弁誤。衢本亦重。」按衢本重見卷十二。新唐志玉海卷五十五引中興書目、宋志皆入雜家。

〔二〕唐朱朴也　袁本「朱」訛作「宋」，無「也」字。

曹松詩一卷　〔一〕袁本前志卷四中別集類中第五十二

右唐曹松夢徵也。舒州人。學賈島爲詩。天復元年，與王希羽、劉象、柯崇、鄭希顏同登第，年皆七十餘，號「五老榜」。時以新平內難，聞放進士，喜，特敕授校書郎而卒。1284

〔一〕曹松詩一卷　經籍考卷七十「詩」作「集」。按經籍考標題乃從書録解題卷十九。善本書室藏書志卷二十五有明翻宋本，一卷，卷首題曹松詩集。

裴説詩一卷〔一〕 袁本前志卷四中別集類中第五十三

右唐裴説撰。天祐三年進士。詩有「避亂一身多」之句〔二〕。 1285

〔一〕裴説詩一卷　經籍考卷七十「詩」作「集」。按經籍考此條未引讀書志，標題、卷數、解題皆本書録解題卷十九。

〔二〕詩有避亂一身多之句　臥雲本「詩」上有「其」字，袁本、宛委本「句」下尚有「讀者悲之」四字，疑原本脱去。

羅虬比紅兒詩一卷 袁本前志卷四中別集類中第五十四

右唐羅虬也〔一〕。皇朝方性夫注〔二〕。虬詞藻富贍，與其族人隱、鄴齊名，時號「三羅」。從鄜州李孝恭。籍中有杜紅兒者，善歌，常爲副使者屬意〔三〕。副使聘隣道〔四〕，虬請紅兒歌，贈之以綵〔五〕。孝恭不令受〔六〕，虬怒，拂衣而起，詰旦，手刃之。既而追其寃，作絶句詩百篇，借古人以比其豔〔七〕，盛行於世〔八〕。 1286

〔一〕羅虬也　經籍考卷七十「也」作「撰」。

〔二〕皇朝方性夫注　原本「性」作「信」，據袁本、臥雲本、宛委本、瞿鈔本、季録顧校本、舊鈔本、經籍考改。

〔三〕常爲副使者屬意　袁本「使者」作「戎」。按唐詩紀事卷六十九同袁本，唐摭言卷十「副戎」作「貳車」。

〔四〕副使聘隣道　袁本「使」作「戎」。

〔五〕贈之以綵　袁本無「之以」二字，唐詩紀事同袁本。

〔六〕不令受　袁本作「不令受之」。唐詩紀事同袁本。

〔七〕借古人以比其豔　袁本脱「借古人」三字，據袁本、卧雲本、宛委本、瞿鈔本、季録顧校本、舊鈔本、經籍考補。

〔八〕盛行於世　袁本「世」作「時」。

方干詩集一卷　袁本前志卷四中别集類中第五十五

右唐方干字雄飛，歙人。唐末舉進士，不第，隱鏡湖上。徐凝有詩名〔一〕，一見干，器之，授以詩律。其貌寢陋〔二〕，又兔闕〔三〕，而喜凌侮。嘗謁廉帥，誤三拜，人號「方三拜」。將薦於朝而卒，門人謚玄英先生、其甥楊弇與孫郃編次遺詩〔四〕，王贊爲序。郃又爲作玄英先生傳附〔五〕。1287

〔一〕徐凝有詩名　袁本脱「名」字。

〔二〕其貌寢陋　袁本作「其貌陋」。

〔三〕又兔闕　袁本作「又兎缺」。

〔四〕其甥楊弇與孫郃編次遺詩　「甥」原本作「集」，袁本作「生」，據卧雲本、宛委本、經籍考卷七十改。又，袁本脱

「孫」、「遺詩」三字。按王贄序云：「孫郃出所作傳，且曰與其甥楊弇，洎門僧居遠收綴其遺詩，得三百七十餘篇，欲余爲之序。」讀書志當本此。

〔五〕爲作玄英先生傳附　宛委本無「作」字，又沈録何校本、顧校本「附」下有「焉」字，疑原本、袁本脱。

沈顏聱書十卷　袁本前志卷四中別集類中第五十九

右僞吳沈顏字可鑄〔一〕，傳師之孫。天復初進士，爲校書郎。屬亂離，奔湖南，辟巡官，吳國建，爲淮南巡官〔二〕、禮儀使、兵部郎中、知制誥、翰林學士。順義中卒。顏少有辭藻，琴棊皆臻妙。塲中語曰：「下水船」〔三〕，言爲文敏速，無不載也〔四〕。性閑淡〔五〕，不樂世利。嘗疾當時文章浮靡〔六〕，倣古著書百篇〔七〕，取元次山「聱叟」之説附己志而名書。其自序云：「自孟軻以後千餘年，經百千儒者，咸未有聞焉。天厭其極，付在鄙子。」其誇誕如此。1288

〔一〕僞吳沈顏字可鑄　原本「僞吳」作「唐」，據袁本、卧雲本、宛委本、瞿鈔本、季録顧校本、舊鈔本、經籍考卷六十改正。

〔二〕屬亂離奔湖南辟巡官吳國建爲淮南巡官　原本作「避亂奔吳遂爲吳巡官」，有奪誤，今據袁本、卧雲本、宛委本、瞿鈔本、季録顧校本、舊鈔本、經籍考補正。唯袁本「國」譌「周」。

〔三〕下水船　袁本、卧雲本「船」作「舡」。

〔四〕言爲文敏速無不載也　原本作「喻其爲文敏速也」，今據袁本、卧雲本、宛委本、瞿鈔本、季録顧校本、舊鈔本、經籍考補正。

〔五〕性閑淡　袁本「淡」訛作「談」。

〔六〕嘗疾當時文章浮靡　袁本「疾」作「病」。

〔七〕倣古著書百篇　顧校本無「百篇」二字，舊鈔本脱「百」字。

王德輿詩一卷　袁本前志卷四中別集類中第五十六

右唐王德輿。集有次韻和鄭畋詩，知其懿、僖間人也。1289

沈彬集一卷　袁本前志卷四中別集類中第五十七

右南唐沈彬〔一〕。保大中以尚書郎致仕，居高安。集中有與韋莊、杜光庭、貫休詩；唐末三人皆在蜀，疑其同時避亂，嘗入蜀云。上李昪山水圖詩在焉〔二〕。1290

〔一〕南唐沈彬　袁本脱「南」字。沈録何校本「南」作「僞」。

〔二〕上李昪山水圖詩　袁本「昪」訛作「昇」。

胡笳十八拍一卷　袁本後志卷二別集類第六

右唐劉商撰〔一〕。漢蔡邕女琰爲胡騎所掠〔二〕，因胡人吹蘆葉以爲歌，遂翻爲琴曲，其辭古淡。商因擬之以敍琰事〔三〕，盛行一時。商，彭城人〔四〕。擢進士第，歷臺省爲郎。好道術，隱義興胡父渚，世傳其仙去。　1291

〔一〕唐劉商撰　袁本「商」訛作「商」，下同。

〔二〕蔡邕女琰爲胡騎所掠　原本「琰」上有「如」字，據袁本、臥雲本、經籍考卷七十删。宛委本「胡」作「遊」，下一「胡」字作「北」，又「琰」字俱作「玉」，避清仁宗諱也。

〔三〕以敍琰事　袁本無「以」字。

〔四〕商彭城人　原本脱此四字，據袁本、臥雲本、宛委本、瞿鈔本、季録顧校本、舊鈔本、經籍考補。劉商名繫元和姓纂卷五彭城劉姓下。

熊皦居龍集五卷〔一〕　袁本前志卷四中別集類中第五十八

右晉熊皦。後唐清泰二年進士。爲延安劉景巖從事。天福中，說景巖歸朝，擢右司諫。坐累，黜上津令。集有陶穀序〔二〕。陳沆賞皦早梅詩云「一夜欲開盡，百花猶未知」〔三〕，曰：「太妃容德，於是乎在。」　1292

〔一〕熊皦屠龍集五卷　按「皦」或作「皎」，見唐才子傳卷九，唐才子傳又云：「今有屠龍集、南金集合五卷，傳世。」又，臥雲本、宛委本、舊鈔本、季録顧校本自方干詩集迄熊皦屠龍集，其排次與原本不同：方干詩集、王德輿詩、沈彬集、熊皦屠龍集、沈顏聱書、胡笳十八拍，袁本胡笳十八拍載後志，其餘載前志者，序次悉同臥雲諸本，疑原本有錯簡。

〔二〕集有陶穀序　袁本「穀」作「穀」，當「穀」之訛。

〔三〕早梅詩云　袁本脱「詩」字。

鼎國詩三卷　袁本後志卷二別集類第七

右後唐李雄撰。雄，洛輩人。莊宗同光甲申歲，遊金陵、成都、鄴下，各爲詠古詩三十章，以三國鼎峙，故曰鼎國。1293

羅隱甲乙集十卷讒書五卷　袁本前志卷四中別集類中第六十九

右杭越羅隱字昭諫，餘杭人。唐乾符中舉進士不第〔一〕。從事諸鎮皆無合，久之而歸。錢鏐辟掌書記〔二〕，歷節度判官副使，奏授司勳郎中。梁祖以諫議大夫召，不行。魏博羅紹威推爲叔父，表薦給事中，卒。隱少聰敏，作詩著文，以譏刺爲主。自號江東生。其集皆自爲序〔三〕。1294

〔一〕舉進士不第　顧校本、舊鈔本脱「舉」字。

〔二〕錢鏐　袁本脱「錢」字。

〔三〕自爲序　卧雲本、經籍考卷六十於此句下有「又有吳越掌記集一卷」云云二十字，乃出馬端臨誤併。

張蠙詩一卷　袁本前志卷四中別集類中第六十五

右僞蜀張蠙字象文，清河人。唐乾寧中進士。爲校書郎、櫟陽尉、犀浦令。王建開國〔一〕，拜膳部員外郎，後爲金堂令。王衍與徐后遊大慈寺，見壁間書「牆頭細雨垂纖草〔二〕，水面回風聚落花」，愛之，問知蠙句〔三〕，給札〔四〕，令以詩進。蠙以二百首獻〔五〕。衍頗重之，將召爲知制誥〔六〕，宋光嗣以其輕傲，止賜白金而已。蠙生而穎秀，幼能爲詩，作登單于臺，有「白日地中出，黄河天外來」之句，爲世所稱。1295

〔一〕王建開國　袁本、卧雲本、經籍考卷七十無「王」字，殆奪脱。

〔二〕書牆頭細雨垂纖草　袁本脱「書」字。

〔三〕問知蠙句　袁本「知」作「之云」。

〔四〕給札　袁本「札」訛作「禮」。按給札者，賜紙札令寫録以進也，此以「札」與「禮」之異體「礼」形近而訛。唐詩紀事卷七十云：「……問寺僧，僧以蠙對，乃賜霞光牋，令寫詩以進。」

〔五〕蠙以二百首獻　袁本無「百」字。按唐才子傳卷十亦云「蠙上二篇」，而唐詩紀事則云「蠙進二百首」，與原本同，疑袁本脱「百」字。

〔六〕召爲知制誥　袁本脱「知」字。

盧延讓詩一卷　袁本前志卷四中別集類中第六十八

右僞蜀盧延讓子善也。范陽人〔一〕。唐光化元年進士〔二〕。朗陵雷滿辟，滿敗，歸王建〔三〕。及僭號，授水部員外郎，累遷給事中，卒官終刑部侍郎。延讓師薛能，詩不尚奇巧，人多誚其淺俗〔四〕，獨吳融以其不蹈襲〔五〕，大奇之。 1296

〔一〕范陽人　原本脱此三字，據袁本、卧雲本、宛委本、經籍考卷七十補。

〔二〕光化元年進士　按唐摭言卷六、唐才子傳卷十俱謂延讓爲光化三年進士。

〔三〕王建　袁本、顧校本、舊鈔本無「王」字。

〔四〕人多誚其淺俗　袁本、袁録何校本無此六字。

〔五〕獨吳融以其不蹈襲　袁本、袁録顧校本無「獨」字。

牛嶠歌詩三卷　袁本前志卷四中別集類中第六十六

右僞蜀牛嶠字延峯，隴西人。唐相僧孺之後。博學有文，以歌詩著名。乾符五年進士，歷拾遺、補闕、尚書郎。王建鎮西川〔一〕，辟判官。及開國，拜給事中，卒。集本三十卷。自序云：「竊慕李長吉所爲歌詩，輙效之。」1297

〔一〕王建鎮西川　袁本無「王」字。

韋莊浣花集五卷　袁本前志卷四中別集類中第六十七

右僞蜀韋莊字端己。仕王建，至吏部侍郎、平章事。集乃其弟藹所編〔一〕，以所居即杜甫草堂舊址，故名〔二〕。僞史稱莊有集二十卷，今止存此。1298

〔一〕其弟藹所編　袁本「弟」訛作「第」。

〔二〕故名　袁本作「故名云」。

孫光憲鞏湖編玩三卷　袁本前志卷四中別集類中第七十

右荆南孫光憲字孟文〔一〕，陵州人。王衍降唐，避地荆南，從誨辟掌書記，歷檢校祕書監，御史大夫。王師收朗州〔二〕，光憲勸其主獻三州地〔三〕。乾德中，終黄州刺史。自號葆光子。1299

〔一〕字孟文　原本「文」作「先」，據袁本，臥雲本、宛委本、瞿鈔本、季錄顧校本、舊鈔本、經籍考卷六十改。

〔二〕王師收朗州　原本「朗」訛作「閬」，據袁本改。按慕容延釗克朗州，平湖南，在宋太祖乾德元年三月。見宋史卷一太祖紀、卷二五一慕容延釗傳。

〔三〕光憲勸其主獻三州地　顧校本無「光憲」二字，袁本無「地」字。

李煜集十卷〔一〕　袁本前志卷四中別集類中第六十

右僞唐主李煜重光也，璟之子〔二〕。少聰悟，喜讀書屬文，工書畫，知音律。建隆三年嗣僞位〔三〕。開寶八年，王師克金陵，封違命侯。太平興國三年，終隴西郡公，贈吳王。江隣幾雜志云爲秦王廷美所毒而卒〔四〕。1300

〔一〕李煜集　經籍考卷六十題作李後主集，本書録解題卷十六。

〔二〕璟之子　袁本、卧雲本「璟」作「景」，經籍考無此三字。按中主原名景通，即位後嘗改名瑤，再改璟。交泰初避郭威高祖諱，易名景。兩五代史皆以周爲正統，故稱中主爲景，至馬令、陸游南唐書復其舊名，稱璟。袁本蓋本五代史，原本則從舊名。詳科學通報卷二第五期曾昭燏等撰南京牛首山南唐二陵發掘記。

〔三〕建隆三年嗣僞位　袁本「隆」訛作「龍」。按煜嗣位金陵在建隆二年七月，見五國故事卷上，讀書志「三」當「二」之訛。

〔四〕爲秦王廷美所毒而卒　袁本脱此九字，袁録何校本已補。

韓熙載文集五卷〔一〕　袁本前志卷四中別集類中第六十一

右僞唐韓熙載字叔言，北海人。後唐同光中進士。南奔江淮。李昪建國，用爲祕書郎，使與其子璟遊。璟嗣位，爲虞部員外郎〔二〕、史館修撰，兼太常博士、知制誥。頃之，請誅陳覺，黜和州司馬，復召中書舍人，累遷兵部尚書。第宅華侈，妓樂四十餘人，不知檢束〔三〕。時人比徐之才。璟屢欲倚以爲相，用是不果。後左授右庶子、分司，乃盡斥羣妓，單車引道，留爲祕書監，俄復位，已而其去妓皆還〔四〕。熙載天才俊敏，工隸書及畫，聲名冠一時。自朱元叛後，煜頗疑北人，多因事誅之，熙載愈益淫縱。然喜延譽後進，如舒雅等，後多知名。謚曰文。1301

〔一〕韓熙載文集五卷　袁本題作韓熙載格言。按崇文總目卷三雜家類、書録解題卷十雜家類、宋志卷四（儒家類、雜家類複出）皆同袁本，止著録格言五卷，唯通志藝文略卷六雜家類作六卷，宋志雜家類另有格言後述三卷。宋史卷四七八本傳云：「乾德丁卯年，五星連珠於奎，奎主文章，又在魯分，時太宗鎮兗、海，中國太平之符也。是歲，熙載著格言五卷，自序其事云：『魯無其應，韓子格言成之。』人多笑之。」疑文集、格言同書異名，然則，衢本複出；袁本前志只見別集類，趙希弁摘衢本雜家類格言條入後志，遂亦重見矣。參見卷十二雜家類格言條。

〔二〕虞部員外郎　原本脱「郎」字，據袁本補。

〔三〕不知檢束　袁本、宛委本、舊鈔本、經籍考卷六十「知」作「加」，疑是。

〔四〕去妓皆還　袁本此下有「上書論古今之變，名格言」十字。沈録何校本何焯批語曰：「『格言』二字本此，豈可輒用？」

孫晟文集三卷　袁本後志卷二別集類第八

右南唐孫晟字鳳〔一〕，密州人。好學，有文辭，尤長於詩。少爲道士，嘗畫賈島像〔二〕，置於屋壁，晨夕事之。後乃儒服謁唐莊宗於鎮州，莊宗以爲著作佐郎。天成中，奔於吴，李昪父子用之爲相。周世宗征淮上諸郡〔三〕，璟懼〔四〕，遣晟奉表求和。世宗召問江南事，不對，殺之。璟聞，贈魯國公。1302

〔一〕字鳳　卧雲本作「字鳳字」，未知何據。袁本、宛委本、經籍考卷六十同原本，顧校本則無「字鳳」二字。按此條解題，公武蓋本新五代史卷三十三本傳，本傳云：「孫晟初名鳳，又名忌。」

〔二〕嘗畫賈島像　袁本「嘗」作「常」。

〔三〕周世宗征淮上諸郡　袁本、卧雲本、宛委本、經籍考無「上諸郡」三字，與新五代史本傳合，疑原本衍文。

〔四〕璟懼　袁本「璟」作「景」，下同。按參見李煜集條校注〔三〕，此條解題從新五代史，似當作「景」。

潘佑滎陽集十卷〔一〕　袁本前志卷四中別集類中第六十二

右僞唐潘佑，金陵人。韓熙載薦於璟，授祕書正字，直崇文館。煜時爲虞部員外郎〔二〕、史館修撰、知制誥、中書舍人。佑性貞介，文章贍逸，尤長論議。坐言事悖慢下獄，自經死。人頗言張洎譖之。1303

〔一〕滎陽集十卷　袁本「滎」訛作「榮」。按佑集崇文總目卷五作潘舍人文集，祕續目別集類題同原本，宋志卷七「滎」亦訛作「榮」，俱二十卷。

〔二〕虞部員外郎　原本脱「郎」字，據袁本補。

李有中詩集二卷〔一〕　袁本前志卷四中別集類中第六十三

右僞唐李有中〔二〕。嘗爲新塗令，與水部郎中孟賓于善〔三〕。賓于稱其詩如方干、賈島之徒。賓于，晉天福中進士也。有中集内有贈韓、張、徐三舍人詩〔四〕，韓乃熙載，張乃洎，徐乃鉉也。春日詩云〔五〕：「乾坤一夕雨，草木萬方春」，頗佳。他皆稱是。1304

〔一〕李有中詩集二卷　袁本、卧雲本、經籍考卷七十皆無「集」字。沈録何校本何焯批語云：「有中，名中，宋藝文志作碧雲集三卷。」按碧雲集三卷，始見崇文總目卷五，然無撰人，宋志卷七作李中集三卷，何氏殆非實指宋志。今四部叢刊初編有影印宋本，題碧雲集三卷。

〔二〕僞唐李有中　卧雲本、經籍考「僞」作「南」。按有中名中，事見唐才子傳卷十。

〔三〕孟賓于善　袁本脱「賓于善」三字。

〔四〕有中集内　袁本、宛委本、舊鈔本、經籍考作「有中集中」。

〔五〕春日詩　原本、「日」誤作「月」，據袁本、刪改本以及碧雲集卷上本詩詩題改。宛委本、舊鈔本、經籍考亦誤。

成彥雄梅頂集一卷〔一〕　袁本前志卷四中別集類中第六十四

右僞唐成彥雄，江南進士。有徐鉉序〔二〕。 1305

〔一〕成彥雄梅頂集一卷　原本所據底本、瞿鈔本作「徐鉉梅頂集一卷」，李富孫據袁本、經籍考卷六十改正。按此條標題宛委本、舊鈔本、季録顧校本俱有竄誤，獨宛委本於本卷卷末另出一條，標題、解題俱同原本。又袁本脱「一卷」二字，富孫所據陳師曾刊本未脱。此書宋時諸目著録歧異：崇文總目卷五、通志藝文略卷八作成文幹梅嶺集五卷，總目輯者秦鑒按云：「舊本『嶺』譌『頂』，今改正。」祕續目別集類作成彥雄梅頂集一卷，宋志卷七作成文幹詩集五卷，今全唐詩卷七五九收録成彥雄詩一卷。

〔二〕右僞唐成彥雄江南進士有徐鉉序　原本所據底本脱去此十四字，李富孫據袁本、經籍考補。按瞿鈔本、舊鈔本、季録顧校本亦脱。又，富孫所據陳師曾刊本、經籍考「徐鉉」皆訛爲「劉鉉」，今據影印宋刊袁本、臥雲本、宛委本卷末條改正。序載徐公文集卷十八。

徐鉉集三十卷〔一〕　袁本前志卷四中別集類中第七十一

右僞唐徐鉉字鼎臣，廣陵人。仕楊溥，爲祕書郎〔二〕，直宣徽北院，掌文翰〔三〕。李昪時，知制誥。璟、煜時，累遷翰林學士〔四〕。歸朝，爲直學士院、給事中、散騎常侍。淳化初，坐累黜靜難軍司馬〔五〕。鉉初至京師，見御毛褐者，輒哂之。邠苦寒〔六〕，竟以冷氣入腹而卒。鉉幼能屬文，尤精小學，嘗謂爲文速則意思雄壯，緩則體勢踈慢，故未嘗沈思〔七〕。集有陳彭年序〔八〕。1306

〔一〕徐鉉集三十卷　原本所據底本脫此六字，李富孫據袁本補。臥雲本、宛委本不脫。經籍考卷六十作徐常侍集三十卷，標題乃本書録解題卷十七。沈録何校本何焯批語云：「後十卷皆入宋以後所作。」按何氏語據陳彭年徐公集序，序謂鉉仕江南所作，手勒成二十卷，其餘存者，其壻吳淑編爲十卷，通三十卷。

〔二〕仕楊溥爲祕書郎　宋史卷四四一本傳云：「仕吳爲校書郎。」

〔三〕掌文翰　袁本「掌」誤作「長」。

〔四〕璟煜時累遷翰林學士　原本脫「璟」字，據袁本補。袁本「累遷」作「累官爲」。

〔五〕靜難軍司馬　原本、宛委本、殿本經籍考「靜難」作「靖難」，據袁本、臥雲本、元刊經籍考改。按李昉所撰鉉墓誌、宋史本傳亦作「靜難」。

〔六〕邠苦寒　顧校本「邠」下有「地」字。

〔七〕故未嘗沈思　袁本、臥雲本等自「嘗謂」至此與原本異。袁本云：「爲文未嘗沈思，自云『速則意思壯，緩則體勢踈慢』云。」臥雲本、宛委本、經籍考云：「文思敏速，凡所撰述，常不喜預作。有欲從其求文者，必戒臨事即來請，往往執筆立就，未嘗沈思。常曰：『速則意思敏壯，緩則體勢踈慢。』」按原本「雄壯」疑當作「敏壯」，袁本「敏」下脱「壯」字。

〔八〕集有陳彭年序　經籍考無此六字。袁本、卧雲本、宛委本同原本。

賈島長江集十卷〔一〕　袁本前志卷四中别集類中第七十三

右唐賈島閬仙也〔二〕。詩共三百七十九首。唐書稱島「范陽人，初爲浮屠，名無本。後從韓愈，遂去浮屠，舉進士，累舉不第。文宗時，坐飛謗，謫長江主簿。會昌初，終普州司倉參軍」。今長江祠堂中有石刻，大中九年墨制也。大中，宣宗年號，與傳不合。摭言又載武宗時謫去，尤差誤〔三〕。 1307

〔一〕賈島長江集　經籍考卷六十九作賈長江集，本書録解題卷十九。袁本解題頗異，俱録於下：「右唐賈島浪仙也。燕薊人。累舉進士不第。文宗時，坐飛謗，謫長江主簿。會昌初，終普州司倉參軍。島少爲僧，名無本。後從韓愈，遂去浮屠。」

〔二〕閬仙也　袁本、卧雲本、宛委本、經籍考「閬」作「浪」。

〔三〕尤差誤　袁本無「今長江祠中」至此凡三十八字。按原本語殆出王遠跋。賈島貶長江主簿在文宗時，墨制「大中」當「大和」之誤。詳見唐集質疑、唐摭言卷十一無官受黜條。

皎然杼山集十卷　袁本前志卷四中別集類中第七十五

右唐僧皎然撰。字清晝〔一〕，吳興人。謝靈運十世孫。工篇什，德宗詔録本納集賢院，集前有于頔序并贈晝上人詩。1308

〔一〕字清晝　袁本無「清」字。按于頔吳興晝上人集序云字清晝，新唐志卷四著録皎然詩集十卷，其注云：「字清晝，姓謝。」汲古閣本毛晉識語云：「上人初名皎然，字清晝，晚年名晝，字皎然，故高僧傳與于頔序互異。」又，吳焯繡谷亭薰習録云：「詩卷及僧録（按即高僧傳）皆云皎然名晝，又頔郡齋寄贈詩注云：『早名皎然，晚字晝。』頔與同時，應無誤。獨集中每自稱晝，似又不應人皆書名，己獨字也。」袁本所據乃頔詩注歟？

貫休禪月集三十卷〔一〕　袁本前志卷四中別集類中第七十六

右唐僧貫休撰。字德隱，姓姜氏，婺州人。後入蜀，號禪月大師。初，吳融爲之序，其弟子曇域削去，別爲序引，僞蜀乾德中獻之。1309

〔一〕貫休禪月集三十卷　經籍考卷七十題作寶月詩一卷，未知所本。曇域後序曰：「葬事既周，哀制斯畢，衆請曇域編集前後所制謌詩文贊，遂尋檢稾草及暗記憶者，約一千首，乃雕刻版部，題號禪月集。」讀書志所收即曇域本，當名禪月。

清塞詩一卷〔一〕袁本前志卷四中別集類中第七十七

右唐僧清塞，字南卿。詩格清雅，與賈島、無可齊名。寶曆中，姚合涖杭〔二〕，因攜書投謁。合聞其誦哭僧詩云「凍鬚亡夜剃〔三〕，遺偈病中書」，大愛之，因加以冠巾，爲周賀云。1310

〔一〕清塞詩一卷　經籍考卷七十作周賀集一卷，本書録解題卷十九。

〔二〕姚合涖杭　袁本、臥雲本、瞿鈔本、季録顧校本、舊鈔本、經籍考「涖杭」作「爲杭」，宛委本、陳師曾刊本則作「爲杭州刺史」。

〔三〕聞其誦哭僧詩云凍鬚亡夜剃　袁本無「誦」字。

碧雲詩一卷〔一〕袁本前志卷四中別集類中第七十八

右唐僧虛中詩也。司空圖嘗以詩贈之，云：「十年太華無知己，只得虛中一首詩。」1311

〔一〕碧雲詩一卷　袁本題作「虛中碧雲詩一卷」，解題亦與原本異，俱録如下：「右唐僧虛中也。居玉笥山，嘗以詩投司空圖，酬云：『十年太華無知己，只得虛中一首詩。』其見重如此。」

薛洪度詩一卷〔一〕袁本前志卷四中別集類中第七十九

右唐薛濤字洪度〔二〕，四川樂妓〔三〕。工爲詩，當時人多與酬贈。武元衡奏校書郎。大和中卒。李肇云：「樂妓而工詩者，濤亦文妖也。」1312

〔一〕薛洪度詩一卷　袁本作「薛濤錦江集五卷」。按書録解題卷十九有薛濤集一卷，卷數與原本合。然宋時濤集今皆不傳，通行本皆後人鈔撮而成，二本異同，無由考知。
〔二〕薛濤字洪度　袁本作「薛濤洪度也」。
〔三〕四川樂妓　袁本、卧雲本、宛委本、顧校本、經籍考卷七十「四」作「西」。

花蕊夫人詩一卷　袁本前志、後志未收

右僞蜀孟昶愛姬也，青城費氏女。幼能屬文，長於詩，宫詞尤有思致。蜀平，以俘輸織室。後有罪，賜死。1313

吳越掌記集一卷〔一〕　袁本後志卷二別集類第九

右唐羅隱也。與其族人虬、鄴齊名。後歸吳越，掌錢鏐記室。集中其所著表啓也。1314

〔一〕吳越掌記集一卷　經籍考未著録此書，止於卷七十羅隱甲乙集、讒書條解題之末，附綴二十字：「又有吳越掌

袁本、卧雲本、宛委本解題頗異，其全文曰：「右唐羅隱記集一卷，隱掌錢鏐記室所著表啟也。」參見本卷甲乙集條。

掌錢鏐記室所著表啓也。

郡齋讀書志卷第十九

別集類下

神宗皇帝御集二百卷　袁本後志卷二別集類第十

右皇朝神宗皇帝撰，章惇等纂。紹聖初，以元祐中所集止九百四十三道，命惇再加編次〔一〕。至元符中，書成上之〔二〕。比元祐所編，增多八千七百三十道，分文辭、政事、邊機三門。言者謂元祐諸臣託邊機不宜洩露〔三〕，致掩没先帝盛美〔四〕，於是徧以賜羣臣云。1315

〔一〕命惇再加編次　袁本、宛委本、瞿鈔本、季録顧校本經籍考卷六十「命」上有「有旨」二字。

〔二〕書成上之　袁本、宛委本、瞿鈔本、季録顧校本、舊鈔本、經籍考無「上之」二字。

〔三〕言者謂元祐諸臣託邊機不宜洩露　袁本、宛委本、瞿鈔本、季録顧校本、舊鈔本、經籍考作「言者仍以元祐之臣託以邊機不宜洩露」。

〔四〕致掩没　袁本，宛委本、瞿鈔本，季録顧校本，舊鈔本、經籍考俱無「致」字。

范魯公集三十卷　袁本後志卷二別集類第十一

右皇朝范質字文素，大名人。後唐長興中舉進士。時和凝典貢舉，覽質程文，器之，自以登第名在十三，即以其數處質，舉子謂之「傳衣鉢」。晉天福中，爲翰林學士。周廣順初拜相。太祖受禪，加兼侍中。乾德二年，始罷爲太子太傅。卒，年五十四。將終，戒其子旻勿請謚，勿刻墓碑。質力學强記，好聚書。既登朝，猶手不釋卷。國史載其示從子詩、家書自序、薦呂餘慶趙普表三篇。1316

趙韓王集三卷　袁本前志卷四下別集類下第八十四

右皇朝趙普字則平〔一〕，薊州人，其父遷洛陽，占籍焉。乾德中，代范質爲平章事，太平興國六年及端拱初，三入相。薨，封真定王，謚忠獻，卒年七十一。普初少學術〔二〕，太宗勉之，晚年頗該博。1317

〔一〕字則平　原本「則」、「平」二字倒，據袁本乙正。

〔二〕普初少學術　袁本、宛委本、瞿鈔本、季録顧校本、舊鈔本、經籍考卷六十「少」作「無」。

柳仲塗集一卷〔一〕　袁本前志卷四中別集類下第一

右皇朝柳開字仲塗，大名人。開寶六年進士。太平興國中，上書願備邊用，換崇儀使〔二〕，知寧邊軍。徙全、桂二州〔三〕，貶復州團練副使〔四〕。居久之，復官。歷環、邠、曹、邢、代、忻、滄七州〔五〕。咸平四年，終如京使〔六〕。開幼奇警有膽氣，學必宗經。慕韓愈、柳宗元爲文，因名肩愈，字紹先〔七〕。既而易今名字，自以爲能開聖學之塗也〔八〕。集乃門人張景所編。歐公嘗推本朝古文自仲塗始〔九〕。 1318

〔一〕柳仲塗集一卷　按讀書志著録開集乃張景本。景序云：「今緝其遺文，得其九十六首，編成十五卷，命之曰河東先生集。」與此標題、卷數皆不合，未詳其故。趙希弁讀書附志卷下有景編十五卷本，可參看。

〔二〕换崇儀使　宛委本、陳師曾刊本「换」作「授」。按柳公行狀云：「公奉詔改崇儀使、知寧邊軍。」

〔三〕徙全桂二州　袁本「州」訛作「年」。

〔四〕貶復州團練副使　按本集附柳公行狀謂淳化三年貶滁州團練副使，宋史卷四四〇本傳同讀書志。

〔五〕歷環邠曹邢代忻滄七州　袁本脱「邢」字。原本、袁本「七」皆誤「五」，據宛委本、經籍考卷六十改。按開淳化四年知環州，明年春移邠州，至道元年知曹州，秋八月，移邢州。咸平元年，出知代州，明年夏移忻州，明年春知滄州，凡歷七州。詳柳公行狀。

〔六〕終如京使　原本所據底本、宛委本、瞿鈔本、季録顧校本、舊鈔本、元刊本經籍考皆作「終如京使」，李富孫據袁本改原本所據底本作「終於京師」。按太宗以節鎮、刺史多用武臣，不曉政事，欲兼用文士，乃以鄭宣等人爲如京使，開於真宗咸平元年加如京使，知代州。又，據行狀云，開於咸平四年二月受命徙滄，亟發其首，自忻州乘肩舁至并州，未至滄，於三月有六日卒於并。亦非「卒於京師」。袁本誤，今改回。

〔七〕字紹先　原本黄丕烈校語云：「『先』，瞿鈔本『元』，蓋『紹元』意猶『肩愈』也，疑『元』字是。通考『元』。」按宛委本、季録顧校本、舊鈔本、百衲本宋史卷四四〇本傳亦作「紹元」，河東先生集卷二東郊野夫傳、卷十六柳公行狀同原本。按開以宗元爲其祖，未必用「元」字。

〔八〕自以爲能開聖學之塗也　袁本無「能」字，袁本、宛委本、瞿鈔本、季録顧校本、舊鈔本、經籍考「學」作「道」。按河東先生集卷五答梁拾遺改名書嘗自明改名之意，云：「其意謂將開古今聖賢之道，於時也，將開今人之耳，使聽且明，必欲開之爲塗矣。」

〔九〕歐公　顧校本作「歐陽公」。

胡周父文集十卷　袁本前志卷四中別集類下第二

右皇朝胡旦字周父，渤海人。太平興國三年進士第一人。知海州，上河平頌。先是，盧多遜、趙普罷，頌內有「逆遜投荒，姦普屏外」之語〔一〕，太宗怒，貶商州團練副使〔二〕。上平燕八議，召復官，再遷知制誥。翟馬周上封事，斥時政，語連旦，謫坊州團練副使。復召知制誥。草王繼恩制，辭溢美，流潯州。景德初，以目病致仕〔三〕，終祕書監。爲人雋辨强敏〔四〕，少有大志，力學以贍博聞。雍熙、淳化間奏御之文，爲時推賞〔五〕。晚節黷貨，多干擾州縣，持吏短長，時論薄之。1319

〔一〕頌內有逆遜投荒姦普屏外之語　袁本「荒」作「遠」，宋史卷四三二本傳引河平頌「投荒」作「遠投」。又，袁本、宛委本、舊鈔本、經籍考卷六十俱無「內」字，「語」作「句」。

〔二〕貶商州團練副使　袁本「商」訛作「啇」。沈録何校本何焯批語云：「此石介之前車也。」

〔三〕以目病致仕　原本無「目」字，據袁本、宛委本、經籍考補。本傳云：「已而失明，以秘書省少監致仕。」

〔四〕雋辨强敏　袁本、宛委本「辨」作「辯」。

〔五〕爲時推賞　宛委本「推」作「稱」。

寇忠愍詩三卷〔一〕　袁本前志卷四中別集類下第三

右皇朝寇準字平叔〔二〕。華州人。太平興國中舉進士科〔三〕。淳化五年，參知政事〔四〕，定策立真宗爲皇太子。景德元年，拜平章事〔五〕。契丹入寇，決親征之策。凡三入相〔六〕。真宗不豫，皇后預政，準白上，請太子監國，因令楊億草制，且進億以代丁謂。詰朝，準被酒漏言，累貶雷州司户，徙衡州司馬，卒〔七〕。仁宗時，贈中書令，謚忠愍，嘗封萊國公。初，篤學喜屬文，尤長詩什，多得警句。在相位，論議忠直，不顧身謀。仇邪媒孽，既以譎死，或又謗之云：「在相位時，與張齊賢相傾，朱能爲天書降乾祐〔八〕，準知而不言。」曾子固明其不然〔九〕，曰：「審如是〔一〇〕，丁謂拂鬚，固足以悦之。」司馬温公訓儉文亦言其奢侈，子孫丐於海上。然以史考之，萊公蓋無子也〔一一〕。集有范雍叙，共二百四十首。「野水無人渡」及江南春二首，皆在；獨「到海只十里」之詩已亡其全篇矣。1320

〔一〕寇忠愍詩三卷　趙希弁附志卷下云：「讀書志云寇忠愍詩三卷，希弁所藏巴東集乃公自編而爲之序，凡一百五十有六篇。」按準集先自擇編刊於巴東，名巴東集，後范雍增輯爲二百四十首，類而次爲上、中、下三卷，至宣和五年王次翁重刊於道州，隆興元年辛敎又以王版刻於邘上。讀書志著録乃雍編本。

〔二〕字平叔　按宋史卷二八一本傳云字平仲。

〔三〕舉進士科　袁本、經籍考卷七十二「舉」作「登」。

〔四〕淳化五年參知政事　袁本此下有「切直上怒起輒挽衣留以俟處決」十三字。

〔五〕拜平章事　原本「拜」訛作「辭」，據袁本、宛委本、瞿鈔本、季録顧校本、舊鈔本、經籍考改。按準於景德元年八月拜相，見宋史卷七真宗紀二。

〔六〕凡三入相　袁本無此四字，其文作：「三年出知陝州。大中祥符七年，同平章事。明年罷。天禧三年復相。」

〔七〕徙衡州司馬卒　袁本此下尚有三十九字：「後詔許歸葬，公安縣民擁道設祭，立竹焚紙。竹無根株，踰月皆自生。民即其地立祠，名其竹曰『寇公竹。』」

〔八〕未能爲天書　袁本、宛委本「爲」作「謂」，誤。按寇準奏天書在天禧三年三月，見續資治通鑑長編卷九十三。

〔九〕曾子固　袁本作「曾鞏」。

〔一〇〕審如是　袁本「審」上有「準」字。

〔一一〕蓋無子也　袁本無「司馬温公」至此凡二十九字。按準性豪侈，可參見歸田録卷二、石林燕語卷四。

張師黯集五十卷　袁本後志卷二別集類第十二

右皇朝張洎字師黯，滁州人。仕李煜〔一〕，知制誥、中書舍人。歸朝爲史館修撰、翰林學士。淳化中，參知政事。至道二年，卒。洎風神灑落，文辭清麗，通釋氏學。然性險陂而諂附〔二〕。集有吴淑序，其子安期所編〔三〕。咸平五年上之。1321

〔一〕仕李煜　顧校本作「初仕李煜」。

〔二〕險陂而諂附　袁本「陂」作「詖」。

〔三〕其子安期所編　袁本「期」作「順」。按宋史卷二六七洎傳作「期」，袁本誤。

王元之小畜集三十卷　袁本前志卷四中別集類下第四

右皇朝王禹偁字元之，鉅野人。家微賤〔一〕，九歲能爲歌詩，畢士安見而異之。及長，善屬文。太平興國八年登進士第。端拱初，試文，擢左司諫〔二〕、知制誥，判大理寺。辨徐鉉罪，忤上旨〔三〕，貶商州團練副使。久之，復召知制誥，入翰林爲學士。孝章皇后崩，梓宮遷至主第〔四〕，禹偁謂后嘗母儀天下，當用舊典。以謗訕，左遷知滁州〔五〕。真宗即位，復召掌制誥〔六〕，修太宗實録〔七〕，坐語涉輕誣，出守黄州，徙蘄州，卒，年四十八〔八〕。元之辭學敏贍，獨步一時，鋒氣俊厲〔九〕，極談世事，臧否人物，以直道自任，故屢被擯斥。喜稱獎後進，當世名士，多出其門下〔一〇〕。集自爲序〔一一〕。1322

〔一〕家微賤　顧校本作「家素微賤」。

〔二〕左司諫　宛委本、經籍考卷六十「左」作「右」。按宋史卷二九三本傳云「端拱初，太宗聞其名，召試，擢右拾遺、直史館，賜緋。」二年，拜左司諫、知制誥。

〔三〕忤上旨　袁本、宛委本、舊鈔本、經籍考無「上」字。

〔四〕遷至主第　袁本、經籍考無「至」字。按孝章皇后崩，遷梓宮于故燕國長公主第。見宋史禹偁傳。

〔五〕以謗訕左遷知滁州　袁本作「坐謗訕，出知商州，徙揚州。」按禹偁小畜集自序云：「至道二年乙未，黜守滁上，得尚書工部郎中，明年十二月，移知廣陵。」據此，袁本「商」乃「滁」之訛，「楊」乃「揚」之訛。

〔六〕掌制誥　袁本、宛委本、經籍考無「制」字，疑脱。

〔七〕修太宗實録　按禹偁預修乃太祖實録，以直書遭貶。事見宋史本傳、卷二六六錢若水傳，參小畜集卷二十二知黄州上謝表。

〔八〕出守黄州徙蘄州卒年四十八　袁本作「出黄州」，無此十二字，疑脱。沈録何校本已補。

〔九〕鋒氣俊厲　袁本作「鋒鋭氣厲」。

〔一〇〕多出其門下　袁本「出」下有「於」字。

〔一一〕集自爲序　袁本「爲」作「有」，顧校本「爲」下有「之」字。

宋文安集一百卷　袁本前志卷四中別集類下第五

右皇朝宋白字素臣〔一〕，開封人。年十二，善屬文〔二〕。建隆二年進士，調嘉州玉津令。從太宗平晉〔三〕，獻頌，上嘉之，累擢翰林學士。祥符中卒〔四〕，謚文安。白之文頗浮麗，而理致或不工。典貢舉，取王禹偁、田錫、胡旦，時稱得人〔五〕。 1323

〔一〕字素臣　宋史卷四三九本傳云白字太素，書録解題卷十七同本傳。

〔二〕年十二善屬文　宋史本傳云：「年十三，善屬文。」

〔三〕從太宗平晉　袁本無「從」字，疑脱。

〔四〕祥符中卒　袁本無「祥符中」三字，蓋脱去。宋白太平祥符五年卒，年七十七。

〔五〕時稱得人　經籍考卷六十此下尚有「又名廣平集」五字，按經籍考乃取之書録解題，書録解題著録白集標題爲廣平公集一百卷。

晁文元道院別集十五卷法藏碎金録十卷〔一〕耄智餘書三卷昭德新編三卷理樞一卷〔二〕

袁本前志卷四中別集類下第六

右五世祖文元公也。諱某〔三〕，字明遠，澶州人。自父始從家彭門。幼從王禹偁學，太平興國五年進士。至道末，擢右正言、直史館、知制誥，入翰林爲學士，加承旨，眷禮優厚。天禧中，祈解近職，判西京留司御史臺。居六年，請老，以太子少保致仕，終少傅，年八十四。文元，謚也。國史云：公樂易淳固，守道甚篤，雖貴勢無所摧屈。嘗言歷官臨事，未嘗挾情害人以售進，保全護固，如免髮膚之傷。真宗數稱其長者。楊億謂其所作書命，得代言之體〔四〕。李獻臣亦言公服膺墳典〔五〕，耆年不倦。少遇異人，指導心要，不喜術數之説。疑文滯義，須質正而後已〔六〕。文章典贍，書法端楷〔七〕，時輩推重。自唐以來，世掌誥命者〔八〕，惟楊於陵及見其子〔九〕，而晁氏繼之。延譽後進，其門人如宋宣獻、晏元獻〔一〇〕、李邯鄲，皆爲世顯人。集皆自有序及李遵勗後序〔一一〕。自經兵亂，六世圖書，焚棄無孑遺。法藏碎金世傳最廣，先得之於趙郡蘇符，昭德新編則得之於丹稜李燾，道院別集則得之於知閬州王輔〔一二〕，耄智餘書則得之於眉山程敦厚，理樞則得之於澠池集中〔一三〕。1324

〔一〕法藏碎金録十卷　按此書宋之後久不傳，至明嘉靖乙巳，迥裔孫瓌始從内閣録出，鋟板以行，更名迦談。四庫提要卷一四五謂讀書志以此書附道院别集入别集類爲不類，云：「公武既不敢削其祖宗之書，不著於録，又不肯列之釋氏，貽論者口實，進退維谷，故姑以附載回護之。」陳垣中國佛教史籍概論卷五以爲提要撰者乃「以己之心度古人之心」。誠是，公武以佛學爲家學，不以學佛爲諱。然此書多言佛理，乃宗門語録之類，終以入釋家類爲安。

〔二〕耄智餘書三卷昭德新編三卷理樞一卷　袁本無此十六字。按迥之撰述，除讀書志著録五種，尚有翰林集三十卷、道命録十五卷、隨因紀述三卷、別書金坡遺事等（參見宋史本傳、東都事略卷四十六），自經火厄兵亂，遺落佚失甚衆，此衢本增補三種，當公武入蜀後所得，而撰刊袁本時，殆尚未得書。耄智餘書、昭德新編二書，書録解題皆入卷十雜家類。又，耄智餘書之「書」經籍考譌作「言」。

〔三〕諱某　宛委本、經籍考卷六十一作「諱迥」，當系後人妄改，公武避家諱，不稱先祖名。

〔四〕得代言之體　袁本脱「得」字。

〔五〕公服膺墳典　原本脱「公」字，據袁本、舊鈔本補。

〔六〕須質正而後已　袁本脱「而」字。

〔七〕書法端楷　袁本、宛委本、經籍考作「書法楷正」，袁本「楷」訛作「揩」。

〔八〕掌誥命者　袁本「誥」訛作「告」。

〔九〕及見其子　袁本脱「見」字。按此乃宋綬語，見宋史卷三〇五晁宗慤傳。

〔一〇〕晏元獻　袁本、宛委本、「獻」作「憲」，誤。按迥門人位顯者有宋綬、晏殊、李淑，殊謚元獻，見宋史卷三一一晏殊傳。

〔一一〕集皆自有序　袁本「自」、「有」互倒。

〔一二〕道院別集　經籍考「別集」作「集要」，誤。

〔一三〕澠池集中　宛委本、翟鈔本、季録顧校本、舊鈔本「集」作「卷」。按澠池集，未詳何書。又，袁本無「自經兵亂」至此凡七十七字。

晁文元道院集要三卷　袁本後志卷二別集類第十三

右皇朝王古編〔一〕。其序云：「文元晁公，博觀内書〔二〕，不徒力行〔三〕，復勤於撰述，以開導後學〔四〕。其書曰道院別集，曰自擇增修百法，曰法藏碎金，曰隨因紀述〔五〕，曰耄智餘書。余嘗徧閱之，以爲名理之妙〔六〕，雖白樂天不迨也。輒删去重複，總集精粹，以便觀覽」云。古，元祐中侍從。1325

〔一〕王古　按元祐黨人碑有二王古，此乃字敏仲者，見陸心源元祐黨人傳卷三。書録解題卷十二「古」訛作「右」。

〔二〕博觀内書　袁本「博」作「得」，疑誤。明嘉靖晁瑮重刊慶元黄汝嘉本王古序同原本。

〔三〕不徒力行　原本「行」作「得」，據袁本、宛委本、經籍考改。明刊本古序云：「不徒强學而力行，復勤于譔述。」

〔四〕開導後學　明刊本古序「學」作「覺」。

〔五〕隨因紀述　袁本「紀」作「記」。

〔六〕以爲名理之妙　袁本「爲」作「謂」，明刊本同原本。

楊文公刀筆集十卷〔一〕　袁本前志卷四中別集類下第七

右皇朝楊億字大年，建州人。祖文逸嘗夢一羽人，自稱懷玉山人，覺而億生，白毛被體，其長盈尺，踰月始墮。雍熙初，以才名聞，年纔十一。召至闕下，面試詩賦〔二〕，授祕書省正字，宰臣等賀得神童。淳化中，奏二京賦，命試禁林，賜進士第。久之，直集賢院。修永熙實録〔三〕，獨成五十六卷。真宗即位，累擢知制誥，入翰林爲學士。祥符中，母病陽翟〔四〕，謁告，不待報〔五〕，歸省。俄自以疾丐解官〔六〕，以太常少卿分司。病愈，起知汝州，復爲學士。卒，年四十七。天性穎悟，自幼迄終〔七〕，不離翰墨。爲文敏速，對客談笑，揮毫無滯。博聞强記，於歷代典章制度，尤所該洽〔八〕，時多取正。樂道人善，後進翕然宗之。然評品人物，黑白太明，姦邪疾惡之，故屢被讒毁。真宗愛其材，特保持之，僅免焉。景祐中，王晦叔上其代寇相請皇太子親政疏草〔九〕，仁宗嘉歎，特贈禮部尚書，謚曰文。刀筆集有陳詁序，凡三百六十三首。1326

〔一〕刀筆集　原本無「集」字，據袁本補，本書解題亦作「刀筆集」。

〔二〕面試詩賦　袁本、宛委本、瞿鈔本、季録顧校本、舊鈔本、經籍考卷六十一「面試」上有「得對」二字，疑原本脱。

〔三〕永熙實録　原本「實」作「寶」，據袁本、經籍考改。按永熙實録即太宗實録，太宗陵寢名永熙。宛委本亦誤。

〔四〕陽翟　袁本「陽」訛作「楊」。按億别墅在陽翟。

〔五〕不待報　袁本「待」訛作「得」。

〔六〕以疾丐解官　袁本「疾」作「病」。

〔七〕自幼迄終　袁本、宛委本、瞿鈔本、舊鈔本、季録顧校本、經籍考「終」作「老」。

〔八〕尤所該洽　袁本「洽」作「通」。

〔九〕代寇相請皇太子親政疏草　袁本、宛委本、瞿鈔本、季録顧校本、舊鈔本、經籍考「代」作「爲」。袁本「子」作「后」，誤。按天禧末，真宗久疾居宫中，事多決於劉皇后，宰相準嘗密奏請皇太子親政，事見宋史卷二四二后妃傳上。

張乖崖集十卷　袁本前志卷四中别集類下第八

右皇朝張詠字復之，濮州人。太平興國中進士〔一〕。累擢至樞密直學士、御史中丞、禮部尚書，卒年七十。少好擊劍，兼通術數，爲文尚氣，不事雕飾，自號乖崖。公知益州，恩威並著，至今人畏愛之。錢易所撰墓誌、李畋所纂語録附於後。　1327

〔一〕太平興國中進士　袁本「中」作「初」。按詠舉進士在太平興國五年，見宋史卷二九三本傳，似不當言「初」。

陳文惠愚丘集二卷潮陽編一卷〔一〕　袁本前志卷四中别集類下第九

右皇朝陳堯佐字希元，閬州人。端拱初進士，累遷三司副使，修永定實録，擢知制誥，歷韶、廬、壽、洛、并、同、雍、鄭八州。景祐四年〔二〕，召拜同中書門下平章事。旋以太子太師致仕〔三〕。年八十二卒。號知餘子，謚文惠。堯佐屬辭尚古，不牽世用，喜爲二韻詩，辭調清警可雋味〔四〕。集皆自有序。1328

〔一〕陳文惠愚丘集二卷潮陽編一卷　經籍考卷六十一題作「陳文惠公愚邱集」，脱卷數及「潮陽編一卷」五字，且誤置讀書志解題於「陳氏曰」下。按宋史卷二八四本傳云堯佐「有集三十卷，又有潮陽編、野廬編、愚丘集、遣興集」。

〔二〕景祐四年　經籍考「祐」誤作「德」。

〔三〕旋以太子太師致仕　袁本「旋以」作「後」。

〔四〕可雋味　袁本、宛委本作「號雋味」，經籍考作「雋永」，王聞遠鈔本作「雋永可味」，舊鈔本同原本。

田表聖咸平集五十卷　袁本後志卷二別集類第十四

右皇朝田錫字表聖，其先京兆人，唐末徙於蜀。國初，與胡旦、何士宗齊名。中太平興國三年進士第〔一〕。歷相臺〔二〕、桐廬、淮陽、海陵四郡守，知制誥，終於諫議大夫。范仲淹、司馬光讀其書〔三〕，皆稱其直諒〔四〕，蘇軾亦以比賈誼云。1329

〔一〕太平興國　袁本、宛委本、舊鈔本、經籍考卷六十一無「太平」二字。

〔二〕相臺　原本作「滑臺」，誤，據袁本、宛委本、經籍考改。按范文正公集卷十二贈兵部尚書田公墓誌、宋史卷二九三本傳皆謂錫知相州，相州即相臺。

〔三〕司馬光　原本所據底本「馬」訛作「司」，黃丕烈據瞿鈔本、經籍考改正。按袁本、宛委本不誤。

〔四〕皆稱其直諒　袁本無「其」字。

李仲方集二十卷　袁本後志卷二別集類第十五

右皇朝李維，字仲方。雍熙二年進士。景德中，知制誥，遷中書舍人，爲翰林學士承旨。年七十一。維以文學進，至老手不釋卷，能詩嗜酒，嘗謂人曰：「人生詩酒足，則尚何營哉〔一〕！」1330

〔一〕則尚何營哉　宛委本無「則」字。

民士編一十九卷〔一〕　袁本後志卷二別集類第十六

右皇朝陳充撰。充，成都人。雍熙中，擢甲科，仕至刑部郎中。知祥符六年貢舉〔二〕。卒年七十。辭學典贍，性曠達，善談謔，澹於榮利，自號中庸子。「民士」云者，蓋其未仕已仕前後所著文也。嘗以唐牛僧孺善惡無餘論爲害教，著書反之，國史稱焉。今集載其論兩篇。1331

〔一〕民士編一十九卷　四庫闕書目別集類、宋志卷七俱作民士編二十卷，宋史卷四四一本傳亦謂有集二十卷。

〔二〕知祥符六年貢舉　按宋史本傳云：「景德中，與趙安仁同知貢舉。」又云：「大中祥符六年，出權西京留守御史臺，旋以本官分司卒，年七十。」疑此有誤。

孫漢公集三十卷　袁本前志卷四中別集類下第十

右皇朝孫何字漢公，蔡州人。淳化三年應進士，殿省俱中第一。四遷起居舍人、知制誥。性卞急，嘗任京西東、兩浙轉運副使〔一〕，頗事苛察。幼篤學嗜古，爲文宗經義〔二〕，與丁謂同爲王元之所稱，時謂之「孫、丁」。集有丁謂序。1332

〔一〕嘗任京西東兩浙轉運副使　袁本、經籍考卷六十一「副」、「使」互倒。按何嘗任京西轉運副使、京東轉運副使、兩浙轉運使。見宋史卷三〇六本傳。

〔二〕爲文宗經義　袁本、宛委本無「義」字。當脫去。

丁晉公集四卷　袁本前志卷四中別集類下第十一

右皇朝丁謂字公言，初字謂之，蘇州人。淳化三年進士。累遷知制誥，出知鄆州、亳州、昇州〔一〕。天禧四年，拜平章事。俄以户部罷。未幾復相，封晉國公。乾興中，坐擅改永定陵，貶崖州司户，更赦徙道州。明道末，以祕書監召還，卒於光州。幼聰敏，書過目輒記不忘〔二〕，善爲古文章，尤工詩什。憸巧險詖，世鮮其儔。大中祥符初，上欲封禪〔三〕，未堅決〔四〕，謂因言「大計有餘」，議遂定。當時所奏祥瑞事，皆謂及王欽若附會成之〔五〕。性喜圖畫、博弈及音律。集皆詩也。吳人自陸宣公後，至謂始相本朝。熙寧以來，議者莫不指謂爲姦邪之首，自王安石用事，則稱其賢智云。王安石之大概亦從可知矣〔六〕。1333

〔一〕出知鄆州亳州昇州　袁本、宛委本、經籍考卷六十一作「出知鄆、亳、昇三州」。

〔二〕書過目　袁本、宛委本、經籍考「過」作「經」。

〔三〕上欲封禪　袁本作「議封禪」。

〔四〕未堅決　袁本作「未決」。

〔五〕附會成之　袁本、宛委本、瞿鈔本、季録顧校本、舊鈔本、經籍考作「預焉」。

〔六〕亦從可知矣　袁本、宛委本、瞿鈔本、季録顧校本、舊鈔本、經籍考自「性喜圖畫」至此異於原本，其文曰：「喜圖畫、博弈、音律。吳人自陸宣公後，至謂始相本朝。熙寧以前，議者莫不指謂爲姦邪之首，自王安石用事，頗稱其賢智云。集皆詩也。」

鮮于伯圭集一卷　袁本前志卷四中別集類下第十三

右皇朝鮮于瓌字伯圭〔一〕，閬中人。文章爲一時之冠。累舉不第，嘗作擫愁詞，時人稱之。李宗諤贈詩云：「漢殿無人薦揚子〔二〕，滿朝空誦擫愁詞。」後與宗諤同年登科，名列第四〔三〕。趙普判秦州，辟爲觀察推官，卒。1334

〔一〕鮮于瓌字伯圭　顧校本作「鮮于伯圭名瓌」。

〔二〕贈詩云漢殿無人薦揚子　顧校本「詩」下有「有」字。

〔三〕與宗謂同年登科名列第四　袁本、宛委本、經籍考卷六十一作「與宗謂同年第四人登科」。

劉中山刀筆二卷淝川集四卷〔一〕　袁本前志卷四中別集類下第十二

右皇朝劉筠字子儀，大名人。咸平元年進士，三遷右正言、直史館，以司諫知制誥，出知鄧、陳兩州，召入翰林爲學士。嘗草丁謂、李迪罷相制，既而又命草制，復留丁謂，筠不奉詔，遂出知廬州。再召爲學士，月餘以疾知潁州〔二〕，後召入翰林〔三〕，加承旨。未幾，進户部、龍圖閣學士，再知廬州。爲人不苟合，學問宏博〔四〕，文章以理爲主〔五〕，辭尚緻密〔六〕，尤工篇詠，能侔揣情狀，音調淒麗。自景德以來，與楊億以文章齊名，號爲「楊、劉」，天下宗之。刀筆集并淝川集，有黄鑑序〔七〕。 1335

〔一〕劉中山刀筆二卷淝川集四卷　袁本「二卷」作「三卷」，宛委本、經籍考卷六十一同原本。按書録解題卷十七著録中山刀筆集三卷，并引中興館目，謂筠別有册府應言集十卷、榮遇集十二卷、表奏六卷、淝川集四卷。宋志卷七同中興書目，唯「中山」倒作「山中」、「淝」作「肥」、榮遇集作二十卷。四庫闕書目別集類著録表奏集七卷、榮遇集二十卷、肥川後集一卷，宋史卷三〇五本傳謂筠有册府應言、榮遇、禁林、肥川、中司、汝陰、三入玉堂凡七集。今兩宋名賢小集中有肥川小集一卷。

〔二〕以疾知潁州　袁本作「以病知穎州」，「穎」當「潁」之誤。顧校本「知」上有「出」字。

〔三〕後召入翰林　袁本無「後」字。宛委本、瞿鈔本、季録顧校本、舊鈔本、經籍考「後」作「三」。按鈞於真、仁二朝，凡三入禁林，三典貢部，見宋史本傳。

〔四〕學問宏博　袁本、經籍考「宏」作「閎」。

〔五〕以理爲主　袁本、經籍考「主」作「宗」。

〔六〕辭尚緻密　按原本所據底本，瞿鈔本、顧校本、季録顧校本自此至本卷卷末全脱。原本以經籍考配補（間有據袁本配補者。在當條下注明），校以袁本，其異文作夾注置正文間。今以殿本、元刊本經籍考與影印宋袁本覆校，夾注仍移至該條解題校注中。又，宛委本止載見於袁本前志諸條，見於後志者悉未著録，疑宛委本原闕簡同諸衢本而嘗據前志補其闕。

〔七〕刀筆集并淝川集有黄鑑序　原本脱「并淝川集」四字，據袁本、宛委本補。又，袁本無「有」字。

張晦之集二十卷〔一〕　袁本後志卷二別集類第十七

右皇朝張景，字晦之。師事柳開，學爲古文〔二〕，名震一時。卒官至廷評，年四十九〔三〕。集有文百九十三首。禹偁所編〔四〕，并爲之序。 1336

〔一〕張晦之集二十卷　舊鈔本自此至本卷末全脱。

〔二〕師事柳開學爲古文　袁本作「少師事柳開爲古文」。

〔三〕卒官至廷評年四十九　袁録何校本作「官至廷評，卒年四十九。」疑是。

〔四〕禹偁所編　袁録何校本「禹偁」上補「王」字。

种明逸集六卷〔一〕　袁本前志卷四中別集類下第十六

右皇朝种放字明逸，長安人〔二〕。隱終南之豹林谷。咸平中，遣使召赴闕，授左司諫，累遷諫議大夫、給事中。祥符八年，終工部侍郎。放通經史，七歲能屬文。不喜釋氏，常裂佛書以製帷帳。著嗣禹説。在朝有所啟奏，時無知者，楊億譏其循默，真宗乃出其議十三篇〔三〕，以示輔臣。晚年頗嗜酒〔四〕，盛與服。王嗣宗知京兆，嘗條上其不法，詔問狀。不娶，無子。集乃姪孫説所編，范異爲之序〔五〕。卷首載真宗詔書及御製詩十首。 1337

〔一〕种明逸集六卷　袁本「集」作「詩」。按放集崇文總目卷五有种隱君小集二卷，四庫闕書目別集類、祕續目別集類有种放詩一卷、种放文集二卷，中興書目卷五有种放集十卷、江南小集二卷，書録解題卷十七、讀書附志卷下有江南小集二卷，宋志卷七有种放集十卷、李介种放江南小集二卷，標題、卷數皆無與讀書志合者。江南小集二卷乃淳化三年李介編刊於九江，與本條下文所言編者不同，當是別本。讀書志之六卷，或即十卷本之殘帙。

〔二〕長安人　書録解題、讀書附志、宋史卷四五七本傳皆云「洛陽人」。

〔三〕出其議十三篇　沈録何校本「議」上補「時」字。按宋史本傳曰：「上嘗語近臣曰：『放爲朕言事甚衆，但外廷無知者。』因出所上時議十三篇。」疑脫「時」字。

〔四〕嗜酒　袁本、宛委本「嗜」作「縱」。

〔五〕范巽爲之序　袁本「爲」、「之」二字互倒。

晏元獻臨川集三十卷紫微集一卷〔一〕　袁本前志卷四中別集類下第十四

右皇朝晏殊字同叔，臨川人。景德二年〔二〕，張知白薦，得召，賜同進士出身，再試文，擢祕書正字，爲昇王府記室，累擢知制誥、翰林學士。寶元三年〔三〕，拜平章事。四年，坐事，罷知潁川〔四〕。歷陳、許、雍洛〔五〕，以疾歸，侍經席，卒。性剛峻，幼孤篤學〔六〕，爲文温純應用，尤長於詩，抒情寓物，辭多曠達。當世賢士，如范文正、歐陽文忠皆出其門〔七〕；女適富鄭公、楊察，世稱其知人〔八〕。集有兩本，一本自作序。1338

〔一〕晏元獻　袁本、宛委本「獻」訛作「憲」。

〔二〕景德二年　袁本、宛委本「二」作「三」。按六一居士集卷二十二晏公神道碑銘云：「年始十四，一日起田里，進見天子。」又云：「故丞相張文節公安撫江西，得公以聞。真宗召見，賜進士出身。」以神道碑所言殊卒於至和二年，年六十五計，十四歲當景德元年。宋史本傳云：「景德初……帝召殊與進士千餘人並試廷中……帝嘉賞，賜同進士出身。」宋史卷七真宗紀二：景德二年「三月甲寅，御試禮部貢舉人。」據此，殊廷試當在二年，而知白薦舉則當在元年或二年初，終不得在三年，袁本、宛委本誤。

〔三〕寶元三年　按仁宗寶元止二年。宋史卷二一一宰輔表二云：慶曆二年七月壬午，殊自樞密使加同平章事；三年三月戊子，自檢校太尉、刑部尚書、同平章事加同中書門下平章事、集賢殿大學士，并兼樞密使；四年九月庚午，同中書門下平章事，殊爲孫甫、蔡襄所論，以工部尚書知潁州。又，讀書志下文連書「四年坐事罷知潁州」，不署年號，故「寶元」當「慶曆」之誤。

〔四〕四年坐事罷知潁川　沈録何校本「川」作「州」，宋史宰輔表、本傳亦作「州」。又，袁本、宛委本無此八字，其文云：「坐撰李宸妃墓銘不言上宸妃所出及役兵治產事，四年罷知潁川。」按仁宗乃李宸妃所出，然劉皇后以爲己子。事具宋史卷二四二后妃傳上。明道二年三月，宸妃崩，仁宗始知宸妃爲生母。見宋史卷十仁宗紀二。時殊撰宸妃墓誌，只言生女一人早卒，無子。見龍川別志卷上。遂罷參知政事，出知亳州。見仁宗紀。據此，殊坐撰墓誌而罷官事，當在明道，所罷既非相職，貶所亦非潁州(潁川)。

〔五〕歷陳許雍洛　原本「洛」訛作「終」，據袁本改。按本傳云殊「徙陳州，又徙許州，稍復禮部、刑部尚書。祀明堂，遷戶部，以觀文殿大學知永興軍，徙河南府」。永興軍即雍州，河南府即洛陽。

〔六〕幼孤篤學　袁本「篤」作「獨」，誤。

〔七〕歐陽文忠　原本脱「陽」字，據袁本補。

〔八〕世稱其知人　袁本「人」下有「云」字。

范文正公集二十卷別集四卷〔一〕　袁本前志卷四中別集類下第十五

右皇朝范仲淹字希文，其先邠人。大中祥符八年進士。仕至樞密副使、參知政事。謚文正〔二〕。爲學明經術，跂慕古人事業，慨然有康濟之志，作文章尤以傳道爲任。事母至孝。姑蘇之范，皆疏屬，置義莊以賙給之。天下想聞其風采，賢士大夫以不獲登門爲恥〔三〕。獨梅堯臣嘗著碧雲騢以譏詆之云〔四〕。 1339

〔一〕范文正公集二十卷別集四卷　袁本、宛委本作「丹陽編八卷」。按原本以經籍考卷六十一配補，而經籍考則本書録解題卷十七。標題當從袁本。按仲淹集原名丹陽編（或曰丹陽集），詩賦五卷、雜文十五卷，元祐四年蘇軾爲之序，見東坡七集前集卷二十四范文正公文集叙。初刊本嘗爲傅增湘所藏，見藏園羣書題記卷五。孝宗乾道三年，邵武俞翊又曾鋟版。淳熙十三年鄱陽從事綦焕重刊乾道本，寧宗嘉定五年，宋鈞等又重修淳熙本。此嘉定遞修本曾爲陸心源（見儀顧堂集卷二十）、楊紹和（見楹書隅録卷四）、莫伯驥（見五十萬卷樓藏書目録初編卷十六）等人所得。據綦焕跋，別集乃綦氏所編。別集刊於淳熙十三年，而公武卒於十一年之前，讀書志豈能著録？經籍考取書録解題標題而棄其解題，李富孫等未能審察，徑取配補，遂襲其誤。

〔二〕謚文正　袁本、宛委本自「大中祥符八年進士」至此，其文頗詳：「大中祥符八年進士。幼隨母適朱氏，名悦，後復今姓名。擢右司諫。爭廢郭后事，出守睦、蘇二州。以召充天章閣待制知開封府。獻百官圖詆宰相，奪職知饒州。歷潤、越。寶元初，知永興、陝西經略副使。涇原帥敗，例降官，知耀州，幾月，改環慶，遷四路經略招討使。慶曆元年，召拜樞密副使、參知政事。明年，宣撫河東、陝西，俄知邠州。病，請南陽，徙杭、青二州，卒。謚文正。」袁録何校本何焯校語云：「卒於潁州。」按據本集附年譜云：「皇祐四年壬辰，年六十四。春正月戊午，徙知潁州。夏五月二十日，至徐州，薨。」又宋史卷三百一十四本傳言「徙青州，會病甚，請潁州，未至而卒。」疑何氏誤。

〔三〕不獲登門爲恥　袁本、宛委本「門」上有「其」字。

〔四〕獨梅堯臣嘗著碧雲騢以譏詆之云　袁本、宛委本「碧雲騢」作「碧雲霞一編」，句末有「集有蘇子瞻叙」五字。沈録何校本何焯批語云：「魏泰所託聖俞，子止何緣不知？」魯巖所學集卷六再跋郡齋讀書志亦云：「按碧雲騢爲魏泰所撰假名梅堯臣以誣文正公者，而此失於考證也。」按參見本書卷六碧雲騢條。

李復古集一百卷〔一〕　袁本前志卷四下別集類下下第一

右皇朝李迪字復古〔二〕，濮州人。少從柳開學，爲古文。開嘗謂其門人張景、高弁曰：「此公輔器也。」景祐初，應進士，擢居第一〔三〕。累遷翰林學士，拜同中書門下平章事。後致仕，謚文定。1340

〔一〕李復古集一百卷　袁本無「百」字，宛委本同原本，袁本脱文。

〔二〕李迪字復古　袁本、經籍考卷六十一皆無「字」字，宛委本同原本。

〔三〕景祐初應進士擢居第一　按宋史卷三一〇李迪傳、張方平樂全集卷三十六李公神道碑銘俱不云其中第時間，唯文獻通考卷三十二選舉五引宋登科記總目謂迺景德二年狀元，是此「景祐」必「景德」之誤。

孫文懿集三十卷　袁本前志卷四下別集類下下第二

右皇朝孫抃字夢得，眉山人。六世祖長孺喜藏書，貯以樓，蜀人號「書樓孫家」〔一〕。天聖中進士甲科，累遷知制誥、翰林學士承旨，後參知政事。謚文懿。1341

〔一〕書樓孫家　袁本、宛委本無「家」字，喬録王校本「家」作「氏」，王懋竑蓋據宋史卷二九二本傳校補。

姚鉉文集二十卷〔一〕　袁本後志卷二別集類第十八

右皇朝姚鉉字寶臣〔二〕，廬州合淝人〔三〕。中進士甲科。文辭敏麗。淳化中，直史館，應制賦賞花釣魚詩，特被嘉賞，翌日，命中使就第賜白金褒獎之。累遷兩浙轉運使。鉉雋爽尚氣，薛映知杭州，與之不協，中以危法，除其名。卒，年五十三。1342

〔一〕姚鉉文集二十卷　宛委本未收。

〔二〕字寶臣　宋史卷四四一本傳云「字寶之」。按本書卷二十總集類文粹條亦謂字寶臣，可參看。

〔三〕合淝人　袁本「淝」作「肥」。

夏文莊集一百卷　袁本前志卷四下别集類下下第三

右皇朝夏竦字子喬〔一〕，江州德安人。以父死事補官〔二〕。舉賢良，除光禄丞。累擢知制誥。仁宗屢欲相之，爲言者所攻而寢。初封英國公，後改封鄭，謚文莊，貴顯凡四十年。天資好學，自經史、百氏、陰陽、律曆之書，無所不通。善爲文章，尤長偶儷之語，朝廷大典策，屢以屬之。爲詩巧麗，皆「山勢蜂腰斷，溪流燕尾分」之類。其集夏伯孫編次，有宋次道序。1343

〔一〕字子喬　袁本無「字」字，宛委本同原本。

〔二〕以父死事補官　袁本脱「父」字，宛委本不脱。

緹巾集二十卷〔一〕　袁本後志卷二别集類第十九

右皇朝宋庠字公序，開封雍丘人。天聖中，擢進士第一。入翰林爲學士。皇祐元年，拜相。嘉祐中，復爲樞密使，封莒國公，以司空致仕。初名郊，字伯庠，御史言其姓符國號，名應郊天，乃改今名。遺命子孫，不得以其文集流傳。1344

〔一〕緹巾集二十卷　原本作「宋元憲集四十四卷」，題下附注云「一作湜中集」。袁本作「緹巾集二十卷」。宛委本不收此條。按此條見經籍考卷六十一，標題、卷數當從書録解題卷十七，附注則指衢本讀書志，唯「緹巾」誤「湜中」。宋元憲集卷三十六有緹巾集記，云：「此燕石也，與瓦甓無異，雖緹巾什襲，庸足寶乎？命亟去之。兒曹懇祁留於舍中，凡五百餘首，勒成十二卷，命曰緹巾集。」此取名「緹巾」之意，正合解題所謂「遺命子孫不得以其文集流傳」之語。宋志卷七著録宋庠緹巾集十二卷、操縵集六卷、連珠一卷，卷數正與記合，疑讀書志「二十」乃「十二」之誤。袁本後志出於衢本，其標題、卷數保留衢本本真，故據改，并删去原本注文。遂初堂書目別集類有宋宣獻操縵集、緹巾集，通志藝文略卷八有宋元憲公集五卷，又緹巾集十二卷。四庫總目卷一五二著録宋元憲集四十卷，與宋史卷二八四本傳云「別集四十卷」相合，而武英殿聚珍版叢書本作三十六卷。

宋景文集一百五十卷　袁本前志卷四下別集類下下第四

右皇朝宋祁字子京〔一〕。與其兄郊同舉進士，奏名第一，章獻以爲弟不可先兄，乃擢郊第一，而以爲第十〔二〕。當是時，兄弟俱以辭賦妙天下，號「大小宋」。累遷知制誥，除翰林學士承旨。以文章擅名一時，終不至大用，衆頗惜之。張方平爲之請，謚景文。通小學，故其文多奇字。蘇子瞻嘗謂其淵源皆有考〔三〕，奇嶮或難句，世以爲知言〔四〕。集有出麾小集、西州猥稿之類〔五〕，合併而爲一〔六〕。1345

〔一〕字子京　袁本無「字」字。又，袁本、宛委本「京」下有「開封雍丘人天聖中」八字。

〔二〕以爲第十　袁本、宛委本「以」下有「祁」字。

〔三〕其淵源皆有考　袁本、宛委本「有」下有「可」字。

〔四〕世以爲知言　袁本無「世」字，疑脱。宛委本同原本，沈録何校本已補。

〔五〕西州猥稿　原本「州」作「川」，據袁本、經籍考卷六十一改。按宋景文集卷四十八有西州猥藁系題，今兩宋名賢小集中有西州猥稿一卷。宛委本，祕續目別集類、宋志卷七亦訛「州」爲「川」。

〔六〕合併而爲一　袁本、宛委本無「併」字。

田公金巖集兩卷　袁本前志卷四下別集類下下第五

右皇朝田況，字元均〔一〕。嘗登學究進士賢良科，終尚書左丞。嘗知成都，聽斷之明，以比張乖崖〔二〕。1346

〔一〕字元均　沈録何校本何焯批語云：「元均之父自遼拔身南歸。」按元均父延昭，景德中南歸，累官至太子率府率。見宋史卷二九二、東都事略卷七十況傳。

〔二〕以比張乖崖　袁本、宛委本作「蜀人以比張乖崖」。

何聖從廬江文集二十卷刀筆五卷奏議二十卷　袁本前志卷四下別集類下下第八

右皇朝何郯字聖從〔一〕，成都人。仁廟朝爲御史〔二〕、諫官，擢天章閣待制。熙寧中，以尚書右丞致仕。歷漢、梓、永興、河南四帥守。天資好學，殆廢寢食。爲詩章簡重淳淡，有孟東野之風〔三〕。其仕臺諫時，知無不言，頗有直聲。鮮于子駿志其墓〔四〕。集有李邦直序。1347

〔一〕右皇朝何郯　袁本作「右何郯」，經籍考卷六十一作「宋朝何郯」。按「皇朝」二字，殆李富孫涂改。宛委本、沈録何校本同原本。

〔二〕仁廟朝　宛委本「廟」作「宗」。

〔三〕簡重淳淡有孟東野之風　魯巖所學集卷六再跋郡齋讀書志云：「按何郯之集久不傳，若東野之詩，則以苦思奇澁見長，『簡重淳淡』四字殊不似也。」

〔四〕鮮于子駿志其墓　袁本、宛委本「志」上有「營」字。按子駿乃侁字。

富文忠劄子集六卷奏議十二卷安邊策〔一〕　袁本前志卷四下別集類下下第九

右皇朝富弼字彥國〔二〕，河南人。天聖八年中制科。至和二年，召拜同中書門下平章事。元豐中卒，年八十，謚文忠。其爲文章辨而不華，質而不俚。晁以道爲之序，其畧曰：人孰不仰公使虜之功？上乃拜公樞密副使〔三〕，而公力辭。至和之末，請立皇嗣之功，人或未聞。公於褒進司徒則一命而不避。公聞人語及北事〔四〕，便變色若不欲聞者。至青州救災之功，平居喜爲人道之。石介嘗以夔、契方公矣，而嚴事王沂公。薦士後至將相者多矣，而最喜劉槩〔五〕。數事皆世所罕知者。又曰：公於仁宗時言猶雨露也〔六〕，英宗時言猶海潮也，神宗時言猶鳳鳴也。 1348

〔一〕安邊策　袁本、宛委本無此三字。按弼於仁宗慶曆三年上安邊十三策事見宋史卷三一三本傳。經籍考卷六十一此條未引録書録解題。

〔二〕字彥國　袁本無「字」字，宛委本同原本。

〔三〕乃拜公樞密副使　袁本、宛委本無「公」字。

〔四〕公聞人語及北事　袁本、宛委本「公」下有「每」字。

〔五〕最喜劉槩　袁本、宛委本「喜」作「善」。

〔六〕雨露也　袁本、宛委本無「也」字。按以上所引晁説之序見嵩山文集卷十九，題韓文忠富公奏議集序，文字微異。

徂徠集二十卷〔一〕　袁本前志卷四下別集類下下第十五

右皇朝石介字守道〔二〕，兗州奉符人。天聖八年登進士第，遷直集賢院。篤學有大志〔三〕，嘗謂「時無不可爲，不在其位，則行其言，雖獲禍，至死不悔〔四〕。」其爲文章，陳古今治亂成敗，以指切當時〔五〕，無所忌諱。作慶曆聖德詩，分別邪正，專斥夏竦。其後守道死，竦因誣以北走契丹，請剖棺驗視云。1349

〔一〕徂徠集二十卷　袁本作「石守道集二十卷」，宛委本作「石守道徂徠集二十卷」。按介嘗躬耕徂徠山下，人以「徂徠先生」稱之，因以名集。宋史卷四三二本傳云：「有徂徠集行世。」書録解題卷十七、遂初堂書目、通志藝文略卷八俱作徂徠集，袁本標題雖異，蓋非別本，宋志卷七著録作石介集，當亦屬同本異稱。

〔二〕石介字守道　袁本無「字」字，宛委本同原本。

〔三〕篤學有大志　袁本脫「大」字，宛委本同原本。

〔四〕至死不悔　袁本、宛委本作「至死而不悔」。

〔五〕以指切當時　袁本宛委本「時」作「世」，宛委本「指切」作「切指」。

滄浪集十五卷〔一〕　袁本前志卷四下別集類下下第十八

右皇朝蘇舜欽字子美〔二〕，易簡之孫，杜祁公衍之壻也〔三〕。景祐中進士，累遷集賢校理，監進奏院。坐用故紙錢會客，除名。慷慨有大志，好古，工文章〔四〕。及廢，居蘇州，買水石作滄浪亭，益讀書，發其憤懣於歌詩。其體豪放，往往驚人。又善草書〔五〕，酣醉落筆，爭爲人所傳翫。集歐公爲之序〔六〕。 1350

〔一〕滄浪集十五卷　袁本、宛委本作「蘇子美集十六卷」。按經籍考卷六十一據書錄解題著錄，而原本又以經籍考配補，故標題、卷數與袁本異。蘇學士集歐陽修序云：「亡後四年，始得其平生文章遺稾於太子太傅杜公之家而集錄之，以爲十五卷。」是修序錄本實十五卷。宋志卷七作蘇舜欽集十六卷，通志藝文略卷八作蘇子美集十五卷，今本作蘇學士文集十六卷，四部叢刊本附何焯校語一卷。

〔二〕右皇朝蘇舜欽字子美　經籍考無「右皇朝」三字，原本三字由李富孫增補。袁本無「字」字，宛委本同原本。

〔三〕杜祁公衍之壻也　袁本無「杜祁公衍之壻」六字。宛委本同原本。

〔四〕好古工文章　袁本無「工」字，疑脱去，宛委本同原本。

〔五〕又善草書　元刊本、殿本經籍考「善」作「喜」，何喬新本同原本。

〔六〕集歐公爲之序　原本無此六字。按經籍考滄浪集條下收録歐陽修序，故馬端臨删去此六字，今據袁本、宛委本添補。

梅聖俞宛陵集六十卷外集十卷〔一〕　袁本前志卷四下別集類下下第十三

右皇朝梅堯臣字聖俞〔二〕，宛陵人。少以蔭補吏，累舉進士，輒抑於有司。幼習爲詩〔三〕，出語已驚人〔四〕。既長，學六經仁義之説。其爲文章簡古純粹，然最樂爲詩〔五〕。歐陽永叔與之友善，其意如韓愈之待郊、島云。1351

〔一〕外集十卷　袁本、宛委本無此四字。按書録解題卷十七著録宛陵集六十卷外集十卷，經籍考卷六十一著録外集當本書録解題。據歐陽修序云，其集初爲謝景初所編，十卷，修得其遺槀增併之，亦止十五卷。六十卷本，未詳誰人所編。外集十卷，書録解題云：「吳郡宋績臣所序，謂皆前集所不載。今考之首卷，諸賦已載前集，不可曉也。」

〔二〕右皇朝梅堯臣字聖俞　經籍考無「右皇朝」三字，此當李富孫等所增補。袁本無「字」字，宛委本同原本。

〔三〕幼習爲詩　袁本、宛委本「爲」作「於」。

〔四〕出語已驚人　袁本作「出語以驚其長者」，宛委本作「出語即能驚人」。

〔五〕最樂爲詩　袁本、宛委本此句下有「王舉正見而歎曰二百年無此矣」十二字。按袁本所據乃歐陽修梅聖俞墓誌銘：「河南王文康公曰：『二百年無此作矣。』」見六一居士集卷三十三文康公王曙，字晦叔，河南人，宋史卷二八六有傳。王舉正，字伯仲，謚安簡，真定人，傳見宋史卷二六六。據此，激賞堯臣者乃曙，袁本誤作舉正。

尹師魯集二十卷〔一〕　袁本前志卷四下別集類下下第十二

右皇朝尹洙字師魯〔二〕，河南人。天聖中進士，以薦爲館閣校勘，累遷右司諫、知渭州兼鎮涇源路經署公事〔三〕。爭城永洛事〔四〕，爲董士廉所訟，遣御史就鞫，不能得其罪，猶貶均州監酒〔五〕。師魯內剛而外和，與人言必極辯其是非〔六〕，如前世治亂沿革之變〔七〕，靡不該博〔八〕，人有疑不能通，爲指畫講說，皆釋然自得。尤長於春秋。文章自唐末卑弱，本朝柳開始爲古文〔九〕，天聖初，與穆修大振起之〔一〇〕。1352

〔一〕尹師魯集二十卷　按讀書附志卷下、宋志卷七、宋史卷二九五本傳皆云洙集二十七卷，四庫總目卷一五二遂疑讀書志所云「二十卷」蓋傳寫之脫漏。范文正公集卷六尹師魯河南集序謂集十卷。

〔二〕右皇朝尹洙字師魯　經籍考卷六十一無「右皇朝」三字，原本系李富孫等所補。「洙」，原本訛作「洙」，據袁本改。

〔三〕兼鎮涇源路　袁本、宛委本「鎮」作「領」。

〔四〕爭城永洛事　「永」當「水」之誤，見六一居士集卷二十八尹師魯墓志銘、宋史本傳。

〔五〕貶均州監酒　原本「均」作「筠」，據袁本、宛委本歐陽修撰墓誌、宋史本傳改。

〔六〕極辯其是非　袁本、宛委本「辯」作「辨」。

〔七〕如前世治亂沿革之變　袁本、宛委本無「如」字。

〔八〕靡不該博　袁本、宛委本「博」作「貫」。

〔九〕本朝柳開始爲古文　原本無「本朝」二字，蓋原本所據經籍考所删，據袁本、宛委本補。袁本、宛委本「文」作「學」。

〔一〇〕與穆修大振起之　喬録王校本王懋竑校語云：「末有缺文。」

歐陽文忠公集八十卷諫垣集八卷〔一〕　袁本前志卷四下別集類下下第十

右皇朝歐陽修字永叔〔二〕，吉州人。舉進士，累遷知制誥。夏竦以永叔黨於杜、韓、范、富，因以外甥張氏事污之〔三〕，下開封府治之，無狀，坐用張氏匳中物市田，出知滁州。召入修唐書，爲翰林學士。未幾，參知政事。蔣之奇言其帷箔事，連其子婦吳氏，詔詰之奇〔四〕，辭窮，坐貶。年六十，乞致仕〔五〕。卒，謚文忠。博極羣書，好學不倦，尤以奬進天下士爲己任〔六〕，延譽慰藉，極其力而後已。於經術，治其大指，不求異於諸儒。與尹洙皆爲古學，遂爲天下宗匠。蘇明允以其文辭令雍容似李翱，切近適當似陸贄，而其才亦似過此兩人。至其作唐書、五代史〔七〕，不愧班固、劉向也〔八〕。獨議濮邸事，議者不以爲是。有蘇子瞻序〔九〕。1353

〔一〕歐陽文忠公集八十卷諫垣集八卷　原本作「六一居士集一百五十二卷附録四卷年譜一卷」。按原本據經籍考卷六十一配補，而經籍考歐集標題、卷數皆從書録解題卷十七。書録解題云：「其集徧行海内而無善本，周益公解相印歸，用諸本編校定爲此本。」是其著録乃周必大編刊本。據必大序云，其與曾三異、孫謙益、丁朝佐等，起光宗紹熙辛亥，迄寧宗慶元丙辰，成書一百五十三卷，別爲附録五卷。至遲成書編刊於孝宗淳熙十四年前之讀書志安得收録？今據袁本、宛委本改正。又，慶元本正集當作「一百五十三卷」，藏園羣書題記卷十三嘗著録，明天順六年程宗刊本即覆此本，亦作「一百五十三卷」。經籍考、原本皆沿書録解題而誤，今附糾於此。

〔二〕右皇朝歐陽修　經籍考卷六十一無「右皇朝」三字。按此條至本卷末經籍考多無「右皇朝」三字，以下不復出校。

〔三〕外甥張氏　袁本「甥」作「生」。

〔四〕連其子婦吳氏詔誥之奇　袁本、宛委本「子」作「長子」。按本集附録卷三所載神宗實録歐陽修本傳同袁本，疑脱「長」字。又，喬録王校本王懋竑校語云：「『誥』下當脱『之』字。」疑是。又，據神宗實録附本傳「連」上當有「事」字。

〔五〕年六十乞致仕　按宋史卷三一九本傳云：「年六十，即連乞謝事，帝輒優詔弗許。及守青州，又以請止散青苗錢，爲安石所詆，故求歸愈切。熙寧四年，以太子少師致仕。」

〔六〕以奬進天下士爲己任　袁本「以」誤作「於」。

〔七〕至其作唐書五代史　袁本、宛委本無「其」字。

〔八〕不愧班固劉向也　按神宗實録本傳「劉向」、「班固」互倒，是。

〔九〕有蘇子瞻序　原本無此五字，當系馬端臨删去，此據袁本、宛委本補入。

劉公是集七十五卷　袁本前志卷四下別集類下下第十一

右皇朝劉敞字原父〔一〕，袁州人〔二〕。慶曆中舉進士，廷試第一〔三〕。累遷知制誥，出知永興〔四〕。爲人明白俊偉，自六經、百氏，下至傳記，無所不通。爲文章尤敏贍，好摹倣古語句度。在西掖時嘗食頃草九制〔五〕，各得其體。英宗嘗語及原父，韓魏公對以有文學，歐陽公曰〔六〕：「其文章未佳，特博學可稱耳。」1354

〔一〕右皇朝劉敞字原父　袁本，宛委本「父」作「甫」，下同。

〔二〕袁州人　六一居士集卷三十五集賢院學士劉公墓誌銘云敞世爲吉州臨江人，宋史卷三一九本傳謂臨江新喻人。

〔三〕慶曆中舉進士廷試第一　按墓誌銘云：「慶曆六年進士中甲科。」宋史本傳云：「廷試第一，編排官王堯臣其內兄也，以親嫌自列，乃以爲第二。」

〔四〕出知永興　袁本、宛委本此下有三十字，曰：「惑官妓，得驚眩疾，力求便郡。仁宗謂執政曰：『如敞者豈易得邪？』賜以新橙五十。」

〔五〕嘗食頃草九制　袁本、宛委本「草」作「揮」。

〔六〕歐陽公曰　袁本、宛委本無「陽」字。

孫明復睢陽子集十卷〔一〕　袁本前志卷四下別集類下下第十四

右皇朝孫復字明復〔二〕，晉州人。居泰山，深於春秋。自石介以次〔三〕，皆師事之。年四十未娶，李丞相迪以其弟子妻之〔四〕。慶曆中，范文正公〔五〕、富鄭公言之於朝，除國子監直講。嘗對邇英閣說詩，上欲以爲侍講，楊安國沮之而寢。1355

〔一〕睢陽子集十卷　袁本、宛委本作睢陽小集十卷。按書名疑當從袁本等，「睢」當從「目」、「子」當作「小」。祕續目別集類有孫復睢陽集一十卷，宋志卷十有孫復集十卷，通志藝文略卷八有睢陽小集十卷，四庫總目卷一五二所錄乃從宋文鑑、宋文選諸書鈔撮而成，作孫明復小集一卷。今孫氏山淵閣叢刊本作孫明復小集三卷。

〔二〕右皇朝孫復字明復　袁本作「右皇朝孫明復」，宛委本同原本。

〔三〕自石介以次　袁本、宛委本作「自石介已下」。

〔四〕以其弟子妻之　袁本、宛委本「弟」下有「之」字。

〔五〕范文正公　袁本、宛委本無「公」字。

蔡君謨集十七卷〔一〕　袁本前志卷四下別集類下下第二十一

右皇朝蔡襄字君謨，興化人。天聖中舉進士。在慶曆四諫官選中，累遷至翰林學士〔二〕，權三司使。嘗知福、泉、杭三州。文章清遒粹美，工書，爲本朝第一〔三〕。1356

〔一〕蔡君謨集十七卷　四庫總目卷一五二云：「宋史藝文志載襄集六十卷、奏議十卷，文獻通考則作十七卷，多寡懸殊，不應如是。疑通考以奏議十卷合于集六十卷，總爲七十卷，而傳刻譌舛，倒其文爲十七卷也。」按襄集見經籍考卷六十二，所本乃衢本讀書志；今衢本缺簡。又以經籍考配補。讀書附志卷下著録莆陽居士蔡公文集三十卷，云：「讀書志止載蔡君謨集十七卷。」是讀書志二本著録無異。其編集淵源不詳，四庫總目之疑，未必可信。

〔二〕累遷至翰林學士　袁本、宛委本自「在慶曆」至此解題頗異且詳：「慶曆三年知諫院。仁宗慨然思治，增置諫官四員，君謨在選中。皇祐中，知制誥，累遷翰林學士。」

〔三〕爲本朝第一　經籍考「本」作「宋」，原本乃李富孫等據袁本所改。又，袁本、宛委本此下尚有四十四字，其文曰：「殘章繼藁，得者珍藏之。在泉州之日，喪叔母在告，其僚章拱之、黄垍燕飲用樂，君謨怒，中以危法，後數爲拱之所訴。」陳鱣校本改「繼」作「斷」，是。

鄭毅夫鄖溪集五十卷　袁本前志卷四下別集類下下第十九

右皇朝鄭獬字毅夫，安州人。少俊異，爲詩賦有聲，廷試第一。累遷知制誥，入翰林爲學士〔一〕。王安石不悅之，乘宰相在告，除獬知杭州。爲文有豪氣，峭整無長語〔二〕。與滕達道少相善，並嗜酒〔三〕，落魄無檢操，人目之爲「滕屠鄭沽」云〔四〕。 1357

〔一〕入翰林爲學士　原本脫「爲」字，據袁本、宛委本補。
〔二〕峭整無長語　宛委本「長」作「常」。
〔三〕並嗜酒　袁本、宛委本無「並」字。
〔四〕人目之爲滕屠鄭沽云　袁本「爲」作「曰」。

曾子固元豐類稿五十卷〔一〕　袁本前志卷四下別集類下下第三十五

右皇朝曾鞏字子固〔二〕，南豐人。元豐中爲中書舍人，卒。子固師事歐陽永叔，早以文章名天下。壯年，其文慓鷙奔放，雄渾瓌瑋〔三〕。其自負要似劉向〔四〕，藐視韓愈以下也。晚年，始在掖垣，屬新官制，方除目填委，占紙肆書，初若不經意，及屬草授吏，所以本法意、原職守、爲之訓勑者，人人不同，贍裕雅重〔五〕，自成一家。歐公門下士，多爲世顯人，議者獨以子固爲得其傳，猶學浮屠者所謂嫡嗣云。1358

〔一〕元豐類稿五十卷　原本「元」訛作「南」，據袁本改。

〔二〕右皇朝曾鞏字子固　袁本無「字」字，宛委本同原本。

〔三〕雄渾瓌瑋　原本、宛委本「瑋」作「偉」，據袁本、王三槐重刊南豐文集序改。按解題「壯年」以下本王序。

〔四〕其自負要似劉向　原本「似」作「自」，據袁本、宛委本、王序改。

〔五〕贍裕雅重　袁本「裕」訛作「裕」。

曾子開曲阜集四十卷奏議十二卷西掖集十二卷〔一〕內制五十卷外制三十卷〔二〕　袁本前志

卷四下別集類下下第五十

右皇朝曾肇字子開，子固之弟也。登進士第。元祐中，爲中書舍人。元符末，再入西掖，遂爲翰林學士。前後歷陳、潁、宋、泰、海、和、金陵、真、定九郡帥守〔三〕。坐兄子宣貶，亦以散官汀州安置。崇寧末，移台州〔四〕，居京口而終。封曲阜侯。1359

〔一〕西掖集十二卷　宛委本作二卷，當脫「十」字。

〔二〕外制三十卷　袁本無此五字。按書録解題卷十七、宋志卷七著録庚辰外制集三卷，宋志又有元祐制集十二卷、曲阜外集三十卷。楊時龜山集卷二十九曾文昭公行述云曾肇所著與此相合。

〔三〕前後歷陳潁宋泰海和金陵真定九郡帥守　袁本「潁」訛作「穎」。宋史卷三一九本傳云肇歷十一州。杜大珪名臣碑傳琬琰集下集卷二十曾舍人肇傳云，曾肇歷潁、齊、陳、應天、徐、江寧、瀛、滁、秦、海、陳、太原、揚、定、和、岳等十餘州。

〔四〕移台州　袁本「台」作「合」，疑誤。曾舍人肇傳云，曾肇貶濮州團練副使，汀州安置，移台州，未至復朝散郎。卒，年六十一。

蘇明允嘉祐集十五卷　袁本前志卷四下別集類下下第二十

右皇朝蘇洵字明允，眉山人。至和中，歐陽永叔得明允書二十二篇，大愛其文辭，以爲賈誼、劉向不過也〔一〕。以書獻，除校書郎。與姚子張同編太常因革禮百卷，書方成而卒。治平史臣謂永叔所獻明允之文甚美，大抵兵謀權利機變之言也〔二〕。1360

〔一〕以爲賈誼劉向不過也　袁本、宛委本「以爲」下有「雖」字。

〔二〕大抵兵謀權利機變之言也　袁本、宛委本「大」上有「然」字，疑原本脫。

蘇子瞻東坡前集四十卷〔一〕後集二十卷奏議十五卷內制十卷外制三卷〔二〕和陶集四卷應詔集十卷　袁本前志卷四下別集類下下第四十七

右皇朝蘇軾字子瞻，洵之長子也。軾生十年，其母授以書，聞古今成敗，輒能語其要。比冠，學通經史，屬文日數千言。嘉祐中，歐陽永叔考試禮部進士，梅聖俞與其事，得其論刑賞以示，永叔至驚喜，以爲異人，欲以冠多士，疑曾子固所爲，乃寘之第二等〔三〕。後以書謝，永叔見之，語客曰：「老夫當避此人放出一頭地。」又以直言薦之，答策入上等。英宗在藩邸，聞其名，欲以唐故事召入翰林，宰相不可。知湖州，以表謝上，言事者摘其語以爲謗〔四〕，遣官逮赴御史臺〔五〕。初，子瞻當王安石紛更法度之際，見其事不便於民，則賦詩以諷焉〔六〕。言者從而擠陷〔七〕，欲寘之死。神宗薄其過，責置黄州〔八〕。温公相哲宗，累擢中書舍人，除翰林學士承旨。紹聖中，坐草責吕惠卿制，直書其罪，誣以訕謗，安置惠州，徙昌化。元符初，北還〔九〕，卒於常州。初，好賈誼、陸贄書，論古今治亂，不爲空言。既責黄州，杜門深居，馳騁翰墨，其文一變〔一〇〕。平生遇事所爲詩、騷、銘、記、書、檄〔一一〕，論譔率皆過人。晚喜陶淵明詩，和之幾徧。爲人英辯奇偉，於書無所不通。所作文章才落筆，四海已皆傳誦，下至閭閻田里，外至夷狄，莫不知名〔一二〕。門下賓客，亦皆一世豪傑：其盛本朝所未有也。立朝知無不爲，世稱其忠義，嘗自比范滂、孔融，議者不以爲過。在黄州日，自號東坡居士，世因不呼其名，止目之爲東坡云。 1361

〔一〕蘇子瞻東坡前集四十卷　原本無「前」字，據袁本、宛委本、經籍考卷六十一補。

〔二〕内制十卷外制三卷　殿本經籍考脱此八字，元刊本不脱。

〔三〕第二等　袁本、宛委本無「等」字，是。

〔四〕以爲謗　袁本、宛委本作「以謗聞」。喬録王校本王懋竑校語云：「『謗』下當有『訕』字。」

〔五〕御史臺　袁本、宛委本「臺」作「獄」。

〔六〕則賦詩以諷焉　袁本、宛委本作「賦詩以刺焉」。

〔七〕言者從而擠陷　袁本、宛委本「擠陷」作「媒蘖」。

〔八〕責置黄州　袁本、宛委本「責」作「謫」。下文「坐草責呂惠卿制」、「既責黄州」二句，其「責」亦作「謫」。

〔九〕元符初北還　袁本、宛委本「初」作「中」，是。軾北還在元符末。

〔一〇〕其文一變　袁本無「其文」二字，宛委本同原本。

〔一一〕書檄　經籍考「檄」作「校」，李富孫等殆據袁本改。

〔一二〕外至夷狄莫不知名　宛委本「夷狄」作「敵國」，當清人所改。又，「莫不知名」，袁本、宛委本「知」下有「其」字。

蘇子由欒城集前集五十卷〔一〕後集二十四卷第三集十卷〔二〕應詔集十二卷　袁本前志卷四下別集類下下第四十八

右皇朝蘇轍字子由〔三〕，洵之次子也。年十九中進士第。二十二舉直言〔四〕，因所問極言得失，策入，或欲黜之，仁宗不許〔五〕，擢商州推官。以兄得罪從坐〔六〕，謫筠州監酒〔七〕。宣仁臨朝，相温公，擢中書舍人，代子瞻爲翰林學士。未幾，拜尚書左丞。紹聖初，責置雷州〔八〕，後北還。凡居雷、循七年，居許十六年，杜門理舊學，於是詩、春秋傳、老子解、古史書皆成，自謂[illegible]聖賢遺意。1362

〔一〕欒城集前集　宛委本作「欒城前集」。

〔二〕第三集十卷　原本「三」下空兩格，黃丕烈校語曰：「袁本不空。武殿本、元刊本經籍考卷六十二皆不空，未知李富孫所據，今刪去空格。

〔三〕右皇朝蘇轍字子由　袁本無「字」字。

〔四〕二十二舉直言　原本無下「二」字，據袁本，宛委本補。按欒城後集卷十二潁濱遺老傳上云舉直言時年二十三。

〔五〕仁宗不許　袁本此下有十六字：「曰：『以直言召入，而以直言□天下謂我何？』」按陳師曾刊本空格作「見」字。又沈録何校本「天下謂」作「謂天下」。

〔六〕以兄得罪從坐　袁本、宛委本作「久之，其兄以詩得罪，從坐」。

〔七〕謫筠州監酒　袁本、宛委本作「謫監筠州酒稅」。

〔八〕責置雷州　袁本、宛委本「責」作「謫」。

王介甫臨川集一百三十卷　袁本前志卷四下別集類下下第二十九

右皇朝王安石字介甫，撫州臨川人。慶曆二年進士〔一〕。累除知制誥〔二〕神宗在藩邸見其文，異之，召爲翰林學士。熙寧三年，拜中書門下平章事。熙寧七年，罷。明年，再入相。九年，罷。卒年六十六，謚文公。其壻蔡卞謂自先王澤竭，士習卑陋，不知道德性命之理，安石奮乎百世之下，追堯、舜三代〔三〕，通乎晝夜陰陽所不能測而入於神，著雜說數十萬言〔四〕，其言與孟軻相上下。晚以所學考字畫奇耦横直〔五〕，深造天地陰陽造化之理，著字說，包括萬象，與易相表裏〔六〕。崇寧初，卞之兄京秉政，詔配文宣王廟〔七〕。近時議者謂自紹聖以來，學術政事，敗壞殘酷，貽禍社稷，實出於安石云。1363

〔一〕慶曆二年進士　原本「二」作「三」，據袁本、宛委本改正。按王安石乃慶曆二年楊寘榜進士第四名。

〔二〕累除知制誥　原本脱「知」字，據袁本、宛委本補。

〔三〕追堯舜三代　鮑廷博校本「追」上補「上」字。

〔四〕著雜說數十萬言　袁本、宛委本無「十」字，疑原本衍文。

〔五〕晚以所學　原本「學」作「覺」，據袁本、宛委本改。

〔六〕著字說包括萬象與易相表裏　按公武酷好安石字說，見老學庵筆記卷二。

〔七〕詔配文宣王廟　袁本、宛委本「配」下有「祀」字。

華陽集一百卷〔一〕　袁本前志、後志未收

右皇朝王珪字禹玉，其先成都人，故號「華陽」，後居開封。少好學，日誦數千言。及長，博通羣書。慶曆二年，廷試第二。嘉祐初，入翰林，至熙寧三年，始參大政，凡爲學士者十五年。後拜相。薨，年六十七。謚文恭。1364

〔一〕華陽集一百卷　原本黄丕烈校語云：「見袁本附志，此非晁志，故不載通考異同。」按黄氏語意欠明。原本此條輯自經籍考卷六十二，源自衢本，趙希弁以讀書附志卷下已著録，故未摘録此條編入後志，只在袁本後志存目保留書名、卷數。附志所載，非公武所撰，故不作校，可參看。

司馬文正公傳家集八十卷〔一〕　袁本前志卷四下別集類下下第二十八

右皇朝司馬光字君實〔二〕，陝州夏縣人。初，以父蔭入官，年二十，舉進士甲科。故相龐籍薦除館閣校理。神宗即位，擢翰林學士、御史中丞，後除樞密副使，力辭而去。元祐初，拜門下侍郎，繼遷尚書左僕射〔三〕，卒年六十八〔四〕，謚文正。好學如飢之嗜食，於學無所不通，音樂律曆天文書數〔五〕，皆極其妙，晚節猶好禮〔六〕。其文如金玉穀帛藥石也，必有適於用，無益之文，未嘗一語及之。集乃公自編次。公薨，子康又没，晁以道得而藏之。中更禁錮，迨至渡江，幸不失墜〔七〕。後以授謝克家，劉嶠刻版上之〔八〕。今光州有集本〔九〕。1365

〔一〕司馬文正公傳家集八十卷　袁本、宛委本無「公」字。原本脱「八十卷」三字，據袁本、宛委本補。

〔二〕司馬光字君實　袁本、宛委本作「司馬光君實也」。

〔三〕元祐初拜門下侍郎繼遷尚書左僕射　袁本無「繼遷」至「僕射」七字，疑脱。宛委本同原本。又，司馬光遷左僕射在元祐元年閏二月，而拜門下侍郎實在元豐八年五月。

〔四〕辛年六十八　袁本脱「八」字，宛委本同原本。

〔五〕律曆天文書數　袁本、宛委本「書」作「曆」。疑「書」當作「術」。

〔六〕猶好禮　袁本、宛委本「猶」作「尤」。

〔七〕幸不失墜　袁本無「失」字，宛委本同原本。

〔八〕劉嶠刻版上之　袁本、宛委本作「劉嶠得而刻版上之」。

〔九〕今光州有集本　袁本、宛委本無此六字。按此六字見書録解題卷十七傳家集條，疑經籍考卷六十三摘自書録解題，而李富孫等取以配補，遂竄入原本。

張少愚白雲集三十卷〔一〕　袁本前志卷四下別集類下下第二十六

右皇朝張俞字少愚。幼通悟〔二〕，於書無不該貫。朝廷嘗以校書郎召，表乞授其父。隱於岷山之白雲溪，凡六被徵召〔三〕，皆不起。爲文有西漢風，嘗賦洛陽懷古，蘇子美見而歎曰：「優游感諷，意不可盡，吾不能也。」1366

〔一〕白雲集三十卷　袁本、宛委本「三」作「二」。按宋志卷七有張俞集二十六卷，國史經籍志卷五集類有白雲集三十卷。

〔二〕幼通悟　袁本「悟」作「晤」。宛委本同原本。

〔三〕六被徵召　袁本、宛委本無「徵」字。

晁氏新城集十卷〔一〕　袁本前志卷四下别集類下下第四十六

右皇朝族祖新城府君也。公諱某，字君成〔二〕。早登進士第，爲杭州新城令，以没〔三〕。蘇子瞻嘗稱其詩清厚靜深，而每篇輒出新意奇語。1367

〔一〕晁氏新城集十卷　按此條不載經籍考，李富孫據陳師曾刊本配補，今影宋袁本、宛委本亦收録。

〔二〕公諱某字君成　按君成名端友，補之之父。事跡見豫章黄先生文集卷二十三晁君成墓誌銘。

〔三〕爲杭州新城令以没　原本無「杭州」二字，據袁本、宛委本補。

文與可丹淵集四十卷　袁本前志卷四下别集類下下第四十一

右皇朝文同字與可〔一〕，蜀人。進士高第。以文學名，操韻高潔，畫筆尤妙。仕至太常博士、集賢校理。元豐初，出守吳興，至宛丘驛，忽留不行，沐浴衣冠〔二〕，正坐而逝。1368

〔一〕右皇朝文同字與可　袁本無「字」字。

〔三〕沐浴衣冠　袁本、宛委本作「一旦沐浴冠帶」。

元氏集三卷〔一〕　袁本後志卷二別集類第二十七

右皇朝元絳字厚之，杭州人〔二〕。鏁廳中進士第，爲翰林學士、參知政事。立朝無特操。晚入翰林，諂事王安石及其子弟，時論鄙之。工文辭，爲流輩所推許。卒，年七十六〔三〕。謚章簡〔四〕。1369

〔一〕元氏集三卷　原本作「元章簡玉堂集二十卷」。按原本據經籍考卷六十三配補，經籍考於絳集先引書録解題，標題、卷數皆從之，讀書志解題則多所删節。此書袁本載後志，後志即據衢本覆刊，故標題、卷數、解題悉據後志改正。此條宛委本未收。又，書録解題絳集凡兩見，經籍考採自卷十七別集類，卷二十詩集類下另有元章簡玉堂集十卷。

〔二〕右皇朝元絳字厚之杭州人　原本僅「右絳」二字，據袁本增補。

〔三〕卒年七十六　原本「卒」下有「時」字，據袁本删。

〔四〕謚章簡　原本無此三字，據袁本補。

蒲左丞集十卷　袁本前志卷四下別集類下下第三十一

右皇朝蒲宗孟字傳正〔一〕，閬州新井人。皇祐五年進士。曾公亮薦除館職。神宗謂宰相曰：「宗孟有史才。」乃同修國史。入爲翰林學士，除尚書左丞。卒，年六十六。爲人酷暴奢侈。蘇子瞻嘗規之云：「一曰慈，二曰儉。」世以爲中其膏肓之疾〔三〕。 1370

〔二〕右皇朝蒲宗孟字傳正　袁本無「字」字。

〔三〕膏肓之疾　袁本「肓」訛作「盲」。

趙懿簡集三十卷〔一〕　袁本前志卷四下別集類下下第三十二

右皇朝趙瞻字大觀〔二〕，盩厔人〔三〕。少善爲古文。慶曆五年，登進士第。治平中，爲侍御史〔四〕，論濮邸事及貶。元祐中，終於同知樞密院。謚懿簡。學春秋，著書十卷〔五〕，其他文不皆奇也。 1371

〔一〕趙懿簡集三十卷　按宋志卷七、宋史卷三四一本傳謂有文集二十卷。

〔二〕趙瞻字大觀　袁本無「字」字。

〔三〕盩厔人　袁本「厔」訛作「屋」。

〔四〕治平中爲侍御史　「治平中」原本作「治中」，據袁本、宛委本補。殿本經籍考卷六十三「治平中爲」脫「平」、「爲」二字，元刊本經籍考脫「平」字。宋史本傳云：「英宗治平初，自都官員外郎除侍御史。」

〔五〕學春秋著書十卷　經籍考「學」字作空格，原本蓋據袁本補。按宋志卷一春秋類、宋史本傳俱謂瞻著春秋論三十卷。

鮮于諫議集三卷　袁本前志卷四下別集類下下第三十三

右皇朝鮮于侁字子駿〔一〕，閬中人。景祐中登進士乙科。神宗初上書，上愛其文〔二〕，以爲不減王陶。元祐中，仕至諫議大夫。侁治經術有法，論著多出新意，晚年爲詩與楚辭尤精〔三〕，世以爲有屈、宋風〔四〕。族姝之武編次〔五〕，有序。1372

〔一〕鮮于侁字子駿　袁本無「字」字。

〔二〕上愛其文　沈録何校本改「文」作「人」，疑誤。

〔三〕楚辭尤精　袁本、宛委本「精」作「工」。

〔四〕世以爲　袁本、宛委本「世」作「人」。

〔五〕族姝之武　袁本「姪」作「人」。

楊元素集四十卷　袁本前志卷四下別集類下下第三十四

右皇朝楊繪字元素，漢州綿竹人。幼警敏，讀書一過輒誦，至老不忘。皇祐初，擢進士第二人。累擢翰林學士。沈存中爲三司使，暴其所薦王永年事，因貶官。終於天章閣待制、知杭州。嘗居無爲山，號無爲子〔一〕。爲文立就。1373

〔一〕號無爲子　按無爲子乃楊傑號，此誤。

李誠之集三卷　袁本前志卷四下別集類下下第三十六

右皇朝李師中字誠之。中進士科〔一〕。仁宗朝〔二〕，權廣南轉運使，終天章閣待制。唐子方貶春州，嘗有詩送行〔三〕，盛傳一時。1374

〔一〕中進士科　袁本、宛委本「中」作「登」。

〔二〕仁宗朝　袁本作「仁廟時」，宛委本作「仁廟朝」。

〔三〕嘗有詩送行　袁本、宛委本「嘗」上有「誠之」二字。

伊川集二十卷〔一〕　袁本前志卷四下別集類下下第四十九

右皇朝程頤正叔〔二〕，珦之子也。少與其兄顥，從汝南周茂叔學〔三〕。元祐初，司馬温公薦於朝，自布衣擢崇政殿說書〔四〕。未幾，罷。紹聖中，嘗謫涪陵覊務〔五〕。讀經明道〔六〕，深斥辭章之學，從其遊者，多知名於世。1375

〔一〕伊川集二十卷　袁本、宛委本「伊川」上有「程」字。

〔二〕右皇朝程頤正叔　原本作「右皇朝崇政殿說書程頤字正叔撰」。按原本據經籍考配補，而經籍考卷六十三則依書録解題卷十七伊川集條，冠頤所終職守於姓字之上，又删去解題中「崇政殿」三字。殊不知晁、陳二書體例互異，讀書志例不書所終職銜、爵位、散階、勛級於姓字之上。今據袁本、宛委本删正。

〔三〕周茂叔　袁本、宛委本作「周敦實」。

〔四〕崇政殿説書　原本無「崇政殿」三字，當馬端臨所删，據袁本、宛委本補。

〔五〕顓務　袁本、宛委本「顓」作「專」。

〔六〕讀經明道　袁本、宛委本「讀」作「談」。

張横渠崇文集十卷　袁本前志卷四下别集類下下第八十八

右皇朝張載字厚之〔一〕，京師人。後居鳳翔之横渠鎮，學者稱曰横渠先生。吕晦叔薦之於朝，命校書崇文。未幾，詔按獄浙東，既歸，卒〔二〕。 1376

〔一〕右皇朝張載字厚之　原本李富孫校語云：「宋史本傳作『子厚』。」喬録王校本王懋竑校語云：「横渠先生字子厚，志皆云厚之，非刻誤也，俟考。」按讀書志稱張載字，或作厚之，亦見本卷吕和叔誠德集條、吕與叔玉溪集條；或作子厚，見卷一易類横渠易説條、卷十儒家類正蒙書條，非皆作厚之。伊洛淵源録卷六吕大臨撰横渠先生行狀亦謂字子厚。

〔二〕既歸卒　按載治明州苗振獄，歸移疾屏居。吕大防復薦之，詔知太常禮院，與有司議禮不合，復歸，卒於道，時熙寧十年。

余氏至言十八篇〔一〕 袁本前志、後志未收

右皇朝余安行字仲勉，鄱陽人。少受知於彭汝礪。年八十餘著此書，自謂有得於中庸也。東南學者多〔二〕。 1377

〔一〕余氏至言十八篇　按此條衢本、宛委本、經籍考均失收，原本未補，今據袁本，並參以王先謙刊本編次增補。又，趙希弁撰考異「篇」作「卷」。又，鮑廷博校本校語云此書不當入別集類。按國史經籍志入卷四上儒家類，「篇」亦作「卷」。

〔二〕東南學者多　按此下疑有脱文。

孫賢良進卷十卷 袁本前志卷四下別集類下下第三十九

右皇朝孫洙字巨源，廣陵人。歐陽永叔舉洙賢良，上策論五十篇，極論時事。元豐中，直學士院，奉詔作靈津廟碑。上稱洙學術行誼，且大用之，暴得風緩而卒。或云上欲復大理獄，洙對合旨，由是驟進。 1378

錢賢良進卷十卷　袁本前志卷四下別集類下下第四十

右皇朝錢公輔字君倚，武進人。從胡瑗學。昭陵末，知制誥。1379

呂晉伯輞川集五卷〔一〕奏議十卷　袁本前志卷四下別集類下下第四十二

右皇朝呂大忠字晉伯〔二〕，藍田人，汲公之兄。皇祐中進士，除檢詳樞密院吏房文字〔三〕，爲河北轉運判官。累遷寶文閣直學士，三帥秦鳳〔四〕。晉伯博極羣書，爲文尚理致，有益於用，章奏皆親爲文〔五〕。1380

〔一〕輞川集五卷　袁本「輞」訛作「輞」。按大忠集以藍田輞川名。

〔二〕字晉伯　宋史卷三四〇本傳「晉」作「進」。

〔三〕除檢詳樞密院吏房文字　袁本、宛委本「詳」訛作「討」。

〔四〕三帥秦鳳　袁本無此四字，疑脱去，宛委本同原本。按大忠於元祐六年、八年，紹聖三年三帥秦州，見北宋經撫年表卷三。

〔五〕皆親爲文　袁本、宛委本「文」作「之」。

呂汲公文録二十卷文録掇遺一卷　袁本前志卷四下別集類下下第四十三

右皇朝呂大防微仲〔一〕，京兆藍田人。皇祐初，中進士第。哲宗即位，召知制誥，翰林學士，拜尚書左僕射兼門下侍郎。紹聖初，責授舒州團練副使、循州安置，未踰嶺，卒。大防既拜相，常分其俸之半以録書，故所藏甚富。其在翰林，書命典麗，議者謂在元絳之上云。1381

〔一〕呂大防微仲　宛委本「微仲」上有「字」字。

呂和叔誠德集三十卷　袁本前志卷四下別集類下下第四十四

右皇朝呂大鈞和叔〔一〕。嘉祐二年，中進士第。大防仲弟也〔二〕。終於宣義郎、鄜延路漕司屬官。師張厚之〔三〕。贍學博文〔四〕，無所不該，其文非義理不發〔五〕。1382

〔一〕呂大鈞和叔　袁本「和叔」上有「字」字。

〔二〕大防仲弟也　宛委本此五字在「和叔」下，袁本同原本。

〔三〕師張厚之　喬録王校本王懋竑校語云：「『張厚之』當作『張子厚』，後同。」按讀書志稱張載字，或作厚之。參見本卷張橫渠崇文集條校注〔一〕。

〔四〕贍學博文　袁本、宛委本「文」作「聞」。

〔五〕其文非義理不發　袁本、宛委本「文」下有「章」字。

呂與叔玉溪集二十五卷玉溪別集十卷　袁本前志卷四下別集類下下第四十五

右皇朝呂大臨字與叔，汲公季弟也。登進士第。嘗歷太學博士、秘書省正字。從程正叔、張厚之學。通六經，尤精於禮，解中庸、大學等篇行於世。嘗賦詩云：「學如元凱方成癖，辭類相如始近俳。獨倚聖門無一事，願同回也日心齋〔一〕。」正叔可之。1383

〔一〕願同回也日心齋　袁本、宛委本「日」作「得」。按典出莊子人世間，疑當從袁本。

范子功集五十卷　袁本後志卷二別集類第二十一

右皇朝范百禄字子功，鎮之姪也。終於中書侍郎。1384

張浮休畫墁集一百卷奏議十卷　袁本前志卷四下別集類下下第六十三

右皇朝張舜民芸叟〔一〕，邠州人。慶曆中，范仲淹帥邠，見其文，異之。用温公薦爲諫官，仕至吏部侍郎。後羈置房陵〔二〕。政和中卒。其文豪重有理致，而最刻意於詩。晚年爲樂府百餘篇，自序稱「年踰耳順，方敢言詩，百世之後，必有知音者」云〔三〕。自號浮休先生〔四〕。唐張鷟稱浮休子，芸叟蓋襲之〔五〕。1385

〔一〕右皇朝張舜民芸叟　宛委本「芸叟」上有「字」字。
〔二〕羈置房陵　袁本「置」作「直」，宛委本同原本。
〔三〕必有知音者云　袁本、宛委本無「者」字。
〔四〕自號浮休先生　袁本無「自」字，宛委本同原本。
〔五〕唐張鷟稱浮休子芸叟蓋襲之　袁本、宛委本無此十二字。

黄魯直豫章集三十卷外集十四卷〔一〕　袁本前志卷四下別集類下下第五十一

右皇朝黄庭堅魯直〔二〕。幼警悟，讀書五行俱下〔三〕，數過輒記〔四〕。蘇子瞻嘗見其詩於孫莘老家，歎絶〔五〕，以爲世久無此作矣，因以詩往來。會子瞻以詩得罪，亦罰金。元祐中，爲校書郎。先是，秦少游、晁無咎、張文潛皆以文學游蘇氏之門，至是同入館，世號「四學士」。魯直之詩尤奇〔六〕，世又謂之「蘇、黄」云。紹聖初，責置戎州〔七〕，至徽宗即位，召還〔八〕。嘗因嘲謔忤趙正夫，及正夫爲相，諭部使者以風旨，摘所作承天院塔記中語〔九〕，以爲幸災謗國，遂除名，編隸宜州以死，崇寧四年也〔一〇〕。1386

〔一〕外集十四卷　殿本經籍考卷六十三「外」作「別」，何喬新本同原本。按庭堅外集十四卷，李彤編；別集二十卷，庭堅孫㽦編；二集互異，殿本經籍考誤。
〔二〕右皇朝黄庭堅魯直　袁本「魯直」下有「也」字，宛委本則「魯直」上有「字」字。

〔三〕讀書五行俱下　袁本脱「書」字。

〔四〕數過輒記　袁本、宛委本、元刊經籍考「記」作「憶」。

〔五〕歎絶　袁本、宛委本、何喬新本經籍考作「絶歎」。

〔六〕魯直之詩尤奇　袁本、宛委本「魯」上有「而」字。

〔七〕貴置戎州　袁本作「謫戎州」，宛委本作「謫置戎州」。

〔八〕至徽宗即位召還　袁本無此七字，疑脱去，宛委本同原本。

〔九〕摘所作承天院塔記中語　原本脱「摘」字，據袁本、宛委本補。

〔一〇〕編隷宜州以死崇寧四年也　袁本、宛委本作「以崇寧四年九月三十日卒」。

晁無咎雞肋編七十卷　袁本前志卷四下別集類下下第五十二

右皇朝族父吏部公也。公諱某，字無咎〔一〕。幼豪邁，英爽不羣。七歲能屬文，日誦千言。王安國名重天下〔二〕，慎許可〔三〕，一見大奇之。在杭州，作文曰七述，叙杭之山川人物之盛麗。時蘇子瞻倅杭州，亦欲有所賦，見其所作，歎曰：「吾可以閣筆矣。」子瞻以文章名一時，稱其博辨俊偉，於文無所不能〔四〕，屈輩行與之交〔五〕，由此聲名藉甚〔六〕。舉進士，禮部別試第一，而考官謂其文辭近世未有，遂以進御。神宗曰：「是深於經，可革浮薄。」元祐中，除校書郎。紹聖初，落職監信州酒〔七〕，後知泗州，終於官，大觀四年也。張耒嘗言無咎「於文章蓋天性〔八〕，讀書不過一再〔九〕，終身不忘。自少爲文，即能追考左氏、戰國策、太史公、班固、揚雄、劉向、屈原、宋玉、韓愈、柳宗元之作〔一〇〕，促駕而力鞭之，務與之齊而後已。其凌厲奇卓〔一一〕，出於天才，非醞釀而成者。自韓、柳而還，蓋不足道也。」1387

〔一〕公諱某字無咎　袁本、宛委本「某」作「補之」。按公武録其先世及諸文書，皆不著其名而稱字，疑此趙希弁所改。參見卷一晁以道古易條。

〔二〕王安國名重天下　袁本、宛委本訛「國」爲「石」。張耒柯山集拾遺卷十二晁無咎墓誌銘云：「年十三，從王安國于常州學官，安國名重天下，于後進少許可，一見公，大奇之。」

〔三〕愼許可　殿本經籍考卷六十三「愼」誤作「甚」。元刊本同原本。

〔四〕稱其博辨俊偉於文無所不能　袁本無此十二字。宛委本同原本，唯「稱」上有「至」字。

〔五〕屈輩行與之交　袁本「屈」上有「至」字。

〔六〕藉甚　袁本「藉」作「籍」。

〔七〕紹聖初落職監信州酒　袁本「信州」作「處州」，宛委本同原本。按宋史卷四四四本傳謂貶監處、信二州酒稅。墓誌云：「紹聖元年，朝廷治黨，公亦坐累，降通判應天府，以親見嫌，通判亳州，復落職監處州酒務，中道丁母憂，毀瘠幾不勝長服，除監信州酒。」

〔八〕張耒嘗言無咎於文章蓋天性　袁本無「張耒嘗言無咎」六字，當脱去。宛委本同原本。按「張耒嘗言」云云迄解題末，悉本墓誌。

〔九〕不過一再　原本「再」誤作「載」，據袁本、宛委本、殿本經籍考以及墓誌改正。

〔一〇〕追考左氏戰國策太史公班固揚雄劉向屈原宋玉韓愈柳宗元之作　原本作「追考屈、宋、班、楊，下逮韓愈、柳宗元之作」，當馬端臨所改，今據袁本、墓誌改正。宛委本大抵同袁本，唯「韓愈」上有「下逮」二字。

〔一一〕凌厲奇卓　按墓誌「厲」作「麗」，疑誤。

張文潛柯山集一百卷　袁本前志卷四下別集類下下第五十四

右皇朝張耒字文潛〔一〕，譙郡人。仕至起居舍人。嘗爲宣、潤、汝、潁、兖五州守〔二〕，又嘗謫居黄州、復州，最後居陳以没。元祐中，蘇氏兄弟以文章倡天下〔三〕，號長公、少公，其門人號「四學士」。文潛，少公客也〔四〕。諸人多早没，文潛獨後亡，故詩文傳於世者尤多。其於詩文兼長，雖同時鮮復其比〔五〕，而晚年更喜白樂天，詩體多效之云。1388

〔一〕右皇朝張耒字文潛　袁本無「字」字。

〔二〕宣潤汝潁兖五州守　袁本「潁」訛作「穎」。

〔三〕以文章倡天下　袁本無「章」字，宛委本同原本。

〔四〕少公客也　袁本、宛委本「公」下有「之」字。

〔五〕雖同時鮮復其比　袁本「雖」上有「遷謫」二字，疑衍，宛委本同原本。

秦少游淮海集三十卷　袁本前志卷四下別集類下下第五十三

右皇朝秦觀字少游〔一〕，高郵人。登進士第。元祐初，除校勘黄本書籍。紹聖中，除名，編隸橫州〔二〕，遇赦北歸，至藤州卒。蘇子瞻嘗謂李廌曰：「少游之文，如美玉無瑕，又琢磨之功，殆未有出其右者。」王介甫謂其詩新清婉麗，鮑謝似之〔三〕。少游亦自言其文銖兩不差，但以華麗爲愧耳。呂氏童蒙訓謂少游過嶺後詩嚴重高古，自成一家，與舊作不同〔四〕。1389

〔一〕右皇朝秦觀字少游　袁本無「字」字。

〔二〕紹聖中除名編隸橫州　袁本、宛委本「中」作「初」。又，宛委本、殿本經籍考卷六十四「橫」誤作「黄」，元刊經籍考同原本。

〔三〕王介甫謂其詩新清婉麗鮑謝似之　袁本無此十四字。宛委本、經籍考「清」作「精」，宛委本此十四字在「華麗爲愧耳」句下。按王安石語見臨川先生文集卷七十三回蘇子瞻簡。四部叢刊本云：「得秦君詩，手不能捨。葉致遠適見，亦以爲清新嫵麗，與鮑、謝似之，不知公意如何？」致遠，濤字。

〔四〕與舊作不同　袁本無「呂氏童蒙訓」至此二十五字，宛委本同原本。

陳無己后山集二十卷〔一〕 袁本前志卷四下别集類下下第五十六

右皇朝陳師道無己，彭城人。少以文謁曾南豐〔二〕，南豐一見奇之〔三〕，許其必以文著。元祐中，侍從合薦於朝，起爲太學博士。紹聖初〔四〕，以進非科舉而罷。建中靖國初，入祕書爲正字，以卒。爲文至多，少不中意，則焚之〔五〕。1390

〔一〕陳無己后山集二十卷 原本「己」皆作「已」，據宋史卷四四四本傳改，下同。袁本亦誤。按讀書附志卷下著録后山先生文集五十五卷，其解題可參看。

〔二〕少以文謁曾南豐 袁本「少」上有「公」字。

〔三〕南豐一見奇之 袁本無「南豐」二字，蓋脱去，宛委本同原本。

〔四〕紹聖初 袁本、宛委本「初」作「中」。按似作「初」是，參見後山詩註卷首魏衍彭城陳先生集記與任淵後山詩註目録附年譜。

〔五〕則焚之 袁本、宛委本此下有「存者才十一」五字。

畢公叔西臺集五十卷〔一〕 袁本前志卷四下别集類下下第五十五

右皇朝畢仲游字公叔。早登進士第。元祐中，召天下文學之士十三人〔二〕，策試翰林院。蘇子瞻以公叔爲第一，除集賢校理，又表自代云：「學貫經史，才通世務，文章精麗，議論有餘〔三〕。自臺郎爲憲漕，綽有能聲。」後入黨籍〔四〕，終於西京留臺。集陳叔易爲之序。1391

〔一〕西臺集五十卷　袁本「五」作「二」。宛委本同原本。按宋志卷七、國史經籍志卷五亦作五十卷。仲游集傳本久絶於世，四庫館臣從永樂大典搜輯排比，重編成二十卷。四庫總目卷一五五云：「宋志荒謬，多不可憑，疑『五』字爲傳寫之誤，謹仍依讀書志釐爲二十卷。」館臣未檢衢本讀書志與經籍考，遽議宋志之誤，其疏畧也甚。宋人文集，前後數本，多寡互異，不足深怪。

〔二〕召天下文學之士十二人　袁本無「十」字，當脱去，宛委本同原本。按宋史卷二八一本傳云：元祐初，「召試學士院，同策問者九人，乃黄庭堅、張耒、晁補之輩」。與此所云亦不合。

〔三〕議論有餘　袁本「議論」作「論議」，宛委本同原本。

〔四〕後入黨籍　袁本「後入」作「以」，宛委本同原本。

廖明略竹林集三卷　袁本前志卷四下別集類下下第五十八

右皇朝廖正一字明畧。元祐中，召試館職。蘇子瞻在翰林，見其所對策，大奇之。俄除正字。時黄、秦、晁、張皆子瞻門下士，號「四學士」，子瞻待之厚，每來必命侍妾朝雲取「密雲龍」，家人以此知之。一日，又命取「密雲龍」〔一〕，家人謂是「四學士」，窺之，乃明畧來謝也。紹聖間，明畧貶信州玉山監税，鬱鬱不得志〔三〕，喪明而没。自號竹林居士。1392

〔二〕又命取密雲龍　袁本、宛委本「又」上有「子瞻」二字，無「命」字。

〔三〕鬱鬱不得志　袁本作「鬱不得志」，當脱一「鬱」字，宛委本同原本。

邢敦夫呻吟集一卷　袁本前志卷四下別集類下下第五十九

右皇朝邢居實字敦夫，和叔之子也。年十四〔一〕，賦明君引〔二〕，蘇子瞻見而稱之，由是知名。未幾，和叔貶隨州，敦夫侍行，病羸嘔血。一日〔三〕，有鈴下老卒驕慢，應對不遜，敦夫怒而擊之，無何，卒死。和叔怒〔四〕，以敦夫屬吏，以故疾日侵而夭。故黄魯直爲之挽云：「眼看白璧埋黄壤，何況人間父子情」，蓋隱之也。集後有子瞻、魯直、無咎諸公跋。1393

〔一〕年十四　袁本「年」上有「敦夫」二字。

〔二〕賦明君引　袁本、宛委本「君」作「妃」。按宋史卷四七一邢恕傳云：「居實有異材，八歲爲明妃引。」詩載宋詩鈔卷二十四。

〔三〕一日　袁本「日」作「旦」、宛委本同原本。

〔四〕和叔怒　袁本「怒」上有「發」字，宛委本同原本。

員逢原三蓮集二十卷〔一〕 袁本前志卷四下別集類下下第六十

右皇朝員逢原，關中人。仕至朝議大夫。1394

〔一〕員逢原三蓮集二十卷 此條經籍考未收，故原本未能配補，今據袁本、宛委本、參以王先謙刊本編次補入。趙希弁考異「員逢原」作「員半千」。按半千乃唐人，希弁誤。逢原另有三蓮詩話，今有宋詩話輯佚本。宋詩話考中卷之上云：「考韋居安梅磵詩話稱華陰員資深有三蓮詩話，並謂『詩話係録本，員乃南渡前人，辛巳歲偶於朋友處見之』云云。然則，其書在當時或本無刊本，豈晁公武所見亦爲録本歟？抑刊本不多，此則出愛好者所傳録歟？」

唐子西集十卷〔一〕 袁本前志卷四下別集類下下第七十

右皇朝唐庚字子西，眉山人。登進士第。早受知於張天覺，天覺爲相，擢京畿提舉常平，且欲用爲諫官。天覺去位後〔二〕，言者謂子西常宣言，有一網打盡之語，貶惠州。大觀五年，會赦北歸。1395

〔一〕唐子西集十卷 宛委本作十五卷，袁本同原本。按唐庚集，書録解題卷十七、宋史卷四四三本傳作二十卷，宋志卷七作二十二卷。今四部叢刊三編影印閩侯龔氏大通樓藏鈔本三十卷，出紹興鄭康佐重刊本。據康佐序云，是集有閩、蜀二刻，閩本多於蜀本，疑公武所著録爲蜀本。

〔二〕天覺去位後 袁本作「天覺欲去位」，宛委本同原本。

陳瑩中了齋集三十卷〔一〕　袁本前志卷四下別集類下下第六十四

右皇朝陳瓘字瑩中〔二〕，延平人。建中靖國，爲右司諫。嘗移書責曾布，及言蔡京及弟卞之姦惡〔三〕。章疏十上〔四〕，除名，編隸合浦以死。靖康中〔五〕，贈諫議大夫。自號了翁。1396

〔一〕陳瑩中了齋集三十卷　附志卷下別集類有忠肅公諫垣集二卷，可參看。

〔二〕右皇朝陳瓘字瑩中　袁本無「字」字。

〔三〕蔡京及弟卞　袁本、宛委本「及」作「與」。

〔四〕章疏十上　袁本、宛委本「疏」作「數」，元刊經籍考同袁本。疑原本「疏」乃「數」之訛。

〔五〕靖康中　袁本、宛委本「中」作「初」。

陳司諫集兩卷　袁本前志卷四下別集類下下第六十五

右皇朝陳祐字純益，仙井監人。登進士第。建中靖國，爲臺諫，與龔夬、任伯雨、江公望協力彈擊紹聖姦臣〔一〕。後蔡京用事，廢斥而没。1397

〔一〕江公望　袁本「江」訛作「張」，宛委本同原本。喬録毛扆本王懋竑校語云：「『張』當作『江』。」按江公望事跡見宋史卷三四六本傳。

崔德符婆娑集三十卷〔一〕　袁本前志卷四下別集類下下第七十三

右皇朝崔鷗字德符〔二〕。蚤中進士第〔三〕。元符末，上書，入邪等。廢斥幾三十年。靖康初，召爲右正言，居無何，感疾卒〔四〕。其爲文最長於詩，清婉敷腴，有唐人風。1398

〔一〕崔德符婆娑集三十卷　原本無「崔德符」三字。按此條原本據經籍考卷六十四配補，經籍考先引書録解題，標題乃從書録解題卷十七，又以讀書志居後，遂删〔去〕其解題中與書録解題複重者。今悉據袁本、宛委本復原。

〔二〕皇朝崔鷗字德符　原本止有一「鷗」字。

〔三〕蚤中進士第　原本無此五字。

〔四〕感疾卒　原本無「靖康初」至此十四字。

劉巨濟前[illegible]集五卷　袁本前志卷四下別集類下下第七十二

右皇朝劉涇字巨濟，蜀人。終於太學博士。爲文奇怪〔一〕。1399

〔一〕爲文奇怪　袁本、宛委本「文」下有「頗」字。

李元應跨鼇集五十卷　袁本前志卷四下別集類下下第七十四

右皇朝李新字元應，仙井監人〔一〕。早登進士第。劉涇嘗薦於蘇子瞻，令賦墨竹〔二〕，口占一絶立就。坐元符末上書，奪官，謫置遂州，流落終身。跨鼇，仙井山名也。1400

〔一〕仙井監　袁本無「監」字，宛委本同原本。

〔二〕令賦墨竹　袁本、宛委本「令」作「命」。

滿氏昌邑集二十卷〔一〕　袁本後志卷二別集類第二十六

右皇朝滿中行字思復。登進士第。元豐中，爲太學官，虞蕃獄起，思復獨不絓吏議，詔褒之。1401

〔一〕滿氏昌邑集　袁本「氏」譌作「民」。經籍考卷六十四「邑」譌作「色」。

馮允南集十卷　袁本後志卷二別集類第二十八

右皇朝馮山字允南，普州人。鄧綰爲中丞，薦爲臺官，允南力辭不就，士論稱之。1402

晁氏景迂集十二卷　袁本前志卷四下別集類下下第六十七

右從父詹事公也。諱某〔一〕，字以道，文元公玄孫〔二〕。少慕司馬温公爲人，自號景迂生〔三〕。年未三十〔四〕，蘇子瞻以著述科薦之〔五〕。元符中，上書，居邪中等。博極羣書，通六經，尤精於易，傳邵堯夫之學，著太極傳。縉紳高其節行。嘗守成州，時民訴歲旱，公以爲十分，盡蠲其稅〔六〕，轉運使大怒，督責甚峻，因丐老而歸。靖康初，以著作郎召，遷祕書監〔七〕，免試，除中書舍人兼太子詹事，俄以論不合去國〔八〕。建炎初，終於徽猷閣待制。1403

〔一〕諱某　袁本、宛委本「某」作「説之」。元刊本、何喬新本經籍考卷六十四同原本，殿本經籍考同袁本。按公武有例，凡先世、諸父書，稱字而不著名，疑袁本爲趙希弁所改。

〔二〕文元公玄孫　按説之父端彦，端彦父仲衍，仲衍父宗慤，宗慤父迥，是説之乃文元公迥玄孫。

〔三〕自號景迂生　袁本無「生」字，當脱去，宛委本同原本。

〔四〕年未三十　袁本無「年」字，當脱去，宛委本同原本。

〔五〕以著述科薦之　袁本無「科」字，當脱去，宛委本同原本。

〔六〕盡蠲其稅　原本「盡」訛作「益」，據袁本、宛委本改。

〔七〕遷祕書監　袁本脱「監」字，宛委本同原本。

〔八〕以論不合去國　原本無「國」字，據經籍考補。袁本、宛委本亦無。按今四部叢刊續編影印舊鈔本嵩山文集卷末雜文録「從侄公武」撰嵩陽景迂生文集十二卷叙録一則，即出自讀書志，可參看。

晁氏崇福集三十五卷四六集十五卷　袁本前志卷四下別集類下下第六十八

右從父崇福公也〔一〕。登進士第。又中宏詞第一。元符末，上書，居邪等，廢斥二十年〔二〕，以朝請郎奉祠崇福宮而終，故以名集〔三〕。天才英特，爲文章立成，明潤密緻，世以爲宜在北門、西掖云。1404

〔一〕從父崇福公也　袁本、宛委本此下有十字：「諱詠之，字之道，以道弟也」。按「詠之」疑當作「某」。又，宛委本「從父」作「王父」。按「王父」疑「十二父」之誤，公武稱詠之爲「崇福十二父」，見本卷邵氏集條。

〔二〕廢斥二十年　袁本、宛委本「二」作「三」。

〔三〕故以名集　袁本無此四字，宛委本同原本。

晁氏封丘集二十卷　袁本前志卷四下別集類下下第六十九

右世父封丘府君〔一〕。諱某〔二〕，字伯宇。鏁廳中進士第。黄魯直嘗薦之於蘇子瞻，云：「晁伯宇謹厚，守文元家法，從游多長者，其文已能如此，年蓋未二十也。願一語教戒之〔三〕。」子瞻答云：「晁伯宇詩騷，細看甚奇麗，信乎其家多異材也〔四〕。雖然，凡文至足之餘，溢爲奇偉，今晁文涉奇似太早〔五〕，可作朋友切磋之語以告之，非謂其諱也，恐傷其邁往之氣耳。」後坎壈終身，卒官封丘丞。1405

〔一〕封丘府君　袁本、宛委本「君」下有「也」字。

〔二〕諱某　按伯宇名載之，見能改齋漫録卷六「昭靈夫人」條、讀書雜識卷九宋人世系考上。

〔三〕願一語教戒之　袁本、宛委本「願」下有「子瞻」二字。

〔四〕其家多異材　袁本、宛委本「家」下有「之」字。按蘇軾書載蘇東坡集續集卷十一，文字與此所引微異，此句語同原本。

〔五〕今晁文涉奇似太早　袁本、宛委本「晁」下有「君」字。蘇軾書作「晁文奇怪似差早」。

呂吉甫集二十卷　袁本前志卷四下別集類下下第八十七

右皇朝呂惠卿字吉甫，閩人。王安石執政，擢參知政事。元祐初〔一〕，謫知福州。紹聖後，累領藩鎮。有莊子解〔二〕。爲文長於表奏。1406

〔一〕元祐初　袁本無「元祐」二字，當脱去，宛委本同原本。按惠卿未嘗知福州，據東都事略卷八十三本傳，元祐初知揚州，引疾提舉崇福宫，蘇轍疏其姦，責建寧軍節度副使，建州安置。公武蓋指此。

〔二〕莊子解　袁本「解」作「學」，誤。按吉甫注莊子十卷，見本書卷十一。此書或名莊子義，見書録解題卷九，全名爲呂觀文進莊子内篇義，見藏園羣書題記卷三；或名莊子解，見宋志卷四；宋本全稱爲呂太尉經進莊子全解，見楹書隅録卷三；今道藏洞神部玉訣類所收，題道德真經傳四卷。

張無盡集二十二卷〔一〕　袁本前志卷四下別集類下下第六十六

右皇朝張商英字天覺〔二〕。登第，調官峽路〔三〕。章惇察訪巴蜀，風采傾動西南峽中。部使者憂之，日夕謀所以待之之禮曲盡，因求辯博之士〔四〕，以備燕談。或以天覺姓名告，因檄召至夔州。惇既至，杯酒間，果以人材爲問，部使者即言之，惇令召入。天覺不冠服峩巾〔五〕，長揖徑就坐左〔六〕。惇負氣敢大言，天覺輒吐言壓之〔七〕。惇大喜，歸而薦於朝，由是召用。元祐中，爲開封府推官，出使河東。紹聖初，擢御史。大觀四年，長星見，蔡京罷相，乃拜右僕射。盡反京之政，召用元祐遷客，天下翕然歸重，朞年去位。靖康初，遂與司馬溫公、范文正公同日降制〔八〕，加贈官爵。賜謚文忠〔九〕。1407

〔一〕張無盡集二十二卷　袁本、宛委本「二十二卷」作「三十二卷」。按商英集宋志卷七凡兩見，一曰張商英文集一百卷，一曰張商英集十三卷；通志藝文略卷八有張無盡集五十三卷、別集十七卷。今俱不存，未知孰是。

〔二〕右皇朝張商英　袁本「商」誤作「啇」，下同。

〔三〕調官峽路　原本「峽」訛作「陝」，據袁本、宛委本、何喬新本經籍考改正。按宋史卷三五一、東都事略卷一〇二本傳云商英調官通川，繼辟南川，二縣皆屬夔州，隸於峽路。

〔四〕因求辯博之士　袁本無「因」字，當脫去，宛委本同原本。

〔五〕峩巾　殿本經籍考「巾」訛作「中」，元刊本、何喬新本不誤。

〔六〕徑就坐左　袁本、宛委本「左」作「右」。

〔七〕天覺輒吐言壓之　袁本無「輒」字，當脱去，宛委本同原本。

〔八〕范文正公同日降制　袁本、宛委本無「公」字，「制」作「詔」。

〔九〕謚文忠　袁本、宛委本此下尚有八字：「疑范文正乃忠宣也。」喬録王校本王懋竑校語云：「此八字當作小字注。」王先謙刊本先謙校語云：「八字疑後人所加。」按靖康元年二月壬寅，追封范仲淹魏國公，贈司馬光太師，張商英太保；除元祐黨籍學術之禁。事見宋史卷二十三欽宗紀，此八字當後人妄加。

臨漢隱居集二十卷〔一〕　袁本前志卷四下別集類下下第五十七

右皇朝魏泰字道輔〔二〕，襄陽人。曾布子宣之妻弟〔三〕。幼爽邁〔四〕，能屬文。嘗從徐禧。晚節卜隱漢上。人頗言其倚子宣之勢，爲鄉里患苦云。 1408

〔一〕臨漢隱居集　袁本「漢」作「溪」。喬録王校本王懋竑校語云：「當作『漢』。」按泰晚年卜隱漢上，遂以「臨漢」名集，袁本誤。宛委本同原本。

〔二〕右皇朝魏泰字道輔　殿本經籍考「道」訛作「通」，元刊本、何喬新本不誤。

〔三〕曾布子宣之妻弟　袁本作「曾布子宣妻之弟也」，宛委本作「曾布子宣之妻弟也」。

〔四〕幼爽邁　袁本、宛委本作「幼邁爽」。

王履道初寮集十卷内制十八卷外制八卷〔一〕　袁本前志卷四下別集類下下第七十五

右皇朝王安中字履道〔二〕真定人。政和中，有密薦於上者，自監大名倉〔三〕，累擢掌内外制，後拜太保，鎮燕山。建炎初，貶象州。爲文瓌奇高妙，最長於制誥。李邴入翰林，嘗請於上，以方今詞林之式，上首尾舉安中之名〔四〕。自號初寮〔五〕。 1409

〔一〕外制八卷　殿本經籍考卷六十五「八」作「十」，元刊本、何喬新本同原本。按通志藝文略卷八亦著録初寮先生外制八卷。讀書附志卷下著録初寮先生前集四十卷、後集十卷，可參看。

〔二〕右皇朝王安中字履道　袁本無「字」字。

〔三〕自監大名倉　原本「名」訛作「明」，據袁本、宛委本改。元刊本、何喬新本經籍考「名」訛作「各」。

〔四〕上首尾舉安中之名　袁本無「上」字，當脱去，宛委本同原本。又，袁本、宛委本「安中」作「履道」。

〔五〕自號初寮　袁本、宛委本此下有「先生」二字。

陳參政簡齋集二十卷　袁本前志卷四下別集類下下第七十七

右皇朝陳與義字去非〔一〕，汝州葉縣人〔二〕。中進士第。宣和中，徽宗見其所賦墨梅詩，喜之〔三〕，遂登册府。建炎中，掌内外制〔四〕，拜參知政事，以卒。晚年詩尤工。周葵得其家所藏五百餘篇，刊行之，號簡齋集。1410

〔一〕右皇朝陳與義字去非　袁本無「字」字。

〔二〕汝州葉縣人　宋史卷四四五本傳云其先京兆人，自曾祖希亮遷洛，故爲洛人。

〔三〕喜之　袁本作「善之」，宛委本同原本。

〔四〕建炎中掌内外制　按「建炎」疑有誤，陳與義紹興元年夏至行在，遷中書舍人，掌内外制，拜參知政事，則在紹興五、六年間。見本傳以及增廣箋注簡齋詩集附胡仲孺撰年譜。

胡承公集十卷〔一〕資古紹志集十卷　袁本前志卷四下別集類下下第七十八

右皇朝胡世將字承公。中進士科。早受知晁無咎〔二〕。建炎南渡，嘗直學士院，終於資政殿學士、川陝宣撫使。爲文敏贍温雅，掌書命，頗有能聲。喜聚金石刻，效歐公集古録爲資古紹志集，序云：以成其先人之志，故以「紹志」目其書。1411

〔一〕胡承公集　袁本「承」作「丞」，誤，下同。宛委本、宋史卷三七〇本傳同原本。

〔二〕受知晁無咎　袁本、宛委本「知」下有「於」字，疑脱去。

邵氏集二十卷　袁本後志卷二別集類第三十

右皇朝邵溥字澤民。進士第。靖康初，爲户部侍郎。上踐祚，以例貶官。紹興中，復待制，宣撫川陝。師事崇福十二父〔一〕詩文早有能聲。1412

〔一〕崇福十二父　殿本經籍考「父」訛作「歲」，元刊本、何喬新本不誤。按崇福十二父乃公武從父詠之。

汪彥章集十卷〔一〕　袁本前志卷四下別集類下下第九十六

右皇朝汪藻字彥章。嘗爲翰林學士。1413

〔一〕汪彥章集十卷　此條經籍考未收，原本據袁本配補，宛委本亦收録。讀書附志卷下有浮溪先生文集六十卷、猥藁外集一卷、龍溪先生文集六十卷，可參看。

藝圃折衷六卷〔一〕　袁本前志卷四下別集類下下第九十九

右皇朝鄭厚，莆陽人。紹興中，舉進士第一，坐臺評廢于家。1414

〔一〕藝圃折衷六卷　此條原本未收，今據袁本、并參以王先謙刊本次第補入。經籍考亦未收。按儀顧堂題跋卷一有六經雅言圖辨六卷，明人影寫宋刊本。跋略云：「厚字景韋，樵之從兄也。紹興五年進士，調泉州觀察推官。言者希檜旨，劾以諂事趙鼎，謗議朝政，遂罷歸。少時嘗著藝圃折衷，論多過激，紹興十三年駕部員外郎王恭，摘書中詆孟子語言於朝，詔令建州毀板，已傳播者焚之。檜死，起昭信軍節度推官，改知湘潭縣，卒於官。竊謂此書即藝圃折衷之焚餘，後人又有所附益耳。」又，陸心源嘗持六經雅言圖辨與六經奥論對核，以爲即奥論，所謂鄭樵撰奥論，乃後人妄題。今説郛（宛委山堂本弓八、商務印書館本卷三十一）有藝圃折中，不全，題鄭厚撰。六經奥論則有通志堂經解本等，六卷。

李易安集十二卷　袁本前志卷四下別集類下下第八十二

右皇朝李格非之女〔一〕。幼有才藻名〔二〕。先嫁趙誠之〔三〕，其舅正夫相徽宗朝，李氏嘗獻詩曰：「炙手可熱心可寒」。然無檢操，後適張汝舟，不終晚節〔四〕。流落江湖間，以卒。1415

〔一〕右皇朝李格非之女　袁本、宛委本「李」下有「氏」字。

〔二〕幼有才藻名　袁本「有才藻名」四字在「趙誠之」下。宛委本同原本。

〔三〕先嫁趙誠之　按「趙誠之」當作「趙明誠」，原本、袁本、宛委本、經籍考卷六十八俱誤。

〔四〕後適張汝舟不終　袁本無此七字，當脱去，宛委本不脱。

洪覺範筠溪集十卷〔一〕　袁本前志卷四下別集類下下第八十

右皇朝僧惠洪覺範，姓喻氏〔二〕，高安人。少孤，能緝文。張天覺聞其名，請住峽州天寧寺，以爲今世融、肇也。未幾，坐累民之〔三〕。及天覺當國，復度爲僧，易名德洪。數延入府中。及天覺去位，制獄窮治其傳達言語於郭天信〔四〕，竄海南島上〔五〕。後北歸。建炎中卒。著書數萬言，如林間録、僧寶傳、冷齋夜話之類，皆行於世。然多夸誕，人莫之信云。1416

〔一〕洪覺範筠溪集　殿本經籍考卷六十八「洪」上有「德」字。元刊本同原本。

〔二〕姓喻氏　袁本脫「姓」字。宛委本不脫。按惠洪俗姓彭氏，彭淵才之姪，以淵才爲郭天信門客，遂識天信。淵才名几。參見能改齋漫録卷十二、宋史卷三五一張商英傳。惠洪事跡詳見石門文字禪卷二十四寂音自序、僧寶正續傳卷二。此謂姓喻氏，所據蓋寂音自序。

〔三〕坐累民之　按此句當有脫文。

〔四〕郭天信　原本「天」訛作「大」，據袁本、宛委本改。按天信傳見宋史卷四六二方技下。

〔五〕竄海南　袁本、宛委本「海南」作「南海」，疑是。

饒德操集一卷　袁本前志卷四下別集類下下第八十一

右皇朝饒節字德操，曾布之客也。性剛峻，晚與布論不合，因棄去，祝髮爲浮屠，在襄漢間聲望甚重云〔一〕。1417

〔一〕聲望甚重云　袁本無「云」字，當脱去，宛委本同原本。

魏仲先草堂集二卷〔一〕鉅鹿東觀集二卷　袁本前志卷四中别集類下第十七

右皇朝魏野字仲先，陝州人。志清逸，以吟詠自娱，忘懷榮利〔二〕，隱於陝之東郊。手植竹木，繞以流泉，鑿土袤丈，曰樂天洞，前立草堂。爲詩清苦，句多警策，與寇準、王旦善，每往來酬唱。祀汾陰歲，召不起。卒，贈著作郎。集有薛田序〔三〕。鉅鹿東觀集乃野之子閑集其父詩四百篇，以贈著作，故以「東觀」名集〔四〕。1418

〔一〕魏仲先草堂集二卷　袁本、宛委本「二」作「一」。按書録解題卷二十、宋志卷七著録草堂集皆作二卷。玉壺清話卷七云契丹使於祥符時入朝求野詩，果搜得草堂集十卷。宋史卷四五七本傳亦云有草堂集十卷，契丹使至，嘗言本國得其上帙，願求全部，詔與之。書録解題、宋志、四庫闕書目别集類、續祕目别集類皆有東觀集十卷，疑本傳等所謂草堂集實東觀集。今兩宋名賢小集有草堂集三卷，峭帆樓叢書有東觀集十卷，補遺一卷。

〔二〕忘懷榮利　袁本「忘」誤作「亡」，宛委本同原本。

〔三〕集有薛田序　宛委本無「集」字。按繡谷亭薰習録云：「集乃野之子閑所编。晁氏稱詩四百餘首，已經零落，見於田序。野別有草堂集，汾陰未召之先，蚤流傳於世。晁氏謂田序爲草堂集而作，誤也。」按野詩集本名草堂集，薛田得野子閑所出詩四百篇，除去零落不全者，編爲十卷，易名東觀集。參見竹汀日記鈔卷一。田序爲東觀集而作，疑此五字當在解題末「故以『東觀』名集」句之後。又，田序謂東觀集十卷，宋時諸家書目亦無異，讀書志著録止二卷，蓋不全之本。

〔四〕故以東觀名集　袁本無「鉅鹿東觀集」至此凡二十七字，疑脱去，宛委本同原本。

潘逍遥詩三卷　袁本前志卷四中別集類下第十八

右皇朝潘閬字逍遥，大名人〔一〕。通易、春秋，尤以詩知名〔二〕。太宗嘗召對，賜進士第，將官使之，不就。王繼恩與之善。繼恩下獄，捕閬甚急〔三〕，久之弗得。咸平初，來京師，尹收繫之。真宗釋其罪，以爲滁州參軍，後卒於泗上。與王禹偁、孫何、柳開、魏野交好最密。集有祖無擇序，錢易、張逵皆碣其墓，附於集後〔四〕。蘇子瞻少年時，過一山院，見壁上有句云〔五〕：「夜涼知有雨〔六〕，院靜若無僧。」而不知何人詩。今集有此聯〔七〕，乃閬夏日宿西禪院詩也。小説中謂閬坐盧多遜黨，嘗追捕，非也。1419

〔一〕大名人　書録解題卷二十謂閬爲廣陵人，輿地紀勝卷三十七引續資治通鑑長編亦謂閬爲揚州人。

〔二〕尤以詩知名　袁本無「尤」字，當脱，宛委本同原本。

〔三〕繼恩下獄捕閬甚急　夢溪筆談校證卷二十五胡道靜注云：「繼恩之敗，詔曾與交識者不問，又且潘閬雖以繼恩得進。而早經斥退，則昭德先生所云『纔恩下獄，捕閫甚急』者，屬可疑也。」

〔四〕附於集後　袁本、宛委本無「後」字。

〔五〕有句云　袁本、宛委本作「有詩曰」。

〔六〕夜涼知有雨　沈録何校本改「知」作「如」，與四部叢刊本東坡前集卷十一相合。

〔七〕今集有此聯　袁本、宛委本「有」作「載」。

林君復集二卷〔一〕　袁本前志卷四下別集類下下第六

右皇朝林逋字君復，杭州錢塘人。少刻志爲學，結廬西湖之孤山〔二〕。真宗聞其名，詔郡縣常存遇之。善行書，喜爲詩，其語孤峭澄淡。臨終作一絶曰〔三〕：「茂陵他日求遺稾，猶喜初無封禪書。」或刻石置之其墓中。賜謚曰和靖先生。集有梅聖俞序〔四〕。1420

〔一〕林君復集二卷　原本此條補自經籍考卷七十一，題作「林和靖詩三卷西湖紀逸一卷」，而經籍考於逋詩集標題、卷數皆從書録解題，今改從袁本。宛委本題作「林君復集二卷西湖紀逸一卷」，其西湖紀逸蓋亦採自經籍考，不取。按宋志卷七有林逋詩（此「詩」當「集」之訛）七卷又詩二卷，此二卷之詩，未知是否即讀書志林君復集二卷？二卷本，鐵琴銅劍樓藏書目録卷二十著録有宋刊殘本、善本書室藏書志卷二十六著録有影宋本，殆與讀書志所録同源。

〔二〕結廬西湖之孤山　袁本「結廬」下有「隱」字。

〔三〕作一絶曰　袁本作「作一絶句云」。

〔四〕集有梅聖俞序　原本無此六字，據袁本補。按衢、丁二人所收二卷本，亦有皇祐五年太常博士宛陵梅堯臣序。

石曼卿集一卷〔一〕　袁本前志卷四下別集類下下第十六

右皇朝石延年字曼卿〔二〕，南京宋城人。舉進士不中，爲三班奉職，改太常寺太祝，遷祕閣校理。氣貌雄偉，喜論事，善書札，縱酒不羈，世多傳其仙去。其詩如春陰、紅梅，及「樂意相關禽對語，生香不斷樹交花」、「鶯聲不逐春光老，花影常隨日脚流」之句，至今諷詠焉〔三〕。1421

〔一〕石曼卿集　袁本脱「集」字。

〔二〕右皇朝石延年字曼卿　袁本無「字」字。

〔三〕至今諷詠焉　袁本、宛委本無「氣貌雄偉」至此凡六十三字，止在「校理」下有「能爲詩書，甚遒麗」七字。

陳亞之集一卷　袁本前志卷四下別集類下下第七

右皇朝陳亞，字亞之〔一〕。性滑稽，喜賦藥名詩〔二〕，仕至司封郎中。藥名詩始於唐人張籍〔三〕，有「江皐歲

暮相逢地，黄葉霜前半下枝」之詩，人謂起於亞〔四〕，實不然也。 1422

〔一〕右皇朝陳亞字亞之　袁本、宛委本「陳亞」下衍「之」字。

〔二〕藥名詩　袁本作「藥詩者」，疑誤，宛委本同原本。

〔三〕始於唐人張籍　沈録何校本何焯批語云：「松陵唱和集序引梁元帝藥名詩，不始於唐人。」按梁時賦藥名詩者，尚有簡文帝蕭綱、庾肩吾、沈約等，見藝文類聚卷五十六雜文部二。

〔四〕人謂起於亞　袁本、宛委本「亞」下有「之」字。

蘇才翁集一卷　袁本前志卷四下別集類下下第十七

右皇朝蘇舜元字才翁〔一〕，子美兄也。工草隸，詩章豪麗〔二〕。 1423

〔一〕右皇朝蘇舜元字才翁　袁本無「字」字。

〔二〕詩章豪麗　袁本無「章」字，宛委本同原本。

杜師雄詩一卷　袁本前志卷四下別集類下下第二十二

右皇朝杜默字師雄〔一〕，徂徠人。石介作三豪篇，所謂「歌之豪」者。蘇子瞻頗陋之。 1424

〔一〕右皇朝　經籍考卷七十一作「宋朝」。

鄭成之集十卷　袁本前志卷四下別集類下下第二十三

右皇朝鄭褒字成之〔一〕，閩人。登進士第。慕韓愈爲文。陳詁爲編次其集，張景爲之序。1425

〔一〕右皇朝鄭褒字成之　經籍考卷七十一「右皇朝」作「宋朝」。宛委本「成之」作「成子」，誤。沈録何校本何焯批語云：「此穆、尹以前人。」

將歸集一卷〔二〕　袁本前志卷四下別集類下下第八十三

右未詳何人。有題林逋隱居詩〔三〕，當是昭陵時人也。1426

〔二〕將歸集　袁本、宛委本作「詹玠將歸集」。按宋志卷二別史類、祕續目小說類、玉海卷四十七引中興書目有詹玠撰唐宋遺史四卷，中興書目云：「治平四年詹玠撰。」唐宋遺史，或稱遺史，（今龍威秘書五集有詹玠遺史紀聞，蓋即此書之殘帙）宋人載籍時有引用，如野客叢書卷十四、戴埴鼠璞、增修詩話總龜前集等。其中以詩話總龜引用最多，然其卷首目録題「西安虞介」，蓋「詹玠」之誤也。

〔三〕有題林逋隱居詩　袁本「有」作「所」，宛委本同原本。

徐仲車詩一卷　袁本前志卷四下別集類下下第二十四

右皇朝徐積字仲車〔一〕，東莞人〔二〕。1427

〔一〕右皇朝　經籍考卷七十一作「宋朝」。

〔二〕東莞人　沈録何校本何焯校語云：「楚州人，東莞特其望也。」按徐積傳見宋史卷四五九，謂積楚州山陽人。

黃虞部詩一卷　袁本前志卷四下別集類下下第八十六

右皇朝黃觀〔一〕。昭陵時，嘗將漕成都〔二〕。1428

〔一〕右皇朝黃觀　經籍考卷七十一「右皇朝」作「宋朝」。

〔二〕昭陵時嘗將漕成都　按北宋經撫年表卷五謂黃觀於咸平六年知益州，嘉靖惠安縣志卷十三謂觀惠安人，歷知榮、閬，終兵部員外郎。

邵堯夫擊壤集二十卷　袁本前志卷四下別集類下下第二十五

右皇朝邵雍堯夫〔一〕，隱居洛陽。熙寧中，與常秩同召，力辭不起。邃於易數。始爲學，至二十年不施枕榻睡〔二〕，其精思如此〔三〕。歌詩蓋其餘事，亦頗切理，盛行於時。卒謚康節。集自爲序。1429

〔一〕右皇朝　經籍考卷七十一作「宋朝」。

〔二〕不施枕榻睡　袁本作「不施枕而睡」，宛委本同原本。

〔三〕其精思如此　袁本脱「思」字，宛委本不脱。

韓持國詩三卷　袁本後志卷二別集類第二十

右皇朝韓維字持國，億之子也。元豐中，入翰林爲學士，遷承旨。哲宗初載，拜門下侍郎〔一〕。與其兄子華、玉汝俱位宰相〔二〕。持國最能詩，世傳其「酴醾」絶句，他多稱是。1430

〔一〕元豐中入翰林爲學士遷承旨哲宗初載拜門下侍郎　原本無此二十一字，據袁本補。按維遷翰林學士在熙寧二年，爲學士承旨，則在熙寧七年。見宋史卷三一五本傳。

〔二〕與其兄子華玉汝俱位宰相　按子華名絳，維之兄；玉汝名縝，乃維之弟。疑「玉汝」上脱「弟」字。

司馬才仲夏陽集兩卷　袁本前志卷四下別集類下下第六十一

右皇朝司馬槱字才仲，温公之姪孫。元祐初，與王當輩同中賢良科，調官錢塘。喜賦宮體詩，故世傳其爲鬼物所祟而卒〔一〕。1431

〔一〕調官錢塘喜賦宮體詩故世傳其爲鬼物所祟而卒　袁本作「調錢塘尉而卒」，宛委本同原本，唯無「官」字、「塘」下有「尉」字。

司馬才叔逸堂集十卷　袁本前志卷四下別集類下下第六十二

右皇朝司馬棫字才叔，才仲之弟也。登進士第，亦嘗應賢良，以薦錮不召。詩雖纖豔，比其兄稍莊雅〔一〕。1432

〔一〕比其兄稍莊雅　袁本無「登進士第」至此凡二十四字，宛委本同原本。

岷山百境詩二卷〔一〕　袁本後志卷二別集類第二十三

右皇朝王寀字道輔。少有能詩名。世謂其詩初若不經意，然遣辭屬意，清麗絶人。自號南陔居士。宣和中，以狂譎被譖，伏誅。1433

〔一〕岷山百境詩　袁本「詩」作「集」。

楊天隱詩十卷　袁本後志卷二別集類第二十四

右皇朝楊恬字天隱，潼川人。1434

韓子蒼集三卷　袁本前志卷四下別集類下下第七十一

右皇朝韓駒字子蒼〔一〕，仙井人。政和初，詣闕上書，特命以官，累擢中書舍人，權直學士院。王甫嘗命子蒼詠其家藏太乙真人圖〔二〕，詩盛傳一世〔三〕。宣和間，獨以能詩稱云〔四〕。1435

〔一〕韓駒字子蒼　袁本無「字」字。

〔二〕王甫嘗命子蒼詠其家藏太乙真人圖　喬録王校本王懋竑校語云：「『甫』當作『黼』。」按王黼初名甫，後賜名黼。見宋史卷四七〇本傳。又，袁本「乙」作「一」。

〔三〕詩盛傳一世　袁本、宛委本「盛」作「成」，「世」作「時」。

〔四〕宣和間獨以能詩稱云　袁本作「宣和廷臣獨能詩稱云」，宛委本作「宣和廷臣獨以能詩稱云」，疑袁本脱「以」字。

許表民詩十卷　袁本後志卷二別集類第二十五

右皇朝許彥國字表民，青社人。周邦彥稱其寬平優游，中極物情，惜乎流落不偶〔一〕，故世人知之者或寡也〔二〕。1436

〔一〕流落不偶　袁本「流」作「留」。

〔三〕知之者　袁本無「者」字。

呂居仁集十卷〔一〕　袁本前志卷四下别集類下下第七十六

右皇朝呂本中字居仁，好問右丞之長子〔二〕。靖康初，權尚書郎。紹興中〔三〕，賜進士第，除右史，遷中書舍人，已而落職奉祠。少學山谷爲詩，嘗作江西宗派圖，行於世。 1437

〔一〕呂居仁集十卷　原本作「東萊集二十卷外集二卷」。按原本據經籍考卷七十二配補，而經籍考標題、卷數皆從書録解題卷二十。今據袁本、宛委本改回。東萊集二十卷，乃乾道二年居仁通家子沈公雅刻於吳門郡齋（今有四部叢刊續編據日本内閣文庫藏本影印本），公武之父沖之與居仁唱酬最劇，是公武未嘗不能獲見乾道刊本。然檢乾道本曾幾序，止云公雅「裒集公詩，略無遺者，次第歲月，爲二十通」，無一語及外集。意者，外集當又爲後人附益，公武未必得見。故此條標題、卷數仍從袁本。又，藏園羣書題記卷三著録慶元己未黄汝嘉重刊乾道本正集（残）三卷、外集三卷，傅增湘云：「考陳氏直齋書録解題載東萊詩集二十卷、外集二卷，今目録宛然具存，知『二』字實『三』字之訛，然而陳氏誤録於先，馬氏經籍考遂承訛於後，世人莫知其非者。」原本繼經籍考後，又襲謬因訛仍作「二卷」，今附糾於此。

〔二〕好問右丞之長子　袁本「好」下衍「學」字，宛委本同原本。

〔三〕紹興中　袁本、宛委本「中」作「初」。

晁氏具茨集三卷〔一〕　袁本後志卷二別集類第二十二

右先君子詩集也〔二〕。呂本中以爲江西宗派，曾慥亦稱公早受知於陳無己，從兄以道嘗謂公宗族中最才華。喻汝礪序其詩云：「予嘗從叔用商近朝人物，嘉言善行，朝章國典，禮文損益，靡不貫洽。由叔用之學而達諸廊廟，温厚足以代言，淵博足以顧問，則以詩鳴者，是豈叔用之志也哉〔三〕？雖然，叔用既已油然棲志於林澗曠遠之中，遇事寫物，形於興屬，淵雅疎亮，未嘗爲悽怨危憤之音。予於是有以見叔用於消長用舍之際，未嘗不安而樂之者也。嗟乎！所謂含章內奧而深於道者，非邪？秦漢以來，士有抱奇懷能，流落不遇〔四〕，往往躁心汗筆〔五〕，有怨誹沈抑之思，氣候急刻，不能閒遠，古之詞人皆是也，所以往往無所建立於天下。唯深於道者，遺於世而不怨，發於辭而不怒，君子是以知其必能有爲於世者也。嗟乎！吾於叔用，豈直以詩人命之哉！」1438

〔一〕晁氏具茨集三卷　袁本「茨」作「次」。袁録何校本改「次」作「茨」，袁録顧校本顧廣圻校語云：「何改非也。莊子釋文徐无鬼『具茨』，一本作『次』。」魯巖所學集卷六再跋讀書後志云：「晁具次集，是以山名其集，則『次』當作『茨』也。」按書録解題卷二十、明晁瑮寶文堂覆宋慶元己未黄汝嘉本皆作「具茨」。

〔二〕先君子　按公武父名沖之，字叔用，一字用道。紹聖初，黨禍既起，晁氏羣從多在黨中，沖之遂棲遁具茨山（今河南禹縣北）下。後屢薦不應，稱具茨先生。善詩，劉克莊謂南渡後唯陸游可以繼之。江西宗派二十五人，沖之與焉。事見後村大全集卷九十五晁叔用詩序、江西詩社宗派圖録、宋詩鈔初集上、宋詩鈔補、宋元學案補遺卷四、宋人軼事彙編、宋詩紀事卷三十三、全宋詞。

〔三〕是豈叔用之志也哉　袁本「豈」訛作「宣」。

〔四〕流落不遇　袁本、晁瑮本汝礪序「流」作「留」。

〔五〕躁心汗筆　袁本、晁瑮本汝礪序「躁」作「操」。

澗上丈人詩二十卷〔一〕　袁本前志卷四下別集類下下第九十三

右皇朝陳恬字叔易，堯叟裔孫也。博學有高志，不從選舉，躬耕於陽翟，與鮮于綽、崔鶠齊名，號「陽城三士」。又與晁以道同卜隱居於嵩山。大觀中，召赴闕，除校書郎。以道寄詩戲之，曰：「處士何人爲作牙，暫攜猿鶴到京華，故山巖壑應惆悵，六六峯前只一家。」未幾，致仕還山。建炎初，再召，避地桂嶺。卒，年七十四。秩朝奉郎，直祕閣。澗上丈人者，其自號也。詩句豪健，嘗作古別離，紀靖康之難，一時傳誦之。筆札清勁，與人尺牘，主皆藏弆以爲寶云〔二〕。1439

〔一〕澗上丈人詩二十卷　袁本作陳叔易詩一卷。原本李富孫校語云：「案袁本作陳叔易詩，通考引『晁氏曰』，盧氏拾補云是陳氏語。考書録解題無之，今仍據通考補。」原本有黃丕烈校語「覆案袁本作陳叔陽詩六卷」十一字，舸改本已予刪去。按經籍考卷七十二只引讀書志，未引書録解題，疑此條當爲晁氏語。宛委本題作澗上丈人詩一卷，陳師曾刊本作陳叔易詩二十卷。

〔三〕以爲寶云　袁本無「堯叟裔孫也」至此凡一百六十字。按恬與公武從父說之同隱嵩山，與公武之父沖之亦有酬答（晁具茨先生詩集卷十三有次韻陳叔易恬蘆橋柳橋二首），讀書志於恬之生平文章不應不具一詞，疑袁本奪去，或袁本所據之四卷蜀刻本尚屬藁草，公武未及詳述。

藏寂軒文藁〔一〕　袁本前志卷四下別集類下下第九十四

右皇朝董□字□□，襄陽人。1440

〔一〕藏寂軒文藁　此條原本、經籍考未收，據袁本，並依王先謙刊本次第補入。宛委本也未著録。

趙延持盈要論〔一〕　袁本前志卷四下別集類下下第九十五

右皇朝趙延。宣和初，任合州石照縣丞日所上。1441

〔一〕趙延持盈要論　此條原本、經籍考未收，據袁本、參以王先謙刊本次第補入。宛委本亦未著録。鮑廷博校本批語云：「不當入別集。」

參寥集十二卷　袁本前志卷四下別集類下下第七十九

右皇朝僧道潛，自號參寥子。與蘇子瞻、秦少游爲詩友。其詩清麗〔一〕，不類浮屠語，世稱其東園、贈歌者兩絶句，餘多類此〔二〕。1442

〔一〕其詩清麗　袁本「詩」作「言」，宛委本同原本。

〔二〕餘多類此　袁本無「世稱」至此凡十五字，宛委本同原本。

希白詩三卷　袁本後志卷二別集類第二十九

右皇朝僧希白撰。張逸序之，曰〔一〕：「希白能詩，與宋白、梁周翰、張詠而下十數公相友善〔二〕，其格律不減齊己」云。1443

〔一〕序之曰　袁本「曰」作「云」。

〔二〕相友善　原本無「相」字，據袁本補。

呂獻可章奏二十卷〔一〕　袁本前志卷四下別集類下下第三十

右皇朝呂誨字獻可〔二〕。熙寧中〔三〕，爲御史中丞，坐攻王安石，知鄧州〔四〕。司馬温公服其知人，誌其墓〔五〕，且序其章奏集，云：「其草存者二百八十有九，歷觀古人，有能得其一二者，已可載之史籍，在獻可，蓋不足道也。」1444

〔一〕呂獻可章奏二十卷　原本「章奏」作「奏章」，據袁本及本條文中語乙正。宛委本題作章奏集。按書録解題卷二十、宋志卷七俱題章奏，遂初堂書目章奏類作呂獻可奏議，通志藝文略卷八作呂獻可章疏十五卷。

〔二〕右皇朝呂誨字獻可　袁本、宛委本此句下有七字：「洛陽人，登進士第」。按宋史卷三二一本傳云誨開封人，温國文正司馬公文集卷七十七右諫議大夫呂府君墓誌銘謂其先幽州安次人。

〔三〕熙寧中　袁本、宛委本「中」作「初」。

〔四〕坐攻王安石知鄧州　袁本、宛委本頗詳於斯，「御史中丞」下作：「時王安石棄官家居，朝野稱其才，以爲古今少倫。神宗引參大政，衆以爲得人。獻可獨以爲不然。居無何，安石棄衆任己，多變祖宗，專汲汲歛民財，所愛信引拔或非其人，天下失望。獻可屢爭不能得，乃抗章曰：『誤天下蒼生必此人！』上遣使喻解，執之愈堅，乃出知鄧州。」喬録王校本王懋竑校語云：「案『祖宗』下疑有脱字。」沈録何校本「祖宗」下補「法」字，又改「喻」爲「諭」。按原本此條據經籍考配補，袁本、宛委本所羡出文字，蓋係馬端臨所删。所删多出司馬光墓誌銘，何焯所補正二字即據墓誌銘。

〔五〕司馬温公服其知人誌其墓　原本無「誌其墓」三字，據袁本、宛委本補。袁本、宛委本「温公嘗服其知人，誌其墓」。

孫莘老奏議十卷　袁本前志卷四下別集類下下第三十七

右皇朝孫覺字莘老〔一〕。元豐末，自祕書少監除右諫議大夫。元祐初，遷給事中，吏部侍郎。莘老素與

王介甫善，後爲諫官，論新法，遂絶。 1445

〔一〕右皇朝孫覺字莘老　宛委本「莘老」下有「高郵人」三字，袁本同原本。

范蜀公奏議二卷〔一〕　袁本前志卷四下別集類下下第八十五

右皇朝范鎮字景仁，成都人。舉進士，爲禮部第一。仁宗朝知諫院。後言王安石新法不便，乞致仕，歸潁昌〔二〕。元祐初，詔召不赴〔三〕。封蜀郡公。年八十一。謚忠文。 1446

〔一〕范蜀公奏議二卷　袁本作「范蜀公集十卷」。按原本此條據經籍考卷七十四配補，疑經籍考標題、卷數乃從書録解題卷二十二。宋志卷七有范鎮諫垣集十卷，當即袁本之范蜀公集。汪應辰嘗編范蜀公集一百十二卷，當在公武著録之後，汪題范蜀公集載文定集卷十。

〔二〕歸潁昌　袁本「潁」訛作「穎」。

〔三〕詔召不赴　袁本、宛委本「赴」作「起」。

河間公奏議十卷　袁本前志卷四下別集類下下第九十一

右皇朝朱光庭元祐中爲諫官時所論事也〔一〕。 1447

〔一〕右皇朝朱光庭元祐中爲諫官時所論事也　袁本作「右皇朝賈易元祐爲諫官」。鮑廷博校本校語云：「鈔本作

『賈易』。」按宛委本解題悉同原本。遂初堂書目章奏類有朱光庭奏議，宋志卷七有朱光庭奏議三卷。范太史集卷四十三集賢院學士知潞州朱公墓誌銘亦云光庭「有諫疏、文集若干卷」。賈易奏議未見著録。疑當以原本爲是，然光庭、易元祐間俱嘗爲諫官，此奏議又題「河間公」，未知孰是。

包孝肅奏議十卷　袁本前志卷四下別集類下下第二十七

右皇朝包拯字希仁，合淝人。天聖五年進士。爲御史中丞〔一〕，知開封府。爲人剛嚴〔二〕，聞者皆憚之〔三〕。1448

〔一〕爲御史中丞　袁本、宛委本「爲」作「權」，疑是。

〔二〕剛嚴　經籍考「剛嚴」下有「無私」二字，袁本、宛委本俱無，疑李富孫所據補之經籍考實無，與袁本合，姑仍之。

〔三〕聞者皆憚之　袁本、宛委本無「皆」字，而句下尚有四十一字：「雖閭里童稚婦女，亦知其名姓。不苟合，未嘗僞色辭以悦人。平生無私書，不受干請，雖故人親黨，一皆絶之」。疑係馬端臨刪去。

李公擇廬山奏議十七卷〔一〕　袁本前志卷四下別集類下下第三十八

右皇朝李常字公擇。早年讀書於廬山。熙寧中〔二〕，爲諫官，論青苗法而罷。元祐初〔三〕，爲御史中丞。1449

〔一〕李公擇廬山奏議十七卷　原本李富孫校語云：「此條通考誤作陳氏，今據袁本補。」按此條見經籍考卷七十四。

〔二〕熙寧中　經籍考「中」作「間」。

〔三〕元祐初　宛委本「初」作「中」。

郡齋讀書志卷第二十

總集類

李善注文選六十卷　袁本前志卷四下下總集類第一

右梁昭明太子蕭統纂。前有序，述其所以作之意〔一〕。蓋選漢迄梁諸家所著賦〔二〕、詩、騷、七、詔、册〔三〕、令、教、策秀才文〔四〕、表、上書、啟、彈事、牋、記〔五〕、書、移檄〔六〕、難〔七〕、對問、議論〔八〕、序、頌、贊、符命、史論〔九〕、連珠、銘、箴〔一〇〕、誄、哀辭〔一一〕、碑〔一二〕、誌〔一三〕、行狀、弔、祭文〔一四〕，類之爲三十卷〔一五〕。竇常謂統著文選，以何遜在世，不録其文，蓋其人既往〔一六〕，而後其文克定〔一七〕，然則所録皆前人作也〔一八〕。唐李善集注析爲六十卷〔一九〕。善，高宗時爲弘文學士〔二〇〕，博學，經史百家〔二一〕，無不備覽而無文〔二二〕，時人謂之「書簏」。初爲輯注，博引經史，釋事而忘其義〔二三〕。書成上進，問其子邕，邕無言。善曰：「非邪？爾當正之。」於是邕更加以義釋，解精於五臣。今釋事、加義者兩存焉〔二四〕。蘇子瞻嘗讀善注而嘉之，故近世復行〔二五〕。 1450

〔一〕述其所以作之意　袁本、宛委本作「具述其所作之意」。殿本經籍考卷七十五無此七字，元刊本經籍考同原本。

〔二〕蓋選漢迄梁諸家所著賦　殿本經籍考無「蓋」、「漢迄梁諸家所著」八字。元刊本同原本。

〔三〕册　袁本、宛委本作「策」。文選李善注胡克家刊本同原本。

〔四〕策秀才文　袁本「文」訛「之」。按文選凡分詩、賦、文三類，三十八子目，卷三十六有子目曰「文」，收王元長、任彦升策秀才文十三首，讀書志列舉子目，當作「文」。

〔五〕記　胡刻本子目作「奏記」。

〔六〕移檄　胡刻本子目，曰「檄」。

〔七〕難　胡刻本未列此子目，卷四十四有司馬長卿難蜀父老一首，屬「檄」。

〔八〕議論　胡刻本子目作「設論」。又，胡刻本此下有子目「辭」，疑下「哀辭」之「辭」當居此。

〔九〕史論　胡刻本此下有子目二：「史述贊」、「論」。

〔一〇〕銘箴　胡刻本子目先「箴」、後「銘」。

〔一一〕哀辭　胡刻本子目作「哀」，疑「辭」當在「議論」下。

〔一二〕碑　胡刻本子目作「碑文」。

〔一三〕誌　胡刻本子目作「墓誌」。

〔一四〕弔祭文　胡刻本子目作「弔文」、「祭文」。

〔一五〕類之爲三十卷　袁本、宛委本「類」下有「輯」字。
〔一六〕蓋其人既往　袁本無「蓋」字，宛委本同原本。
〔一七〕而後其文克定　袁本「克」作「刻」，元刊本經籍考作「剋」。顧校本無「後其文」三字，宛委本同原本。
〔一八〕然則所録皆前人作也　袁本「作」上有「之」字，宛委本同原本。魯巖所學集卷六再跋郡齋讀書志云：推尋上下文意，「然則」當作「故」。
〔一九〕析爲六十卷　袁本無「爲」字，疑脱，宛委本同原本。
〔二〇〕高宗時爲弘文學士　袁本無「爲」字。沈録何校本「文」下補「館」字，宛委本正有「館」字。
〔二一〕博學經史百家　顧校本删去「博學」二字。
〔二二〕無不備覽　顧校本「備」作「博」。
〔二三〕釋事　袁本脱「事」字，宛委本不脱。
〔二四〕今釋事加義者兩存焉　沈録何校本何焯批語云：「加義之本，今不復可見。」
〔二五〕近世復行　經籍考「行」作「存」。

五臣注文選三十卷　袁本前志卷四下下總集類第二

右唐呂延祚集注。延祚以李善止引經史，不釋述作意義，集呂延濟、劉良、張詵〔一〕、呂向〔二〕、李周翰五人注，延祚不與焉，復爲三十卷。開元六年，延祚上之，名曰五臣注。1451

〔十一〕張詵　按「詵」當作「銑」。

〔十二〕吕向　袁本、宛委本「向」作「珦」。沈録何校本改「珦」作「向」。按吕向，新唐書卷二〇二有傳，愛日精廬藏書志卷三十五有北宋本，亦作「向」。

雜文章一卷〔一〕　袁本後志卷二總集類第一

右孫巨源得之於祕閣。載宋玉等賦頌五十八篇。景迂生元豐甲子以李公擇本校正，後有劉大經、田爲、王雲、李端、唐君益諸公題跋〔二〕。　1452

〔一〕雜文章一卷　沈録何校本何焯批語云：「此即世所傳之古文苑。」郋園讀書志卷十五云：「今古文苑，首石鼓文，下即載宋玉賦，凡文二百六十餘首，蓋即由雜文章推廣成之。彼託於出祕閣，此託於出佛龕，其隱身之術一也。」葉德輝所謂「彼」，即指讀書志所收雜文章，所謂「此」，即指世行之古文苑。書録解題卷十五著録淳熙六年韓元吉編刊之九卷本古文苑，云：「不知何人集，皆漢以來遺文、史傳及文選所無者。世傳孫洙巨源於佛寺經龕中得之，唐人所藏也。」按洙輯原書蓋無題，姑名雜文章；後又有所增益，傳至元吉重加類次刊行，目之古文苑。洙實録取唐、宋類書成帙，故又託之出祕閣、佛龕云。

〔二〕題跋　袁本、宛委本二字互倒。

文粹一百卷〔一〕　袁本前志卷四下下總集類第三

右皇朝姚鉉字寶臣編〔二〕。鉉，盧州人。太平興國中進士〔三〕。文辭敏麗，善書札，藏書至多，頗有異本。累遷兩浙漕使〔四〕，課吏寫書，采唐世文章，分門編類，初爲五十卷〔五〕，後復增廣之。爲薛映擠其事，奪官，斥連州〔六〕，卒。後其子以其書上獻，詔藏內府，命以一官。1453

〔一〕文粹一百卷　袁本作「唐文粹一百卷」。按據姚鉉序，此書蓋本名文粹，後人改題唐賢文粹，亦稱唐文粹。今存宋、元本題多曰文粹。衢本標題當是公武原題，袁本「唐」字，疑係趙希弁所加。

〔二〕姚鉉字寶臣　袁本無「字」字，玉海卷五十四「祥符唐文粹」條引讀書志同原本，宛委本亦同原本。

〔三〕太平興國中進士　袁本、宛委本「中」作「初」，按鉉爲太平興國八年進士。

〔四〕兩浙漕使　袁本、宛委本、瞿鈔本、季録顧校本、舊鈔本、經籍考卷七十五皆無「使」字。

〔五〕初爲五十卷　按崇文總目卷五著録文粹五十卷，即鉉初定之本。文粹宋時凡三刻：寶元孟琪刊本，爲文粹第一刻，民國許氏榆園刊本從此出；紹興林氏重刊本，元刊及明嘉靖徐焴本從此出；劉氏刊本，五十卷，張金吾嘗收得殘本三十四卷，分卷、篇次與百卷本殊異，以爲即公武所言鉉初定本。見愛日精盧藏書志卷三十五。

〔六〕爲薛映擠其事奪官斥連州　袁録何校本何焯批語云：「映中以法，不謂此書也。不可讀之不詳，因誤史事。」按映知杭州，與鉉不協，遂發鉉納部內女口及鬻釦器抑取其直，又廣市綾羅而不輸稅。真宗遣使劾實，貶鉉連州文學。課吏寫書非主罪，殆亦映所掎之一事。見宋史卷三〇五薛映傳、卷四四一姚鉉傳。

續古今詩苑英華集十卷　袁本前志卷四下下總集類第七

右唐僧惠淨撰。輯梁武帝大同年中會三教篇至唐劉孝孫成皐望河之作〔一〕，凡一百五十四人，歌詩五百四十八篇。孝孫爲之序。1454

〔一〕、輯梁武帝大同年中會三教篇至唐劉孝孫成皐望河之作　袁本、宛委本「篇」作「編」。按新唐志卷三有會三教論一卷，未著撰人。據玉海卷五十四引中興書目云，惠淨此書乃續劉孝孫古今類聚詩苑。又，袁本脱「作」字。

珠英學士集五卷〔一〕　袁本前志卷四下下總集類第八

右唐武后朝，嘗詔武三思等修三教珠英一千三百卷〔二〕，預修書者凡四十七人〔三〕。崔融編集其所賦詩，各題爵里，以官班爲次，融爲之序。1455

〔一〕珠英學士集五卷　按此書有敦煌殘卷二，編號爲伯三七七一、斯二七一七。

〔二〕嘗詔武三思　袁本無「嘗」字。

〔三〕凡四十七人　顧校本無「凡」字。按唐會要卷三十五、玉海卷五十四謂預修三教珠英者凡二十七人，張昌宗、李嶠領修，與此異。參看卷十四類書類三教珠英條。

麗則集五卷　袁本前志卷四下下總集類第九

右唐李氏撰，不著名〔一〕。集文選以後至唐開元詞人詩，凡三百二十首，分門編類。貞元中，鄭餘慶爲序。1456

〔一〕唐李氏撰不著名　按崇文總目卷五、宋志卷八有李吉甫編麗則集五卷，玉海卷五十四引中興書目云：「李吉甫集梁、陳迄唐開元歌詩三百二十首，爲麗則集五卷。」然新唐志卷四未著撰人。

中興間氣集三卷〔一〕　袁本前志卷四下下總集類第十

右唐高仲武輯至德迄大曆中錢起以下二十六人詩，自爲序。以天寶叛涣〔二〕，述作中廢；至德中興，風雅復振，故以名。仍品藻衆作，著之於前云。或又題孟彥深纂。1457

〔一〕中興間氣集三卷　按仲武所輯此集，新唐志卷四、玉海卷五十九引中興書目、書録解題卷十五、宋志卷八，及今通行之汲古閣本、武進費氏仿宋本皆作「二卷」，仲武序亦謂「分爲兩卷」，疑讀書志「三」乃「二」之誤。

〔二〕天寶叛涣　袁本、宛委本「叛涣」作「之亂」。按「叛涣」乃仲武序中語。

南薰集三卷　袁本前志卷四下下總集類第十一

右唐竇常集韓翃至皎然三十人〔一〕，約三百六十篇，凡三卷。其序云：「欲勒上中下，則近於褒貶，題一二三，則有等衰〔二〕，故以西掖、南宮、外臺爲目，人各係名，係贊。」1458

〔一〕唐竇常集韓翃至皎然三十人　袁本、經籍考卷七十五「竇常」下有「撰」字。又，元刊本經籍考「翃」作「雄」、殿本經籍考作「翊」，俱誤。

〔二〕等衰　殿本經籍考「衰」作「差」，元刊本同原本。

本事詩一卷　袁本前志卷四下下總集類第十二

右唐孟棨纂歷代詞人緣情感事之詩〔一〕，叙其本事〔二〕，凡七類。1459

〔一〕唐孟棨纂歷代詞人　袁本、宛委本「孟棨」下有「撰」字，經籍考卷七十五「纂」作「撰」。按新唐志卷四、書録解題卷十五、宋志卷八，以及津逮祕書本「棨」皆作「啓」，崇文總目卷五、通志藝文略卷八與今世諸本同原本。

〔二〕叙其本事　袁本脱「叙」字。

續本事詩二卷　袁本前志卷四下下總集類第十三

右僞吳處常子撰。未詳其人。自有序云：「比覽孟初中本事詩，輒搜篋中所有，依前題七章，類而編之。」然皆唐人詩也〔一〕。1460

〔一〕然皆唐人詩也　袁本、經籍考卷七十五無「然」字。

斷金集一卷〔一〕　袁本前志卷四下下總集類第十四

1461 右唐令狐楚輯其與李逢吉酬唱詩什。開成初，裴夷直序之〔二〕。

〔一〕斷金集一卷　原本李富孫校語云：「案此書已見別集類，袁本、通考俱複出。唐志入總集類。盧氏拾補云當歸併於此。兩處語詳略不同。」按複見者衢本在卷十八、袁本在卷四中，經籍考分見卷七十、卷七十五，可參看。

〔二〕裴夷直序之　原本李富孫校語云：「案此與袁鈔本同。『輯其』二字袁（按『袁』當『元』之誤）刻本通考作『韓琪』，疑誤。通考所引與略異，盧氏拾補云當作『陳氏』。考書録解題亦無『韓琪』。」按經籍考引讀書志其文作：「唐令狐楚、韓琪與李逢吉自爲進士以至宦達所與酬唱詩什。開成初，裴夷直序之。」書録解題卷十五有斷金集一卷，云：「唐令狐楚、李逢吉自爲進士以至宦達所與唱酬之詩。開成初，裴夷直爲之序。」意者，經籍考解題乃合晁、陳二書爲之而置「晁氏曰」下，「韓琪」乃「韓其」之訛。

漢上題襟集十卷〔一〕　袁本前志卷四下下總集類第十五

1462 右唐段成式輯其與温庭筠、余知古酬和詩筆牋題。

〔一〕漢上題襟集十卷　經籍考卷七十五著録此書，止引書録解題，未引讀書志。

松陵集十卷　袁本前志卷四下下總集類第十六

右唐皮日休與陸龜蒙酬唱詩，凡六百五十八首〔一〕。龜蒙編次之，日休爲序〔二〕。松陵者，平江地名也。1463

〔一〕凡六百五十八首　按汲古閣本皮日休序稱收詩六百八十五首（實收六百九十八首），疑讀書志本日休序而倒「八」、「五」二字。

〔二〕日休爲序　袁本「爲」下有「之」字。

唐賦二十卷　袁本後志卷二總集類第二

右唐科舉之文也。蕭穎士、裴度、白居易、薛逢、陸龜蒙之作皆在焉。1464

西崑酬唱集二卷　袁本前志卷四下下總集類第十七

右皇朝楊億、劉筠、李宗諤、晁某〔一〕、錢惟演及當時同館十五人唱和詩〔二〕，凡二百四十七章。前有楊億序〔三〕。1465

〔一〕晁某　按指公武五世祖晁迥。

〔二〕十五人唱和詩　按此集所收實十七人。楊億序云：「景德中，與錢君希聖、劉君子儀更迭唱和，凡五、七言律詩二百四十七章。其屬而和者又十有五人。」序中後列十七人姓名。又，李宗諤、晁迥乃屬和者，億序列名居第十四，不當在錢惟演之前。

〔三〕楊億序　袁本、宛委本無「楊」字。

唐宋類詩二十卷〔一〕　袁本前志卷四下下總集類第十八

右皇朝僧仁贊序稱羅、唐兩士所編〔二〕，而不詳其名字〔三〕。分類編次唐及本朝祥符已前名人詩。1466

〔一〕唐宋類詩二十卷　袁本「唐」、「宋」二字互倒。經籍考卷七十五同原本。按宋志卷八有羅、唐二茂才重校唐宋類詩二十卷，又僧仁贊唐宋類詩二十卷，即此書。

〔二〕右皇朝僧仁贊　袁本「皇」訛作「唐」。經籍考同原本。

〔三〕不詳其名字　袁本、宛委本、經籍考作「不載其名」。

唐百家詩選二十卷　袁本前志卷四下下總集類第十九

右皇朝宋敏求次道編。次道爲三司判官〔一〕，嘗取其家所藏唐人一百八家詩〔二〕，選擇其佳者，凡一千二百四十六首爲一編〔三〕。王介甫觀之，因再有所去取，且題云：「欲觀唐詩者，觀此足矣。」世遂以爲介甫所纂〔四〕。1467

〔一〕三司判官　袁本脫「官」字。

〔二〕一百八家詩　書録解題卷十五云一百五家。

〔三〕凡一千二百四十六首爲一編　鮑廷博校本改「二」爲「三」。四庫總目卷一八六著録唐百家詩選康熙宋犖翻刻乾道本，云：「惟今本所録共一千二百六十二首，較晁氏所記多十六首。或傳寫讀書志者誤以『六十二』爲『四十六』歟？」按此書宋時即有二本：一爲分人選録，黄丕烈百宋一廛賦注所謂「荆公之百家」是也，黄氏有一之十一卷殘帙，著硯樓題跋著録尚存九卷。宋犖本出此；一爲分類選録本，百宋一廛賦注所謂「又有分類宋槧殘本、在小讀書堆」者也，後歸皕宋樓，有殘本十卷，亦有元符戊寅七月望日章安楊蟠序，見皕宋樓藏書志卷一一二。讀書志著録與諸家參差，或所據不同，或今本已有遺落。

〔四〕世遂以爲介甫所纂　按王安石臨川文集卷八十四唐百家詩選序云：「余與宋次道同爲三司判官，時次道出其家藏唐詩百餘編，諉余擇其精者，次道因名曰百家詩選。廢日力於此，良可悔也。」觀此，此書纂者當屬安石，然亦有據序而云此書「實出於宋手」者。見著硯樓書跋。宋人多謂此書乃安石纂，唯公武獨異，余嘉錫以爲讀書志不可信。詳見四庫提要辨證卷二十四。

寶刻叢章三十卷　袁本前志卷四下下總集類第二十

右皇朝宋敏求次道編。次道聚天下古今詩歌石刻凡一千一百三十篇〔一〕，以其相附近者相從，又次以歲月先後。王益柔爲之序〔二〕，云：「文章難能者莫如詩，凡刻之金石〔三〕，則必其所自信爲佳句，或爲人所愛重者〔四〕，故多有清新瓌麗之語〔五〕，覽者其深究焉。」1468

〔一〕聚天下古今詩歌石刻凡一千一百三十篇　袁本、宛委本、顧校本、元刊經籍考卷七十五「古今」作「古人」，殿本經籍考同原本。又宛委本、經籍考於此句下有八字：「多有别集中所逸者」，疑係書録解題卷十五寶刻叢章條解題語羼入。

〔二〕王益柔爲之序　袁本無「爲」字，當脱去。

〔三〕凡刻之金石　袁本、宛委本，經籍考「石」下有「者」字，疑原本脱。

〔四〕必其所自信爲佳句或爲人所愛重者　袁本、宛委本、經籍考作「必其自以爲得、或作於人所愛重者」。

〔五〕清新瓌麗　袁本、宛委本「清新」作「新清」。

歲時雜詠二十卷　袁本前志卷四下下總集類第二十一

右皇朝宋綬編。宣獻公昔在中書第三閤，手編古詩及魏、晉迄唐人歲時章什一千五百有六，釐爲十八

卷，今溢爲二十卷云〔一〕。 1469

〔一〕今溢爲二十卷云 顧校本「溢」下有「而」字，袁本、宛委本「云」作「矣」。按四庫總目卷一八七著録古今歲時雜詠四十六卷，蒲積中續編，然經籍考卷七十五謂續集乃宋綬之孫剛叔編，並載晁補之序。

仕塗必用集二十一卷 袁本前志卷四下下總集類第二十二

右皇朝祝熙載編本朝楊、劉以後諸公表啟爲一編〔一〕。 1470

〔一〕皇朝祝熙載編 按書録解題卷十五著録此書作十卷，云：「吳郡祝熙載序云，陳君材夫所編。皆未詳何人。録景德以來人表、牋、雜文，亦有熙載所撰者，題爲祝著作，當是未改官制前入也。」宋志卷八亦作十卷，謂編者陳材夫。

聖紹堯章集十卷〔一〕 袁本前志卷四下下總集類第二十三

右皇朝李文友編靖康末至紹興十年赦書詔旨。 1471

〔一〕聖紹堯章集十卷 按此書原本未收，今據袁本、參以王先謙刊本編次補入。經籍考亦未收。

丹陽類集十卷〔一〕　袁本前志卷四下下總集類第二十四

右皇朝曾旼編。丹陽，今潤州。春秋曰朱方，秦曰丹徒，孫權改名曰京口〔二〕。東晉僑立州郡，至宋、齊、陳曰東海，獨梁曰蘭陵，而皆以徐州稱之。隋始定今名。唐以建康諸邑隸焉，更爲丹陽郡〔三〕。元豐中，旼守官於其地〔四〕，因采諸家之集，始自東漢，終於南唐，凡得歌詩賦贊五百餘篇。1472

〔一〕丹陽類集　經籍考卷七十五「集」作「藁」。宋志卷八作潤州類集。按是書亦名潤州類稿，見文淵閣書目卷九。

〔二〕改名曰京口　袁本無「曰」字。

〔三〕更爲丹陽郡　經籍考無「丹陽今潤州」至此凡六十四字。袁録何校本何焯校語云：「漢之丹陽郡，本秦鄣郡，武帝元封二年更名，其文從木，義見晉書地理志。自唐以來，方爲丹陽，並郡名亦從陽矣。曾氏混而一之，沿革之不考也。」

〔四〕守官於其地　經籍考「其地」作「潤州」。

雲臺編六卷　袁本前志卷四下下總集類第二十五

右皇朝耿思柔纂華州雲臺觀内古今君臣所題詩也〔一〕。1473

〔一〕雲臺觀內古今君臣所題詩也　袁本、宛委本、舊鈔本、經籍考卷七十五無「內」字，「也」作「什」。

清才集十卷　袁本前志卷四下下總集類第二十六

右皇朝劉禹卿編輯古今題劍門篇什銘賦〔一〕。蒲逢爲之序。1474

〔一〕劍門篇什銘賦　袁本、宛委本、經籍考卷七十五「篇」作「詩」。

瑤池新集一卷〔一〕　袁本前志卷四下下總集類第二十七

右唐蔡省風集唐世能詩婦人李季蘭、程長文二十三人題詠一百十五首〔二〕，各爲小序，以冠其首〔三〕，且總爲序。其畧云：「世叔之婦，修史屬文；皇甫之妻，抱忠善隸；蘇氏雅於回文〔四〕；蘭英擅於宮掖；晉紀道韞之辯〔五〕；漢尚文姬之辭。況今文明之盛乎？」1475

〔一〕瑤池新集一卷　新唐志卷四、崇文總目卷五俱作瑤池新詠二卷，通志藝文畧卷八作瑤池新詠三卷。

〔二〕李季蘭程長文二十三人題詠一百十五首　袁本、宛委本、季録顧校本、經籍考卷七十五「蘭」下有「至」字，「題詠」作「詩什」。

〔三〕以冠其首　袁本作「於前」，經籍考作「以冠其前」，宛委本、陳師曾刊本作「冠於其前」。

〔四〕雅於回文　袁文、宛委本、季録顧校本「文」作「紋」。

〔五〕晉紀道韞之辯　袁本「韞」作「蘊」。王先謙刊本先謙校語云袁本誤。

九僧詩集一卷　袁本前志卷四下下總集類第二十八

右皇朝僧希晝〔一〕、保暹、文兆、行肇、簡長、惟鳳、惠崇、宇昭〔二〕、懷古也。陳充爲序〔三〕。凡一百十篇。歐公曰：「進士許洞因會九僧分題，出一紙，約曰：不得犯一字〔四〕。其字乃山水、風雲、竹石、花草、雪霜、星日、禽鳥之類。於是諸僧皆閣筆。」此本出李夷中家，其詩可稱者甚多，惜乎歐公不盡見之。許洞之約，雖足以困諸僧，然論詩者政不當爾。蓋詩多識鳥獸草木之名，而楚辭亦寓意於飈風雲霓，如「池塘生春草」、「窗間列遠岫」、「天際識歸舟，雲中辨江樹」、「蟬噪林逾靜，鳥鳴山更幽」、「庭草無人隨意緑」、「宮漏出花遲」、「楓落吳江冷」、「空梁落燕泥」、「微雲淡河漢，踈雨滴梧桐」、「殘星幾點鴈橫塞，長笛一聲人倚樓」、「雞聲茅店月，人跡板橋霜」之類〔五〕，莫不犯之。若使諸公與許洞分題，亦須閣筆，矧其下者哉？ 1476

〔一〕希晝　袁本「晝」訛作「畫」。

〔二〕惠崇宇昭　原本李富孫校語云：「案原本（按指原本所據之底本）、瞿鈔本、袁本、通考俱誤作『惠業』、『牢昭』，今據書録解題及隨齋批注改。」黄丕烈校語云：「覆案本書『惠崇』、『宇昭』不誤。」按宛委本不誤。

〔三〕陳充爲序　書録解題卷十五云景德元年直昭文館陳克序。

〔四〕不得犯一字　袁本無「得」字，當脱去。

〔五〕人跡板橋霜　袁本「板」作「版」。

聖宋文粹三十卷〔一〕　袁本前志卷四下下總集類第二十九

右不題撰人。輯慶曆間羣公詩文，劉牧、黄通之徒皆在其選。1477

〔一〕聖宋文粹三十卷　按通志藝文略卷八有宋文粹十五卷，又有宋新文粹三十卷。歐陽文忠公文集卷五十九考異曰：「慶曆四年，京師刊宋文粹十五卷，皆一時名公之古文。正統論七篇在焉。」遂初堂書目總集類有聖宗文粹，不著卷數。

宋文海一百二十卷　袁本前志卷四下下總集類第三十

右皇朝江鈿編〔一〕。輯本朝諸公所著賦、詩、表、啟、書、論、説、述、議、記、序、傳、文、贊、頌、銘、碑、制、詔〔二〕、疏、詞、誌、輓、祭、禱文，凡三十八門。雖頗該博，而去取無法。1478

〔一〕皇朝江鈿編　袁本、宛委本「鈿」作「畋」，書録解題卷十五作「佃」。瞿鈔本、季録顧校本、經籍考卷七十五同原本。按此書出臨安書坊。淳熙四年，孝宗得之，下臨安府校正刊行。翰苑周必大言其去取差謬，遂命吕祖謙校正詮次，賜名皇朝文鑑。事見皇宋文鑑卷首吕氏繳進文海劄子、建炎以來朝野雜記乙集卷五「文鑑」條，編者俱作江鈿。又愛日精廬藏書志卷三十五、鐵琴銅劍樓藏書目録卷二十三皆著録此書宋刊殘本，題曰新雕聖宋文海，編者亦爲江鈿。袁本、宛委本、書録解題俱誤。

〔三〕詔　宛委本作「誥」。

皇宋詩選五十七卷　袁本前志卷四下下總集類第三十一

右皇朝曾慥編〔一〕。慥〔二〕，魯公裔孫，守贛川〔三〕、帥荆渚日，選本朝自寇萊公以次至僧璉二百餘家。詩序云：「博采旁搜，拔尤取穎，悉表而出焉。」1479

〔一〕曾慥編　袁本無「編」字。經籍考卷七十五同原本。

〔二〕慥　袁本無此字，經籍考同原本。

〔三〕贛川　袁本「贛」訛作「韻」。

政和文選二十卷〔一〕　袁本前志卷四下下總集類第三十二

右政和中或編元豐以後人詩文千餘篇，徐禧、席旦，其知者也。1480

〔一〕政和文選二十卷　此書原本、經籍考俱未收，今據袁本、參以王先謙刊本編次補入。

西漢文類二十卷〔一〕　袁本前志卷四下下總集類第三十三

右唐柳宗直撰，其兄宗元嘗爲之序。至本朝其書亡〔二〕，陶氏者重編纂成之〔三〕。1481

〔一〕西漢文類二十卷　袁本無「二十卷」三字。按陶叔獻此書與柳宗直所編卷數並作四十卷，見新唐志卷四、書録解題卷十五、山堂考索前集卷十九引中興書目，讀書志所録殆非完本，且逸編者名。

〔二〕至本朝　袁本、宛委本、殿本經籍考卷七十五「本」作「皇」。

〔三〕陶氏者　按書録解題云編者乃陶叔獻元之，梅堯臣爲之序。中興書目「叔」作「淑」，云：「類次西漢書中詔、令、書、疏、奏、記、策、對、辨、説、檄、難、箴、頌、賦、贊、序。」愛日精廬藏書志卷三十五有此書紹興十年臨安刊殘本五卷，題陶叔獻編。後書歸常熟瞿氏，見鐵琴銅劍樓藏書目録卷二十三。

東漢文類三十卷　袁本後志卷二總集類第三

右五代竇儼編〔一〕。1482

〔一〕五代竇儼編　按玉海卷五十四引中興書目云：「竇嚴類次後漢書中詔册及羣臣書、表、章、議、檄、對、策、説、問、文、賦、歌、詩，附以范曄序論。」此書編者，新唐志卷四、崇文總目卷五、通志藝文略卷八俱作竇嚴，崇文總目輯釋秦鑒云：「按舊本『嚴』譌作『儼』，今校改。」宋史卷二六三竇儀傳附有其弟竇儼傳，儼仕晉、漢、周，入宋至禮部侍郎，公武當指此人。

唐文類三十卷〔一〕　袁本後志卷二總集類第四

右皇朝陶叔獻編。　1483

〔一〕唐文類三十卷　按遂初堂書目總集類、通志藝文略卷八有唐史文類，通志藝文略作三十卷，俱不著撰人，疑即此書。

漢唐策要十卷〔一〕　袁本後志卷二總集類第五

右皇朝陶叔獻編。　1484

〔一〕漢唐策要十卷　袁本、舊鈔本「漢唐」作「唐漢」。按通志藝文略卷八有陶叔獻纂兩漢策要六卷。愛日精廬藏書志卷三十五有鈔本兩漢策要十二卷，題「宋陶叔獻原本，金常彥修、孫（原注：名未詳）增補」。有景祐二年阮逸序、大定乙巳王大鈞刊板序。逸序云：「進士陶叔獻……稽合衆作，去繁取衷，撮數萬言編成十卷。同志楊端者持其書見求序引」云云。據此，叔獻原書當爲十卷，與讀書志著録相合，唯標題互異。遂初堂書目總集類亦題漢唐策要。

綸言集一百卷　袁本後志卷二總集類第六

右或編國朝制册、詔誥成此書。以其皆王言也，故以爲名。1435

高麗詩三卷　袁本後志卷二總集類第七

右元豐中，高麗遣崔思齊、李子威、高琥、康壽平、李穗入貢，上元宴之於東闕下〔一〕。神宗製詩，賜館伴畢仲行〔二〕，仲行與五人者及兩府皆和進。其後，使人金梯、朴寅亮、裴某〔三〕、李絳孫、盧柳、金花珍等〔四〕，塗中酬唱七十餘篇，自編之，爲西上雜詠。絳孫爲之序。1486

〔一〕東闕下　袁本「闕」下有「之」字。

〔二〕畢仲行　按此「行」當「衍」之誤，下同。宋史卷二八一畢仲衍傳云：「高麗使入貢，詔館之。上元夕，與使者宴東闕下，作詩誦聖德，神宗次韻焉，當時以爲寵。」即指此事。

〔三〕裴某　袁本、宛委本、經籍考卷七十五「某」字空格。

〔四〕金花珍　袁本、宛委本、經籍考「花」作「化」。

太平盛典二十三卷　袁本後志卷二總集類第八

右或編政和間制誥、表章，多有可觀者。1487

文説類

文心雕龍十卷〔一〕　袁本前志卷四上別集類上第七十六

右晉劉勰撰〔二〕。評自古文章得失，別其體製，凡五十篇，各係之以贊云。余嘗題其後曰：世之詞人，刻意文藻，讀書多滅裂。杜牧之以龍星爲真龍，王摩詰以去病爲衛青，昔人譏之，然不足怪〔三〕，詩賦蓋卒爾之作故也〔四〕。今勰著書垂世，自謂嘗夢執丹漆器，隨仲尼南行，自負不淺〔五〕，乃論説篇稱「論語以前〔六〕，經無論字：六韜三論〔七〕，後人追題」。殊不知書有「論道經邦」之言〔八〕，其疎畧殆過於王、杜矣。　1488

〔一〕文心雕龍十卷　袁本無「十卷」二字。按自隋志始，諸家書目皆作十卷，讀書志諸本與經籍考卷七十六同，袁本脱。

〔二〕晉劉勰撰　按「晉」當作「梁」。沈録何校本已改正，袁録顧校本顧廣圻校語云：「按經籍考仍作『晉』，誤也。」原本李富孫校語云：「案錢大昕云勰，梁人。」

〔三〕然不足怪　袁本、宛委本「然」下有「亦」。

〔四〕詩賦蓋卒爾之作　袁本、宛委本、經籍考作「蓋詩賦或率爾之作」，疑原本「卒」乃「率」之誤。

〔五〕自負不淺　袁本、宛委本、舊鈔本、經籍考作「其自負不淺矣」。顧校本「負」下有「爲」字。

〔六〕乃論説篇稱　袁本作「觀其論説篇籍稱」，宛委本同袁本而無「籍」字，經籍考同袁本而無「籍稱」二字。按袁本「籍」字衍。

〔七〕六韜三論　按「三」當作「二」，見文心雕龍卷四論説篇，所謂「二論」，當指霸典文論、文師武論。

〔八〕殊不知書有論道經邦之言　袁本、宛委本、經籍考「殊」上有「是」字，「言」下有「也」字。原本李富孫校語云：「案盧氏拾補云『論道經邦』乃晚出古文，不足爲據。錢氏大昕云彥和未嘗誤。」按困學紀聞卷十七評文閻若璩箋云：「『論道經邦』，乃晚出書周官篇，本考工記『或坐而論道』來。」皕宋樓藏書志卷一一八有何焯校宋本文心雕龍十卷，沈巖録何焯跋云：「晁引書有『論道經邦』之語，匡其論説篇中所謂『論語以前，經無論字』爲疎略，則是時古文尚書之出未久，多疑其非古籍，恐難以遽議該洽之士爾。」衆説多謂勰未嘗誤。又，范文瀾文心雕龍注以爲衆人皆誤會勰語意，其云：「其實『論語』以前，經無論字」，非謂經書中不見『論』字，乃謂經書無以『論』爲名也。上文云『羣論立名』，下文云『六韜二論』，皆指書名、篇名言之。後漢書何進傳章懷注曰：『太公六韜篇，第一霸典文論，第二文師武論。』今本文師在六韜爲第一篇，與章懷所舉不合，亦無文論、武論之目，蓋又非唐時之舊矣。」據此，公武亦未領會勰語意也。

修文要訣一卷〔一〕　袁本前志卷四中別集類中第八十

右僞蜀馮鑒撰〔二〕。雜論爲文體式，評其謬誤〔三〕，以訓初學云。　1489

〔一〕修文要訣一卷　袁本作三卷，宛委本、經籍考卷七十六、通志藝文略卷八同原本。按祕續目文史類重出，分別作一卷與二卷，宋志卷八作二卷。

〔二〕僞蜀馮鑑　袁本「蜀」作「川」。

〔三〕謬誤　袁本、宛委本、經籍考作「誤謬」。

金鍼詩格三卷〔一〕　袁本後志卷二文説類第一

右唐白居易撰。居易自謂與劉禹錫、元稹皆以詩擅名當世〔二〕，撮詩之體要爲一格。以病得鍼而愈〔三〕，詩亦猶是也，故曰金鍼集。1490

〔一〕金鍼詩格三卷　沈録何校本何焯批語云：「僞書，不意乃録於此。」按此書不載兩唐志、宋志，書録解題卷二十二作「一卷」。今格致叢書、詩學指南卷四所收俱一卷。

〔二〕元稹皆以詩擅名當世　袁本、宛委本、舊鈔本、經籍考卷七十六「擅」作「知」，無「當世」二字。

〔三〕以病得鍼　袁本、宛委本、舊鈔本、經籍考無「以」字。

續金鍼詩格一卷〔一〕　袁本後志卷二文説類第二

右皇朝梅堯臣聖俞撰。聖俞游廬山，宿西林，與僧希白談詩，因廣樂天所述云。1491

〔二〕續金鍼詩格一卷　沈録何校本何焯校語云：「亦僞書。」按此書不載宋志。書録解題卷二十二云：「大抵皆假託。」通志藝文略卷八作三卷。今亦收入格致叢書、詩學指南卷四。

李公詩苑類格三卷〔一〕　袁本前志卷四下別集類下下第九十七

右皇朝李淑撰。寶元三年，豫王出閤〔二〕，淑爲王子傅，因纂成此書上之。述古賢作詩體格，總九十目〔三〕。1492

〔一〕李公詩苑類格　袁本、宛委本無「李公」二字，「苑」作「菀」。按是書亦見遂初堂書目文史類。

〔二〕出閤　宛委本、元刊本經籍考卷七十六「閤」作「閣」。「出閤」，謂豫王出就藩封也。

〔三〕總九十目　原本脱此四字，據袁本、宛委本、瞿鈔本、季録顧校本、舊鈔本、經籍考補。

杜詩刊誤一卷　袁本後志卷二文説類第三

右皇朝王仲至撰〔一〕。1493

〔一〕王仲至　按欽臣字仲至。傳見宋史卷二九四。

韓文辨證八卷　袁本前志卷四下別集類下下第九十八

右皇朝洪興祖討論韓愈詩文，推考其根源，因以訂正其訛謬，頗爲該洽云。1494

韓柳文章譜三卷　袁本後志卷二文説類第四

右皇朝黄大輿撰。大輿之意，以爲文章有老莊之異〔一〕，故取韓愈、柳宗元文章爲三譜。其一，取其詩文中官次、年月可考者，次第先後，著其初晚之異也；其一，悉取其詩文比敍之；其一，列當時君相於上，以見二人之出處。極爲詳悉。1495

〔一〕文章有老莊之異　袁本、舊鈔本、顧校本、經籍考卷七十六「老莊」作「莊老」，宛委本同原本。喬録王校本王懋竑校語云：「『莊』當作『壯』。」王先謙刊本先謙校語云：「舊鈔『莊老』，二字不可解，據後文，『莊』當爲『壯』之譌。」

天廚禁臠三卷　袁本後志卷二文説類第五

右皇朝釋惠洪撰。論諸家詩格。1496

郡齋讀書志後叙

昭德晁公侍郎，僑居蜀嘉定之峨眉，平生著書有易、詩、書、春秋解，考其異同甚詳，又作讀書志，皆録版。大父及嚴君喜藏書，在嘉定時，嘗摹而藏之，及南來不能悉與俱，今併他所藏燬矣。讀書志偶在篋中，鈞謹刻置信安郡齋，不惟使晁氏平生之功得以表見，而觀者按其目而訪求焉，庶亦可使古書之不泯云。淳祐己酉夏五郡守南充游鈞識

讀書附志

〔宋〕趙希弁

卷上〔一〕

經類

石經周易

右周易十卷。經註六萬六千八百四十四字。將仕郎守國子助教臣楊鈞、朝議郎守國子毛詩博士柱國臣孫逢吉書。1497

〔一〕附志卷上　袁本無「卷上」二字。「附志」二字前一行，頂格題曰：「昭德先生讀書志卷第五上」，卷次續前志四卷計。按趙希弁讀書附志爲補晁公武讀書前志而作，實屬二書；附其書以行則可，統綴「昭德先生讀書志」名下則不倫。今讀書志校證本底本不用袁本，僅取附志以補讀書志不足，故删去其原聯貫卷次；又以附志實分上、下，故在「附志」下加「卷上」二字。下「附志卷下」標目仿此。

石經尚書

右尚書十三卷。經註并序八萬一千九百四十四字。將仕郎試祕書省校書郎臣周德貞書，鐫玉册官陳德超鐫。1498

石經毛詩

右毛詩二十卷。經註一十四萬六千七百四十字。將仕郎試祕書省校書郎張紹文書。1499

石經周禮

右周禮十二卷。經註一十六萬三千一百單三字。將仕郎試祕書省校書郎孫朋吉書。1500

石經儀禮

右儀禮十七卷。經註一十六萬五百七十三字。將仕郎試秘書省校書郎張紹文書。1501

石經禮記

右禮記二十卷。經註十九萬六千七百五十一字。卷首題曰「御刪定禮記月令第一。集賢院學士、尚書左僕射兼右相吏部尚書修國史上柱國晉國公臣林甫奉勑註。」曲禮爲第二。蓋唐明皇刪定之本也。將仕郎試祕書省校書郎張紹文書〔一〕。 1502

〔一〕校書郎張紹文書　原本「校」誤作「祕」，今正。按張紹文同時書石經毛詩、石經儀禮，前兩條不誤。此蓋涉上文而誤。

石經春秋

右春秋經傳集解三十卷。經註并序三十四萬五千八百四十四字。不題所書人姓氏。 1503

石經公羊

右公羊十二卷。經註一十三萬一千五百一十四字。不題所書人姓氏。 1504

石經穀梁

右穀梁十二卷。經註八萬一千六百二十字。不題所書人姓氏。 1505

石經論語

右論語十卷。經註并序三萬五千三百六十八字。將仕郎前守簡州平泉縣令兼殿中侍御史賜緋魚袋張德釗書，潁川郡陳德謙鐫字〔一〕。1506

〔一〕潁川郡　原本「潁」誤作「穎」，今正。下仿此，不復出校。

石經孝經

右孝經一卷。經註并序四千九百八十五字。不題所書人姓氏〔一〕，但題潁川郡陳德謙鐫字。1507

〔一〕不題所書人姓氏　沈録何校本云：「曾宏父石刻鋪叙孝經張德釗所書。」

石經孟子〔一〕

右孟子十四卷。不題經註字數若干，亦不題所書人姓氏。1508

〔一〕石經孟子　季録顧校本顧廣圻校語云：「按經籍考引晁氏云『皇朝席旦宣和中知成都，刊石寘於成都學宮』云云，趙希弁誤入孟昶時。」按趙氏下條有「以上石室十三經，蓋孟昶時所鐫」一語，顧氏故云。經籍考引讀書志語見卷十儒家類。曾宏父石刻鋪叙卷上云：「宣和五年癸卯益帥席旦始鐫孟子，運判彭慥繼成之。」

石經爾雅

右爾雅三卷。將仕郎前守簡州平泉縣令賜緋魚袋張德釗書，武令昇鐫。不題經註字數若干。1509
以上石室十三經，蓋孟昶時所鐫，故周易後書：「廣政十四年歲次辛亥五月二十日。」唯三傳至皇祐初方畢，故公羊傳後書：「大宋皇祐元年歲次己丑九月辛卯朔十五日乙巳工畢。」又書：「將仕郎試國子四門助教州學講說何維翰、將仕郎試祕書省校書郎州學說書黃東、儒林郎試祕書省校書郎守華陽縣尉州學勾當王尚喆、朝奉郎祕書省著作佐郎簽署節度判官廳公事武騎尉管勾州學華參、奉直郎尚書屯田員外郎通判軍州兼管內橋道勸農事及提舉渠堰騎都尉借緋提舉州學解程、朝奉郎尚書屯田員外郎通判軍州兼管內勸農事及提舉渠堰輕車都尉借緋提舉州學聶世卿、提點益州路諸州軍刑獄兼本路勸農提舉渠堰公事朝奉郎尚書比部員外郎護軍借紫孫長卿、益州路諸州水陸計度轉運使兼本路勸農使朝奉郎尚書刑部員外郎直史館上騎都尉賜緋魚袋借紫曹穎叔、樞密直學士朝散大夫右諫議大夫知益州軍州事兼管內橋道勸農使充益利路屯駐駐泊本城兵馬鈐轄提舉益利路諸州軍兵甲巡檢賊盜公事上騎都尉京兆郡開國侯食邑一千户賜紫金魚袋田況。」

春秋穀梁傳註疏二十卷〔一〕

右唐國子四門助教楊士勛撰。昭德先生讀書志中有諸經註疏，獨無穀梁註疏云〔二〕。1510

〔一〕二十卷　按新唐志卷一春秋類作十二卷。

〔二〕昭德先生讀書志中有諸經註疏獨無穀梁註疏云　季録顧校本顧廣圻校語云：「按晁志有單疏，無注疏，趙未悉其例。」按春秋穀梁疏十二卷條爲趙氏删去，未載入袁本後志，衢本見卷三。

經解類

經說三十卷

右晦菴先生朱文公熹仲晦之說也。易說啓蒙三卷，大易問答兩卷，尚書問答三卷，毛詩問答一卷，禮記問答一卷，中庸問答二卷，大學問答二卷，周禮春秋問答一卷，論語問答并拾遺八卷，孟子問答并拾遺并孝經刊誤四卷，附太極解義，太極問答，西銘解義問答三卷，通爲三十卷。邵武黄大昌、鄱陽王迂編次，凡六經之要旨，論、孟之奧義，悉可以類而求之。延平廖德明爲之序。1511

大易粹言七十卷總論三卷

右集明道先生程顥伯淳、伊川先生程頤正叔、横渠先生張載子厚、廣平游酢定夫、龜山楊時中立、兼山郭忠孝立之、白雲郭雍子和之説也。舒守曾穜序〔一〕。1512

〔一〕舒守曾穜　沈録何校本何焯校語云：「字獻之。」又云：「此書曾穜但爲作序，而今人遂謂穜所集，非也。」按是書編者乃方聞一。今本十卷，見四庫總目卷三。

紫巖易傳十卷

右紫巖居士魏國張忠獻公浚德遠所著也。1513

誠齋易傳二十卷

右誠齋先生楊文節公萬里廷秀所著，自爲之序。1514

周易本義十卷

右晦庵先生朱文公熹仲晦所定也。發例、筮儀附。1515

周易繫辭精義二卷

右東萊先生呂成公祖謙伯恭所集也。1516

周易玩辭十六卷〔一〕

右平庵項安世平父所述也。自敍于前，其爲説曰：「君子居則觀其象而玩其辭，動則觀其變而玩其占，讀易之法，盡於此矣。程子平生所著，獨易傳爲全書。今以其所得於易傳者，述爲此書，而其文無與易傳合者，合則無用述此書矣。」其子寅孫刊于建安書院，樂章識于後。1517

〔一〕周易玩辭十六卷 沈録何校本何焯批語云：「平父此書頗多獨得，雖未梓行，然傳義之外，最出類也。」按今有通志堂經解本、四庫全書本、湖北先正遺書本等。

周易總義二十卷

易學舉隅四卷

右山齋易祓彦章所著也〔一〕，陳章、李𡺸爲之序。易學舉隅亦祓所著。傳疑之説附于後。1518

〔一〕易祓　原本「祓」從「示」，今正。下同。

二五君臣論一卷

右胡寅明仲、閭丘昕逢辰二侍郎之論也。六十四卦，各爲之説。南軒先生張宣公栻爲之序。1519

卦圖系述五卷

右卦圖三卷，皇極經世篇系述二卷，康節邵先生之説，而先生之子伯温所學也。簡池趙震敍而刻之。1520

皇極經世指要二卷

右蔡元定季通所序也。以伏羲卦圖列之於前，而以皇極經世疏之於後。季通，建陽人，朱文公之益友。始辭聘命，終預黨名。嘉定更化，贈以初品。1521

蓍卦辨疑三卷

右上卷康節先生揲蓍法、横渠先生大衍説、伊川先生揲蓍法、兼山郭先生蓍數説；下卷則辨證也。兼山之子雍爲之序，謝艮齋諤識其後云。1522

卦氣圖一卷

右祝融欒洪德秀所著也，河南郭雍爲之序。德秀嘗從文定胡公父子游，取飲水曲肱之義，名所居之堂，故號曲肱先生云。1523

象爻說二卷

右武林吳準齋如愚所著也。一則明象，二則明爻。喬文惠公行簡嘗薦之曰：「成忠郎吳如愚隨身右列，尋即隱居。雖在都城而杜門不出，臣欲識之而不可得。其人行醇而介，氣直而溫，講道窮經，贍有著述。欲乞特與換授從事郎，併與祕閣校勘。」有旨從之，而如愚不受。1524

書說六卷〔一〕

右東萊先生呂成公祖謙之說也。自洛誥至秦誓，凡一十七篇。或謂先生之說，始於秦誓，上至洛誥而止云。1525

〔一〕書說六卷　沈録何校本何焯批語云：「東萊爲此，蓋以補艾軒之闕。」按拙齋先生林之奇少穎有尚書全解，祖謙師焉，書説即續其師之奇書。而艾軒先生乃林光朝，何氏殆偶疎。

書説精義三卷

右西山先生真文忠公德秀之説也。1526

書集傳六卷

右晦庵先生朱文公訂正，而武夷蔡沉集傳也。沉自序于前，其子奉議郎、祕書省著作佐郎兼權侍右郎官兼樞密院編修官兼諸王宫大小學教授杭進于朝〔一〕。沉字仲默，號九峯先生。真西山撰其墓表，今附于後。1527

〔一〕杭　按宋史卷四二〇有蔡抗傳，此「杭」當「抗」之誤。

詩集傳二十卷詩序辨説一卷

右晦庵先生朱文公所定也。江西漕趙崇憲刻于計臺而識其後。1528

周禮說三卷

右朝奉郎祕書少監陳傅良所進也。舊刊于止齋文集中，曹叔遠別爲一書而刻之，且爲之說。1529

周禮攷疑七卷

右祝融居士樂思忠仲恕所著也，永嘉戴溪肖望、豐城劉德秀仲洪爲之序。1530

周禮總義三十卷

右山齋易祓所著也。許儀爲之序，刻于衡陽。1531

禮記要義二卷

右荆國文公王安石介甫所著也。1532

中庸章句一卷或問二卷

中庸輯略二卷

大學章句一卷或問二卷

右晦翁先生既定著章句于經文之下，又述平時問答所疑，以爲或問。中庸又述輯畧兩卷，蓋集伊、洛諸儒之説也。希弁所藏各兩本，嶽麓書院精舍及白鹿洞書院所刊者。1533

春秋集解三十卷

右東萊先生所著也。長沙陳邕和父爲之序。1534

春秋左氏後傳十二卷

春秋左氏章指十七卷

右止齋陳傅良所著也。四明樓忠簡公鑰序其前，清海崔清獻公與之識其後，而刻於惟揚郡庠。1535

春秋左氏國紀二十卷

右清江徐得之所編也。自周而下，各繫以國，又因事而爲之論斷。止齋陳傅良序之。1536

春秋左氏博議二十五卷

右東萊先生所著也，自爲之序。1537

春秋分記九十卷

右克齋程公説伯剛所編也。其弟公許守宜春，刻于郡齋，游丞相佀爲之序。1538

左氏聯璧八卷

右三山葉儀鳳子儀撰。乃對偶之書也。1539

三傳分門事類十二卷

右莫詳誰氏所編。以類相從而分其門也。1540

論語筆解十卷

右唐昌黎先生韓文公之説也。其間「翱曰」者，李習之也。始，愈筆大義以示翱，翱從而交相明辨，非獨文公制此書也。韓文補云：公作論語傳，未成而歿，見於張籍祭詩，辨之於洪慶善者，明矣。今世所傳，如「宰予晝寢」，以「晝」作「畫」；「子在齊，聞韶，三月不知肉味」，以「三月」作「音」；「浴乎沂」，以「浴」作「沿」；「子在，回何敢死」，以「死」作「先」之類，雖未必然，而爲伊川之學者，皆取之。此本乃祕書丞許勃所序者。1541

論語直解十卷〔一〕

右漢上先生朱文定公震所著也。紹興五年夏，肇建資善堂時，孝廟富於春秋，文定以起居郎，與宗正卿范公冲同爲翊善，朝論皆以爲極天下之選。此解，資善堂録本也，其孫繼先刻于瀏陽學舍而識其後。1542

〔一〕論語直解十卷　沈録何校本何焯校語云：「江陵四書直解本此。」按何氏殆指張居正撰四書經筵直解。

孟子解兩卷

右和靜先生尹侍講焞所著也〔一〕。先生乃伊川之高弟，欽宗累聘不起，賜號和靜。紹興初，再以崇政殿說書召。既侍講筵，首解論語以進，繼解孟子，甫及終篇而卒。此本乃邢正夫刻于岳陽泮宮者。1543

〔一〕和靜先生尹侍講焞所著也　按宋史卷四二八尹焞傳「和靜」作「和靖」，此誤。下同。

論語解二十卷

孟子解三十六卷

右無垢先生張文忠公九成子韶所著也。1544

論語精義十卷

孟子精義十四卷

右明道、伊川、橫渠三先生，成都范氏、滎陽呂氏、藍田呂氏、上蔡謝氏、建安游氏、延平楊氏、河東侯氏、河南尹氏十一人之說，晦庵先生所編集也。初曰精義，後改集義。卷末「淳熙辛丑冬至前五日點畢」十一字，乃先君子戒庵居士師向手澤也〔一〕。1545

〔一〕先君子戒庵居士師向手澤也　袁録顧校本顧廣圻校語云：「後皆作『同』，此誤。」按宋史卷二一五宗室世系表一燕王房燕王德昭六世孫伯奎，有子師向、師同，希弁乃師向之子，故此稱先君子；然附志卷上編年類皇王大紀條、神仙類太上感應篇條，卷下別集類滄州先生塵缶編條、介庵張居士文集條又稱「生父師同」（以上即顧氏所云後皆稱「同」出處），是希弁實師同子，而爲世父師向後者也，原文不誤，顧氏未能明查戒庵居士乃師向之號，陳祺壽謂「師同號戒庵居士」，亦誤。（陳說見國粹學報六十八期宋目録家晁公武陳振孫傳一文）

論語集註十卷

孟子集註十四卷

右朱文公所著也。先生之於語、孟，始集程、張、吕、范十一人之説，以爲集義。既又本之註疏，參之釋文，採之先儒〔一〕，斷之詳說，以爲集註。語、孟之精微，蓋萃於此書矣。希弁所藏各兩本，嶽麓、白鹿洞所刊也。1546

〔一〕採之先儒　「先儒」原作「儒先」，今乙正。

論語說三卷

孟子說七卷

右南軒先生張宣公栻敬夫所著也。1547

論語註義問答通釋十卷

右勉齋黄先生榦通釋晦庵先生集註、或問之書也。1548

孝經義一卷

右荆國文公王安石所著也。凡十七章。喪親章闕之。1549

孝經刊誤一卷

右朱文公所定也。皆以古文爲正，惟傳之六章或從今文。廬山胡泳敍于後。1550

小學類

弟子職一卷

右弟子職一書，雜見於管子之篇。朱文公揭其入學、受業、事師之法，以爲章句，參以衆説，**輔其註文**云〔一〕。1551

〔一〕輔其註文　袁録何校本「輔」作「補」。

敍古千文一卷

右致堂先生胡寅明仲所作也。南康黄西坡灝商伯爲之傳，晦庵朱文公題其後，曰：「敍事立言，昭陳法式，實有春秋經世之志。至於發明道統，開示德門，又於卒章深致意焉。新學小童朝夕誦之而諷其義，亦足以養正於蒙矣。」1552

續千文一卷〔一〕

右左朝散大夫、知池州軍州事、賜紫金魚袋侍其瑗字良器所著也。昔周興嗣次王逸少所書千字爲韻語，以便觀省，後世謂之千文。良器遷避與嗣所用字，別製千言以續之。山谷嘗抵以書曰：「引辭連類，使不相觝觸，甚有功。當與凡將、急就並行也。」葛文康公勝仲爲之序〔三〕。1553

〔二〕續千文一卷　袁録何校本何焯批語云：「續千文有石本，在祁陽。」按侍其瑷孫嘗刻石浯溪，浯溪在湖南祁陽，何氏殆即指此石刻。

〔三〕葛文康公勝仲爲之序　沈録何校本何焯批語云：「葛之從孫剛正又爲重續千文。」按剛正所撰，今題三續千字文注一卷，見海源閣叢書、常州先哲遺書。

百體書千文一卷

右艮齋謝公諤題其後曰：「神剜天畫，千類萬狀，豈止汲冢、魯壁、周鼓、秦碑耶〔一〕！」1554

〔一〕秦碑　原本「碑」作「山」，據鮑廷博校本改。

敍古蒙求一卷

右五峯先生胡宏所著也。自羲、農至于五代周，凡三十一章。毛以謨爲之序〔一〕，先生之子大壯書而刻之。1555

〔一〕毛以謨　鮑廷博校本「謨」作「談」。按以謨，字舜舉，衡山人，受業於胡寅，寅嘗爲題其齋曰「不息」，胡宏爲之記，載五峯集卷三十一。鮑校似誤。

通鑑韻語九卷

右黄日新齊賢所著也。大略如李瀚蒙求四言體，而列其事於左方。周平園、朱晦翁、洪容齋、謝艮齋、楊誠齋、樓攻愧諸老先生皆爲之序。齊賢，臨川人。1556

字義三卷

右北溪陳淳安卿所著也。安卿，臨漳人。1557

史韻四十九卷

右回谿錢諷正初所編也。依唐韻分四聲，而以十一史之句註于下。諷，錢塘人。鄭僑、錢文子爲之序。1558

篆韻五卷

右徐鉉序，蓋其弟鍇所集也。鉉字鼎臣，仕南唐，爲昭文館學士。入朝爲太子率更令。太平興國初，詔以本官直學士院。鍇字楚金，仕南唐，爲右内史舍人，卒。李煜贈之禮部侍郎云。1559

隸韻七卷

右洪文惠公适隸釋序冠於前〔一〕。周益公誌其神道碑云：耽嗜隸古，爲纂釋二十七卷，隸續二十一卷〔二〕。1560

〔一〕洪文惠公适隸釋序冠於前　按疑「适」下脱「所著也」三字。适著有隸韻，其書不傳，唯盤洲文集有隸韻序一首。

〔二〕隸續二十一卷　原本「隸」誤作「穎」，今正。此書今本多作續隸，亦二十一卷。

十二先生詩宗集韻二十卷

右裴良甫師聖編杜甫、李白、高適、韓愈、柳宗元、孟郊、歐陽脩、曾鞏、蘇軾、王安石、黄庭堅、陳無己之詩韻也。1561

史類

補史記一百三十卷

右唐司馬貞補司馬遷之書也。補三皇紀於五帝之前，每篇各註索隱之說，以百三十篇贊附于每篇之末。希弁嘗考諸家之說，爲讀史補註一書，頗加詳焉。1562

古史六十卷

右蘇文定公轍所作也。自伏羲、神農，訖秦始皇帝，爲七本紀、十六世家、三十七列傳，以補司馬遷之缺云。1563

西漢刊誤一卷東漢刊誤一卷

右宣德郎、守太常、博士、充國子監直講劉攽所撰也。仁宗讀後漢書〔一〕，見「墾田」字皆作「懇」字，使侍中傳詔中書，使刊正之。攽爲學官，遂刊其誤，爲一書云。1564

〔一〕仁宗讀後漢書　按「仁」當「英」之誤，參見讀書志卷七東漢刊誤條。

西漢補遺一卷

右何侑德輔補西漢之遺文也，蓋東晳補詩之義耳。希弁嘗讀其皇太子遺四皓書及侯公説項羽辭，因思昔東坡先生亦嘗爲侯公説項羽辭，載於集中。而商芸小説載張良所與商山四皓書，則世所罕見也。其書曰〔一〕：「良白仰惟先生秉超世之殊操，身在六合之間，志凌造化之表。但自大漢受命，禎靈顯集，神母告符，足以宅兆民之心。先生當於此時，耀神爽乎雲霄，濯鳳翼於天漢，使九門之外，有非常之客，北闕之下，有神氣之賓，而淵潛山隱，竊爲先生不取也。良以頑薄，承乏忝官，所謂絶景不御，而駕服駑駘。方今元首，欽明文思，百揆之佐，立則延首，坐則引領，日仄而方丈不御，夜眠而閶闔不閉，蓋皇極須日月以揚光，后土待嶽瀆以導滯。而當聖世鸞鳳林栖，不翔乎太清，騏驎嶽遁，不步乎郊藪〔二〕，非所以寧八荒、尉六合也。不得侍省，展布腹心，畧寫至言，想望翻然，不猜其意。張良白。」侑，乾道中權工侍兼權直院。1565

〔一〕其書曰　沈録何校本何焯批語云：「凡鄙至此，何足補存。」

〔二〕不步乎郊藪　鮑廷博校本改「步」作「安」。

西漢補註十卷

右國子博士吳莘商卿所著也。倪思爲之序。1566

史記法語十卷

前漢法語二十卷

東漢精語十六卷

三國志精語六卷

右鄱陽洪文敏公邁所著也。1567

東都事略一百三十卷

右承議郎、知龍州王稱所進也〔一〕。本紀十二，世家五，列傳一百五，附録八。間爲贊論，以發揚之。以其國都大梁以前之事，故謂之「東都。」然其中疏駁甚多。稱，眉山人，故禮部侍郎賞之子，此書既進，遂直中祕云。1568

〔一〕王稱　沈録何校本改「稱」作「偁」，又録何焯校語云：「宋本作『稱』，不詳。」按今本多作「偁」，余嘉錫謂當作「稱」，詳四庫提要辨證卷五。

編年類

皇王大紀八十卷

右五峯先生胡宏所述皇帝王伯之事。始於盤古氏，而終於周之末。自堯以上，六閼逢無紀〔一〕。堯之初載，迄于赧王乙巳，二千有三十年。貫通經典，採摭史傳，靡所不載。又因事而爲之論所以述去取之原，釋疑似之惑者，至矣。先生字仁仲，文定公之季子，自幼有志於道。嘗見楊中立于京師，又從侯師聖于荆門，而卒傳文定公之學。紹定戊子，希弁生父師同爲衡山令，嘗奉朝旨索其書云。**1569**

〔一〕六閼逢無紀　沈録何校本何焯校語云：「『無』疑『困敦』。」按明刊本胡氏序同此附志。

通史緣起二十卷

右會稽胡衛之作也。其説謂伏羲氏，神農氏，軒轅氏，三皇也；少昊氏，高陽氏，高辛氏，合唐、虞氏，五帝也，不可不備。乃推盤古以來衆説之異同，雖十紀浩茫，難以年考，而傳疑傳信，有理存焉。衛嘗仕于朝云。**1570**

晉春秋二十卷〔一〕

右隋祕書省正字杜延業所述。其自序云：「蕭方等採削羣史，著三十國春秋，囊括兩晉之言，網羅諸國之事，以晉國爲主，附列二十九國。延業刪緝，題曰晉春秋。」載於唐書藝文志。1571

〔一〕晉春秋　按新唐志卷二編年類、崇文總目卷二編年類俱題晉春秋略，湯球輯本題同附志，入廣雅書局叢書。

南北征伐編年二十三卷

右吳曾編集。自漢獻帝迄于周世宗。其意謂資治通鑑征伐之事，雜見於列國言動之間，讀者不得專一稽攷。至南北議論，亦未詳盡。遂效其體，凡一征一伐，靡所不載。紹興辛巳，逆亮叛盟，廟堂知有是書，嘗取以備乙覽云。曾，字虎臣，撫之崇仁人。京文忠公鏜爲之序。1572

五代春秋五卷

右河南先生尹洙師魯所作也。由梁太祖開平元年四月甲子，迄于周顯德七年正月甲辰。1573

資治通鑑綱目五十九卷序例一卷

右晦庵先生朱文公所編也。司馬文正既爲資治通鑑，又別爲目録及舉要曆。胡文定復修舉要補遺。朱文公因文正、文定兩公四書，別爲義例。表歲以首年，而因年以著統，大書以提要，而分註以備言，其綱倣春秋，而參取羣史之長，其目效左傳，而稽合諸儒之粹。真德秀刻于泉南，陳孔碩、李方子敍其後。希弁所藏夔本，爲板四千二百有奇。吉本二千八百，而且無陳、李二公之序。希弁又嘗參以泉本，校其去取之不同，并考温公、文公之書法，爲資治通鑑綱目考異。淳祐丙午，祕省嘗下本州借本書寫云。1574

資治通鑑綱目提要五十九卷

右資治通鑑綱目提要，存其綱而去其目，如春秋之經也。希弁所藏乃趙希棨刻于盧陵者。1575

續資治通鑑長編九百四十六卷

右巽巖先生李文簡公燾仁甫所修也。太祖至英宗一百七十五卷，神宗朝二百二十八卷，哲宗朝一百二十卷，徽宗朝三百二十三卷。其書倣司馬氏通鑑踵爲之。然燾謙抑，不敢名續通鑑，但謂續長編。蜀帥汪應辰嘗乞給筆札，以寫藏祕閣。乾道六年正月，令祕書省依通鑑廚樣及字樣大小，繕寫一部，仍將燾銜位於卷首，依司馬光銜位書寫進入。燾之卒也，上語宇文价云：「朕嘗許燾大書『續資治通鑑長編』七大字，且用神宗賜司馬光故事，爲序冠篇，不謂其止此也。」希弁所藏蜀本，視書坊所刊者爲詳。希弁嘗爲續資治通鑑長編補註一書，以補詔敕奏篇等闕云。1576

國朝編年政要四十卷

右兵部尚書、太子詹事蔡文懿公幼學所編也。自太祖建隆之元，迄于欽宗靖康之末，祖春秋之法，而參以司馬公舉要曆、呂氏大事記之例，宰輔拜罷表諸年首。其子朝請大夫、直祕閣提舉、福建路常平義倉茶事籥敍而刻之。1577

皇朝編年備要二十九卷

中興編年備要十卷

右壺山陳均所編也。其書用國史、實録等書爲編年體例，起于建隆，迄于淳熙，書法蓋微倣綱目之例而加斟酌焉。真德秀、鄭性之、林岊皆爲之序。1578

開基事要十卷

右朝奉郎、祕書少監皇子嘉王府贊讀陳傅良所進也。自建隆之初，迄開寶之末，亦曰建隆編。曹叔遠序而刻之。1579

仁宗君臣政要四十卷

右文林郎、守祕書丞監、閬州商税院市買税鹽臣張唐英編進。起天聖，終嘉祐，詔令刑政之要，禮樂選舉之法，郊廟祭祀，邊鄙備禦，罔不備録。其間名臣得其家世之詳者，爲之立傳，否則闕之。唐英，字次功，自號黄松子。1580

續紀年通譜一卷

右宣義郎致仕畢仲荀續宋元憲公紀年通譜之書也。元憲止於慶曆辛巳，仲荀起於慶曆壬午，而迄于徽宗。1581

丁未録二百卷

右右修職郎、監臨安府都鹽倉李丙所編也。上帙起召王安石爲翰林學士，迄于神宗皇帝升遐；中帙起宣仁聖烈垂簾除吕公著侍讀，迄于宣仁聖烈祔廟；下帙起李清臣進策題，迄于誅童貫、安石之召。實治平丁未之所始，故以「丁未」名之。1582

三朝北盟集編二百五十卷集補五十卷

右朝散大夫、充荊湖北路安撫司參議官徐夢莘編集。上帙起政和七年七月庚寅，終宣和七年十二月庚申；中帙起宣和七年十二月庚申，終靖康二年四月丁亥；下帙起建炎元年五月庚寅，終紹興三十二年四月丁亥。集補則補其遺也。1583

建炎以來中興繫年要録二百卷

右陵陽布衣李心傳微之所修也，知瀘州許奕奏進之。修國史曾㬇又嘗乞令其弟太常博士道傳繳進，得旨降付國史院。然其中闕疑尚多，希弁嘗爲補註一書，頗爲詳備云。1584

寧宗皇帝紀十卷

右四朝國史中之本紀也。1585

續稽古録一卷

右太社令龔頤正續司馬文正稽古録之書也。文正止於治平，頤正起於熙寧，而迄于寧宗之初。袁説友栞于成都，趙彦勵復栞于長沙，未幾，有毁版之旨云。1586

通鑑問疑一卷

右祕書丞高安劉恕字道原，嘗與司馬公修通鑑。司馬公深愛其博學，每以所疑問焉。恕子羲仲纂集其往復相難者而作此書，十國紀年序附于後。1587

綱目發明五十九卷

右建康布衣尹起莘所著，以發明綱目義例。别之傑帥金陵，進其書于朝。魏文靖公了翁爲之序。1588

綱目論斷二十卷

右江珪呂中論大書，以提要正變例而爲之斷云。其間所載徐清叟跋，有以知端平初元通鑑綱目上塵乙覽之因。1589

雜史類

靖康傳信録三卷

右李忠定公綱爲尚書右丞、充親征行營使、及以知樞密院事，爲河北、河東路宣撫使時事也。1590

建炎進退志總敘四卷

右李忠定公綱爲正議大夫、尚書右僕射兼中書侍郎，至於罷爲觀文殿大學士、提舉杭州洞霄宮時事也。1591

建炎時政記三卷

右李忠定公綱所編也。自建炎元年五月一日以後，至於八月十八日。1592

紹興正論一卷

右編録秦檜當國，羅織諸賢，或死於市朝，或死於囹圄，或死於貶所，或流落於魑魅之區，累赦不移，或棲遲於林泉之下，屏跡不出者一百一十八人姓名與其獲罪之因。但云瀟湘樵夫序，不知其爲誰也。1593

朝野遺事一卷

右趙子崧伯山所著。記中興以前凡一百二十有五事。自號鑑堂居士，終於延康殿學士、右中奉大夫。淳熙中，周益公帥長沙，命項安世、丁朝佐、楊長孺讎校而刻之。1594

朝野雜記甲集二十卷乙集二十卷

右李心傳微之所編中興以來之事也。繫年録蓋倣於此。1595

史評類

讀史管見三十卷

右致堂先生胡寅明仲所著也。意謂二百四十二年之後至于五代，司馬文正所述資治通鑑，事雖備而立義少。遂用春秋經旨，尚論詳評。晦庵綱目中多取之。猶子大壯序其説，孫德輿刻于衡陽。1596

讀史明辯三十卷

右伊川、元城、龜山、了齋、橫渠、屏山、橫浦、五峯、東萊、南軒、止齋、致堂十二先生史論也。1597

史説十卷

右東萊先生呂成公之説也。1598

史評六卷

右誠齋先生楊文節公萬里之評也。1599

西漢鑑十卷

右國子博士吳莘所著也。王容爲之序。1600

兩漢博議二十卷

右陳季雅彦鞏所撰也。1601

唐史論斷二卷

右朝散大夫、尚書刑部郎中、充天章閣待制兼侍讀孫甫之翰所撰也。甫，陽翟人，國史有傳。1602

唐論二卷

右宣教郎、前太平州州學教授王居中撰。程公許、韓祥、韓補皆序之。1603

職官類

漢官考四卷

右徐筠孟堅所著也。西京二百年品秩、爵列、位號、名數，自三公而下，至於筦庫，釐爲十九門，總一百四十九條。韋楫爲之序。孟堅，清江人，淳熙甲辰進士。1604

職官分紀五十卷

右孫逢吉彦同所集也。以楊侃職林而廣之，具載新制，而又增門目之亡缺，補事實之遺漏。元祐中，趙敍、秦觀爲之序。1605

職源五十卷

右王益之等所編歷代置官本末也。官之故實，職之典掌，前賢遺跡，先朝訓詞，以次列焉。1606

翰苑羣書三卷

右唐李肇翰林志、元稹承旨學士院記、韋處厚翰林學士記、韋執誼翰林院故事、楊鉅翰林學士院舊規、皇朝禁林讌會集爲一卷；錢惟演金坡遺事、晁逈別書金坡遺事、李宗諤翰苑雜記爲一卷；蘇易簡續翰林志、蘇耆次續翰林志、學士年表、翰苑題名、翰苑遺事爲一卷。1607

祖宗官制舊典三卷

右東萊蔡元道所編也，其子與宗敍於後，云「追記祖宗舊典，凡設官任職、治民理財之要，與夫分別流品、謹惜名器之道，合七十七門」云。1608

玉堂雜記三卷

右周益公必大記玉堂中事也。丁朝佐謂九重之德美、前輩之典刑、恩數之異同、典故之沿革，皆因事而見之云。1609

鑾坡録一卷

右周益公必大記初除翰林日制誥、表章也。1610

刑法類

養賢録二十二卷

右王日休所編也。以嘉祐、元豐、政和、紹興勑、令、格、式，嘉祐、政和禄、令，紹興禄秩、吏部七司條法，紹興免役令參攷編類，其舊法不行於今者亦存之，以見沿革云。日休，字作德，鈞臺人也。1611

治縣法十卷

右呂惠卿所著也。曰法令，曰詞訟，曰刑獄，曰簿曆，曰造簿，曰給納，曰災傷，曰盜賊，曰勸課，曰教化。惠卿自序於前，紹聖二年九月也。所在多刊此法，豈非不以人廢言與。1612

常平役法一卷

右紹興以來臣僚申請、士民陳訴備載於中。按朱文公語録，乃朝廷頒降者。1613

儀註類

儀禮經傳通解續卷祭禮十四卷〔一〕

右朱文公編集，而喪、祭二禮未就，屬之勉齋先生。勉齋既成喪禮，而祭禮未就，又屬之楊信齋。信齋據二先生藁本，參以舊聞，定爲十四卷，爲門八十一。鄭逢辰爲江西倉曹〔二〕，進其本于朝。信齋，福州人，名復，字茂才。書既奏，贈文林郎。1614

〔一〕儀禮經傳通解續卷祭禮十四卷　按「續」字下之「卷」字疑衍，皕宋樓藏書志卷六有宋刊本儀禮經傳通解續祭禮十四卷。

〔二七〕江西倉曹　原本脫「曹」字，據鮑廷博校本補。

家禮五卷

右朱文公所定，而趙崇思刻之萍鄉者。潘時舉、李道傳、黄幹、廖德明、陳光祖序跋附焉。1615

家禮附註五卷

右陳雷刻于温州學宮者，凡九十九條。1616

吕氏鄉約一卷鄉儀一卷

右二書吕和叔季明所定也〔一〕。朱文公記于後。1617

〔一〕右二書吕和叔季明所定也　按宋史卷三四〇吕大防傳云大防嘗撰鄉約，而宋志卷四儒家類吕氏鄉約儀一卷，題吕大鈞撰，又今諸本俱題吕大忠撰。大忠字進伯（或作「晉伯」），其弟大防字微仲，弟大鈞字和叔。此字季明者未知爲誰。

司馬公居家雜儀一卷

右溫國文正公光所著也。1618

天文卜算類

躔度分野列宿圖三卷

右自河圖洛書以及列宿圖其象於上，而列漢、晉、隋志之說于下。1619

律呂本原一卷

右蔡元定季通所著也。曰黃鍾，曰黃鍾之實，曰黃鍾生十二律，曰十二律之實，曰變律，曰律生五聲圖，曰變聲，曰八十四聲圖，曰六十調圖，曰候氣，曰審度，曰嘉量，曰謹權衡，凡十三篇云。1620

五行類

拜命曆一卷

右趙景先集。其自序曰：此書常式，陰陽家莫能曉。今則不敢傳諸該博。愚嘗得自名流，用之皆驗，故集成此，以示子孫。自非洞於此道，他人幸勿妄傳也。」趙師俠誌于後。1621

地理類〔一〕

長安志二十卷

右龍圖閣直學士、右諫議大夫、修國史常山宋敏求所撰也。熙寧九年二月五日，太常博士、充集賢校理、崇文院檢討、同知宗正丞事趙彥若序。敏求亦嘗爲河南志，時以朝奉郎守太常丞、充集賢校理、編修唐書官、通判西京留守司兼畿內勸農事、飛騎尉署銜。元豐六年二月戊辰，端明殿學士兼翰林侍讀學士司馬光序。讀書志中有河南志，而無長安志云。1622

〔一〕地理類　原脫「類」字，今補。

職方乘三卷後集十四卷豫章

右洪芻所編也。曰郡縣，曰城宇，曰山，曰水，曰觀寺，曰祠廟，曰冢墓，曰寳瑞，曰妖異，曰牧守，曰仙真，曰人物，凡十二部。芻，字駒父，自少以詩名取重於時。登進士第，爲晉州學官。山谷素稱其才，嘗曰：「甥之文學，他日當大成，但願極加意於忠信孝友之地，甘受和，白受采，不但用文章照映今古，乃所望也。」又嘗作釋權以遺山谷，山谷答曰：「筆力縱橫，極見日新之功。」甥之名因是益顯。靖康之初，爲尚書郎，三遷至諫議大夫。遭變坐事，貶文登。有老圃集行於世。續之者淳熙中帥程叔達也。李大異叙于後。1623

建康志十卷續志十卷

右帥史正志所修而爲之序，乾道五年三月也。慶元六年八月，帥吳琚續之，又爲之序。1624

長沙志五十二卷

右紹興辛亥〔一〕，帥趙善俊修而爲之序。1625

〔一〕紹興辛亥　疑「紹興」爲「紹熙」之誤。書録解題卷八云：「郡守趙善俊以紹熙二年，命教授褚孝錫等七人撰。」今麓山精舍叢書載有輯本，題紹熙長沙志一卷。

宜春志十卷集八卷續修志四卷集六卷

右嘉定中守滕强恕修，郡人張嗣古序。續志、集則嘉熙初守郭正己也〔一〕。1626

〔一〕郭正己　原本「己」作「已」，據宋志卷三續修宜春志條改正。

桂海虞衡志三卷

右范文穆公成大帥靜江日，志其風物土宜也，自爲之序。 1627

靜江志十二卷

右嘉泰癸亥帥蔡戡修，以高宗皇帝除太傅靜江奉寧軍節度使、桂州牧兼鄭州牧制詞，冠于篇端。 1628

永寧編十五卷温州

右嘉定中守留元剛序，陳謙所述也。敍州，敍縣，敍山，敍水，敍賦，敍役，敍兵，敍人，敍產，敍祠，敍遺，凡十一類。 1629

桃花源集一卷

右紹聖丙子四明姚孳序，淳熙庚子邑宰趙彥琇俾新澧陽簿張櫟重修。備載晉、唐、本朝諸公詩文。 1630

海南集二十三卷後集十二卷

右海外瓊管之集也。於中可見丁晉公、蘇長公、趙豐公、折仲古、李泰發、胡邦衡諸公之文筆。1631

臨江集三十四卷

右嘉定中守楊恕編。郡人劉昌詩序。1632

景陵志十四卷

右嘉定庚辰郡文學林英發修，詩文集録附焉。唐陸鴻漸、皮日休、陸龜蒙，皇朝朱昂、宋祁、晏殊、吳育、楊徽之、蘇紳、石延年、王禹偁、張耒諸公之作爲多。1633

邵陽志一卷

右淳熙壬寅郡文學李章之序。1634

陵水志三卷

右慶元丙辰郡文學劉奕修，詩文附。1635

臨賀志三卷集二卷

右莫詳誰所修也。集以蘇東坡答彭賀州啓爲首。1636

淥江志十二卷

右嘉定中邑令張耕修。1637

龍江志十卷

右嘉定庚午邑丞吳紹古修，令沈爕序。1638

鈐岡志三卷

右嘉定甲戌邑令謝好古修。1639

瑞陽志十卷縣志三卷

右嘉定六年郡守周綸修，郡人雷孝友序。1640

梅川志三卷

右寶慶丙戌重修。清江張洽序。1641

秋浦新志十六卷

右端平丙申江東倉使兼知池州王伯大修，自爲序。1642

富川志三卷

右嘉定甲申守李壽朋修。1643

寧越志三卷

右慶元改元郡守林會修。1644

南嶽總勝集三卷

右紀載南嶽之勝槩也。1645

水簾詩集三卷

右編集水簾洞之詩文也。1646

浯溪集前後續別四集

右自元結中興頌之後，凡刻之浯水之崖者，皆在焉。1647

卷雪樓集二卷

右集富池昭勇廟記序詩文也。廟乃三國甘寧，累封昭毅武惠，遺愛靈顯王。1648

靈應後集十二卷

右集梓潼廟誥勑記叙詩文也。范鎮、張浚、胡世將、王剛中、王之望、晁公武諸公祝文爲多，亦有唐僖宗之祝文。1649

富文忠入國語録一卷

右富弼慶曆二年，以右正言知制誥，爲回謝契丹國信使西上，閤門使符惟忠副之。惟忠行至武强，病卒，以知貝州供備庫使、恩州團練使張茂實代之。所説機宜事件，具載録中。弼所爭者獻納二字，朝廷竟從晏殊議，用納字，弼不預也。1650

章忠恪奉使金國語録一卷

右紹興三年章誼以龍圖閣學士、樞密都承旨充軍前奉表通問使，給事中孫近副之。誼録其報聘之語也。誼字且叟〔一〕。1651

〔一〕誼字且叟　按宋史卷三七九本傳謂字宜叟，北山文集卷十四有祭章宜叟尚書文，亦作「宜叟」。然附志卷下忠恪章公文集條同附志。

攬轡録一卷

右范成大乾道六年以資政殿大學士、左中大夫、醴泉觀使兼侍讀、丹陽郡開國公、食邑二千户、食實封八百户，與崇信軍節度使、領閤門事兼客省四方館事、信安郡開國侯、食邑一千六百户、食實封四百户康湑爲奉使大金國信使副，其往返地理日記也。成大，字至能，吳縣人。紹興二十四年進士，使金歸，除中書舍人。淳熙五年，參知政事。自號石湖。孝宗皇帝御書二字以賜之。1652

禹貢疆理廣記六卷

右長沙易祓編而爲之説。1653

方輿勝覽四十三卷後集七卷續集二十卷

右建安祝穆和父編。新安吕午伯可序。1654

仰山孚惠廟實録二十八卷太平興國禪寺附録六卷

右嘉定庚午潘侃重編，郡守鄭昉誌于後。希弁自庚午以後續録之，爲五卷。1655

夢華録一卷

右夢想東都之録也。宋敏求京城記載坊門、公府、宫寺、第宅爲甚詳，而不及巷陌、店肆、節物、時好。孟元老記録舊所經歷而爲此書，坦庵趙師俠識其後。1656

金虜承安須知一卷

右金虜名諱及增修朝官、職事、俸給、格式、服制、地里圖之類也。承安、蓋虜主璟之紀元也。時惟丁巳，乃寧宗皇帝慶元三年云。1657

傳記類

古列女傳八卷

右漢都水使者光禄大夫劉向撰。又一卷，莫知其爲誰續，然亦載於崇文總目。王回、曾鞏皆序之。1658

百將傳十卷〔一〕

右東光張預公立所進也。由太公而下，至于五代之劉詞，凡史辭泛漫而不切於兵者，一刪去之。或非兵畧而可以資人之智慮者，間亦存焉。各以孫子兵法題其後，次以行事合之。1659

〔一〕百將傳十卷　沈録何校本何焯批語云：「今孫子中張預注，乃採百將傳僞爲之也。」鮑廷博校本改「十」作「三」。按詳讀書志卷十四百將傳條。

諸葛忠武侯傳一卷

右南軒先生張宣公栻所著也。1660

四將傳四卷

右建炎中興名將劉錡、岳飛、李顯忠、魏勝之傳也。史官章穎撰而上之。1661

十二朝名臣言行録七十二卷

右八朝朱文公所編也，四朝乃後人所續者。1662

豐清敏遺事一卷

右李朴所編豐公稷之言行也。陳瓘叙次及復官賜謚制、尋訪子孫劄子、國史列傳附于後，朱文公爲云。1663

范太史遺事一卷

右范冲所編正獻公祖禹言行也。1664

趙豐公逸事一卷

右門人喻樗、方疇諸人所記也。1665

李忠定公行狀三卷

右公之弟綸所述也。太常博士兼實録院檢討官葉適所撰謚議附于後。1666

胡文定公行狀一卷

右公之子寅、寧、宏所述也。其孫大壯手書而傳之，因附入曾玄諸孫名。1667

朱文公行狀一卷

右門人黄榦所作也。1668

道命録五卷

右秀巖李心傳所編也。自司馬公、吕申公、韓康公薦伊川先生劄子，至於嘉定録用伊川先生後人詔旨，中間朝臣之奏疏，儒宗之謚議，纖悉備載。道學興廢，具見於此。1669

張忠文公節義録四卷

右張公叔夜告敕、奏劄、書東北行記、旌忠愍節廟碑及事類也。1670

譜諜類

仙源積慶圖三卷

右三祖下宗室派系也。1671

皇族登科題名一卷

右大宗正嗣濮王士輵、宗正丞耿延年所編也。淳熙二年成書。始於元祐三年李常寧榜。子湜令䣾厥後嗣而益之。延年持節鍾官，鋟木於饒，洪文敏公邁書于後。1672

安定先生世系述一卷

右胡瑗世系源委也。瑗，字翼之，泰州如皋人也。瑗爲人師，言行而身化之，使誠明者達，昏愚者厲，而頑傲者革，故其爲法嚴而信，爲道久而尊。自景祐、明道以來，學者有師，惟瑗與孫復、石介三人。瑗以布衣召見論樂，拜校書郎。嘗爲湖州學官。慶曆四年，建太學于京師，有司請下湖州取瑗教學之法，以爲則。召爲諸王宮教授，以疾免。已而，以太子中允致仕。皇祐中，召至京師議樂。歲餘，爲光祿寺丞、國子監直講，遷大理寺丞。嘉祐中，遷太子中允，充天章閣侍講。已而，又以病不能朝，復以太常博士致仕。東歸之日，太學之諸生與賢士大夫送之東門，執弟子禮，路人嗟歎以爲榮。卒，年六十七。世系乃淳熙中沈大臨述。1673

周元公年譜三卷

右南康所刊也。以元公出處譜之，以年公所作詩文之類附見焉〔一〕。倪灼跋。1674

〔一〕以年公所作詩文之類附見焉　「年」當「元」之誤。

横渠先生張獻公年譜一卷

右先生之孫同然所編也。譜先生之出處、歲月、墓表、謚議、封告及司馬文正謚議之帖、魏文靖公請謚之表，并哀辭之類附焉。希弁又以先生行狀補其闕。1675

三蘇先生年譜一卷

右左朝請大夫、權發遣成都府路提點刑獄公事何掄編。1676

山谷先生年譜三十卷

右先生諸孫㽦所編也。悉譜先生所爲詩文於逐年之左，極爲詳備云。1677

朱文公年譜三卷

右先生門人李方子所編也。盧壯父刻之於瑞陽者爲三册，倪灼刻於康盧者爲一册，今兩存之。1678

諸子類

御解老子二卷

右徽宗皇帝之御製也。嘗倣唐制，命大臣分章句書寫刻石，又詔史記老子傳陞于列傳之首，自爲一帙，前漢古今人表列于上聖。今觀此解，所謂道者，人之所共由；德者，人之所自得。道者，亘萬世而無弊；德者，充一性而常存。老子當周之末，道降而德衰，故著書九九篇，以明道德之常，而謂之經。其辭簡，其旨遠，學者當默識而深造之。其說大槩與政和之詔同。1679

鬻子十四篇

右楚人鬻熊之書也，逢行珪序而註之。漢藝文志云「鬻子六篇」，今此本乃十四篇，未詳孰是。然篇或錯亂，又多遺闕，行珪之說已然矣。唐藝文志列于老子之前，蓋謂其爲文王師也。1680

列子九卷

右列子一書，漢、唐及本朝藝文志皆謂八卷。政和中，宜春彭俞爲積石軍倅，聞高麗國列子十卷，得其

第九篇曰元端於青唐卜者。神宗皇帝嘗惡後漢范曄姓名，欲更修之。求東觀記久之不得，繼而高麗以其本來上。裕陵厭代，遂不及進。元祐中，高麗使人言狀，訪於書省，無知者。醫官已死，於其家得之〔一〕。信乎！高麗之多異書也。 1681

〔一〕醫官已死於其家得之　鮑廷博校本鮑氏校語云：「醫官何人？前未叙明，豈有脱文邪？」按宋時高麗獻東觀漢記事見邵博聞見後録卷九，趙希弁蓋襲其語耳，録之備考：「神宗惡後漢書范曄姓名，欲更修之，求東觀漢記，久之不得。後高麗以其本附醫官某人來上，神宗已厭代矣。至元祐年，高麗使人言狀，訪於書省，無知者。醫官已死，於其家得之，藏於中祕。予嘗寫本於吕汲公家，亦棄之兵火中矣。」又，「元祐」譌作「元和」，據聞見後録改正。

孔叢子七卷

右孔子八世孫鮒集先君仲尼、子思、子上、子高、子順之言及己之事，凡二十一篇，爲六卷，名之曰孔叢子〔一〕，蓋言有善而叢聚之也。孔臧又以其所爲賦與書謂之連叢，上下篇爲一卷，附之卷末。其書不見於漢、唐藝文志。嘉祐四年，提點廣南西路刑獄公事兼本路勸農事、朝散郎守尚書屯田郎中、上輕車都尉宋咸始爲註釋以進。 1682

〔一〕名之曰孔叢子　沈録何校本何焯校語云：「此不當有『子』字。」按趙希弁此段解題直録宋咸序，序有「子」字。隋志卷一論語類題孔叢七卷，何氏蓋本此。又，兩唐志（沈炳震合鈔本）論語類俱載此書，下文趙氏謂不見唐志，誤。

慎子一卷〔一〕

右例陽人慎到之書也〔二〕。唐藝文志云：「慎子十篇〔三〕，慎到撰，滕輔註。」蓋法家云。1683

〔一〕慎子一卷　沈録何校本何焯校語云：「漢藝文志：慎子四十二篇，在法家。」

〔二〕例陽人慎到之書也　袁録顧校本顧廣圻校語云：「按以慎子爲瀏陽人者，中興館閣書目之誤，直齋解題辨之甚明。」按書録解題卷十云：「慎到，趙人。中興館閣書目乃曰瀏陽人，瀏陽在今潭州，吳時始置縣，與趙南北了不相涉，蓋據書坊所稱，不知何謂也。」然袁本實作「例陽」而不作「瀏陽」。按戰國、漢時亦無例陽，疑此當「瀏陽」之誤。

〔三〕唐藝文志云慎子十篇　按新唐志卷三法家類「篇」作「卷」。

公孫龍子三卷

右唐藝文志列于名家，陳嗣古、賈大隱皆嘗爲之註，今不辨矣。孔叢子第四卷有公孫龍子一篇。1684

劉子五卷

右劉晝字孔昭之書也。或云劉勰所撰，或曰劉歆之制，或謂劉孝標之作，袁孝政爲序之際已不能明辨之矣。唐藝文志列于雜家。1685

聱隅子二卷

右閩人黄晞之書也。晞好讀書，聚數千卷，學者多從之。著聱隅歔欷瑣微論。石介爲直講，聞其名，使諸生如古禮，執羔鴈束帛，就里中聘之，以補學職。晞固辭不就。故歐陽文忠公哭徂徠先生詩云「羔雁聘黄晞，晞驚走鄰家」是也。嘉祐中，韓魏公爲樞密使，薦之以爲太學助教，受命而卒。或曰有子甚愚魯，所聚及自著書，多散失不存。1686

子家子一卷

右眉山家頤養正之書也。無卷帙篇目，姑附于諸子後。1687

莊子解四卷

揚子解一卷

右荆國文公王安石所解也。1688

農家類

農書三卷

右平江陳峻景文所述也。唐德宗因李泌之請〔一〕，以二月朔爲中和節，令百宫進農書以示務本，而其書不見於史。景文輯六經中所載農圃之事，參以田、牛、蠶、桑等爲此編，以補史記之闕。謝艮齋謂爲之序。1689

〔一〕唐德宗因李泌之請　原本「德」作「元」，據新唐書卷一三九李泌傳改，定中和節及令百官進農書事在德宗貞元年間。

社倉本末一卷

右真文忠公帥潭日所編也。其自叙云：「剟其大要，使後之君子得以覽觀焉。蓋今日之所講求，雖不敢不極其至，而後來之弊，終有不能逆計者。存諸家之規畫，所以備後日之參攷也。」太師史公浩、尚書韓公某、丞相趙公汝愚舉子條約附焉。其說蓋欲捄愚俗殺子之禍云。1690

雜說類

世說新語三卷

右宋臨川王義慶撰，梁劉孝標注。讀書志引唐藝文志及崇文總目，有十卷、八卷之疑。又云一本極詳，一本殊略，未知孰爲正。希弁所藏本，有紹興八年董弅題其後，曰：「右世說三十六篇，世所傳釐爲十卷，或作四十五篇，而末卷但重出前九卷中所載。余家舊本蓋得之王原叔家，後得晏元獻公手自校本，盡去重複，其注亦小加剪截，最爲善本云。」1691

宋景文雞跖集二十卷

右宋景文公祁所集也。讀書志云：雞跖集十卷，未詳撰人。希弁所藏二十卷，題曰宋景文雞跖集，有建炎元年黄邦俊序。1692

孔氏談苑五卷

右孔平仲毅父記録之文也。毅父，清江人，文仲、武仲之弟，有續世説行於世。1693

孔氏雜説一卷

右孔平仲毅父之記録也。圖志謂之珩璜論。1694

公是先生弟子記一卷

右劉敞原父之説也。謝艮齋得之於劉司業焞，以遺清江守江溥刻之，趙不黯以閣下本校正而識其後，云：「『如叔貢問尚書記人之功』下闕五段，『梓慶削木爲鐻』至『不敢以爵賞攖其慮』下缺七段，文勢差錯，至不可讀。其他以二段爲一，一段爲二者，皆正之。」1695

東萊呂紫微雜說一卷師友雜志一卷詩話一卷

右呂本中字居仁之說也。鄭寅刻之廬陵。1696

春明退朝録五卷

右宋常山公敏求所録也。讀書志云：「春明退朝録三卷。」希弁所藏一本三卷，又一本五卷，凡多七十有八條云。1697

侯鯖録八卷

右聊復翁趙令時德麟之說也。取王氏「五侯鯖」之義而名之。1698

避暑録十五卷〔一〕

右葉夢得少蘊之說也。少蘊，蘇州吳縣人，紹聖四年進士。建炎初爲翰林學士，拜户書，遷尚書左丞，終於崇信軍節度使。自號石林云。1699

〔一〕避暑録十五卷　沈録何校本何焯校語云：「今所見者大抵僅三之一。」按是書書録解題、宋志、經籍考俱入小說類，作二卷，今本亦多作二卷，卷數視趙氏所見爲少，故何氏以爲有闕失。然四庫總目卷一二一云：「毛晉津逮秘書跋云：『得宋刻迴異坊本，亦作二卷。』則宋代亦即此本。考諸書所引避暑録話，亦具見此本之中，無一條之佚脫，知讀書志爲傳寫之謬矣。」此所謂讀書志即附志。

能改齋漫録二十卷

右吳曾虎臣所纂也。曰事始，曰辨誤，曰事實，曰沿襲，曰地里，曰議論，曰記詩，曰紀事，曰記文，曰類對，曰方物，曰樂府，曰神僊詭怪，曰詼諧戲謔，一一載之。曾，臨川人，嘗主奉常簿，入玉牒爲檢討官。能改齋乃其自謂云。終於吏部郎〔一〕。1700

〔一〕終於吏部郎　按「郎」下疑脫「官」字。紹興三十年十一月己卯，太常丞吳曾兼權吏部郎官，十二月戊午，殿中侍御史陳俊卿劾之，詔曾與在外宮觀。詳建炎以來繫年要録卷一八七。

揮麈録後録第三録揮麈餘話二十三卷

右王明清仲言之說也。明清，汝陰人。載朝廷典故賢哲言行爲多。1701

辨志録一卷

右呂東萊祖謙伯恭所著也。四明樓鑰序之。1702

管見録二十卷

右吳莘商卿之說也。論經史并曆爲詳。商卿，建寧人，嘗爲國子博士。序則倪思。1703

典刑録二十卷

右吳宏子大所録也，杜東子野爲之序。蓋分門編次先正諸公之言行也。1704

項氏家說十卷附録四卷

右項安世平父之說也。說經史文學爲甚詳。平父，江陵人，自號平庵。辛克承刻于江陵郡齋而爲之識。1705

容齋隨筆十六卷續筆十六卷三筆十六卷四筆十六卷五筆十卷

右洪文敏公邁字景盧所著也。何異序之。1706

麈史三卷

右王得臣字彥輔所記也。其自序云：「自朝廷至州里有可訓可法、可鑒可誡者，類以相從云。」得臣自號鳳臺子。1707

却掃編三卷

右睢陽徐度所著也。度，字中立〔一〕，丞相處仁之子。嘗爲吏部侍郎。1708

〔一〕度字中立　按津逮秘書本却掃編首頁題名，稱「宋睢陽徐度敦立」，而邵康嘉泰壬戌跋則稱「吏部侍郎徐仲立父」。

示兒編前後集二十四卷

右孫奕季昭所編也。蘇大章諸人題于後。1709

兵家類

八陣圖、風后握機文〔一〕、馬隆八陣贊、獨孤及八陣記四卷

右蔡元定季通所編次也。1710

〔一〕八陣圖風后握機文 「陣」原作「陳」，據沈録何校本改。又，四庫闕書目有風后握機圖一卷、風后握奇八陣圖一卷，秘續目有風后握機圖經一卷，宋志卷六作風后握機一卷，今有握奇經一卷附握奇經續圖一卷八陣總述一卷，經題漢公孫弘撰，總述題晉馬隆述。

車弁或問一卷

右知興國軍胡逸駕所述也。自序於前，附車戰利害奏劄于後。1711

類書類

文章緣起一卷

右梁太常卿任昉彦升所集也。自秦、漢以來聖君賢士所爲文章名之所始，備見於中。1712

古今註三卷

右晉太傅丞崔豹正熊所註也。一輿服，二都邑，三音樂，四鳥獸，五蟲魚，六草木，七雜註，八問答釋義。1713

尊號録一卷

右宋元憲公庠所編也。自漢至于仁宗，有序有評有贊。龍圖閣學士、提舉寶籙宫宋康年進。1714

十七史類七十七卷

右三山鄭某所編也。自周而下，每一事相類，則編而次之。1715

西漢總類二十六卷

右沈長卿文伯所編也。隨事立門，隨門類事，他傳所載，總而歸一，雖注中有所取者，亦皆掇拾而裒集之。長卿，霅川人也。乾道改元，信州教官吳瓊景玉序。1716

唐鱠五十卷

右張文忠公九成所著也。公嘗謂紀、志出於歐陽公，列傳出於宋公，天文、律曆，五行志則劉羲叟爲之，方鎮、百官表則梅堯臣爲之，禮儀、兵制初出於王景彝，未竟而卒。每患首尾不相貫屬，遂總其條綱，稽其同異，類聚而區別之。1717

事物紀原十卷

右高承編。自天地生植與夫禮樂、刑政、經籍、器用，下至博奕嬉戲之微，蟲魚飛走之類，無不攷其所自來。承，開封人。雙溪項彬序。1718

補註事類賦三十卷

右吳淑所進也。始，淑進一字賦百首爲二十卷，奉旨令其注釋，遂廣爲三十卷云。淑，渤海人。1719

事文類聚六十卷

右祝穆和父編。門分臚列〔一〕，各以羣書要語冠其首，次之以古今事實，又次之以詩文。全篇凡天文、地理、人事、服食、器具、草木、蟲魚，靡不備載。呂午伯可爲之序。1720

〔一〕臚列　原本「臚」作「耵」，據沈録何校本改。

祕府書林二十二卷

右張文伯正夫所編。曰天文，曰律曆，曰五行，曰地理，曰食貨，曰選舉，曰百官，曰禮樂，曰輿服，曰祭祀，曰藝文，曰兵刑，凡十二類。攷訂歷代及本朝史志爲甚詳。1721

國朝會要一百五十卷

右國朝會要，起建隆，止慶曆，凡八十五年。章得象所進者。1722

總類國朝會要五百八十八卷

右總類國朝會要，由建隆而至乾道也。始，仁宗命章得象編，起建隆，止慶曆，爲一百五十卷。神宗又命王珪續編慶曆四年以後至熙寧末，凡三十四年，通前爲三百卷。徽宗詔王覿、曾肇續編元豐至元符。尋，又詔，起治平四年，止崇寧五年，凡四十二年。然二書皆弗克成。政和末，有司獨上吉禮三類，總一百五十卷，蓋通章得象、王珪所編者，益以熙寧後事也。紹興九年，詔館職續編，至三十一年，又降趣旨。孝宗命宰相提舉，閱再歲乃成。自神宗之初，至于靖康之末，凡六十年，總三百卷。厥後中興、乾道踵而成之。此集則合十一朝爲一書也。然中多節畧而始末不全者。1723

會要詳節四十卷

右御史知雜范師道所編也。讀書志云：「節會要十二卷。」希弁所藏乃四十卷，前有叙云：「師道所節四十卷，先後詳緻，無異全本。紹興小臣王容清謹題。」1724

皇朝大詔令二百四十卷

右宋宣獻公家所編纂也。皆中興以前之典故。嘉定三年，李大異刻于建寧。1725

本朝事實三十五卷

右莫詳編者姓氏〔一〕。祖宗世次、登極紀元詔書、聖學、御製、郊廟、道釋、玉牒、公主、官職、爵邑、勛臣配享、宰執拜罷、科目、儀注、兵刑律曆、籍田財用、削平僭僞、陞降州縣、經畧夷狄之類，具載本末，又如聖德頌、旌忠碑之類皆載之。1726

〔一〕右莫詳編者姓氏　按袁本前志卷二下儀注類以及後志附二本考異具載本朝事實三十卷，前志題「皇朝李攸編次。」

紹述熙豐政事十卷

右政和八年十月一日詔云：可以紹述熙豐政事書布告施行。此即布告之本也。具列詔書于前，而載十一人姓名于後。今詳書之，以見當時之官制云：承務郎試明堂平朔頒朔兼禮制局校正內經檢討官臣黃次功、承奉郎守明堂總章頒朔臣李伯全、宣教郎守明堂青陽頒朔臣嚴裕、朝請郎明堂頒朔臣徐秉哲、宣教郎試明堂頒事臣蔡佃、朝散郎試明堂頒事臣陳公彥、朝奉郎試明堂頒政國史編修官臣許翰、通侍大夫康州防禦使提點龍德太一宮，提舉入內醫官編類聖濟經提舉太醫學明堂頒朔布政詳定官臣曹孝忠、翰林學士知制誥兼侍講同修國史明堂頒朔布政詳定官充編類御筆所禮制局詳議官臣張邦昌、檢校少傅護國軍節度使中大一宮使直宣和殿明堂兼在京神霄玉清萬壽宮提舉通領頒朔布政詳定事臣梁師成、宣和殿大學士上清寶籙宮使兼神霄玉清萬壽宮副使兼侍讀明堂頒朔布政詳定官、編類御筆詳議臣蔡攸。1727

崇觀政宣詔令章奏二十卷

右徽宗皇帝朝詔令章奏，分門而類次之。1728

隆平典章三十卷

右建炎至乾道之詔旨，及御製之文、奏對之章、誥詞謚議之類，皆分門而叙之，如孔子七十二子贊及損齋記皆在焉。1729

高宗寶訓七十卷

右嘉定六年十月史館所上本也。1730

内治聖監二十卷

右彭忠肅公龜年爲起居舍人兼皇子嘉王府直講日所進也。上自九重后妃世子，旁及宗藩戚里，下至官寺胥史，以類紀之，而外廷百司庶府不與焉。公字子壽，清江人，自號止堂。1731

太平治迹統類四十卷

中興治迹統類三十五卷

右倣通鑑紀事本末條例，統而類之。事撮其綱，辭舉其要，上自藝祖，而下至於孝宗，凡二百門云。眉山彭百川編集。1732

雜藝術類

文房圖贊一卷

右和靖後人林可山撰。自筆硯而下皆爲之官稱，圖其像於前，而列其贊於後。序謂：「唐韓愈舉穎爲中書〔一〕，他竟無所聞。今圖贊一十八人，譺以官酬之〔二〕，竢異日請于朝，罔俾昌黎顓美有唐。」1733

〔一〕唐韓愈舉穎爲中書　按韓愈有毛穎傳，以毛穎稱筆。

〔二〕譺以官酬之　「譺」，沈録何校本作「擬」。

采選集四卷

右莫詳誰氏作。初，彩選格起於唐李郃，本朝踵之者有趙明遠、尹師魯。元豐官制行，有宋保國，皆取一時官制爲之。至劉貢父，獨因其法取西漢官秩陞黜次第爲之，又取本傳所以陞黜之語注其下，局終遂可類次其語，爲一傳，博戲中最爲雅馴。此集尤詳且悉，曰階官，曰職名，曰科目，曰賞格，曰服色，曰俸給，曰爵邑謚法之類，無一不備。1734

醫家類

御製聖濟經十卷

右徽宗皇帝所製也。政和八年五月十一日，詔頒之天下學校。九月二十四日大司成李邦彥等言：乃者從侍臣之請，令內外學校課試，於聖濟經出題。臣等切謂今內經、道德經既已選博士訓說，乞更以聖濟經附二經兼講。從之。1735

陸宣公經驗方二卷

右唐陸宣公贄在忠州時所集，而山陰陸游所跋也。或問朱文公曰：「陸宣公既貶避謗，闔門不著書，祇為古今集驗方。」曰：「此亦未見陸宣公是處。豈無聖賢經傳可以玩索，可以討論？」1736

濟世全生方指迷集三卷

右考城王貺字子亨所著也。吳丞相敏序之曰：「子亨當官不苟，遇世變，嘗慨然再請出疆使萬里云。」1737

本草單方十五卷

右龍溪林能千編。集列三十六門，疏二百七十三目。自爲之序。1738

鍼灸資生經七卷〔一〕

右王執中所編也。執中，東嘉人，嘗爲從政郎、澧州教授云。1739

〔一〕鍼灸資生經七卷　「灸」原作「炙」，據沈録何校本改正。按是書今存，見四庫總目卷一〇三。

四時治要一卷

右永嘉居鵬字時舉所著。戴文端公溪爲之跋。1740

陳氏經驗方五卷

右書林陳先生集。李文懿公壁爲之序〔一〕。1741

〔一〕李文懿公壁爲之序　沈録何校本謂「壁」當作「璧」。按文懿公李壁，乃李燾第三子，其兄垕、塾，其弟埴，名皆從「土」，宋史卷三九八本傳亦作「壁」，何氏蓋誤。

神仙類〔一〕

御序集註無量度人經二卷

右真宗皇帝御製序，徽宗皇帝御書而註之。會要云：「宣和六年八月四日，詔賜左丞范致虛御註洞元靈寶無量度人經二部。」想即此本也。別一本云「建中靖國元年四月十三日，奉聖旨鏤版」，而無序無註，亦不載於會要。朱文公云：「此經乃杜光庭撰。」1742

〔一〕神仙類　「類」字原脱，今補。

赤松子中誡經一卷

右序云軒轅黃帝遇赤松子，授中誡經。希弁嘗攷國朝大詔令云：「元符三年九月日制云：赤松真君，紀于仙籙，神農之師，可加號赤松凌虛真君。」疑即此也。然張良亦封忠佑凌虛真人云。1743

玉皇本行集經三卷〔一〕

右嘉熙四年臨安府承天靈應觀所刻蜀本也，程公許序述爲詳。1744

〔一〕玉皇本行集經三卷　鮑廷博校本「皇」字傍注一「符」字。按道藏洞真部本文類題作高上玉皇本行集經三卷，與此題合。

九天生神章經三卷〔一〕

右緜州冲虛觀道士王希巢隱賢解，玉局散吏程公許爲之序，西蜀譙巖趙日休跋。朱文公嘗謂此經亦杜光庭所撰。1745

〔一〕九天生神章經三卷　按道藏洞玄部本文類題本經曰洞玄靈寶自然九天生神章經一卷，題王希巢經解本曰洞玄靈寶自然九天生神玉章經解三卷。

西山十二真君傳一卷

右晉許遜、吳猛、陳勳、周廣、曾亨、時荷、甘戰、施岑、彭抗、盱烈、鍾離嘉、黃仁覽，皆得道於西山者。政和玉册誥詞在其中。1746

皇宋拾遺仙傳一卷

右陳希夷、張虛靜、朱觀妙、徐神公、王侍宸、劉靜一、趙道翁、皇甫清虛之事蹟也。其中所載御製及誥詞與夫詩記之類爲多。1747

太上感應篇八卷

右漢嘉夾江隱者李昌齡所編也。希弁生父師同嘗爲之序。四明史彌忞跋其後曰：「趙公所序，禍福善惡之報爲尤詳，可謂愛人以德者。余嘗守袁，喜袁人之樂於趍善，因閱是序，矍然起敬。」而程公許、湯中繼書之。1748

竹宮表制一卷

右楊至質字休文，太乙宮代言之文也。自號勿齋，聖上嘗書二字以賜之。休文謝表云：「先儒德秀，嘗貽金石之文；督府了翁，復賁蟲魚之篆。」希弁云：「不若用臣真德秀、臣魏了翁。」休文以爲然。1749

釋書類

御註四十二章經一卷

右御注未詳歲月。希弁嘗聞朱文公云：「釋氏只四十二章經是他古書，其餘皆中國文士潤色成之。維摩經亦是南北時人作。」1750

御註大圓覺了義經二卷

右孝宗皇帝賜徑山興聖萬壽禪寺僧寶印者也。前刻唐裴休序。1751

大方廣佛華嚴經八十卷普賢行願品一卷

右于闐國三藏沙門實乂難陀譯。序云「天册金輪聖神皇帝製」者，唐武后也。希弁嘗攷：晉義熙中六十卷，唐聖曆中八十卷。普賢行願品，乃貞元十二年〔一〕，南天竺烏荼國王手書以進，通爲八十一卷。厥後李長者製爲合論四十卷，提舉坑冶鑄錢朝奉張大夫乃以經、論合爲一書云。李忠定公綱曰：「廣博妙圓，極諸經之閫奧，莫如大方廣佛華嚴經；精微條暢，爲華嚴之指南，莫如李長者所製合論。」1752

〔一〕貞元十二年　「貞」原作「正」，避宋仁宗諱，今逕改。

妙法蓮華經七卷

右姚秦三藏法師鳩摩羅什譯。經本十卷，後三卷朝廷所禁云。1753

楞嚴經解十卷

右王荆公安石所解也。1754

圓覺經皆證論二卷

右臨川謝逸序。謂王荆公嘗問真淨文禪師曰：「一切衆生，皆證圓覺，而圭峯禪師易『證』爲『具』，謂譯者之訛，其義是否？」真淨曰：「圭峯之説非是。」真淨法子德洪述其師之説而爲之論。」1755

淨土文一卷

右王日休所編，歷陽張孝祥爲之序。日休，字虛中，龍舒人。嘗爲國學進士。1756

般若精義四卷

右金剛般若波羅蜜經解義也。1757

寂感禪師法語五卷

右寂感禪師印肅語也。程公許爲之序。淳熙中，謝艮齋諤所作塔銘附。1758

無庵法語一卷

右孟少保珙與公安僧法東往復之語也。陳塏趙希杼爲之序。1759

卷下

楚辭類

楚辭集註八卷後語六卷辨證一卷

右朱文公所定也。離騷凡七題，二十五篇，皆屈原作，定爲五卷。續離騷八題，十六篇，定爲三卷。校晁氏本，增弔屈原、服賦二篇，而去七諫、九懷、九歎、九思四篇。公謂四篇雖爲騷體，然詞氣平緩，意不深切，如無所疾痛而强爲呻吟者，就其中諫嘆猶粗可觀，兩王則卑已甚矣，故雖幸附書尾，而人莫之讀，今不復以累篇袠也。賈傅之詞，於西京爲最高，且惜誓已著于篇，而二賦尤精，乃不見取，亦不可曉，故併録以附焉。後語定著五十二篇。公謂屈子者，窮而呼天，疾痛而呼父母之詞也。故今所欲取而使繼之者，必其出於幽憂窮蹙、怨慕凄涼之意，乃爲得其餘韻。而宏衍鉅麗之觀、懽愉快適之語，宜不得而與焉，至論其等則又必以無心而冥會者爲貴，其或有是，則雖遠且賤，猶將汲而進之，一有意於求似，則雖迫近如楊柳，亦不得已而取之耳。騷自楚興，公之加意此書，則作牧于楚之後也。或曰有感於趙忠定之變而然。1760

離騷章句一卷

右呂成公所分也。以離騷經一篇爲十六章。公謂王逸嘗言劉向典校，分離騷爲十六卷。班固、賈逵各作離騷章句，惟一卷傳焉，餘十五卷闕而不録。今觀屈平所作凡二十有五，各有篇目，獨此一篇，謂之離騷。切意劉向所分即此篇，猶一篇之中有數章焉。故嘗因逸之言，即離騷一篇，反復求之，考其文之起伏、意之先後，固有十六章次第矣。因而分之，爲十六章。東萊集中不載。1761

離騷草木疏四卷

右通直郎行國子録河南吴仁傑撰。慶元間自序。1762

別集類一

申鑒五卷〔一〕

右後漢荀悦所作也。悦，字仲豫，儉之子也。儉早卒。悦年十二能説春秋，家貧無書，每之人間，所見篇牘，一覽多能誦記，尤好著述。靈帝時，閹官用權，士多退身窮處。悦乃託疾隱居。初，辟鎮東將軍曹操府，遷黄門侍郎，侍講禁中，累遷祕書監侍中。時政移曹氏，天子恭己而已。悦志在獻替，而謀無所用，乃作申鑒五篇。其所論辨，通見政體。既成而奏之。其大畧曰：前鑒既明，後復申之。故古之聖王其於仁義也，申重而已。悦嘗依左氏傳體爲漢紀三十篇，又著崇德正論及諸論數十篇。建安十四年卒。 1763

〔一〕申鑒五卷　袁録顧校本顧廣圻校語云：「按當入子部儒家。」

孔稚珪集十卷

右齊孔稚珪字德璋之文也。稚珪，道隆孫，會稽山陰人，爲東南冠族。少知名，有文彩，辭章清拔，獨冠當世。舉秀才，爲安成王法曹參軍。齊高帝時，補記室參軍，終於都官尚書、散騎常侍、太子詹事，追贈金紫光禄大夫，謚簡子。集有序云：「所爲文章，雖行於世，竟未撰集。今摭其遺逸，分爲十卷。」然莫知其爲誰序也。 1764

詩品三卷

右梁征遠記室參軍鍾嶸撰。嶸，字仲偉，南史有傳。嶸嘗求譽於沈約，約拒之。及約卒，嶸品古今詩爲評，言其優劣，云：「觀休文衆製，五言最優。齊永明中相王愛文，王元長等皆宗附約。于時謝朓未遒〔一〕，江淹才盡，范雲名級又微，故稱獨步。故當辭密於謝，意淺於江〔二〕。」蓋追宿憾以報約也。1765

〔一〕謝朓未遒　原本「朓」誤作「眺」，據南史卷七十二鍾嶸傳改正。

〔二〕故當辭密於謝意淺於江　按南史本傳作「故當時辭密於范，意淺於江。」

陸宣公文集二十二卷

右唐陸贄敬輿之文也。讀書志云：「陸贄奏議十二卷。」希弁所藏制誥十卷，奏草六卷，奏議六卷，凡二十二卷云。1766

李翰林文集三十卷

右唐李白太白之文也。讀書志云二十卷。希弁所藏三十卷。以常山宋敏求、南豐曾鞏序攷之，則三十卷爲是。然第一卷乃李陽冰、魏顥、樂史三人所作序，李華、劉全白、范傳正、裴敬四人所作誌與碑。第二卷以後乃白詩文云。1767

黄氏補千家集註杜工部詩史三十六卷外集二卷

右唐杜甫少陵之詩也。嘉定中，臨川黄希夢得及其子鶴叔似所補也。外集上卷詩二十九首，下卷祭遠祖當陽君文、祭外祖祖母文、爲閬州王史君進論巴蜀安危表〔一〕、東西兩川説，凡四篇，以唐書本傳冠于前，而吕汲公年譜附于後云。1768

〔一〕爲閬州王史君進論巴蜀安危表　按「史」當作「使」，表載杜工部集卷二十。

昌黎先生文集四十卷外集三卷順宗實録五卷附録三卷

右唐韓愈退之之文也。讀書志云：韓愈集四十卷，集外文一卷。希弁所藏合五十一卷。嘗以宜春新、舊本兼饒本參校，又以嘉祐壬寅所刊杭本是正之。饒本刊年譜於目録之後，刊附録於外集之前。又附録止載九篇，而前後共列五序。柳開但曰後序，亦不書其姓名。杭本並無目録、年譜、附録，亦無柳開一序，趙德之序文，録列于李漢之先。歐陽修之記，舊本較之他集則異。他本所載者，六百二十七字，杭本所刊者，一百六十二字。以嘉祐壬寅考之，歐陽方在政府，刊者不應謬誤，豈非後來更改而然歟？遂寫杭本歐陽之序、饒本汲公之記，續於附録之後。石守道、秦少游、張文潛之論，黄魯直、蔣穎叔、李伯紀之詩，鄭介甫之祭文，陳元光之集序，黄直卿之記新廟，真希元之記祠堂，又寫附歐、吕二公之後，而諸賢評論先生之文者，各以其説註于逐篇之上。若夫委綏大學宜序天臺之屬，此先生除都官郎之誥詞也，當攷誰行；道德博聞，此先生謚文公之法也，當攷誰議；有所謂示浩初序之書者，王逢原代先生之作也；續鴛騻行之詩者，李泰伯廣先生之説也。如此類者，亦當寫補附録之缺云。1769

柳先生文集四十五卷外集二卷附録二卷

右唐柳宗元子厚之文也。讀書志云：「柳宗元集三十卷，集外文一卷。希弁所藏卷帙與劉禹錫四十五通之説同，以諸本點校，寫諸公評論於逐篇之上。附録中先後失次者正之，遺缺者補之。若夫昌黎所作先生墓誌祭文，他本皆在附録中，惟此本在正符之後，蓋禹錫自謂附于第一通之末也。朱文公嘗謂：「柳文後龍城雜記，王銍性之所爲也。子厚叙事文字，多少筆力，此記衰弱之甚，皆寓古人詩文中不可曉知底於其中〔一〕，似暗影出云。」1770

〔一〕皆寓古人詩文中不可曉知底於其中　「寓」，沈録何校本改作「竊」，朱子語類卷一三八作「寫」，疑當作「寫」。

杜詩辨證一卷

右洪興祖所纂也。年譜列于前。興祖，字慶善，鎮之丹陽人也。張釜刻于興國。1771

韓文考異十卷

右朱文公所定也。以南安舉正及祥符杭本、嘉祐蜀本、李謝所據館閣本，考其同異，一以文勢義理及它書之可證驗者決之云。嘉定戊辰，三山鄭自誠刻而叙其後。1772

韓文音義一卷

右右從政郎潭州寧鄉縣丞祝充所進也。毛叔度爲之序。張杓刻而叙其後。1773

柳文音釋一卷

右南城童宗説編。1774

韓集舉正一卷

右莫詳誰作。而説云："唐儒郭京有周易舉正三卷，蓋以所得王輔嗣、韓康伯註定眞本，舉正傳本之訛。題義取此。1775

文標集三卷

右唐集賢學士盧肇之文也。肇、字子發，宜春人。幼好學，穎拔不羣，宜春令盧𡨴一見奇之，〔一〕曰：「子異日有聞乎？」由是愈激厲。唐會昌二年，預江西解試〔二〕，末送，啓謝曰：「巨鼇贔屭，首冠蓬山。」主文詢其謂，對曰：「巨鼇不靈，頑石在上〔三〕。」一坐盡笑。唐制取士，許簾獻所業〔四〕，先察其素。時王起知舉，肇爲書以獻，起問曰：「鄉薦如公材幾何？」對曰：「皆才選也，未易品判，然如肇者，亦猶沅江之鼇，九肋實希。」繼而同舉黄頗進謁，起問如初，則曰：「捨頗其誰才？」起由是少頗而多肇之謙。始，李德裕以言事出爲宜春長史，嘉肇文行，異禮之。至是德裕以言事遷太尉，總樞柄，絶朋黨，晚進寒素，難游其門，獨肇入謁，常許袍帶，從容談論。既試有期，知舉以取士白，亦舊例也。德裕曰：「某不薦人，然喜今榜得一狀元矣〔五〕。」迨試，果魁中，任著作郎，遷京兆府司録，使相盧商、裴休、盧簡求爭辟之。歷集賢學士，歙、宣、池三州刺史，所至皆有可紀。後爲吉州刺史，卒。1776

〔一〕盧𡨴一見奇之　鮑廷博校本「𡨴」作「葶」。

〔二〕唐會昌二年預江西解試　按盧肇爲會昌三年狀元，事見唐摭言卷三、十二，北夢瑣言卷三。唐摭言云其就江西解試在開成中。又，全唐文卷七六八盧肇進海潮賦狀云：「臣于會昌三年應進士舉，故山南節度使同中書門下平章事王起擢臣爲進士狀頭。」是此「二」當作「三」。

〔三〕頑石在上　沈録何校本「上」作「右」，未知何據，唐摭言云：「大凡頑石處上，巨鼇戴之。」

〔四〕許籛獻所業　沈録何校本作「許籛前獻所業」，疑是。

〔五〕喜今榜得一狀元矣　鮑廷博校本「今」作「金」。

靈溪集七卷

右唐王貞白之文也。貞白字有道〔一〕，信州永豐人。乾寧二年進士，後七年，調校書郎。手編所爲詩三百篇，命曰靈溪集云。慶元中，洪文敏公邁爲之序。 1777

〔一〕貞白字有道　原脱「白」字，今補。

別集類二〔一〕

趙韓王文集五卷

右韓忠獻王趙普之文也。讀書志云：文集三卷，而叙述甚略。希弁所藏文集一册，列劉昌言所作行狀于前，記一，表疏二十九，附手詔、批答五，奏狀、劄子二十五，附御詩二十一，啓狀十，詞帖三。希弁又得其謝請班師批答一表於國史本傳，賀平江南一表及與諸公遺書於國朝文粹，通六十八篇。以太宗皇帝御製神道碑冠于帙首，并行狀爲一卷，次以記，又次以表疏，又次以奏狀、劄子，又次以啓狀、詞帖，成五卷。碑稱「晚歲酷愛讀書，經史百家，常存几案，强記默識，經目諳心，碩學老儒，宛有不及。」又爲之銘曰：「經綸宏異，學識通該。」傳亦稱：「普初以吏道聞，寡學術。及爲相，太祖常勸以讀書。晚年手不釋卷，謚以忠獻，取慮國忘家、薦可替否之法也。追封韓王，配享太祖皇帝廟庭。1778

〔一〕別集類二　原脱「類」字，今補。

韓魏王安陽集五十卷

右魏忠獻王韓琦之文也。王，安陽人，故以名集。王，字稚圭，天聖五年進士第二人，定策三朝，功在國史。神宗皇帝御製神道碑有云：「薨前一夕，有大星殞于園中，櫪馬皆鳴。」又曰：「公奉詔立皇子，被顧命，立英宗爲皇帝，立朕以承祖宗之序，可謂定策元勛之臣矣。」又爲之銘曰：「公行不歸，中夕是悼，尚想公儀，淚落苑草。」復御篆十字填金以冠其額曰：「兩朝顧命定策元勛之碑」。贈尚書令，謚忠獻，取慮國忘家、文賢有成之法也。追封魏王，配享英廟。1779

楊文公武夷集二十卷

右楊文公億之文也。景德丁未，公所自編。序於前曰：「目之『武夷』，蓋山林之士，不忘維桑之情，雖篆之文，竊懷敝帚之愛。」命題之意，蓋以是也。集凡五百七十五篇。公兩爲翰林學士，寇準得罪，公憂畏而卒。自唐大中後，文氣衰濫，國朝稍革其弊，至億乃振起風采，與古之作者方駕矣。景祐初，贈禮部尚書，謚曰文。鎮國節度使、駙馬都尉李遵勗乞加謚「忠」字，奏雖不行，詔付史館。1780

种隱君江南小集二卷

右种放字明逸之文也。明逸，洛陽人。少時往來嵩、華間，慨然有山林之志。隱居終南豹林谷，自號雲溪醉叟，又號退士。聞陳摶之風，往見之。放作樵夫，拜庭下，摶挽之而上曰：「君豈樵者耶！二十年當爲顯官，名聞天下。」放曰：「放爲道義〔一〕，官祿非所願也。」摶笑曰：「人之貴賤，莫不有命，貴者不可爲賤，亦猶賤者之不可爲貴也。君骨相當爾，雖晦迹山林，恐不能安，異日當自知之。」太宗時，召之不起。真宗時，召爲左司諫，攜其手登龍圖閣，論天下事。累遷工部侍郎。嘗侍宴，真宗令羣臣賦詩，杜鎬以素不屬辭，誦北山移文以譏之。真宗因出放所上時議十二篇〔二〕，謂近臣曰：「放爲朕言事甚衆，但人無知者耳。」放一日晨興，忽取前後章疏稾焚之，服道士服，召諸生飲與訣，酒數行而卒，年六十。贈工部尚書。集凡二百九十四篇，乃淳化三年李介所編者。序謂以所集之地定名，故曰江南小集云。1781

〔二〕放爲道義　沈録何校本何焯校語曰："『義』下脱『來』字。"疑是。

〔三〕真宗因出放所上時議十二篇　按宋史卷四五七本傳載。其時義十三篇，曰："議道、議德、議刑、議器、議文武、議制度、議教化、議賞罰、議官司、議軍政、議獄訟、議征賦、議邪正。"疑此「十二」乃「十三」之誤。

歐陽文忠公文集一百五十三卷附録五卷　廬陵歐陽先生六十一卷〔一〕

右歐陽文忠公脩永叔之文也。讀書志云："文忠公集八十卷，諫垣集八卷。"希弁所藏一百五十三卷，内居士集五十卷，外集二十五卷，易童子問三卷，外内制十一卷，表奏書啓四六奏議二十五卷，雜著述十九卷，集古録跋語一十卷，附録五卷。别一本六十一卷，乃舊物也。1782

〔一〕廬陵歐陽先生　疑「生」下脱「集」字。

張文定玉堂集二十卷

右張文定公方平之文也。公字安道，宋城人。明道二年，以茂材異等，擢爲校書郎。神廟時，参大政。元祐六年，終於太子少師致仕，贈司空，謚文定。公出入兩禁，垂二十年，一時大典，多出其手。劉忠肅嘗序其玉堂集二十卷，乃在東坡所序樂全集四十卷之外。淳熙九年，錫山尤袤重刻于江西漕臺。1783

范文正公奏議十五卷

右范文正公仲淹之奏議也。皇祐五年，韓魏王爲河東經略安撫使知并州時所序也。公字希文，蘇州人，中進士第。嘗與韓魏王開府涇州經略邊事。元昊請和，召拜樞副，除參知政事，以資政殿學士、户部侍郎卒，贈兵書，謚文正。上篆其碑額曰「褒賢」。别有丹陽集二十卷，東坡先生序之。1784

王岐公華陽集一百卷

右王文恭公珪之文也。大觀二年，詔故相岐國王公之家，以文集來上，其子朝奉大夫、管勾南京鴻慶宫上護軍仲修等表進之，許光疑爲之序。公字禹玉，成都華陽人也。舉進士，廷試第二，以左僕射、岐國公薨于位，贈太師，謚文恭。紹聖中，爲章惇所誣，追貶萬安軍司户。元符三年，其子仲修訴父寃，乃盡復故官，贈謚。及蔡京用事，又以珪爲臣不忠，入黨籍。哲宗嘗篆其碑額曰「懿文」，徽宗又賜之曰「元豐治定，弼亮功成。」1785

范忠宣公文集二十卷

右范忠宣公純仁之文也。後三卷乃國史載公本傳及行狀。公字堯夫，文正公次子，以恩補太祝。中皇祐元年進士第。再相元祐之間。元符末，自潁昌以大觀文、中太一宮使召，以疾不赴，薨。上覽遺表震悼，贈開府儀同三司，謚忠宣，賜其墓碑曰：「世濟忠直。」曾文昭公銘之，四明樓鑰序其文。別有臺諫論事五卷，邊防奏議二十卷，又在此文之外。 1786

劉忠肅公文集四十卷

右劉忠肅公摯之文也。忠肅制誥附于後。元城先生劉安世序之。公名摯，字莘老，永靜軍東光人。嘉祐中，登進士甲科。元祐六年，拜右僕射，出知鄆州。紹聖四年，責鼎州團練副使，新州安置。薨，詔許歸葬，追復觀文殿學士。中興，贈少師，謚正肅，以家諱，改忠肅。 1787

陳忠肅公諫垣集二卷

右陳忠肅公瓘所作也。瓘，字瑩中，延平人。元豐二年進士甲科。徽宗朝爲右正言，遷右司諫〔一〕，坐黨籍，除名勒停送袁州編管。崇寧初，移廉州，又移郴，及彗出，仆黨碑，乃得自便。靖康初，贈諫議大夫，擢其季子爲密院檢詳，嘗因奏對許刊其家集云。 1788

〔一〕遷右司諫　按宋史卷三四五本傳云：「徽宗即位，召爲右正言，遷左司諫。」

道鄉鄒忠公奏議十卷

右鄒忠公浩之文也。龜山先生爲之序。公字至全〔一〕，常州晉陵人。舉進士，累遷右正言，上疏諫立劉皇后，除名新州羈管。然世所傳疏，其辭詆訐，蓋當時小人僞爲之以激怒者也。公之子柄後因賜對，首辨此事，且繳元疏副本上之。詔付史館，贈公寶文閣直學士，謚曰忠。 1789

〔一〕公字至全　沈録何校本何焯校語云：「『志完』下一字避欽宗諱，以『志』爲『至』，未詳。」按鄒浩字志完，傳見宋史卷三四五。

趙豐公忠正德文集十卷

右豐國趙忠簡公鼎之文也。始號得全居士集，周文忠公序之曰：「高宗中興，用宰相十五人，曰忠，曰正，曰德，曰文，兼而有之者，其惟趙公元鎮乎？此非私言，高宗大書賜公云爾，遂以名其集。」又謂：「唐用兵伐叛，詔書付宰相，乃下處報機急，武宗必命德裕起草〔二〕，與公事業如出一揆。」又謂：「德裕自分司東都，貶潮之司馬。鼎奉祠四明，以散官安置于潮。德裕貶朱崖司户而卒，公亦移置此地薨。」按公薨於紹興十七年。乾道四年，賜謚忠簡。上曰：「此謚甚稱。」陳俊卿曰：「真所謂正直無邪曰簡。」追封豐國公，贈太傅，配食高廟。 1790

〔一〕武宗必命德裕起草　沈録何校本、鮑廷博校本俱於「德裕」上補「李」字。

胡文定公武夷集十五卷

右胡文定公安國之文也。公之子太常丞寧輪對奏事，上問：「乃父既解釋春秋，尚當有他論著，其具以進。」徽猷閣直學士、左承議郎致仕寅遂表上之。安國，字康侯，建之崇安人。中紹聖四年進士第，終于寶文閣直學士，謚文定。1791

吳康肅公湖山集四十三卷別集一卷和陶詩三卷附録三卷

右吳康肅公芾之文也。附録則行狀、神道碑及謚誥。周益公爲之序。公字明可，台之仙居人。紹興二年進士中第，嘗爲御史，歷吏、户、禮、刑少常伯，給事中，以龍圖閣直學士致仕，卒，謚康肅。自號湖山居士云。1792

忠恪章公文集二十卷

右章忠恪公誼之文也。公字且叟，丹陽人〔一〕。崇寧二年進士〔二〕。建炎三年，通判杭州。苗、劉之變，公正色以斥時希孟，二賊就擒，擢倉部員外郎〔三〕，累遷樞密都承旨，同孫近使金國歸，拜刑部尚書，終於端明殿學士、提舉明道宮。謚忠恪。集乃陳季習序。1793

〔一〕公字且叟丹陽人　按宋史卷三七九本傳云誼字宜叟，建州浦城人。參見附志卷上地理類章忠恪奉使金國語録條。

〔二〕崇寧二年進士　按宋史本傳謂誼爲崇寧四年進士。

〔三〕擢倉部員外郎　原脱「員」字，據喬録王校本王懋竑校語補。

許右丞襄陵文集二十二卷詩二卷行狀一卷

右尚書右丞許翰之文也。翰，字崧老，拱之襄邑人。登元祐進士第。建炎初元，自提舉鴻慶宮，召拜右丞，屢章丐罷，除資政、提舉洞霄宮。紹興二年，以提舉萬壽觀召，懇求外祠，又乞致仕，道卒于吉州，贈光禄大夫。行狀中載其章疏爲多。1794

李莊簡公文集二十卷

右李莊簡公光之文也。光，字泰發，紹興中參知政事。庚申歲，虜敗盟，奪河南地，光在榻前攻檜之短，遂罷，尋謫藤州，移瓊州，又移萬安〔一〕。檜死，量移郴。己卯，用赦放還〔二〕，舟行至江州而卒。1795

〔一〕又移萬安　按宋史卷三六三本傳、建炎以來繫年要録卷一六一俱謂李光自瓊州移昌化軍，即南寧軍。

〔三〕己卯用赦放還　據建炎以來繫年要録卷一七〇、一八〇，李光復官在紹興二十八年戊寅；己卯，乃紹興二十九年。

洪文惠盤洲集八十卷

右文惠公洪适之文也。公字景伯，紹興十二年，與文安公遵同中博學宏詞科，宰臣進呈所試制詞，高宗曰：「父在遠，子能自立，可嘉，宜與陞擢。」遂除勑令所删定官。後三年，文敏公邁亦中選，由是洪氏文名滿天下。适以乾道元年十二月拜通奉大夫、尚書右僕射兼樞密使，淳熙十一年二月薨於家。前自撰遺表上之，神道碑、謚議附于集後。1796

孫尚書大全集五十七卷〔一〕

右孫覿之文也。覿字仲益，蘭陵人。大觀三年進士。嘗以靖康間文字得罪，廢徙久之，終於左朝奉郎、龍圖閣待制。1797

〔一〕孫尚書大全集五十七卷　按皕宋樓藏書志卷八十二著録舊鈔本七十卷，陸心源曰：「趙希弁讀書附志孫尚書大全集五十七卷，恐『七十卷』之譌。」

趙中書棲雲集二十五卷

右中書舍人趙逵之文〔一〕。逵字莊叔。紹興辛未，入奉大對，天子親擢爲第一。嘗卜居溪山間，榜之曰「棲雲」，故名其集。潘文肅編，周麟之所撰墓誌附于後。1798

〔一〕趙逵之文　「逵」字原闕。沈録何校本作「昶」，喬録王校本亦用墨筆補「昶」字。陳師曾刊本附讀書附志正作「昶」，以上兩校本蓋沿訛於此。故何焯校語云：「上云『昶』，下云『逵』，不可解。」喬載繇校語云：「疑誤，當作『逵』。」按當作「逵」，趙逵字莊叔，宋史卷三八一有傳，傳云：「有棲雲集三十卷。」今據補。鮑廷博校本補「逵」、顧廣圻校本據書録解題謂趙達莊叔撰，皆形近而譌。

徐學士北門集十二卷

右徐鳳之文也。盧壯父刻于瑞陽。1799

王荆公詩註五十卷

右李文懿公壁所註，魏文靖公了翁序。1800

孔毅父詩戲一卷

右孔平仲毅甫之詩也，向子諲跋之。平仲父延之，字長源，生文仲、武仲、平仲，皆登制科。晚又得子，極穎悟，多才思。有故人見其三子既顯貴，以書勸長源歸休，長源報書云：「某又有一子，年七歲能作梅花詩，云：『舊葉落未盡，新花開更繁。』俟其及第則致仕。」未幾而夭。1801

黃直講泉書十卷

右國子監直講黃君俞之說也。覩其自序，蓋仁廟時閩人也。所謂六經闕言、二傳節適、三史訓彝、五經續註、六代史記，惜不得而見之矣。1802

蒭蕘集十卷

右從政郎差充嚴州州學教授鄭範撰進。凡五十篇。一曰叙篇，叙述其所以言之意云。1803

别集類三

河東先生文集十五卷

右如京使知滄州河東伯柳開字仲塗之文也。讀書志云：柳仲塗集一卷。希弁所藏乃十五卷。咸平三年張景序云：「緝其遺文，得九十六首，成十五卷，命之曰河東先生集。」行狀附于後，亦景所撰也。開著書號東郊野夫，又號補亡先生，作二傳以見意。開垂絶，語景曰：「吾十年著一書，可行於世。」景爲名之曰默書，辭義稍隱，讀者難遽曉，今載文集第一卷第一篇，凡六百二十三言。1804

濂溪先生大成集七卷

濂溪先生大全集七卷

右周元公敦頤字茂叔之文也〔一〕。濂溪，在營道之西，蓋營川之支流也。先生既不能返其故鄉，上居廬山之下，築室溪上，名曰濂溪書堂，以無忘父母之邦之意。學者因號爲濂溪先生〔二〕。國朝道學始於先生。嘉定十二年，賜謚曰元，太常丞藏格取主善行德之法也。淳祐初元，詔從祀于學，封舂陵伯。始，道守蕭一致刻先生遺文并附録七卷，名曰大成集。進士易統又刻于萍鄉，名曰大全集。然兩本俱有差誤，今併參校而藏之。1805

〔一〕周元公敦頤字茂叔之文也　「敦」字原無，蓋避宋光宗諱，今逕補。

〔二〕學者因號爲濂溪先生　沈録何校本何焯批語云：「周子自爲廉溪詩：『吾欲蓋易足，名廉朝暮箴。』東坡詩所謂『先生本全德，廉退乃一隅』者，未嘗失其本意。朱子必以營道之溪有水傍，示東坡不足以知周子，蓋其褊也。即從水，何必非廉之意？試將元次山集中瀼濂諸文讀之，則可見矣。」按元次山文集卷三有與瀼溪鄰里有序、喻瀼溪鄉舊遊，卷六有瀼溪銘有序，則「瀼濂」當作「瀼溪」。

明道先生文集四卷遺文九篇

右程純公顥字伯淳之文也。太師潞國公文彦博題其墓曰：「大宋明道先生程君伯淳之墓。」弟頤序其所以而刻之。嘉定十二年，謚曰純公〔一〕，取法所謂「中正粹精」也。淳祐初，詔從祀于學〔二〕，封河南伯。此集并伊川集刻于長沙者，南軒先生識其後曰：「右遺文九篇，新安朱熹得之玉山汪應辰者，敬授教授何蘊俾嗣刻之。」1806

〔一〕嘉定十二年謚曰純公　按嘉定十三年賜周敦頤、程頤、張載諸人賜號，顥亦在其中，此「十二」當「十三」之誤。見宋史卷四二七道學傳一。

〔三〕詔從祀于學　沈録何校本「學」下補「官」字。

河内先生文集六卷〔一〕

右太常博士尹源字子漸之文也。源與弟洙俱以儒學知名。趙元昊寇邊，圍定川堡，大將葛懷敏發涇原兵救之。源與懷敏書曰：「賊舉其國而來，其利不在城堡，而兵法有不得而救者。且吾軍畏法〔二〕，見敵必赴而不計利害，此其所以數敗也。宜駐兵瓦亭，見利而後動。」懷敏不能用。今此書不見於集中。1807

〔一〕河内先生文集六卷　鮑廷博所見舊鈔本附志「内」作「南」，其校本校語曰：「鈔本作『南』，與洙集同名，此作『内』，當考。」　按尹源集已佚，書録解題卷十七題尹子漸集，宋志卷七、焦竑國史經籍志卷五題尹源集，俱六卷。遂初堂書目別集類題二尹集，與洙集合併著録。

〔二〕且吾軍畏法　原本「法」誤作「怯」，據衢録王校本改正。　按東都事略卷六十四尹洙傳附源傳亦作「法」。

河南先生文集十五卷

右起居舍人尹洙師魯之文也。讀書志云：「尹師魯集二十卷。」希弁所藏二十七卷〔一〕，洙傳中所載亦同。希弁嘗攷邵氏聞見録云：「錢惟演守西都，起雙桂樓，建臨園驛，命永叔、師魯作記。永叔文先成，凡千餘言。師魯曰：『某止用五百字可記。』文成，永叔服其簡古。永叔自此始爲古文。」然二記皆不載於集中。1808

〔二〕希弁所藏二十七卷 沈録何校本何焯校語云：「何以前標十五卷？未喻。」按尹洙集，書録解題卷十七作二十二卷，宋史卷二九五、東都事略卷六十四本傳俱云二十七卷。此本今存，與希弁解題相合，疑標題有誤。

彭城先生文集六十卷

右中書舍人劉攽字貢父之文也。攽與兄敞同學，自刻厲，博讀羣書，遂偕中弟。或曰：原父將死，戒子弟無得遽出其集，曰：「後百餘年，世好定當有知我者。」故貢父次其集，藏之不肯出。私謚曰公是先生。貢父平生亦好諧謔，與荆公素厚，坐是亦相失。及死，子弟亦次其文，私謚曰公非先生。然今謂原父之文爲公是集，貢父止曰彭城集云。1809

東坡先生別集三十二卷續別集八卷

右東坡先生別集、續別集，乃蘇公嶠刊置建安而刪畧者。淳祐甲辰廬陵郡庠刊。1810

豫章先生別集集二十卷黃文纂異一卷

右豫章先生別集，乃前集、外集之未載者，淳熙壬寅先生諸孫畓所編也。1811

后山先生文集五十五卷

右陳師道無己之文也。讀書志云二十卷。希弁所藏乃紹興二年謝克家所叙者〔一〕。或謂二十卷者，乃魏衍所編，而讀書志不載。1812

〔一〕紹興二年謝克家所叙者　沈録何校本何焯批語云："「謝序，今於言行録中存其大略。」"

清真先生文集二十四卷

右周邦彦字美成之文也。神宗時，嘗奏汴都賦七千言，上命近臣讀於邇英閣，由諸生爲學官。哲宗寘之文館，徽宗列之郎曹。嘗守四明，故樓忠簡公鑰序而刻之。1813

玉池先生文集十二卷

右鄧忠臣字謹思之文也。即覆議范忠宣公謚者，以此入黨籍。欽宗踐祚，贈直祕閣。1814

初寮先生前集四十卷後集十卷

右王安中字履道之文也。讀書志止載初寮集十卷。希弁所藏乃周益文忠公必大序前集中興以前、後集中興以後文也。内外制二十六卷，則李文敏公邴序。1815

西塘先生文集二十卷

右鄭俠字介夫之文也。熙寧中，監安上門，時久不雨，公以本門所見飢民及新法之不便者，爲圖狀，發馬遞經銀臺投進，且曰：「如行臣之言，十日不雨，乞斬臣宣德門外。」神宗觀圖長嘘，命馮京等體量新法，而寢罷之，大開倉庾，以賑飢民，下責躬詔。三日，大雨，荆公率百僚入賀，上出奏疏并圖以示之。附麗新法者爭言公詆毀良法，直奏驚御，遂得罪云。中興初，贈朝奉郎，官其孫一人。1816

元澤先生文集三十六卷

右王雱字元澤之文也。雱未冠，著書已數千百言。舉進士，爲旌德尉，作策三十餘篇，極論天下事，又作老子訓傳及佛書義解，亦數萬言。有以雱書聞者，召見，除太子中允、崇政殿説書，被旨撰詩、書義，擢天章閣待制。書成，遷龍圖閣直學士，雱不拜而卒。雱論議刻深，常稱商君，以爲豪傑之士。言不誅異議者法不行，嘗勸安石誅不用命大臣。政和中，封臨川伯，從祀于學。靖康初，罷之。集乃崇寧中盧崇編。1817

忠惠先生文集三十卷

右翟汝文字公巽之文也。公巽，丹陽人。年十四，登進士第，徽宗朝爲左史、給事中、吏部侍郎，欽宗朝召直翰苑。紹興中，參知政事，終于資政殿學士，提舉洞霄宮。私謚忠惠。文乃其子耆年編次，附忠惠先生家傳于後。1818

梁谿先生文集一百七十卷

右李忠定公綱之文也。公字伯紀，邵武人，寓于常州無錫梁谿，因以爲號。政和元年進士乙科〔一〕，宣和初，爲起居舍人，以大水章疏罷黜。靖康初，爲右丞、親征行營使，俄知樞密院、河東、北宣撫使。罷，知揚州，提舉洞霄宮，責授昭化節度副使、建昌軍安置〔二〕。高宗即位，召拜右僕射，凡七十五日而罷，後贈少師，謚忠定。奏議中欽宗批答爲多。集有陳俊卿序，朱文公後序。1819

〔一〕政和元年進士乙科　按宋史卷三五八謂李綱政和二年登第。

〔二〕罷知揚州提舉洞霄宮責授昭化節度副使建昌軍安置　「揚」原作「楊」，今正。按宋史本傳曰：「尋除觀文殿學士、知揚州，綱具奏辭免。未幾，以綱專主戰議，喪師費財，落職提舉亳州明道宮，責授保静軍節度副使，建昌軍安置。」

浮溪先生文集六十卷猥藁外集一卷

龍溪先生文集六十卷

右汪藻字彥章之文也。讀書志止載汪彥章集十卷〔一〕。希弁所藏浮溪、龍溪兩本，卷秩皆六十卷。藻，德興人，崇寧二年進士，建炎中，爲中書舍人，權直院。紹興中，爲兵侍，改翰林，出知湖州，改撫州，提舉太平宮。黜居于永，累赦不宥，凡八年而卒。藻工於儷語，所爲制詞，人多傳誦。集乃孫覿序。1820

〔一〕汪彥章集　「汪」原誤作「注」，今正。

北海先生文集六十卷

右綦崈禮字叔厚之文也〔一〕。叔厚，高密人。登政和上舍進士第〔二〕。仕高宗，爲翰林學士，終寶文閣學士、高密郡侯，贈朝議大夫。楊萬里、樓鑰爲文集序，行狀、墓誌附于後〔三〕。1821

〔一〕綦崈禮　按宋史卷三七八本傳「崈」作「崇」。

〔二〕登政和上舍進士第　按宋史本傳云：「登重和元年上舍第。」

〔三〕附于後　鮑廷博校本作「附于其後」。

致堂先生斐然集三十卷

右禮部侍郎胡寅字明仲之文也，章穎爲序。然與高閎書，責其請幸太學報秦檜書，所謂「願公修政任賢，勿替初志，尊王攘狄，以開後功」之説，皆不載焉。1822

玉山先生表奏六卷

右汪應辰聖錫之文也。本名洋，紹興五年進士第一，黄中以有官，遂升洋爲第一。洋乞避遠祖嫌名，高宗以其與王拱辰皆年十八，遂賜今名。1823

五峯先生文集五卷

右胡宏字仁仲之文。門人張栻所序也。1824

南軒先生文集四十四卷

右張宣公栻字敬夫之文也。朱文公校定而爲之序。然紫巖碁圖、跋語之類，皆不載於集中。1825

晦庵先生文集一百卷續集十卷

右朱文公之文。嘉熙己亥，王埜刻于建安，黄壯猷嗣成之，識于後。續集則王遂刊而序之。然南康黄西坡諸處所刻墨帖之類，或不在焉，然則遺逸尚多有之。1826

象山先生文集二十八卷外集四卷

右陸文安公九淵字子静之文也。嘗作書院於象山之上，以待講學之士，因以自號。集有袁燮、楊簡序。嘉定十三年賜謚。行狀、謚議附。1827

復齋先生文集六卷

右陸文安公之兄九齡字子壽之文也。東萊吕太史所作墓誌附。1828

水心先生文集二十八卷

右葉適字正則之文也，門人趙汝讜序而刻之〔一〕。水心，其自號云。1829

〔一〕趙汝讜　陳鱣校本云「讜」當作「鐺」。今四部叢刊初編影印明黎諒刊本亦作「讜」。

篔窻先生初集三十卷續集三十八卷

右陳耆卿字壽老之文也。壽老，台之臨海人。初集，葉水心爲之序。吴子良併刻于江西漕司。於中沂邸牋表爲多。1830

頤堂先生文集五十九卷碧雞漫志一卷長短句一卷祭文一卷

右王灼晦叔之文也。灼，遂寧人。嘗佐總幕，故趙公爲之序。漫志可以見樂府之源委。1831

鶴山先生文集十三卷後集十卷續集十三卷別集十一卷

右魏文靖公了翁字華父謫靖州日所作，故名渠陽集云。1832

雁湖先生詩集四十卷

右李文懿公壁字季章之詩也。壁，文簡公燾之子，嘗爲參知政事。神道碑附于集後，真文忠公德秀所作也。1833

滄洲先生塵缶編三十五卷內外制二十四卷

右程先生公許之文也。先生字季與，眉桂枝人。嘉定辛未進士，嘗以禮部侍郎兼侍講。聖上親御翰墨，以「桂枝永芳世家」及「南山滄洲」字賜之。臞軒王邁爲之序其集。希弁生父郴倅墓銘，先生筆也。1834

總龜先生松菊集五卷

右阮閱之詩也。建炎初，以中奉大夫知袁州。1835

三山張先生質言四卷

右張淵叔潛撰。叔潛，三山人。嘗爲左宣教郎，樞密院編修云。1836

石室先生百論十卷

右陸子才所進也。君論三十篇，政事論二十篇，臣論三十篇，攻守論二十篇，各有其目云。1837

別集類四

莆陽居士蔡公文集三十卷

右蔡忠惠公襄字君謨之文也。讀書志止載蔡君謨集十七卷。希弁所藏三十卷，乃公之曾孫刑部郎洸所刊者，陳參政騤序。1838

得得居士乘桴集三卷囈草一卷

右任忠敏公伯雨字德翁之文也。公，眉山人，元豐五年進士，爲左正言，僅半歲而上一百八疏。以黨事編管通州，遷儋耳，移道州。復官，提點明道宮，卒。紹興中，累贈右諫議。謚忠敏。集首刻朱震所作行狀。1839

藏六居士安樂集十三卷

右安定郡王令時之文也。王字德麟，東坡先生爲字説，又嘗薦之，乞召致館閣，以風厲天下。紹興初，同知大宗正，襲封安定。薨之日，嗣濮王仲湜言其貧，無以殮，乃命戶部賜銀絹百匹兩，贈開府儀同三司。王薦宗室槀中，所謂「和衍自將，居貧不撓，則有右從政郎子孟者」，希弁曾大父清愿先生字醇父也，家藏王之墨蹟爲多，近時諸賢皆跋之。1840

退齋居士文集二十八卷

右起居舍人侯延慶字季長之文也。季長，衡山人。政和六年進士，嘗侍講筵。高宗取杜詩「直臣寧戮辱，賢路不崎嶇」之句，書扇以賜之。兄彭老所爲誌銘附集後。1841

介庵趙居士文集十卷

右趙彥端字德莊之文也。德莊寓居南昌，登紹興八年進士第〔一〕。出更麾節，入踐臺省，凡奏對獻策，陳述利害，如蠲丁錢，講治體，禦敵守邊之謀，用兵行賞之規，議論醇正，卓然皆有可用之實。淳熙十四年，江西運副趙彥操刻之。1842

〔一〕登紹興八年進士第　原脱「年」字，今逕補。

于湖居士文集四十卷

右張孝祥字安國之文也。安國，歷陽人。紹興甲戌大魁多士，明年入館，浸登清華，至中書舍人，出典藩郡。孝宗皇帝嘗有用不盡之嘆，安國筆法妙天下，希弁伯祖伯崇得其詩，曰：「趙侯富貴種，而有巖壑姿。同姓古所敦，早晚躡天墀。」又云：「德高欲余作字，醉中不能謹也。安國書。」德高乃伯祖字也。1843

介庵張居士文集七卷

右張耕字莘翁之文也。莘翁，嘉泰壬戌進士，終于清江別駕，希弁妻之諸父也。故生父師同爲之序，繼而程公許亦序之，行狀則今應大參繇之筆。1844

雪齋居士文集二十卷

右導江王咨字夢得之文也。門人計運孫援李漢哀昌黎文章故事爲序。咨嘗知劒州，其訓詞有曰「早登儒科，文采著見，久更民事，爲朕所知」云。1845

李泰伯退居類藁十二卷皇祐續藁八卷常語三卷周禮致太平論十卷後集六卷

右李覯泰伯之文也。覯，旴江人〔一〕。嘗試制科六論不得，其一曰：「吾書未嘗不讀，必孟子註疏也。」擲而出〔二〕。人爲檢視之，果然，遂下第而歸。後以海門簿召赴太學說書以卒。嘗自類其所爲文曰：「天將壽我與，所爲固未足也。不然，斯亦足以藉手見古人矣。」其詳見於國朝儒學傳。希弁嘗得修梓山寺殿記，云：「應茂材異等科李覯撰。」然不載於稾中。1846

〔一〕覯旴江人　按宋史卷四三二云覯建昌軍南城人。學者稱覯旴江先生，疑希弁因此而誤。

〔二〕擲而出　按張宗泰魯巖所學集卷六跋趙希弁讀書附志謂「擲」下當脫「筆」字。

續元豐類稾四十卷

右南豐先生遺文也。建昌郡丞陳東叔魯刊而敍之。1847

掖垣類稾七卷玉堂類稾二十卷

右周益文忠公必大之文也。公自爲之序。1848

性善堂稾十五卷

右度正周卿之文也，曹文簡公彥約爲之序。周卿，巴川人。紹熙元年進士，嘗爲禮部侍郎。1849

志隱類藁二十卷

右許開仲啓之文也，信安陳晅爲之序〔一〕。開嘗爲中奉大夫，提舉武夷冲祐觀。清江二王帖，開爲守時所刻〔二〕。1850

〔一〕陳晅爲之序　鮑廷博校本「晅」作「烜」。

〔二〕清江二王帖開爲守時所刻　沈録何校本何焯校語曰：「帖有釋文，仲啓跋中自云『假守』，郡博士時涇所手摹也。」按何説是。許開撰二王帖評釋三卷，見横山草堂叢書第一集，開二王書蹟跋云「郡博士時涇躬自模榻。」

東溪詩藁六卷

右許玠介之之詩也。周益公嘗親寫其漢宫春夜、朱陵洞詞、古别離〔一〕、出塞曲四篇而跋之。1851

〔一〕古别離　沈録何校本作「古離别」。

友林詩藁二卷

右史彌寧安卿之詩也。集有黄景説、曾丰序。安卿，嘉定中，以國子舍生之望涖春坊事〔一〕，帶閤門宣贊舍人，知邵陽。1852

〔一〕以國子舍生之望湓春坊事　喬録王校本云："「案『之望』二字疑誤。」

雙峯猥藁八卷

右舒邦佐平叔之文也。開禧丙寅，劉德秀爲之序。平叔，豫章雙谿人也。1853

湘中類藁三卷

右楊叔虎文若之詩也。環潤王容爲之序。文若，長安人。爲武成宮諸生第一，嘗任陰平太守，得罪謫長沙云。1854

捄楮奏藁一卷

右唐璘伯玉之奏疏也，刻于江東漕司籌思堂。1855

孚齋又録十卷〔一〕

右張翃仲龍之文也，李艮爲之序。翃，三山人。嘗以隆興倅攝袁州。1856

〔一〕孚齋又録十卷　「又」疑「文」之誤。

腴齋詞草三卷

右段允迪之作也。允迪，濟陽人，乃武人之能文者。陳朴厚、黄庚序。1857

金陵吏餘四卷

右劉樂帥建康日所作詩詞也。1858

豫章雜著二卷

右馬某分教隆興日所作詩文也。1859

雲壑隱居集三卷浩歌集一卷

右蔡柟堅老之作也。柟嘗爲宜春别駕云。1860

閑止堂集一卷

右沈弅德遠之作也。趙蕃爲之序。弅之子兟莊可亦以詩名，自號菊山。此集乃莊可之手寫〔一〕。1861

〔一〕此集乃莊可之手寫　疑「之」字衍。

碧崖詩集五卷

右閣皂山羽士甘夢叔叔懷之詩也。叔懷嘗登晦庵、誠齋之門。楊長孺爲之序。1862

東山詩文選十卷

右葛紹體元承之作也。家大酉、應繇爲之序，葉夢鼎跋其後，行狀、墓誌附焉。1863

煮瀑庵詩一卷

右莆陽方左鉞武成之詩也。劉克莊所作墓誌附。1864

葛無懷詩一卷

右會稽葛天民無懷之詩也。1865

語録類

河南程氏遺書二十五卷附録一卷外書十二卷

右李籲、呂大臨、謝良佐、游酢、蘇昞諸人記二先生語十卷，劉絢録明道語四卷，劉元承、楊遵道、周孚先〔一〕、張繹、唐棣、鮑若雨、鄒柄、暢大隱諸人録伊川語十三卷。附録則明道行狀，劉立之、朱光庭、邢恕、范祖禹敘述，游酢書行狀後、呂大臨哀詞、明道墓表、伊川年譜、張繹祭文、胡安國奏狀。外書則拾遺也，朱光庭録二卷、陳淵本、程氏學、馮氏本、羅氏本、胡氏本、游氏本、春秋録、大全集、時氏本、傳聞雜記各一卷。朱文公記其後。1866

〔一〕周孚先　原脱「先」字，今補。按周孚先，字伯忱，從程顥學。事見伊洛淵源録卷十四、宋元學案卷三十。

横渠先生語録三卷

右張獻公載字子厚之語也。公秦人，舉嘉祐二年進士。歷崇文檢書、同知太常禮院。議禮不合，復以病請歸，卒。門人謚爲「明誠中子」〔二〕。呂大臨爲謚議。有正蒙、理窟二書行于世。嘉定中有旨賜謚，禮官議謚曰「達」，或者不以爲然，改議曰「誠」，或者又以謚法「至誠感神」爲疑〔三〕。久之，乃謚曰「獻」。淳祐初，從祀于學，封郿伯云。 1867

〔二〕明誠中子 「中」，疑當作「夫」。

〔三〕至諴感神 「諴」，疑當作「誠」。

橫渠先生經學理窟一卷

右張獻公載之說也。讀書志云：「理窟二卷。右題金華先生，未詳何人，爲程、張之學者。」希弁所藏橫渠先生經學理窟一卷，其目有所謂周禮、詩書、宗法、禮樂、氣質、義理、學大原、自道、祭祀、月令統、喪紀，凡十二云。 1868

元城先生語録三卷譚録一卷道護録兩卷

右劉忠定公安世字器之之語也。維揚馬永卿大年爲之序〔一〕。器之，大名人。中熙寧六年進士第。哲宗朝，歷正言、左史司諫、右諫議〔二〕、中書舍人。貶黜久之，至除名勒停，送峽州編管。起提舉鴻慶，復直龍圖閣以卒。昔有與蘇子瞻論元祐人才者，至公，則曰：「器之真鐵漢，不可及也。」 1869

〔一〕維揚馬永卿 原本「揚」誤作「楊」，今正。

〔三〕歷正言左史司諫右諫議　按宋史卷三四五劉安世傳云：「擢右正言……遷起居舍人兼左司諫，進左諫議大夫。」

龜山先生語録四卷

右楊文靖公時字中立之語也。公閩人，與游定夫、謝顯道俱從游於明道先生之門，嘗以著庭兼邇英殿說書，遷祭酒，擢右諫議，除徽猷閣直學士、工部侍郎兼侍講。紹興五年，卒。初入見之際，首言自古聖賢之君，未有不以講學爲先務者，上深然之。1870

上蔡先生語録三卷

右門人記録謝先生良佐字顯道之語也。1871

延平先生答問一卷〔一〕

右延平先生李侗愿中之語，而晦菴先生所録也。1872

〔一〕延平先生答問　「答問」原倒作「問答」，據沈録何校本乙正。按今本題作「答問」。

晦菴先生語録四十三卷

右廖德明、輔廣、余大雅、陳文蔚、李閎祖、李方子、葉賀孫、潘時舉、董銖、竇從周、金去僞、李季札、萬人傑、楊道夫、徐寓、林恪、石洪慶、徐容、甘節、黄義剛、晏淵、襲蓋卿、廖謙、孫自修、潘履孫、湯泳、林夔孫、陳埴、錢木之、曾祖道、沈僩、郭友仁、李儒用三十三人記録晦庵先生之語也。李文惠公道傳持江東庾節，刻于池陽，黄榦書于目録之後。1873

晦庵先生語續録四十六卷

右黄榦、何鎬、程端蒙、周謨、潘柄、魏椿、吳必大、黄嵤、楊若海、楊驤、陳淳、童伯羽、鄭可學、滕璘、王力行、游敬仲、黄升卿、周明作、蔡懇、楊與立、鄭南升、歐陽謙之、游倪、楊至、潘植、王過、董拱壽、林學蒙、林賜、李儒用、胡泳、呂燾、黄義剛、吳壽昌〔一〕、楊長孺、吳琮等四十一家記録晦庵先生語也。內五家莫詳姓氏，後一卷則前録廖德明、潘時舉、董銖、萬人傑、徐寓、林恪所遺也。李性傳叙而刻之鄱陽。1874

〔一〕吳壽昌　「吳」原誤作「呂」。壽昌，字大年，邵武人，喜談禪，後游朱熹之門，此據朱子語類序目朱子語録姓氏校正。

朱子語略二十卷

右楊與立編次晦庵先生之語。蕭一致刻于道州。1875

師誨三卷附録一卷

右吳必大記録晦庵先生之語。朱鑑刻于興國。1876

近思録十四卷

右晦庵先生、東萊先生集周、張、二程之説也。1877

續近思録十四卷

右寶慶丁亥蔡模纂晦庵先生之語以續之。1878

五峯先生知言一卷

右胡子宏字仁仲之説也。門人張栻序之曰：「先生優游南山之下餘二十年，玩心神明，不舍晝夜，力行所知，親切至到，析太極精微之藴，窮皇王制作之端。此書乃平日之所自著，其言約，其義精。晚歲嘗被召旨，不幸寢疾，不克造朝而卒」云。近世朝廷嘗索其書而賜之謚。1879

無垢先生心傳録十二卷

右張文忠公九成字子韶之説也。甥于恕編。公以紹興三年狀元及第〔一〕，歷禮部侍郎兼侍講，謫居南安十四年，手不停披。歲久，庭蹟依然。公題于柱曰：「予平生嗜書，老來目病，執書就明于此者十四年矣。倚立積久，雙趺隱然，可一笑也。」因自號横浦居士。寳慶初，贈太師，追封崇國公，謚文忠云。 1880

〔一〕公以紹興三年狀元及第 按此「三」當「二」之誤，張九成乃紹興二年狀元，見宋史卷二十七高宗紀四、卷三七四本傳。

横浦日新二卷

右門人郎曄記録無垢先生之説也。 1881

南軒先生問答四卷

右張宣公栻敬夫答門人之所問也。敬夫，魏國忠獻公之嗣子也。忠獻都督諸軍事，奏以公書寫機宜文字，以軍事入見，天子異其言，詔以爲直祕閣。劉珙薦公學行志業，遂與郡，召爲吏部員外郎兼侍講，除左司，知靜江。治狀上聞，特轉承事郎，除修撰，爲湖北運副，知江陵而卒。且死，猶手草遺表，寫畢而絶。學者稱爲南軒先生。嘉定八年賜謚。1882

張子太極解義一卷

右張宣公解周元公太極之義也。1883

二十先生西銘解義一卷

右明道、伊川、吕大防微仲、吕大臨與叔、楊時中立、游酢定夫、尹焞彦明、劉安節元承、鮑若雨商霖、李朴先之、張九成子韶、胡銓邦衡、許景衡少伊、郭雍子和、謝諤昌國、劉清之子澄、張維、祝禹圭、錢聞詩子言、張栻敬夫解横渠先生西銘之義也。1884

無極太極辨一卷

右朱文公、陸梭山、象山往復論難之書也。1885

復禮齋語録一卷

右楚澤李蕃之説也。亦名桂林語録。1886

總括夫子言仁圖一卷

右李耆所著也。1887

羣經新説十二卷論五經疑難新説三卷

右荆國文公王安石之説也。1888

傳道精語三十卷後集二十六卷

右李方子編濂溪、康節、横渠、明道、伊川、晦庵、南軒、東萊之説，類而集之。1889

勉齋先生講義一卷

右黄文肅公榦所講孟子義二十篇也。1890

總集類

古文苑九卷

右古文苑，世傳孫巨源於佛寺經龕中得唐人所藏文章一編〔一〕，莫知誰氏録也，皆史傳所不載，文選所未取，而間見於諸集及樂府，好事者因以古文苑目之。自石鼓文而下，曰賦，曰詩，曰歌，曰曲，曰敕，曰書，曰對，曰頌，曰箴，曰銘，曰贊，曰記，曰碑，曰雜文，皆周、秦、漢人之作也。容齋隨筆嘗引之。然訛舛謬缺，不敢是正。淳熙中韓元吉之記已言之。1891

〔一〕所藏文章一編　按希弁解題據韓元吉序，今本序「文」上有「古」字，疑此脱去。又，以下所述類目及次序，亦與今本不盡合。

文苑英華一千卷

右翰林學士中書舍人宋白等奉敕集。始，太宗皇帝既得諸國圖籍，聚名士于朝，詔修三大書，其一曰文苑英華。蓋以諸家文集，其數實繁，雖各擅所長，亦榛蕪相間，乃命白等精加銓擇，以類編次爲一千卷，時太平興國七年九月也。雍熙三年十二月壬寅上之。賦五十卷，詩一百八十卷，歌行二十卷，雜文二十九卷，中書制誥四十卷，翰林制誥五十三卷，策問四卷，策二十六卷，判五十卷，表七十四卷，牋一卷，狀十七卷，檄二卷，露布二卷，彈文一卷，移文一卷，啓十六卷，書二十七卷，疏五卷，序四十卷，論二十二卷，議十卷，連珠喻對一卷，頌八卷，讚五卷，銘六卷，箴一卷，傳五卷，記三十八卷，謚哀册五卷，謚議二卷，誄二卷，碑九十一卷，誌三十五卷，墓表一卷，行狀十卷，祭文二十三卷，通一千卷。嘉泰改元，周益公刻而記于前。1892

樂府集十卷樂府序解一卷樂府雜録一卷羯鼓録一卷

右劉次莊所序也。古樂府之所起二十二，横吹曲二十四，日月雲霞十九，時序十一，山水二十三，佛道十二，古人十七，童謡三，古婦人二十三，美女十六，酒六，音樂十一，遊樂十三，離怨二十八，雜歌行五十七，都邑四十六，宫殿樓臺十六，征戍弋獵十七，夷狄六，蟲魚鳥獸三十三，草木花果二十五。次莊，元祐間人也。樂府雜録一卷，朝議大夫守國子司業、上柱國、賜紫金魚袋段安節撰。羯鼓録一卷，婺州刺史南卓撰，乃唐人也。讀書志載古樂府於別集類〔一〕，而載段、卓二録於樂類。希弁所藏本乃刊三書爲一集云。1893

〔一〕讀書志載古樂府於別集類　按讀書志二本於古樂府入類不同，衢本入經部樂類，袁本入集部總集類，未有歸入別集類者，此當有誤。

國朝二百家名臣文粹三百卷

右論著二十二門，策四門，書十門，碑記十二門，序六門，雜文八門，總目六，分門六十二。所謂二百家者：趙普、柳開、張齊賢、田錫、寇準、張詠、王禹偁、孫何、楊億、劉筠、陳堯咨、錢惟演、种放、王曾、夏竦、晏殊、穆脩、范仲淹、孫堪、宋庠、宋祁、余靖、尹洙、韓琦、包拯、文彥博、孫甫、孫抃、蔡襄、田況、石介、歐陽脩、元絳、富弼、張方平、趙抃、蘇舜欽、祖無擇、司馬光、范鎮、鮮于侁、邵必、呂誨、邵亢、李覯、王珪、王安石、韓維、陳襄、孫復、王令、崔公度、劉敞、王逢、强至、章望之、劉恕、周敦頤、錢公輔、文同、孫覺、鄧潤甫、孫洙、鄭獬、楊繪、劉攽、蒲宗孟、李清臣、梅堯臣、蘇洵、呂惠卿、曾鞏、王無咎、蔣之奇、蘇軾、蘇轍、程顥、王韶、張載、王回、邵雍、王鞏、顔復、胡宗愈、劉摯、章惇、楊傑、李常、王覿、孔文仲、孔武仲、范祖禹、袁默、呂陶、鄧綰、孫覽、呂大臨、張舜民、張商英、許安世、鄭俠、王雱、黄庭堅、曾肇、顧臨、史均、陸佃、龔原、王巖叟、劉涇、劉安世、張耒、吳拭、王安國、徐禧、楊時、吳儔〔二〕、陳瓘、晁補之、劉弇、揚天惠、黄裳、張剛〔三〕、鄒浩、馮澥、任伯雨、周邦彥、程頤、秦觀、李廌、陳師道、何去非、王庠、李之儀、蘇過、謝逸、馬存、鄭少微、崔鶠、馬涓、李新、王當、侯溥、唐庚、晁詠之、翟汝文、范致明、王雲、宇文粹中、王賞、彭俊民、汪藻、汪伯彥、黄定、梅執禮、蘇元老、劉觀、喻汝礪、陳恬、余安行、唐重、孫覿、李若水、王騰、陳公輔、韓駒、林敏功、何㮚、李良臣、洪皓、胡宏、范宗尹、計有功、劉一止、熊彦詩、楊椿、馮時行、張九成、趙雍、何熙志、程敦厚、張行成、邵博、黄成孫、王之望、李燾、晁公遡、劉望之、宋遠孫、洪邁、郭雍、張栻、趙逵、李石、張震、張孝祥、楊萬里、王十朋、趙雄。1894

〔一〕吳儔　沈録何校本何焯校語云：「『吳』疑『莫』。」是。

〔二〕張剛　沈録何校本改「剛」爲「綱」。

皇朝名臣經濟奏議一百五十卷

右淳熙中趙忠定帥蜀時所進也。一君道，二帝繫，三天道，四百官，五儒學，六禮樂，七賞刑，八財賦，九兵政，十方域，十一邊防，十二總議。自建隆迄靖康，推尋歲月，槩見本末，忠定自序於前。紹熙之末，忠定有定策功，爲侂胄誣貶〔一〕，久而論定，賜謚追王，配食寧廟。游侶誌其神道之碑，御篆額曰：「宗老元勛」云。1895

〔一〕爲侂胄誣貶　「侂」原誤作「侘」，今正。

宗藩文類六十卷

右魏邸鑰夫銓次也。三祖而下各以昭穆編叙之。凡朝廷之所褒嘉者，爲詔爲制二十五卷，凡名公鉅卿相與贊述者，爲表奏、爲記序、爲賦頌、爲詩歌與夫碑銘祭文等，作三十五卷。魏了翁爲之序。端平己亥，鑰夫自蜀來訪，扣未盡之書，希弁嘗以一二補其闕。渠深惜太祖派下文字獨少，既而欲以燕王、秦王初除防禦使制達之而未能云。1896

古文正宗前集二十二卷後集十二卷

右集諸儒評論先秦、兩漢、三國、二晉、六朝、唐及我宋諸公之文也。1897

諸儒鳴道集七十二卷

右集濂溪、涑水、横渠、二程、上蔡、元城、龜山、横浦諸公議論著述也。於中有江民表心性説一卷，安正忘筌集十卷，崇安聖傳論二卷。1898

宋賢體要集十三卷

右集曾鞏、歐陽脩、王安石、王令、王安國、吳子經、周亶父、王雱、陳之方、蘇軾、蘇轍、孫洙、杜植、曾宰〔一〕、鄭獬、范鎮、唐介、姚闢所作也。1899

〔一〕曾宰　鮑廷博校本「宰」作「鞏」。按宰乃鞏之弟，事詳元豐類藁卷四十六曾子翊墓誌銘。

夏王前集四十九卷後集五十卷

右紹興壬戌楊存亮元明編近世諸公舉業雜文，類而次之。1900

中興六臣進策十二卷

右紹興五年，前宰執呂頤浩、李綱、汪伯彦、李邴、張守、王綯、韓肖胄答詔旨所問戰守方畧之策也。1901

中興羣公吟稿四十八卷〔一〕

右中興以來一百五十三人之詩也。1902

〔一〕中興羣公吟稿四十八卷　鮑廷博校本批語云：「此亦陳思所刊，以甲、乙編次爲十集。」

四靈詩四卷

右趙師秀字靈秀、翁卷字靈舒、徐璣字靈囦、徐照字靈暉四人之詩也。1903

法帖類

御製太清樓閱書歌一卷

右真宗皇帝御製，賜張耆以下。徽宗皇帝、高宗皇帝跋其後。1904

御製唐十八學士圖贊一卷

右欽宗皇帝御書，賜張叔夜。1905

御書真草孝經一卷

右高宗皇帝御書，賜尚書右僕射兼樞密使秦檜。時紹興九年六月辛酉，檜請刻之石。上曰：「十八章，世人以爲童蒙之書，不知聖人精微之學，不出乎此。朕宫中無事，因學草聖，遂以賜卿，豈足傳後？」檜請再三，乃從之。十四年七月，從左宣教郎、守殿中侍御史汪勃所請，詔令諸州刊石賜見任官并係學籍諸生云。1906

御臨法帖十卷

右高宗皇帝臨晉、唐諸人之帖也。秦檜跋。1907

御製聖安壽仁太上皇帝聖政序一卷

右寧宗皇帝御製光宗皇帝聖政序也。謝深甫跋其下。1908

淳熙祕閣續法帖十卷

右淳熙十二年三月十九日奉聖旨摸勒鍾繇諸人帖。1909

羣玉堂帖十卷

右嘉定元年四月二十四日省劄下祕書收省藏。蓋韓平原家本也，故卷尾有印曰：「閱古審定法書之印」、「永興軍節度使印」，篇首則三朝宸翰，有璽文，曰：「吳娃之章」、「吳氏書印」、「吳娃翰墨」、「寶章妙墨宜爾子孫世世寶之康壽珍玩」，皆憲聖慈烈皇后之記也。1910

二王帖三卷

右清江所刻羲之、獻之帖也。二像冠于篇端，引周子中之言曰：「心慕二王之人品，則瞻之在前；手追二王之墨妙，則忽然在後。」目録、註釋具于卷末。1911

篆書千文一卷

右徐鉉篆周興嗣之韻也。希弁嘗攷徽宗皇帝實録，政和三年四月辛卯，詔避廟諱，改「曰嚴與敬」爲「日嚴與謹」、「勞謙謹勑」爲「勞謙兢勑」、「籍甚無竟」爲「籍甚無罄」、「琁璣懸斡」爲「璇璣遷斡」云。1912

星鳳樓帖

右曹文簡公彦約家所刻也。1913

甲秀堂帖

右廬山陳氏所刻也。1914

鳳墅帖二十卷畫帖二卷續帖四卷

右廬陵曾宏父刻國朝聖賢帖也。1915

東坡先生帖三十卷

右玉山汪應辰聖錫所刻也。1916

山谷先生帖五卷

右張孝祥跋山谷之姪彪所藏。卷後引徽宗皇帝評公之書，謂「如抱道足學之士，坐高車駟馬之上，横斜高下，無不如意」云。1917

張忠文奏議一卷

右張忠文公叔夜圍城中奏議也。李綱、李彌遜、趙子湞、胡世將、沈調諸公跋其後。1918

趙延康帖

右高宗皇帝賜趙子崧書一幅，後用御名圖書。其次則子崧與張邦昌一書、與王時雍諸人一書，親筆也。1919

張魏公帖一卷

右忠獻公帖。篇端紫巖碁圖，乃忠獻及陳逍遥之老畫像。南軒先生跋其下。1920

張宣公帖四卷

右南軒先生帖，遺表終焉。表云：「臣再世蒙恩，一心報國，大命至此，厥路無由。猶有微誠，不能自已，伏願陛下親君子，遠小人，信任防一己之徧〔一〕，好惡公天下之理，永清四海，克鞏丕圖。臣死之日，猶生之年。臣栻。」1921

〔一〕防一己之徧　「徧」，疑「偏」之誤。

朱文公帖六卷

右南康黃西坡所藏先生之帖，而郡守錢明德并項平庵跋語刻之，於中可以補晦翁大全集之闕者爲多。1922

張紫微帖一卷

右歷陽張孝祥帖，尋陽陶思賛所刻。1923

歐陽公集古録跋尾六卷拾遺一卷

右周益公跋。方崧卿所刊，雖非石刻，亦真蹟也。故附于法帖之後。1924

拾遺

春秋集善十一卷

右胡忠簡公銓爲敷文閣直學士、提舉江州太平興國宫日，被旨投進之書也。其説多引易以證之。張忠獻公浚爲之序。1925

論語集程氏說二卷

孟子集程氏說一卷

右左宣教郎、建寧府教授湯烈編集程氏二先生論、孟說也。二先生議論答問，散在諸集，學者未能徧觀，烈取遺書、語録與夫門人編纂之言，條而類之于逐章之下，續又得論語說一百二十有九，孟子說六十有八，附于卷末，曰拾遺云。1926

論語意原一卷

右東谷鄭汝諧所著也。然所原「三仁」等說，晦庵先生多不然之。晦庵謂：「論語只言微子去之，初無面縛銜璧之說，今乃捨孔子而從左氏。史遷已自難信，又不得已而曲爲之說。以爲微子之去，乃去紂而適其封國，則尤爲無據矣。」1927

疑孟一卷

右温國司馬文正公光所著也。公疑孟子之書有非軻之言者，故爲疑孟十有一篇。建安余允文乃爲尊孟辨，於温公之疑，逐段爲之辨。晦庵先生又於允辨之後〔一〕，逐段爲之說云。1928

〔一〕又於允辨之後「辨」原作「疑」，喬録王校本謂當作「辨」，據改。又「允」下疑脱「文」字。

孝經解一卷

右張文忠公九成所解也。1929

孝經説一卷

右蒙齋先生袁公甫親筆也。甫，字廣微，絜齋先生之子也。1930

大學衍義四十三卷

右真文忠公德秀爲户部尚書日所進也。因大學條目而附以經史。首之以帝王爲治之序，次之以帝王爲學之本：是之謂綱。首之以明道術、辨人才、審治體、察民情，次之以崇敬畏、戒逸欲，又次之以謹言動、正威儀，又次之以重妃匹、嚴内治、定國本、教戚屬：是之謂目。每條之中，首之以聖賢之典訓，次之以古今之事迹，諸儒之釋經論史，有發明者録之，而公之説亦附見焉。1931

小學之書四卷

右朱文公先生所編也。有内篇，有外篇。其宏綱有三：曰立教，曰明倫，曰敬身。明倫則有父子、君臣、夫婦、長幼、朋友之品，敬身則有心術、威儀、衣服、飲食之目〔一〕。又採摭古今經傳書史之所紀載。曰稽古，曰嘉言，曰善行，以廣其教而實其事。小學之工程，大學之門户也。1932

〔一〕飲食之目　「目」原誤作「自」，今正。

越絶書十五卷

右越復讎之書也。或以爲子貢所作，或疑似子胥所作，皆無所據，故曰：「越絶誰所作？」「吴越賢者所作也。」隋經籍志十六卷，崇文總目十五卷。希弁攷其所以，第一卷荆平王内傳，第二卷外傳記吴地，第三卷吴内傳，第四卷計倪内經，第五卷請糴内傳，第六卷外傳策考〔一〕，第七卷外傳記范伯、内傳陳成恒，第八卷外傳記地傳，第九卷外傳計倪，第十卷外傳記吴王占夢，第十一卷外傳記寶劒，第十二卷内經九術、外傳記軍氣，第十三卷外傳枕中，第十四卷外傳春申君、德序外傳，第十五卷篇叙外傳：此十五卷也。然第一卷有所謂越絶外傳本事一篇，此其爲十六卷歟？1933

〔一〕外傳策考　「傳」下當脱「記」字。按今本題外傳紀策考。

蔡邕獨斷二卷

右漢左中郎將陳留蔡邕撰。雜記自古國家及漢朝故事。「王莽無髮」，蓋見于此。1934

資治通鑑釋文二十八卷

右奉議郎、行祕書省著作佐郎兼侍講、賜緋魚袋司馬康所集也。康字公休，温公之子也。1935

内傳國語十卷

右劉攽戇父所作也。以其異於外傳國語，故曰「内傳」云。其兄敞原父題辭。1936

神宗聖訓二十卷

右試太學録林虙所集也。虙乃希之姝，以所聞神宗聖訓記録，分一百門，擬續五朝寶訓。崇寧中上于朝云。1937

韓忠獻王遺事一卷

右羣牧判官、朝奉郎、尚書職方員外郎、上騎都尉强至編次韓魏王琦言行也。始韓忠彦編次家傳，王巖叟編次别録，至又編次其遺事云。1938

歷代氏族言行類藁六十卷

右武夷章定以歷代迄本朝名賢言行之迹，類姓成編，凡一千一百八十九姓云。1939

古今年號録五卷

右紹熙中臨安府免解進士侯望所進也。其説謂自漢建元至今，一千三百三十五年正僞年號，總八百三十八，爲字二百三十五，有重用、三用、至九用者。1940

列子釋文二卷

右唐當塗縣丞殷敬順撰。1941

説玄一卷

右温國司馬文正公光所著也。1942

天象賦一卷〔一〕

右題後漢尚書張衡撰，蜀丞相諸葛亮注。然注中引用晉事，決非亮也。希弁嘗以祕書省闕書目攷之，天象賦一卷，張衡撰，李淳風注。疑此爲是。1943

〔一〕天象賦一卷　沈録何校本何焯校語云：「北魏張淵著觀象賦，自爲之注，載魏書中。豈妄人抄出，托之平子與淳風乎？惜不可得而考也。淵賦注中無晉事。」按新唐志卷三天文類有黄冠子李播天文大象賦一卷，注云：「李台集解。」崇文總目卷四天文占書類亦有李播撰天文大象賦一卷。此書今存，有苗爲注。顧廣圻考爲隋李播撰，顧跋見鐵琴銅劍樓藏書目録卷十五。李播，號黄冠子，淳風之父。疑附志著録乃此書，此書託名張衡，故宋志卷五天文類作張衡大象賦一卷，玉海卷三引中興書目亦作大象賦一卷，云：「題張衡撰，李淳風注。備述衆星名義，如古賦之一體。一本云大象賦，楊炯撰，畢懷亮注。」遂初堂書目數術家類作天象賦，標題同讀書附志。

玄綱三卷神仙可學論一卷形神可固論一卷

右唐中嶽嵩陽宫道士宗玄先生吳筠貞節所進修行之要旨也。一曰明道德，二曰辨法教，三曰析疑滯。玄宗批答云：「詞簡旨奥，義博文精，足以弘闡格言，發明幽致。」1944

國朝官制沿革一卷

右黄元禮悰所編也。1945

職官記一卷

右三晉張縯所編也。其説謂：「元豐官制名實正矣。惟是祖宗因官制以别流品之意，當時初不講明及之，故寄禄之階，條理未盡。若參以舊典，則得失可見。遂先立元豐寄禄新格，以祖宗舊官遷轉之法，參列於後」云。1946

續文房四譜五卷

右題柯田山樵編。蓋續蘇易簡之書也。祕書省闕書目云李洪編。1947

夷堅志四十八卷

右洪文敏公邁記異志恠之書也。其名蓋取列子所謂「大禹行而見之，伯益知而名之，夷堅聞而志之。」説者謂夷堅乃古之博物者云。1948

義林十卷

右起居舍人兼中書舍人兼侍講眉山程敦厚所述也，凡一百一十二篇。摭取千百載人物而尚論之。張文忠公九成嘗謂：「如論姚崇不進制心之説，而以十事諫；王莽之文姦言，起於嚴助、朱買臣；天誘君子以甚難，王伯自用心始；鄭伯上欲爲舜，下欲爲周公；文帝斗粟之讖，所以致刑措；景帝殺臨江王，天下安之而不疑；蕭何萬世之功，在王漢中、用韓信；絳侯無出塞功，衛、霍有絶漠賞；仲連、鄒陽同傳，平、勃合於與權之説，皆深見眇微，而發古人用心處，議論卓然，在人意表」云。1949

常譚二卷

右河南吳箕和父雜記經子史傳之事二百餘條。1950

視聽鈔三卷

右國子博士吳莘商卿得之聞見，示後人以勸戒。凡六十四事云。1951

武昌志三十卷

右郡守古括王信所修也〔一〕，詩文附焉。1952

〔一〕郡守古括王信所修也　按書録解題卷八謂此志乃王信命教授許中應等撰。

萍實志十卷續志二卷

右邑宰周世昌所修，征官王大節所續也。1953

都梁志六卷

右郡守何季羽所修也，詩文附焉。1954

嶺外代答十卷

右周去非直夫記廣右二十五郡疆場之事、經國之具、荒忽誕漫之俗、瑰詭譎恠之産、耳目所治〔一〕、與得諸學士大夫之緒談者四百餘條云。1955

〔一〕耳目所治　喬録王校本王懋竑校語曰："『治』當作『至』。"疑是。

祕書省闕書目四卷

右祕書省見闕書之目也。1956

楚辭故訓傳六卷

楚辭草木疏一卷

楚辭補音一卷

右建寧倅谷水林至所著也。李大異爲之序。1957

河海英靈集二卷〔二〕

右唐丹陽進士殷璠集常建、李白、王維、劉眘虛〔三〕、張謂〔四〕、王季友、陶翰、李頎、高適、岑參、崔顥、薛據、綦毋潛、孟浩然、崔國輔、儲光羲、王昌齡、賀蘭進明、崔署、王灣、祖詠、盧象、李嶷、閻防二十四人之詩。璠謂諸人皆河海英靈也，故以名集。凡二百四十三首云。1958

〔一〕河海英靈集　「海」，當「嶽」之誤。下同。

〔二〕劉眘虛　「眘」，原作「謹」，蓋避宋孝宗廟諱。今改回。

〔三〕張謂　原「謂」誤作「渭」，今正。

唐賢絶句一卷

右莆田柯夢得所選李白、杜甫、元結、王維、韋應物、賀知章、岑參、靈徹、張繼、郎士元、盧綸、司空文明、韓愈、柳宗元、張籍、賈島、陳羽、劉禹錫、元稹、白居易、杜牧、竇庠、竇鞏、張祐〔一〕、徐凝、王建、于鵠、朱絳、許渾、雍陶、陳陶、李播、劉商、羊士諤、楊敬之、司空圖、薛能、鄭谷、王涯、李涉、楊憑、崔櫓、劉昭屬〔二〕、陸龜蒙、狄歸昌、章碣、劉得仁、許纏〔三〕、吉師老、張顛〔四〕、杜荀鶴、吳融、韓偓、韋莊五十四人之作。白止四首，甫六首，愈八首，宗元四首，惟牧二十五首云。1959

〔一〕張祐　疑當作「張祜」。

〔二〕劉昭屬　「屬」，當「禹」之誤。

〔三〕許纏　疑當作「許瀍」。按今全唐詩卷五四二有許瀍紀夢一首，云開成初進士。

〔四〕張顛　疑當作「張顗」。按今全唐詩卷七九五存張顗殘句一聯。

衆妙集一卷

右汴人趙師秀編沈佺期〔一〕、盧象、王維、孟浩然、錢起、周賀、于武陵、李頻、秦系、劉長卿、李嘉祐、楊巨源、劉得仁、朱慶餘、雍陶、郎士元、崔塗、皇甫曾、皇甫冉、包佶、司空曙、耿緯、嚴維、李端、韓翃、戴叔倫、盧綸、祖詠、綦毋潛、方干、靈一、無可、護國、貫休、岑參、張衆甫、張南史、周朴、張蠙、張祜、李季蘭、許渾、張祐、馬戴、張循之、張鑾、章八元、李益、張喬、呂温、于鵠、崔顥、項斯、崔峒、包何、竇常、趙嘏、薛能、劉威、鄭谷、韓偓、羅隱、李羣玉、皮日休、杜荀鶴、張籍、任藩〔二〕、劉商、楊發、處默、戎昱、于良史、王灣、林寬、劉禹錫、王貞白七十六人之作。1960

〔一〕沈佺期　原脱「期」字，今補正。

〔二〕任藩　按新唐志卷四別集類有任翻詩一卷，崇文總目卷五別集類三同。書録解題卷十九、二十二、宋志卷七「翻」作「藩」，與讀書附志合，而唐詩紀事卷六十四、唐才子傳卷七又作「蕃」，當即一人，未知孰是，姑仍之。

二妙集一卷

右汴人趙師秀選賈島、姚合詩也。1961

宣和御製詩一卷

右徽宗皇帝賜張忠文公叔夜之詩也，凡二十有八篇云。1962

巴東集一卷

右萊國忠愍公寇準之詩也。讀書志云：「寇忠愍詩三卷。希弁所藏巴東集，乃公自編而爲之序，凡一百五十有六篇，秋風亭記附。按公本傳云：巴東有秋風亭，公析韋應物一言爲二句云：「野水無人渡，孤舟盡日横。」識者知其必大用，凡五年不得代。邑庭有二栢，民以比甘棠。集後有范忠文諸公題秋風亭詩。然東坡亦有詩曰：「萊公昔未遇，寂寞在巴東。聞道山中樹，猶餘手種松。」惜不之載焉。1963

晦翁先生朱文公語後録二十卷

右東陽王佖記楊方、黄榦、劉炎、黄灝、邵浩、劉砥、李煇、黄卓、汪德輔、陳芝、吳振、吳雉、林子蒙、林學履、劉礪、鍾震、蕭佐、舒高、魏椿、楊至所録也。其説謂池録初成，勉齋猶未免有遺恨於刊行之後，况饒本又出於其後乎？此二十卷，皆池、饒所未及刊者，稽其所自，證其所得，嘗屢反復焉，無一語或敢不謹也。又謂晦翁始與南軒講于嶽麓，後與東萊及象山講于鵝湖。此皆先賢講論大端，深恨從游者莫能録其所聞，以示後世云。1964

晦庵先生朱文公語續録後集二十五卷

右楊方、黄榦、包揚、劉炎、劉子寰、邵浩、劉砥、劉礪、李煇、陳芝、黄灝、黄卓、汪德輔、吳振、吳雉、鍾震、林子蒙、林學履、蕭佐、舒高、魏椿、楊至二十二人記録晦庵先生之語也。蔡抗將指江東〔一〕，集而刻之。1965

〔一〕蔡抗 「抗」原誤作「杭」，今正。

曲江帖五卷後帖一卷

右二蘇、劉元城、鄒道鄉、黄山谷、王金陵、曾文清、韓、呂諸公之帖也。1966

花蕊夫人詩一卷

右蜀孟昶愛姬也，青城費氏女。幼能屬文，長於詩，宮詞尤有思致。蜀平，以俘輸織室。後有罪，賜死。此卷乃王安國寫入館者，毛恕鐫于衡陽。1967

附録一

晁公武傳略

説明：宋代目録學家晁公武，因宋史無傳，其事蹟晦而不彰。於是有清錢保塘撰晁公武事略（載章壽康式訓堂重刊汪士鍾衢本郡齋讀書志卷首），陳祺壽增損之，又撰宋目録學家晁公武傳（載國粹學報第六十八期），以補史傳之闕。二文搜採羣籍，條分縷析，篳路藍縷，其功匪淺。然所見未廣，遺漏頗多；考辨排比，間有疏失。今掎摭史傳文集，蒐獮方乘筆記，續有所獲，公武事蹟，粗具崖略，遂追踪其後，裒輯排比，作此傳略。

傳略分傳文、引用資料、按語三部分。傳文力求簡明，不以日月詮次，一般亦不涉及時事。引用資料，低傳文一格，因事繫文，各條不盡以著作時代先後爲次第。因篇幅所限，所引不盡全爲原文，間有摘録或縮寫者，然皆不違原義。所據資料乃傳文之所本，故不辭瑣屑，不避繁冗，臚列務詳，以備讀者斟酌棄取。本人按語，再低引用資料一格。凡傳文排比分繫須説明者，引用資料須辨證詮釋者，前人舊説須匡正者，均歸焉。

晁公武，字子止，號昭德先生。

陳騤南宋館閣録卷八官聯下：晁公武，字子止。

陳振孫直齋書録解題卷一昭德易詁訓傳條：敷文閣直學士、清豐晁公武子止撰……晁氏居京師昭德坊，故號「昭德晁家」。

晁瑮嘉靖新修清豐縣志（以下簡稱「清豐縣志」）卷七鄉賢：晁公武，字子止，沖之之子，世號昭德先生。

王應麟困學紀聞卷二〇雜識：宋次道春明退朝録、晁子止昭德讀書志。攷之東京記：朱雀門外天街東第六春明坊，宋獻公宅，本王延德宅。宣德門前天街東第四昭德坊，晁文元宅，致政後，闢小園，號養素園，多閲佛書，起密嚴堂。

按：胡一桂周易啓蒙翼傳中篇晁公武易故訓傳注、曹學佺蜀中廣記卷四七宦游記一，俱云公武字子政，蓋「止」、「正」形似而誤，而「正」又譌作「政」也。説文解字第十二篇下：「夫武定功戢兵，故止戈爲武。」公武之字，當取此義。北宋諸晁中有字子政者，乃仲熙，公武族祖，元祐時官至右朝議大夫、判南京國子監，見清豐縣志卷五封廕、清勞格讀書雜識卷九宋人世系考上。又，胡一桂謂公武號德昭，當「昭德」之倒。

世爲澶州清豐人。六世祖佺始徙彭門。

直齋書録解題卷一易類昭德易詁訓傳條：敷文閣直學士、清豐晁公武子止撰。

郡齋讀書志（本傳略所據爲衢本，以下簡稱「讀書志」）卷一九晁文元道院别集條：右五世祖文元公也，諱某，字明遠。澶州人，自父始徙彭門。

宋史卷三〇五晁迥傳：晁迥字明遠，世爲澶州清豐人，自其父佺，始徙家彭門。

清豐縣志卷七鄉賢：按晁氏本澶州清豐人，厥後，因仕而居汴，因水而遷濟，因請老而憩嵩、鄭，因南渡而散楚、蜀：譬之水木，林委雖殊，源本則一。

按：公武占籍有幾説。有云鉅野者，見四庫全書總目卷八五郡齋讀書志條、宋詩紀事卷四八、嘉定府志卷三三政績、全宋詞、陳祺壽晁公武傳等。有云濟南者，見南宋館閣録卷八。有云濟北者，見管庭芬、蔣光煦宋詩鈔補晁沖之詩條。有云彭城者，見周易啟蒙翼傳引宋志、經義考卷二五晁氏易詁訓傳條引董真卿語、鄭堂讀書記卷三二。有云開封者，見後村大全集卷九五江西詩派總序之云晁沖之占籍。衆説紛紜，當以晁瑮所言爲是。諸晁本出清豐，後散居各地，如五世祖迥、高祖宗慤、曾祖仲衍居汴、父沖之嘗隱具茨山、族父補之又居鉅野。晁沖之晁具茨先生詩集卷十別餘道二十弟云：「飄零南北一衰門，知是澶淵五世孫。」是諸晁其占籍當澶州清豐爲是。宋時清豐，本屬澶州，後屬開德府，隸河北東路，治所今河南清豐。彭門，疑即彭城，治所今江蘇徐州。新唐志卷二雜史類有鄭樵彭門紀亂三卷，注云：「寵勛事。」是書資治通鑑卷二五一唐紀六十七考異頗引録。又樂史太平寰宇記卷十五引有彭門記、宋志卷三地理類有李震彭門古今集志二十卷，彭門俱指彭城。此爲證據一。公武父沖之及陳師道門（詳下）。師道，彭城人，嘗罷歸舊里，沖之從之學，蓋即其廢居之時。此彭城，宋張邦幾侍兒小名録拾遺即稱作彭門，其云：「晁無咎之貶玉山也，過彭門（按墨莊漫録卷三作徐州），而陳履常廢居里中，無咎出小鬟招奴舞梁州以佐酒，履常作小闋木蘭花。」此爲證據二。彭城即彭門，唐宋人固有此稱。然榮縣志卷十秩官云：「公武六世祖佺始家彭門，五世祖迥著有昭德新編，世居蜀中，故公武與仁壽喻汝礪、丹稜李燾世交友善。省志稱靖康末避難入蜀，殆未詳審。」

此蓋以彭門爲四川彭縣，遂附會晁氏世居蜀中，非也。

晁氏在北宋時爲天下甲門，家聲極盛。巍科清秩，中外聯翩，子孫繁衍，文獻相承，故有「天下無他晁」之説。其中尤以公武五世祖迥、高祖宗慤、曾祖仲衍、世父載之、從父説之、詠之、族父補之爲最稱著。紹聖間，黨禍既起，晁氏羣從多在黨中，元符末則多列之邪籍。

宋史卷三〇五晁迥傳：迥，字明遠。太平興國五年進士。真宗時，特拜工部尚書、集賢院學士、判西京留司御史臺。仁宗即位，遷禮部尚書，以太子太保致仕。卒謚文元。時朝廷方修禮崇文，詔令文誥多出其手，一時名流，如李淑、晏殊、宋綬等，均出門下。所著有翰林集等十種。

宋史卷三〇五晁宗慤傳：宗慤，字世常。初以蔭進，尋召試進士及第。天聖中，累遷尚書祠部員外郎、知制誥。與父迥掌誥，一夕草將相五制，褒揚訓戒，人所得宜，爲時所罕見。宋綬嘗曰：「自唐以來，唯楊於陵身見其子嗣復繼掌書命，今始有晁氏焉。」卒賜工部尚書，謚文莊。王珪華陽集卷三八提點京東諸路州軍刑獄公事兼諸路勸農事朝散大夫行尚書祠部員外郎充秘閣校理上輕車都尉借紫晁君仲衍墓志銘：仲衍，字子長。賜進士第，充秘閣校理，出爲懷州守，調京東提點刑獄，官至祠部員外郎。所著有文集等七種。

讀書志卷一九晁氏封丘集條、朱弁風月堂詩話：載之，字伯宇。少從陳師道學。紹聖四年鏁廳中進士第。坎壈終身，卒官封丘丞。學問精博，少有其比，所著有封丘集、續談助等。

渭南文集卷一八景迂先生祠堂記、嵩山文集附録、祭待制晁四丈文等：説之，字以道，又字伯以、季此。慕司馬光爲人，號景迂生。元豐五年進士。蘇軾以著作科薦之。崇寧後，坐上書邪等斥不得立朝。終徽猷閣待制。博極羣書，善畫工詩，通六經，尤精易傳。所著有易商瞿大傳、景迂生集等三十六種。

宋史卷四四四晁詠之傳：詠之，初名深之，字深道，改名後字之道，又字叔予。説之弟。紹聖元年進士，建中靖國三年中宏詞第一，一時盛傳其文。元符末罷官。久之，爲京兆府司録事，秩滿，提點崇福宮。所著有崇福集等三種。

宋史卷四四四晁補之傳等：補之，字無咎，號濟北，晚號歸來子。年十七著七述謁蘇軾，軾先欲有所賦，讀之嘆曰：「吾可以擱筆矣！」由是知名。元豐三年進士，試開封及禮部別院皆第一。紹聖初，落職，監信州酒。官至光禄大夫、翰林學士。爲「蘇門四學士」之一。所著有雞肋集等八種。

周必大廬陵周益國文忠公集平園續稿卷三五迪功郎致仕晁子與墓志銘：晁氏子孫蕃衍，分東西眷，散處汴、鄭、澶、蔡間，皆以「昭德」爲稱。蓋宗生仲，仲生端，端生之，之生公，公生子、子生百、百生世，奕葉聯名，文獻相承，舉天下無他晁，嗚呼盛哉！

喻汝礪晁具茨先生詩集序：宋興五十載至咸平、景德中，儒學文章之盛，不歸乎平棘宋氏，則屬之澶淵晁氏。二氏者，天下甲門也。其子孫焠掌勵志，錯綜而藻繢之，皆以文學顯名當世。又曰：方紹聖初，天下偉異豪爽絶特之士，離讒放逐，晁氏羣從，多在黨中。

陸心源儀顧堂集卷六刻續談助序：澶淵晁氏爲北宋文獻之宗，自文元而下，不但巍科清秩，中外聯翩，如景迂説之、深道詠之、叔用沖之、無咎補之、伯咎公邁、子止公武、子西公遡，各以氣節文章名當世。此外著書編集傳世亦多。自文元至公武羣從子孫數十人，著述之見于各家書目者數十種，今尚有十五種。一門著書之富，未有如是之盛者也。

按：以上所舉諸人登第年代皆據清豐縣志卷四進士。勞格讀書雜識卷九宋人世系考上嘗考晁氏世系，載列自公武六世祖佺以下諸晁姓氏仕履凡二百二十餘人，搜輯可謂勤矣，雖不無遺漏，然大體精詳，可參看。

父沖之，字叔用，一字叔道。少年豪華自放，嘗受學於陳師道。舉進士。紹聖初以黨禍被謫，遁棲具茨山下，屢薦不應。世稱具茨先生。善詩，爲「江西詩派」二十五人之一。有晁具茨先生詩集十五卷、晁沖之詞一卷。

讀書志卷一九晁氏具茨集條：右先君子詩集也。吕本中以爲「江西宗派」，曾慥亦稱公早受知於陳無己，從兄以道嘗謂公宗族中最才華。

喻汝礪晁具茨先生詩集序：予曩游都城，與晁用道爲同門生。後三十六年識其子公武於涪陵，又一年，見之於武信。愛其辨博英峙，辭藻藹如也，因與之善。初不知其爲用道子也。一日來謁，曰：「先公平生多所論著，自丙午之亂，埃滅散亡。今所存者特歌詩二百許篇，涪陵太守孫仁宅既爲鑱諸忠州酆都觀，窅然林水之間矣，敢丐先生一言以發之。」予亟聞其語，謝曰：「願聞先君之所以含詠而獨游者。」公武於是出其家譜牒，乃知其先君名沖之，字叔用，世所謂具茨先生者也。予於是聳然曰：「是吾用道也耶？第今字叔用，爲小異耳。」已而追懷平昔周旋之舊。蓋自京師之別，絶不相聞，今乃幸與其子遊，又獲觀其所論著，爲之慨歎者久之。嗟乎！予安得不爲吾用道一言哉！方紹聖之初，天下偉異豪爽絶特之士，離讒放逐，晁氏羣從，多在黨中。叔用於是飄然遺形，逝而去之，宅幽阜、蔭茂林於具茨之下，世之網羅不得而攖也。暨朝廷諸公謀欲起之，迺復任心獨往，高挹而不顧，世之榮利不得而羈也。至于疾革，乃取平生所著書聚而焚之，曰：是不足以成吾名，世之言語文章不得而汚也！由是觀之，吾叔用之所以傳於後世者，果於詩乎？顧其胸中必有含章内奥而深於道者矣。宋興五十載，至咸平、景德中，儒學文章之盛，不歸之平棘宋氏，則屬於澶淵晁氏。二氏者，天下甲門也。太子太傅文元公事章聖皇帝，飛詞禁苑垂二十年。當是時，甄明舊儀，緒正禮樂，一時詔令，皆出其手。於是朝廷典章法度之事，非六籍之英，則三代之器也。迨其子文莊公繼踐西省，是時文元公方請老家居也。宋宣獻以謂世掌書命者，惟唐新昌楊氏及見其子，而晁氏繼之。至慶曆中，遂參大政，議論深博，識者韙之。然則，叔用以文莊公爲曾大父，以文元公爲高祖，其家世風流，人物之美，淵淳浚深，畜厚而發遠。自王文獻、李文正、畢文簡、趙文定四三公，富有百氏九流之書，而晁氏尤瓌富閎溢，所藏至二萬卷。故其子孫焠掌勵志，錯綜而藻績之，皆以文學顯名當世。予嘗從叔用商近朝人物、嘉言善行、朝章國典、禮文損益，靡不貫洽。由叔用之學而達諸廊廟之上，温厚足以代言，淵博足以顧問，則以詩鳴者，豈叔用之志也哉！雖然，叔用既已油然棲志於林澗曠遠之中，遇事寫物，形於興屬，味其風規，淵雅疎亮，未嘗爲悽怨危憤、激烈愁苦之音，予於是有以見叔用於晦明消長、用舍得失之際，未嘗不安而樂之者也。嗚呼！所謂含章内奥而深於道者非耶？秦漢以來，士有抱寄懷能、流落不遇，往往燥心汙筆，有怨悱懍悷沉抑之思，氣俟急刻，不能閑遠，古之詞人皆是也。太史公作賈誼傳，蓋以屈原配之，又裁録其二賦焉；至誼論三代之陶世振俗固結天下之具，與夫秦之所以暴興棘亡斬艾天下之術，則遷有所不録也。何哉？豈遷之意，謂誼一不平乎其中，遂哀怨壹鬱，泣涕以死，借使文帝盡用其言，則誼亦安能有所建立於天下乎？惟深於道者，遺於世而不怨，發於詞而不怒，君子是以知其必能有爲於世者也。嗟乎！吾於叔用豈直以詩人命之哉！紹興十一年九月五日，陵陽喻汝礪序。

劉克莊後村大全集卷九十五：此序筆力浩大，與叔用之詩相稱。余讀叔用詩，見其意度沉闊，氣力寬餘，一洗詩人窮餓酸辛之態。其律詩云：「不擬伊優陪殿下，相隨于蔿過樓前。」亂離後，追敍承平事，未有悲哀警策於此句者。晁氏家世貴顯，而叔用不肯於此時陪伊優之列，而甘隨于蔿之後，可謂賢矣。它作皆激烈慷慨，南渡後，放翁可以繼之。

張邦基墨莊漫録卷八：政和間，汴都平康之盛，而李師師、崔念月二妓名著一時。晁冲之叔用每會飲，多召侑席，其後十許年再來京師，二人尚在，而聲名溢于中國，李生者門第尤峻。叔用追往昔，成二詩以示江子之。

直齋書録解題卷二〇詩集類下具茨集條：晁冲之叔用撰。冲之在羣從中亦有少華，而獨不第。紹聖以來，黨禍既作，超然獨往。侍郎公武子止蓋其子也。

按：此謂冲之不第，恐有誤。

同上書卷二一晁叔用詞條：晁冲之撰。壓卷漢宫春（梅）詞行於世，或云李漢老作，非也。

曾敏行獨醒雜志卷四：政和間，置大晟樂府，建立長屬。時晁冲之叔用作梅詞以見蔡攸，攸持以白其父曰：「今日於樂府中得一人。」元長覽之，即除大晟丞。詞中云：「無情燕子，怕春寒常失佳期。惟有南來塞雁，年年長占開時。」以爲燕與梅不相關而挽入，故見筆力。

按：此謂冲之嘗爲大晟丞，恐不可信，姑録以備考。

吕本中東萊吕紫微師友雜志：晁冲之叔用，文元之後。少穎悟絶人，其爲詩文，悉有法度。大觀後，予至京師，始與游，相與如兄弟也……大觀、政和間，予客京師，叔用日來相招，如不能往，即再遣人問訊。

吕本中東萊先生詩集卷一五閑居感舊偶成十絶乘興有作不復詮次：平生親愛獨諸晁，叔用相親共寂寥。半日不來須折簡，暫時相遠定相招。

胡仔苕溪漁隱叢話前集卷四八：吕居仁近時以詩得名，自言傳衣江西，嘗作宗派圖，自豫章以降，列陳師道、潘大臨、謝逸、洪芻、饒節、僧祖可、徐俯、洪朋、林敏修、洪炎、汪革、李錞、韓駒、李彭、晁沖之、江端本、楊符、謝薖、夏倪、林敏功、潘大觀、何覬、王直方、僧善權、高荷，合二十五人，以爲法嗣，謂其源流皆出豫章也。

兄弟可考者五人：兄公休、弟公遡、公槃、公退、公適。

傅忠肅公集附宋故朝散郎尚書吏部員外郎贈徽猷閣待制傅公行狀乃建炎二年十月晁公休撰，其結銜爲：「從事郎前隆德府司士曹事。」

建炎以來繫年要録卷三四：建炎四年六月，王彦鎮金州，歛民倍常，凡屬縣莫敢抗。漢陰令任城晁公休獨不用其令，彦召至州，因欲殺之，公休不爲屈，彦亦弗敢害也。宣撫處置使張浚聞其言，召爲糧料官。原注：晁公休事，據晁公遡所作墓誌云爾，不得其年，因書王彦戍金州，且附見此。

程遇孫等成都文類卷五録其詩過莊嚴寺留三絶句拉舍弟同賦。其一：「十里溪橋梵宇新，那知陌上漲紅塵。老僧苦要題名姓，不道林泉皆故人。」其二：「病起支離倚瘦筇，幅巾芒屩竹陰中。鬧蟬未有驚人句，且就禪床一榻風。」其三：「機杼聲中禾稻肥，疇瓜區芋緑成畦。田家樂事今如許，何日邊城息鼓鼙。」

晁公遡新刊嵩山居士文全集卷四七有送子嘉兄赴達州司户序。

按：以上公休。公休蓋字子嘉，詳下。成都文類所録詩稱「舍弟」即公武。

清豐縣志卷四進士：晁公遡，紹興八年黄仕度榜進士，官至朝奉大夫直秘閣。

四庫全書總目卷一五八嵩山居士集條：宋晁公遡撰。公遡，字子西。鉅野人，公武之弟。宋史無傳，其仕履無考。今案集中上周通判書題左迪功郎知梁山軍梁山縣尉，又程氏經史閣記稱嘗爲涪州軍事判官，又與費行之小簡稱紹興三十年内任施州通判，又眉山到任謝表及謝執政啓，則嘗知眉州，又答史梁山啓稱猥從支郡，遽按祥刑，而集首師璿序亦稱其爲部使者，則又嘗擢官提刑而不詳其地。又眉州州學藏書記題乾道年月，而丙戌元夕詩有「刺史敢云樂」句，丙戌爲乾道二年，是時正在眉州，此集刻於乾道四年，蓋皆眉州以前所作。師璿序又稱公遡抱經堂稾以甲乙分第，汗牛充棟，此特管中之豹，則其選輯之本也。晁氏自迥以來，家傳文學，幾於人人有集，南渡後則公武兄弟最爲知名。公武郡齋讀書志世稱該博，而所著昭德文集已不可見，惟公遡此集僅存。

周必大廬陵周益國文忠公集省齋文藁卷三十五朝請大夫知潼川府何君(耕)墓誌銘：乾道四年，綿漢大飢，公詔帥檄賑濟，過家率族黨發私廩爲之倡，里富人獨閉糴，公登門曉之，弗聽，械繫其家人，遠近輸米相踵，全活不可計。文人晁公遡爲提點刑獄，詩以美之。

建炎以來繫年要録卷一九〇：紹興三十年五月乙未，少保奉國軍節度使領御前諸軍都統制職事判興州吳璘爲四川宣撫司，仍命敷文閣直學士四川安撫制置使兼知成都府王剛中同措置應干事務，時有詔夔路遣兵五百人往峽州屯駐，俟荆南有警，則令夔路安撫使李師顔親往援之。左承議郎、知梁山軍晁公遡始至官，以書遺大臣曰：公遡在蜀久，於其山川險阻亦粗識之……江夏田公，蓋與襄陽交至淺也。朝廷本使田公在江夏，以荆襄委之，而倚爲距防。今而分其地以予至淺之交，荆州有警，又近舍田公而用李武當，田公能不觖望？萬一襄陽不支，必謂非我部曲，不得專其功，則不肯赴其難，是襄陽獨三千人禦大敵……公遡未暇憂此。公遡，任城人也。

宋人世系考上：公遡，字子西，公武弟，稱箕山先生。見二百家名賢世次。

宋史卷三八八李燾傳：子屋試賢良方正直言極諫科。燾素謂唐三百年不愧此科者惟劉去華，心慕之，嘗以所著通論五十篇見蜀帥張燾，欲應詔，不偶而止。其友晁公遡以書勉之，燾答以當修此學，必不從此舉。既不克躬試，於是命二子屋、塾習焉。至是，吏部尚書汪應辰薦屋文行可應詔，故有是命。

姚覲元、錢保塘涪州石魚文字所見録（載古籍彙刊第一集第四編金石類）：孫仁宅等題記云：涪陵江心石上昔人刻魚四尾，旁有唐識云：「水涸至其下，歲則大稔，隱見不常，蓋有官此至終更而不得覩者。」紹興庚申首春乙未，忽報其出，聞之欣然，庶幾有年矣。邀倅林琪來觀，從遊者八人：張仲通、高邦儀、晁公武、姚邦孚、仁宅之子允壽、公武之弟公退、公適、邦儀之子寧祖。郡守孫仁宅題。又晁公武等題名云：晁公武邀外兄高邦儀、外弟孫允壽，弟公榮、公退、公適，姪子員，表姪高寧祖、甥王掖仝觀石魚。紹興庚申正月二十日。

瞿鏞鐵琴銅劍樓藏書目録卷二十一新刻嵩山居士文全集條：題晁公遡子西。……又案集有送子嘉兄赴達州司户序，蓋沖之五子：公休字子嘉，公武字子止，公遡字子西，公退字子兼，又有字子愈者不詳其名。

按：涪州石魚文字所見録所録亦見陸增祥八瓊室金石補正卷八三石刻題記一百段條，上引刻魚四尾脱魚字，據補。公武既有甥王掖，則沖之當有女嫁王姓者。

公武居蜀既久，所交多當地文人，如李燾、蘇符、程敦厚、趙次公之輩。葉夢得乃其表兄，陸游乃其甥也。

讀書志卷一八別集類中李賀集條：外集予得之梁子美家。

讀書志卷六雜史類呂夏卿兵志條：公武得之于宇文時中，季蒙題其後云……。

讀書志卷一九別集類下晁文元道院別集等條：自經兵亂，六世圖書，焚棄無孑遺。法藏碎金世傳最廣，先得之於趙郡蘇符，昭德新編則得之於丹稜李燾，道院別集則得之於知閬州王輔，耄知餘書則得之於眉山程敦厚，理樞則得之於澠池集中。

增刊校正王狀元集注分類東坡先生詩卷四芙蓉城并序「竟坐誤讀黄庭經」句趙次公注云：聞之晁子止云，神僊黑紙白字寫黄庭經，名曰玉字黄庭經，唐人有詩「誤緣不是凡心起，月黑鈎牕讀字難。」

晁具茨先生詩集卷十一有和葉甥少蘊內翰重開西湖見寄二首、和寄葉甥少蘊內翰見招。（詩略）

陸游渭南文集卷三〇跋諸晁書帖：某之外大母清豐君，實具茨先生女兄，而墓誌則景迂先生所作。

老學庵筆記卷七：先夫人幼多在外家晁氏，言諸晁讀杜詩「穉子也能賒」、「晚來幽獨恐傷神」，「也」字、「恐」字皆作去聲讀。

同上卷十：昭德諸晁謂壻爲借倩之倩，云近世方訛爲倩盼之倩。予幼小不能叩所出，至今悔之。

晁氏故家多藏書，尤善校讎，故視同時諸家所藏爲精，然中原無事時已有火厄，自經兵亂，六世圖書，焚棄幾無遺。

讀書志晁公武自序：公武家自文元公來，以翰墨爲業者七世，故家多書，至於是正之功，世無與讓焉。然自中原無事時，已有火厄，及兵戈之後，尺素不存也。

同上卷十九別集類下晁文元道院別集等條（詳前，略）。晁說之嵩山文集卷一六劉氏藏書記：予家則五世於兹也，雖不敢與宋氏爭多，而校讎是正則未肯自讓。乃去年冬火亦告譴，不謂前日悲愴痛恨乎宋氏者，今自涕泣也……政和乙未七月十一日。

魏了翁鶴山先生大全集卷四一眉山孫氏書樓記：晁文元累世之富，校讎是正，視諸家爲精。自中原無事時已有火厄，至政和甲午之災，尺素不存。

按：公武自序「七世」疑當作「六世」。晁氏六世藏書，經火厄兵燹，先祖所著各書亦不復存，是公武入蜀之初，其收藏確乎殆盡，然所云「尺素不存」，並非一書不存也。讀書志收録諸書，其解題往往注明家本，當係焚棄之餘。如卷一易類周易緯稽覽圖、徂徠先生周易、李氏集解、卷一二雜家類淮南子、卷一三小說類世說新語、卷一四類書類北堂書鈔等。而卷一六神仙類坐忘論解題曰：「唐司馬承禎子微撰。凡七篇。其後有文元公跋，謂子微之所謂『坐忘』即釋氏之言『宴坐』也。」是此書必爲其家舊藏無疑。由此可見，所謂「尺素不存」乃對昔日縹緗滿目、插架琳琅而言（舊藏爲二萬卷，見前引喻汝礪晁具茨先生詩集序）蓋誇大之辭耳。後人以爲前志四卷，著録乃井度贈書，出公武自撰，後志二卷，著録乃姚應績書，以其書充公武書，並以此推斷後志非公武自撰，其誤所由，蓋即曲解「尺素不存」一語。井度、公武書並不以前志、後志分。詳見拙文郡齋讀書志衢袁二本比較研究（載文史第二十輯）。

公武自少時浸耽於羣書之中，廣狩博獵，學有淵源。

文獻通考卷二三八經籍考卷六五昭德晁公文集條：侍郎晁公武子止撰……其答進士劉興宗書曰：「僕少時貫穿羣書，出入百氏，旁逮釋老、恢詭之學，一再終星，其勤亦至矣。亡得焉，反而求之六藝，似於道有見也，乃願師董仲舒、心奇賈生而病其雜也。」則公之學可覩矣。

按：殿本經籍考「一再終星」之「星」誤作「日」，今據盧文弨羣書拾補改正，盧氏云：「十二年一星終，此言二十餘年也。」公武生年失考，王重民郡齋讀書志與直齋書録解題（載圖書館一九六三年第四期）謂：公武紹興二十一年（一一五一）開始撰寫讀書志時近五十歲，然則公武生年當在徽宗崇寧（一一〇二——一一〇六）間。

逢靖康之亂，公武攜家入蜀，寓居嘉州。

文獻通考卷二三八經籍考卷六十五昭德晁公文集條引後溪劉氏（光祖）序云：國家丙午之變，中原衣冠，不南渡則西入於蜀。其入於蜀者，有能言當時理亂興喪之由，而明乎得失之跡，歷歷道往事、誦京洛之遺風者，鮮矣，籍令有之，而能達之乎文辭，可使耳目尚接乎而後之人有傳焉者，亦又鮮焉。昭德晁公蓋能言當時理亂興喪之由，而明乎得失之跡，道往事，誦遺風，而又能達之乎文辭以傳者也。其經事之多，嘗艱之久，而學日益強，文日益力，猶以爲未足。

清豐縣志卷七鄉賢：宋宣和丙子之變，衣冠盡南渡，公挈家西入蜀。

嘉慶四川通志卷四六輿地陵墓嘉定府樂山縣引舊志云：晁公武靖康中避亂入蜀，愛嘉州之勝，後雖累官他所，而卒於符文鄉小石橋。

高宗紹興二年登進士第。

清豐縣志卷四進士：晁公武，紹興二年張九成榜進士，官至敷文閣學士，歷四川制置使。

按：紹興二年，爲公元一一三二年。

初爲四川轉運副使井度屬官。井度，字憲孟，嗜書善藏，嘗校刊「眉山七史」等，公武蓋亦與其役。

建炎以來繫年要録卷一五六紹興十七年二月乙未朔條引李燾撰晁公武墓誌：階、成、岷、鳳四州並屬利州路，爲經略使者當更名。有旨令宣撫司仿雄州安撫司例措置申樞密院。一府愕眙，莫知其原。公時在都轉運司，乃從旁爲言：此景德三年故事，顧與今事不類。宣撫司即用公言，奏析利州路爲東、西，俾先爲經略使者分領之。由此益重公而幕下士皆忌。其後，宣撫使緣他故重貶，議者或咎公，憾彼不相知，有所報復，蓋非也。李心傳注云：公武，沖之子，此時爲總領四川宣撫司錢糧所主管文字。

按：李心傳所謂此時乃指紹興十七年二月。據建炎以來繫年要録卷一三六、一五三，井度爲四川轉運副使當在紹興十年(一一四〇)閏六月至十五年(一一四五)夏四月之間。又據宋史卷三〇高宗紀,分利州爲東、西路時在十四年(一一四四)九月,是李燾所謂公時在都轉運司,其時當在十四年九月前。十五年夏四月,省都轉運司,以其事歸宣撫司,公武蓋仍在宣撫司屬下,直至爲趙不棄屬官。詳下。又,李燾所謂宣撫使乃鄭剛中,亦詳下。

讀書志自序:南陽井公天資好書,自知興元府至領四川轉運使,常以俸之半傳録。時巴蜀獨不被兵,人間多有異本,聞之未嘗不力求,必得而後已。歷二十餘年,所有甚富。既罷,載以舟即廬山之下居焉。

讀書志卷五正史類宋書條:紹興十四年,井憲孟爲四川漕,始檄諸州學宫求當日所頒本。時四川五十餘州,皆不被兵,書頗有在者,然往往亡闕不全,收合補綴,獨少後魏書十許卷,最後得宇文季蒙家本,偶有所少者。於是七史遂全,因命眉山刊行焉。

按:仁宗嘉祐中,以宋書、南齊書、梁書、魏書、北齊書、周書舛謬亡闕,命館職讎校。曾鞏等以秘閣所藏多誤不足憑以是正,請詔天下藏書之家悉上異本。久之,始集。英宗治平中,曾鞏等校定七史上之。徽宗政和中,頒之學官,民間傳者尚少。未幾,遭靖康之亂,中原淪陷,諸史幾亡。井度遂有求書校刊之舉。此七史今尚存,商務印書館據以影印收入百衲本二十四史。井度校刊書蓋有公武與其事。

讀書志卷一六釋書類會解楞嚴經條:右唐僧彌伽釋迦譯語,房融筆授。皇朝井度集古今十二家解去取之,成此書。予嘗爲之序。

讀書志卷八地里類蜀三神祠碑文條：右皇朝井度編。任四川漕日，裒梓潼、灌口、射洪三神祠碑文板記成此書云。

按：讀書志卷一六釋書類尚著録井度所編分燈集二十五卷、禪苑瑤林一百卷。内容無關井、晁事蹟，不録。又，嘉慶四川通志卷一六五人物流寓嘉定府引舊志云公武紹興中舉進士，調榮州司户，後知成都府云云。錢保塘事略疑與公武任榮州刺史相混而誤，今從之，録以備考。

紹興十五年十一月，趙不棄爲四川宣撫司總領錢糧官，辟公武爲其錢糧所主管文字，依爲心腹。公武引宣撫副使鄭剛中所逐魏彦忠，相與物色剛中之失上聞，遂興大獄。

宋史卷三〇高宗紀：紹興十五年十月庚子，置四川宣撫司總領錢糧官。

宋史卷二四七宗室列傳四：不棄字德夫，太宗之裔。紹興中，爲江東轉運判官。秦檜忌四川宣撫使鄭剛中，以不棄能制之，除太府少卿、四川宣撫司總領官。初，趙開總蜀賦，宣撫司文移率用申狀，不棄至官，用張憲成故事，以平牒見剛中。剛中愕然，久之始悟其不隸己，遂有隙。不棄欲盡取宣撫司所儲，剛中不與，不棄怒。剛中辟利州轉運使王陟兼本司參議，不棄劾罷之。二人愈不相能，檜併召還。剛中在蜀，服用頗踰制，不棄復文致其事。檜乃罷剛中，陞不棄敷文閣待制，知臨安府。李心傳建炎以來朝野雜記甲集卷八鄭亨仲欲併掌利權條：建炎中，張魏公爲宣撫處置使，節制川、陝、京、湖十三路，便宜黜陟。魏公既罷，其後去便宜，猶於兵民財無所不總，故其權常重。若財賦舊以都轉運使任之，然大抵皆隸宣撫司。紹興中，秦檜之既與鄭亨仲有間。十五年十一月，始命趙侍郎不棄以太府少卿爲四川宣撫司總領官，蓋陰奪其柄。亨仲不悟也。趙入疆移文宣撫司用平牒，亨仲見之愕而怒，久之始悟其不隸己也。十八年，宣撫司罷，又改爲總領四川財賦錢糧，蓋自爲一司，迄今不改。然自辛巳用兵後，凡文臣執政官爲宣撫使，則總領官用申狀，受約束，武臣爲宣撫使，則抗禮平牒焉。

按：鄭剛中，字亨仲。傳具宋史卷三七〇。所述與以上所引大略相同，不復轉録。

建炎以來繫年要録卷一七八：紹興二十七年十二月戊申，殿中侍御史王珪言：「潼川府轉運判官晁公武，傾險出其天性，初爲井度屬官，專事掊尅聚斂，以濟其私。乃度之罷，求爲鄭剛中幕客，不從，遂以剛中之事告於趙不棄，至興大獄，攝逮紛然，連及平人，死非其罪。不棄倚爲心腹，薦之故相秦檜自屬，官更歷數郡。所至貪暴，人不聊生。」又云：「公武與左朝散郎新知蓬州馮時行，此兩人者，蜀人常被其害，今豈可令遺患於一方？」乃併罷之。

王明清揮麈餘話卷二：熙寧三年，詔宗室出官從政于外方，惟不許入蜀。鄭亨仲本秦檜之所引，自溫州判官，不數年，登禁近，遂以資政殿大學士宣撫川峽。亨仲駕馭諸將雖外敬而內憚之。適亨仲有忤秦之意，因相與媒孽，言其有跋扈狀。秦聞之，謀於王顯道喚，喚云，不若遣一宗室有風力者往制之，因薦趙德夫不棄焉，於是創四川總領財賦命。德夫至坤維，得晁公武子止于冷落中，辟爲幹辦公事，俾令採訪亨仲陰事，欲加以罪。又以德夫子善究爲總領司幹辦公事，越常制也。子止又引亨仲所逐使臣魏彦忠者，相與物色其失上聞，遂興大獄，竄籍亨仲，即召德夫爲版曹云。原注：張文老云。

按：王珪所劾公武語，錢保塘、陳壽祺俱不之信。錢氏事略云：「剛中罷謫，由於秦檜怒其在蜀專擅，因令趙不棄制之，不棄求其陰事，文致於檜，積不相能，檜併召還，具見繫年要録、宋史本傳，非盡由公武所致，珪言似未必得實。惜李燾集已亡，不得公武誌銘全文以證其事也。」陳氏晁公武傳引繫年要録併前引繫年要録所録李燾撰晁公武墓誌，云：「錢説極是……李燾爲公武雪寃，此其大略，宜錢氏思其全文也。」今舍李燾所辯，用王珪、王明清之所叙記，根據是：一、主管文字之職，非心腹莫屬，不棄倚公武爲心腹必不誣。二、剛中、不棄二人不相能，公武如見重於剛中，不棄必不倚爲心腹，故知李燾語不實，墓誌往往美化墓主，不可過信，而公武原在冷落中，不棄辟用之，方合情理，故王明清所記爲可信。三、公武之爲不棄心腹，必有所攀倚。不棄既爲物色剛中過失而來，公武之攀倚不棄，必投其所好。剛中之罷，固非盡由公武，然不棄文致而告於秦檜者，其中當有公武陰中所告。四、公武尋除恭州刺史，即不棄所薦，與王珪所言亦合。五、公武後依附秦檜餘黨湯思退，言其爲熱衷官場之人（王重民文中語），誠是。此時投不棄亦與其爲人品性相一致。剛中與不棄之爭鬥，乃統治階級内部傾軋，公武實參與何方，今人不必爲之隱諱，更不必爲之左袒。

十七年，以左朝奉郎通判潼川府。

建炎以來繫年要録卷一五六：紹興十七年秋七月甲戌，左朝奉郎新通判潼川府晁公武知恭州，趙不棄薦之也。

按：前引繫年要録卷一五六紹興十七年二月乙未朔條李心傳自注云：「此時爲總領四川宣撫司錢糧所主管文字」，而此秋七月甲戌知恭州，是公武通判潼川僅數月耳。潼川府，屬潼川府路，本梓州，重和元年升爲府。治所今四川三臺。

尋知恭州，趙不棄薦之也。

建炎以來繫年要録卷一五六：紹興十七年秋七月甲戌，左朝奉郎新通判潼川府晁公武知恭州，趙不棄薦之也。

清張九鎰等巴縣志卷之一疆域古蹟古碑豐年碑：在朝天門漢江水底石盤上，碑形天成，見則豐年。一名「雍熙碑」，一名「靈石」。漢、晉以來，皆有刻，非江水涸極不可得見。其一，八分書刻，云：「昭德晁公武休沐日率單父張存誠、壁山馮時行、通泉李尚書、普慈馮樽，同觀晉、唐金石刻，唯唐張孟所稱光武時題識下不可復見矣。惜哉！紹興戊辰二月戊戌。」

按：「長江流域規劃辦公室、重慶市博物館共同組成的歷史枯水調查組所撰長江上游宜渝段歷史枯水調查（載文物一九七八年第八期）云：「朝天門左面有長約二百米的石梁延伸江心，分隔兩江之水，靈石題刻即位於石梁中部水下石盤上。」恭州，宋時屬夔州路，後以高宗潛藩，升爲重慶府。治所今四川重慶。

移知榮州。得井度贈書。以任所僻左少事，遂合自家舊藏，整比而董理之，日夕以丹鉛爲事，校其舛誤，終篇輒撰爲解題，是爲郡齋讀書志初稿也。時紹興二十一年。

嘉慶四川通志卷五九輿地金石嘉定府：晁公武摩崖碑，在榮州，公武以紹興中刺榮州，重建環城石橋四，摩崖刻石紀之。

嘉定府志卷三二政績：晁公武紹興二十一年嘗以侍郎改刺榮州。重建環城石橋四，役工二萬有奇，摩崖紀事，今尚存，惜剥泐不可卒讀。公武家富藏書，又得南陽公書五十篋，守榮州日著有晁氏郡齋讀書志。

榮縣志卷三建置津梁表：富義門外飛仙橋（宋紹興時採石爲梁，郡守晁公武重修磨崖銘序）。進賢橋（大南門外，宋紹興時郡守晁公武重修）。通惠橋（小南門外，又名安定橋。前後無考，舊志注：宋紹興中郡守晁公武重修）。

同前書卷四山脈：子城者，環刺史署爲垣，世所謂古城也。其宸章閣、奎章閣，刺史晁公武經閣，俱廢。

同前書卷五水道：榮門山上有四橋，皆宋知州晁公武所重建者，摩崖書銘今已歿。

同前書卷十秩官：公武紹興中舉進士，二十一年以侍郎改刺榮州，撰郡齋讀書志。

同前書卷十一社祀：諸儒祠，祀縣人王潛夫、尤袤、王顗、勾龍浧，勾龍傳。在縣東。宋知州晁公武建，今廢。

同前書卷一三古蹟：昭德堂，在刺史署，宋晁公武建，與講教堂俱廢。晁氏，世家大族，文物備載史集。祖迥，居京師昭德坊，著昭德新編，故公武名此堂，撰郡齋讀書志也。陸游昭德堂晚步詩云：「笑喚枯筇蹋夕陽，探春聊作靜中忙。高枝鵲語如相命，幽徑梅開祇自香。苔蝕斷碑驚世換，鐘來廢寺覺城荒。謫仙未必無遺恨，老父題詩到夜郎。」

按：陸游詩載劍南詩稿卷六。游於淳熙元年（一一七四）冬攝知榮州事，留榮七十日，被命爲成都府路安撫司參議官兼四川制置司參議官而去。

讀書志自序：（井度）宿與公武厚。一日，貽書曰：「某老且死，有平生所藏書甚秘惜之。顧子孫稚弱，不自樹立，若其心愛名，則爲貴者所奪；若其心好利，則爲富者所售，恐不能保也。今舉以付子，他日其間有好學者，歸焉，不然，則子取之。」公武惕然從其命。書凡五十篋，合吾家舊藏，除其複重，得二萬四千五百卷有奇。今三榮僻左少事，日夕躬以朱黄讎校舛誤，終篇輒撮大旨論之。豈敢效二三子之博聞，所期者不墜家聲而已。書則固自若也，倘遇其子孫之賢者，當如約。紹興二十一年元日昭德晁公武序。

按：榮州，屬潼川路府，後以光宗潛藩，升爲紹熙府。以境内有榮黎、榮隱、榮德三山，故亦稱三榮。治所今四川榮縣。公武知榮州，當始於紹興二十一年以前，嘉定府志與榮縣志謂二十一年以侍郎知榮州，其時蓋據公武自序，侍郎乃公武所終官，非當時所有，故不可信。然其所記榮州存留公武遺蹟可資參考。榮州所撰讀書志乃初稿，非終成之書，說詳見拙文郡齋讀書志衢袁二本比較研究。

周紫芝太倉稊米集書譙郡先生文集跋：余頃得柯山集十卷于大梁羅仲洪家，已而又得張龍閣集三十卷于内相汪彦章家，已而又得張右史集七十卷于浙西漕臺，而先生之制作於是備矣。今又得譙郡先生集一百卷于四川轉運副使南陽井公之子晦之，然後知先生之詩文爲最多，猶有網羅之所未盡者。晦之泣爲余言：「百卷之書，皆先君無恙時貽書交舊得之，手自校讎，爲之是正，凡一千八百三首，歷數年而後成。君能哀其所未得者，以補其遺，是先君子之志也。」

按：觀此，公武似未歸践言，故葉昌熾藏書紀事詩卷一作詩譏之，曰：「井公未必無賢裔，息壤何緣竟食言！」又云：「井公有子且能讀父書矣，公武何未聞還瓻也？甚矣践言之難也！」

又知合州。

明劉芳聲、田九垓合州志卷一形勝載公武清華樓記：魏大統初，於巴蜀要津置合州。其山曰龍多、曰銅梁，上接岷峨，下繚甌越，或斷或續，屬海而止，所謂「南戒」者也。予雅聞合流於城下，貫江沱，通漢沔，控引衆川，偕入於海，所謂「南紀」者也。予雅聞山川之美，既承守之意，謂必有瓌偉絶特之觀，暇日巡行後圃，周旋四顧，弗稱所期。既旬歲，一旦登麗譙南問而望，始大愛之，遂謀築層樓以覽其形勝，工未訖而引去。普慈景公篪實斷按疑當作繼之，尤愛其趣，乃增大規模，愈益閎麗。貽書求名與記。予謝不能，而堅請不置，因取古人秀句以「清華」名之，且爲之言曰：今玆樓高出雉堞之上，挾光景，臨雲氣，倚檻縱觀，仰則兩山錯出，林巒蔽虧於其前；俯則二水交流，島嶼映帶於其外。當霜氣澄鮮，淺瀨清激，及夫雨潦時至，狂瀾怒奔，而迅帆輕檝，常出没濤瀧蕩潏之間；當風日駘蕩，花明草薰，及其林葉變衰，呈露岩岫，而猿鳥騰倚，每隱見於叢薄晻靄之際，其水木之變態異容，蓋如此。雖文章若甫與樵固當極思摹寫而莫得其梗概焉，亦可謂瓌偉絶特矣。傳曰：登高望遠，使人心悴。然是以王仲宣顧瞻荆山而懷土，不以窮達異其情；范文正臨瞰洞庭而憂世，不以進退易其志，雖若不同，其有概於其中則一也。何當與公杖屨挈壺觴，共飲其上，耳目感觸，亦必有慨于中。酣而歌，歌長而慨慷；醉而舞，舞數而凌亂，徜徉徙倚，而不顧日之夕也。然公久以治最聞於時，將大攄其蘊，以致君利民，而予斥廢以來，無田廬可歸，旅思彌惡。文正之志，公蓋有焉，仲宣之情，予則未能忘也。

按：錢保塘事略引清華樓記所據乃四川通志卷五〇與地古蹟重慶府合州。錢氏曰：「按此記是公武嘗知州，不合其時。公武爲王珪劾罷在紹興二十七年，玩此記斥廢數語，當是二十七年前事，姑附於此。」今亦從之。王珪彈章謂公武官更歷數郡，合州蓋其中之一。合州，宋時屬潼川府路，治所今四川合川縣。

明曹學佺蜀中名勝記卷一八合州載有公武將發合州詩二句：銅梁山昏空翠重，石鏡水落灘聲遲。

按：此詩不詳何時作，姑附於此。

爲潼川府路轉運判官。二十七年十二月，殿中侍御史王珪劾罷之。

按：所據建炎以來繫年要録卷一七八已見前，此略。王珪，不詳其人。北宋仁、神宗時有二王珪，俱非此王珪。嘉定府志卷二一文秩刺史有榮州刺史王珪，亦高宗時人，在公武前任刺史。觀此王珪劾章熟悉西蜀情況，或即公武前任之王珪歟？

還職，知瀘州。

日本京都中文出版社地方志彙刊影印永樂大典卷二二一八「模」字韻「瀘州府」引江陽譜曰：荷池，在瀘州阜民堂前，上架石橋，以達於壯猷堂。紹興三十二年，晁公公武築室其上，榜曰「野航室」，今廢。晁公賦詩云：「平地積潦漲輕痕，宛若扁舟繫水濱。斷岸纔盈六七尺，低蓬恰受兩三人。迎簷悅目蒲蓮秀，隱几忘機鴈鶩馴。坐閱江湖好風景，不愁濤瀨闊無津。」

同上書又引江陽譜曰：南定樓，在瀘州芙蓉橋後羅城上，舊爲水雲亭，紹興三十二年晁公公武改建此樓，取諸葛孔明建安五年出師表語爲名，自爲之記。壁左右有李贊皇諸葛忠武像及南蠻、西夷地圖。其雄壯尤爲一郡勝，廣袤八丈有奇，面臨資江，簷廡高明，庭宇爽塏，凡帥守會僚屬將佐商略軍務多在是。右司范公仲藝書額。晁公詩云：「水接荊門陸控秦，卧龍陳蹟久尤新。劍關驛外青山舊，錦里祠邊碧草春。更築飛樓瞰瀘水，擬將遺恨問洪鈞。南方已定雖饒富，北望中原正慘神。」

同上書又引江陽譜曰：舊舫齋在瀘州蝸牛廬之側，今廢。晁公公武春日詩云：「蝸牛廬畔舫齋前，春曉風光絶可憐。雲補斷山尤秀拔，竹藏殘蘂尚嬋娟。」

范成大吳船録卷下：泊瀘州，登南定樓，爲一郡佳處，前帥晁公武子止所作，下臨内江。

瀘州志卷八古蹟志：南定樓。廣輿記云：在州治内，宋郡守晁公武建。

按：瀘州，屬潼川府路，治所今四川瀘州市。公武弟，公遡有寄瀘南子止兄詩，云「受詔予印綬，復作江陽行」，（詩詳下）故知公武嘗再守瀘州。時間當在紹興三十二年之前，然後由此入朝矣。

入朝爲吏部郎中，繼除監察御史。蓋由金安節薦也。

宋會要輯稿職官十七之二一：孝宗隆興二年三月十三日，詔晁公武除樞密院檢詳諸房文字。先是，公武由吏部郎中除監察御史。公武言：「竊見慶曆中詔，自今臺官毋得用見任輔臣所薦之人。至嘉祐四年，詔自來大臣所舉薦者，不得爲臺官，條約除去。兩者俱載國書。哲宗初政，中旨除范純仁、蘇轍爲諫官，皆大臣呂公著、司馬光等所薦，蓋用嘉祐詔也。于是，章惇曰：故事執政除所薦之人見爲臺諫官皆徙他官，不可違祖宗法，蓋引慶曆詔也。議者謂公著、光雖賢，其事不可悉從，惇雖姦，其言不可盡棄。」

宋史卷三八六金安節傳：初筮仕，未嘗求薦于人，及貴，有舉薦不令人知……薦晁公武、龔茂良可臺諫，皆稱職，二人弗知也。

張孝祥于湖居士集卷一九晁公武除監察御史制：御史府寄朕耳目，苟非其人，不在兹選。爾學有本原，才可經濟，萬里來朝，朕蓋得之一見之初。少試粉省，彌有華問，冠豸在列，肅我天憲。朕所親擢，爾往欽哉。

按：張孝祥於高宗紹興末、孝宗隆興初兩爲中書舍人，草公武制，未知在何時。龔茂良爲監察御史，在隆興時，蓋公武亦在孝宗初入朝爲臺諫。

孝宗隆興二年二月，以吏部員外郎兼國史院編修官。三月，又以樞密院檢詳諸房文字兼。

陳騤南宋館閣録卷八官聯下國史編修官條下收録隆興以後二人：胡銓、晁公武。晁公武名下注曰：二年二月，以吏部員外郎兼。三月，以樞密院檢詳諸房文字兼。

按：公武除樞密院檢詳諸房文字，在隆興二年三月十三日。參見前引宋會要輯稿職官十七之二一。

旋入臺省，爲右正言，多所論列。時孝宗初受禪，以官冗恩濫，思有以革之，公武等參酌上救弊之策。

宋會要輯稿食貨二一之四：隆興二年七月十三日，右正言晁公武言：「私酒及私麴之禁，蓋有成法，未聞有糯米之禁，其罰至於毀拆舍屋者，皆因王會知湖州日創行之，至今州縣以爲例。欲望行下諸路監司，嚴加禁戢，若州縣敢有禁糴稻米及毀拆犯人舍屋，必罰無赦。」從之。

宋會要輯稿選舉二〇之十六：隆興二年七月二十四日，右正言晁公武言：「今歲四川銓試，就潼川府鏁院懷安軍教授馬知退監試，潼川府銅山縣主簿樂純考試，潼川府司户高昱監門。知退私其鄉人，樂純私其同官之子，皆中高選，高昱則傳送假筆程文，又以所轉程文，交互販賣。事狀顯露，凡十餘人，人用賕三百緡，皆監試官、監門分取之。及揭榜，衆論沸騰，各付於理，然猶未竟，望以見事各免所居官，趣結案以聞。」從之。

宋會要輯稿職官七一之八：隆興二年八月十三日，詔提舉淮南東路常平茶鹽公事陳扃放罷，以右正言晁公武論其頃知信州爲政酷虐故也。

建炎以來朝野雜記乙集卷十五孝宗議權免奏薦及罷特奏名條：孝宗初受禪，以官冗恩濫，思有以革之，乃議定制。百官已任子者，遇郊恩權免奏薦。開賢良科，令中外普薦，而罷特奏名。手詔左諫議大夫王之望、殿中侍御史尹穡、右正言晁公武參酌來上。隆興二年七月庚寅也。既而瞻叔言：「陛下即位未久，恩澤未遍，此二事關於士大夫者甚衆，望少寬之。不已，則宜立奏薦限員，踰數者許回授，罷門客、親戚、漕司之試，止移鄰州。如是，則省額可減百十人。此救弊之策也。」子止亦乞增損制舉薦員，朝官年七十未致仕，則任蔭子。疏奏，乃詔：年七十歲人，遇郊不許奏子。俄又詔：未奏者，許奏一名。逮淳熙九年八月，始立奏薦限員。其後特奏名，又以三人而取一，皆略如上旨。然恩濫未大減也。

按：省冗官條亦見建炎以來朝野雜記甲集卷五孝宗革冗官條，云：隆興二年秋，詔右諫議大夫王之望、右正言尹穡、殿中侍御史晁公武參酌來上。疑尹穡、公武官職互倒，當以乙集爲是。王之望字瞻叔。

遷殿中侍御史。奏請罷宋樸、汪勃章龍圖閣學士，從之。此亦行孝宗裁冗官之旨也。

宋會要輯稿職官七七之七五：隆興二年十月七日，殿中侍御史晁公武言：「臣切見今年董德元復職致仕，臣僚論列德元當時致仕遺表承務郎六人，委是僥倖，將來執政在謫籍者援例無絶，已降指揮將德元復職寢罷，合得恩澤，只依見存階官蔭補。今未半年，宋樸、汪勃章復果相繼陳乞致仕，朝廷並與復龍圖閣學士，將來三人致仕遺表，恩澤當補承務郎十八人。兼七月中，臣僚言章乞將内外臣僚年七十不陳乞仕者，不許遇郊奏補續，奉旨郊祀在近，自降指揮後已來，致仕人合該奏薦者並更聽奏薦一次三人，上依上件指揮計，冒受恩澤二十一人，其汎濫如此。謹按宋樸、汪勃章復執政之時，其無善狀，與董德元一體同罪罰，何以慰公論？欲望睿旨，將來宋樸、汪勃章復職指揮，依董德元之例寢罷，合得恩澤只依見存階官上蔭補。今年遇郊禮，奏薦係未復職，亦乞依條施行。」從之。

擢侍御史。

洪适盤洲文集卷二〇晁公武侍御史制：御史府風霜肅然，遠近望而畏之，南床最爲雄劇，非脩絜方聞之士，寧刓印而不予也。爾貫穿古今，通達治體，久勞於外，事無不歷，入朝三接，蒲歲九遷，諫紙臺評，飽聞骾論，憂時謀國，具見公忠，禁路乘驄，孰曰不可？善善惡惡，益期盡言，副我虛懷，以休廣譽。

按：公武由殿中侍御史擢侍御史事詳下引續資治通鑑。

十一月辛卯，湯思退罷相。尋以公武、尹穡論之，落觀文殿大學士，責居永州，未至而卒。

宋史卷三三孝宗紀：隆興二年十一月辛卯，湯思退罷，尋以尹穡、晁公武論之，落觀文殿大學士，永州居住，未至而卒。

宋會要輯稿職官七八之四九：隆興三年十一月十日，詔特進尚書左僕射、同中書門下平章事兼樞密院使湯思退，特授觀文殿大學士、提舉江州太平興國宫，尋有旨落職，永州居住，以諫議大夫伊穡、侍御史晁公武論其挾術自營，不爲國計，謀謨乖剌，措置顛倒，自壞邊備，一意議和。如罷築壽春城，散方弩營兵，輟修海舡，毁拆水櫃，甚至撤海、泗、唐、鄧之戍，使虜人乘虛侵軼邊境，及除都督，逗遛不行，縱敵誤國，一至於此，故有是命。

按：宋會要輯稿云「隆興三年」當「二年」之誤。又，「伊穡」當「尹穡」之誤。

甲午，太學生張觀等七十二人以湯思退等姦邪誤國，招致敵人，不聽參知政事周葵黄榜之禁，伏闕上書，請斬湯思退、王之望、尹穡，竄其黨洪适、晁公武，而用陳康伯、胡銓等，以濟大計。孝宗大怒，欲加重罪。公武與右正言龔茂良同入對，帝怒稍霽，王之望亦爲之救解，乃止。

宋史卷三三孝宗紀：隆興二年十一月甲午，以黄榜禁太學生伏闕。是日，太學生張觀等七十二人上書，請斬湯思退、王之望、尹穡，竄其黨洪适、晁公武而用陳康伯、胡銓等，以濟大計。丙申，遣國信所大通事王抃持周葵書如金帥府，請正皇帝號，爲叔姪之國；易歲貢爲歲幣，減十萬；割商、秦地；歸被俘人，惟叛亡者不與；誓目大略與紹興同。

續資治通鑑卷一三九：隆興二年十一月，辛卯，湯思退除職，奉祠。自思退唱和議，欲興大獄以鋤異己者，時參知政事周葵行相事，聞諸生有欲相率伏闕者，奏以黄榜禁之，略云：靖康軍興，有不逞之徒，鼓倡諸生伏闕上書，幾至生變。若蹈前轍，爲首者重置典憲，餘人編配。黄榜出，物論嘩然。于是，太學生張觀、宋鼎、葛用中等七十餘人，上書論湯思退、王之望、尹穡，曰：「揚州退敵之後，敵人不敢南下。湯思退首倡和議，之望、尹穡附之，極力擠排，遂致張浚罷去，邊備廢弛，墮敵計中，天下爲之寒心，而思退輩方以爲得計。今敵人長驅直至淮甸，皆思退等三人懷姦誤國。此三人之罪，皆可斬也。願陛下先正三賊之罪，以明示天下，仍竄其黨洪适、晁公武，而用陳康伯、胡銓爲腹心，召金安節、虞允文、王大寶、陳俊卿、王十朋、陳良翰、黄中、龔茂良、劉夙、張栻、查籥，協謀同心，以濟大計。」帝大怒，欲加重罪。晁公武及右正言龔茂良同入對，帝怒稍霽，之望亦爲之救解，乃止。先是，侍御史尹穡請置獄，取不肯撤備及棄地者，核其罪，庶和議決成，所指凡二十餘人，由是擢穡爲左諫議大夫，而公武亦自殿中侍御史遷侍御史，洪适以中書舍人兼直學士院。

按：張觀等上書亦載宋史全文、續資治通鑑卷二四上，可參看。

思退罷相，洪适草制。公武以其制詞無譴責語，抨擊之。孝宗却其章，于是徙户部侍郎。

洪适盤洲文集卷三三盤洲老人小傳：閱月，遷中書舍人兼直學士院如故。湯岐公策免，聞侍御史晁公武嘖有語相擊，因奏乞身。上曰：「前日公武云湯思退有罪而卿稱之，爲大臣制詞中無譴責一語，乃其死黨。朕曰：朕令作平詞，非其罪。公武執彈章在手，乞留榻。後已却之，且徙置户部矣。」廬陵周益國文忠公集平園續藁卷二七丞相洪文惠公神道碑：九月，除中書舍人，内直如故。湯丞相思退免，侍御史晁公武論公草麻無譴責語。公亟請外。上曰：「公武言卿黨思退，朕謂平詞出朕意，固却其章，仍徙户部侍郎矣。」

按：公武擊适事亦見岳珂桯史卷一，可參看。

盤洲文集卷二一晁公武權户部侍郎制：君子言必可行，寧爲一切之弊，洪範食以爲首，孰明八政之源？時有通儒，長於心計。詳其説，則若折枝之甚易；試以事，則豈刻楮而無成？往諧他官，式蔽朕志。具官某，學潛墳素，材挺楩柟，論思殫造膝之忠，謇諤得匪躬之故。綱紀正于轂下，搢紳畏其筆端。自西鄙之多虞，或一日而再召，充牣憂時之略，科條足國之方。論及理財，蓋亹亹而可聽；使之治賦，會綽綽而有餘。與其專憲府而寄以抨彈，孰若貳版曹而究其績用？儻以責人而責己，斯能爲上而爲民。即問錢穀幾何，可冀貫朽粟陳之功；亦有仁義而已，當無頭會箕斂之非。用觀踶蓦，以聳輿望。

按：「西鄙」、「可冀」，原誤作「四鄙」、「可異」，據日本天理圖書館善本叢書所收影印永樂大典卷七三〇三「郎」字韻改正。

乾道元年正月，除集英殿修撰，出知瀘州。

宋會要輯稿選舉三四之一五：乾道元年正月九日，詔尚書户部侍郎晁公武除集英殿修撰、知瀘州。

晁公遡新刊嵩山居士文全集卷十二寄瀘南子止兄：杖鉞知何處，看雲望欲迷。真同阮南北，各客蜀東西。峽嶮水憎急，樓高山爲低。春日欲行樂，桃李想行蹊。

同上卷六寄瀘南子止兄：二年立王朝，忽然厭承明。受詔予印綬，復作江陽行。地當周王侯，秩視漢九卿。邊清塵不揚，主聖時自平。上堂簪履集，出門笳鼓鳴。想亦多宴樂，鼓瑟兼吹笙。吏民更相戒，豈敢煩敲榜。田間黃髮叟，聞此歎且驚。觸眼未嘗見，不毛今亦耕。

改都大提舉成都府、利州等路茶事。三年六月，除敷文閣待制，知興元府、充利州東路安撫使。

宋會要輯稿選舉三四之二〇：乾道三年六月七日，詔集英殿修撰、都大提舉成都府、利州等路茶事晁公武除敷文閣待制，知興元府、充利州東路安撫使。

輿地紀勝卷一八三興元府監司沿革引圖經：乾道三年，吳璘既薨，朝廷乃合東、西兩路，命晁公武爲安撫使，專治民。

按：興元府，屬利州路。利州路分東、西後，東路治興元，治所在今陝西漢中，有劍、利、閬、金、洋、巴、蓬七州及大安軍。據宋史卷三四孝宗紀，吳璘薨於是年五月甲寅。之前，四月丁丑，合利州東、西二路爲一，璘薨後，六月辛未、復分爲二。公武知興元府、充安撫使在復分二路之後。

新刊嵩山居士文全集卷七有客自關外來頗道邊亭之苦時子止兄方趍原上予因感而有作：平涼歃血不濡齒，奚車轔轔臨渭水，一丸未及封函關，已復胡歌飲都市。近聞移屯集岐下，戰聲日震長平瓦，兩軍相持久未決，將軍寶帳皆在野。野田秋深風力勁，邊雲日滿青泥嶺，三軍雨立甲裳重，諸將露宿旃裘冷。原頭霜落黃蘆乾，西風獵獵邊亭寒，從軍之樂今有幾，仲宣寄詩煩說似。

時朝廷以兵冗財匱爲憂，公武承四川宣撫使虞允文命，籍收興、洋義士，得二萬三千九百餘人，既獲軍兵之用，又省徵募之勞。

宋史卷三八三虞允文傳：（乾道三年）即拜資政殿大學士、四川宣撫使，尋詔依舊知樞密院事。歸蜀一月，召至闕，不數月復使蜀。……興、洋義士，民兵也，紹興初以七萬計，大散之戰，將不授甲，驅之先官軍，死亡略盡。命利帥晁公武覈實，得二萬三千九百餘人。又得陝西弓箭手法，參紹興制爲一書，俾將吏守之。

宋會要輯稿兵一之二四：乾道四年正月二十七日，四川宣撫使虞允文言：「興元府一帶義士人材可用，一面委晁公武拘收人丁，並尋訪陝西弓箭舊法，乃得之瀘州，蓋祖宗朝頒降也。重加看詳，凡一百四十餘，分十三門，爲一書，敢編録爲册上進。竊詳興、洋之間在紹聖初，義士係籍者以七萬計。紹興三十一年大散關之戰，大將不授以甲，驅之使在官軍前，死損逃亡之後，僅存六千餘人。今公武所籍興元之丁，增至一萬六千四百三十四人，合洋州西縣（按疑當作西鄉縣）三千七百八十九人，大安軍一千七百六十八人，共二萬三千九百八十一人，見已結成隊伍。其金、房、階、成、西和、鳳、興州亦用結保社、守鄉村、防姦盜爲名，重加整治，約亦可得三萬人。有家屬物業，各有顧籍，人自爲死，其爲用過於官軍，而風聲氣俗皆薄陝服之舊，安于弓箭手之良法。絶增募之憂，歲可免六七百萬之資而獲四五萬人之用，其爲便利甚明。乞付有司，早賜頒降施行詔，依仍先次施用。」

玉海卷一三九兵制乾道民兵：四年正月二十七日，四川宣撫使虞允文言興元路義士人材可用，令晁公武訪陝西弓箭手舊法，得之瀘州，蓋祖宗所頒，凡一百四十一條，分十三門，爲一書，令録上□士勑令格式，名曰義士專法，行之。五年三月十一日，允文言：興元、洋州、大安軍義士二萬六千一百四十人結成隊伍。原注：興、洋在紹興初，義士在籍者七萬，後僅存六千，今公武籍興元之丁，增至一萬六千四百三十四人，風聲氣俗得陝□之舊，安於弓箭手之良法。

自兵火之後，利州路諸州土田荒閑，前宣撫使鄭剛中差撥官兵耕種。軍民雜處，恃强侵漁，百端騷擾，民甚苦之。公武以屯田三年所收租課最高一年爲額，等第均敷，召人承佃，並發遣官兵，放散保甲。虞允文奏其營田之法，從之。

宋會要輯稿食貨三之一八：乾道五年三月二十七日，知樞密院事、四川宣撫使虞允文言：「利州路諸州營田，向緣兵火之後，土田荒閑，無人耕佃，前宣撫使鄭剛中措置差撥官軍耕種，將每歲收到租米，斛㪷更相兑易，對減成都府路對糴米一十二萬碩，應副贍軍。臣昨入蜀境體訪，積年既久，弊倖不一。軍民與齊民雜處村疃之間，恃强侵漁，百端搔擾。又於數百里外差科百姓保甲，指教耕佃，間有二、三年不得替者，民甚苦之。其租米斛㪷，歲豐則利歸莊官，水旱則保甲均認兼收之租，不償請給之數。謂如興元府歲收租九千六百七十三碩，一年却支種田官兵請受計一萬一千四百四十五碩之類。知興元府晁公武措置，以三年内所收租課最高一年爲額，等第均敷，召人請佃，發遣官兵歸將，擇少壯者教閲，老弱者揀汰。已據興元府、鳳州召人承佃，自去年秋料爲頭理，納所承之租，併階、利、興州，已係人户租佃，外有西和、成、洋州打量到見營田畝。臣已行下總領查籥，差屬官一員，前去逐州同知通措置，召人請佃，發遣軍兵歸將，放散保甲，依舊歸元來去處，防托邊面。」從之。

按：以上公武營田事亦見宋會要輯稿食貨六三之一四五、一四六。此引原文「差撥」誤「差發」、「一十二萬碩」誤「一十二萬額」、「贍軍」誤「瞻軍」、「成洋州」誤「戍洋州」，俱據改正。

宋史卷三四孝宗紀：乾道五年三月癸未，「罷利州路諸州營田官兵，募民耕佃」。

宋史卷一七六食貨志上四：乾道五年三月，四川宣撫使鄭剛中撥軍耕種，以歲收租米對減成都路對糴米一十二萬石贍軍。然兵民雜處村疃，爲擾百端；又數百里外差民保甲耕種，有二三年不代者，民甚苦之。知興元府晁公武欲以三年所收最高一年爲額，等第均敷召佃，放兵及保甲以護邊。從之。

按：公武營田，在興元府任上，時爲乾道四年三月以前：虞允文奏營田事，在五年三月，時公武已擢四川制置使。宋史食貨志所記事「乾道五年三月」下有闕文，與前引宋會要輯稿相核即明瞭，所謂「四川宣撫使鄭剛中」云云，乃虞允文奏文中追述舊事語。錢保塘事略、陳祺壽晁公武傳，僅據食貨志而又未知其中有脱文，遂以公武知興元府繫乾道五年，此誤一也。又以公武於四年已爲四川制置使，於是，二文不得不分割公武制置使任期爲兩段：於四年三月，曰公武「爲四川制置使」，於五年後，又曰「復爲四川制置使」，此誤二也。

四年三月，以敷文閣待制爲四川安撫制置使。

宋史卷三四孝宗紀：乾道四年三月庚午，以敷文閣待制晁公武爲四川安撫制置使。

按：宋史虞允文傳曰：「允文多薦名士，如洪适、汪應辰。及爲相，籍人才爲三等，有所見聞即記之，號材館録。凡所舉，上皆收用，如胡銓、周必大、王十朋、趙汝愚、晁公武、李燾其尤章明者也。」公武爲四川制置使，蓋虞允文所薦。制置使節制川峽四路，兼知成都府，其全稱爲：成都府路、潼川府路、夔州路、利州路安撫制置使兼知成都府。治所在今四川成都。

五年十一月，除敷文閣直學士。

宋會要輯稿選舉三四之二三：乾道五年十一月二十一日，詔敷文閣待制、成都、潼川府、夔州、利州路安撫使兼知成都府晁公武，敷文閣待制、知泉州王十朋，並除敷文閣直學士。

汪應辰文定集卷八新除敷文閣直學士依前成都潼川府夔州利州路安撫制置使兼知成都府晁公武辭

免恩命不允詔：朕惟祖宗時，其自待制除成都者，往往進直學士之職以遣之。矧卿服在禁塗，蔚爲宿望，任四路兵民之寄，積二年鎮撫之勞，乃今進職，蓋云晚矣，又何辭焉？所請宜不允。

同上書卷八四川安撫制置使兼知成都府晁公武銀合夏藥敕書：卿外分閫寄，邈在坤隅。載嘉鎮拊之勤，方履炎歊之候。肆頒珍劑，以示眷懷。

同上書卷八四川安撫制置使兼知成都府晁公武銀合臘藥敕書：卿綏拊西南，勤勞夙夜。歲華方晏，寒氣方凝。特頒湯液之良，往助節宣之用。

同上書卷一九答晁制置：召還萬里，擢長六卿。杕杜勤歸，蓋特矜于永久；積薪居上，竊自歎于後來。每念叨逾，豈勝戰慄？敢謂眷存之渥，特紆誨問之臨。譽雖過情，義豈云薄？恭惟某官，宏才任重，敏識造微。御史諫官，振直聲于多士；方伯連帥，流惠化于遠民。肆帝眷之惟新，舉坤維而盡護。雖節以制度，前追忠定之規橅；而藹然慈仁，蓋本文元之心法。顧惟疇昔，嘗獲瞻承。偶逃紬免之科，遂記踐更之契。三年無補，既蒙藏疾之私；一旦誤恩，並出噓枯之論。道路云遠，情文益隆，惟感愧之所併，豈敷除之能究？

十二月，上疏請重建廣惠倉。先此，邛、蜀十四郡告饑，米價騰貴。公武節次糴買，通遂年所儲，減價糶賣，以濟饑民；又裁減公帑，差官收糴，重建廣惠倉，專充賑糶，以備久遠。孝宗嘉之，令學士院降詔獎諭。

宋會要輯稿食貨六八之六七、六八：乾道五年十二月二十四日，成都府、潼川府、夔州、利州路安撫制置使兼知成都軍府晁公武言：「成都府自天聖間知府韓億於本府南倉，創永利敖，每歲出糶以六萬碩爲準，以拯貧民。自二月一日糶賣，至八月終止。又有拘收到户絶官田廣惠倉米，歲給養病貧民。崇寧五年，準詔旨成都府糶賣貧民米如有闕數，許轉運司樁錢對糴，常平司應副，仍不得妨常平司支用。大觀二年，知府席旦奏請成都府每歲糶米六萬碩，近來轉運司以無米，應副三分之一，不足以賑惠貧弱，迄下四川每年如米價稍貴，委逐州長吏體量，將義倉米依常平法減價出糶。至宣和五年，又準詔旨成都府今後如遇米價踴貴，依席旦已得指揮，將義倉米減價出糶，收樁價錢，歲稔却行收糴。自此之後，間遇荒歉，緣義倉所收數少，賑惠不足。臣到任後來，節次措置糴買到米四萬二千九百六十餘碩，通本府遞年積到常平、義倉米二萬九百八十餘碩，差官抄劄府城内外貧民，給牌曆置場減價糶賣，以濟饑民。本府雖有所收義倉米斛，一年止有八千餘碩，見根刷本府公使等庫並制置司激賞庫錢物三十餘萬貫，差官往瀘、叙、嘉、眉等州，乘時收糴米斛，約可得六萬餘碩。津運前來，義府、別敖收貯，復韓億永利敖所樁歲糴之數，仍以廣惠倉爲名。每斗減價作三百五十文，專充賑糶，不許他用，拘收本錢，循環添貼。日後本府諸庫儹積到錢物糴買，以備久遠賑濟，仰副朝廷勤恤民隱之意。」詔：「依其糴到錢，日後專賑糶，本不得他用。晁公武，令學士院降詔獎諭。」

按：以上所録文字亦見宋會要輯稿食貨五八之七、五九之四六。上引原文「對糴」誤作「對糶」、「糴買到米四萬九百八十餘碩」之「買」誤作「賣」，今據以改正。

楊慎全蜀藝文志卷二六宋孝宗賜晁公武獎諭：朕聞蜀漢沃野，有蔬食果實之饒，民食稻魚，亡凶年憂。而歲比以來，穀糴常貴，民有饑色，故易以爲盜。豈民不務本、吏苛刻之所致耶？朕甚憫焉。卿服在從班，習知德意，乃裁公帑之餘，行平糴之政，以復天聖守臣之舊蹟，其用心亦勤矣。夫廣蓄積以實倉廩，備水旱，此郡國之所先務也。卿能知此，朕復何憂？載覽奏封，良深嘉歎，故兹獎諭，想宜知悉。冬寒，卿比平安好，遣書指不多及。

宋史卷三八三虞允文傳：時邛、蜀十四郡告饑，荒政凡六十五事。

按：中華書局標點本校勘記曰：「按邵經邦弘簡録卷一一〇本傳，『荒政』上有一『上』字，疑是。」

宋史卷三四孝宗紀：乾道五年十二月乙巳，復置成都府廣惠倉。

按：錢保塘事略、陳祺壽晁公武傳據嘉慶四川通志卷一〇九職官政績統部引舊通志，事實過簡。

六年正月，雅州沙平部族焚硐門砦，公武調成都、眉、邛三郡禁兵四千往討之，蕩其所居。尋兵勢復振，又調彭、漢二州兵益之。不及戰而四川宣撫使王炎聞之，遣使持榜至硐門，約沙平歸部聽命。自是，捐葫蘆里之税與之，而沙平悉爲沙平部族所有。

宋史卷三四孝宗紀：乾道六年春正月癸丑，「雅州沙平蠻寇邊，焚碉門砦。四川制置使晁公武調兵討之，失利。」二月辛卯，「王炎遣人約沙平蠻歸部，稍捐邊稅與之」。建炎以來朝野雜記乙集卷二〇「丙寅沙平之變」條：沙平者，雅州嚴道縣徼外夷也，與碉門寨纔隔一水，而寨在州西八十里。沙平凡六族，其地有葫蘆里者，本隸滎經縣之俟賢鄉，歲輸稅米百二十斛於碉門，而夷人時至碉門互市，蜀之富商大賈，皆輻湊焉。乾道六年春，夷人高奴吉作亂焚碉。原注：正月二夜。制置使晁子止調成都、眉、邛三郡禁兵四千，往討之。深入沙平，蕩其巢穴矣。原注：正月十一日壬戌。而官軍輕敵，賊勢復振。原注：正月十六辛卯。子止又調彭、漢兵千人益之，檄轉運判官李景孚親往多功，原注：地名，在雅州西四十里，距碉門亦四十里。審觀時勢。諸將銳欲一戰，景孚止之。宣撫使王公明聞之，以便宜置守臣右朝請大夫程敦古，而遣通判邛州陳澥持榜至碉門，約回部族夷人聽命。原注：三月十日辛卯。自是捐葫蘆里之稅與之，而沙平悉爲夷人有矣。景孚，開封人，駙馬都尉導昂之後。敦古，眉山人。澥，嚴道人也。

按：「三月十日辛卯」當「二月十日辛卯」之誤。雅州，屬成都府路，治所今四川雅安。碉門砦（寨），在雅州西北，今四川天全。公明，炎字。炎於乾道五年二月以參知政事兼同知樞密院事，三月乙亥爲四川宣撫使，仍參知政事。八年九月召回。宋史無傳，事參見宋史孝宗紀、乾道臨安志卷三、咸淳臨安志卷四七、韓元吉南澗甲乙稿卷一八王樞密祭文。

三月乙丑，以公武、王炎不協，罷制置司歸宣撫司。

宋史卷三四孝宗紀：乾道六年三月乙丑，以晁公武、王炎不協，罷四川制置司歸宣撫司。

五月，刻古文尚書及自撰石經考異於石，並爲之序。

全蜀藝文志卷三六上范成大石經始末記：石經已載前記，晁子止乃作考異而爲之序。考異之作，大抵以監本參考，互有得失，其間顛倒缺譌，所當辨正，然古今字畫，雖小不同而實通用耳。考異並序，凡二十一碑，具在石經堂中。子止之序曰：「鴻都石經，自遷徙鄴雍，遂茫昧於人間。唐大和中復刻十二經，立石國學，而後唐長興中，詔國子博士田敏與其僚校諸經，鏤之版。故今世太學之傳，獨此二本爾。按趙清獻公成都記，僞蜀相毋昭裔捐俸金，取九經琢石於學宮，而或又云毋昭裔依大和舊本，令張德釗書。國朝皇祐中，田元均補刻公羊高、穀梁赤二傳，然後十二經始全。至宣和間，席文獻又刻孟軻書參焉。今考之，僞相實毋昭裔也。孝經、論語、爾雅，廣政甲辰歲張德釗書；周易，辛亥歲楊鈞、孫逢吉書；尚書，周德貞書；周禮，孫朋吉書；毛詩、禮記、儀禮，張紹文書；左氏傳，不誌何人書，而「祥」字闕其畫，亦必爲蜀人所書。然則，蜀之立石蓋十經，其書者不獨德釗，而能盡用大和本，固已可嘉，凡歷八年，其石千數，昭裔獨辦之，尤偉然也。公武異時守三榮，嘗對國子監所模長興版本讀之，其差誤蓋多矣。昔議者謂大和石本授寫弗精，時人弗之許，而世以長興版本爲便。國初，遂頒布天下，收向日民間寫本不用。然有譌舛，無由參校判知其謬，猶以爲官既刊定，難以獨改。由是而觀，石經固脱錯而監本亦難盡從。公武至少城，寒暑一再易節，暇日，因命學官讎校之。石本周易説卦「乾，健也」以下有韓康伯注，略例有邢璹注。禮記月令，從唐李林甫改定者。監本皆不取。外周易經文不同者五科，尚書十科，毛詩四十七科，周禮四十二科，儀禮三十一科，禮記三十二科，春秋左氏傳四十六科，公羊傳二十二科，穀梁傳二十三科，孝經四科，論語八科，爾雅五科，孟子二十七科。其傳注不同者尤多，不可勝記，獨計經文，猶三百二科。跡其文理，雖石本多誤，然如尚書禹貢篇「雲土夢作乂」、毛詩日月篇「以至困窮而作是詩也」、左氏傳昭公十七年「六物之占，在宋衛陳鄭乎」，論語述而篇「舉一隅而示之」，衛靈公篇「敬其事而後食其禄」之類，未知孰是。先儒有改尚書「无頗」爲「无陂」，改春秋「郭公」爲「郭亡」者，世皆譏之。此不敢決之以臆，姑兩存之，亦鐫諸樂石，附于經後不誣，將來必有能考而正之者焉。」子止又刻古文尚書於堂，而爲之序，曰：「自秦更前代法制以來，凡曰古者，後世寥乎無聞。書契之作，固始於伏犧，然變狀百出而不彼之若者，亦已多矣。尚書一經，獨有古文在，豈非得於壁間，以聖人舊藏而天地亦有所護、不忍使之絶滅？中間雖遭漢巫蠱、唐天寶之害，終不能晦蝕，今猶行於人間者，豈無謂耶？況孔子謂尚書以其上古之書也，當時科斗既不復見，其爲隸古定，此實一耳。雖然，聖人遠矣，而文字間可以概想，則古書之傳，不爲浪設。是予抵少城，作石經考異之餘，因得此古文全編於學宫，乃延士張㚵，做吕氏所鏤本，書丹刻諸石。是不徒文字足以貽世，若二典「曰若粤槩」之類，學者可不知歟？嗚呼，信而好古，學於古訓乃有獲，蓋前牒所令，方將配孝經、周易經文之古者，同附於石經之列，以故弗克。第述一二，以示後之好識奇字者，又安知世無揚子云？時乾道庚寅仲夏望日序。」

按：上文引蜀石經「雲土夢作乂」原誤「夢土作乂」，今正。又，原文謂公羊異文「一十二科」、穀梁異文「一十三科」，俱誤，據曾宏父石刻鋪叙卷上「益都石經」條改正。又，後唐長興監本止九經，公武校蜀石經，不盡據長興監本，其孝經、論語、爾雅，當據李鶚本。

石刻鋪敍卷上「益都石經」條：考異一册，乾道六年庚寅三月旦，東里晁公武校石經與監本不同者，作爲此書。

同上書：古文尚書三册三卷，蓋唐天寶末廢古書，前傳本中，汲郡吕大防得之於宋次道、王仲至家，乃元豐五年壬戌鏤板。乾道六年庚寅，帥晁公武取以入石，教官張大固等監刊。

曹學佺蜀中廣記卷一名勝記一：成都記云，僞蜀孟昶有國，其相毋昭裔刻孝經、論語、爾雅、周易、尚書、毛詩、禮記、儀禮、左傳凡十經于石。其書丹則張德釗、楊鈞、張紹文、孫逢吉、朋吉、周德貞也。石凡千數，盡依大和舊本，歷八年而成。公、穀則有宋田元均時所刻，古文尚書則晁公武所補也。胡元質宗愈作堂以貯之，名石經堂，在府學。按已上諸刻，今皆不存，所存者，孔門七十二子像，又近時摹宋本而刻者，人物衣褶，差有古意。

八月，以敷文閣直學士降授左朝請大夫，除淮南東路安撫使兼知揚州。請外祠，不免。盧陵周益國文忠公集玉堂類稿卷四敷文閣直學士降授左請大夫晁公武辭免知揚州乞除在外宫觀：原注：八月七日卿昔任言責，廣朕聰明，旋陟民曹，參予侍從，渡瀘鎮益，又乞外庸。萬里召歸，固當留以自近。會江浙擇牧，思得郤縠詩、書之帥，羊祜威信之守，兹爲重寄，今以付卿。謂宜疾驅，以寬憂顧。數上祠請，非予所知。

請依利州路義士條法教閲揚州民兵，又請詔淮南東、西等路監司帥守保明奏聞本部沿邊縣令職事修舉者，俱從之。宋會要輯稿兵一之三二：乾道六年十月二十八日，淮南東路安撫使晁公武言：「揚州民兵，素號驍捷，若教閲有方，必堪使用。緣未曾立定賞格，無以激勸。欲持利州義士條法降下，安撫司以憑編行諸州，遵依施行，庶幾有以激勸。」依令户部謄寫給行。宋會要輯稿職官四五之二九：乾道六年十二月十一日，詔淮南東、西等路監司帥守，察本部沿邊縣令職事修舉者，保明聞奏。從淮南東路安撫使晁公武之請也。

七年二月，詔公武契勘本路所種二麥，具實申尚書省。於是，公武奏真、揚、通、泰、楚、滁六州，高郵、盱眙二軍麥田畝數二千八百餘頃。淮南東路太府寺主簿趙思按覆，數同所奏。

宋會要輯稿食貨一之四五、四六：乾道七年二月四日，詔令知揚州晁公武、知廬州趙善俊行下所部州軍，仔細契勘所種二麥，具實數申尚書省。於是，晁公武具到真、揚、通、泰、楚、滁州，高郵、盱眙軍人户所種麥田，除先種二千五百八十七頃一十八畝外，續勸諭增種二百九十六頃五十畝有奇。詔淮南東路差太府寺主簿趙思覈實。未幾，趙思又覈實到淮東二麥。上問曰：「比晁公武數增虧如何？」允文等奏曰：「其數同。」上曰：「守令當分殿最，以行賞罰。」允文等曰：「趙思正論此事，謂兩淮多已耕未籍之田，州縣取其已耕者號爲增種，其實未嘗勸課。不如先括見今荒田頃畝，然後責令勸耕，他日用此以詔賞罰，乃得其實。」上曰：「此說甚有理。」

按：公武申二麥頃畝數事亦見宋會要輯稿食貨六三之二一八、職官五九之二六。上引「所部州軍」，原「部」誤作「步」，據改。

是月，請詔西淮許民墾荒田而不增賦。從之。

宋史卷一七三食貨志上一：（乾道）七年二月，知揚州晁公武奏：「朝廷以沿淮荒殘之久，未行租稅，民復業與創户者，雖阡陌相望，然聞之官者十纔二三，咸懼後來稅重。昔晚唐民務稼穡則增其租，故播種少；吳越民墾荒田而不加稅，故無曠土。望詔兩淮更不增賦，庶民知勸。」詔可。

四月，上疏乞諭歸正不諳農務之人充安撫司使喚。亦從之。

宋會要輯稿兵一五之二一：乾道七年四月二十五日，敷文閣直學士降授左朝請大夫新知揚州晁公武，乞勸諭歸正不諳農務之人，充安撫司効用使喚。從之。臣虞允文等因言：「徐子寅以此輩若盡招募不過百餘人，乞且以一百人爲額，其錢米仍於淮東鹽司增收袋息錢内支。」上曰：「甚善。」子寅時權知泰州，措置兩淮官田。

按：公武於四月移潭州，此疏蓋其即將離任時所上。

又請展免上供米麥等錢及放免二税。

嘉靖惟揚志卷三二詩文志：請展免上供米麥等錢及放免二税奏：原注：晁公武，宋乾道中知揚州。本路節次承準指揮，將人户税賦已展免，其合發上供諸色窠名等錢斛，亦蒙朝廷節次，全行放免，至乾道六年，分上供錢綿、進奉天申節銀、大豐銀絹等，併經總制等窠名錢承降指揮，以三分爲率起發，存留二分，應副本州衮同係省支遣，其餘銀物斛㪷隨税色放免。所有乾道七年分合發前項上供諸色窠名錢物斛㪷，若是全行起發，委是樁辦不前，兼管屬江都、泰興人户，今年所種稻麥各是蟲傷旱澇，及遭疫，死耕牛稍多。若自乾道七年夏料爲頭起理人户二税，委是難以輸納，切恐未稱朝廷寬恤之意。望許令本州且依遞年體例，將合發上件錢、進奉聖節錢等，土貢物色、坊場等錢，以三分爲率蠲免，二分仍舊，起發一分外，其餘合發年額、上供米麥等錢，乞賜全令展免，應副本州衮同係省支遣，及二税亦乞放免三二年，庶幾少寬民力，使荒殘州郡，少可支梧。

按：此奏不署其時，揆其語，亦當爲乾道七年四月，姑繫于此。

是月，移知潭州。乞外宫觀，不乞。

盧陵周益國文忠公集玉堂類稿卷四敷文閣直學士降授朝請大夫晁公武辭免知潭州：原注：四月十三日。勅公武省所奏劄子辭免改差知潭州恩命、乞檢會前奏除在外宫觀事具悉。長沙昔稱都會，連帥今總兵民。生齒夥煩，夷獠被邊，自非仁以撫，義以制之，其不乏吾事者幾希。卿屢剖州府，三分閫計，政適寬猛，在循吏之目。孔子曰：「如有所譽，其有所試。」卿於擇牧，可謂詳矣。朕命惟允，爾行勿遲。

按：「仁以撫」下疑脱「之」字。

同上書卷四晁公武乞外宫觀：原注：四月十五日。朕勵庶政，夙夜不敢康亦。惟州牧侯伯，推惠澤而致之民，以協贊予治。卿奮由儒術，見謂吏部，服在近班，數更守帥，酬庸淮海，易鎮湘流。甫下璽書，日遲主觀，叢祠之請，徒費爾辭。

按：潭州守臣當兼荆湖南路安撫使。潭州，治所今湖南長沙。

擢吏部侍郎。

清豐縣志卷七鄉賢「晁公武」條：初，光宗尹臨安，公以侍郎爲少尹。

嘉慶四川通志卷一六五人物流寓嘉定府「晁公武」條引舊通志：累官敷文閣直學士、吏部侍郎。

五月十二日，詔除臨安府少尹。李彥穎以起居舍人、劉焞以國子司業兼爲判官。三人皆近臣，抗禮，皆視事於便廳，號令紛然。旋降旨：臨安少尹比知府、判官比通判、推官比幕職官，以別統臨職分，蓋公武建明也。七月，以與判官不合，罷。

宋史卷三四孝宗紀二：乾道七年二月癸丑，詔立子惇爲皇太子，大赦。……夏四月甲子，詔皇太子判臨安府……辛未，詔皇太子領臨安尹。

同上書卷一六六職官志六：乾道七年，皇太子領尹事，廢臨安府通判、簽判職官。置少尹一員，日受民詞，以白太子，間日率僚屬諸宮稟事。置判官二員、推員三員。有旨，少尹比倣知府，判官比通判，推官比幕職官，其統臨職分，並照從來條例。

宋會要輯稿職官三七之六：乾道元年四月二十七日，詔皇太子光宗原注：御名領臨安府尹……五月十二日，詔晁公武除臨安府少尹，李彥穎、劉焞兼臨安府判官，陸之望、馬希言、錢佃并除臨安府推官。十五日，詔皇太子用。十八日，就臨安府禮，上遇出入或有馬前投狀，自合收接。十七日，臨安府言：

「皇太子領臨安府尹，依已降指揮施行外，續條具事件：一、傳旨內降文字並合先齎詣皇太子宮啓封取令旨，付下少尹等施行。一、訓諭風俗，觀課農桑及應寬恤事件，並合稟自皇太子坐奉令旨出榜施行，其餘應幹事務、供應排辦、收糴軍糧、打造軍器、刺填軍兵，大者專委少尹同兩判官兩日一次赴東宮取稟，通判、簽判職事官職事各以次分管，並稟少尹施行。一、本府應幹非泛事務，並送兩浙轉運掌管施行。一、本府公吏隨逐少尹官屬抱公案赴東宮呈稟，經由禁中合給入出皇城門號。一、本府文移，朝省臺郎，係少尹以下繫銜，其申寺監、本路監司，少尹以下移牒。」並從之。

按：上引「乾道元年」當「乾道七年」之誤。「十七日」，亦疑有誤。

建炎以來朝野雜記乙集卷一三「臨安少尹、判官、推官」條：臨安少尹，乾道七年五月置，用敷文閣直學士晁子止爲之，以東宮領尹故也。子止既罷，沈德之、姚令則輩皆以權侍郎繼爲之。九年五月，東宮解尹事，復置帥守如故。始，置少尹，又置判官二員，推官三員。判官，李秀叔以起居舍人兼，劉文潛以國子司業兼。推官則正除金部員外郎陸之望、將作少監馬希言、朝奉郎錢佃。判官依兩省官奉使法，推官序位在諸州知州之上，任滿理爲知州一任。原注：五月十二日丙戌降旨。初命刑獄公事，皆決于少尹。皇太子就東宮裁決，少尹日受民詞，以白太子，間日率寮屬詣東宮稟事。惟命官犯罪及餘人流配，已上，則具聽東宮裁決。凡文書應奏者，太子繫銜；朝省臺郎，則少尹以下連申；寺監及本路監司，並令移牒。舊西通判職務，令第一、第二員推官主管，簽判職官職務，令第三員推官主管。俄有旨：少尹比知府，判官比通判，推官比幕職官。其統臨職分，並照從官條例施行。原注：六月二日己巳降旨。用太子請也。或謂子止所建明，由是與文潛不叶而罷。明年，佃除吏部郎中，又請以三推官分治三獄。從之。原注：九月丁亥降旨。

清豐縣志卷七鄉賢「晁公武」條：初，光宗尹臨安，公以侍郎爲少尹，李秀叔以起居舍人、劉文潛以國子司業兼並爲判官。三人皆近臣，素抗禮。始議少尹與二判官同領府事，舊通判之職則令三推官專之。於是，少尹、判官皆視事於便廳，號令紛然，吏民莫知孰爲少尹。公乃密言於太子，即與奏乞令少尹視知府，判官視府通判，推命視幕職，統臨職分，並照自來條例。上許之。公即二人入僉廳，待之如寮佐，二人皆不堪。時東宮將賜民租，公言於同列，曰：「皇太子，國之儲副，凡事當禀君父，不宜自爲私恩。」二人聞之，因以事中公，公坐免。

宋會要輯稿刑法五之一五：乾道七年六月五日，詔今歲疎決，御史臺、大理寺差葉衡、宋鈞，臨安府殿前馬步軍司差司馬伋、王抃，將見禁罪人編敍繫囚定其罪目，申尚書進呈，取旨降下，擇日引見。七日，詔疎決罪人編排，引見官差王秬、宋鈞、晁公武、王抃。

潛說友咸淳臨安志卷四八秩官六：晁公武。五月五日，以敷文閣直學士、左朝議大夫除少尹。七月初三日，罷。

晚居嘉州符文鄉，卒葬焉。李壽爲之墓誌銘。

嘉慶四川通志卷四六輿地陵墓嘉定府樂山縣：宋晁公武墓，在符文鄉小石橋。名勝志：在州西。舊志：晁公武靖康中避亂入蜀，愛嘉州之勝，後雖累官他所，而卒於符文鄉小石橋。李燾爲作墓碣。

樂山縣志卷五建置志冢墓：宋侍郎晁公武墓。舊志云，小石橋，榮州刺史李燾書墓碣。今考墓在城西三十里懷蘇鄉劉祥壩。清邑人劉子方有弔晁公詩，序云：齋外井邊一砥石，予幼時見之，今鄰人浚井揭起，其上兩字爲一行，大書「宋故丹稜令君晁公墓銘」，餘字模糊不可讀。從井直上二十步，一墳巋然，意即晁公墓也。因移石置墓前，賦詩紀之：遼東華表接天閽，化鶴歸來也斷魂，南渡諸陵空種樹，北邙長夜此留門。沾濡泥土勞摩洗，剥蝕文章費討論。麥飯一盂誰祭掃，可憐餒鬼走雞園。

按：符文鄉，亦稱符文鎮，在今四川樂山西南。

公武學有淵源，聞見淹博，學問不主一家。所著有易詁訓傳十八卷、尚書詁訓傳四十六卷、毛詩詁訓傳二十卷、中庸大傳一卷、春秋故訓傳三十卷、石經考異一卷、稽古後録卷三十五卷、通鑑評十卷、郡齋讀書志二十卷、老子通述二卷、昭德堂藁六十卷、嵩高樵唱二卷。今存者唯郡齋讀書志一種以及若干零章殘句。

瞿中溶瞿木夫文集郡齋讀書志考辨舉要序：晁子止學問，在宋人中可與二洪、王深寧相伯仲。

王先謙郡齋讀書志敍：自宋晁子止淑爲此學，陳氏振孫繼之，並爲後儒宗仰，而晁氏尤冠絶。蓋子止承其家文元公四世之學，藏書宏富，博覽不倦，又得井憲孟贈書，益探賾鉤深，發抒心得，辨正精覈，爲陳氏所不及。

按：以上爲清人評公武學問。

宋史藝文志卷一易類：晁公武易詁訓傳十八卷。

直齋書録解題卷一易類：昭德易詁訓傳十八卷。敷文閣直學士、清豐晁公武子止撰。博採古今諸家，附以己聞，又考載籍行事，以明諸爻之變；其文義音讀之異者，列之逐條，曰「同異考」。乾道中上之。其議論精博，不主一家，然亦略於象數。晁氏居京師昭德坊，故號「昭德晁家」。沖之叔用，其父也。

容齋隨筆卷五：唐蘇州司户參軍郭京撰易舉正三卷……予頃於福州道藏中見此書而傳之，及在後省，見晁公武所進易解多引用之。

困學紀聞卷一「晁子止易廣傳」條：馮當可謂王輔嗣蔽於虚無而易與人事疏，伊川專于治亂而易與天道遠……晁子止爲易廣傳，當可答書曰：「判渾全之體，使後學無以致其思，非傳遠之道。」

韓滮澗泉日記卷中：公武，晁文莊之孫，沖之叔用之子，叔用有詩名。子止記聞博洽，作易、春秋傳，援據詳甚，不肯臆説。作少尹時，先公在朝與之親契，亦相往來。子止之親女兄，先公之伯母也。

同上書：晁子止曰：列禦寇謂氣爲易而不及乎陰陽，王通謂人爲易而不及乎天地，皆一偏之論。

同上書：晁子止曰：易上下篇，不言德而言象，蓋德不可見而象可驗，是以不言乾坤而言天地，不言咸恆而言夫婦也。上篇始終于天道，下篇始終于人事，故上篇始于天地，終以坎、離，下篇始于夫婦，終以未濟也。

同上書：晁子止曰：以老說易，似類晉人老、易之論，亦非汎然而爲之說者。如「乾爲馬」一章，設卦者遠取諸物也；「乾爲首」一章，設卦者近取諸身也。昔包犧氏仰觀天象，俯察地法，與鳥獸之文，始畫八卦，知萬物皆備于身，或取諸近遠。遠取則八卦具于萬物無非身，是以人心包乎萬物；近取則八卦具于一身無非物，是以凡目不察乎六府。知此則三才雖異而其理可通，萬物雖殊而其情可類，所謂一以貫之者，若捨之而作易，其道無由也。此一段亦可取。

按：以上易詁訓傳。韓滮所引蓋出其書，姑附於此。唯滮謂公武爲晁文莊之孫，誤矣。文莊宗愨乃公武高祖。

宋史藝文志卷一書類：晁公武尚書詁訓傳四十六卷。

困學紀聞卷二「晁氏尚書訓詁傳」條：泰誓，古文作「大誓」。孔氏注：「大會以誓衆。」晁氏曰：「開元間，衛包定今文，始作泰，或以交泰爲說，真燕書哉！大誓與大誥同。」

按：以上尚書詁訓傳。困學紀聞題疑倒「詁」、「訓」二字。

宋史藝文志卷一詩類：晁公武毛詩詁訓傳二十卷。

按：以上毛詩詁訓傳。

宋史藝文志卷一禮類：晁公武中庸大傳一卷。

按：以上中庸大傳。

宋史藝文志卷一春秋類：晁公武春秋故訓傳三十卷。

玉海卷四〇引張攀中興館閣書目：故訓傳三十卷。淳熙中，晁公武進。

按：以上春秋故訓傳。石經考異已詳前，此略。

宋史藝文志卷二傳記類：晁公武稽古後録三十五卷。

按：以上稽古後録。此書蓋續司馬光稽古録而作。

清豐縣志卷九典籍：晁公武通鑑評十卷。

按：以上通鑑評。此書不見他目著録。讀書志卷五編年類「資治通鑑」條云：「公武心好是書，學之有年矣。見其大抵不采俊偉卓異之説，如屈原懷沙自沈，四皓羽翼儲君，嚴光足加帝腹，姚崇十事開説之類，削去不録，然後知公忠信有餘，蓋陋子長之愛奇也。」是通鑑評爲公武讀書心得也。

宋史藝文志卷二傳記類：晁公武讀書志二十卷。又卷三目録類：晁公武讀書志四卷。

按：讀書志今存。公武自序已詳前。歷代書目著録略。

宋史藝文志卷四道家類：晁公武老子通述二卷。

按：以上老子通述。

宋史藝文志卷二傳記類：晁公武昭德堂藁六十卷。

文獻通考卷二三八經籍考卷六五：昭德晁公文集六十卷。侍郎晁公武子止撰。後溪劉氏序略曰云云。

按：以上昭德堂藁。 劉光祖序已見前引，此略。 此集蓋公武文集，昭德堂在榮州刺史署，見榮縣志卷一三古蹟。陸游劍南詩稿卷六有昭德堂晚步詩，即指此也。 公武所撰文章今止有殘篇數段，除以上已引録清華樓記以及若干奏疏外，就耳目所及，兹録一二於次，以資參考。 韓淲澗泉日記卷中：「晁子止曰：常者處家之道，惟至誠者能之；嚴者治家之法，不溺於愛者能之。 若己媢嫉賢能而欲妻不妒，持禄嗜進而欲子不貪，難矣。 司馬防諸子雖冠，不命不敢坐，不問不敢言，庶幾乎威如也。 曾子不欺其子，懼教之不信，庶幾乎有孚也。 馬援戒兄子嚴敦，不得言人過，而杜季良坐援書免官，是先自言人過矣。 王昶名諸子，以默、沈、渾、深，戒不得毁人，乃指魏諷、曹偉爲傾邪，是先自毁人矣。皆非反身之義。」同上書：「晁子止云：古者已孤不更名，名所受於親者也。後世如劉問、姚崇之所爲，皆春秋之所譏也。」蜀中名勝記卷八成都府八金堂縣：晁公武作雨零臺記，云：「堂依雲麓而中江縈之，氣象葱鬱，巖壑州渚之美，映帶左右矣。」同上書卷一五下川南道富順縣：「西疇，在縣西南七里。 輿地紀勝云：由城南絶江而上，西行六七里，廣六十畝，萬松森列，嘉樹離立，爲李氏西疇。 晁公武記云：有亭臺齋館，泉石花木，盤據一山之上。」公武所爲文有爲書目著録而不知其本文者，如趙希弁讀書附志卷上地理類靈應後集十二卷條云：「右集梓潼廟誥勑記敘詩文也。 范鎮、張浚、胡世將、王剛中、王之望、晁公武諸公祝文爲多。」

宋史藝文志卷二傳記類：晁公武嵩高樵唱二卷。

按：以上嵩高樵唱，此蓋詩詞集也，已佚。嵩山，亦名嵩高，公武、公遡兄弟殆嘗隨父居於嵩山，故二人皆以山名集，公遡又稱嵩山先生。公武詩詞存世不多，除上引可考見其行事者，所聞見尚有若干首，一併録此。王象之輿地紀勝卷六十五江陵府録公武荊州即事二首，其一曰：「戰船不見和州載，勝地惟餘避暑宫。今日蒭蕘皆得往，大王風作庶人風。」其二曰：「初上蓬籠竹笮船，始知身是劍南官。沙頭沽酒市樓暖，斬步買薪江墅寒。」卷一四六嘉定府録公武峨眉詩一首，曰：「峨眉古名山，長雄坤之維。月峽爲表裏，雪嶺相蔽虧。」宋程遇孫等成都文類卷五收録公武夏日過莊嚴寺僧索詩爲絶句（題擬）三首，其一曰：「松筠窈窕隱禪房，茗椀薰爐白晝長。門外塵埃生熱惱，誰知林下自清涼。」其二曰：「笑脱塵衫撲輭紅，杖藜徙倚水光中。最憐林葉深深處，遮盡斜陽不礙風。」其三曰：「出門散策煙棲樹，歸路扶輿月蜕雲。十里江村入圖畫，野橋沙路杳難分。」清吳雲輯京口三山志（焦山志）卷十八藝文録其遊焦山一首，曰：「江勢東傾劇建瓴，中流巖壑隱禪扃。遊僧誰渡降龍鉢，過客爭模瘞鶴銘。脩竹梢雲凌北固，桃花吹浪張南溟。上人勸賦斯山境，乞與微吟勒翠屏。」清周伯義編、陳任暘訂京口三山志（金山志）卷九有晁公武登金山一首，曰：「東遊尋勝即登臨，浮玉知名冠古今。萬壑波濤喧海口，千年巖岫擁江心。雨蓬煙棹征帆遠，曉磬昏鐘佛屋深。詩客分留風景在，憑君爲發一長吟。」趙聞禮陽春白雪卷二收輯公武鷓鴣天詞一闋，曰：「笑擘黄柑酒半醒，玉壺金斗夜生冰。開窗盡見千山雪，雪未消時月正明。　蘭燼短，麝煤輕。畫樓鐘已三更。倚欄誰唱清真曲，人與梅花一樣清。」原注：「或云戴平之。」又，公武詩嘗收入江湖集。直齋書録解題卷一五「江湖集」條云：「臨安書坊所刻本。取中興以來江湖之士以詩馳譽者，而方惟深子通、晁公武子止嘗爲從官，乃亦在其中。」江湖集刻非一時，版非一律，今存諸本不見載有公武詩。

趙希弁傳

説明：宋趙希弁撰讀書附志並摘編袁本後志，其人宋史無傳。清錢大昕十駕齋養新録卷十四「趙希弁讀書附志」條，據宋史宗室世系表與附志考其家世，頗多遺落。陳祺壽先生撰宋目録學家晁公武、陳振孫傳（載國粹學報第六十八期）時，亦據宋史世系表、附志等撰有趙希弁傳，考證詳密，足資參考。今迻録傳文於下，原雙行小注改成單行，加「原注」二字以便識别。原注過於簡略或偶爾疎失處，則加按語以補糾焉。

趙希弁，原注：「讀書志附志自叙。按：附志並無自序，此當指趙氏撰昭德先生讀書後志序，見本書附録三。字君錫，原注：黎安朝識。按：此指黎氏撰郡齋讀書志後跋，亦見附録三。袁州人。原注：四庫總目。按：見四庫全書總目卷八十五目録類。宋宗室子，太祖九世孫也。原注：同上。太祖子燕王德昭，德昭子魏王惟正，惟正子馮翊侯從讜，從讜子馮翊侯世覃，世覃子正議大夫令諴，令諴子右奉議郎子孟。原注：宋史世系表。按見宋史卷二一五宗室世系表一。子孟，字醇父，世稱清願先生。安定郡王令時薦宗室人才，「所謂和衎自將，居貧不撓，則有右從政郎子孟者」，即其人也。原注：附志。按：見附志卷下别集類四「藏六居士安樂集」條。子孟子伯崟。原注：世系表。張孝祥贈伯崇詩云：「趙侯富貴種，而有巖壑姿。同姓古所敦，早晚蹋天墀。」又有云：「德高欲余作字，辭中不能謹也。」德高，伯崇字，希弁之伯祖也。

詳見附志。按：見附志卷下別集類四「于湖居士文集」條。伯坙子師向，師向子希弁。原注：同上。希弁生父師同，號戒菴居士，爲衡山令，遷郴倅，眉程公許爲銘墓。原注：附志。師同嘗爲李昌齡叙太上感應篇，四明史彌忞跋其後云：「趙公所叙，禍福善惡之報爲尤詳，可謂愛人以德者。余嘗守袁，喜袁人之樂於趨善，因閱是叙，矍然起敬。」亦見附志。按：希弁生父師同，出繼世父師向。生父師同爲衡山令，見附志卷上編年類「皇王大紀」條，師同爲郴倅，見附志卷下別集類三「滄洲先生塵缶編」條，眉山程公許爲之銘墓，事亦見此條。唯「戒庵居士」乃師向號，出附志卷上經解類「論語精義」條，原文曰：「卷末『淳熙辛丑冬至前五日點畢』十一字，乃先君子戒菴居士師向手澤也。」陳先生偶疏也。又，原注云師同爲李昌齡叙太上感應篇及史彌忞跋其後，語見附志卷上神仙類「太上感應篇」條，原「忞」誤「志」，乃沿陳師曾刊本之誤，今正。則是希弁本師同子，而爲世父後者也。原注：錢氏大昕十駕齋養新録「同」錢氏誤作「回」，據附志校改。希弁，江西漕貢進士、秘書省校勘書籍。原注：附志自叙。按：當指趙氏撰昭德先生讀書後志序。嘗有讀史補注一百三十卷、資治通鑑綱目考異五十九卷、續資治通鑑補注九百四十六卷、建炎以來中興繫年要録補注二百卷、續仰山孚惠廟實録五卷。原注：附志。按：以上諸書出處分見附志卷上史類「補史記」條、編年類「資治通鑑綱目」條、「建炎以來中興繫年要録」條、「續資治通鑑長編」條、地理類「仰山孚惠廟實録」條。此外，希弁嘗補編趙普集五卷，見附志卷下別集類二「趙韓王文集」條，又嘗參校周敦頤濂溪先生大成集與濂溪先生大全集，見附志卷下別集類三。今皆不傳。傳者郡齋讀書志考異一卷、附志二卷。希弁家三世所藏，因以託不朽云。原注：附志自叙。按：當指希弁撰昭德先生讀書後志序。希弁妻張氏，嘉泰壬戌進士清江別駕耕姪女。耕字莘翁，有介菴張居士文集七卷，希弁生父師同爲之叙。原注：附志。按見附志卷下別集類四「介菴張居士文集」條。

附録二

歷代著録及研究資料彙編

説明：本附録彙録歷代書目著録郡齋讀書志（包括趙希弁讀書附志）文字及其有關解題，並輯録部分有關考證、評論性資料，以供讀者參考。近代或當代所刊公私書目，其著録讀書志版本，不外乎附録三所收諸本，故只摘擇一二有參考價值者，餘不備載。凡研究資料中屬傳本序跋、題識者，均歸附録三收輯，此不再復録。

宋陳振孫直齋書録解題卷八目録類：晁氏讀書志二十卷。昭德晁公武子止撰。其序言得南陽公書五十篋，合其家舊藏，得二萬四千五百卷。其守榮州，日夕讎校，每終篇輒論其大指，時紹興二十一年也。其所發明，有足觀者。南陽公，未知何人，或云井度憲孟也。四庫館臣按：井度，文獻通考作亢度。

宋王應麟玉海卷五二藝文部書目門：晁公武讀書志四卷。初，南陽井氏度傳録蜀中書甚富，舉以與公武，公武分爲四部：經類十，史類十三，子類十六，集類三。每讀一書，撮其大旨論之。紹興二十一年自序。

元脱脱等撰宋史卷二〇三藝文志二史部傳記類：晁公武讀書志二十卷。又，卷二〇四藝文志三史部目録類：晁公武讀書志四卷。

元馬端臨文獻通考卷二〇七經籍考三四：鼂氏讀書志二十卷。（按下引直齋書録解題語，末有「未詳」二字。）

明楊士奇等撰文淵閣書目卷一一類書類盈字號第四厨書目：讀書志一部，二十六册，殘闕。　讀書志一部，八册，完全。

明葉盛菉竹堂書目卷五類書類：讀書志二十六册。

明焦竑國史經籍志卷三簿録類：晁公武讀書志四卷，續讀書志四卷。　又附録糾謬糾正晁氏讀書志歸類，曰：漁樵問對、晁氏儒言、信聞記以上入經解，非，改儒。　河洛行年記入編年，非，改雜史。　南北史入雜史，非，改通史。　建隆遺事、三朝聖政録、嘉祐時政記、建炎日曆、隆平集入雜史，非，改時政記。　皇祐會記録入儀注，非。　十洲記、洞冥記、閩川名士傳入傳記，改地里。　刀劍録、古鏡記、硯譜、古鼎記入類家，非。　古城冢記入類家，非，改地里。　職林入類家，非，改職官。　荆楚歲時記入類家，非。　律吕本原入天文，非，改樂部。　隆平典章、高宗寶訓、内治聖鑒入類家，非。　乘軺録、雲南行記、西域志、石晉陷番記、虜庭雜記、至道雲南録、南蠻録以上入僞史，非，改地里。　脞説，張君房撰。　君房，宋初人以爲張唐英字君房，非。　唐英字次功，熙豐間人。

清錢謙益絳雲樓書目卷一書目類：晁氏原注：公武讀書志原注：二十卷。宋史作四卷。　後志原注：公武，字子止，文元五世孫。歷官臨安少尹。文集五卷。昭德晁氏藏書二萬四千五百卷。

清金檀文瑞樓藏書目録卷三史傳簿録：晁昭德讀書志　讀書後志。

吳慰祖校訂四庫採進書目兩江第一次書目：（郡齋）讀書志原注：四卷。後志二卷，考異一卷，附志一卷。宋晁公武著，趙希弁撰附志等。六本。

吳慰祖校訂四庫採進書目國子監學正汪交出書目：郡齋讀書後志原注：三卷。宋晁公武著。一本。

吳慰祖校訂四庫採進書目附録一江蘇採輯遺書目録簡目：晁昭德讀書志四卷後志二卷　原注：宋祕書省校書江西晁公武著。抄本。

清四庫全書總目卷八十五史部目録類：郡齋讀書志四卷，後志二卷，考異一卷，附志一卷。原注：兩江總督採進本。　郡齋讀書志四卷，宋晁公武撰。後志二卷，亦公武所撰。趙希弁重編附志一卷，則希弁所續輯也。公武，字子止，鉅野人，沖之之子。官至敷文閣直學士、臨安少尹。岳珂桯史記隆興二年湯思退罷相，洪适草制作平語，侍御史晁公武擊之，則亦骨鯁之士。希弁，袁州人，宋宗室子，自題稱江西漕貢進士祕書省校勘，以輩行推之，蓋太祖之九世孫也。始，南陽井憲孟爲四川轉運使，家多藏書，悉舉以贈公武。乃躬自讎校，疏其大略，爲此書。以時方守榮州，故名郡齋讀書志。後書散佚而志獨存。淳祐己酉，鄱陽黎安朝守袁州，因令希弁即其家所藏書目，參校删其重複，摭所未有益爲附志一卷而重刻之，是爲袁本。時南充游鈞守衢州，亦取公武門人姚應績所編蜀本刊傳，是爲衢本。當時二書並行於世，惟衢本分析至二十卷，增加書目甚多，卷首公武自序一篇文亦互有詳略。希弁以衢本所增乃公武晚年續裒之書，而非所得井氏之舊，因别摘出爲後志二卷，又以袁、衢二本異同别爲攷異一卷，附之編末。蓋原志四卷爲井氏書，後志二卷爲晁氏書，竝至南渡而止；附志一卷，則希弁家書，故兼及於慶元以後也。馬端臨作經籍考，全以是書及陳氏書録解題爲據。然以此本與經籍考互校，往往乖迕不合。如京房易傳，此本僅註三十餘字，而馬氏所引其文多至十倍。又如宋太祖實録、太宗實録、建康實録、汲冢周書之類，此志本僅述其撰人、時代及卷數而止，而馬氏所引尚有考據議論凡數十言。其餘文之多寡，詞之增損，互異者不可勝數。又希弁考異稱袁本毗陵易傳，衢本作東坡易傳，袁本芸閣先生易解，衢本作吕氏章句，今經籍考所題竝同衢本，似馬端臨原據衢本採掇。然如晉公談録、六祖壇經之類，希弁考異稱袁本所載而衢本所遺者，今經籍考實竝引晁氏之説，則當時亦兼用袁本。疑此書已經後人删削，不特衢本不可復見，即袁本亦非盡舊文，故與馬氏所引不能一一符合歟？又前志子部序録稱：九曰小説類，十曰天文曆算類，十一曰兵家類，十二曰刑家類，十三曰雜藝類，十四曰醫家類，十五曰神仙類，十六曰釋家類，而志中所列小説類雞跖集後即爲羣仙會真記、王氏神仙傳、葛洪神仙傳三種，是天文曆算等五類全佚，而神仙類亦脱其標目，則其他類之殘闕，蓋可例推矣。然書雖非舊，而梗概仍存，終爲考證者所取資也。

清四庫全書簡明目録卷八目録類：郡齋讀書志四卷後志二卷考異一卷附志一卷。讀書志，宋晁公武撰。續志，亦公武所撰，趙希弁重編。考異、附志，則希弁所撰也。讀書志、後志所録皆至南渡而止，附志則兼及慶元以後，三志竝以經、史、子、集分部，各有解題，爲藏書家所依據。惟此本所載，與文獻通考所引多異同，蓋當時傳刻亦非一本也。

清汪璐藏書題識卷一：昭德先生讀書後志二卷、附志上下二卷。録吳焯後志跋，曰：昭德晁氏既校井氏所藏書目，作讀書志四卷，復收録未備，作後志二卷，此編是也。淳祐中，三衢游鈞始彙集，併附志，衍爲二十卷。番陽黎安朝録以傳世。前志杜鵬舉序，黎氏刻時已失之，僅存昭德自序，今世行讀書志，此後序亦在焉。第此編既單行，插架不可不備，亦以見昭德冥搜遐索之苦心。且此編盡採入文獻通考，以今校之，頗有牴牾，讀通考者當留意焉。戊戌三春，從石倉先生假此本傳録，誤字甚多，余本已爲校正，仍歸石倉，校之都成善本。春盡日，焯手識。又録吳允嘉後志跋，曰：戊戌首夏廿有一日，往古蕩祝楊老姊八十壽，舟中與繡谷本參校，譌闕者，俱以硃筆增改，稱善本也。石倉自記。又録吳焯附志跋，曰：此踵晁氏讀書後志而作，故併後志爲五卷。內閣書目稱前志別爲一刻，而此二志係七卷。以今考之，第五卷分上、下帙耳，實無七卷也。昭德之門人姚應績將後志併入前志中，衍爲二十卷。馬氏盡採入通考，不同者，蓋當時槧樣各別，流傳互異，學者未可尊馬氏而略趙氏也。書以質之石倉先生。戊戌清和繡谷焯記。

清阮元揅經室外集卷二：衢州本郡齋讀書志二十卷。宋晁公武撰，姚應績編。應績，公武門人。此書在宋時已兩本並行，淳祐庚戌，鄱陽黎安朝守袁州所刻，謂之袁本。四庫全書已著録。是編淳祐己酉，南充游鈞知衢州時所刻，其所收書較之袁本幾倍之。馬端臨作經籍考全據是册，如京房易傳、宋太祖實録、太宗實録、建康實録之類，悉與之合，其文亦多至數倍。伏讀四庫全書提要，云衢本不可復見。此從舊鈔依樣影寫，經凡十類，史凡十三類，子凡十八類，集凡四類，次序有法，足爲考核之資。

清錢大昕十駕齋養新録卷十四：鼂公武郡齋讀書志，宋時有兩本。袁州本，僅四卷。淳祐庚戌番陽黎安朝知袁州刊之郡齋，又取趙希弁家藏書續之謂之附志。衢州本二十卷，則鼂之門人姚應績所編。淳祐己酉，南充游鈞知衢州所刊。兩書卷數不同，所收書則衢本幾倍之。其後希弁得衢本，參校爲後志二卷，以補其闕；其與希弁同者，不復重刊，蓋已非完書矣。馬氏經籍考所引鼂説，皆據衢本，不用袁本，當時兩本並行，而優劣自判。今世通行本，皆依袁本翻刻，予壻瞿生中溶購得鈔白衢本，惜無好事者刊行之。

清孫星衍孫氏祠堂書目内編卷二史學第七書目類：郡齋讀書志四卷後志二卷考異一卷附志二卷原注：宋鼂公武撰。考異附志趙希弁撰。

清段玉裁經韻樓集卷八跋白氏六帖三十卷宋本：此跋既屬稿，欲得祕閣之名，以書問之漪塘。漪塘覆書曰：「趙希弁摘取鼂氏所增入之書爲後志，以補前志四卷所未備，其跋即鼂公武語。祕閣公乃公武之曾祖。公武父名冲之，有具茨集三卷，載後志中，稱先君子詩集，知跋皆公武跋矣。公武之五世祖晁迥，直太子少保，謚文元。高祖名宗慤，官右諫議大夫、參知政事，謚文莊。父子世掌知誥，載於宋史。其曾祖及祖不載於史。唯晁補之雞肋集六十三卷載寂然居士晁君墓表，云文莊公生祠部員外郎，秘閣校理，諱仲衍。六十七卷中壽昌縣梁君晁氏墓志銘云：夫人晁氏，尚書祠部員外郎、祕閣校理、贈金紫光禄大夫仲衍之女，則秘閣名仲衍無疑。有六帖注，想即其人。補之爲公武族父，其言似屬可據。」余得此喜而欲狂，不獨所謂曾祖父祕閣公得其故，實自愧讀書鹵莽，誤認後志皆爲趙氏語。其過非細讀書，非尋究顛末，旁稽參證，尟有不失之者。

清周中孚鄭堂讀書記卷三十二史部十八目録類一經籍：郡齋讀書志二十卷原注：吳門汪氏藝芸書舍刊本，陳氏作清豐人。宋晁公武撰。原注：公武，字子止，彭門人。官至敷文閣直學士。世稱昭德先生。按晁氏讀書志，向有袁州、三衢二本。宋志目録類所載之四卷，爲袁本；傳記類所載之二十卷，爲衢本。書録解題，通考並稱二十卷者，亦即衢本。通考所採，皆據此本。今世行者，惟海寧陳氏所刊袁州本，較衢本幾缺其半。此蓋晁氏初藁，趙希弁取以付鐫，後復得衢本，因取其爲袁本所無者，別編後志二卷，以附其後。然仍有脱落，並論説多所删削，非晁氏之本真矣。余曾見盧抱經手校之三衢寫本，詫爲祕册。今吳門汪閬原購得鈔白衢本，屬黄蕘圃、李鄦沚細爲校注，付諸梓人，以廣流傳，殊遠勝於盧校之本云云。蓋是校之爲三衢定本，其證有三：考之趙氏所編後志後有考異七條，無不印合，一也；考之通考所載晁氏各條，絶無出入，二也；考之盧本所附補遺，僅從袁本晁志割鈔三十一葉，又摘鈔二十一種，皆是刻所有，其所無者，即趙氏所謂衢本所遺也，三也。然即盧校之本，即稱爲三衢之初藁，亦無不可，故不別爲記云。是刻上當詳本書部分。　前有紹興辛未晁氏原序及蕘圃序、菉沚跋，末有淳祐己酉游鈞後叙并閩原跋。

清瞿中溶瞿中溶文集郡齋讀書志考辨舉要序：晁氏郡齋讀書志外間向行袖珍小本，聞係海昌陳氏所刊，其書本七卷，據趙希弁後志序，一卷至四卷，黎侯安朝刊於宜春郡，趙氏又以家藏書益爲附志一卷，三衢游使君鈞別刻姚應續所編二十卷之本於信安郡，趙乃又摘取四卷中所無之書續爲後志二卷，其末有二本考異，云袁本者乃黎所刻之四卷，衢本者即游所刻之二十卷也。　今陳刻小本以卷一卷二卷三各分上下兩卷，卷四又分上、中、下及下下爲四卷，以附志爲卷五上、卷五下，並後志二卷，共爲十四卷，與原本不合，而予所得舊鈔姚氏所編游氏所刊者，則依然二十卷也，與趙序及陳直齋書録解題、馬貴與經籍考所載卷數皆同，　馬氏所引晁氏跋語亦多與此書合，　惟鈔本別集類宋人詩文集較袁本及通考少大半，蓋十九卷後有殘闕不全，故此卷僅止十葉耳。　案袁本四卷之書乃昭德不全初槀，故所載之書未備，其書名卷數跋語較此本每詳略舛錯，而分類尤多未洽，趙氏後志所録原據此本也，故間有一二字之異，餘多相合。　其易、書、詩等前總標經類，不分細目，子類亦不分儒家道家等，藝術類上加雜字，醫書作醫家，神仙作道書，則皆趙氏之率筆，不足辨也，惟釋書輔教編後有幕府燕閒録、羣書古鑑、稗官志、師友談記、龍川志略別志，俱不應在此類，而考此書，惟羣書古鑑入五行類，餘皆入小說類，且後志於此數書後復分天文卜算類、五行類、兵家類、類書類、雜藝術類、醫家類、神仙類，而并混入釋書於其中，其跋語之文較此書亦多略而有異，與前各門迥乎不同。又考前袁本書中之卷三下小説類雞跖集後接羣仙會真記、神仙傳等三書，皆應入神仙類，而前並無神仙類三字總標，其後即接釋書類，中闕天文、五行、兵家、類書、藝術、醫家、神仙諸類，乃悟此重出各門之書，皆當在前袁本四卷中卷三下小説類，應以此幕府燕閒録接雞跖集後，而以後志卷二釋書肇論、玄聖蘧廬、廣弘明集三書接袁本卷三下之末，此必袁本四卷中之文而誤入後志者，恐係刻書之人承前錯簡之誤耳，未必趙氏原書如此，且據趙氏考異言，職林、骨鯁集、蘇沈良方三書皆在衢本所遺二十九種之内，則非後志所宜有，而今正在錯簡重出各類之中，其非誤於趙氏益可證明矣。晁子止學問在宋人中可與二洪、王深甯相伯仲，此書跋語之精博，自遠過趙君錫，趙即先以己所有書輯成附志，其晁志同者，何妨仍於後志備録，乃欲掩己之譾陋，竟以一例抹殺，且如道家類温公道德論述跋内有「無名天地之始」云云三十九字，袁本晁氏初稾載於王介甫注老子各書跋内，此本後改增入温公書跋，乃於王氏書跋中去其文增加數語，有讀與温公句同之言，趙氏後志但補温公書跋，未能於王氏書跋删改之類，後人讀其書難免疑竇。又其所爲二本四卷考異亦多草率舛駁，猶幸此書尚存，皆得考知其疏謬，而晁跋終不致湮没也。晁氏之書目，當以此爲定本。然如袁本四卷中多二十四種，爲姚本所遺，又昭德别有蜀石經考異所載各經皆備，而二本中均無石經儀禮及孝經、爾雅，可知遺而未載者猶或有之。小本前四卷既爲昭德不全初稾，後志又遭俗人棼亂，并非趙氏原書，皆無足取，惟此書間有闕文及傳寫譌脱之處，亦可籍其本與馬氏通考互相參訂以補正之，庶成完書耳。予故以趙本細爲讎校，詳注於旁，並撮其大要別爲考辨舉要一卷，安得好事者以此本授梓，更以小本錯入後志各書改歸前四卷内，而校其異文附於各卷之尾，並以趙氏附志二卷附刻於後，則晁氏全書可無遺憾，而趙書亦仍得附驥以傳，洵有功於前哲不小。馬氏經籍考雖全取此書，亦間有以意去取增改。如金華先生理窟二卷與横渠先生經學理窟一卷，似係兩書，故袁、衢二本皆載金華理窟，趙氏附志亦別載横渠經學理窟，而馬氏則以經學理窟一卷並於張載信聞記下，竟不載金華之書及晁跋，又於孟子音義下誤添「正義」，且增改跋語原注：予別有跋之類，非見原書何從正之？則此書之足貴可知矣。比予以此書呈質外舅錢少詹先生，亦嘉賞不置，展讀下於末卷中手批數語并跋其後。書分四册，册首皆有「龍江之印」及「蜀瓠草堂」二圖記。

王大隆輯思適齋書跋卷二：郡齋讀書志二十卷（藝芸書舍刻本）。顧廣圻跋云：「此卷有顛倒之葉，不得舊本，尚無從移定也。或欲將臨池妙訣及唐氏字説解兩標題互改，以泯其蹟者，豈其然乎？思適居士記。」（在卷四後） 又，昭德先生郡齋讀書志四卷後志二卷考異一卷附志一卷（舊鈔本）。顧廣圻跋云：「道光三年重覩於績學堂。顧千里記。」

按：思適齋書跋卷二另輯有顧氏跋三條，以所跋之本尚存，俱録於附録三，可參看。

清顧千里思適齋集卷十五衢本郡齋讀書志考辨跋：衢本郡齋讀書志二十卷，姚應績編，世所罕見。乾隆末，我友瞿君木夫收得舊鈔本，予從之寫其副，藏諸篋中，未嘗示人。其木夫本旋經黄丕烈借去，迨嘉慶己卯，爲汪君閬原付梓，乃有嘉興李富孫跋謂以予所鈔，屬伊校，不審黄、李孰爲此言也？梓成印行，爰發向所鈔一讀，覺小學類中有不可通者，再四尋繹，方知當畫分六段，自第二段以下皆鈔本錯簡也。第一段，起爾雅，原注：第一至方言；原注：第六第二段，起説文解字，原注：第七至經典釋文；原注：第十三第三段，起干禄字書，原注：第十四至臨池妙訣；原注：第十九第四段，起「右未詳撰人」，原注：云云上接「臨池妙訣三卷」一行之下合之爲第十九至類篇；原注：第廿四第五段，起集韻，原注：第廿五至唐氏字説解；原注：第卅第六段，起「右皇朝唐耜撰」，原注：云云上接「唐氏字説解一百二十卷」一行之下，合之爲第卅至切韻指玄論、四聲等第圖；原注：第卅九而卷終焉。依此移轉，庶幾行所無事而部居時代各得其所，否則可尋之迹遽泯矣，然而成事不説也。今年，木夫枉過敝居，見示衢志考辨一册，論袁本之失，明衢本之善，精細詳備，誠不可不與本書並行者也，因憶管見附著於尾。

清錢泰吉曝書雜記卷下：「晁子止昭德文集」條：晁子止郡齋讀書志，爲宋以來著録家之首。「郡齋讀書志袁本、衢本」條：郡齋讀書志有二本。鄱陽黎安朝刊於宜春郡齋者分四卷，益以趙希弁家藏爲附志一卷，原注：繫於四卷之後第五上第五下其後趙氏從三衢本摘補四百餘部，爲後志二卷，世所通行謂袁州本也。三衢本爲姚應績所編，南充游鈞刻於信安郡齋，分二十卷，文獻通考所據本也，世所罕見。嘉慶己卯，吴門汪士鍾閬原得舊鈔本，屬吾鄉李香子明經詳校刊行。頃讀顧澗薲集，知瞿木夫有衢志考辨，論袁本之失，明衢本之得，惜未見傳刻。余於兩本異同，未暇細校。偶檢麟臺故事條下，衢本有「予所藏書，斷自南渡之前，獨此書以載官制後事爲詳，故録之」云云，此晁氏著録大凡也，袁本無之，亦優絀之端也。汪氏所刻衢本小學類，澗薲謂有錯簡，當據以正之。「南陽井公」條：衢本讀書志序文，於贈書之人，但稱南陽公，不著其姓。陳氏書録解題謂「南陽公，未知何人，或云井度憲孟也」，則所見讀書志亦衢本也。袁本序文作南陽井公，趙氏希弁後志序明言井、晁二家，蓋袁本晚出，馬氏、陳氏皆不及見，故文獻通考於附志未嘗采録。晁氏於「宋書」條下云：「嘉祐中，以宋、齊、梁、陳、魏、北齊、周書舛謬亡闕，始詔館職讎校，曾鞏等以祕閣所藏多誤，不足憑以是正，請詔天下藏書之家悉上異本，久之，始集。治平中，鞏校定南齊、梁、陳三書上之，劉恕等上後魏書，王安國上周書。政和中，始皆畢，頒之學宫，民間傳者尚少。未幾，遭靖康丙午之亂，中原淪陷，此書幾亡。紹興十四年，井憲孟爲四川漕，始檄諸州學官求當日所頒本。時四川五十餘州，皆不被兵，書頗有在者，然往往亡闕不全，收合補綴，獨少後魏書十許卷，最後得宇文季蒙家本偶有所少者，於是七史遂全，因命眉山刊行焉。」讀此一條，知井公收刊史籍之功亦甚巨，録之以見雖館閣校定之書，頒行學宫，亦易闕失，必賴傳録收集之人也。「讀書志杜鵬舉序」條：趙氏希弁後志序謂衢本缺杜鵬舉序。余所藏陳氏傳刻袁本，亦無杜序。昨歲，胡澄齋贈余舊鈔本有之，得補録焉。大略謂：先生校井氏書爲讀書志，凡四卷。鵬舉作邑峨下，望先生滄洲之居，雞犬相聞，暇即問奇字於古松流水之間。一日叩以此書，忻然相付，因廣其傳云云。結銜稱「門人承議郎、奏辟通判茂州軍州事賜緋杜鵬舉序。」

清陳揆稽瑞樓書目譜録類：郡齋讀書志二十卷（八册）。　讀書志、附志五卷（又後志附，四册）。

清張宗泰魯巖所學集卷六跋晁公武郡齋讀書志：郡齋讀書志爲予幼所誦習。每一披閱，輒往復不能去手，所附遺聞佚事，尤足爲辨章舊聞之資。然亦不無失之者。如：禮記下云小戴刪四十六篇，馬融又附月令、明堂義，合四十九篇。按四十六篇益二篇，只得四十八篇。檢隋書經籍志所益者尚有樂記一篇，而「明堂義」亦「位」之訛也。後漢書條下云：蔚宗所撰本志未成而伏誅，後劉昭補注三十卷。按劉昭所注者，晉司馬彪續漢書之志也，此似以爲補范氏之志而注之矣。又云：世多譏蔚宗創爲皇后紀，不知後漢書之皇后紀亦原本華嶠，非創始爲之者，玉海第四十六卷可證也。資治通鑑下云：「凡十七年始奏御。」按温公於治平二年奉詔，至元豐七年奏御，共歷十九年，作十七年者，似失之。小説類資暇下作李匡乂，本自不誤，而幸蜀記下則作李匡文，兩處歧出不一何也？文子下云：「小雅，周公作也，而有張仲孝友。」按詩小序云：「六月，宣公北伐也。」於周公何干？又何妨有張仲孝友乎？博異志下云：「右題谷神子纂，不知撰人。」按老子指歸下疑谷神子爲馮廓，此以爲不知撰人何也？筆談以下，春明退朝録、孔氏雜説、倦遊雜録諸書，俱不當編入小説，而後山詩話、温公、東坡詩話，一例編入小説，尤無謂也。樊南甲乙集云李商隱義山，隴西成紀人。按史通邑里篇原注：「近代爲王氏傳者，云『琅琊人』，爲李氏傳者，曰『隴西成紀人』。非惟王、李二族久離本居，亦自當時無此郡縣。」兹於李商隱不曰懷州河內人，而猶標其郡望，稱隴西人，則亦史通所訶也。**再跋郡齋讀書志**：柳仲塗集下云：「歷環、邠、曹、代、忻、滄五州。」「五州」當作「六州」。范文正丹陽編下：「梅堯臣著碧雲騢以譏詆之。」按碧雲騢爲魏泰所撰，假名梅堯臣以誣文正公者，而此失於考證也。何聖從廬江文集：「簡重淳淡，有孟東野之風。」按何郯之集久不傳，若東野之詩，則以苦思奇澀見長，簡重淳淡四字，殊不似也。梅堯臣宛陵集云：「王舉正見而歎曰：『二百年無此作矣。』」按王曙字晦叔，謚文康。舉正字不知所謂也。曾子開曲阜集云：「前後歷陳、潁、宋、泰、海、和、金陵、真定九郡帥守。」檢東都事略本傳，曾肇所歷九州，而止得八州，尚有脱漏也。洪覺範筠溪集下：「惠洪覺範姓喻氏。」按惠洪於彭淵材爲叔姪，宋詩紀事作姓彭氏，當從之也。李易安集：「先嫁趙誠之。」按趙明誠字德父，此誤以明誠爲誠之也。李善注文選下云：「其人既往，而後其文克定，然所録者皆前人所作也。」推尋上下文意，「然」字當以作「故」爲愜也。**三跋郡齋讀書志**：讀書志傳刻既久，其字句多所舛誤。如：尚書正義：「因梁費彪疏廣之注。」據通考所引，「注」字衍文。儀禮下：「博士禮十七篇爲禮儀。」當作「爲儀禮」。春秋穀梁傳：「其長子參」，當作「泰」。左氏膏肓：「鄭康成著膏肓。」當作「著鍼膏肓」。何晏論語集解：「以趙談子爲固子。」當作「同子」。七經小傳：「章句注數。」當作「注疏」。復古編「張守」當作「張有」。三國志十五卷，是六十五卷，「嵩本夏后之子」，當作「夏侯」。晉書：「雄晉叢冗。」「雄」當作「惟」。孟子音義：「于公著」，是「丁公著」。列子：「欲便好利者。」「便」是「使」字。亢倉子：「稱其爲書畏累。」「累」下脱「虛」字。金樓子：「梁元帝撰繹。」撰繹二字當乙，繹，梁元帝名也。世說新語：「當時孝標續義慶。」「時」當作「是」。東齋紀當作「紀事」。冷齋夜話：「後生事」，是「後坐事」。南部新書：「錢希曰」當作「白」。曹植集：「卒年三十一」，當作「四十一」。盧照鄰幽憂子集：「洛陽人」，當作「范陽人」。王昌齡詩：「縝密而思清」，當作「緒密」。蕭穎士集：「穎士屬文」，當作「四歲屬文」，見新唐書本傳。元子下：「或隱自謂與聱牙」，據通考，是「或隱或仕，自謂與世聱牙」。文心雕龍：「籍稱論語之前。」「籍」字衍文。白居易長慶集：「居易以文章精切。」「以」是「於」字。寇忠愍詩集：「有雍叙。」檢通考，是「有范雍叙」，此脱「范」字。楊文公刀筆集「母病楊翟」，當作「陽翟」。畢公叔西臺集：「元祐中，召天下文學之士三人。」於東都事略畢士安傳，是「文學之士十三人」。韓子蒼集：「王甫嘗命子蒼。」「甫」當作「黼」。唐文粹：「復其子」，當作「後其子」。松陵集：「六百五十八首」，當作「六百八十五首」。九僧詩集：「惠業、牢昭」，當作「惠崇、宇昭」也。**跋讀書後志**：郡齋讀書後志二卷，亦晁公武所撰而趙希弁所重編者。然其書編次最無法，而子部尤舛錯不可爲據。如：既有天文曆算類，又有天文卜算類；既有兵類，又有兵家類，多事區分，何不一爲省併也？且前既有五行類、類書類，後復有五行類、類書類；前既有雜藝術類、醫書類，後復有雜藝術類、醫書類，紛爲亂絲，幾令讀者疲於檢閲，又不知何爲若是紛紛也。而前釋書類末，如幕府閒談録、羣書古鑑、稗官志、師友談紀、龍川略志、別志五六種，於釋氏不相干涉，或者謂中間有所殘缺，故併他類爲一，想當然也。**再跋讀書後志**：讀書後志傳刻之誤，亦所時有。如：爾雅音略下：「陸朗釋音」，當作「陸元朗」。開元釋教録三十卷，是二十卷。温公道德論述要：「無，名天地之始」以下二十九字，已見前志王介甫注老子，不當再見。鑒戒録：「唐證中」，是「唐證聖中」，證聖，武后年號也。吴處厚青箱雜記十卷，而訛「吴」作「何」，又脱去卷數。搢紳脞説云「張唐英」，隔一頁麗情集下，則云「張君房唐英」，殆於名字莫辨矣。青囊補注下：「爲王敦所教」，「教」是「殺」字。武經總要下：「制度十五卷」，誤作「五卷」。注孫子之何氏，崇文總目謂名延錫，而此云「不題姓氏」。吴子下：「説料敵」是「説國、料敵」。初學記下：「施本」，當作「施敬本」。補注神農本草下：「梁之録」，是「梁七録」。玄聖蘧廬下：「愈稱其家多書。」「愈」上當補「韓」字。廣弘明集下：「誠功」當作「誠功」。韓持國詩下：「與其兄子華、玉汝。」按韓縝字玉汝，乃維之弟，則玉汝下脱「弟」字。晁具次集是以山名其集，則「次」當作「茨」也。**跋趙希弁讀書附志**：趙希弁爲宋宗室子。附志一卷，所述家世聞見，多可備掌故，以之繼晁氏之書，洵不愧也。惟是其中字句小誤有不可不更正者。如：皇極經世指要之「蔡元定」，誤作「先定」。長安志下「勸農使」，「使」誤作「事」。職方乘下「白受采」，誤作「白和采。」李忠定公行狀，誤作「季忠定」，著侯鯖録之趙令畤，誤作「令時」，東坡陽秋賦：「趙王之孫，有賢公子，宅於不土之里，而詠無言之詩」可證也。韓魏公安陽集下：「公奉詔立皇子句被命立英宗爲皇帝句」，二「句」字俱當作側注。楊文公武夷集「寇準」訛「冠準」。河内先生文集：「吾軍畏怯。」當依東都事略作「畏法」。李泰伯退居類藁：「擲筆而出」，脱「筆」字。殷璠河嶽英靈集，訛作「河海」。唐賢絶句：「劉昭禹」，訛作「劉昭屬」。衆妙集：「汴人趙師秀編。」師秀乃紹熙庚戌進士，庚戌當光宗元年，爾時宗室南渡已六十餘年，師秀移家永嘉久矣，豈得仍作汴人也？又，「沈佺」亦脱去「期」字，「耿緯」亦當作「耿湋」。又，花蕊夫人詩：「以俘輪織室」，亦「輪」之誤也。

再跋讀書附志：晁公武郡齋讀書志，於何晏論語集解下，謂鄭沖名觸先公諱，援太史公以「同」易「談」之例，書「鄭沖」作「鄭同」，蓋心有不安，即不得不略爲變通其詞，乃孝子敬謹其親之至意也。又重編楚辭及續楚辭下曰：「右族父吏部公編。」吏部公，晁無咎補之也。晁氏於諸父之名且諱之維謹，況生我者乎？趙希弁續晁氏之書，此其倫理之所在，豈其所未嘗寓目者？乃檢書中，不諱「彥端」、「師俠」之名，亦自可異。尤可駭怪者，論孟精義下曰：「先君子戒菴居士師同手澤也。」皇王大紀下：「希弁生父師同。」介菴居士文集下曰：「故生父同爲之序。」夫見似目瞿名心瞿，父母之名，耳可得聞，口不可得而言，自非大君之前，誰忍冒言直斥之而無所顧忌？希弁多收古書，且編爲書目，用附前賢之後，意亦宗室中佳士也，顧不念嚴君之名，他人且不得觸焉，乃大書屢書以示人，而略不爲諱，亦獨何哉！

又跋讀書附志：梅磵詩話云：「泉南林洪可山肄業杭泮，粗有詩名。理宗朝上書言事，自稱和靖七世孫，冒杭貫取鄉薦。有無名子作詩嘲之，曰：『和靖當年不娶妻，只留一鶴一童兒，可山認作孤山種。正是瓜皮搭李皮。』」則是林洪之攀附名流，爲一己進取之計，久爲當時所點嗤。而趙希弁讀書附志於文房圖贊下，大書「和靖後人林洪可山撰」，竟忘梅妻鶴子之作何解説？亦疎忽之甚矣！又按瀛奎律髓梅花詩注，謂阮梅峯秀實、林可山洪往往雖黃士大夫，口吻可畏，蓋其人本險詖之士云。

清瞿鏞鐵琴銅劍樓藏書目録卷十二：昭德先生郡齋讀書志四卷、後志二卷，考異一卷、附志一卷。舊鈔本。讀書志四卷、宋晁公武撰。後志一卷、亦公武撰，趙希弁編。附志一卷，則希弁續輯。世所謂袁本讀書志是也。有公武自序，杜鵬舉、黎安朝序，又希弁後志序。海寧陳氏有刻本，字句多舛譌，如胡先生易傳條中：「或云門人阮天隱所纂。」「天隱爲阮逸字。」陳本「阮」誤「倪」。是本出義門何氏朱筆點校，加以考證，卷末有題記，云：「康熙丁亥春，得粗校一過」。又有陽城張古餘跋，云：「此舊鈔袁本，較海寧陳氏所刻，首多二十卷目録，而字句間每勝。其卷二小説類雞跖集後幕府燕閒録起，至神仙類天隱子止，共廿翻，陳刻俱錯入後志第二卷中，今得以正之，洵爲善矣。」每卷首有「何焯之印」、「屺瞻」二朱記。

按：此本今存，參見附録三。

清陸心源儀顧堂題跋卷五：衢本郡齋讀書志跋：昭德先生郡齋讀書志二十卷，題曰「門人姚應績編」，前有晁公武自序，舊鈔本。案公武字子止，鉅鹿人，紹興進士。見四川通志。爲四川轉運使井度屬官。紹興十四年，階、成、岷、鳳四州并屬利州路，爲經略使者，有旨：令安撫使倣雄州安撫司例措置，申樞密院，一府愕眙，莫知其原，公武言：「此景德三年故事，顧與今事不類？」宣撫司鄭剛中即用其言，奏析利州路爲東、西。由此益重之。趙不棄總領四川宣撫使錢糧，辟爲主管文字。十七年，以左朝奉郎通判潼川府，以趙不棄薦知恭州。見繫年要録一百五十六。移知榮州。見自序。又知合州。見四川通志清華樓記。轉潼川路轉運判官，二十七年，爲侍御史王珪劾罷。見繫年要録一百七十八。以金安節薦，爲侍御史，隆興二年，湯思退罷相，洪适草制作平語，公武擊之。見金安節傳及岳珂程史。乾道四年，以敷文閣待制爲四川安撫制置使。見宋史孝宗紀。時米價騰貴，公武以錢三百萬緡，糴米六萬石賑糶，民賴之。見四川通志。五年，知興元府，請以屯田三年所收最高一年爲額，等第均數，召佃收兵及保甲以護邊，從之。復爲四川制置使。六年，雅州沙平蠻寇邊，焚礪門砦，公武調兵討之，失利，又與王炎不協，罷。見宋史孝宗紀、食貨志。七年，以敷文閣直學士、左朝議大夫爲臨安少尹。明年，罷。見臨安志。謂嘉定之符文鎮山川風物近似洛陽，因家焉。見輿地紀勝。著有易詁訓傳、尚書故訓傳、詩詁訓傳、中庸大傳、春秋故訓傳、稽古後録、昭德堂藁、嵩高樵唱及此書。見宋史藝文志。**郡齋讀書志跋**

二：衢本郡齋讀書志卷四：「字説偏旁音釋一卷、字説疊解備檢一卷，不見撰人名姓。」愚案：老學庵筆記：「字説甚行時，有唐博士耜、韓博士兼，皆作字説解數十卷。又有劉全美者，作字説偏旁音釋一卷、字説備檢一卷，又以類相從，爲字會二十卷。」此則偏旁、備檢二書，皆全美所著也。**衢本郡齋讀書志跋**

三：讀書志卷十四：「印格一卷。皇朝晁克一撰，張文潛甥也。文潛嘗爲之叙，略曰：克一既好古印章，其父補之愛之尤篤。悉録古今印璽之法，謂之圖書譜。」袁本讀書後志同。愚案：克一，姓楊，名吉老。文潛嘗云，吾甥楊吉老本不好畫竹，一旦頓解，便有作者風行。晁無咎集有贈文潛甥克一學與可畫竹詩，又見鄧椿畫繼。父補之，歷官鄂州支使，見宛邱集卷二十六。讀書志所引文潛序略，見宛邱集五十六。原本讀書志必作楊克一，校者見有「其父補之」四字，心中習知有晁補之而不知有楊補之，遂改「楊」

爲「晁」，不知晁補之娶戶部侍郎杜純之女，二子，長公爲，次公似，見宛邱所撰墓志，安得爲文潛甥乎？汪士鍾刻讀書志跋曰，與吳縣黄文蕘圃互相商榷，增補缺失，一字訂訛，往來之書日再三返。乃克一姓楊非晁，宛邱集、畫繼非僻書，屢屢可證，而妄更其姓，真有不如不刻之歎矣。

按：陸氏跋三所論是，然謂出汪士鍾、黄丕烈妄改則非，今影印宋袁州刊本讀書後志亦作「晁克一」，知誤不自汪、黄始。

陸心源皕宋樓藏書志卷三十七目録類：昭德先生郡齋讀書志二十卷原注：舊鈔本。宋晁公武撰，門人姚應績編。

按：陸氏迻録公武自序、游鈞跋、阮元揅經室外集衢本郡齋讀書志解題，今略去。

清丁丙善本書室藏書志卷十四：衢本昭德先生郡齋讀書志二十卷原注：錢遵王鈔本。門人姚應績編。四庫著録者，凡志四卷，後志二卷，皆公武撰，考異一卷，附志一卷，爲趙希弁續輯。公武，姓晁氏，字子止，鉅野人，官敷文閣直學士。希弁，袁州人，宋宗室子，江西漕貢進士，秘書省校勘。始，南陽井憲孟爲四川轉運使，家多藏書，悉舉以贈，公武乃躬自讐校，疏其大略。時方守榮州，故名郡齋讀書志。後書散志存，淳祐間，鄱陽黎安朝守袁州，因令希弁即其家所藏書目刪校，益以附志而重刻之，是爲袁州本也。此二十卷本，較袁本收書倍之，解題亦多至數倍。乃公武門人姚應績所編，南充游鈞守衢州時所刊傳也。前亦列公武自序兩篇，並有杜鵬舉、黎安朝二序，後有淳祐己酉游鈞刻置信安郡齋小記。白紙墨格，楷書清整，洵述古堂舊籍。有「錢曾之印」「遵王」兩印。

清張之洞書目答問卷二史部譜録類書目之屬：宋衢州本郡齋讀書志二十卷。原注：汪士鍾校刻本。此本善。范希曾補正曰：「光緒間，會稽章壽康刻本。光緒十年長沙思賢精舍刻王先謙校本附趙氏附志二卷，王氏以袁本較衢本，尤善。」宋袁州本郡齋讀書志四卷後志二卷原注：宋晁公武考異一卷附志一卷。原注：宋趙希弁。海甯陳氏刻本。范希曾補正曰：「道光十年晁貽端刻本，故宫博物院影印宋本。」

清繆荃孫藝風堂藏書記卷五目録類：昭德先生郡齋讀書志四卷後志二卷考異一卷附志一卷。舊鈔本。四卷，宋晁公武撰。後志一卷，亦公武撰，趙希弁編。附志一卷，則希弁續輯。世所謂袁本讀書志是也。有公武自序，杜鵬舉、黎安朝序。收藏有「惠印士奇」朱文方印、「紅豆書屋」朱文長方印、「臣棟」白文、「松崖」朱文連珠印、「紅豆村莊」朱文方印。昭德先生郡齋讀書志二十卷。舊鈔本。此世所謂衢本讀書志也。收藏有「擁書豈薄福所能」白文方印，每卷「太原叔子藏書」白文長印、「華亭王聞遠印」白文、「右軍後人」朱文連珠印、「東吳王蓮涇藏書畫記」朱文長方印，末有「青氈是吾家舊物」白文方印。

按：王聞遠舊藏衢本今存，參見附録三。

葉德輝郋園讀書志卷四史部：袁州本郡齋讀書志四卷後志二卷考異一卷附志二卷。原注：康熙壬寅海甯陳師曾刻本。此袁州本郡齋讀書志，爲海甯陳氏刊而四庫著録者也。此書爲晁氏手編，後有衢州本則門人姚應績編。文獻通考引此志，往往與此不合，四庫提要以爲據衢州本而云然，與阮文達揅經室外集進呈衢州本提要語相符，惜不得衢州本讀之，一解此惑也。此書于都門廠肆翰文齋得之，他日若得衢州本并藏，則無遺恨矣。己丑，公車偕計，正月廿七日抵都，廿八日過市肆獲此，晚歸，鐙下讀一過，爲誌數語。元尚齋主葉德輝。　得此書半月許，忽于廠肆得汪氏藝芸書舍所刊衢州本，取校此本，文多詳核，誠如四庫提要、揅經室外集所云，爲文獻通考所採掇也。但汪跋稱此本爲海昌陳氏刻，以「海寧」爲「海昌」，必是誤記。南皮張孝達制軍書目答問亦云海寧陳氏刻本，然則汪跋所云海昌，直可定其爲誤矣。己丑二月二十日再識。　衢州本郡齋讀書志二十卷原注：嘉慶己卯汪士鍾刻本。晁氏郡齋讀書志，宋時有二本：一袁州本，四庫著録者也；一衢州本，四庫未收，即此本也。提要疑馬端臨文獻通考據衢本採掇，今按此本，信然。據李富孫後跋云「以顧君澗蘋所鈔衢州本屬校」，若甚引重者，然而顧氏思適齋文集跋此書，乃力言無此事，并摘書中錯簡糾正於後。同時之人，何蹤迹睽異若此？此不可解也。至顧氏所指各條，精細詳審，實可取信，余故録鈔於後，以資考證云。己丑二月花朝日，長沙葉德輝誌，時寓都門長郡館。　**張允亮編故宮善本書目天禄琳琅書目**：昭德先生郡齋讀書志四卷附志一卷後志二卷。五册。宋晁公武撰，趙希弁編。當淳祐九年黎安朝袁州刻本，半葉十行，行二十字。原注：當時檢擇所未及。

按：此本今存，參見附録三。

張元濟涵芬樓燼餘書録史部：昭德先生郡齋讀書志二十卷。鈔本。四册。汪閬源、李薌沚、黄蕘圃校，袁壽階舊藏。此爲五硯樓舊藏。汪閬源以吴枚菴本校，李薌沚以瞿木夫鈔本及馬氏經籍考校，黄蕘圃又據以上各本覆校。朱墨燦然，並皆精審。汪氏所刊即以此爲底本。

按：此本今存。張元濟所録顧廣圻題識、李富孫跋、黄丕烈録錢大昕跋俱見附録三。

王重民郡齋讀書志與直齋書録解題

按：此文載圖書館一九六三年第四期，以文字過長，不俱録，存其目備考。

倪士毅宋代目録學家晁公武和郡齋讀書志

按：此文載杭州大學學報一九八〇年第三期，以文字過長，不俱録，亦存目備考。

附録三

現存諸本叙録

説明：本附録收録現存郡齋讀書志（包括趙希弁讀書附志）諸本凡三十五種（其中衢本十七種、袁本十八種），分衢、袁二版本系統，編叙其目，並迻録有關序跋、題識於其下，以供讀者參考。凡須加注釋者，今寫成按語，綴於該本之末。凡屬善本者，按語稍詳，並注明收藏，以便查閲利用。凡嘗爲前人收藏並著録者，亦見附録三，可參見焉。

衢本

一、明范大澂卧雲山房鈔本。存十八卷（卷一至卷十八）。

按：大澂，字子宣，又字子靜，號納菴，鄞縣人，爲四明藏書大家、天一閣主人欽從子。此書遞經清怡賢親王弘曉、楊繼震先後收藏，今藏北京大學圖書館。

二、清王聞遠校、繆荃孫簽校、潘景鄭跋鈔本。

潘景鄭跋曰：昭德先生郡齋讀書志，世傳袁、衢兩本。衢本自汪氏藝芸書舍重刻，流傳遂廣。袁本則通行陳氏小字一本，訛謬未快人意。近年涵芬樓得内府所藏宋刊袁本影印，原書面目，復見於世，幾駕衢本而上之。然兩本互有是正，未可偏廢也。此鈔衢本郡齋讀書志二十卷，華亭王蓮涇先生舊藏。全書以朱緑二筆校正，審爲先生手筆。後歸繆氏藝風堂，筱珊先生復據通考及汪本參稽同異，附黏別紙於行間，蓋前賢致力此書，於目録版片之學，奉此爲鼻祖焉。余按衢本傳授淵源，詳載顧澗蘋先生思適齋集中。汪刻蓋出自瞿木夫家所藏鈔本，大半經李香子所校，澗蘋先生所謂其所校未善，曾以汪本塗乙校改，是正頗多。原注：此本藏瞿氏鐵琴銅劍樓。又詳論汪刻本小學類中當畫六段，自第二段以下，皆錯簡也，云云。詳視此本，沿譌未正，是所鈔與汪本同出一源矣。繆校於汪本間有出入，意傳寫時容或差異耳。此本屢經前賢校定，精審邁軼汪刻，誠衢本之功臣也。是書繕録工整，每半叶十行，行二十二字。繆氏書散，歸梁溪孫氏小緑天，伯兄以重值得諸孫氏後人者。百年中，一書數易其主，聚散無常，良可慨焉！讀昭德先生自序，有云：「然自中原無事時，已有火厄，及兵戈之後，尺素不存也」云云，方今戰禍未息，江左典籍之厄，甚于甲乙之際，而此書得收拾於劫掠焚燎之餘，能不付蠟車覆瓿，非其幸歟！歲戊寅清和之月二十有三日，識於滬上斜橋寓廬。

按：潘景鄭先生跋語亦收入著硯樓書跋中，題曰：王蓮涇手校衢本郡齋讀書志。此本嘗爲繆荃孫藝風堂藏書記卷五目録類著録，參見附録二。

三、清□太初補缺並跋鈔本。

□太初跋：三月望後，得石倉吳氏抄藏讀書志四卷。目（按疑「是」之誤）書衢、袁本序跋迴異，繕補校正凡二十日而畢。此本計增書四百五十餘種，至別集下宋人自晏元獻後，此本所無者凡百家，因另録附焉。乾隆乙亥初夏五日太初長元識。

□太初又跋：四月八日，鮑君苜蕢吳門來翰，云：「近得讀書志一部，反覆閱前後序跋，不覺狂喜，以君所得鈔本最佳也。此在當日便有二本：一爲袁本，蜀中所刻，凡四卷，昭德先生自編；一爲衢州刻本，比袁本增書八千餘卷，昭德門人姚應績編，較袁本序次爲有法，凡二十卷，即君所得本是也。近陳氏新刻，乃宋時趙希弁取蜀本訂正，增入附志一卷原注：趙氏藏書，又取衢本所增書析出另爲後志二卷本也。但於附志中已見而衢本所增者，删去著録，僅列其目，殊覺可惜。因檢絳雲、述古二書目所載，亦是此本，則衢本之傳，蓋寡矣。幸足下善視之，他日有力則取以付梓，與陳氏並行；不然藏諸枕中，庶幾子孫知所愛護耳。」按鮑君來札，則石倉所録係蜀本無疑，其云衢本，蓋誤書也。僕與苜蕢並稱書癖，而某風塵碌碌，不若苜蕢之專而且勤，以故考證援佐，靡不精確。四月二日余與苜蕢書，亦言喜得衢本，可以校對，而鮑君此札已于三月廿九日付郵。嗟乎！此一書也而蘇、杭兩地，時日兼符，則余二人之賞識，亦足證同心契。苜蕢云「藏諸枕中，庶幾子孫知所愛護」，余因書其大略以示後來。四月八日太初燈下。

按：此本經葉志詵、趙筴收藏，今藏北京大學圖書館。太初長元其人未詳。宋人別集部分缺簡，據袁本補録；而其袁本則得之吳允嘉。允嘉之本嘗爲吳焯所跋，參見附録二。

四、清宛委別藏本。

按：此本即阮元揅經室外集卷二著録本，阮氏解題載附録二，可參看。

五、清袁廷檮校、顧廣圻、李富孫校並跋、黄丕烈校並録錢大昕跋鈔本。

顧廣圻跋：此衢本郡齋讀書志，五硯樓主人所得，予從之借鈔。凡錯簡十數，一一正之矣。雖史部書目類缺一葉，別集類下劉筠集以後缺者約二三十葉，無從補全也。嘉慶乙丑九月澗薲居士記。

李富孫跋：（略）

黄丕烈録錢大昕跋：此書有衢、袁二本，世所傳趙希弁校本即袁刻，蓋子止初稿；又雜以趙氏書，蓋非其舊。吾壻所藏乃真衢本，與文獻通考所引多合，安得好事梓而行之，以還晁氏面目邪？乾隆乙卯十二月既望竹汀叟錢大昕，時年六十有九。

按：此本即汪士鍾藝芸書舍刊本之底本，李富孫跋已見書首，不復重録。嘗爲涵芬樓收藏，涵芬樓燼餘書録著録，參見附録二。今藏北京圖書館。

六、清汪士鐘藝芸書舍刊本。

清黄丕烈序：嘗讀歐陽子集古録目序云：「物常聚於所好而常得於有力者之彊。」此好古者之篤論也，而吾謂聚書之道實如此。昔賢好書，寧可飢無食、寒無衣，必宛轉購之，購之必不能富有。即富有矣，而力不足以副之所好，亦卒不遂。此理之常，固無足怪。吾吳多藏書家，康、雍之間，如碧鳳坊顧氏、賜書樓蔣氏，皆坐擁厚貲，而又與文人學士游，如何義門昆仲輩爲之師友，故鑒別皆真，無時刻惡鈔以廁其間，一時藏書之盛，幾與絳雲、傳是埒。特深自韜晦，故世鮮知爲藏書家耳。余生也晚，不及見其盛，而數十年來與同好諸人如香嚴周君、抱沖顧君、壽階袁君，承其流風餘韻，亦頗講論及此，卒不能逮之者，非絀於力耶？邇年閬原觀察，英年力學，讀其尊甫都轉厚齋先生所藏四部之書，以爲猶是尋常習見之本，必廣蒐宋、元舊刻以及四庫未經採輯者，於是厚價收書，不一二年，藏弆日富。猶恐見聞未逮，日從事於諸家簿録，討其源流，究其同異，俾古書面目畢羅於心胸，其好古之深心爲何如。又因宋人書目有解題者，莫備於晁、陳兩家，陳録已有聚珍刊本，晁志雖有陳氏刊本，然係袁本，不及衢本之善，遂取所藏衢本付梓。偕嘉禾李君薌沚共相商榷，細爲讐校，復屬余董剞劂之事。余嘉閬原愛書之盛意，體薌沚校書之精心，又爲參互考訂，加以覆案。蓋余從事於茲逾三十年，自謂目録之學，稍窺一二，然閱歷益久，知識益難，曾有所見古書録之輯，卒不敢以示人者，以所見之究未遍也。茲掛名簡末，聊述鄙懷，誠不勝附驥之幸。至於衢本與袁本之異同，又與通考所引之詳畧，薌沚已言之甚詳，何待余之覼縷哉！嘉慶己卯十有一月吳縣黄丕烈識。

清李富孫序：富孫少喜覽藝文簿録，史志外，以晁氏讀書志、陳氏書録解題爲最善。蓋每書之下，論其大旨，而一書之本末具見。讀書志向有三衢、袁州兩本。故宋史藝文志目録、傳記類複見，一作四卷，一作二十卷。直齋書録、馬氏經籍考並稱讀書志二十卷，是爲衢本，馬氏所采皆據此。今世行者惟海昌陳氏所栞袁州本，先止四卷，較衢本幾缺其半。此蓋晁氏初稾，趙希弁校以鐫梓，後希弁得衢本，見其部帙增多，復爲後志二卷，然仍有脱漏，并論説多所删削，非晁氏之本真矣。且經轉寫，譌繆奪落，不可悉舉，嘗以未見衢本爲憾。頃寓吳門，獲與汪閬原觀察交。觀察好古嗜書，儲臧日富。茲以顧君澗蘋所鈔衢本屬校，烏馬陶陰，錯脱處至不可讀，兼書目、別集兩類奪去一百餘種。錢詹事養新録言，瞿君中溶購得鈔白衢本，以惜無好事栞行之。此書近存黄蕘圃主事處，復叚得讎勘。其書目類無缺葉、別集類劉中山刀筆集以下所闕正同。瞿君以袁州本細爲校注，末有錢詹事跋語。富孫爰參考互證，其所譌脱，皆爲諟正。沾益之並，取袁州本洎經籍考以增補其闕失，始得成爲完書。是書世尟足本，顧君以爲無從補全。瞿君欲據袁本補足，盧抱經學士鈔本亦廑摘趙志補於後。而今乃復還晁氏之舊，倘得付諸剞劂，以公同好，流布海內，實有厚幸焉。嘉慶己卯春二月嘉興李富孫跋。

清汪士鐘跋：昭德先生郡齋讀書志，讎校舛誤，撮論大旨，與陳氏直齋書録解題同爲目録之冠。夫古書夥矣，藏弆雖富，未必能備矣，又未必能讀，惟從事於諸家簿録，庶古人作書之旨，開卷瞭然，亦可爲多聞之一助。陳録採入四庫，海內已家置一帙。晁氏讀書志，向有三衢、袁州兩本，卷數多寡不同，海昌陳氏所刊乃係袁本，而衢本較爲完善，獲覩者鮮。錢竹汀詹事博學好古，嘗言瞿君中溶購得鈔白衢本，惜無好事刊行。鐘竊不自量，亦頗願公諸同好，因出家塾藏本，屬嘉禾李君薌沚與吳縣黄丈蕘圃，互相商榷，增補闕失，一字訂訛往來之書，日再三返也，閱十月而書成，其讎校舛誤亦猶昭德先生之苦心也。夫大雅君子，更有以擴鍾之見聞，則尤幸甚。剞劂將竣，誌其緣起如此。嘉慶二十四年己卯十二月，茂苑汪士鍾跋。

按：此本刊刻於清嘉慶二十四年（一八一九），所據即前條著録鈔本。刻前，由李富孫、黄丕烈據瞿中溶藏鈔衢本、盧文弨藏鈔衢本、何焯校鈔袁本、陳師曾刊袁本、元刻經籍考等校勘，刊印由黄丕烈董其事，版式一同士禮居諸書，半葉九行，行二十一字，雕精鎸細，爲清代佳刻之一。初刻後，版有剜改，主要改正李、黄二氏校語。此本缺憾乃缺簡多處，計有：卷九書目類缺崇文總目解題三十一字，以及大宋史館書目、邯鄲圖書志、開元釋教録、道藏書目四書，又成都刻石總目三秩一書標題（計一葉，據瞿氏藏鈔本配補）；卷十二雜家類缺呂氏春秋、淮南子二書（計一葉，據經籍考、袁本前志配補）；卷十八别集類缺成彦雄梅頂集、徐鉉集二書（據經籍考、袁本前志配補）；卷十九别集類缺劉中山刀筆解題四十五字，以及自張晦之集至卷末李公擇盧山奏議凡一百零九種書（其中除晁氏新城集、汪彦章集、李公擇盧山奏議據袁本前志配補外，餘以經籍考配補）。王先謙刊本以及此次整理校注之新合校本，均以此本爲底本。

七、清顧廣圻校並跋藝芸書舍刊本。

顧廣圻跋：小學類顛倒錯亂，當分六段移轉，有若硬改臨池妙訣、唐氏字説解兩題目，即謂無誤，豈知每類以時代爲先後，晁氏自有例？思適居士。

按：以上跋語在卷四小學類末。

又跋：丁亥冬日，粗閲一過。黄、李謷説，無非無事取鬧，至於確鑿轉寫之譌者，則又茫然莫辨也，可笑可憐而已。牛背散人書。

按：顧氏所校此本爲汪氏剜改本。李富孫於汪氏刊本序中謂嘗校顧氏鈔本，「烏馬陶陰，錯脱至不可讀」，而顧氏以爲其鈔本「藏諸篋中，未嘗示人」，李氏何得假校？故於此跋中，云「黄、李謷説」。其實，黄、李未嘗「謷説」。顧氏於乾隆末、嘉慶十年先後得兩鈔衢本，前者鈔自瞿中溶，其書目類無闕葉，此本顧氏「藏諸篋中，未嘗示人」；後者鈔自袁廷檮，書目類有闕葉，後爲汪士鍾所得，爲李富孫所校。參見附録二顧氏衢本郡齋讀書志考辨跋及本附録衢本第五種顧氏跋。此本今藏上海圖書館。

八、清瞿中溶跋、季錫疇題識並録顧廣圻校跋鈔本。

季錫疇書封題識：舊鈔衢州本讀書志，可入恬裕齋書目。勝袁州本。

瞿中溶跋：衢州本讀書志，昭德門人姚應績編，爲晁氏原書。其載孫奭孟子音義一條，通考引之，凡通考所引者，皆是衢本，非袁本也。世傳孟子音義，本邵武士人僞作，讀書志不載其書，最爲有識。通考以正義附於音義下，合爲一條，並屬諸宣公，且引晁氏跋於「趙注爲本」句上，以意增入奭「撰正義」一語，其實，此書原本固無之也。馬氏蓋惑於陳伯玉以下諸家之説，誤以正義亦宣公作。至朱竹垞經義考承馬氏之謬，專以此條屬諸正義，則更謬矣。賴衢本猶存，得究其致誤之由，此舊本所以足貴也。瞿中溶記於古泉山館。

季錫疇録顧廣圻跋：（略）

按：季氏晚年館常熟瞿氏，多跋其書。瞿紹基編恬裕齋藏書目，頗得其助。所録顧氏跋語，校語同前第八種。此本今藏北京圖書館。

九、清袁芳瑛批校、民國劉肇隅録葉德輝題識、葉啓勛題識藝芸書舍刊本。

晁氏郡齋讀書志，宋時有二本，一袁州本，四庫著録者也；一衢州本，四庫未收，即此本也。提要疑馬端臨文獻通考據衢本採掇，今按此本信然。據李富孫後跋云：以顧君澗蘋所鈔衢本屬校，若甚引重者，然而顧氏思適齋文集跋此書，乃力言無此事，并摘書中錯簡糾正於後。同時之人，何蹤迹睽異若此，不可解也。至顧氏所陳各條，精細詳審，實可取信，余故録鈔於經後，以資考證云。己丑二月花朝日長沙葉德輝誌，時寓都門長郡館。

乙丑過夏，都門無日不至廠肆。一日翰文齋主人韓心源以袁州本郡齋讀書志見示，索價三金，余亟購歸，屬其更訪一汪刻衢州本。旬日，無以應也。半月許，忽從修文堂張楚臣家得衢州本，索價四金，心知其貴，而不敢短價，恐一失不可復得，因如索價償之。在余癖書人可謂第一快心事矣。前卷朱筆校改字及題面，均吾鄉袁淑六先生芳瑛手書，不知何時流落廠肆。楚弓楚得，重還故鄉，長恩有靈，亦當首肯，特不知吾生以後，又歸何人，若能璧合珠聯，永無離析之日，亦藏書家一大佳趣也。書此以俟知者。光緒庚寅七月十七日德輝再識。丙申二月花朝日劉肇隅重録。

此先世父得之京廠，賜余以爲編輯四庫全書目録板本考之用。版本考本余以兄弟輩分任纂述，余拈得經部，從兄弟輩悠忽迄無所成，余成經部，後史部亦述至載記類，卒以戊寅秋九長市大火，稿付劫灰，採用書目，亦罹浩劫。此書以先事遷鄉幸免，是殆神物護持，留臧書家一大佳趣耶。己卯二月朔記於河西曾家灣黄姓老屋，啓勳。

十、清楊希閔補闕並跋並録李富孫、黄丕烈、汪士鍾跋、黄裳跋鈔本。

楊希閔跋：晁氏此□，宋有二本：一袁州本，原注：淳祐庚戌，番陽黎安朝知袁州，刊之郡齋，僅前志四卷、後志二卷、附志一卷今四庫取以入録者是也；一衢州本，原注：淳祐己酉，南充游鈞知衢州，以晁門後人姚應績所編二十卷者付刊 後趙希弁參校袁本、據以爲後志而馬氏經籍考亦據以入録者是也。自明以來，袁本通行，衢本僅有鈔本存藏書家。同治丙辰，吾從福州獲一鈔本，爲姚應績足本。二十卷，後葉有「黄丕烈校」四字，知爲吳門黄蕘圃舊本也。中間仍多譌敓，別集類亦多闕者。戊辰又得嘉興李富孫字薌沚校本，原注：亦曰汪士鍾校刊本取以對覈，則李跋所云別集類劉中山刀筆以下闕去一百餘種者相符合，正黄蕘圃所得瞿中溶家之本也。因就李校本鈔所闕者，補于後原注：並録跋後三首全書有譌敓者，亦據改補。凡有「案」字云云者，皆李校本也；閔有所見，必加「閔案」字別之。惟李氏將袁本各種細勘有太瑣屑者。吾意字□可通，則聽兩存，不必細注。原注：劉巨濟條，此曰「爲文奇怪」，袁本曰「爲文頗多奇怪」之類，皆依此本。確知是鈔寫漏落，則可徑補，亦不必細注。原注：如某人字某，落去一「字」字之類，皆據徑補。惟義例所闕，當互存參證者，則第注明袁本多幾十字，俟人自取校，亦不徒費筆墨。此吾校本之大指也。至此書足以沾丐來學，昔人論之詳矣，今不贅焉。同治戊辰七年七月朔江西新城楊希閔卧雲書於福州旅寓。

楊希閔録李富孫跋：（略）

楊希閔録黄丕烈跋：（略）

楊希閔録汪士鍾跋：（略）

黄裳跋：此清初舊鈔本郡齋讀書志，爲楊希閔舊藏。楊跋云「後葉有『黄蕘圃校』」四字，今不可見，未知果出士禮居舊藏否？楊氏取汪刻細校補字，而蠹吻如絲，不可著手，估人以之見示，云：「今日此種書必以歸余，姑可重装而爲之續命」，因笑而收之。汪刻余舊有一本，亦有名者，惟顧千里跋文云「黄、李瞀説」云云，蓋其校補亦未必盡善也。存此舊鈔，殆猶可見本來面目，亦大佳事。付工重装前，漫記數語于此。楊氏不知誰何，然筆墨甚精，殆亦通人，當續考之。乙未十月半，黄裳記。

按：楊希閔，字鐵傭，江西新城人，曾長臺陽海東書院，好語録之學，彙輯有十五家年譜。楊氏校語可資佐證者，已採入新合校本。此本今藏上海圖書館。

十一、清周星詒跋藝芸書舍刊本。

周星詒跋：此書汪氏偕黄蕘甫主政藏本付刻，其祖本流傳入閩，爲楊卧雲舍人所得，予曾從借閲，未及寫而有汀州之行，嘗以邑邑。越三歲，乃借節之藏汪刻影抄藏之。今年九月，寅兒在福州南後街書肆見此初印本，爲吳貝氏千墨庵舊藏，以家無槧本，出二千文購弆篋衍，請爲其誌之。帙首有鏡帆大史文印，當是文忠官吳日，從貝氏得也。甲戌重九日巳翁。

按：跋中云楊卧雲，即楊希閔。貝墉，爲袁廷檮之婿，吳人，有千墨庵。文忠，當即指林則徐。此書鈐有蔣鳳藻秦漢十印齋藏書印，是周氏筮仕閩垣，獲譴虧公帑無以償，蔣氏以三千金資之，周氏盡以所藏精本歸之，此其一也。今藏北京圖書館。

十二、清章壽康式訓堂刊本。

按：此本重刻汪氏藝芸書舍本，刊於光緒六年（一八八〇）。不同者，其小學類已據顧廣圻意見改正，又附刊錢保塘所輯晁公武事略一文。王先謙刊本嘗取以參校，其誤字，王氏例略臚舉之，可參看。

十三、清王先謙思賢精舍刊本。

清郭嵩燾序：隋書經籍志爲簿録篇附史部，推原班史、劉向別録，剖析條流，推尋事蹟，以爲古史司典籍目録類，然而譏晉宋以來荀勖之四部、王儉之七志、阮孝緒之七録但記書名，不能辨其流別。今別録久佚不傳，惟鄭氏三禮目録稍存其説。所以條其篇目，撮其指要，使一書大義，粲然著明，所從來遠矣。至宋而傳者寖繁，尤以晁氏郡齋讀書志最先，叙釋亦最精。據宋史藝文志，當時衢、袁二本並行，國朝四庫全書所收獨袁本，而稱衢本不可復見，蓋袁本康熙中刻之海寧陳氏，衢本無重刻者。至嘉慶中，吳縣汪氏始得舊鈔衢本，經黃氏蕘圃、李氏薌沚校定，槧行於世。王益吾祭酒兼得衢、袁二本，又博採諸家所藏及舊鈔本，校其異同，辨其譌誤，字疏句剔，推求晁氏著論之旨，以證諸本之得失，可云用心勤而致力專者也。自乾隆盛時，表章六籍，老師大儒，承風興起，爲實事求是之學，其間顓門名家言考據者，又約有三途：曰訓詁，研審文字，辨析毫芒；曰考證，循求典册，窮極流别；曰讐校，搜羅古籍，參差離合。三者同源異用，而各極其能。百餘年來，古本流傳往往閒出，諸儒討論之功，於是爲盛。汪氏此本，校勘之精，幾無遺義，益吾又薈萃諸本，逐條疏證，匯爲一書，遂若諸本之錯陳於前，而於七八百年之後，起昭德先生相對一堂，參稽商榷，此其讐校之能而訓詁、考證之功兼至，誠亦是書之幸。亦以見一書之微，校之有不厭而研之有不窮，既資多識之助，而凡讀書稽古者，於此亦將知所取法焉爾。時光緒十年春二月，湘陰郭嵩燾謹叙。

清王先謙自序：自班書列藝文志，隋、唐、宋史，代沿其例，家分類合，今古咸萃，千百載上之著述，賴以不泯。然世禩彌遠，作者日出而不窮，經籍糾紛，難可搜討。國朝修明史，志藝文，斷代爲書，亦其勢然也。故私家簿録，合前代載籍而彙輯之，有以考證其存佚，補正史之闕遺，所繫甚重，且史志僅列書目，不若簿録家闡明指要，並其人姓字里居，生平事蹟，展卷粲列，資學者博識尤多。自宋晁子止拗爲此學，陳氏振孫繼之，並爲後儒宗仰，而晁氏尤冠絶。蓋子止承其家文元公四世之學，藏書宏富，博覽不倦，又得井憲孟贈書，益探賾鈎深，發抒心得，辨正精覈，爲陳氏所不及。其言「孔子之教，別爲六藝，然其要不外修身，若以此而觀六藝，猶在璇璣以窺七政之運，無不合者，不然則悖繆乖離，無足怪也」。又謂「人惟有意求全，故中懷憂懼，先事以謀，而有所不敢爲，有所不敢爲，則其蔽大」。又謂「儒者之道，雖知壽夭窮達非人力，必修身以俟。知耳目之於聲色，有性焉，以爲其樂也外而不易吾内。以此自爲，則爲愛己；以此教人，則爲愛人」。於學問之途，實能見其大而返之約。其論釋、老二教無意於世，不自附於聖人，若學而又失之憂其爲禍，則以熙寧、元豐後學者，用意過中，如東坡輩，猶蹈此失。敘述本朝諸人，侃侃指斥於夏子喬、王介甫、張天覺，無少假借。即論當時事實，亦多足與正史相參訂。推明京氏易，以著漢易學源委；謂蕭穎士賦知幾唐書褒貶爲失實；讀商子而訂索隱之譌；取文選以正淵明之字。蓋其大者在於明經術，維世教，其小者亦足以沾益後來箋注考訂之士。信乎通貫宏遠，不名一家。陳氏謂其發明有足觀者，阮氏元稱其次序有法，猶淺之乎測晁氏也。雖其中或間引謬説，弗加考辨；或編類未審，姓氏牴牾，若陳直齋、馬貴與、焦弱侯所論，良亦未免，然大體精密，言議歸於至正，可以翼聖而信後者已。舊有衢、袁二本，得失互見，爰合而校之，既竣，栞於長沙。余於晁氏一家之學，庶幾盡心焉，聊以步姚、趙之後塵而滿錢、瞿之夙願，若以不賢志小識之，則余滋恧矣。

例略：晁氏書成後，宋淳祐己酉信安郡守游鈞栞其蜀中傳本二十卷，乃晁氏門人姚應績編，是爲衢本。國朝嘉慶中汪士鍾閬原與黄丕烈蕘圃、李富孫薌沚校訂重栞，世稱汪本。又淳祐己酉宜春郡守黎安朝栞蜀中傳本四卷，以趙希弁君錫藏書次後爲附志上下卷，後見衢本，復於淳祐庚戌與希弁摘録前棐所無，爲後志二卷補之，是爲袁本。國朝康熙中陳師曾重刊，世稱陳本。據游、黎二序，兩本同刊於己酉，而卷帙多寡懸殊，蓋傳鈔有先後耳。姚君所得足本，希弁顧以門人推廣遺志爲疑，殆亦相形之餘，故生異議。其謂姚君著先生自序云云，是袁本初棐，並無晁序，今陳本晁氏二序，或希弁續棐補入，抑後人傳鈔附益，均不可知。瞿氏中溶謂袁本後志爲俗人棼亂，非趙氏元書，論極精覈，惜更無善本可校。偶讀是書，因二本歧出，以汪棐衢本爲主，陳棐袁本合校，數反乃畢，一字不遺，其衢無袁有者，依類補入，每書目下悉著袁本次第，既刱立全書總目，原注：近蜀刻本依類立目不便檢閲。又爲袁本後志書目次第，備考附焉，俾學人原始要終，究知梗概，兩美既合，庶鮮遺憾。瞿氏欲以錯入後志各書改歸前四卷内，兹既不别刊袁本，未遑更定，且古書流傳已久，宜仍舊觀，存瞿跋於考證中，讀者自能辨之也。趙氏附志遠遜昭德，然叙録詳實，足資考訂。晁書竣工，仍取附後，依其元題曰郡齋讀書志卷五上、下，亦刱立書目，用備檢閲。我友繆荃孫小珊見余校本，謂與木夫夙志脗合，見示瞿跋，彌用欣然。錢氏大昕十駕齋養新録云：希弁附志，不載於宋史藝文志。宋史世系表燕王德昭子魏王惟正，惟正子馮翊侯從讜，從讜子馮翊侯世潭，世潭子正議大夫令誠，令誠子右奉議郎子孟，子孟子伯崟，伯崟子師向，師向子希弁，希弁實太祖九世孫。此書稱生父師回紹定戊子爲衡山令，則是本師回子而爲世父後者也，其自署銜云「江西漕貢進士秘書省校勘書籍」，殆家於江西者。小珊又以舊鈔衢本見示，乃華亭王氏所藏，傳寫譌脱，不可枚舉，因係舊本，謹依黃、李校勘例臚列弗遺。如春秋權衡，志語「桓」字缺筆，春秋集傳、周書、重修哲宗實録、建炎日曆、建隆遺事、嘉祐時政記諸書，於本朝皇帝空格書寫，僅存數事，猶可想見元書面目，「皇朝」作「宋」，蓋當日稟本如此，而後易之。今本晉公談録原注：雜史類稱「皇宋」，益州名畫録稱「宋乾德」，楞伽經稱「宋天竺僧」，刊之未盡，亦其證矣。　馬氏通考經籍門所引晁書全采衢本，故黃、李校本多取通考正之，然馬氏引此書多增損字句，其任意移置如併劉長民易解、鉤隱圖於一書，分春秋穀梁傳志語爲二事原注：「盛行於世」以上入春秋穀梁傳下，自「漢魏以來」云云入穀梁傳集解下。春秋纂例併入上條志語之末，史類總論取中段入正史各門總而芟略前後，如此之類，全失元書本真。　茲通加覆校，但取有裨書旨者若干條，補黃、李所未備，餘從削簡，以免棼絲。　據汪氏序云，出家塾藏本，屬黃、李二君校，是汪氏所藏元非即顧澗薲鈔本，顧本鈔自瞿氏，自云未嘗示人，即李跋亦云汪所屬校其書目，別集兩類奪百餘種，瞿鈔本書目類無缺葉，且其書道家類默希子注文子，案云「『默』字原本、瞿鈔本、通考俱通作『墨』」，今據袁本、書録解題改」，元栞俱下「通」作「誤」，「改」作「正」。　吕吉甫注莊子，案云「袁本同」，元栞無此三字。十二卷雜家類事始，志云「以教始學諸王」，元栞「王」作「生」。十三卷小説類劇談録，志云「書咸載唐世故事」，元栞「咸」作「成」。　常侍言旨，志云「記其世父芳所著」，元栞「芳」作「登」。十五卷雜藝術類益州名畫録，志云「纂唐乾符初」，元刊奪「符」字。十六卷神仙類天真皇人九仙經，志云「右天真皇人」，元栞奪「真」字。　釋書類宗鏡録，志云「而天台、賢首慈恩」，案云「瞿鈔本、通考此下有『性相』二字，依下文此當行」，元栞「慈恩」下有「性相」二字，案云「原本脱『性相』二字，今據瞿鈔本、通考增」。十七卷別集類上陶潛集志云「北齊陽休之編」，案云：「原本作『楊』，據袁本、通考改」。元栞「陽」作「楊」，案云：「瞿鈔本『楊』，袁本、通考作『陽』」。駱賓王集案云：「通考、袁本有『寺』字，瞿鈔本無。」元栞案云：「通考有『寺』字，瞿鈔本、袁本無。」蘇頲許公集志云：「右唐蘇頲廷碩也。」元栞「碩」作「石」，案唐書本傳作「廷碩」，又「除左司率府胄曹」，元栞「率」作「禦」。王昌齡詩，案云：「袁本及瞿鈔本、通考作『秘』」。元栞「及」作「校」。陳蛻詩，覆案云：「袁鈔本『賊』。」元栞「袁」作「瞿」。十八卷別集類中白居易長慶集，案云：「瞿鈔本有『入』字，袁本、通考亦有『入』字。」元栞作：「案瞿鈔本有『入』字，覆案：袁本、通考作『八』。」薛能集，案云：「瞿鈔本、袁本、通考有『然恣驁倨傲佻輕以忤物』十字。」元栞作「然資驁倨故佻輕以忤物」。羅虬比紅兒詩，覆案云：「袁本『使者』作『戎』。」元栞無「者」字。李有中詩集，志與瞿鈔互異者極多，並有與各本不同者，其爲別本明甚，乃李跋云汪以顧君鈔本屬校，叙述乖舛，宜顧氏不能無言也，未審爾時汪、黄二君何以不正此誤？當四庫館開，採進止有袁本，而民間衢本，汪、瞿外尚有盧學士及華亭王氏所藏，古籍不泯，蓋有鬼神呵護之，茲得合訂一書，庸非幸乎！　據黄序云，案者李也，覆案者黄也，汪君付梓，黄實董役，故此書歸士禮居，書式每葉十八行，每行二十一字，今世所行者剜改本也。　余歸長沙，從湘潭胡氏假得元栞初印本，具録其異同於左，足徵栞書之難，雖精博如黄氏尚不能盡臻美善，且令後人見此兩本者，更無疑誤。　如今本一卷書類古文尚書，志云「陸德明獨存其一二於釋文而已」，元槧奪「一」字。五卷正史類後漢書九十卷，元槧奪「書」字。六卷雜史類祖宗獨斷，覆案云「通考與此誤」，元槧「誤」作「同」。碧雲騢，志云「獲拜趙氏姑於恭南」，元槧「氏」作「氐」。金人背盟録，覆案云「女直再犯都城時事」，元槧「直」作「真」。八卷地里類山海經，案云「『十父』，袁本、通考作『大父』，非，瞿鈔本此字闕，」元槧作「十父」，通考作「大父」，瞿鈔本闕，袁本與此同，原注：郭嵩燾曰：案「十父」字無義。別集類於晁端友稱族祖，於晁補之稱族父，端友宋史作端有，補之之父也，於説之、詠之稱從父，知昭德父冲之與景迂同祖。而於封邱府君稱世父，知封邱者，冲之之兄也。疑「十父」即「世父」之譌，所謂封邱府君也。十卷儒家類易玄星紀圖，案云「『圖』作『譜』，誤」，元槧無誤字。十一卷云「春日詩云」，元槧「日」作「月」。十九卷別集類下「宋元憲集四十四卷」下、「覆案」上，元槧有「一作湜中集」五字。案「湜中」、「緹巾」形相涉而譌。魏仲先草堂集，志末「故以『東觀』名集」下，元槧有「覆案：袁本無『鉅鹿』云云」九字。司馬才仲夏陽集，覆案云「末無而卒字」，元槧作「無『調官』云云」五字。韓子蒼集，覆案「袁本『間』作『廷臣』下」，元槧更有「無以字」三字。澗上丈人詩二十卷，案語「今仍據通考補入」下，元槧有「覆案：袁本作陳叔陽詩六卷。」蜀刊本小學類起爾雅至切韻指玄論、四聲等第圖，全依顧説移置，兹仍舊本而注顧説於各書目下，不敢蹈輕改古書之失。蜀本繙刻頗精，亦有譌字，今悉標出。二卷歐陽詩本義「歐公解詩毛鄭之説」，「詩」、「毛」字誤倒。周公謚法「相嗣王發」之「發」誤「法」。三卷春秋微旨「案袁本」之「袁」誤「原」。胡氏春秋傳「進讀」之「讀」誤「獨」。春秋列國諸臣傳「左氏」之「氏」誤

「事」。王介甫孝經解「則静」之「則」誤「責」。温公古文孝經指解「古文」之「文」誤「又」。四卷皇侃論語疏「凡十三家之説」，「十」、「三」誤倒。玉篇「反紐圖」之「紐」誤「細」。五卷新唐書「歐陽」之「歐」誤「毆」。通曆「虞世南」之「世」誤「氏」。資治通鑑外紀「劉恕」之「恕」誤「述」。六卷大和辨謗略之「大」誤「太」。唐末汎聞録「王普」之「普」誤「晉」。八卷成都古今記案「通考末」之「末」誤「未」。九卷韓魏公家傳「持史筆」之「持」誤「特」。十卷趙岐孟子「秦焚書」兩「焚」字並誤「楚」，「無恙」之「恙」誤「羔」。范氏注太元經解「文字繁猥」，「文」誤「大」。十一卷鬻子「凡二十二篇」，「凡」誤「几」。三十家注老子「何晏」之「何」誤「河」、「羊祜」之「祜」誤「祐」。無盡居士注素書「子房家」之「家」誤「冢」。管子「大抵古人多以不行禮爲不知禮」，「多」、「以」誤倒。鄧析子「爲澠」之「澠」誤「繩」。鬼谷子「持樞」之「持」誤「特」，「故掇」之掇誤「撰」。戰國策「凡二百四五十年之間」，「五」、「十」誤倒。十二卷吕氏春秋「予之」之「予」誤「子」。風俗通案「草木有剛柔」，「木」誤「本」。事始覆案「瞿鈔本、通考、袁本皆作『初』」，奪「袁」字。十四卷秤星經「月孛」之「孛」誤「字」。唐會要「宣宗」之「宗」誤「帝」。仙苑編珠「傳中」之「傳」誤「記」。國史對韻「仁宗朝」之「朝」誤「廟」。十五卷釣鼇圖「釣」誤「豹」。相牛經「千百」之「百」誤「里」。黄帝素問案云「有『古』字」之「有」誤「作」。王叔和脈經「診處」之「診」誤「軫」。子午經「鍼砭」之「鍼」誤「鉞」。十六卷真誥「第四」下脱「各」字。金碧潛通「七曜」之「曜」誤「躍」。歸正議「林靈素」之「靈」誤「寍」。靖國續燈録「頌古」之「古」誤「右」。宗鏡録「聖賢」之「聖」誤「望」。十七卷岑參集案「袁本」之「袁」誤「原」。

賈至集「常仲孺」之「孺」誤「儒」。獨孤及毗陵集案「袁本」之「袁」誤「原」。柳郯詩「柳郯集」之「郯」誤「剡」。十八卷「李商隱又文集八卷」，「八」誤「人」。薛能集案云「懼見襲」，「懼」誤「瞿」。成彥雄梅頂集案「原本」之「原」誤「袁」。徐鉉集覆案「袁本與此亦異」，「與」誤「以」。十九卷神宗皇帝御集「紹聖」之「聖」誤「皇」。尹師魯集「涇原」之「原」誤「源」。六一居士集覆案「蘇子瞻」，「瞻」誤「贍」。蔡君謨集「清遒」之「遒」誤「遵」。鄭毅夫鄖溪集「人目之」之「目」誤「自」。蘇子瞻東坡集覆案「袁本爲謗」之「袁」誤「原」，「四海已皆傳誦」之「已」誤「以」。張文潛柯山集「汝潁兗」之「兗」誤「衮」。王履道初寮集「自監」之「自」誤「目」，覆案「元刻通考」之「元」誤「袁」。邵氏集之「邵」誤「劭」，下同。卷首錢氏保塘昭德事略一篇，考據精博，今附登簡末。

有各本誤而黄、李校勘未及者，今悉正之，條列於左。二卷詩類蘇氏詩解，志云「揚雄曰」，「揚」作「楊」，他處多作「楊」，間有作「揚」者，今並正作「揚」。八卷儀注類景德會計録，志云「呂吉甫元祐國計圖之類是也」，士禮居元栞無「呂」字，剜改本增，蜀本亦無「呂」字。十卷儒家類刪孟，志云「刺軻者王充」，「刺」下有「孟」字。案上下文俱無「孟」字，明此「孟」字衍，今刪。十一卷道家類三十家注老子，志云「以唯之與阿」，「唯」作「惟」，今正。法家類管子，志云「議者以故謂仲但知治人」，「議」作「義」，文不可通，今正。十三卷小説類資暇，志云「右唐李匡文」。案云錢氏大昕曰：「義」與「文」，乃字形相涉而譌也。今案「匡文」是也，「義」當爲「乂」，「乂」與「文」字形相涉而譌，傳寫又改「乂」爲「義」耳。今正。龍川略志，志云「轍元符二年夏居循州」，「轍」

作「輙」，蜀本作「輒」，今正。十七卷韋應物集，志云「周遥公敻之後」，據史「遥」上應有「逍」字，今增。陸贄奏議，志云「贄嘉興人」，案唐書贄傳「蘇州嘉興人」，今正。李觀文編，志云「時謂與愈相上下」，「愈」上奪「韓」字，今增。十八卷別集類中白居易長慶集，志云「嘗與禹錫遊」，「禹」上奪「劉」字，今增。余於是書校勘累歲，用力頗勤，既付剞劂，往復不啻十過，惟卷帙繁多，仍恐未免謬誤，博覽君子，幸匡正之。光緒十年春正月長沙王先謙敬識於永慕廬。

王先謙跋：余家藏書無袁本讀書志，從友人借鈔。在長沙刻此書時，即用鈔本互校。光緒甲申，余來京師，別假袁本覆校。卷首無杜、黎、陳三序。初不知誰氏所栞，及用前借鈔底本對勘，畧無差舛，因悟錢氏曝書雜記所稱無杜序者皆脱葉也。廣加搜訪，海甯外更無栞本。李蒓沚所案袁本、黄蕘圃加覆案，輒有歧出。余用袁本校正處，又有與黄、李違異者，殆亦二君偶有不照，非所據本不同也。邸居無事，日邇丹鉛，與從弟先慎覆校數過，又得若干條，增坿簡末，冀少免疏陋之咎云。乙酉春二月先謙又記。

按：王氏此本爲衢、袁合校本，今新合校本即仿其例。此本卷首尚有郡齋讀書志考證，收録前代書目有關著録、解題及前人評論資料；二十卷讀書志後刊有趙希弁讀書附志；卷末附刊錢保塘晁公武事略以及先謙、先慎覆校陳師曾本異文。今新合校本已據影印宋淳祐本排印附志，附録一有晁公武傳略，附録二已收録前代著録及研究資料，且詳於王氏，故不俱録。此本牌記曰：「光緒甲申仲春長沙王氏栞藏」，而其覆校實終於乙酉，故其刊刻當以光緒十一年(一八八五)爲是。王氏以汪士鍾藝芸書舍刊本爲底本,校之以陳師曾刊袁本之鈔本、章壽康式訓堂刊本、王閬遠藏鈔衢本,以及元刊經籍考、直齋書録解題等,又覆校以陳氏原刊本。於李富孫、黄丕烈二人校語,均予保留,王氏校語則冠以「先謙案」。所校精密,體例賅備,後人倍加嘉許,如書目答問卷二,張之洞謂「汪刊本善」,而范希曾補正則謂:「王氏以袁本校衢本,尤善。」惜乎其未能見宋刻袁本,故有今新合校本,以補不足。又,郭嵩燾序亦載養知書屋文集卷三,題王氏校定衢本郡齋讀書志序,王氏刊本序亦載虚受堂文集卷三。

十四、清龍池山堂鈔本。

按:此本藏南京圖書館。

十五、清鈔本。

按:此本藏杭州大學圖書館。

十六、一九六七年臺北廣文書局出版、王道榮輯書目叢編影印王先謙思賢精舍刊本。

按:書目叢編凡五編,此本收入初編。

十七、一九八一年臺灣商務印書館股份有限公司出版宛委别藏影印本。

按:是本居第五十四、五十五册。

袁本

一、宋理宗淳祐九、十年黎安朝袁州刊本。

宋黎安朝序：昭德先生讀書志四卷　蓋所得南陽井氏藏書也。井氏始收之蜀道，聚于廬山之陽，既乃歸先生，徙而置之三峨之下，書今不可得盡見矣，而志獨存。宜春士趙希弁，公族之秀，博學好古，藏書亦富，遂以屬之校正。因即其所藏之目參焉：已載者不復取，未有者補其缺，其間互出者，蓋詳畧之不同，文義之或異，而後來諸賢之所著述，亦藉以概見，益爲五卷，別以讀書附志，併鋟諸梓，俾得託晁氏而並傳，抑以壽趙君之所藏，博極君子，當有取於斯。淳祐已酉日南至，宜春郡假守番陽黎安朝謹書。

宋杜鵬舉蜀刻本序：原題：「昭德先生郡齋讀書志」，次行題名：「門人承議郎，新奏辟通判茂州軍州事、賜緋杜鵬舉序」。先生姓晁氏，名公武，校井氏書爲讀書志，凡四卷。鵬舉作邑峨下，望先生滄洲之居，雞犬相聞，暇即問奇字於古松流水之間。一日，即以此書，忻然相付。先生博物洽聞，雅稱海內，孰知萬籍樓中，先生所得，蓋已超出文序，而此筌蹄，尚足爲貧子之光，因廣其傳，庶吾儕晚學於未見書，畧知其概，尚先生刮蒙發蔀之意云。

按：此乃杜氏刊刻四卷本蜀刻讀書志所撰之序，袁本前志出於蜀刻四卷本，黎氏取以置卷首、次己序。

宋趙希弁後志序：原題：「昭德先生讀書後志序。」昭德先生校井氏書，爲讀書志四卷，番陽黎侯傳本于蜀，刊之宜春郡齋，且取希弁家所藏書，刪其重複，摭所未有，益爲五卷，別以讀書附志。三衢游史君，蜀人也，亦以蜀本鋟諸梓，乃衍爲二十卷，書加多焉，蓋先生門人姚君應績所編也。按先生自序：「余家自文元公來，以翰墨顯者七世，故家多書，然自中原無事時，已有火厄，及兵戈之後，尺素不存。」而杜君鵬舉所序，扣之古松流水之間，亦止於四卷，則方其得南陽藏書時，固未多也。其殆三榮校讀之後，網羅其家散失，裒彙漸夥，或者先生續筆邪，抑門人推廣其遺志也？今考姚君所編，杜序獨缺而不著，而著先生自序，有所謂「合吾家舊藏，得若干卷」，疑與「尺素不存」之語，自相牴牾。希弁摘取其所增入者凡四百三十五部，總八千二百四十五卷，往往皆晁氏之書，請于郡而并刊焉。然四卷既傳矣，不敢以附志次其先，自爲讀書後志二卷，然後井、晁二氏藏書之富，其目大備。希弁家三世所藏，因以託不朽云。郡侯命序梗概于卷首，至若二本所載井氏四卷之書，其間有實同而名異、此備而彼遺，與夫分種入類之各不同，又爲考異于編末。淳祐庚戌日南至，江西漕貢進士秘書省校勘書籍趙希弁謹序。

按：此序原居袁州刊本後志卷首。

趙希弁後志存目：趙氏於後志卷末云：「三十三種已見附志，今不重刊，開書目如後。」石經周易十卷　周易指略例一卷

石經尚書十三卷　石經毛詩二十卷　石經周禮十二卷　石經禮記二十卷　石經左氏傳三十卷

石經公羊傳十二卷　石經穀梁傳十二卷　春秋穀梁疏十二卷　石經論語十卷　石經孟子十四卷

韓李論語筆解十卷　疑孟一卷　仁宗政要四十卷　神宗聖訓二十卷　東漢刊誤一卷　長安志十卷

列女傳八卷續一卷　百將傳十卷　三朝國朝會要一百五十卷　聱隅子十卷　鬻子十卷　御注老子二卷　列子釋文二卷　孔叢子七卷　劉子三卷　御製聖濟經十卷　度人經三卷　四十二章經一卷　神仙可學論一卷　蔡邕獨斷二卷　花蘂夫人詩一卷　華陽集一百卷。趙氏曰:「二種互見。」平泉草木記一卷，已載李衛公集中;牡丹記一卷，已載歐陽公集中。趙氏曰:「一種删去。」

百中經三卷。

趙希弁二本四卷考異。(畧)

宋游鈞衢本跋。(畧)

黎安朝後跋:昭德先生三榮郡齋讀書志四卷，既刊傳矣，趙希弁君錫繼從郡員外司馬綌轄蔡廉父得三衢本，參校爲後志二卷，以補其缺，蓋晁氏舊藏之書也。合南陽所畀，與夫君錫附志，爲七卷，今書之傳于世者，固已十之六七，然寡陋而未見，宜尚多焉，後之君子增益之。淳祐庚戌小至二日，番陽黎安朝謹識。

按:此本凡八卷:晁公武撰昭德先生讀書志四卷(卷一至卷三各分上、下，卷四分上、中、下)，趙希弁撰讀書附志一卷(分上、下)，晁公武撰、趙希弁編讀書後志二卷，趙希弁撰二本四卷考異一卷。除以上所載序跋外，尚有晁公武自序(居卷首，次黎安朝序)、衢本晁公武自序(居後志卷首，次趙希弁後志序)、衢本目録(居後志自序後)，今皆略焉。版式參見續古逸叢書影印本條。原本今藏臺灣故宮博物院圖書館。

二、清何焯批校、張敦仁跋、顧廣圻題識明鈔本。

張敦仁跋：此舊鈔袁本，較海鹽陳氏所刻，首多二十卷目録，而字句間每勝。其卷二小説類雞跖集後幕府燕間録起，至神仙類天隱子止，共廿翻，陳刻俱入後志第二卷中，今得以正之，洵爲善矣。

顧廣圻題識：道光三年重覩於續學堂。顧千里記。

按：何焯批校作於康熙丁亥(四十六年，一七〇年)，所據有袁本(謂「舊刻」，多同宋本，殆即宋袁州本)、衢本，並參校以史書、文集等。此本瞿鏞鐵琴銅劍樓藏書目録卷十二定爲舊鈔本，北京圖書館善本書目卷三定爲明鈔本，今藏北京圖書館。

三、清何焯、朱彝尊舊藏鈔本。

按：此清鈔本，格式一同影印宋袁州本。今藏北京圖書館。

四、清沈巖録何焯批校清鈔本。

按：何巖所録即前袁本第二種何焯批校，並作全書斷句。此本遞經朱遂翔、鄭振鐸等人收藏，今藏北京圖書館。

五、清喬載繇校跋並録王懋竑校清鈔本。

喬載繇跋：是書卷中有先大父名印，當是家藏舊本，第譌謬不可讀。曩聞族兄月巖所藏王懋竑先生校者，屢借未果而兄歿，適樓之踪跡遂疎。去年，借朱郁甫先生袖珍刊本，原註：王海山先生故物。手校一過。昨始從輿倩侄借得藏本，其鈔胥字跡與余所藏出一手，卷首家念堂先生題云：「康熙戊戌，從王若林太史假得宋槧本讎校。」上方案語皆懋竑先生手筆，視今刊本轉有脱簡，而刊本前、後志竄異處，又不及抄本爲正也。嘉慶丁丑冬十月晦燈下校竣，睡食菴書。

按：喬載繇校是書於嘉慶丙子（二十一年）九、十月間，又於次年十月録王懋竑校語。懋竑校語多與今影印宋本相符合，跋中所云「朱郁甫先生袖珍刊本」，乃朱彬（字郁甫，見重修寶應縣志卷二十六墓誌）所藏陳師曾刊本。書中有「喬湜印」，蓋即其祖父。懋竑有白田草堂存稿，仕至翰林院編修，所校多有可採處，已録入新合校本。此本曾經李盛鐸木犀軒收藏，今藏北京大學圖書館。

六、清丁丙跋錢曾述古堂鈔本。

丁丙跋：（畧）

按：丁氏跋以另紙鈔寫，黏於扉頁，内容見附録二善本書室藏書志著録條。所可怪者，此本有「嘉惠堂藏閲書」、「錢唐丁氏藏書」、「江蘇第一圖書館善本書之印」等藏書印章，是經丁氏與江蘇第一圖書館收藏，而善本書室藏書志卷十四與江蘇省立國學圖書館藏書目録卷六著録俱爲二十卷衢本，與今南京圖書館實藏此本不合，未詳其故。此本文字多同影印宋刻袁本。

七、清陳師曾刊本。

陳師曾序：余自髫齔時即好書籍，然習舉子業弗暇也。每間一遊覽，輒以陳直齋書録解題、晁昭德讀書志二書僅見於通考中所採摘而生平不得窺全豹爲恨。丁酉之冬，家大人迎養王母黄太淑人於都門，余獲隨侍京邸，因於慈仁寺集購得舊鈔讀書志足本，喜而欲狂，不啻窶人解衣珠也。亟爲校訂，鳩工鋟梓，殊快十年積想。時康熙六十一年，歲在壬寅暮春之初，海寧陳師曾記於長安邸舍。

按：陳氏各分前志卷一、二、三爲上、下，卷四分上、中、下、下下，附志分上、下，加後志二卷、考異一卷，凡十五卷。版式較小，故後人多稱之爲「袖珍本」。此本榛蕪未掃，竄亂舛誤，所在皆是，其甚者，如將前志天文卜算至神仙七類錯入後志，將前志小説類龍川略志等五種錯入後志釋書類，將前志神仙類羣仙會真記錯入小説類，將後志釋書類玄聖蘧廬、廣弘明集二種錯入後志神仙類，等等。至於字句踳駁，更難枚舉。且是本嘗以經籍考校改，又不著校語，殊失本真；未知所據鈔本已塗改，抑出陳氏之手？故頗招後人詬議。然此本爲至今所知袁本之第一次翻刻，迄本世紀三十年代宋刊袁本影印問世前，學人得見袁本，多賴是本，故陳氏之功未可輕詆。

八、清陳鱣校、徐洪鼇、沈澄熠題識陳師曾刊本。

徐洪鼇題識：是書宋淳祐間鄱陽黎安朝守袁州令趙希弁輯附志一卷而重刻之，是爲袁本；時南充游鈞守衢州，亦以公武門人姚應績所編蜀本刊傳，爲之衢本。當時二本併行，至後世而流傳甚少。國朝康熙中，吾邑陳氏重刊袁本，始稍顯於世，而衢本終不易見，此鄉先輩陳仲魚先生校録衢本也。先生精於讐校，朱墨二毫，刻不去手，排日勘核，雖於他書皆然，而此獨秉燭從事，夜書不休，足見當日是書借讀之難，不可久稽時日也。自道光間，吳下顧澗蘋與梅里李香子始校刊衢本於吳門，學者齎千鈔適市即可立致，人遂易視之，然蘇臺麇茗於今復見，文囿書林已□然爲豺虎之窟，是板嘗□遺毀棄，購覓綦難。此尚是陳先生手蹟，前輩讀書不苟，用功精密之處，皆□□□取法也。先哲遺編，鄉邦文獻，不□足增重哉！惜其中□籤，間有遺脱，異日終當覓原本補之，以還舊觀。癸亥長夏避喧寒緑堂，連日整理刦餘殘籍，重讀一過，因記。□□□□徐洪鼇。

沈澄煜題識：陳仲魚爲海寧人，乃文簡文勤之□，嘉慶孝廉方正，旋中戊午舉。□蘊山中丞任浙藩時，延之佐輯小學攷、史籀攷二書，所稱淵博者也。計其校此書目，志「戊午歲」，當在乾隆四十三年，距今同治己巳閱九十二春秋矣。兵燹之餘，硃記爛然，亦足尚已。清明後五日，書賈攜來，繙閱一過，漫以志之，上海沈澄煜記。

按：陳鱣校是書於乾隆四十三年，「戊午」當「戊戌」之誤，所據爲經籍考，參校以直齋書録解題、崇文總目等，參見袁本第十二種陳鱣跋，徐氏謂陳氏「校録衢本」，誤矣。此本管庭芬有過録陳氏校本，見袁本第十四種。曾經劉承幹嘉業堂收藏，今藏上海圖書館。

九、清四庫全書本。

按：四庫全書總目卷八十五目録類一著録，云「兩江總督採進本」，吳慰祖校訂四庫採進總目兩江第一次書目著録讀書志四卷、後志二卷、考異一卷、附志一卷。六本。當即此本。

十、清鮑廷博校並跋陳師曾刊本。

鮑廷博跋：乾隆乙巳正月十九日青鎮寓廬校完。

按：鮑氏校以衢本與另一袁本：此袁本，或稱「别本」，或稱「鈔本」，多同影印宋本。所校有佳勝者，今新合校已採用。此本曾經胡嘉孚、鄭振鐸收藏，今藏北京圖書館。

十一、清養和堂叢書本。

按：養和堂叢書，清乾隆中陳維申編刊。牌記曰：「重刻宋晁昭德郡齋讀書志」，版式較小，蓋據陳師曾本重刻。今藏北京圖書館。

十二、清袁廷檮録何焯、顧廣圻批校、陳鱣跋陳師曾刊本。

袁廷檮跋：嘉慶乙丑在揚州康山艸堂臨校。袁廷壽記。是冬又臨顧千里所閱，在揚州郡齋。

陳鱣跋：郡齋讀書志，前四卷爲井氏書，後志二卷爲晁氏書，並至南渡而止；附志一卷，則趙希弁家書，兼及慶元以後。當時有袁、衢二刻本，馬氏經籍攷所據是衢本，後來流傳專刻甚少。從祖孝先太學於京師慈仁寺集購得舊鈔足本，校訂付梓，爲惠莊叢刻之一。太學係匏廬宗伯長子，好學能文，刻此書歲在壬寅年，年二十，其明年死矣。鱣向以刻本與經籍攷互勘，文之多寡，字之異同，不可勝數，因研朱細書于旁，不足則以它紙書之，黏綴于上，如敗葉然，殊不便展閱。之後從亡友袁壽階家購得此本，乃其手臨何義門所校，又臨顧千里所校，朱墨燦然，尤堪珍重也。嘉慶十五年冬日，海寧陳鱣記。

按：袁氏録何焯、顧廣圻校語在嘉慶十年。何氏批校語即出前列袁本第二種，顧校據衢本、鈔袁本及經籍考，且對何氏批校多所諟正，其校語有參考價值者，已採入新合校本。此本藏北京圖書館。

十三、清晁貽端重刊陳師曾本。

按：范希曾書目答問補正卷二史部於「宋袁州本郡齋讀書志四卷後志二卷攷異一卷附志一卷」條下注云：「道光十年晁貽端刻本。」

十四、清管庭芬跋並録陳鱣校跋陳師曾刊本。

管庭芬跋一：此書係老友于小圃上舍故物，不知何人句讀，頗多未安處，然其好學深心亦不可蔑也。癸亥四月芷翁記。

按：此跋在扉頁背。

跋二：此陳簡莊徵君所校衢足本也。時足本尚未經吳門顧澗蘋諸公校刊，當日珍爲秘笈，徵君假得此書，故秉燭手勘，急於竣事如此，借卷中簽條間有脱落處，當於干戈寧靜之後，另覓刊本補正之。同治二年癸亥清和上浣芷翁管庭芬臨校於斜川寓館之蟄庵，時年六十有七。

按：此跋書於卷末。管氏所臨即前列袁本第八種。陳鱣所校乃經籍考，非衢足本，見袁本第十二種陳氏跋，管氏誤矣。

十五、一九三三年上海涵芬樓續古逸叢書所收影印宋淳祐袁州刊本。

張元濟跋：此爲宋淳祐袁州刊本，故宫博物院圖書館所藏，蓋沈埋者六百餘年矣。按晁志今行世者，有衢本、袁本之別。公武原志既刊於蜀，其後蜀中別行姚應績編二十卷本，有所增益。淳祐己酉，南充游鈞傳刻姚本於信安郡，是爲衢本。番陽黎安朝於原志四卷之後，録趙希弁藏書爲附志，録衢本姚氏所增爲後志，增訂考異。後一年庚戌，合刊於宜春郡，是爲袁本，即此刻也。康熙末葉，海寧陳師曾得舊鈔袁本刊傳之，晁志始行于今世。四庫據以著録，其書久佚無徵，館臣莫能論定，提要泥於馬氏經籍考，反覆未得其說，則以誤目陳刻錯簡爲殘闕，未省馬氏所採爲蜀本也。迨嘉慶間，瞿中溶得不全舊鈔衢本，汪閬源刻家塾舊鈔衢本，一時矜爲秘籍。瞿氏撰衢本攷辯一文，倡爲兩本優劣之論，錢大昕十駕齋養新録、阮元進書録、錢泰吉曝書雜記各有載筆，乃至近人王先謙，莫不推波助瀾，附和瞿說，或病袁志子部脱佚五類，而疑後志非趙氏原書；或誇衢本收書多幾及倍，而目袁志四卷爲不全初稿；或誤馬考舍袁取衢，引爲兩本優劣之判。嘗屬余友姜子佐禹，即衆說以稽求，往往不合事實，蓋皆提要「衢本不可復見，袁本亦非盡舊文」之語，有以誤之。百年樸學之品題，舉世盲從，而不察衢本顯而袁本晦，是非之倒置久矣。今按宋槧袁本卷三第十五葉起至三十四葉止，原註：「幕府燕閒録至天隱子止」即爲陳刻，見於後志釋書類原注：「輔教編後玄聖蘧廬前。」錯入之書，陳氏失於校訂，館臣未能舉正，原書固門類悉合，未嘗殘闕也。衢本二十卷，收書千四百六十一部，原注：「今行汪、王兩刻並同。」袁本卷一至四，凡千三十三部，摘自衢本之後志，又四百三十五部，合兩志以併計，原注：「陳刻雖有錯簡，兩志總數亦與宋本合。」袁、衢相抵，袁多於衢者且七，更未嘗有衢本多幾及倍之事也。公武四卷之書，宋史藝文志、王應麟玉海並見著録，所志皆南陽井氏書。袁本杜序有曰「先生校井氏書爲讀書志四卷」，黎序亦曰「昭德先生讀書志四卷」，蓋所録南陽井氏藏書也。公武序原文亦自言故家多書，兵火之後，尺素不存，但謂南陽井公所托，不云晁氏有舊藏也。姚氏所編削杜序而竄自序，改「南陽井公」爲「南陽公」，故直齋著録是書有「南陽公，未知何人，或云井度憲孟也」之語。觀趙希弁後志序，知姚編序且僞托其書，真贋難定，是希弁當日所不敢信彼二十卷爲公武續筆者。今數百年後，反可疑此四卷爲不全初稿乎？馬氏經籍考讀書志條全録直齋書録原文，末有「未詳」二字。「未詳」云者，未詳南陽公之果爲井度否也。竊謂馬氏所見者非袁本，抑亦非衢本，而爲蜀本。何以言之？袁本杜、晁、黎三序均著井氏字，馬氏果見，何云未詳？提要稱袁本所有，衢本所遺，如晉公談録、六祖壇經之類，經籍考實並引晁説，謂爲馬氏兼采袁本。余按衢遺二十九種，經籍考引晁説者惟此二書，是二書者，袁本兩見，晉公談録雜史類作三卷，小説類作一卷；六祖壇經一作三卷，惠昕撰，一作二卷，慧能撰。志文亦各異其説。衢所遺者，皆其第二種，經籍攷所引晁説，乃衢本未遺之第一種。館臣鈎覈偶疏，並非兼採袁本也。簿録重目不重文，袁本趙氏附志豈果無書可采，謂志文袁略於衢，馬氏并趙志而棄之，有是理乎？是皆馬氏未見袁本之顯證，此前人衢、袁優劣，陳、馬取舍之説不足信也。陳、馬蓋世收藏插架，必重舊本；衢本源出於蜀，所摭甯非蜀本？以時代考之，厲鶚宋詩紀事載直齋端平中已守郡嘉興，淳祐己、庚兩刻出板，已當陳氏晚歲，未必據新刻而始著於録也。馬氏悉本陳說，益可證所摭之無與於衢、袁也。抑余更有進者：附志不登馬考，其書久佚可知，陳刻出而始傳，當時豈非瓌寶？前人謂衢書多於袁，實則此附志諸書，原注：凡四百六十九部。除衢本已見三十三種，直齋書録略有並見外，皆佚目也。皆袁多於衢。黄蕘翁序汪刻衢本不及袁本，褒貶最爲有識。顧千里跋衢本攷辨，譏汪本小學類中有不可通者，當畫分六段，其更定次序與此本前、後志合者，殆十有七八。陸心源儀顧堂集衢本郡齋讀書志第三跋，舉汪本誤改「楊補之」爲「晁補之」，斥其不如不刻。然則，袁本舛駁棼亂之名，且可移贈衢本矣。原注：汪刻衢本數數剜板，傳於世者，究不知孰爲定本。涵芬樓舊有李薌芷翟初出傳校之本，鈎抹幾同草稿，非衢本真傳也。丁志有述古堂鈔衢本存世可攷。此又衢本本書是非，茲不詳論。袁本志分目別存井書四卷之舊，原注：前有杜鵬舉、公武兩舊序。附趙氏三世所藏，原注：詳見卷首黎安朝淳祐己酉序而不没姚氏增收之實，原注：後志有希弁序，仍收衢本自序、二十卷類目於卷首，所以明後志所從出，著自序之異文也。附二本攷異、游鈞衢本跋於卷末，殿以黎安朝淳祐庚戌後志跋，所以見兩本得失之所在，前後傳刊之淵源也。世行陳刻舊抄，於三志序跋，往往裝綴失次，讀者莫明其緒，此亦袁本致謗之一因，撰録傳刻源流井井，非衢本所及，私竊以爲袁本出而衢本可廢矣。古書之可貴，從未有不貴其最初之原本而反貴其後人改編之本者。余夙爲袁本懷不平，今獲見宋刻，更足正陳本錯簡之訛，因綴一言，以就正於世之嗜讀是書者。民國紀元二十年元旦，海鹽張元濟。

按：影印本版式一依原本，板匡高二十三公分，寬十八公分。每半葉十行，行二十字。白口，上下單欄，左右雙欄，雙魚尾。板心上記字數，中記「志幾」，下記刻工姓名。宋帝廟諱避至理宗，然亦有不避者。鈐有「東宮書府」朱方印、

「觀其大略」白方印、「岑參子」朱圓印、「焦林藏書」朱方印。張元濟先生影印本跋語力主袁優衢劣，似未必中肯，詳附録四拙文郡齋讀書志衢袁二本比較研究。

十六、一九三五年上海商務印書館四部叢刊三編所收縮影宋淳祐袁州刊本。

十七、一九三八年上海商務印書館萬有文庫第二集所收縮影宋淳祐袁州刊本。

按：此本除縮印外，尚削去板心、邊欄。

十八、一九六七年臺灣商務印書館四部叢刊續編所收影印宋淳祐袁州刊本。

郡齋讀書志衢袁二本的比較研究

——兼論郡齋讀書志的成書過程

孫猛

一、郡齋讀書志的衢袁二本及其優劣比較

宋代晁公武的昭德先生郡齋讀書志(以下簡稱讀書志)是我國現存最早的具有解題的私家藏書目録,在目録學史上具有重要的地位。

讀書志最早的兩個刊本都是蜀刻本。其一爲晁氏門人杜鵬舉所刻四卷本,又一爲晁氏另一門人姚應績所刻二十卷本,今皆不存。南宋淳祐九年,游鈞據其先人在蜀時所「摹而藏之」的蜀刻二十卷本,在衢州重刻此書,是爲衢本。此本今亦不存,但自宋至明,公私書目屢見著録,史傳文集中亦多有提及,明清的刻本、鈔本中有不少是屬於衢本系統的,足見其流傳不墜。其中流傳較廣、影响較大的是清汪士鍾藝芸書舍刻本。同是淳祐九年,黎安朝在袁州重刻蜀四卷本,又刻趙希弁據其藏書續撰的讀書附志一卷,次年刻趙氏據衢本補編的讀書後志二卷和考異。與後志相對而言,先刻的四卷被稱爲前志。前志、附志、後志合爲七卷,是即袁本。袁本今有宋刊原書存世,原藏故宫博物院圖書館,1930年

被發現後，涵芬樓曾三次據以影印。〔一〕明清時期屬於袁本系統的鈔本、刻本也有相當數量。

讀書志存在着衢本和袁本兩大版本係統，前者淵源於蜀刻二十卷本而以淳祐衢州刊本爲祖，後者淵源於蜀刻四卷本而以淳祐袁州刊本爲祖。到清代，二本流布漸廣，就有人對二本進行對勘比較。最早做這項工作的是何焯，他於康熙四十六年，以一源自宋本的舊鈔袁本校勘衢本，原校本未見，從沈嚴及袁廷檮過録的校本看，何氏未對二本優劣予以褒貶。乾隆末，瞿中溶獲一舊鈔衢本，他以陳師曾所刻袁本，參照文獻通考經籍考，與以相校，并撮其大要撰爲郡齋讀書志考辨舉要一文。錢大昕讀了此文和校記後，贊賞不已，爲跋曰：「晁公武郡齋讀書志宋時有兩本……兩書卷數不同，所收書則衢本幾倍之……馬氏經籍考所引晁説，皆據衢本，不用袁本，當時兩本并行而優劣自判。今世是通行本皆袁本翻刻，予婿瞿生中溶購得鈔白衢本，惜無好事者刊行之。」〔二〕其意在揚衢貶袁。嗣後顧廣圻、黄丕烈、鮑廷博、汪士鍾、李富孫、阮元、錢泰吉、王先謙等亦都以爲衢本較袁本爲優。如阮元謂衢本「次序有法，足爲考核之資」。衢本卷七職官類麟台故事條下載有關於讀書志收書斷限的説明。錢泰吉説：「此晁氏著録大凡也。袁本無之，亦優絀之端也。」瞿中溶和王先謙是對讀書志二本研究最力的，他們在詳勘二本後，甚至得出結論，認爲前志是「不全初稿」、是殘帙。但從三十年代宋刻袁本大量影印行世以後，許多學者出自對宋版書的寶愛，紛紛揚袁抑衢，議論爲之一變。

讀書志二本的優劣不能僅僅根據現存鈔本或刻本的時代來評判，而應對它們的內容作全面的考察。本文試圖從收録書量、序文、分類、歸類、編排、書名的著録，卷數的著録、作者的著録、解題九個方面對二本的異同進行比較，以求作出符合實際的評價。所據衢本爲清汪士鐘刊本，袁本爲影印的宋刊本(包括前志和後志，因近代學者習慣上把後志也看作袁本的組成部分)。

(一)收录书量

目録學家往往重目不重文，一部目録書收録書數量的多寡，是衡量它的價值大小的重要標準。爲了便於觀覽，兹將讀書志二本收録量列簡表比較如下：

著録	衢本	前志	後志
經部	二四〇	一七八	五六
史部	三一三	二一二	一〇三
子部	五六三	三三二	一九七
集部	三四五	三一二	四三
存目	〇	〇	三六
小計	一四七二	一〇三五	四三五
重見	四	一一	
實收	一四六八	一四五九	

由上表可見，衢本的收書量多於前志，也多於前志、後志之和。前志、後志（加「存目」）共收書一千四百七十部。衢本比它們多兩部。但袁本「存目」三十六部，只有書名和卷數，沒有解題。所以，若以體例完整的收録書數量相比，衢本多收書爲三十八部。

還應看到，即使把「存目」也算入袁本收書量中，衢本的收書量也并非僅比袁本多出兩部。首先，二本的實際收書量還應剔除它們各自重見的書，衢本重見四部，實際收書一千四百六十八部，二志重見十一部，實際收書一千四百五十九部；二本均剔除重見書後，衢本多收書九部。其次，二本著録體例的差異影响了統計數字的實際準確性。例如，雜史類金人背盟録、圍城雜記二書，前志分爲兩條著録，統計時作兩部計數，而衢本則將此二書合并，與避戎夜話、金國行程、南歸録、朝野僉言等四書著録爲一條，統計時只作一部計數。實際上，衢本的「一部」比前志的「二部」，還要多收書四種。如果排除這一因素給統計數字帶來的虛假性，那麽，衢本的多收書除避戎夜話等四種外，還應包括春秋類的春秋辨疑、論語類的王元澤口義、陳用之論語、別集類的耄智余書、昭德新編、理樞等六種。通上所述，衢本實際多收書起碼有十九部（種）。

（二）序文

讀書志的體例大致仿崇文總目，書首有晁公武自序，次之總序，經、史、子、集四部之前有大序（晁氏謂之「總論」），部之下分類，類有小序，小序綴於該類收録的第一部書解題之後。

二本自序的異文主要有兩處：一是在交代撰成讀書志所據藏書時，前志只説：「凡得書若干部，計若干卷。」衢本則明確交代了藏書數并説明其書并非皆井度所贈：「書凡五十篋，合吾家舊藏，除其復重，得二萬四千五百卷有奇。」第二是前志没有署時，衢本則在序尾署明「紹興二十一年元日昭德晁公武序」。

二本總序無大異文。

二本大序的異文，主要是經、史、子三部衢本多出了該部著録書卷數的統計。

二本的小序，差異就相當大了。這一點，前人似乎都没有注意到，其實這是判别二本成書先後及優劣的重要根據。

前志共分四十三類，其中九類有小序，它們是經、集二部的易、書、詩、樂、孝經、論語、小學、楚辭、别集。史、子二部凡三十類，竟没有一篇小序。衢本分四十五類，其中二十五類有小序。多於前志的十六篇小序，大多是史、子二部的。後志補録的諸書中五行類的廣古今五行志正居該類之首，解題後綴有小序。如果將這篇小序也算袁本所有，那麽，衢本多於二志的小序凡十五篇。它們是：經解、雜史、史評、刑法、傳記、譜牒、農家、小説、天文、兵家、類書、藝術、醫書、神仙、釋書。二本小序的多寡，本身就説明哪一本較爲完善。

更重要的是它們的内容。小序創自劉歆七畧輯畧，漢書藝文志的小序基本保留了輯畧的原貌。它的目録學功能，主要是敘述某學科中諸學派的特點、演變和師承，間及對有關著作進行分類、歸類的依據和設想。書目之發揮「辨章學術，考鏡源流」的作用，小序的功能是不能忽視的。所以，繼漢志之後，歷代比較重要而有價值的目録，即使不附解題，也還往往撰有小序。衢本所增補的十六篇小序，長者三百餘字，如釋書類；短者也有二三十字，如小説類等，大致有如下七個方面：

一、敘述學科或學派源流的。見譜牒、兵家、小説、五行、類書、神仙、釋書等類。

二、論述該類書地位或重要性的。見雜史、譜牒、醫書、藝術等類。

三、介紹該類書特點的。見兵家、神仙等類。

四、説明分類、歸類的理由或依據的。見經解、史評、傳記、雜家、農家、五行等類。

五、説明編次理由的。見醫書、釋書等類。

六、評論該類書發展傾向的。見小説類。

七、交代作者收藏情況的。見天文類。

此外，還值得一提的是其中有些小序在目録學史中的地位。讀書志之前的一些有小序的目録書大多已經亡佚殘闕，所以，有的類目雖非創自讀書志，但該類小序至今尚存的却要以衢本爲最早。此如經解類，始於古今書録，此書已不存，而鈔録它成書的舊唐書經籍志又將其小序删去，宋代崇文總目的輯釋又未輯得這一類小序。這樣，今天研究經解類的形成及演變，首先就得參考衢本讀書志的小序。

（三）分類

讀書志的類目設置沿用了隋、唐以來的正統四部分類法。它以崇文總目爲主，參酌舊唐書經籍志和新唐書藝文志，形成了自己的分類。二本相較，衢本比前志多設了兩個類目：一是集部文説類，一是把子部天文卜算析爲二，改稱天文類和星曆類。

文説類收録的是評論詩文的著述。這類著述的起源，可以追溯到曹魏時的典論，但在衢本讀書志之前，終因爲數尚少，一些書目不是把它們附著於總集之末，就是把他們混雜在別集之中。北宋開始，文史批評之風漸盛，批評著作也日益增多。大概鑒於這一學術發展的新趨勢，崇文總目增設了文史類。「文史」之名，并没有準確反映這一類書的性質和特點，況且，文、史書本來應該分屬乙、丁二部，混同言之，無異自亂其例。前志設「史評」，替其中的史類書找到了歸宿，但文學評論方面的書籍仍不得正歸。衢本則解決了這個問題，在史部設史評類同時，在集部設立了文説類，在我國古籍分類中，終於完成了對批評著述的安置。後來的四庫全書總目的「詩文評類」，即淵源於此。前志的天文卜算類，顯然是從崇文總目卷四十天文占書類衍化來的。占書與星曆書不是一回事，故崇文總目卷四十一另設有曆算類。讀書志把占書歸入五行類，把算書歸入藝術類，而前志仍稱天文卜算，就名不符實了。衢本分稱天文、星曆，與其收書方名實相副。

二本分類的差異，還表現爲衢本增補了晁公武對目録分類的認識和意見。這是研究古代目録分類的資料。大多見於諸類的小序。

順便提一下後志的分類。按理説，後志摘自衢本，其分類應該如實反映衢本的面目。遺憾的是，趙希弁爲了圖省事，把它弄得面目全非，叫人莫知所從。衢本經部易、書至論語凡八類，後志統稱之爲「經類」，竟與「小學類」并列，有點不倫不類。史部正史類，後志稱爲「史類」，子部儒、道以下八類，統稱「子類」，天文、星曆二類，後志又復合二而一。後志前附有衢本目録，其類目名亦多與文中不同。如兵家類，文中稱兵類；藝術類，文中稱雜藝術類；神仙類，文中擅改爲道書類。

（四）歸類

圖書在目録中的分類和歸類二者既有聯繫，又有區别。鄭樵所説的「類例既分，學術自明」，就是兼指對這二者的處理。分類，是指對某一類的圖書羣的分合；歸類，則是指某一種圖書的歸屬。讀書志二本對歸類的處理也有不同。二本於同一部書而歸類不同者有四十六例，試舉二例以比較其優劣：

漁樵對問、程氏雜説、信聞記、儒言四書，前志入經解類，衢本入儒家類。此四部書的内容大致是：漁樵對問（晁氏題張載撰，或題邵雍撰）設爲問答，論性命道德之理；程氏雜説乃程頤門人記其師論學立身之言，仿佛二程遺書、外書、粹言、師説之類；信聞記乃張載雜記經傳之義并辨釋、老之失；儒言則是晁説之非議王安石之居心行事及批駁王氏之新經義、字説；四書皆儒家者言，雖及經義，然非解經書甚明，歸類以衢本爲是。明焦竑國史經籍志末糾謬，專糾駁漢志至經籍考等九種書目之歸類，焦氏看到的是袁本，他提出的三十余條錯誤中，正有漁樵問對、儒言、信聞記三條，而衢本已予改正。

抱朴子内篇和抱朴子外篇，前志一起歸入神仙類，衢本則分置神仙、雜家二類。作者在外篇解題中說明了這樣做的理由：「外篇頗言君臣理國用刑之道，故附于雜家云。」抱朴子内外二篇，原來就非成于一時，流傳時也獨立成帙，而其内容差異又較大，把它們看作二書，分別歸類，符合二書的本來面目及流傳特點。

（五）編次

圖書分類、歸類之後，還要按一定的體例，把它們編排組織起來。這樣，讀者只須看到該書的排次及其前後諸書，就能對它的内容、時代有個大體的了解。後人考證佚書或某些事迹失考的作者的時代，就往往依據該書在目録書中的排次。

目録著録諸書的編次，從漢書藝文志起，大體有一個約定俗成的傳統體例，後代目録大多遵沿不變。讀書志也不例外。但它的編次是比較粗疏的，而前志則更爲紛紜蕪雜。

二本編次大體相同的，有十七類，其余或多或少有一些比較重要的差異。

有的類前志雜亂無章，衢本則先按子目（雖未標明子目名，但不難按悟），然後再按時代編排。如職官類，前志把應置此類之首的唐六典抑居第十二，御史臺記與嘉祐御史臺記二書屬同一性質，又前後隔置。衢本的編次則以綜述百官品名職掌的唐六典爲首，下分翰林、諫臺、院館、表録四個子目順次排列。

有的類目中，前志個别圖書排次失當，衢本則比較適當。如詩類歐陽詩本義，前志居之該類之末，放在晁公武同時人陳少南所撰陳氏詩解之後，顯然錯了。衢本置歐陽修詩本義于宋人解詩之作之首，這就對了。又如，傳記類趙飛燕外、傳楊貴妃外傳二書，前志先後倒置，而衢本未倒。

無庸諱言，衢本也有一些類目編次竄亂。如雜史類中晉公談録等三書乃錯簡，應據前志易移；又如小學類，應據顧廣圻意見，按六段移轉改正錯簡。但總的來説，衢本編次比前志較爲整齊可觀。

（六）書名的著録

著録一部書，至少有三項内容：書名，卷數和作者。

二本書名歧異的情況比較簡單，約有四十餘部書標題不同。除去二本都有一些技術性差誤外，主要有以下幾種情況：

一、同書異名。前志易類著録毘陵易傳。此書本名東坡易傳，因蘇軾卒時，黨禁甚嚴，時人不敢徑呼「東坡」，遂以卒地毘陵作代。衢本改用本名，較妥。

二、異書同名，衢本加字以别。前志類書類著録佚名的洽聞記三卷，小説類又著録了唐鄭常撰洽聞記三卷，二書同名而内容絶異，前者爲記經史名數之類書，後者爲記古今神奇怪異事之小説，衢本於前者名前加「童子」二字，以示區别。解題云：「或題童子洽聞記。」可見加上的兩字并非出自杜撰。

三、同書衢本加標著者或注釋者。如前志儒家類荀子，衢本標爲楊倞注荀子；醫書類脈經，衢本標爲王叔和脈經等。這種加字標題的著録方式，始於漢書藝文志，有利於表明圖書的內容，是可取的。

四、道家書，衢本不用道家尊號而用本名，如莊子、列子等。

（七）卷數的著録

二本著録卷數的差異，除去技術性的差誤，主要有以下幾種情況：

一、卷數分合不同，或計算卷數的方法不同。如，小學類説文解字，前志作十五卷，衢本作三十卷。又如，僧寶傳，前志入釋書類，作三十卷，衢本入傳記類，作三十二卷，多出二卷，是因爲把附於卷末的臨濟宗旨一卷和補禪林僧寶傳一卷也計入卷數。又如，道家類鶡冠子，前志作三卷，衢本則作八卷。衢本解題獨詳，曰：「今書乃八卷，前三卷十三篇與今所傳墨子書同……後兩卷有十九論（按疑乃「篇」之誤），多稱引漢以後事，皆後人雜亂附益之。今削去前後五卷，止存十九篇。」可見，衢本八卷乃按原書實際卷數著録，前志則削去前後五卷。

二、本子不同。在晁公武藏書中，同一種書，往往具備兩種甚至更多的本子，不同的本子，其卷數往往不同。讀書志據以著録的本子，大多早已亡佚，少數可考者，往往是衢本所收者卷數增多，較爲晚出。例如釋書類注維摩詰所説經一書，前志作三卷，乃姚秦時鳩摩羅什的譯本，衢本作十卷，則是其徒僧肇等注本。衢本解題云：「本三卷十四品，其後什之徒僧肇、道生、道融等爲之注，釐爲十卷。予得之董太虛家，蓋襄陽木本也。」又如別集類鮑溶詩，前志作一卷，衢本作五卷。衢本解題云曾鞏「以史館本及歐陽公所藏互校，得二百三十三篇，今本有一百九十二篇，余逸」。曾鞏鮑溶詩集目録序曰：「史館書五卷，總二百篇。歐陽氏書無卷第，才百餘篇，然其三十三篇史館書所無，今別爲一卷附於後，而總題曰鮑溶詩集六卷。」〔三〕然則前志著録殆歐陽修本，無卷第，統稱之謂一卷，衢本著録則爲曾鞏重編本之殘帙。這一種差異在宋人別集中尤爲顯著。如富弼集，前志無安邊策，衢本缺卷數；吕本中集，前志作吕居仁集二十卷，衢本則作東萊集二十卷，外集二卷；曾鞏集，前志無外制三十卷；畢仲游集，前志作二十卷，衢本作五十卷。余如梅堯臣、魏野、林逋、陳恬諸集皆類是。余嘉錫説：「凡宋人文集，往往有前後數本，多寡互異，大抵編輯愈後，卷數愈多。」〔四〕此論甚確。衢本收録的，往往正是編輯在後、卷數增多的本子。

三、前志收録的是殘帙，衢本則是完本。在晁公武收藏的圖書中，一書如有殘、足之分，他當然盡力著録足本。如禮類陳祥道太常禮書，他起初止得五十卷殘本，「愛之而恨其闕少」，後從敍州通判盧彭年家得一百五十卷完本，遂以入録。不過，在編纂前志時，有的書尚未得足本，從來的衢本則補足之。如王安石鍾山日録（按此書又名王氏日録、熙寧日録、舒王日録），前志傳記類收録的是二十卷，顯然不是足本。直齋書録解題卷七也只著録四十卷，陳氏曰：「書本有八十卷，今止其半。」可見，足本應是八十卷，衢本雜史類正作此卷數。

（八）作者的著録

同一部書，其撰者或編者、整理者、注釋者、撰序者等，二本的著録有差異三十處。其中除去諸家著録歧出、無由辨其是非，或其書僅見讀書志二本、未敢遽定其正誤者外，大致有以下兩種情況。

一、前志未詳或猶豫未定，衢本則標明而予以確認。如書傳，前志書類作一卷，曰：「不載撰人，蓋爲程正叔之學者，疑諸呂所著也。」衢本作十三卷，曰：「右皇朝呂大臨與叔撰。」又如農家類忘懷録三卷，前志曰：「右皇朝元豐中夢上丈人撰……不詳其名氏。」衢本則曰：「或曰沈括也。」（按：沈括退居潤州，稱號「夢溪」，「夢上」乃「夢溪」之誤。又，「元豐」乃「元祐」之誤）又如小説類博異志一書，前志脱卷數，曰：「右題曰谷神子纂，不知撰人。」衢本則提供了編撰者的綫索，曰：「右題谷神子纂。序稱其書頗箴規時事，故隱姓名。或曰名還古而竟不知其姓。」據此，胡應麟疑即爲殷七七作傳之鄭還古。〔五〕地理類閩川名士傳三卷，前志曰：「唐黄璞撰。」又加小注：「一本作皇甫璞。」衢本删去小注，考定爲黄氏所撰。此書見新唐志卷二、書録解題卷七，皆作黄璞。黄璞，字紹山，登大順進士第，嘗爲崇文館校書郎。衢本删注確認極是。

二、前志誤而衢本加以訂正。如小學類復古編三卷，前志謂張守所撰，衢本則謂張有。張守字子固，乃荐秦檜者，宋史有傳，未聞著有此書。張有乃張先之孫，雅善篆書，隱於黄冠。所撰復古編，程俱、樓鑰皆爲之序，分别見北山小集卷十五、攻媿集卷五十三。然則前志誤署甚明。又如前志小説類有劉餗小説十卷，解題曰：「纂周、漢至晉江左雜事。」據此，此書當非唐劉餗小説，而是梁殷芸小説。衢本改題殷芸，并加説明：「予家本題劉餗，李淑以爲非。」可見，前志沿訛家本，而未察其誤。其它如章詧太玄經注，前志誤「章」爲「張」；顧况集的作序人皇甫湜，前志誤作「皇甫冉」等，此或系刻誤，不必深究。

（九）解題

讀書志的解題是它的精華所在，也應當是二本比較的重點。

畧去文異意同者，以及不涉及文意的異體字、古今字、通假字、避諱字等，二本解題的異文仍有三百餘處，主要表現爲衢本對前志的增補和訂正。

從補正的方式看，主要有五種情況：

一、整飭文字。前志有的解題文句比較凌亂，有的不合全書著録體例，衢本則加以技術性的加工潤飾，如論語正義、雞林志、皮氏見聞録等。

二、移易解題位置。衢本著録書增多，歸類、編次也有調整，有些解題的内容也必須隨之移易位置。例如道家類前志收録王安石注老子二卷，解題曰：「介甫平生最喜老子，故解釋最所致意，如『無，名天地之始；有，名萬物之母。常無，欲以觀其妙；常有，欲以觀其徼』，皆於『有』、『無』字下斷句，與先儒不同。」司馬光撰有温公道德論述要二卷，與王安石一樣，也在「有」、「無」字下斷句。衢本增收司馬光書，並將它編排在王安石書之前。於是把王安石書解題中的「無，名天地之始」以下文字移置司馬光書解題中，而在王安石書的解題內說明一下：「首章皆斷『無』、『有』作一讀，與温公同。」值得指出的是趙希弁在摘編後志時，並沒有充分注意到這種解題移位的現象，照抄温公道德論述要的解題。這樣，就產生了同樣的一段文字，在前志、後志中重出的情況。解題移位的還有：前志禮類禮記的部分解題，衢本移入石經禮記；前志儒家類范氏注太玄經的部分解題，衢本移入太玄經；前志道家類河上公注道德經、明皇老子疏二書的部分解題，衢本移入老子道德經；前志兵家類李衛公問對的部分解題，衢本移入該類第一部書六韜之下，作爲小序的內容；等等。

三、增補內容。前志解題或有缺漏，或太簡畧，衢本加以增補。

四、訂正訛誤。前志解題敘述人事、評論得失、介紹源流，有時不够準確，甚至錯誤，衢本則加以訂正。

五、重寫解題。前志的內容缺漏、訛誤太甚，靠字、詞、句的訂補已無濟於事，衢本則改寫解題，在重新改寫的解題中，往往可以看到作者曾對該書進行過較爲深入的研究和考訂。

以上五種情況是以二本差異的形式進行歸納的，如果從差異的內容進行歸納，那麼，大約有以下十四個方面：

一、衢本補充書名釋義。古人著述的命名含義，有的一目了然，有的則須解釋一番方能明瞭。這正是解題的任務之一。衢本增添了這方面的內容，約有十余條。如農家類宋子安撰東溪試茶録，衢本徵引原序對「東溪」作了解釋：「東溪，亦建安地名。其序謂『七閩至國朝，草木之異，則產臈茶、荔子；人物之秀，則産狀頭、宰相；皆前代所未有，以時而顯，可謂美矣。然其草木厚味，不宜多食；其人物雖多，知難獨任，亦地氣之異』云。」再如釋書類著録的唐玄奘譯注的心經會解，此書全名般若波羅蜜多心經會解，衢本增補書名的解釋，云：「般若者，華言『智慧』；波羅蜜多者，華言『到彼岸』。謂智可以濟物入聖域也。」

二、衢本補正所著録的書的篇目、篇數及編次。目録解題記篇目、篇數及編次，非常重要，它不僅可以使後人借以得知其書是否完整，而且可以借此窺及文中大意，一旦其書或佚或殘，輯者還能據此按篇目歸還原書。衢本補正的這方面内容約有十五條。如書目類宋李淑邯鄲圖書志一書，前志僅説它分五十七類著録圖書，衢本則云：「經、史、子、集，通計一千八百三十六部，二萬三千一百八十六卷。其外又有藝術志、道書志、書志、畫志，通爲八目。」李淑的這部書目，已經佚去。我們據晁公武這條記載得知其書分類爲八，既因承隋志的四分法，又衝破了它的牢籠。隋志以來，明確見於著録、擺脱四分法分類的綜合性書目，以李淑此書爲最早。再如正史類三朝國史一書。衢本的解題補充介紹了這部書的分卷情況：「紀十卷、志六十卷、列傳八十卷……計七百餘傳。比之三朝實録增者大半。」又如，衢本別集類曹植集解題中增補的篇數，可據以校補魏志本傳脱文。曹植集的全帙是其卒後景初中所定之本，本傳云：「景初中，撰録植前後所著賦頌詩銘雜論，凡百餘篇，副藏内外。」衢本卷十七增補篇數云：

「隋志植集三十卷，唐志植集二十卷，今集十卷，比隋、唐本有亡逸者，而詩文二百篇，返溢於本傳所載，不曉其故。」四庫全書總目提要著録的十卷本，據寧宗嘉定本翻刻，凡二百十篇，正和衢本之數合，殆與晁公武所見同出一源。余嘉錫指出，其數溢出本傳者，非他故，乃以今本魏志本傳「百餘篇」上脱「二」或「二」字。〔六〕

三、衢本補正成書原委。介紹成書背景、過程以及撰者本旨，對讀者了解本書極有意義。衢本在解題中增補了這方面的内容十餘條，如釋書類延壽撰宗鏡録一書，前志介紹其成書原委：「因讀楞伽經云『佛語心爲宗』，乃制此録。」其實此書成書原因並不是這麽簡單，衢本補正曰：「延壽，姓王氏，餘杭人，法眼嫡孫也。建隆初，錢忠懿命居靈隱，以釋教東流，中夏學者不見大全，而天台、賢首、慈恩性相三宗又互相矛盾，乃立重閣，館三宗知法僧，更相詰難，至詖險處，以心宗旨要折衷之。因集方等秘經六十部，華、梵聖賢之語三百家，以佐三宗之義，成此書。」所補充的内容顯然是相當重要的。又如衢本實録類神宗朱墨史的解題，不僅介紹了先後四任主修官替代的過程，而且記述了紹聖中重修的情況。神宗實録的修撰因爲牽連到黨爭，在元祐、紹聖、元符、紹興先後四修，過程相當複雜。衢本增補的元祐初修情況，加上哲宗實録二條有關内容，基本勾勒出了該書成書的原委，具有一定的史料價值。

四、衢本增引序跋或附録。移録序跋以介紹本書，是我國古代書目的優良傳統之一。從梁釋僧祐出三藏記集序到朱彝尊經義考，都運用這一手段來揭示圖書内容，爲後人保留了許多重要的資料。讀書志也没有忽視這個手段，衢本在這方面增添的内容有八條。如徐幹中論一書的解題，衢本徵引了曾鞏的序。其文云：「曾子固嘗序其書，畧曰：『始見館閣有中論二十篇，以爲盡於此。及觀貞觀政要，太宗稱嘗見幹中論復三年喪篇，而今書闕此篇。因考之魏志，見文帝稱幹著中論二十餘篇。於是知館閣本非全書也。』」

五、衢本補正了對著録書體例、特點、内容的介紹。這一類約有二十餘條。如儒家類孟子音義的解題，前志僅謂「因張鎰、公著于（按「于」乃「丁」之誤）音義參考成書」，並没有准確地揭示孫奭等撰此書的特點，衢本則加以補正：「古今注孟子者，趙氏之外，有陸善經。奭等以趙注爲本，其不同者，時時兼取善經，如謂『子莫執中』爲『子等無執中』之類。」又如小説類皮光業皮氏見聞録一書，衢本增補該書内容的起訖：「自唐乾符四年，迄晉天福二年。」釋氏經典，不僅難懂，而且解釋紛紜，衢本加强了這一類書的内容介紹，見釋書類金剛經會解、注維摩詰所説經、楞伽經、圓覺經疏等書的解題。圓覺經疏的解題辨圓覺、楞嚴二經宗旨異同，辭簡意賅：「圓覺之旨，佛爲十二大士，説如來本起因地，終之以三觀；楞嚴之旨，阿難因遇魔嬈，問學菩提最初方便，終於以二義。蓋圓覺自誠而明，楞嚴自明而誠，雖若不同，而二義三觀，不出定慧，其歸豈有二哉！」

六、衢本增補了辨僞、考訂的内容。讀書志的解題，其考證性較强，尤其注重著録諸書中僞書的辨證考訂，有些僞書之致疑，殆始於讀書志。如曾子一書，晁氏疑爲曾子門人所編，而非曾子自撰。子華子一書，也是晁氏最先致疑。衢本解題這方面的内容較前志更爲豐富，如惠洪冷齋夜話，前志只言「崇觀間記一時雜事」，未及其真僞，衢本詳辨其不可信，曰：「多記蘇、黄事，皆依托也。江淹擬陶淵明詩，其辭浮淺，洪既誤以爲真淵明語，且云：『東坡嘗稱其至到。』鬼谷子書，世所共見，而云有『崖蜜，櫻桃也』之言，東坡橄欖詩『已輸崖蜜十分甜』，蓋用之。如此類甚多，不可枚舉。」又如鶡冠子一書，唐時韓愈稱愛其博選、學問二篇，而柳宗元以其多取賈誼鵩鳥賦而非斥之。前志云：「二人皆名儒，未知孰是。」衢本則詳考其書前三卷十三篇與墨子同，後兩卷十九篇又多引漢以後事，爲後人附益，「削去前後五卷，庶得其真」，「宗元之評蓋不誣。」

七、衢本增補前代書目的著録情況。晁公武撰寫讀書志時，手頭具備不少前代書目，這些書目，有的已經亡佚，後人輯編佚目或考察某書在佚目中的著録情況，就往往依賴讀書志的徵引。衢本在增補解題的時候，增補這方面的内容大約有五條。其中周易微指、中論、淮南子三條均徵引崇文總目，清人錢東垣等輯編崇文總目輯釋時未見衢本，均自經籍考移録的文字輾轉得之。又闕子明易傳一書解題中，衢本引及李淑邯鄲圖書志，云：「李邯鄲始著之目。」此書隋志和唐志均未著録，李淑方采收入目，後世考定其出自李淑同時之阮逸僞撰，就是參考了衢本增補的這一條内容。

八、衢本增補介紹著録書版本的内容。後代學者一般認爲書目著録版本始於尤袤遂初堂書目。其實無論是陳振孫的直齋書録解題，還是更早一些的讀書志，均有版本著録。讀書志解題中記録版本情况者，不下三十處。而衢本則更多一些。如雜史類韓偓金鑾密記，著録爲一卷。衢本謂另有二卷本：「一本蘁天復二年、三年各爲一卷，首尾詳畧不同。」農家類周絳補茶經，衢本説明除著録之本外另一本有陳龜注。別集類劉綺莊歌詩，晁公武據以著録者乃南唐故物，前志云：「紙墨甚精，後題曰『升平四年重題』。」衢本則進而説明其收藏及傳寫：「印其文曰『建鄴文房』，本内『密』字皆闕其畫，而『超』字不闕，蓋吳時所繕寫也。」按，「升平」乃「升元」之誤，南唐李昪年號，「建鄴文房」乃南唐後主李煜藏書印記。

九、衢本增補有關典章制度、掌故軼事的内容。讀書志在介紹著録書或撰者時，往往記載了與之有關的典章制度、舊聞軼事，或采自史書、筆記，或屬作者耳聞目睹，内容翔實，遠非一些摭拾街談巷議成書的小説筆記可比。衢本增補的這一部分内容，約有十二條。如列子一書，唐時尊之爲「冲虛真經」，衢本道家類張湛注列子解題又告訴我們，宋景德年間又曾遞加道家尊號，此書被稱爲「至德冲虛真經」。醫家類巢氏病源候論解題説，宋代舊判監局用巢元方此書課試醫生。這是宋代醫局制度的寶貴史料。農家類建安茶録的解題，介紹了建州貢茶的始末：「建州研膏茶起於南唐。太平興國中始進御。謂（丁謂）咸平中爲閩漕，監督州吏，創造規模，精致嚴謹。」又云：「盧仝譏陽羨貢茶，有『安知百萬億蒼生，墜在顛崖受辛苦』之句，余於謂亦云。」作者借記載舊事，表明了自己的褒貶。同樣，在蔡襄試茶録一書解題中，也借傳聞非議蔡襄以進御龍茶取寵：「襄皇祐中修注，仁宗嘗面諭云：『昨卿所進龍茶甚精。』襄退而記其烹試之法，成書二卷進御。世傳歐公聞君謨進小團茶，驚曰：『君謨士人，何故如此！』」

一〇、衢本補正了不少編撰者的生平事迹，包括姓氏、字號、籍貫、時代、家世、社會關係、仕履等。這一類約有四十餘條。如别集類陶潛集，前志介紹撰者，只有寥寥十字：「晉陶潛淵明也，爲彭澤令。」衢本則用八十餘字詳述其生平仕履，還據晉書、宋書本傳及集中孟嘉傳、祭妹文，考證陶潛一名淵明，字元亮。這與宋吳仁傑陶靖節先生年譜所考是一致的。衢本補撰的編撰者小傳約有十六篇，如禮類三禮義宗的撰者崔靈恩、春秋類春秋集傳的撰者王沿、小學類博雅的撰者曹憲、史評類唐書辨證的撰者吳縝、小説類北夢瑣言的撰者孫光憲、别集類潤上丈人詩的撰者陳恬等，文字自十數字至二百餘字不等。晁公武在别集類蔡邕集的解題中，曾對解題中介紹編撰人生平的文字，有過一段説明：「凡文集，其人正史自有傳者，止掇論其文學之辭及畧載鄉里、所終爵位，或死非其理，亦附見，餘歷官與其善惡率不録；若史逸其行事者，則雜取他書詳載焉，庶後有考。」衢本所增補的這一類内容，往往有不見正史者，頗可寶貴。不妨舉個例子：竇苹所撰酒譜一卷，清四庫館臣據直齋書録解題卷十四酒譜條，知竇苹字子野，汶上人。又據陳書謂「其人即著唐書音訓者」，欲查檢讀書志，進而考其時代。可惜四庫館臣僅見袁本。讀書志史評類唐書音訓條，前志唯有「右皇朝竇苹撰」六字，無一言涉及其生平時代，四庫館臣無奈，只得據其書排次在吳縝唐書辨證、孫甫唐史要論之前而推斷其「當爲仁宗時人」。其實，衢本唐書音訓解題有作者的時代行事：「苹，元豐中爲詳斷官，相州獄起，坐議法不一，下吏。蔡確笞掠之，誣服，遂廢死。」據此，完全可以確定竇苹是神宗時人。

一一、衢本增補了大量評論性文字。晁公武在讀書志解題中，除了介紹其書其人外，還往往加以評論。衢本解題增補了這方面的文字，其中有評撰者的九條。如儒家類新序解題評揚雄、劉向二人短長，非深諳揚、劉之學者不得言；別集類蕭穎士集解題評蕭氏伐櫻桃樹賦，謂唐書褒貶顛倒，亦有見地。還有評著録書的，約三十餘條。如儒家類楊倞注荀子解題中增添大段否定荀子的文字；法家類管子解題表示了作者不同意孔子對管子「不知禮儀」的批評，認爲「后之欲治者」可據此書制四夷，安中國；韓非子解題又辨證了司馬光所謂「其大要原於道德之意」的觀點；別集類陸龜蒙笠澤叢書解題，前志無一言及其歌詩，衢本則説「今按其集歌詩爲多，又比他文最工」，批評新唐書多取陸氏著述，獨不云歌詩，「疏漏如此」。此外，衢本還增補了非專爲某人某書而發的議論六條。如儒家類子思子解題大段論述思、孟學派異同；實録類太宗實録解題抒發「執史筆之難」的感慨；雜家類論衡解題則補入了作者對兩漢文風、文體的評價。

十二、衢本增補了介紹學術源流的内容。讀書志除其總序、大序、小序中提及學術、學派源流外，在解題中也時有論及。衢本增補了這一類的解題約有六條。如詩類毛詩正義補了大段南北朝經學特點及流變的文字；小學類切韻指玄論補了大段介紹切韻之學的文字；五行類珞琭子三命補了追溯命術起源的内容；釋書類景德傳燈録則補了介紹禪學「五宗」的師承關係以及對它們的興盛原由的看法。其曰：「夫禪學自達磨入中原，世傳一人，凡五傳至慧能，通謂之祖。慧能傳行思、懷讓。行思之後，有良价，號『洞下宗』；又有文偃，號『雲門宗』；又有文益，號『法眼宗』。懷讓之後，有靈祐、慧寂，號『潙仰宗』；又有義玄，號『臨濟宗』。五宗學徒遍於海內，迄今數百年。臨濟、雲門、洞下，日愈益盛。嘗考其世，皆出唐末五代兵戈極亂之際。意者，亂世聰明賢豪之士，無所施其能，故憤世嫉邪，長往不返，而其名言至行，譬猶聯珠疊璧，雖山淵之高深，終不能掩覆其光彩，而必輝潤於外也。故人得而著之竹帛，罔有遺軼焉。」晁氏這段話是禪宗源流較早的記載。陳垣先生在講授中國佛教史籍概論時，曾加徵引並爲之發明，説：「晁氏之意，謂政治混亂之時，有立命之人，做事固不易，説話也不易，只可出家做和尚者。此禪宗所以盛於五代也。」

十三、衢本增補了有關晁公武收書、藏書、校書情況的內容。據讀書志自序，晁公武撰寫此書的過程，實際就是收藏、校讎圖書的過程。這部分內容衢本增補了二十餘條，不僅有助於我們了解諸書在宋代的流傳情況，而且爲我們研究讀書志的撰寫過程提供了重要綫索。

十四、衢本增補、訂正的內容，還包括對具體史實的考辨，對魏晉人詩文集流傳特點的總結，對某書或某詩文撰成時間的考證等。關於讀書志收録諸書時限的説明，肯定袁本的學者無不徵引，而這段文字也只見於衢本麟臺故事的解題中。

以上所述十四條，都是衢本解題詳於前志，對前志進行補正的。這還只是問題的一方面。那麼，前志解題有没有詳於衢本的呢？有，據對核，約有四十餘條。但是，我們只須客觀地具體分析一下，就不難發現：凡是衢本略於前志者，多出於作者有意識的刪削，或者是由於馬端臨的剪裁（汪刊本脱簡部分，不能排除這個可能），少數則屬汪刻衢本的脱文。試分析如下：

一、衢本因解題移位而使文字減少了。這種情况約有九條。如禮類禮記，前志有一段講月令編次的文字，衢本把它移至增收的石經禮記之下，於是，衢本禮記解題就略於前志。

二、衢本因乙正錯簡、減少重復而使文字減少了。這一類情况約有八條。如前志正史類晉書、宋書、後魏書三書解題中，三次提及史傳誣晉元帝爲牛金之子一事，而衢本只在成書最早的宋書解題中予以保留，其餘兩處均予刪去。

三、因語涉宫廷，衢本加以刊削而使文字減少了。這一類情况約有五條。如別集類晏元獻臨川集，前志解題原有這麽一段話：「四年（仁宗慶曆）坐撰李宸妃墓銘，不言上宸妃所出及役兵治産事，罷知潁州。」衢本含糊其詞，删改爲：「四年坐事罷知潁川。」

四、汪刊衢本卷十九宋人別集部分中，張晦之集以下乃據經籍考配補。馬端臨經籍考在摘録讀書志解題時「自當加以裁剪」。〔七〕汪本解題簡略者往往集中在這一部分，而我們也未可因汪本簡略，徑斷衢本略於前志。這種情况大約有二十條。例如蔡君謨集，前志曰：「慶曆三年，知諫院。仁宗慨然思治，增置諫官四員，君謨在選中。」衢本則僅「在慶曆四諫官選中」一句八字。又，經籍考兼引晁、陳二氏時，大多先晁後陳，但也有先陳後晁的：「晁氏曰」居後，其内容有與「陳氏曰」重復的，馬端臨即予刪去；

汪本據以配補，當然也就比較簡略了，如宋元絳元章簡玉堂集。

五、衢本因事涉怪異或文係冗語而予以删削。如别集類寇忠愍詩，前志有一段介紹寇準歸葬、縣民立竹焚紙迎葬而竹逾月皆自生根的傳説，衢本删去。類書類太平總類（按即太平御覽），前志原有一句「六帖、初學記之類也」，以介紹其體裁，實屬多餘，衢本删去，並加上「春明退朝録云，書成，帝日覽三卷，一年而讀周，賜名太平御覽」一段文字，無疑較前志爲勝。

六、衢本因傳寫、刊刻的緣故而有奪脱。這一類文字，往往在解題之尾。如文説類李公詩苑類格（前志入别集類），前志於文尾有「總九十目」四字，瞿中溶鈔衢本和經籍考均未脱。儒家類子思子，前志較汪本多「四庫書目中無之」七字，玉海卷五十三藝文「子思子」條引衢本正有此七字。

通過以上的比較和分析，我們不難看出讀書志二本是衢本優於袁本。二本的異同及優劣是客觀存在的。衢本的優點，概括起來，大約有以下幾點：它收録書較前志、後志爲多；它增補並豐富了序文特别是小序的内容；它的分類、歸類、編排組織比前志更加整齊、合理；它著録書名的方式更利於揭示圖書的内容；它著録的本子往往較前志爲晚出，而且多完本；它著録編撰者較前志明確、正確；尤其是它的解題，對前志作了大量的補充和訂正，遠比前志完善、豐富。

二、有關衢袁二本優劣評價的幾個問題

在探討讀書志二本異同並評論其優劣的時候，有的學者曾提出一些論據，以證明袁本優於衢本。在這裏，不妨把這些論據也討論一下，以求進一步澄清問題，使我們的結論更具有説服力。

第一個論據是：前志後志有宋刻原本，而衢本却是後出之本。根據這個理由，持袁優衢劣意見的學者認爲衢本當然不如袁本。考察古籍，無疑應該重視舊本，尤其像讀書志袁本這樣的宋刻原本。但是，宋刻原本的優越性，只能在它與同一系統的後出諸本的比較中得到體現，如果與它比較的本子屬另一系統，比如，像衢本這種補正本，那麽，宋刻原本就未必勝過晚出的補正本。這一點，我們在上文已經證明。當然，這麽説，絲毫没有貶低宋刻袁本在版本學、校勘學方面的價值的意思，特别是其中趙希弁摘編成的後志，因爲與二十卷本的衢本屬同一系統，我們正可以用它來校正通行的汪刻衢本的一些訛誤。有的人總認爲袁本有宋刻，而衢本則没有宋刻，殊不知宋刻衢本就在眼前。後志的收書量幾乎占整個衢本的三分之一，爲前志的三分之一强。這部「殘宋本」，正是游鈞刻本的部分翻刻本，它在版本和校勘上的價值並不低於黎安朝翻刻的前志。

第二個論據是：通行的汪刻衢本有缺簡，而袁本則是完整的。這也是某些學者認定袁優衢劣的理由之一。汪刻衢本的缺簡確實是它的主要缺點，但造成汪刻衢本這一缺點的原因是「後天」的，不能因

此而改變二本「先天」就存在的内容上的優劣之差。在衢本足本没有被發現之前，彌補這一缺憾的唯一辦法，就是像汪士鍾，黄丕烈、李富孫那樣，用經籍考、袁本以及其它衢本進行配補。配補工作成功與否，關鍵在於要證實配補的文字確實近似衢本原貌。我們不妨以汪刻衢本缺簡最集中的宋人別集部分的配補文字爲例，作一些對勘和求證。汪刻衢本卷十九別集類從張晦之集至卷末李公擇廬山奏議缺簡凡一百零九種。除晁氏新城集、汪彦章集、李公擇廬山奏議三種外，汪本均以經籍考配補。用經籍考配補的一百零六種中，有十四種見於宋刻後志。後志和衢本屬同一系統，一一對勘的結果，發現十一種的書名、卷數至解題都相吻合，只有三種稍有差異：宋庠、元絳集的標題、卷數不同，韓維詩集的解題衢本少二十一字。由此可見，汪刻衢本據經籍考配補的文字，大致是可信的。如果認爲宋刻後志所載這十四種文字近似原刻本原貌，那麽，也應該肯定汪刻配補的文字大致與原貌相去不遠。

人們往往注意到汪刻衢本有缺簡，却忽視了宋刻袁本也非足本。後志之所以不是足本，比較容易理解，這是因爲趙希弁在摘編時把其中與附志重見的三十三種以及其它三種删去了。錢大昕説：「希弁得衢本，參校爲後志二卷，以補其闕，其與希弁同者，不復重列，蓋巳非完書矣。」就是指此而言。錢氏没有注意到，後人也從未提到過，四卷的前志其實也非足本。前志卷三下醫家類著録有宋代王惟德所撰銅人腧穴針灸圖三卷，其解題云：「仁宗嘗詔惟德考次針灸之法，鑄銅人爲式。分腑臟十二經，旁注腧穴所會，刻題其名並爲圖法，並主療之術，勒刻板傳於世。夏竦爲序。明堂者，謂雷公問道，黄帝授之，故名云。」「明堂」云云以下十五字，按其文意，與王惟德此書了不相關，原來係同類明堂針灸圖一書的解題錯置於此。明堂針灸圖三卷，袁本收録在後志卷二醫家類。我們知道，袁本的前志和後志是分開刊刻的，前志刻在前，「既刊傳矣」，「繼得」衢本，然後由趙希弁摘編，再刻後志。刊刻在後的後志，其文字是不可能錯入刊刻在前的前志的。唯一的解釋只能是：在作爲前志前身的蜀刻四卷本中，明堂針灸圖三卷與銅人腧穴針灸圖三卷緊列在一起，在這種情況下，發生了以上的錯簡。無獨有偶，前志儒家類法言十三卷解題中有「皇朝司馬光集晉李軌、唐柳宗元、皇朝宋咸、吴秘注」二十字，乃後志卷二温公集注法言十三卷的解題。可以斷言，在前志的祖本蜀刻四卷本中，此兩書是和衢本一樣，緊排在一起的，而黎、趙所得之本却已遺落後者。前志究竟比它的完整的祖本殘缺多少，已無由考知。我們只能根據偶然被保留在前志中的錯簡，知道宋刻袁本前志並非足本，並非蜀刻四卷本完整的面目。

第三個論據是：既然趙希弁摘録前志未載者編成後志，那麽，前志加後志自然就應該等於衢本；與其使用晚出的衢本，不如使用宋刻的前志加後志。這是一種誤會。産生這一誤會的主要原因，是由於不了解趙希弁的摘編工作是如何進行的。趙氏摘編後志是有他的體例的。首先，如上所述，他删去了三十六種書的解題，衢本完整面目已經不復存在。後人如果要查閱讀書志著録並介紹這三十六種書的情況，只能依靠衢本。其次，凡衢本與前志同見的書，無論其書名、卷數、撰者以及解題是否存在異文，也不論衢本作了什麽性質、什麽程度的補正，趙氏均予删去。再次，趙氏在後志前抄録了「衢本目録」，在後志末編成了考異，試圖反映衢本的分類和歸類。可是，由於趙氏工作的疏略，類目標題前後乖違，歸類「考異」遺落正多，衢本分類和歸類的特點及其真實的面目並沒有得到忠實的保留。除此之外，大概由於趙氏當年急於摘編付梓，衢本中至少有三十餘種書未能編入後志，甚至不見於附志，以至後人如欲借讀書志考察這些書的情況，非賴衢本而莫得。總之，趙氏摘編後志，包括他抄録「衢本目録」，撰編考異，都是作爲一種補救手段進行的，必然帶上某些不足之處。我們只能說：趙氏的補救工作爲我們研究古籍，探索讀書志的流傳，提供了許多寶貴的資料，但是絶對不能說前志加後志就等於衢本。

還有一個問題，就是陳振孫、馬端臨他們當年是否同時看到袁、衢二本？他們如各具二本，那麽，在袁、衢二本中是否有所取舍？這個問題是清人提出來的，目的是以此作爲衢優袁劣的一條佐證。錢大昕說：「馬氏經籍考所引晁說，皆據衢本，不用袁本；當時兩本並行，而優劣自判。」如果說錢氏的說法，尚屬推理，那麽，余嘉錫從經籍考中找出了直接的内證，說明馬端臨確實同具二本。他在四庫提要辨證卷二十一宋元憲集條中說：「衢本郡齋讀書志卷十九有宋元憲集四十四卷，袁本讀書後志卷二作『緹巾集二十卷』，而晁氏所叙姓名、仕履則兩本無一字之不同。通考所引晁氏語例用衢本，故此條書名、卷數並從之，其題下附注所稱『一作湜中集二十卷』者，即指袁本言之，特誤緹巾爲湜中耳。」據此，余氏認爲：「張元濟跋謂馬氏未見袁本，非也。」

其實，當時得見讀書志二本的遠非陳、馬二人，衆所周知，袁本的刊刻者黎安朝、趙希弁就手具二本，他們之所以要刊刻後志，就是發現二十卷的衢本具有四卷的前志無法企及的優點。宋志卷二傳記類以及卷三目録類分別著録了讀書志二十卷和四卷，這説明，宋志的編者也同具二本。此外，宋末的文獻學家王應麟也同時看到了讀書志二本。玉海卷五十二，王氏著録了四卷的讀書志，而在玉海他卷以及漢藝文志考證、困學紀聞、小學紺珠、詩考等著作中，却徵引了不少二十卷本的内容。據初步鉤稽，王氏上述諸書至少引讀書志一百零七條，引文除去與二本俱同的，有十五條與前志相同，有十七條與衢本相同，其中有八條引文只載於衢本而不見於前志、後志。由此可見，王應麟即使只著録四卷本，而當他獲得二十卷本後，很自然地就發現了後者的佳勝，並加以徵引。

最後一個有必要討論的問題是清代校勘名家顧廣圻對讀書志二本的評價。顧廣圻於二本均作過校勘，他跋讀書志至少五次，跋語收録在王欣夫所編思適齋書跋卷二。有一條跋語很容易被誤解爲對衢本的否定：「丁亥冬日，粗閲一過。黄、李謷説，無非無事取鬧。至於確鑿轉寫之訛者，則又茫然莫辨也，可笑可憐而已。牛背散人書。」它是書於汪刻衢本游鈞後序之後的。所謂「黄、李」，是指黄丕烈、李富孫。「謷説」者所指謂何？是指衢本的刊校人黄、李二人對衢本的充分肯定嗎？並不是。李富孫跋云：「頃寓吳門，獲與汪閬源觀察交，觀察好古嗜書，儲藏日富，玆以顧君澗蘋所鈔衢本屬校，烏馬陶陰，錯脱處至不可讀，兼書目、别集兩類，奪去一百餘種。錢詹事養新録言，瞿君中溶購得鈔白衢本，以惜無好事者刊行之。此書近存黄蕘圃主事處，復假得讎勘。其書目類無缺葉，別集類劉中山刀筆集以下所闕正同。」此跋說曾校顧氏鈔本，而顧氏所鈔之本錯誤至不可讀。顧廣圻對李富孫此言十分惱怒，他在衢本郡齋讀書志考辨跋中提到此事：「衢本郡齋讀書志二十卷，姚應績編。世所罕見。乾隆末年，我友瞿君木夫收得舊鈔本，予從之寫其副，藏諸篋中，未嘗示人。其木夫本旋經黃丕烈借去，迨嘉慶己卯，爲汪君閬源付梓。乃有嘉興李富孫跋謂以予所鈔屬伊校，不審黃、李孰爲此言也？」顯而易見，使顧氏惱怒的，不是別的原因，而是李富孫的那段跋語。顧氏認爲，他的鈔本「藏諸篋中，未嘗示人」，李富孫何得假校？李氏之跋，無非瞎說八道，無事生非！「瞽說」者，瞎說也，所指就是這件事，與評價衢本的優劣毫無關係。

顧廣圻晚年與黃丕烈不睦，行文出語，往往雜之意氣。我們仔細推敲顧氏的幾條讀書志跋文，就不難發覺，原來黃、李二人未嘗「瞽說」，而恰恰是顧氏自己的記憶出了差錯。原來，在汪刻衢本問世之前，顧廣圻曾有兩個鈔衢本：一本爲於乾隆末年鈔自瞿中溶的，其書目類沒有缺葉，顧氏一直「藏諸篋中，未嘗示人」；另一本爲嘉慶十年鈔自袁廷檮者，書目類有缺葉，後爲汪士鐘所得，李富孫所校。顧氏在道光七年，忘記了自己在嘉慶十年曾鈔録過另一衢本。時隔二十一年，顧氏記憶或有差違，情有可原，不過，反謂黃、李「瞽說」，似乎大可不必。顧氏之跋，所指欠明。以至後人誤以爲評價衢本之語，這大概又是顧氏所未料到的。其實，顧廣圻對讀書志二本也是甲衢乙袁的。在衢本郡齋讀書志考辨跋中，他說：「今年，木夫枉過敝居，過示衢志考辨一册，論袁本之失，明衢本之善，精細詳備，誠不可不與本書并行者也。」他對瞿中溶考辨的肯定，當然就是對瞿氏所持的衢優袁劣的意見的贊同。

三、郡齋讀書志的成書過程

我們對讀書志二本的優劣有所了解之後，還必須進一步探討讀書志的成書過程，以明瞭這種差異是怎樣産生的。

要解決這個問題，關鍵是兩個：一是讀書志二本的成書時間；一是補正的二十卷本是否終成於晁公武之手。

談到讀書志成書時間，一般都認爲它成於南宋高宗紹興二十一年。其根據是衢本晁公武自序：「今三榮僻左少事，日夕躬以朱黄讎校舛誤，終篇輒撮其大旨論之……紹興二十一年元日昭德晁公武序。」明白如此，似不容致疑。

但是，在讀書志二本實録類重修哲宗實録（前志作哲宗新實録）及雜史類建炎日曆二書解題中，曾三次提到宋高宗趙構而都稱之爲「太上皇帝」。趙構之稱「太上皇帝」，是在他紹興三十二年六月禪位於孝宗後以至淳熙十四年十月去世這一段時間内。所以，這兩條解題的撰成必在孝宗時，不可能在紹興二十一年以前。

又，讀書志著録的一些書是晁公武於紹興二十一年之後才得到的。比如書類古文尚書十三卷，解題曰：「右漢孔安國以隸古定五十九篇之書。」顯然是個足本。然而足本古文尚書是晁公武於乾道年間在四川安撫制置使任上得到的。他得書後，嘗刻古文尚書於成都學宮，且撰序云：「予抵少城，作石經考異之餘，因得此古文全編於學宮，乃……仿呂氏所鏤本書丹刻諸石。」(八)序末署「乾道庚寅(六年)仲夏望日」。所云呂氏本，是呂大防刊本。呂氏刊本之全篇得於乾道年間，讀書志著録此「全編」，自然也就不可能早於乾道。

此外，讀書志著録的一些書編刊於紹興二十一年之後，晁公武得之不能早於其前。比如史評類著録宋孫甫撰唐史要論十卷，解題云：「歐陽永叔、司馬温公、蘇子瞻稱其書議論精覈，以爲舊史所不及。」孫甫著有唐史記七十五卷，並爲論九十二首。其殁後，唐史記取留禁中，世間不得而見，唯傳其論。紹興二十七年，張敦頤始刊於延平，並於卷末附司馬光跋、歐陽修行狀、蘇軾答李廌書，晁公武在解題中所説三人嘉許之語，當由睹張敦頤刊本而來，故著録此書，不得早於紹興二十七年。

又如易類著録宋劉牧鈎隱圖三卷，解題曰：「凡五十五圖，並遺事九。有歐陽永叔序，而其文殊不類。」劉牧此書，直齋書録解題卷一著録爲二卷，有黄黎獻之序，且有畧例圖。陳氏曰：「又有三衢劉敏士刻於浙右庾司者，有歐陽公序，文淺俚，決非公作，其書三卷，與前本大同小異。」卷數及所附歐陽修序，皆與晁氏解題相合。劉敏士本刻於乾道三年，今通志堂本即據此宋本翻刻，作易數鈎隱圖三卷，遺論九事一卷，亦與晁氏解題相合。可見讀書志所著録者即此刻本，此條解題之撰成，不能早於乾道三年。

前面在比較讀書志二本著録的本子時，曾經説過衢本收録本往往後出，這一類後出之本也有在乾道年間編刊者。范仲淹集，前志别集類著録爲丹陽編八卷，衢本則改易版本，作范文正公集二十卷、别集四卷。而此范文正公集並别集，最早的刊本是乾道三年饒州刊本。〔九〕讀書志衢本著録此書，亦不能早於這一年。

我們還可從讀書志解題所述及的人物事迹考其成書時代。衢本、前志别集類均著録李易安集十二卷，其述李清照生平云：「後適張汝舟，不終晚節。流落江湖間以卒。」（前志無「後適張汝舟不終」七字）李清照之卒年，學界雖有爭議，但均以爲在紹興二十一年之後。據陸游夫人孫氏墓誌銘云：「夫人幼有淑賢，故趙建康明誠之配李氏，以文辭名家，欲以其學傳夫人。時夫人始十餘歲，謝不可。……紹熙四年……七月辛巳疾終於官舍……享年五十有三。」〔一〇〕按此上推，即以最低之十一歲估計，至少紹興二十二年，李清照尚未「流落江湖間以卒」。晁公武之族父晁補之與李清照之父李格非同出蘇軾門下，李清照金石録後序中謂「到臺，臺守已遁」之「臺守」即晁公武之堂弟、晁補之之子晁公爲。讀書志之述李清照生平，是確鑿可信的。成書於紹興二十一年的讀書志不可能記載李清照之死，所以，此條必成於紹興二十二之後。

讀書志二本確切的成書時間，我們可以結合晁公武的生平仕履，大致框定一個范圍。

四卷本讀書志前有杜鵬舉序：「先生姓晁氏，名公武，校井氏書爲讀書志凡四卷。鵬舉作邑峨下，望先生滄州之居，鷄犬相聞，暇即問奇字於古松流水之間。一日叩以此書，忻然相付。先生博物洽聞，雅稱海内。孰知萬籍樓中，先生所得蓋已超出文字，而此筌蹄尚足爲貧子之光，因廣其傳。」序文清楚地表明了四卷本的成書和刊行是在晁公武生前。

杜鵬舉序還透露了晁公武忻然相付讀書志之時，正賦閑在家。綜觀晁公武仕履，可以大致考得其時限。隆興元年之前，可置之不論，隆興之後，晁公武仕宦通達，歷任右正言、殿中待御史。乾道元年，徙户部侍郎。三年，爲利州路安撫使。四年，以敷文閣待制爲四川安撫制置使，又兼知興元府。直至乾道六年，移知揚州；七年，又知潭州。是年五月除臨安少尹，旋以與判官不合而罷，累官吏部侍郎。晚年退居四川嘉定府符文鄉。從晁氏仕履看，他得以與杜鵬舉優游於峨眉山下、古松流水之間，唯有在乾道七年罷退之後。所以，四卷的讀書志大約撰成並刊刻於乾道七年至淳熙十一年之間。〔一〕

由姚應績編定的二十卷本讀書志，其成書當在四卷本之後，它也保留了對趙構的「太上皇帝」之稱，故其刊刻的時限，當不會遲於淳熙十四年。

總之，讀書志二本撰成並刊行不是在紹興二十一年，而是在孝宗時。衢本自序所署之年日祗能表明讀書志之初創。王重民先生認爲，晁公武在守榮州時開始編纂讀書志〔三〕，這是非常正確的。當時，晁公武剛獲得井度的贈書，且守官「僻左」，正天予暇晷，得以埋首羣籍，日夕丹黄校讎，斟酌品第於其間。讀書志之初具規模，確實在此期間。至於一書終成刊刻之時保留初創時序跋的署時不予更動，這樣的例子，在古人著作中屢見不鮮，不足爲怪。

如果我們把孝宗時期晁公武手自編定、由杜鵬舉刊刻的四卷本讀書志稱爲「初刊本」，那麼，不妨就把由姚應績編定的二十卷本讀書志稱爲「補正本」。

「初刊本」出自晁公武之手殆無問題，「補正本」雖由姚應績編定，但其補正的內容是否出自晁氏手呢？我們認爲是的，至少可以説主要是出自晁公武之手。

證據之一，是衢本解題（補正的部分）中有大量的晁公武自稱。讀書志行文往往用「予」、「公武」等第一人稱，這是私家藏書目録在文字上的一個共同的特點。據粗畧的統計，二本用第一人稱凡四十五處：同見衢本、前志者十三處；同見衢本、後志者六處；唯見前志者二處；唯見衢本者二十四處。如果承認同見二本和唯見前志者出晁公武自稱，那麼，就没有理由懷疑唯見衢本和同見衢本、後志者也是晁公武自稱。此外，如稱晁子健爲侄（儒家類潛虚），稱晁公遡爲弟（釋書類金剛經會解），謂晁沖之具茨集爲「先君子詩集也」，等等，也都是非晁公武莫能稱者。

證據之二，是晁公武據以補正的藏書中有大量的書是他南渡後的收藏。按理説，晁公武有無收藏，與他能否補正讀書志，並没有什麽必然的聯繫。晁氏即使據井度贈書，也可以繼續修訂讀書志的初刊本。但前志的自序中有這麽一段話：「自中原無事時已有火厄，及兵戈之後，尺素不存也。」而在衢本自序中却又説，他得井度之書「凡五十篋，合吾家舊藏，除其復重，得二萬四千五百卷有奇」。二語牴牾，前人遂以此爲據，謂衢本自序乃姚應績僞托。也就是説，前志四卷乃晁氏自撰，著録乃井度之書，後志二卷乃姚應績所撰，著録乃姚氏之書；姚氏僞稱「合吾家舊藏」，將其所著充晁氏之作。但是，晁公武乃好學嗜書之士，稱勝海内的故家藏書即使盡付兵燹火厄，南渡之後，迄至孝宗乾道、淳熙間，難道就不能經營搜訪？況且，他寓居之嘉定，游宦之臨安、供職之成都，均爲天下刻書重地；其交游之友朋、同朝之士流、同姓之諸晁，又多爲癖古好奇之徒，積四、五十年冥搜苦索之功，晁氏之收藏插架也未嘗不斐然可觀了。憑依這些陸續得手的藏書，他正可以對讀書志進行不斷的補正。至於所謂「尺素不存」的「舊藏」，乃與井氏贈書相對而言，指的是他自己的藏書。衢本别集類收録了晁氏五世祖晁迥的著述五種。解題中説：「自經兵亂，六世圖書焚棄無孑遺。法藏碎金世傳最廣，先得之於趙郡蘇符，昭德新編則得之於丹稜李燾，道院别集則得之於知閬州王輔，耄智餘書則得之於眉山程敦厚，理樞則得之於澠池集中。」晁公武收藏的祖先的著作也未能幸免兵火之劫，可以想見，入蜀之初，他的家藏確乎損失殆盡。此其一。但是，耽好典籍的晁公武在南渡之後，却又不斷地有所收藏，他在與一批學有淵源的士大夫的交往中，相與摩挲卷帙，訪録畀貽，所聞漸廣，所得也漸多。此其二。他得書有先有後，先得者著入目，後得者又補充入目，不斷收書的過程，就是對讀書志進行不斷補正的過程。前志别集類收録晁迥著作，僅法藏碎金録、道院别集兩種，此是其先得者，衢本補入的昭德新編等三種，便是其後得者。此其三。井氏之書與晁氏之書並不以前志、後志作爲區分。如法藏碎金録等二書均見於前志，而它們無疑是晁氏之書。可見試圖劃分前志、後志所據書不同，從而印證對前志進行補正的後志非晁公武所撰、乃姚應績僞托，純屬臆説。此其四。我們應該確認衢本自序是可信的，補正工作確實出自晁公武之手。

證據之三，在補正的解題中，還有大量晁公武校讎諸書的記載。昭德諸晁之收藏，以校讎精良著稱。晁公武收書不止，校書也從未中輟。每一書重讀復校之後，時有創獲，他又往往對原解題進行補正，或者乾脆重寫。我們只須細讀二本讀書志，就不難發現，凡是二本解題差異較大而衢本補正較多之書，往往正是作者又化工夫重校過的。衢本小學類方言解題説：「予傳本於蜀中，後用國子監刊行本校之，多所是正。其異者兩存之。然監本以『鶖』爲『秋侯』，以『叜』爲『更』，引傳『糊其口於四方』，作『糊予口』，未必盡得也。」此段文字不見前志，顯然因爲當時尚未及作此校讎。法家類管子一書解題，前志僅五十餘字，連其作注者究竟是房玄齡還是尹知章，也謂「未詳」。衢本解題不僅内容豐富，長達二百七十餘字，而且對正文、注文都有了較深刻的理解，作者還頗動感情地發了一通論管子一書價值的議論。這段解題完全重新改寫，而之所以能重寫，正因爲他對它作了校讀，曾「是正其文字而辨其音訓」。這一類的例子比較多，如雜史類金鑾密記、儒家類太玄經、别集類沈亞之集等，不贅。這些例子均説明補正的文字正是出自晁公武這位校讎者之手。

證據之四，盡管目前存世的可確認爲係晁公武所撰的文字是那麼少，但是，在這些零章殘篇之中仍不乏可資印證者，可以説明補正的文字乃出晁公武之手。乾道六年晁公武爲四川安撫制置使時，嘗刻其所撰石經考異和所得古文尚書於石，置成都學宫。同時他還寫了石經考異序與古文尚書序。石刻早已不存，兩篇序文却賴范成大的石經始末記，被完整地保存了下來。范成大於淳熙元年，繼晁公武之後，任四川安撫制置使，所録當是可信的。我們如果把石經考異序和衢本有關解題的補正文字對比一下，就會發現，從行文到舉例，都若出一人之手。比如，談到石經尚書，序曰：「跡其文理，雖石本多誤，如尚書禹貢篇『夢土作乂。』」衢本石經尚書（按前志、後志均未收録）解題在言及石本、監本異同時，也舉了這個例子：「以監本校之，禹貢云『土夢作乂』，倒『土』、『夢』字。」又如序云：「左氏傳不志何人書，而『祥』字闕其畫，亦必爲蜀人所書。」衢本石經左氏傳（按前志、後志未收録）解題也舉此考其書手：「右不題所書人姓氏……而闕『祥』字，當是孟知祥僭位後刊石也。」再如序在論及石經論語與監本論語異文時，舉了兩個例子：「論語述而篇『舉一隅而示之』，衛靈公篇『敬其事而後食其禄』之類，未知孰是。」衢本石經論語（按前志、後志亦未收録）解題恰恰也舉此二例：「其文脱兩字，誤一字。又述而第七『舉一隅』下有『而示之』三字……衛靈公第十五『敬其事而後其食』作『後食其禄』。」在序末例舉諸經異同後，説明撰寫考異的原則：「此不敢決以臆，姑兩存焉。」同樣，在衢本著録諸經的第一種石經周易（按前志、後志亦未收録）解題中，也有説明：「……而無他本訂正，姑兩存焉。」以監本與石經對勘，數晁公武爲最早，以上文字無處轉抄過録，必出晁氏自撰。他在撰成考異之後，將其所考，約其文載入讀書志，對它進行了補正，這就成了今天我們衹能藉衢本才能睹及的以上文字。

以上四方面的證據，都説明了補正讀書志的工作是由晁公武完成的，至少可以説，主要是由晁公武完成的。

在明瞭了讀書志二本成書時間以及其補正工作出晁公武之手之後，我們不妨對讀書志的成書過程作一個簡單的勾勒。

晁公武大約於宋徽宗崇寧年間，出生在一門著名的文獻世家。他求知十分勤奮，涉獵也很廣博，爲學不主一家，在宋人中，其學識可與二洪（适、邁）、王應麟相頡頏。

靖康兵亂，晁公武攜家入蜀，寓居嘉定。其家藏書於中原無事之時已遭火厄，後復被兵燹，遂喪失殆盡，但非「尺素不存」。

高宗紹興二年，晁公武舉進士。十四年四月之前，爲四川轉運副使井度屬官。井度，字憲孟，南陽人，嗜書善藏，編有會解楞嚴經、分燈集、禪苑瑶林等書，主持刊印了著名的「眉山七史」。井氏收書、編書、刊書均可能有晁公武參與。二人氣誼相投，契分遂深。井氏罷官後居廬山之下，臨終前將二十年之儲藏，贈予晁氏。井度的贈書成了晁公武撰寫讀書志的主要憑據，但並非唯一的憑據。

紹興二十一年之前，晁公武歷知合、恭二州之後，移知榮州。當時晁公武年近五十，學問已經趨於成熟，其任僻左少事，遂開始讀書志之寫作。他寫作比較認真。有的書還經過校勘，最後方才撰寫解題。起初，他所撰解題，每篇各別分置，並不貫聯。這就是爲什麽在讀書志中，特別是前志中，會有那麽些書重見復出、解題文字也頗見復沓的緣故。單篇的解題積累到一定的數量，讀書志就初具規模了。晁公武做了初步的編集工作，並於紹興二十一年元日寫了自序。這就是讀書志的雛型，當時並沒有刊行，不妨稱爲「未刊稿」。

紹興三十一年五月，晁公武入爲監察御史。之後仕宦顯達，至孝宗乾道二年，一直供職臨安。嘗身入館閣，得窺中秘典籍，又廣交簪纓，飽聞當朝史實。這都是日後他繼續撰寫、補正讀書志的良好條件。

乾道二年，晁公武出爲利州路安撫使，繼之兼知成都府，爲四川安撫制置使。後又移知揚州、潭州。乾道七年五月，任臨安少尹，未幾即罷，最後以吏部侍郎休致。

晁公武罷退之後，得以優游於峨眉山下，有了充裕的時間，遂重拾舊業，對未刊稿進行董理。這時，作邑相望的門人杜鵬舉聞這位「博物洽聞，雅稱海內」的晁先生有此著作，遂求得此書，刊行於世。這就是四卷的蜀刻讀書志，姑稱之爲「初刊本」。此初刊本刊刻於孝宗淳熙七年至十一年之間。

初刊本比較粗糙，不够完善。刊行之後，晁公武親自對它進行了大量的補正。對既得而未及撰寫解題的圖書，晁氏繼續撰寫解題；對初刊本成書後新得之書，晁氏將它們補編入目；對已經撰就而感到不够完善的解題，晁氏則加以修訂；對原來著録的殘本或比較早期的本子，晁氏則用後得的足本或晚出的、卷帙增多的本子作了更换；此外，晁氏還補撰了不少小序，對讀書志作了一部分重新編排組織工作，如增設新的類目，調整某些不合理歸類和編次等。不過，看來晁公武没有看到它的結集刊行就去世了。最後的編輯刊刻工作是由其門人姚應績完成的。這個由姚應績編刊的二十卷本是作者對初刊本進行大量精心補正後成書的。可以稱之爲「補正本」，是讀書志的終成形態，與初刊本相比，顯得更完善，更豐富，也具有更高的學術價值。

補正本編刊於孝宗淳熙十四年之前，就是蜀刻二十卷本。因爲游鈞所刊衢本，保留了趙構「太上皇帝」之稱，故其又爲衢本的祖本。衢本淵源有自，一旦流布，即爲士林所重。王應麟、馬端臨等人於二本即有優劣取舍。即使同時在袁州翻刻初刊本的黎安朝、趙希弁，在他們得到衢本之後，也知其佳勝，於是繼刊前志之後，再編後志。可惜，趙氏編例失當，加之工作粗疏，以致没有能如實重現補正本之舊觀。前志加後志並不等於衢本，更不能取代衢本。但是，在版本學和校勘學的意義上，湮没數百年後重新出世的宋版前志和後志，其價值都是不容忽視的。

現今流通的汪刻衢本以及由汪刻而生的王先謙刊本等，均有這樣或那樣的缺憾，前人雖然對此作了一些校補工作，但終因無緣得見南宋淳祐初刻袁本二志，校補工作尚不够完善。鑒於讀書志在古代書目中的地位，鑒於讀書志二本優劣自有區別，僅據影印的南宋袁本無法窺及讀書志真正的終成的面目，所以有必要整理出一部比較完善的讀書志。整理方法，宜以衢本爲底本，校以前志、後志、經籍考等，是可謂新「合校本」。在新「合校本」尚未問世之前，參考、徵引讀書志，應該注意同時查閱二本。

〔一〕分別收入四部叢刊三編、續古逸叢書和萬有文庫。

〔二〕十駕齋養新録卷一四。

〔三〕元豐類稿卷一一。

〔四〕四庫提要辨證卷二一宋元憲集。

〔五〕二酉綴遺卷中。

〔六〕四庫提要辨正卷二〇曹植集。

〔七〕盧文弨羣書拾補經籍考拾補序。

〔八〕見全蜀藝文志卷三六上范成大石經始末記所引。

〔九〕見陸心源儀顧堂集卷二〇宋版范文正集跋。

〔一〇〕渭南文集卷三五。

〔一一〕晁公武卒年俟考。據嘉慶四川通志卷四六輿地冢墓、嘉定府志卷三六流寓，晁氏墓誌銘乃李燾所撰。樂山縣志卷五建置志冢墓説清代有人曾看到李燾所書墓誌，但縣志没有記録下墓誌的内容。現在所能看到的墓志片斷，載于李心傳建炎以來繫年要録卷一五六。李燾卒於孝宗淳熙十一年，所以，晁氏卒年當在淳熙十一年之前。

〔一三〕圖書館一九六三年第四期郡齋讀書志與直齋書錄解題。

（原載《文史》第二十輯）

郡齋讀書志校證索引

王立翔 編

書名索引

編　　例

一、本索引依據《郡齋讀書志校證》(包括趙希弁《讀書附志》)所列書名，按四角號碼檢字法編排。

二、原題中同一條目内有若干書名而分别獨立成書者，第一書名以後分别立條。如：

石經周易、周易指畧例

一/2

周易指畧例

一/2

屬撰寫時因前題而省略之書名，獨立列目時，俱予補足其被省略之字，並加方括號以示區别。如：

王安石注老子、王雱注、吕惠卿注、陸佃注、劉仲平注

十一/636

王雱注〔老子〕

十一/636

以下吕書、陸書、劉書同。

三、原題書名下有若干附屬部分者，如續集、外集、後集、别集、附録等，不再另立條目。

四、異書同名者，在書名旁加注著者名以示區别。

五、書名下所列數碼，斜綫之左表示卷數，斜綫之右表示該條目

在本書中的編號。如：

尚書

一/55

《讀書附志》分卷上、卷下兩個部分，分別簡稱作“附上”、“附下”。如：

石經周易

附上/1497

0010_4 童

17 童子洽聞記

十四/915

0021_1 鹿

44 鹿革文類

十三/745

鹿革事類、鹿革文類

十三/745

0021_4 麈

50 麈史

附上/1707

雍

77 雍陶詩

十八/1250

産

30 産寳

十五/1023

離

77 離騷章句

附下/1761

離騷草木疏

附下/1762

0021_7 亢

80 亢倉子

十一/652

廬

22 廬山記

八/471

0022_2 廖

67 廖明略竹林集

十九/1392

0022_3 齊

77 齊民要術

十二/692

0022_7 高

11 高麗詩

二十/1486

27 高象先歌

十六/1084

28 高僧傳

九/549

30 高適集、集外文、

別詩
十七/1195
高宗寶訓
附上/1730
40 高士傳
九/508
72 高氏小史
六/318

商

17 商子
十一/661

方

00 方言
四/207
10 方干詩集
十八/1287
方輿勝覽、後集、
續集
附上/1654

育

73 育駿方
十五/988

帝

10 帝王歷紀譜
三/169
帝王鏡略
五/269
77 帝學
十/621
88 帝範
十/612

0023₁應

77 應用算
十五/971

0023₇庚

00 庚衮保聚圖
十四/888
20 庚信集
十七/1166

0024₇度

80 度人經
十六/1039

0026₇唐

00 唐彥謙鹿門詩
十八/1273
唐高宗實録
六/284
唐高祖實録
六/282
唐文宗實録
六/296
唐文類
二十/1483
唐玄宗實録
六/288
唐六典
七/422
01 唐語林
十三/746
08 唐論
附上/1603
10 唐百家詩選
二十/1467
13 唐武宗實録
六/297
17 唐子西集
十九/1395
21 唐順宗實録
六/292
唐睿宗實録
六/287
22 唐制舉科目圖
九/524
23 唐代宗實録
六/290
24 唐德宗實録
六/291
26 唐穆宗實録
六/294

28 唐鱠
附上/1717
30 唐憲宗實録
六/293
唐宋科名分定録
九/535
唐宋類詩
二十/1466
40 唐太宗實録
六/283
44 唐藏經音義
四/228
48 唐敬宗實録
六/295
50 唐中宗實録
六/286
唐史評
七/421
唐史論斷
附上/1602
唐史要論
七/407
唐史屬辭
十四/949
唐肅宗實録
六/289
唐書
五/256
唐書辨證
七/415
唐書音訓
七/405
唐書音義
七/406
唐書新例須知
七/404
唐書直筆
七/403
唐末汎聞録
六/345
62 唐則天實録
六/285
63 唐賦
二十/1464
67 唐明皇注孝經
三/173
71 唐曆
五/264
72 唐氏字説解
四/231
77 唐月令
二/97
唐賢絶句
附下/1959
80 唐會要
十四/920
88 唐鑑
七/408
唐餘録
六/344

0028_6 廣

06 廣韻
四/212
12 廣弘明集
十六/1143
40 廣古今五行志
十四/840

0033_1 忘

10 忘憂集
十五/983
90 忘懷録
十二/717

0033_6 意

44 意林
十二/679

0040_0 文

00 文章緣起
附上/1712
23 文編
十七/1198
30 文房四譜
十四/932
文房圖贊

附上/1733
33 文心雕龍
二十/1488
37 文潞公私記
九/545
文選著作人名
九/563
41 文標集
附下/1776
44 文苑英華
附下/1892
46 文如海莊子疏
十一/647
77 文與可丹淵集
十九/1368
90 文粹
二十/1453

0040_6章

50 章忠恪奉使金國語録
附上/1651
72 章氏太玄經注、疏
十/594

0044_1辨

10 辨正論
十六/1132
40 辨志録
附上/1702

0068_2該

77 該聞録
十三/777

0073_2玄

09 玄談經
十四/847
16 玄聖蘧廬
十六/1136
27 玄綱、神仙可學論、形神可固論
附下/1944
97 玄怪録
十三/730

襄

76 襄陽耆舊記
九/507

褒

80 褒善録
十三/807

衣

77 衣冠嘉話
十三/805

0080_0六

08 六説
四/197
20 六壬課鈐
十四/858
六壬要訣
十四/857
37 六祖經要
四/201—2
六祖解心經
十六/1111
六祖解金剛經
十六/1108
六祖壇經
十六/1139
41 六帖
十四/908
42 六韜
十四/873
47 六朝國朝會要
十四/923
77 六問算法
十五/970

0091_4雜

00 雜文章
二十/1452

0090_6京

30 京房易傳
一/10

0121_1 龍

12 龍飛日曆
六/350
21 龍虎通元要訣
十六/1079
22 龍川畧志、龍川別志
十三/785
龍川別志
十三/785
31 龍江志
附上/1638
32 龍溪先生文集
附下/1820
44 龍樹眼論
十五/1024
80 龍龕手鏡
四/224

0128_6 顔

26 顔吳范司馬無逸説命解
一/70
40 顔真卿文
十七/1187

0164_6 譚

30 譚賓録
十三/761
87 譚録
附下/1869

0180_1 龔

71 龔原注易
一/45

0261_8 證

78 證墜簡
一/22
91 證類本草
十五/1014

0280_0 刻

37 刻漏圖
十三/837

0292_1 新

00 新序
十/602
新唐書
五/257
21 新經毛詩義
二/81
新經周禮義
二/104
新經尚書義
一/67
27 新御史臺記
七/431
50 新書
十/588

0364_0 試

44 試茶録
十二/706

0365_0 誠

00 誠齋易傳
附上/1514

0460_0 謝

50 謝惠連集
十七/1162
61 謝顯道論語解
四/188
72 謝朓集
十七/1161

0464_1 詩

00 詩序辨説
附上/1528
02 詩話
附上/1696
08 詩譜
二/78

20 詩集傳、詩序辨說
附上/1528
60 詩品
附下/1765
67 詩眼
十三/828

0466_4諸

21 諸儒鳴道集
附下/1898
44 諸葛忠武侯傳
附上/1660
67 諸路將官通用敕
八/460

0468_6讀

50 讀史明辯
附上/1597
讀史管見
附上/1596

0512_7靖

00 靖康傳信録
附上/1590
60 靖國續燈録
十六/1122

0569_6諫

41 諫垣集
十九/1353

0712_0翊

16 翊聖保德傳
九/515

0733_8戆

44 戆草
附下/1839

0742_7郭

10 郭元振安邊策
十四/890
27 郭象注莊子
十一/645

郊

00 郊廟禮文
二/105

0761_3讒

50 讒書
十八/1294

0761_7記

30 記室新書
十四/910

0821_2施

30 施肩吾西山集
十八/1242

0828_1旋

44 旋棊格
十五/981

0861_6說

00 說文解字
四/208
說文解字韻譜
四/209
說玄
十/591
附下/1942
35 說神集
十三/819
44 說苑
十/603

0862_7論

01 論語意原
附下/1927
論語註義問答通釋
附上/1548
論語說、孟子說
附上/1547
論語正義

四/181
論語集註、孟子集註
附上/1546
論語集程氏説、孟子集程氏説
附下/1926
論語解、孟子解
附上/1544
論語直解
附上/1542
論語筆解
附上/1541
論語精義、孟子精義
附上/1545
10 論五經疑難新説
附下/1888
21 論衡
十二/674

0864_0 許

23 許允成解孟子
十/583
37 許渾丁卯集
十八/1248
40 許右丞襄陵文集、詩、行狀
附下/1784
50 許表民詩
十九/1436

0925_9 麟

40 麟臺故事
七/441

1010_0 二

10 二王帖
附下/1911
二五君臣論
附上/1519
二百家事類
十三/812
40 二十先生西銘解義
附下/1884
49 二妙集
附下/1961

1010_1 三

22 三山張先生質言
附下/1836
25 三傳分門事類
附上/1540
35 三禮圖
二/98
三禮義宗
二/92
40 三十二家相書
十四/860
三十家注老子
十一/631
44 三墳書
四/201-1

三蘇先生年譜
附上/1676
47 三朝北盟集編、集補
附上/1583
三朝聖政録
六/353
三朝國朝會要
十四/922
三朝國史
五/260
48 三教珠英
十四/913
53 三輔黄圖
八/479
60 三國志
五/246
三國志精語
附上/1567
三國圖格、金龍戲格、打馬格、旋棊格
十五/981
三國人物論
七/420
72 三劉漢書
七/411

正

44 正蒙書
十/620

1010_3 玉

22 玉山先生表奏
附下/1823
26 玉皇聖胎神用訣
十六/1065
玉皇本行集經
附上/1744
34 玉池先生文集
附下/1814
40 玉臺新詠
二/127
玉臺後集
二/128
玉壺清話
十三/804
44 玉芝書
十六/1087
玉英集
十六/1119
77 玉關歌
十四/859
88 玉篇
四/211
90 玉堂雜記
附上/1609
玉堂類稾
附下/1848

1010_4 王

00 王文正公言行録
九/542
10 王元之小畜集
十九/1322
王元澤注莊子
十一/649
王元澤口義
四/184
王雱解孟子
十/583
王雱注〔老子〕
十一/636
15 王建詩
十七/1213
17 王弼周易
一/1
王子年拾遺記
九/510
20 王維集
十七/1182
24 王岐公華陽集
附下/1785
王德輿詩
十八/1289

25 王績東皋子集
十七/1169
26 王魏公遺事
九/541
27 王粲集
十七/1153
王叔和脈經
十五/998
30 王安石解孟子、
王雱解孟子、
許允成解孟子
十/583
王安石注老子、
王雱注、呂惠
卿注、陸佃注、
劉仲平注
十一/636
36 王湜易學
一/51
37 王逢易傳
一/35
42 王荆公詩註
附下/1800
王晳注孫子
十四/880
44 王勃集
十七/1171
60 王昌齡詩
十七/1184
72 王氏雜説
十二/689
王氏洪範傳
一/63
王氏神仙傳
九/548
王氏博濟方
十五/1030
王氏春秋
三/159
王氏日録
六/364
77 王履道初寮集、
內制、外制
十九/1409
80 王介甫論語解、
王元澤口義、
陳用之論語
四/184
王介甫孝經解
三/175
王介甫易義、龔
原注易、耿南
仲注易
一/45
王介甫臨川集
十九/1363
王令論語
四/183

至

38 至道雲南録
七/391

1010_7 五

00 五音地理新書
十四/848
五音會元圖
二/124
21 五行統例
十四/847
22 五峯先生文集
附下/1824
五峯先生知言
附下/1879
23 五代新説
六/317
五代名畫補遺
十五/957
五代補録
六/346
五代通録
五/270
五代史
五/258
五代史記
五/259
五代史闕文

六/336
五代史纂誤
七/416
五代春秋
附上/1573
五代會要
十四/921
71 五臣解孟子
十/579
五臣注文選
二十/1451
80 五命秘訣
十四/855

1010_8 靈

00 靈應後集
附上/1649
27 靈龜經
十四/864
31 靈源銘
十六/1086
32 靈溪集
附下/1777
41 靈樞經
十五/991
44 靈苑方
十五/1029
靈棊經
十四/869

1017_7 雪

00 雪齋居士文集
附下/1845
30 雪竇頌古
十六/1125

1020_0 丁

10 丁晉公集
十九/1333
24 丁德用注難經
十五/993
50 丁未録
附上/1582

1021_1 元

17 元子、琦玗子、文編
十七/1198
21 元經
十/611
22 元豐廣案
八/459
元豐斷例
八/458
24 元稹長慶集、外集
十八/1235
26 元和姓纂
九/556
元和朋黨録
六/338
27 元包
一/16
36 元澤先生文集
附下/1817
43 元城先生語録、譚録、道護録
附下/1869
72 元氏集
十九/1369
88 元符庚辰以來詔旨
六/311

1022_7 兩

34 兩漢博議
附上/1601
兩漢博聞
七/410
兩漢蒙求、唐史屬辭、南北史蒙求
十四/949
47 兩朝獻替記
六/329
兩朝國史
五/261

77 兩同書
十二/687

1024_7夏

00 夏文莊集
十九/1343
60 夏國樞要
七/396

1030_7零

74 零陵記
八/493

1040_0干

37 干禄字書
四/215

于

13 于武陵詩
十八/1268
37 于湖居士文集
附下/1843

耳

60 耳目記
六/341

1040_9平

26 平泉詩
十八/1252
平泉草木記
十二/713

1043_0天

10 天元玉策
十五/1002
16 天聖廣燈録
十六/1120
天聖編敕
八/457
27 天象賦
附下/1943
天象分野圖
十三/834
34 天蓬神呪
十六/1053
40 天真皇人九仙經
十六/1072
42 天機子
十一/656
71 天厨禁臠
二十/1496
72 天隱子
十六/1057

1050_3戛

10 戛玉前集、後集
附下/1900

1060_0西

00 西京雜記
六/316
10 西夏須知
七/387
22 西崑酬唱集
二十/1465
西山十二真君傳
附上/1746
34 西漢文類
二十/1481
西漢發揮
七/419
西漢刊誤、東漢刊誤
附上/1564
西漢總類
附上/1716
西漢補注
附上/1566
西漢補遺
附上/1565
西漢鑑
附上/1600
40 西塘先生文集
附下/1816
西李文正公談録
九/528

43 西域志
七/394
50 西掖集
十九/1359
60 西昇經
十五/1044

石

10 石晉陷蕃記
七/397
21 石經論語
四/179
附上/1506
石經孟子
十/577
附上/1508
石經爾雅
附上/1509
石經毛詩
二/75
附上/1499
石經儀禮
附上/1501
石經禮記
二/90
附上/1502
石經左氏傳
三/133
石經孝經
附上/1507
石經穀梁
附上/1505
石經穀梁傳
三/137
石經春秋
附上/1503
石經周禮
二/87
附上/1500
石經周易
附上/1497
石經周易、周易指畧例
一/2
石經公羊
附上/1504
石經公羊傳
三/135
石經尚書
一/56
附上/1498
30 石室先生百論
附下/1837
60 石曼卿集
十九/1421

百

22 百將傳
十四/897
附上/1659
30 百家孟子解
十/582
百官公卿表
七/439
34 百法論
十六/1130
50 百中經
十三/838
75 百體書千文
附上/1554

酉

76 酉陽雜俎、續酉陽雜俎
十三/736

1060_1 晉

50 晉書
五/247
晉書指掌
七/414
晉春秋
附上/1571
80 晉公談録
六/334

1060_3 雷

80 雷公炮炙
十五/1001

1073₁雲

00 雲齋廣録
十三/817
27 雲壑隱居集、浩歌集
附下/1860
28 雲谿友議
十三/760
40 雲臺編
二十/1473
雲臺編、宜陽外編
十八/1276
雲南行紀
七/389
雲南志
七/390
88 雲笈七籤
十六/1059

1080₆賈

10 賈至集
十七/1196
27 賈島長江集
十八/1307
72 賈氏談録
十三/773

1090₁示

77 示兒編前後集
附上/1709

1111₀北

00 北齊書
五/253
34 北遼遺事
七/385
38 北海先生文集
附下/1821
44 北夢瑣言
十三/770
北苑拾遺
十二/704
50 北史
六/315
60 北里志
十三/765
90 北堂書鈔
十四/904

1111₁非

60 非國語
三/166

1111₇甄

10 甄正論
十六/1134

1118₆項

72 項氏家說、附録
附上/1705

1120₇琴

88 琴筌
二/130

1121₁麗

62 麗則集
二十/1456
95 麗情集
十三/816

1123₂張

00 張文定玉堂集
附下/1783
張文潛柯山集
十九/1388
08 張鷟龍筋鳳髓判
十七/1189
張說集
十七/1179
12 張登集
十八/1233
17 張弼易

一/46
張子太極解義
附下/1883
20 張乖崖集
十九/1327
21 張師黯集
十九/1321
張紫微帖
附下/1913
26 張魏公帖
附下/1920
30 張宣公帖
附下/1921
32 張浮休使遼録
七/383
張浮休畫墁集、奏議
十九/1385
34 張湛注列子
十一/643
張祜詩
十八/1266
40 張九齡曲江集
十七/1181
44 張華集
十七/1156
張横渠崇文集
十九/1376
張横渠注尉繚子
十四/886
50 張忠文奏議
附下/1918
張忠文公節義録
附上/1670
張忠定公語録
九/527
53 張蠙詩
十八/1295
68 張晦之集
十九/1336
張晦之洪範解
一/62
74 張隨注參同契
十六/1062
80 張無盡集
十九/1407
88 張籍詩集
十七/1228
90 張少愚白雲集
十九/1366

1171_1琵

11 琵琶故事
二/119

1173_2裴

08 裴説詩
十八/1285

1210_8登

24 登科記
九/523
40 登真隱訣
十六/1054

1212_7瑞

76 瑞陽志、縣志
附志/1640

1217_4瑶

37 瑶池新集
二十/1475

1220_0列

17 列子
附上/1681
列子釋文
十一/644
附下/1941
22 列仙傳
九/546
30 列宿圖、天象分野圖
十三/834

1223_0水

21 水經
八/468
33 水心先生文集
附下/1829
88 水簾詩集
附上/1646

弘

67 弘明集
十六/1142

1240_0刑

20 刑統
八/454
刑統賦
八/462

1240_1延

10 延平先生答問
附下/1872
40 延壽經
十六/1064

1241_0孔

07 孔毅父詩戲
附下/1801
17 孔子編年
九/512
孔子家語
四/194
20 孔稚珪集
附下/1764
32 孔叢子
十二/672
附上/1682
72 孔氏雜説
附上/1694
孔氏雜説記
十三/783
孔氏談苑
附上/1693

1242_2形

35 形神可固論
附下/1944

1249_3孫

00 孫文懿集
十九/1341
34 孫漢公集
十九/1332
40 孫樵經緯集
十八/1264
44 孫莘老奏議
十九/1445
孫莘老尚書解
一/66
60 孫晟文集
十八/1302
67 孫明復睢陽子集
十九/1355
77 孫賢良進卷
十九/1378
87 孫郃文纂
十八/1282
90 孫光憲鞏湖編玩
十八/1299
孫尚秘寶
十五/1037
孫尚書大全集
附下/1797

1314_0武

10 武元衡臨淮集
十七/1215
21 武經聖畧
十四/895
武經總要
十四/896
27 武侯十六策
十四/887
60 武昌志
附下/1952
74 武陵法帖
四/237

1345_0職

00 職方乘、後集

附上/1623
職方機要
八/480
30 職官記
附下/1946
職官分紀
附上/1605
31 職源
附上/1606
44 職林
十四/926

1412_1 琦

11 琦玕子
十七/1198

1464_7 破

77 破邪論
十六/1133

1519_0 珠

44 珠英學士集
二十/1455

1540_0 建

00 建康實録
六/298
建康志、續志
附上/1624
30 建安茶録
十二/703
77 建隆遺事
六/348
90 建炎以來中興繫年要録
附上/1584
建炎進退志總叙
附上/1591
建炎日曆
六/335
建炎時政記
附上/1592

1610_4 聖

27 聖紹堯章集
二十/1471
30 聖濟經
十五/1005
聖宋文粹
二十/1477
聖宋茶論
十二/709
聖宋掇遺
六/351
47 聖朝名畫評
十五/960

1611_4 理

30 理窟
十/625
41 理樞
十九/1324

1625_6 彈

44 彈棊經
十五/977

1626_1 碧

10 碧雲詩
十八/1311
碧雲騢
六/359
20 碧雞漫志
附下/1831
22 碧崖詩集
附下/1862
碧巖集
十六/1127

1661_0 硯

08 硯譜
十四/937

1710_7 孟

07 孟郊詩集
十七/1225
17 孟子音義
十/576

孟子説
附上/1547
孟子集註
附上/1546
孟子集程氏説
附下/1926
孟子解(張九成)
附上/1544
孟子解(尹焞)
附上/1543
孟子精義
附上/1545
34 孟浩然詩
十七/1190
37 孟遲詩
十八/1259

1712₇鄧

42 鄧析子
十一/663

1716₄珞

17 珞琭子三命
十四/851
珞琭子疏
十四/852

1722₇鬻

17 鬻子
十一/627
附上/1680

1723₂豫

00 豫章雜著
附下/1859
豫章先生別集集、黄文纂異
附下/1811

1740₀子

30 子家子
附上/1687
44 子華子
十二/671
60 子思子
十/574
80 子午經
十五/1016

1740₈尋

01 尋龍入式
十四/845

1742₇邢

08 邢敎夫呻吟集
十九/1393

1750₁羣

10 羣玉堂帖
附下/1910
21 羣經音辨
四/221
羣經新説、論五經疑難新説
附下/1888
22 羣仙會真記
十六/1060
50 羣書備檢
九/572
羣書古鑒
十四/863

1750₇尹

00 尹文子
十一/662
21 尹師魯集
十九/1352
72 尹氏論語義
四/193

1760₂習

37 習鑿齒
九/507

1762₀司

10 司天考占星通玄寶鏡

十三/830
30 司空圖一鳴集
十八/1272
71 司馬文正公傳家集
十九/1365
司馬法
十四/883
司馬才仲夏陽集
十九/1431
司馬才叔逸堂集
十九/1432
司馬公居家雜儀
附上/1618

1762_7 邵

00 邵康節皇極經世
一/28
邵康節觀物篇
一/29
40 邵堯夫擊壤集
十九/1429
邵古周易解
一/25
72 邵氏辨誣
六/312
邵氏集
十九/1412
邵氏聞見録
六/365
76 邵陽志
附上/1634

郡

77 郡閣雅言
十三/788

1768_2 歌

04 歌詩押韻
十四/952

1814_0 政

26 政和文選
二十/1480
政和二年以後敕
八/461

致

16 致理書
十二/681
90 致堂先生斐然集
附下/1822

1918_0 耿

24 耿緯詩
十七/1208
40 耿南仲注易
一/45

2010_4 重

23 重編楚辭
十七/1148
23 重編世説
十三/720
27 重修太祖實録
六/301
重修哲宗實録
六/309

2022_7 禹

10 禹貢疆理廣記
附上/1653

爾

72 爾雅
四/202
爾雅音畧
四/203
爾雅疏
四/204

2026_1 信

77 信聞記
十/624

2033_1 焦

72 焦氏易林

一/9

2040_0千

45 千姓編
九/557
80 千金方
十五/1020
千金翼方
十五/1021

2040_7孚

00、孚齋又録
附下/1856

雙

22 雙峯猥稾
附下/1853
74 雙陸格
十五/979

2041_4雞

44 雞林志
七/395
61 雞跖集
十三/811

2060_9香

08 香譜
十四/939
40 香奩集
十八/1278

番

60 番禺記異
八/494

2064_8皎

23 皎然杼山集
十八/1308

2071_4毛

04 毛詩辨疑
二/84
毛詩正義
二/76
毛詩草木鳥獸蟲魚疏
二/79
毛詩故訓傳
二/74

2080_1兵

10 兵要望江南
十四/898

2090_1乘

57 乘軺録
七/381
60 乘異記
十三/739

2090_4集

06 集韻
四/226
08 集謚總録
二/114
16 集聖曆
十三/839
60 集異記
十三/726
27 集賢注記
七/434
91 集類
十四/907

采

15 采珠局
十五/976
37 采選集
附上/1734

2108_6順

30 順宗實録
附下/1769
60 順昌録
六/368

2110_0 上

44 上蔡先生語録
附下/1871

2120_1 步

10 步天歌
十三/833
21 步虚經
十六/1048

2121_0 仁

30 仁宗君臣政要
附上/1580
仁宗政要
六/354
仁宗實録
六/304

2121_1 能

18 能改齋漫録
附上/1700

2121_7 盧

28 盧綸詩
十七/1207
67 盧照隣幽憂子集
十七/1172
72 盧氏注〔博物志〕
十三/719
74 盧陵歐陽先生
附下/1782
80 盧仝詩
十八/1244

2122_0 何

16 何聖從盧江文集、刀筆、奏議
十九/1347
32 何遜集
十七/1165
60 何晏注論語
四/178
72 何氏注孫子
十四/881

2122_7 廣

12 廣廷雜記
七/398

儒

00 儒言
十/626

2123_4 虞

00 虞庶注難經
十五/994

2125_3 歲

44 歲華紀麗
十二/695
64 歲時雜詠
二十/1469

2128_6 潁

33 潁濱春秋集傳
三/155

2133_1 熊

28 熊皦居龍集
十八/1292

2140_6 卓

60 卓異記
十三/723

2155_0 拜

80 拜命曆
附上/1621

2160_0 占

92 占燈法
十四/870

2171_0 比

20 比丘尼傳

九/553

2172₇師

08 師誨附録
附下/1876
40 師友雜志
附上/1696
師友談記
十三/798

2180₆貨

83 貨錢録
十四/934

貞

46 貞觀政要
六/321

2190₃紫

22 紫巖易傳
附上/1513
76 紫陽金碧經
十六/1076
90 紫堂訣
十四/872

2191₁經

08 經説
附上/1511
55 經典釋文
四/214

2194₂秤

60 秤星經
十四/849

2210₈豐

豐清敏遺事
附上/1663

2210₉鑾

44 鑾坡録
附上/1610

2220₀劇

09 劇談録
十三/749

2220₇岑

23 岑參集
十七/1193

2221₄崔

24 崔德符婆娑集
十九/1398

2222₁鼎

60 鼎國詩
十八/1293

2224₂將

27 將歸集
十九/1426
28 將作營造法式
七/445

2224₇後

22 後山詩話
十三/823
26 後魏書
五/252
34 後漢書、志
五/245
50 後畫録
十五/955

2227₀仙

31 仙源積慶圖
附上/1671
44 仙苑編珠
十四/946

2238₆嶺

23 嶺外代答
附下/1955

2240₇變

00 變離騷

十七/1150

2272₁斷

22 斷例
八/465
80 斷金集
十八/1246
二十/1461

2277₀山

38 山海經
八/466
山海經圖
八/467
80 山谷先生年譜
附上/1677
山谷先生帖
附下/1917

幽

77 幽閒鼓吹
十二/756

2290₁崇

00 崇文總目
九/565
46 崇觀政宣詔令章奏
附下/1728

2290₃紫

28 紫微集
十九/1338

2290₄樂

00 樂府集、樂府序解、樂府雜録、羯鼓録
附下/1893
樂府序解
附下/1893
樂府雜録
二/116
附下/1893
樂府詩集
二/125
樂府古題要解
二/126

巢

72 巢氏病源候論
十五/1000

2300₀卜

17 卜子夏易
一/8

2320₀外

40 外臺秘要方
十五/1022
50 外史檮杌
七/374

2320₂參

30 參寥集
十九/1442
77 參同契太易圖
十六/1063

2324₂傅

80 傅公嘉話
十三/792

2375₀峨

77 峨眉志
八/492

2324₀代

32 代淵易論
一/26

2390₀秘

00 秘府書林
附上/1721
50 秘書省闕書目
附下/1956
77 秘閣雅談

十三/789

2392_7 編

35 編禮
二/103
80 編年紀事
五/275
編年通載
五/273

2396_1 稽

35 稽神異苑
十三/728
稽神録
十三/738
40 稽古録
五/274

2397_2 嵇

00 嵇康集
十七/1155

2421_0 仕

38 仕塗必用集
二十/1470

射

01 射評要略
十五/962

2421_1 先

10 先天紀
九/537
先天易鈐、太極
寶局
一/53

2421_2 勉

00 勉齋先生講義
附下/1890

2422_1 倚

71 倚馬立成法
十四/899

2422_7 備

00 備忘小鈔
十四/919
77 備舉文言
十四/914

2424_1 侍

40 侍女小名録
十四/941

2426_4 儲

90 儲光義集
十七/1183

2451_0 牡

77 牡丹譜
十二/715

2497_0 紺

15 紺珠集
十三/813

2498_6 續

00 續高僧傳
九/551
續文房四譜
附下/1947
續玄怪録
十三/731
04 續詩話
十三/824
10 續元豐類藁
附下/1847
續酉陽雜俎
十三/736
續列女傳
九/511
20 續千文
附上/1553
23 續稽古録
附上/1586
27 續紀年通譜

附上/1581
30 續家訓
十/608
31 續酒譜
十二/716
32 續近思録
附下/1878
37 續資治通鑑長編
附上/1576
續通曆
五/268
40 續古今詩苑英華集
二十/1454
44 續楚辭
十七/1149
50 續畫記
十五/954
續事始
十二/683
續本事詩
二十/1460
80 續金鍼詩格
二十/1491
83 續錢譜
十四/935

2500₀ 牛

22 牛嶠歌詩
十八/1297

2510₀ 生

71 生辰國信語録
七/380

2520₆ 仲

60 仲景傷寒論
十五/996
60 仲明逸集
十九/1337

2520₇ 律

33 律心
八/464
60 律吕本原
附上/1620

2524₃ 傳

20 傳信録
六/366
38 傳道精語、後集
附下/1889
40 傳奇
十三/737

2590₀ 朱

00 朱玄注文子
十一/642
朱文公年譜
附上/1678
朱文公行狀
附上/1668
朱文公帖
附下/1922
17 朱子語略
附下/1875
朱子發易集傳、易圖、叢説
一/50
28 朱倣詩
十八/1239
43 朱朴致理書
十八/1283

2590₆ 种

72 种隱君江南小集
附下/1781

2593₂ 隸

06 隸韻
附上/1560

2600₀ 白

21 白虎通德論
四/195
77 白居易長慶集
十八/1229

2610_4 皇

08 皇族登科題名
附上/1672
10 皇天大紀
附上/1569
26 皇侃論語疏
四/180
30 皇宋詩選
二十/1479
皇宋拾遺仙傳
附上/1747
34 皇祐平蠻記
七/392
皇祐樂記
二/121
皇祐續稾
附下/1846
皇祐會計録
八/449
47 皇朝編年備要、中興編年備要
附上/1578
皇朝名臣經濟奏議
附下/1895
皇朝大詔令
附上/1725
皇極經世指要
附上/1521
53 皇甫湜文
十八/1236
皇甫冉詩
十七/1203

2621_3 鬼

80 鬼谷子
十一/667

2624_1 得

26 得得居士乘桴集、戆草
附下/1839
34 得法忘例論
三/157

2629_4 保

25 保生月録
十二/694

2641_3 魏

13 魏武注孫子
十四/874
25 魏仲先草堂集、鉅鹿東觀集
十九/1418
60 魏國忠獻公别録
九/529

2643_0 吳

00 吳康肅公湖山集、别集、和陶詩、附録
附下/1792
17 吳子
十四/382
36 吳湘事迹録
九/534
43 吳越春秋
六/314
吳越掌記集
十八/1314
47 吳均集
十七/1163
72 吳氏西齋書目
九/562
88 吳筠宗元先生集
十七/1201

2690_0 緗

50 緗素雜記
十三/800

2691_4 程

60 程晏集
十八/1281
72 程氏雜説

十/623
程氏易
一/42

2692₂穆

10 穆天子傳
九/502

2698₁緹

77 緹巾集
十九/1344

2693₀總

27 總龜先生松菊集
附下/1835
52 總括夫子言仁圖
附下/1887
91 總類國朝會要
附上/1723

2690₀和

02 和劑局方
十五/1027
77 和陶詩
附下/1792
和陶集
十九/1361

2694₀稗

30 稗官志
十三/795

2694₁釋

36 釋迦氏譜
九/559
72 釋氏要覽
十六/1140

繹

16 繹聖傳
三/158

2711₇龜

22 龜山先生語録
附下/1870

2712₇歸

10 歸正議
十六/1091
60 歸田録
十三/776
77 歸叟詩話
十三/829

2713₂黎

72 黎氏春秋經解
三/153

2721₀徂

24 徂徠集
十九/1349
徂徠先生周易
一/34

佩

22 佩觿
四/218

2721₃兔

60 兔園策
十四/905

2722₀御

00 御序集注無量度人經
附上/1742
22 御製太清樓閲書歌
附下/1904
御製唐十八學士圖贊
附下/1905
御製聖安壽仁太上皇帝聖政序
附下/1908

御製聖濟經
附上/1735
27 御解老子
附上/1679
30 御注大圓覺了義經
附上/1751
御注老子
十一/634
御注四十二章經
附上/1750
50 御史臺記
七/429
御書真草孝經
附下/1906
御史臺彈奏格
七/432
78 御臨法帖
附下/1907

仰

22 仰山孚惠廟實録、太平興國禪寺附録
附上/1655

2722$_2$修

00 修文要訣
二十/1489
17 修己金剛經旨要
十六/1117

2723$_2$象

22 象山先生文集、外集
附下/1827
40 象爻説
附上/1524
44 象棊
十五/972

衆

49 衆妙集
附下/1960

2723$_4$侯

25 侯鯖録
附上/1698

2724$_7$殷

44 殷芸小説
十三/721

2725$_7$伊

22 伊川詩説
二/83
伊川論語説
四/186
伊川解孟子
十/580
伊川集
十九/1375
伊川書説
一/71

2731$_2$鮑

33 鮑溶詩
十八/1238
67 鮑照集
十七/1160

2733$_7$急

03 急就章
四/206

2744$_7$般

44 般若精義
附上/1757

2748$_1$疑

17 疑孟
十/585
附下/1928
43 疑獄
八/456

2752$_0$物

91 物類相感志

十二/688

2760_0名

50 名畫獵精
十五/956
名畫見聞志
十五/958

2760_3魯

50 魯史分門屬類賦
十四/943

2771_7包

44 包孝肅奏議
十九/1448

2772_0匈

47 匈奴須知
七/384

2774_7岷

22 岷山百境詩
十九/1433

2780_0炙

47 炙轂子雜録注解
十二/680

2791_7紀

80 紀年通譜
五/272
99 紀燮注孫子
十四/878

2792_0綱

60 綱目論斷
附上/1589
綱目發明
附上/1588

2793_2緑

15 緑珠傳
九/520

2796_2紹

33 紹述熙豐政事
附上/1727
37 紹運圖
六/369
77 紹興正論
附上/1593
紹興敕、令、格、式、政和二年以後敕
八/461

2822_7傷

30 傷寒證治
十五/1035
傷寒百問
十五/1007

2824_0徽

00 徽廟實録
六/310

2824_7復

00 復齋先生文集
附下/1828
35 復禮齋語録
附下/1886
40 復古編
四/234

2825_3儀

35 儀禮
二/88
儀禮經傳通解續、祭禮
附上/1614
儀禮疏
二/94

2826_6僧

30 僧寶傳
九/554

2829_4 徐

00 徐膚注太玄經解
十/593
徐膚易意蘊
一/33
25 徐仲車詩
十九/1427
30 徐注西昇經
十六/1047
77 徐學士北門集
附下/1799
80 徐鉉集
十八/1306

2835_1 鮮

10 鮮于諫議集
十九/1372
鮮于伯圭集
十九/1334
鮮于氏卓絶譜
九/560
67 鮮鸚經
十四/867

2854_0 牧

77 牧豎閒談
十三/787

2892_7 綸

00 綸言集
二十/1485

2921_2 倦

38 倦游雜録
十三/796

2993_0 秋

33 秋浦新志
附上/1642

3010_6 宣

26 宣和御製詩
附下/1962
30 宣室志
十三/729

3010_7 宜

50 宜春傳信録
八/495
宜春志、集、續修志、集
附上/1626
76 宜陽外編
十八/1276

3011_4 注

00 注唐紀
七/417
20 注維摩詰所説經
十六/1104
44 注華言句
十六/1105
注杜詩
十七/1200

淮

40 淮南子
十二/670

3012_3濟

44 濟世全生方指迷集
附上/1737

3013_7濂

32 濂溪先生大成集、濂溪先生大全集
附下/1805
濂溪先生大全集
附下/1805

3014_7淳

24 淳化法帖
四/236
77 淳熙秘閣續法帖
附下/1909

3020_1寧

30 寧宗皇帝紀
附上/1585
43 寧越志
附上/1644

3022_7窮

29 窮愁志
十八/1252

3023_2家

02 家訓
十/607
35 家禮
附上/1615
家禮附注
附上/1616
77 家學要録
十三/768
88 家範
十/609

永

30 永寧編
附上/1629

3030_4避

53 避戎夜話
六/367
60 避暑録
附上/1699

3040_4安

30 安定先生世系述
附上/1673

3040_7字

08 字説
四/230
字説偏傍音釋、字説疊解備檢
四/233
字説疊解備檢
四/233
80 字義
附上/1557

3060_3容

00 容齋隨筆、續筆、三筆、四筆、五筆
附上/1706

3060_6富

00 富文忠入國語録
附上/1650
富文忠劄子集、奏議、安邊策
十九/1348
22 富川志
附上/1643
80 富公語録
七/382

3080_1定

46 定觀經

十六/1049

3080₆ 賓

02 賓刻叢章
二十/1468
44 賓藏暢微論
十五/1004
71 賓曆歌
五/279

3090₁ 宗

44 宗藩文類
附下/1896
80 宗鏡録
十六/1138

3090₄ 宋

00 宋齊丘化書
十二/685
宋文安集
十九/1323
宋文海
二十/1478
12 宋登科記
九/525
30 宋之問考功集
十七/1176
50 宋書
五/248
53 宋咸易訓
一/38
60 宋景文雞跖集
附上/1692
宋景文集
十九/1345
77 宋賢體要集
附下/1899
90 宋惟幹太玄解
十/592

3094₇ 寂

53 寂感禪師法語
附上/1758

3110₀ 江

34 江淹集
十七/1164
江南别録
七/376
江南野史
七/378
江南録
七/375
97 江鄰幾雜誌
十三/778

3111₄ 汪

00 汪彦章集
十九/1413
72 汪氏論語直解
四/190

3112₀ 河

21 河上公注老子
十一/629
37 河洛行年記
五/265
38 河海英靈集
附下/1958
40 河内先生文集
附下/1807
河南先生文集
附下/1808
河南程氏遺書、附録、外書
附下/1866
河南志
八/486
50 河東記
十三/735
河東先生文集
附下/1804
60 河圖天地二運賦
十四/854
河圖解
一/52
77 河間公奏議

十九/1447

3112₇馮

23 馮允南集
十九/1402
72 馮氏春秋通解
三/160

3116₀酒

21 酒經
十二/718

3116₁潛

21 潛虚
十/618
24 潛德論
九/544
50 潛夫論
十/605

浯

32 浯溪集前、後、續、別集
附上/1647

3128₆顧

34 顧渚山記
十二/700
36 顧況集
十七/1205

3130₃遯

00 遯齋閒覽
十三/806

3213₄濮

10 濮王申陳
六/362

3214₇浮

32 浮溪先生文集、猥槀外集、龍溪先生文集
附下/1820

3216₉潘

24 潘佑滎陽集
十八/1303
39 潘逍遥詩
十九/1419

3230₂近

60 近思録
附下/1877

3230₆遁

60 遁甲經
十四/866
遁甲萬一訣
十四/865

3244₇叢

08 叢説
一/50

3300₀心

21 心經會解
十六/1113

3316₀治

72 治縣法
附上/1612

3318₆演

16 演聖通論
四/199

3322₇補

00 補亡樂書
二/122
30 補注神農本草
十五/1012
補注事類賦
附上/1719
補注楚辭、考異
十七/1147
31 補江總白猿傳

九/519
41 補妬記
十三/822
44 補茶經
十二/705
50 補史記
附上/1562

3330_9 述

60 述異記
十三/722

3390_4 梁

28 梁谿先生文集
附下/1819
50 梁書
五/250
80 梁益志
八/491

3411_2 沈

01 沈顔聱書
十八/1288
10 沈亞之集
十八/1240
28 沈佺期集
十七/1177
40 沈存中良方
十五/1028
42 沈彬集
十八/1290
46 沈賀謚法
二/112

3412_7 滿

72 滿氏昌邑集
十九/1401

3413_1 法

01 法語
十/615
41 法帖釋文
四/238
44 法藏碎金録
十九/1324
60 法界觀
十六/1097
法界摭要記
十六/1101
法界披雲集
十六/1102

3413_4 漢

00 漢唐策要
二十/1484
13 漢武洞冥記
九/505
漢武内傳
九/503
漢武故事
九/504
21 漢上題襟集
二十/1462
30 漢官儀采選
十五/982
漢官考
附上/1604

3416_1 浩

17 浩歌集
附下/1860

3416_4 渚

30 渚宫舊事
八/481

3418_1 洪

00 洪文惠盤洲集
附下/1796
77 洪覺範筠溪集
十九/1416
88 洪範會傳
一/72

3421_0 社

80 社倉本末
附上/1690

3512_7清

30 清塞诗
十八/1310
40 清才集
二十/1474
清真先生文集
附下/1813

3513_0決

43 決獄龜鑑
八/463

3520_6神

13 神武秘略
十四/893
22 神仙可學論
十六/1055
附下/1944
神仙傳
九/547
30 神宗聖訓
附下/1937
神宗皇帝御集
十九/1315
神宗朱墨史
六/307
神宗寳訓
六/360
神宗實録
六/306
50 神中紀
十四/862

3521_8禮

07 禮記
二/89
禮部韻略
四/223
禮記疏
二/95
禮記要義
附上/1532
禮記外傳
二/96

3610_0湘

22 湘山野録
十三/801
50 湘中類藁
附下/1854

3611_1混

10 混元内外鑒、延壽經
十六/1064

3611_7温

00 温庭筠金荃集、外集
十八/1270
80 温公集注法言
十/601
温公集注太玄經
十/598
温公紀聞
六/355
温公道德論述要
十一/635
温公古文孝經指解
三/176
温公七國象棊
十五/973
温公投壺新格
十五/967
温公易説
一/36

3614_7漫

77 漫叟見聞
十三/820

3621_0視

14 視聽鈔
附下/1951

3625$_0$禪

30 禪宗金剛經解
十六/1107
44 禪苑瑶林
十六/1123

3630$_3$還

77 還丹歌
十六/1078

3711$_7$浥

22 浥川集
十九/1335

滬

12 滬水燕談
十三/791

3712$_0$澗

21 澗上丈人詩
十九/1439

潮

76 潮陽集
十九/1328

洞

28 洞微志
十三/743
44 洞林别訣、尋龍入式
十四/845

3713$_2$淥

31 淥江志
附上/1637

3713$_6$漁

40 漁樵對問
十/622
漁樵閒話
十三/815

3714$_7$汲

44 汲世論
十二/690
77 汲冢書
六/313

3715$_7$净

40 淨土文
附上/1756

3716$_4$洛

50 洛中紀異
十三/742
76 洛陽伽藍記
八/482
洛陽名園記
八/500

3718$_2$次

47 次柳氏舊聞
六/327

3721$_0$祖

30 祖宗官制舊典
附上/1608
祖宗獨斷
六/349
60 祖異志
十三/741

3721$_7$祀

38 祀汾陰記
八/451

3722$_0$初

30 初寮先生前集、後集
附下/1815
77 初學記
十四/906

3730$_2$通

00 通玄秘要悟真篇

十六/1089
35 通神論
十五/1038
40 通真子傷寒訣
十五/1006
50 通史緣起
附上/1570
55 通典
十四/909
71 通曆
五/267
88 通鑑韻語
附上/1556
通鑑問疑
附上/1587
通鑑舉要曆
五/277
通鑑節文
五/281

3730_3 退

00 退齋居士文集
附下/1841

3730_4 運

71 運曆圖
五/271
80 運氣論奧
十五/1008

3772_7 郎

40 郎士元詩
十七/1204

3780_6 資

33 資治通鑑外紀
五/278
資治通鑑綱目、序例
附上/1574
資治通鑑綱目提要
附上/1575
資治通鑑釋文
附下/1935
資治通鑑、目録、考異
五/276
40 資古紹志集
十九/1411
67 資暇
十二/751

3812_7 汾

76 汾陽王家傳
九/514

3813_7 冷

00 冷齋夜話
十三/802

3814_7 游

72 游氏中庸解
二/108

3815_7 海

40 海南集、後集
附上/1631

3816_1 洽

77 洽聞記
八/478
十三/733

3816_7 滄

32 滄洲先生塵缶编、内外制
附下/1834
33 滄浪集
十九/1350

3830_4 遊

43 遊城南記
八/498

3830_6 道

27 道鄉鄒忠公奏議

附下/1789
44 道藏
九/569
道護録
附下/1869
80 道命録
附上/1669

3840_3 導

12 導引養生圖
十六/1071

3850_7 肇

08 肇論
十六/1128

4000_0 十

10 十二先生詩宗集韻
附上/1561
十二朝名臣言行録
附上/1662
十三代史目
九/564
32 十洲記
九/506
38 十道志
八/469
40 十七史類
附上/1715
60 十國紀年
七/373

4001_7 九

00 九章算經
十五/968
10 九天玄路秘論
十六/1086
九天生神章經
附上/1745
28 九僧詩集
二十/1476
43 九域志
八/474
60 九國志
七/372

4003_0 大

00 大方廣佛華嚴經、普賢行願品
附上/1752
大唐新語
六/322
大唐創業起居注
五/266
26 大和辨謗略
六/332
十/614
30 大宋史館書目
九/566
32 大業雜記
六/320
36 大還丹契秘圖
十六/1075
37 大洞真經
十六/1040
43 大戴禮記
二/91
60 大易粹言、總論
附上/1512
大晟樂府雅樂圖

二/129
77 大學章句
附上/1533
大學衍義
附下/1931

太

00 太玄經
十/589
太玄經疏
十/597
太玄淵旨
十/596
10 太平廣記
十三/744
太平聖惠方
十五/1025
太平總類
十四/925
太平寰宇志
八/472
太平治迹統類、中興治迹統類
附上/1732
太平盛典
二十/1487
太平興國禪寺
附上/1655
21 太上説魂魄經
十六/1066
太上指南歌
十六/1069
太上感應篇
附上/1748
30 太宗實録
六/302
35 太清經
十六/1052
太清服氣口訣、太起經、閉氣法、太上指南歌
十六/1069
太清火式經
十六/1086
太清爐鼎斤兩訣
十六/1086
37 太祖實録
六/300
47 太起經
十六/1069
太極外傳
一/49
太極實局
一/53
77 太醫局方
十五/1026
90 太常禮書
二/115
太常因革禮
二/100

4004_7 友

44 友林詩稾
附下/1852

4010_1 左

72 左氏膏肓
三/140
左氏要類
十四/894
左氏聯璧
附上/1539
左氏綱領
十四/945
左氏蒙求
十四/944

4022_7 南

00 南唐近事
七/377
南齊書
五/249
南蠻録
七/393
07 南部新書
六/333

南部煙花録
六/319
11 南北征伐編年
附上/1572
南北史蒙求
十四/949
21 南行記
八/483
22 南嶽總勝集
附上/1645
27 南歸録
六/367
30 南宮故事
七/435
31 南遷録
十三/782
44 南薰集
二十/1458
50 南史、北史
六/315
51 南軒先生文集
附下/1825
南軒先生問答
附下/1882
76 南陽活人書
十五/1010

希

26 希白詩
十九/1443

内

25 内傳國語
附下/1936
33 内治聖監
附下/1731
46 内觀經
十六/1050

4024_7皮

60 皮日休文藪
十八/1271
72 皮氏見聞録
十三/771

存

40 存真圖
十五/1011

4033_1赤

48 赤松子中誡經
附上/1743

志

72 志隱類稿
附下/1850

4040_1幸

60 幸蜀記
六/326

4040_7李

00 李商隱樊南甲集、乙集、文集
十八/1251
02 李端司馬集
十七/1210
03 李誠之集
十九/1374
10 李元應跨鼇集
十九/1400
17 李羣玉詩
十八/1265
21 李虛中命書
十四/853
李衛公對問
十四/889
22 李嶠集
十七/1180
24 李德裕會昌一品集、姑臧集、平泉詩、窮愁志、別集、賦
十八/1252
25 李仲方集
十九/1330
李紳追昔遊

十八/1237
27 李絳論諫集
十七/1221
李翺集
十七/1227
28 李復古集
十九/1340
31 李涉歌詩
十八/1249
36 李暹注文子
十一/640
37 李洞詩
十八/1279
40 李有中詩集
十八/1304
李嘉祐詩
十七/1194
44 李莊簡公文集
附下/1795
46 李觀文編、外集
十七/1222
李賀集、外集
十八/1243
48 李翰林文集
附下/1767
李翰林集
十七/1192
50 李泰伯退居類藁、皇祐續藁、常語、周禮致太平論、後集
附下/1846
李忠定公行狀
附上/1666
60 李易安集
十九/1415
67 李郢端公詩
十八/1261
72 李氏集解
一/12
李氏注法言
十/600
78 李臨淮武記
十四/891
80 李益詩
十七/1211
李善注文選
二十/1450
李公詩苑類格
二十/1492
李公擇廬山奏議
十九/1449
88 李筌注孫子
十四/875
李筌注陰符經
十一/655
96 李煜集
十八/1300

4046_5嘉

32 嘉州志
八/499
34 嘉祐謚法
二/113
嘉祐御史臺記
七/430
嘉祐名臣傳
九/531
嘉祐時政記
六/357

4050_6韋

0 韋應物集
十七/1209
30 韋注西昇經
十六/1045
44 韋莊浣花集
十八/1298

4060_0古

00 古文正宗前集、後集
附下/1897
古文苑
附下/1891
古文四聲
四/222

古文尚書
一/58
12 古列女傳
附上/1658
古列女傳、續列女傳
九/511
22 古樂府、樂府古題要解
二/126
古鼎記
十四/938
43 古城彖記
十四/917
44 古塔主語録
十六/1126
50 古史
七/409
附上/1563
古畫品録
十五/953
80 古鏡記
十四/911
古今刀劍録
十四/901
古今年號録
附下/1940
古今注
附上/1713
古人姓字相同録
十四/902
古今前定録
十三/786

4060_1 吉

22 吉凶書儀
八/452
吉凶影響録
十三/808

4071_0 七

21 七經小傳
四/200
77 七賢注陰符經、李筌注陰符經
十一/655

4073_2 袁

30 袁宏漢紀
五/263
32 袁州孚惠廟録
八/497

4080_1 真

04 真誥
十六/1043
10 真一子還丹金鑰、太清火式經、九天玄路秘論、靈源銘、太清爐鼎斤兩訣
十六/1086
30 真宗實録
六/303

4090_0 木

24 木射圖
十五/966

4212_2 彭

43 彭城先生文集
附下/1809
64 彭曉注參同契
十六/1061

4240_0 荆

44 荆楚歲時記
十二/696

4241_3 姚

80 姚鉉文集
十九/1342
姚合詩
十八/1241

4291_3 桃

44 桃花源集

附上/1630

4304₂博

40 博古圖
四/241
60 博異志
十三/725
70 博雅
四/210

4310₀卦

60 卦圖系述
附上/1520

4323₂求

10 求一算經
十五/969
34 求法高僧傳
九/552

4380₅越

27 越絶書
附下/1933

4385₀戴

27 戴叔倫述稿、外詩、書狀
十八/1230
34 戴斗奉伎録
七/379

4410₀封

36 封禪記
八/450
72 封氏見聞記
十二/753

4410₄董

17 董子
十/587

4411₂范

00 范文正公集、別集
十九/1339
范文正公奏議
附下/1784
17 范子功集
十九/1884
27 范魯公集
十九/1316
30 范淳夫古文孝經説
三/177
40 范太史遺事
附上/1664
50 范忠宣公文集
附下/1786
60 范蜀公樂事
二/123
范蜀公奏議
十九/1446
72 范氏論語説
四/187
范氏注太玄經解
十/590

4412₇蒲

40 蒲左丞集
十九/1370

4414₂萍

30 萍實志、續志
附下/1953

4420₇考

40 考古圖
四/239

夢

44 夢華録
附上/1656

4421₂花

44 花蕊夫人詩
十八/1313
附下/1967

4421_4 莊

17 莊子解、揚子解
附上/1688

4422_3 幕

00 幕府燕閒録
十三/790

4422_7 蕭

21 蕭穎士集
十七/1188

茅

00 茅亭客話
十三/803

勸

80 勸善録
十三/809
勸善録拾遺
十三/810

莆

76 莆陽居士蔡公文集
附下/1838

4425_3 藏

00 藏六居士安樂集
附下/1840

30 藏寂軒文稿
十九/1440

4430_7 芝

60 芝田録
十二/752

4433_6 煮

36 煮瀑庵詩
附下/1864

4439_4 蘇

11 蘇頲許公集
十七/1174

17 蘇子由欒城集前集、後集、第三集、應詔集
十九/1362
蘇子由注老子
十一/638
蘇子瞻東坡前集、後集、奏議、内制、外制、和陶集、應詔集
十九/1361

40 蘇才翁集
十九/1423

67 蘇明允嘉祐集
十九/1360
蘇明允洪範論圖
一/65

72 蘇氏詩解
二/82

4440_7 孝

21 孝經説
附下/1930
孝經正義
三/174
孝經刊誤
附上/1550
孝經解
附下/1929
孝經義
附上/1549

98 孝悌類鑒
十四/948

4441_7 執

18 執政拜罷録
七/438

4442_7 荔

40 荔支譜、荔支故

事
十二/714
荔支故事
十二/714

蒻

44 蒻蕘集
附下/1803

4445_6韓

00 韓文辨證
二十/1494
韓文音義
附下/1773
韓文考異
附下/1772
04 韓詩外傳
二/77
11 韓非子
十一/660
17 韓子蒼集
十九/1435
20 韓集舉正
附下/1775
26 韓魏王安陽集
附下/1779
韓魏公家傳
九/543
27 韓偓詩、香奩集
十八/1278
40 韓李論語筆解
四/182
47 韓柳文章譜
二十/1495
韓翃詩
十七/1199
50 韓忠獻王遺集
附下/1938
54 韓持國詩
十九/1430
77 韓熙載文集
十八/1301
80 韓愈集、集外文
十七/1220

4446_0姑

23 姑臧集
十八/1252

4450_4華

66 華嚴呑海集
十六/1103
華嚴經百門義海
十六/1099
華嚴經清涼疏
十六/1094
華嚴經合論
十六/1093
華嚴經畧
十六/1096
華嚴奥旨
十六/1100
華嚴决疑論
十六/1095
華嚴起信文
十六/1098
76 華陽集
十九/1364
華陽國志
七/370

4453_0英

30 英宗實録
六/305
英宗朝諸臣傳
六/337
80 英公字源
四/229

4460_1蓍

43 蓍卦辨疑
附上/1522

4460_9蕃

20 蕃爾雅

七/388

4462₇荀

98 荀悦漢紀
五/262

4471₁老

17 老子化胡經
十六/1051
老子道德經
十一/628
老子指歸
十一/632
老子畧論
十一/633

4471₄耄

86 耄智餘書
十九/1324

4471₇世

08 世説新語
附上/1690
世説新語、重編世説
十三/720

4472₇葛

22 葛仙翁胎息術
十六/1068
80 葛無懷詩
附下/1865

4473₁藝

00 藝文志見闕書目
九/561
藝文類聚
十四/903
37 藝祖受禪録
六/352
60 藝圃折衷
十九/1414

芸

77 芸閣禮記解
二/102

4474₁薛

21 薛能集
十八/1260
34 薛洪度詩
十八/1312
37 薛逢歌詩
十八/1256

4477₀甘

10 甘石星經
十三/831
36 甘澤謡
十三/734

4480₁楚

20 楚辭
十七/1145
楚辭集注、後語、辨證
附下/1760
楚辭釋文
十七/1146
楚辭補音
附下/1957
楚辭草木疏
附下/1957
楚辭故訓傳、楚辭草木疏、楚辭補音
附下/1957

4480₆黄

00 黄文纂異
附下/1811
黄帝内傳
九/501
黄帝素問
十五/990
黄帝醫相馬經
十五/987

黄庭外景經
十六/1042
黄庭内景經
十六/1041
10 黄石公三畧
十四/884
21 黄虞部詩
十九/1428
27 黄魯直豫章集、外集
十九/1386
40 黄直講泉書
附下/1802
72 黄氏補千家集註杜工部詩史、外集
附下/1767

4490_0 樹

44 樹萱録
十二/750

4490_1 蔡

17 蔡君謨集
十九/1356
22 蔡邕集
十七/1151
蔡邕獨斷
四/196
附下/1934
77 蔡興宗編杜詩
十七/1200

禁

47 禁殺録
十四/931

4490_4 葉

17 葉子戲格
十五/980

茶

00 茶雜文
十二/710
08 茶譜
十二/702
21 茶經
十二/699

萊

80 萊公勳烈
九/540

4491_0 杜

04 杜詩辨證
附下/1771
杜詩刊誤
二十/1493
21 杜師雄詩
十九/1424
28 杜牧注孫子
十四/876
杜牧樊川集、外集
十八/1247
30 杜審言集
十七/1178
44 杜荀鶴唐風集
十八/1280
53 杜甫集、集外詩、注杜詩、蔡興宗編杜詩、趙次公注杜詩
十七/1200
76 杜陽雜編
十三/759

4491_4 桂

38 桂海虞衡志
附上/1627
44 桂苑叢談
六/340

權

24 權德輿集
十八/1231

4498₈ 横

31 横渠孟子解
十/581
横渠先生語録
附下/1867
横渠先生張獻公年譜
附上/1675
横渠先生經學理窟
附下/1868
横渠春秋説
三/154
横渠易説
一/41
33 横浦日新
附下/1881

4499₀ 林

17 林君復集
十九/1420
72 林氏小説
四/216
77 林間録
十六/1144

4510₆ 坤

37 坤鑿度
一/6

4541₄ 姓

31 姓源韻譜
九/555

4621₀ 觀

33 觀心論
十六/1129
97 觀燈法
十四/871

4622₇ 獨

12 獨孤及八陣記
附上/1710
獨孤及昆陵集
十七/1202

4623₂ 猥

00 猥槀外集
附下/1820

4690₀ 相

25 相牛經
十五/989
37 相鶴經
十五/984
40 相臺志
八/487
60 相國鄴侯家傳
九/516
71 相馬經
十五/985
相馬經
十五/986

4692₇ 楊

00 楊文公談苑
十三/774
楊文公武夷集
附下/1780
楊文公刀筆集
十九/1326
10 楊元素集
十九/1373
楊元素書九意
一/64
楊天隱詩
十九/1434
17 楊子護命方、通神論
十五/1038
20 楊倞注荀子
十/586
50 楊中立中庸解
二/109
楊貴妃外傳
九/522

71 楊巨源詩
十七/1218
72 楊氏注論語
四/192
97 楊炯盈川集
十七/1170

楞

26 楞伽經
十六/1109
66 楞嚴經疏
十六/1114
楞嚴經解
附上/1754
楞嚴標旨
十六/1115

4722_7 鶴

22 鶴山先生文集、後集、續集、別集
附下/1832

4740_1 聲

25 聲律要訣
二/117

4740_2 麴

20 麴信陵集
十七/1217

4742_0 朝

12 朝廷卓絕事
十三/757
67 朝野雜記甲集、乙集
附上/1595
朝野遺事
附上/1594
朝野僉言
六/367
朝野僉載補遺
十二/755

4762_0 胡

00 胡文定公武夷集
附下/1791
胡文定公行狀
附上/1667
17 胡翼之洪範解
一/61
胡承公集、資古紹志集
十九/1411
24 胡先生易傳
一/24
72 胡氏春秋傳
三/162
77 胡周父文集
十九/1319
88 胡笳十八拍
十八/1291

4762_7 都

33 都梁志
附下/1954

4772_0 切

06 切韻指玄論
四/242

却

57 却掃編
附上/1708

4772_7 邯

67 邯鄲圖書志
九/567

4780_1 起

20 起信論
十六/1131

4792_0 柳

00 柳文音釋
附下/1774
24 柳先生文集、外

集附集
附下/1770
25 柳仲塗集
十九/1318
30 柳宗元集、集外文
十七/1223
72 柳氏序訓
九/526
97 柳郊詩
十七/1214

4796$_4$格

00 格言
十二/686

4841$_7$乾

25 乾生歸一圖
一/44
77 乾膜子
十三/763

4842$_7$翰

44 翰林雜志
七/424
翰林續志
七/427
翰林志
七/425
翰林禁經
四/217
翰林盛事
七/426
翰苑羣書
附上/1607
翰苑集
十七/1212

4844$_0$教

40 教坊記
二/120

4893$_0$松

30 松窗録
十二/754
74 松陵集
二十/1463

4895$_7$梅

16 梅聖俞注孫子
十四/879
梅聖俞宛陵集、外集
十六/1351
22 梅川志
附上/1641

4942$_0$妙

34 妙法蓮華經
附上/1753

4980$_2$趙

12 趙延康帖
附下/1919
趙延持盈要論
十九/1441
趙飛燕外傳
九/521
22 趙豐公逸事
附上/1665
趙豐公忠正德文集
附下/1790
24 趙岐孟子
十/575
37 趙次公注杜詩
十七/1200
44 趙韓王文集
附下/1778
趙韓王集
十九/1317
47 趙椵渭南詩
十八/1258
趙懿簡集
十九/1371
50 趙中書棲雲集
附下/1798

5000_6 中

00 中庸章句、或問、中庸輯略、大學章句、或問
附上/1533
中庸輯略
附上/1533
08 中論
十/606
22 中山詩話
十三/827
23 中台志
七/423
47 中朝故事
六/343
50 中書備對
七/440
77 中興六臣進策
附下/1901
中興羣公吟稾
附下/1902
中興編年備要
附上/1578
中興治迹統類
附上/1732
中興間氣集
二十/1457

史

01 史評
附上/1599
02 史話
十三/747
06 史韻
附上/1558
07 史記
五/243
史記法語、前漢法語、東漢精語、三國志精語
附上/1567
史記索隱
七/401
08 史説
附上/1598
37 史通析微
七/400
83 史館故事
七/433

車

30 車穽或問
附上/1711

申

78 申鑒
附下/1763

5000_7 事

00 事文類聚
附上/1720
27 事物紀原
附上/1718
43 事始
十二/682
71 事原録
十二/684

5003_2 夷

77 夷堅志
附下/1948

5003_7 摭

00 摭言
十三/764

5004_7 掖

41 掖垣叢志
七/442
掖垣續志
七/443
掖垣類稾，玉堂類稾
附下/1848

5022_7 青

00 青唐録
八/476
12 青瑣高議
十三/818
25 青牛道士歌
十六/1082
43 青城山記
八/470
50 青囊補注
十四/842
青囊本旨
十四/844
88 青箱雜記
十三/799

5023_0 本

44 本草廣義
十五/1015
44 本草單方
附上/1738
47 本朝事實
八/453
附上/1726
50 本事詩
二十/1459

5033_6 忠

50 忠惠先生文集
附下/1818
60 忠國師解心經
十六/1112
71 忠臣逆臣傳
九/518
97 忠恪章公文集
附下/1793

5060_1 書

08 書説精義
附上/1526
書説
附上/1525
20 書集傳
附上/1527
25 書傳
一/73
44 書林韻海
十四/929
50 書畫史
十五/959
80 書義辨疑
一/68
87 書叙指南
十四/950

5060_3 春

29 春秋辨疑
三/145
春秋意林
三/152
春秋新説
三/163
春秋謚法
二/111
春秋正經
三/131
春秋正義
三/141
春秋列國諸臣傳
三/168
春秋集解
附上/1534
春秋集傳
三/150
春秋集善
附下/1925
春秋經社
三/148
春秋外傳國語
三/165
春秋名號歸一圖
三/167
春秋釋例
三/139
春秋繁露
三/138

春秋微旨、春秋辨疑
三/145
春秋演聖統例
三/151
春秋左氏章指
附上/1535
春秋左氏傳
三/132
春秋左氏博議
附上/1537
春秋左氏後傳、春秋左氏章指
附上/1535
春秋左氏國紀
附上/1536
春秋機括
三/170
春秋地譜
八/477
春秋世系
三/171
春秋權衡、春秋意林、春秋劉氏傳
三/152
春秋穀梁傳
三/143
春秋穀梁傳
三/136
春秋穀梁傳注疏
附上/1510
春秋摘微
三/144
春秋指南
三/161
春秋折衷論
三/147
春秋劉氏傳
三/152
春秋分記
附上/1538
春秋尊王發微
三/149
春秋會義
三/172
春秋公羊傳疏
三/142
春秋公羊傳
三/134
春秋纂例
三/146
67 春明退朝録
十三/781
附上/1697

5090₃素

50 素書
十一/653

5090₄秦

42 秦韜玉投知小録
十八/1275
秦少游淮海集
十九/1389

5090₆東

00 東齋記
十三/780
東京記
八/484
22 東山詩文選
附下/1863
30 東家雜記
九/513
32 東溪試茶録
十二/707
東溪詩稾
附下/1851
34 東漢文類
二十/1482
東漢刊誤
七/412
附上/1564
東漢精語
附上/1567
44 東坡詩話

十三/826
東坡論語解
四/185
東坡廣成子解
十一/650
東坡先生帖
附下/1916
東坡先生別集、續別集
附下/1810
東坡書傳
一/69
東坡易傳
一/40
東萊呂紫微雜説、師友雜志、詩話
附上/1696
46 東觀奏記
六/339
47 東都事略
附上/1568
51 東軒筆録、續録
十三/797

5102₀ 打

71 打馬格
十五/981

5102₇ 摴

44 摴蒲經、摴蒲格
十五/974
摴蒲格
十五/974

5106₁ 搢

25 搢紳脞説
十三/794

5204₇ 授

38 授道志
十六/1088

撥

39 撥沙經
十四/843

5260₂ 哲

30 哲宗前録、後録
六/308

5206₄ 括

60 括異記
十三/740

5302₇ 輔

17 輔弼名對、目録
七/444
48 輔教編
十六/1135

5303₂ 捄

44 捄楮奏藁
附下/1855

5320₀ 成

00 成彦雄梅頂集
十八/1305
成玄英莊子疏
十一/646
47 成都刻石總目
九/570
成都古今記
八/488

咸

80 咸鎬故事
八/447

戚

44 戚苑英華
十四/912

5340₀ 戎

44 戎幕閒談
十三/758

60 戎昱集
十八/1234

5523_2 農

50 農書
附上/1689

5550_6 輦

10 輦下歲時記
十二/697

5560_0 曲

31 曲江帖、後帖
附下/1966

5560_6 曹

00 曹唐詩
十八/1274
44 曹植集
十七/1152
48 曹松詩
十八/1284

5580_1 典

12 典刑録
附上/1704

5602_7 揚

17 揚子解
附上/1688
40 揚雄集
十七/1168

5605_0 押

06 押韻
十四/951

5608_1 捉

73 捉卧甕人事數
十五/978

5701_7 抱

43 抱朴子外篇
十二/675
抱朴子内篇
十六/1058

5704_7 投

40 投壺經
十五/965

5705_6 揮

00 揮塵録、後録、第三録、揮塵餘話
附上/1701
揮塵餘話
附上/1701

5725_7 静

31 静江志
附上/1628

5801_6 攬

22 攬轡録
附上/1652

5840_4 聱

76 聱隅子
附上/1686
聱隅子歔欷瑣微論
十/616

6010₀ 日

77 日月元樞論
十六/1074

6010₄ 墨

08 墨譜
十四/936
17 墨子
十一/665
44 墨藪
四/219

星

77 星鳳樓帖
附下/1913

6011₃ 晁

00 晁文元道院集要
十九/1325
晁文元道院别集、法藏碎金録、耄智餘書、昭德新編、理樞
十九/1324
28 晁以道太極傳、因説、太極外傳
一/49
晁以道古易
一/48
晁以道中庸篇
二/107
晁以道揚雄别傳
九/517
72 晁氏新城集
十九/1367
晁氏封丘集
十九/1405
晁氏崇福集、四六集
十九/1404
晁氏景迂集
十九/1403
晁氏具茨集
十九/1438
80 晁無咎雞肋編
十九/1387

6012₇ 蜀

00 蜀高祖實録
六/299
07 蜀記
八/490
10 蜀三神祠碑文
八/496
44 蜀桂堂編事
七/371

6015₃ 國

47 國朝二百家名臣文粹
附下/1894
國朝編年政要
附上/1577
國朝官制沿革
附下/1945
國朝時令
十二/698
國朝會要
附上/1722
50 國史補
六/325
國史對韻
十四/947

6021₀ 四

00 四六集
十九/1404
10 四靈詩
附下/1903
17 四子治國樞要
十一/658
22 四將傳
附上/1661
30 四家春秋集解

三/164
40 四十二章經
十六/1092
64 四時治要
附上/1740
四時纂要
十二/693

6022_7 易

00 易玄星紀圖
十/599
08 易論
一/21
37 易通卦驗
一/7
48 易乾鑿度
一/5
53 易成子大丹訣
十六/1081
54 易軌
一/20
60 易圖
一/50
77 易學舉隅
附上/1518

6040_0 田

50 田表聖咸平集
十九/1329
72 田氏書目
九/571
80 田公金巖集
十九/1346

6040_4 晏

10 晏元獻臨川集、
紫微集
十九/1338
17 晏子春秋
十一/666

6043_0 因

02 因話録
十三/748
08 因説
一/49

6050_0 甲

20 甲秀堂帖
附下/1914

6050_4 畢

80 畢公叔西臺集
十九/1391

6050_6 圍

43 圍城雜記
六/367

6060_0 吕

10 吕夏卿兵志
六/347
吕晉伯輞川集、
奏議
十九/1380
23 吕獻可章奏
十九/1444
26 吕和叔誠德集
十九/1382
36 吕温集
十七/1226
37 吕汲公文録、文
録掇遺
十九/1381
40 吕吉甫注莊子
十一/648
吕吉甫集
十九/1406
46 吕楊注八十一難
經
十五/992
50 吕惠卿建安茶記
十二/708
吕惠卿注〔老子〕
十一/636
72 吕氏鄉約、鄉儀
附上/1617

呂氏老子注
十一/637
呂氏春秋
十二/669
呂氏易章句
一/43
呂氏前漢論
七/413
77 呂居仁集
十九/1437
呂與叔論語解
四/189
呂與叔玉溪集、玉溪別集
十九/1383

昌

27 昌黎先生文集、外集、順宗實録、附録
附下/1769

6060₄圖

21 圖經
八/473
圖經本草、目録
十五/1013

6080₁異

61 異號録
十四/930
77 異聞集
十三/724

6080₆圓

77 圓覺經疏
十六/1110
圓覺經皆證論
附上/1755

員

37 員逢原三蓮集
十九/1394

6090₆景

00 景文筆録
十三/775
24 景德傳燈録
十六/1118
景德會計録
八/448
31 景迂論語講義
四/191
34 景祐乾象新書
十三/832
74 景陵志
附上/1633
80 景命萬年録、藝祖受禪録
六/352

6091₄羅

52 羅虬比紅兒詩
十八/1286
72 羅隱甲乙集、讒書
十八/1294

6111₄躔

00 躔度分野列宿圖
附上/1619

6133₆點

30 點注孟子
十/578
97 點烙三十六黄經
十五/1019

6333₃默

40 默希子注文子
十一/641

6355₀戰

60 戰國策
十一/668

6624₈嚴

28 嚴從中黄子

十七/1191

91 嚴悟射訣

十五/963

6640₀嬰

00 嬰童寶鏡

十五/1033

6702₀明

26 明皇雜録

六/323

明皇幸蜀記

九/533

明皇老子注、疏

十一/630

38 明道先生文集、遺文

附下/1806

明道中庸解

二/101

43 明越風物志

八/489

90 明堂針灸圖

十五/1018

6706₂昭

24 昭德新編

十九/1324

6772₇鶡

77 鶡冠子

十一/651

6805₇晦

00 晦庵先生文集、續集

附下/1826

晦庵先生語續録

附下/1874

晦庵先生語録

附下/1873

晦庵先生朱文公語續録後集

附下/1965

80 晦翁先生朱文公語後録

附下/1964

7121₁歷

23 歷代紀元賦

五/280

歷代史辨志

七/418

歷代史贊論

七/402

歷代氏族言行類藁

附下/1939

阮

37 阮逸注中説

十/610

88 阮籍集

十七/1154

龎

44 龎藴語録

十六/1124

7121₄雁

37 雁湖先生詩集

附下/1833

7126₉曆

34 曆法

十三/836

7326_0胎

26 胎息秘訣
十六/1080

7420_0尉

24 尉繚子
十四/885

7421_4陸

10 陸雲集
十七/1158
20 陸秉意學
一/23
26 陸佃注〔老子〕
十一/636
27 陸龜蒙笠澤叢書
十八/1277
30 陸宣公文集
附下/1766
陸宣公經驗方
附上/1736
42 陸機集
十七/1157
44 陸贄奏議、翰苑集
十七/1212
72 陸氏集異記
十三/727
陸氏埤雅
四/232
80 陸善經
十四/900

7422_7隋

50 隋書
五/255

7424_7陵

12 陵水志
附上/1635

7529_6陳

00 陳文惠愚丘集、潮陽編
十九/1328
10 陳亞之集
十九/1422
17 陳子昂集
十七/1175
陳司諫集
十九/1397
23 陳参政簡齋集
十九/1410
26 陳皡注孫子
十四/877
32 陳漸演玄
十/595
50 陳忠肅公諫垣集
附下/1788
陳書
五/251
58 陳蛻詩
十七/1206
60 陳黯文集
十八/1253
72 陳氏詩解
二/85
陳氏經驗方
附上/1741
陳氏宰相拜罷録
七/436
陳氏樞府拜罷録
七/437
77 陳陶集
十八/1267
陳用之論語
四/184
80 陳無己后山集
十九/1390
99 陳瑩中了齋集
十九/1396

7713_6閩

22 閩川名士傳
九/509

7721₀風

28 風俗通義
十二/673
72 風后握機文
附上/1710

鳳

67 鳳墅帖、畫帖、續帖
附下/1915

7721₄寇

50 寇忠愍詩
十九/1320

隆

10 隆平集
六/358
隆平典章
附上/1729

7722₀周

10 周元公年譜
附上/1674
17 周子通書
十/619
21 周盧注博物志、盧氏注
十三/719
35 周禮
二/86
周禮說
附上/1529
周禮疏
二/93
周禮總義
附上/1531
周禮攷疑
附上/1530
周禮致太平論
附下/1846
周禮義辨疑
二/106
43 周越書苑
四/227
50 周書
五/254
周秦行紀
十三/732
60 周易正義
一/3
周易玩辭
附下/1517
周易聖斷
一/37
周易緯辨終備
一/7
周易緯稽覽圖、周易緯是類謀、周易緯辨終備、周易緯乾元叙制記、周易緯坤靈圖、易通卦驗
一/7
周易緯坤靈坤
一/7
周易緯乾元叙制記
一/7
周易緯是類謀
一/7
周易總義、易學舉隅
附上/1518
周易微指
一/14
周易流演
一/18
周易述聞、隱訣、補解、精微
一/27
周易啓源
一/19
周易十二論
十四/850

周易古經
一/39
周易甘棠正義
一/4
周易本義
附上/1515
周易指略例
一/2
周易繫辭精義
附上/1516
周易口訣義
一/13
周易開玄關
一/17
周易舉正
一/15
周易義海
一/47
80 周公謚法
二/110

陶

31 陶潛集
十七/1159

月

34 月波洞中記
十四/861

同

00 同玄注西昇經
十六/1046
45 同姓名録
十四/900

7722₇ 骨

21 骨鯁集
十四/916

7723₇ 腴

00 腴齋詞草
附下/1857

7724₇ 閉

80 閉氣法
十六/1069

服

84 服飾圖
八/446

7725₄ 降

16 降聖記
九/536

7734₀ 馭

71 馭臣鑒古
十二/691

7736₄ 駱

30 駱賓王集
十七/1173

7740₀ 叉

00 叉高僧傳
九/550

7744₀ 册

00 册府元龜
十四/927

丹

76 丹陽類書
二十/1472

7744₁ 開

09 開談録
十三/779
10 開元天寶遺事
九/532
開元升平源記
六/330
開天傳信記
六/324
開元釋教録
九/568

30 開寶通禮
二/99
44 開基事要
附上/1579
53 開成承詔録
六/328

7748₂闕

60 闕里世系
九/558

7771₇巴

50 巴東集
附下/1963

7772₀印

47 印格
十四/940

7774₇民

40 民士編
十九/1331
50 民表録
九/538

7777₂關

17 關子明易傳
一/11

7778₂歐

76 歐陽文忠公集、諫垣集
十九/1353
歐陽文忠公文集、附録、盧陵歐陽先生
附下/1782
歐陽詩本義
二/80
歐陽詹集
十七/1219
歐陽濮議
六/363
歐陽公集古録跋尾、拾遺
附下/1924
80 歐公詩話
十三/825

7780₁輿

44 輿地廣記
八/475

7780₆貫

24 貫休禪月集
十八/1309

賢

50 賢惠録
九/539

7790₄閑

21 閑止堂集
附下/1861

7810₇鹽

83 鹽鐵論
十/604

7823₁陰

87 陰鏗集
十七/1167
88 陰符内丹經
十六/1073

7876₆臨

31 臨江集
附上/1632
34 臨池妙訣
四/220
臨漢隱居集
十九/1408
46 臨賀志、集
附上/1636

8000_0 人

27 人物志

十一/664

50 人事軍律

十四/892

入

入洛記

六/342

八

10 八五經

十四/841

35 八神筮法

十四/868

75 八陣圖、風后握機文、馬隆八陣贊、獨孤及八陣記

附上/1710

77 八段錦

十六/1083

8010_7 益

22 益川名書録

十五/961

35 益津射格

十五/964

8010_9 金

01 金龍戲格

十五/981

16 金碧潛通

十六/1077

19 金瑣正要、玄談經、錦囊遺録、五行統例

十四/847

21 金虜承安須知

附上/1657

金虜節要

七/386

22 金鑾密記

六/331

24 金科易覽

八/455

30 金寶鑑

十五/1003

44 金坡遺事

七/428

金華子

十三/762

45 金樓子

十二/676

60 金國行程

六/367

71 金匱玉函經

十五/995

72 金剛經會解

十六/1106

74 金陵吏縣

附下/1858

77 金丹訣

十六/1085

80 金人背盟録、圍城雜記、避戎夜話、金國行程、南歸録、朝野僉言

六/367

83 金鍼詩格

二十/1490

8011_4 鐘

22 鐘鼎篆韻

四/235

鐘山日録

九/530

8022_0 介

00 介庵張居士文集

附下/1844

介庵趙居士文集

附下/1842

8022_1 前

34 前漢法語

附上/1567
前漢書
五/244

8022_7 分

92 分燈集
十六/1121

弟

17 弟子記
十/617
弟子職
附上/1551

8030_7 令

42 令狐楚表奏
十八/1269

8033_1 無

00 無庵法語
附上/1759
21 無上秘要
十六/1067
無能子
十一/657
42 無垢先生心傳録
附上/1880
47 無極太極辨
附下/1885
50 無盡居士注素書
十一/654

8033_2 煎

44 煎茶水記
十二/701

8033_7 兼

22 兼山易解
一/54

8034_6 尊

61 尊號録
附上/1714

8050_1 羊

40 羊士諤詩
十七/1216

8055_3 義

44 義林
附下/1949

8060_1 合

10 合元萬分曆
十三/835

普

77 普賢行願品
附上/1752

8060_6 會

10 會元經
十四/846
會要詳節
附上/1724
27 會解楞嚴經
十六/1116

8060_6 曾

17 曾子
十/573
曾子固元豐類稿
十九/1358
曾子開曲阜集、奏議、西掖集、內制、外制
十九/1359
46 曾相手記
六/361
80 曾公南遊記
十三/793

8073_0 公

12 公孫龍子
附上/1684
60 公是先生弟子記
附上/1695

8073_2 養

25 養生必用方
十五/1032
養生丹訣
十六/1090
77 養賢録
附上/1611

食

80 食氣經
十六/1070

8090_4 余

72 余氏至言
十九/1377

8111_7 鉅

00 鉅鹿東觀集
十九/1418

8211_4 鐘

22 鐘鼎欵識
四/240

8315_0 鍼

27 鍼灸資生經
附上/1739

8315_3 錢

08 錢譜
十四/933
47 錢起詩
十七/1197
72 錢氏小兒方
十五/1031
77 錢賢良進卷
十九/1379

8471_1 饒

24 饒德操集
十九/1417

8612_7 錦

50 錦囊遺録
十四/847

8652_7 羯

44 羯鼓録
二/118
附下/1893

8612_7 錦

50 錦囊集
十六/1141

8660_0 智

智永千字文
四/213

8712_0 釣

58 釣鼇圖
十五/975

銅

80 銅人針灸圖
十五/1017

鉤

72 鉤隱圖
一/31

8742_7 鄭

07 鄭穀夫鄖溪集
十九/1357
26 鄭嵎津陽門詩
十八/1262
53 鄭成之集
十九/1425
56 鄭揚庭周易傳
一/32
68 鄭畋集
十八/1257

8794_0 叙

40 叙古千文

附上/1552

叙古蒙求

附上/1555

8810_4坐

00 坐忘論

十六/1056

8811_7鑑

03 鏗誡録

十三/772

8812_7鈐

77 鈐岡志

附上/1639

8822_0竹

03 竹譜

十二/711

30 竹宫表制

附上/1749

8823_2篆

06 篆韻

附上/1559

50 篆書千文

附下/1912

8824_0符

43 符載集

十八/1232

8850_7筆

09 筆談

十三/784

87 筆録

六/356

8862_7筍

08 筍譜

十二/712

8872_7節

60 節國朝會要

十四/924

8877_7管

17 管子

十一/659

60 管見録

附上/1703

8880_6簣

26 簣牕先生初集、續集

附下/1830

9000_0小

20 小爾雅

四/205

27 小名録

十四/918

77 小學之書

附下/1932

小兒玉訣

十五/1036

小兒靈秘方

十五/1034

9022_7尚

50 尚書

一/55

尚書正義

一/57

尚書解

一/60

尚書大傳

一/59

尚書故實

十三/767

常

01 常語

附下/1846

01 常譚

附下/1950
10 常平役法
附上/1613
15 常建集
十七/1185
24 常侍言旨
十三/769
76 常陽經
十四/856

9071_2 卷

10 卷雪樓集
附上/1648

9148_6 類

08 類説
十三/814
10 類要
十四/928
88 類篇
四/225

9408_1 慎

17 慎子
附上/1683

9501_0 性

80 性善堂稾
附下/1849

著者索引

編　例

一、本索引收録《郡齋讀書志校證》(包括趙希弁《讀書附志》)中所題撰、注、編、録、修、定、譯、補、續、輯、書、刊等著者之通用署名，按四角號碼檢字法編排。

二、著者之名在本書中除署通用名之外，還出現其他字號别稱者，均列參見條。如：

鄭康成　見鄭玄

並將字號别稱加圓括號附注於主條目之後。如：

鄭玄(鄭康成)

三、僅出現字號别稱及僅有姓氏而無名者，均依原題照録。屬撰寫時省略姓氏者，加方括號予以補足。如第十九卷第1333條：

〔王〕禹稱

四、著者爲歷代帝王，均取常用之謚廟號，别處出現其他稱謂者，立參見條。如：

唐明皇　見唐玄宗

五、凡本書作者，以其族人而避諱者，均恢復其姓名，而列解題中之稱謂，爲參見條。如：

詹事公　見晁説之

晁説之(詹事公)

六、著者爲釋氏，去"釋"、"僧"字而僅立法號。

七、本書作者認爲著者爲假託或持疑者，在其名後注明“(?)”。
八、一書著者有兩種以上説法，而晁氏未予考訂理明者，分別立目。
九、解題中未署撰人姓氏而在題中出現者，不予列目。
十、如原題系撰著者數人的簡括稱謂，仍以各人姓名立條，簡稱參見。如：

二程　見程頤、程顥

十一、人名下所列數碼，斜綫之左表示卷數，斜綫之右表示該條目在本書中的編號。如：

孔安國
一/55

《讀書附志》分卷上、卷下兩部分，分別簡稱作“附上”、“附下”。如：

張九成
附上/1544

0010_4童

26 童伯羽
附下/1874
30 童宗説
附下/1774

0021_4雍

77 雍陶
十八/1250

0022_2彦

93 彦悰
十五/955

廖

08 廖謙
附下/1873
10 廖正一
十九/1392
24 廖德明
附下/1873

0022_7高

02 高誘
十二/669
11 高琥
二十/1486
17 高承
附上/1718

21 高上虛皇君
十五/1040
23 高峻
六/318
24 高先
十六/1084
25 高仲武
二十/1457
30 高適
十七/1195
高宗皇帝 見宋高宗
37 〔高〕逈
六/318

方

10 方干
十八/1287
40 方左鉞
附下/1864
64 方疇
附上/1665

席

60 席旦
十/577

0023_1 應

14 應劭
十二/673
48 應乾
十六/1115

0023_2 康

10 康平
一/52
40 康壽平
二十/1486
78 康駢
十三/749
88 康節先生 見邵雍

0023_7 庾

00 庾袞
十四/888
20 庾信
十七/1166

0024_7 度

10 度正
附下/1849

0026_7 唐

00 唐彥謙
十八/1273
唐庚
十九/1405
唐玄宗（唐明皇帝）
二/97
三/173
七/422
十一/630
07 唐詢
十四/937
19 唐璘
附下/1855
28 唐儉
五/254
40 唐太宗
十/612
45 唐棣
附下/1866
56 唐紹
四/231
67 唐明皇帝 見唐玄宗
80 唐介
附下/1899
94 唐慎微
十五/1014

0028_6 廣

53 廣成子
十六/1076

0040_0 文

00 文彥博
九/545
10 文元公　見晁迥
30 文濟道
十四/945
32 文兆
二十/1476
46 文如海
十一/647
77 文同
十九/1368
80 文谷
十四/919
99 文瑩
十三/801
十三/804

0040_1 辛

93 辛怡顯
七/391

0040_6 章

03 章誼
附上/1651
附下/1793
21 章衡
五/273
章穎
附上/1661
22 章詧
十/594
26 章得象
十四/922
附上/1722
附上/1723
30 章定
附下/1939

0073_2 玄

24 玄奘
七/394
十六/1113
十六/1130

0121_1 龍

00 龍袞
七/378
20 龍受益
十五/970
44 龍樹大士
十五/1024

0128_6 顏

10 顏元孫
四/215
21 顏師古　見顏籀
24 顏幼明
十四/869
28 顏復
一/70
30 顏之推
十/607
40 顏真卿
十七/1187
88 顏籀(顏師古)
一/3
四/393
四/206
五/244
五/255
六/319

0173_2 襲

80 襲蓋卿
附下/1873

0180_1 龔

21 龔穎
五/271
71 龔原
一/45
龔頤正
附上/1586

0292_1 新

43 新城府君　見晁端友

0460_0 謝

06 謝諤
附上/1554
附下/1884
27 謝絳
五/260
30 謝良佐(謝顯道、上蔡)
四/188
附下/1866
附下/1878
附下/1898
44 謝赫
十五/953
47 謝好古
附上/1639
50 謝惠連
十七/1162
61 謝顯道　見謝良佐
72 謝朓
十七/1161

0466_4 諸

44 諸葛亮(?)
十一/656
十四/887
諸葛亮
附下/1943

0742_7 郭

00 郭雍
附上/1512
附下/1884
郭京
一/15
10 郭正己
附上1626
郭元亨
十/597
郭元振
十四/890
12 郭璞
四/202
四/207
八/466
十四/842
27 郭象
十一/645
30 郭憲
九/505
40 郭友仁
附下/1873
44 郭茂倩
二/125
郭若虛
十五/958
郭贄
六/300
50 郭忠孝(兼山郭先生)
一/54
附上/1512
附上/1522
郭忠恕
四/218

0821_2 施

30 施肩吾
十六/1062
十八/1242
48 施敬本
十四/906

0864_0 許

00 許彥國
十九/1436
04 許塾(?)
十四/915
22 許嵩
六/298
23 許允成
十/583
27 許歸與
四/219
許負

十四/860
37 許渾
十八/1248
48 許翰
附下/1794
許敬宗
五/247
六/282
六/283
六/284
60 許景衡
附下/1884
77 許冠(？)
十四/929
許開
附下/1850
80 許介
附下/1851
94 許慎
四/208

1000_0 一

21 一行
十四/848
十六/1072

1010_0 二

44 二蘇見蘇軾、蘇轍

1010_4 王

00 王充
十二/674
王彦威
六/294
王袞
十五/1030
09 王談
一/3
10 王雱
一/67
二/81
四/184
十一/649
附下/1817
附下/1899
〔王〕雱
十/583
十一/636
王雲
七/395
11 王棐
三/164
12 王砅(啓元子)
十五/999
十五/1002
14 王珪
五/261
六/304
十四/923
十九/1364
附上/1723
附下/1785
15 王建
十七/1213
17 王弼
一/1
十一/633
20 王禹偁
六/301
七/336
六/348
十九/1322
〔王〕禹偁
十九/1336
王舜俞
十四/944
王信

附下/1942
王維
十七/1182
21 王仁裕
六/342
八/483
九/532
王虛中
九/548
王貞白
附下/1777
22 王嵩叟
九/529
王稱
附上/1568
23 王佖
附下/1964
24 王德輿
十八/1289
25 王仲至
二十/1493
王績
十七/1169
26 王伯大
附上/1642
王得臣
附上/1707
王皞
六/344
〔王〕皞
九/542
27 王叡
十二/680
王粲
十七/1153
王絢
附下/1901
王叔和
十五/995
十五/996
十五/998
王叔和(？)
十五/999
30 王安石(王金陵)
一/45
一/63
二/81
二/104
三/175
四/185
四/230
六/305
六/364
九/530
十/583
十一/636
十二/689
十六/1106
十九/1363
附上/1532
附上/1549
附上/1688
附上/1754
附下/1888
附下/1899
附下/1966
王安中
十九/1409
附下/1815
王安國
附下/1899
王實
十五/1035
王定保
十三/764
王寀
十九/1433
王宗道
四/242
31 王涯
十/591
王迂
附上/1511
33 王溥
十四/920
十四/921
34 王祐

十五/1025
35 王洙
四/226
六/353
十四/895
十四/922
36 王湜
一/51
37 王渢
六/296
王過
附下/1874
王通
十/611
王通門人
十/610
王逸
十七/1145
王逢
一/35
王咨
附下/1845
王沿
三/150
40 王力行
附下/1874
王大節
附下/1933
王直方
十三/829
王堯臣
九/565
王希巢
附上/1745
王希哲
十四/927
王希明(?)
十三/833
王存
二/105
八/474
于志寧
一/3
王燾
十五/1022
王古
十九/1325
42 王晳
十四/880
44 王執中
附上/1739
王勃
十七/1171
王若谷
四/237
王蓍
十三/807
王楚
四/241
王恭
一/3
48 王松年
十四/946
50 王肅
四/194
〔王〕素
九/545
60 王日休
附上/1611
附上/1756
王旦
五/260
王思永
十五/963
王昌齡
十七/1184
66 王曙
七/379
十四/927
十六/1118
王睨
附上/1737
67 王明清
附上/1701
王昭素
一/21
74 王隨

十六/1119
77 王闢
十三/790
王居中
附上/1603
王舉正
五/260
六/303
十四/922
80 王益之
附上/1606
王金陵 見王安石
王令
四/183
附下/1899
王曾
五/260
六/356
王會之
一/60
81 王銍
十四/941
87 王欽若
六/303
九/515
九/537
十四/927
88 王符
十/605
90 王惟德
十五/1017
王懷隐
十五/1025
王當
三/159
三/168
97 王灼
附下/1831

1010₇五

22 五峯 見胡宏

1010₈巫

53 巫咸氏
十三/830

1014₁聶

22 聶崇義
二/98
60 聶田
十三/741

1020₀丁

00 丁度
四/223
四/225
四/226
四/896
06 丁謂
六/334
八/448
八/450
八/451
九/536
十二/703
十九/1333
12 丁副
三/151
24 丁德用
十五/993

1021₁元

21 元仁
十六/1106
24 元結
十七/1198
元鎮
十八/1235
附上/1607
27 元絳
十九/1369
43 元城 見劉安世
元始天尊
十六/1039
十六/1067
元載
六/288

六/289
76 元陽子
十六/1077
十六/1078

1024_7夏

05 夏竦
四/222
十四/927
十九/1343
26 夏伯孫
十九/1343
27 夏侯孜
十七/1221

1040_0于

13 于武陵
十八/1268
40 于志寧
五/255
46 于恕
附下/1880

1043_0天

06 天覩
十六/1130
40 天真皇人
十六/1072

1060_0石

12 石延年
十九/1421
20 石季長
三/164
34 石汝礪
一/44
石洪慶
附下/1873
50 石申
十三/831
80 石介
一/34
十九/1349

1060_3雷

78 雷斅
十五/1001

1080_6賈

03 賈誼
十/588
10 賈至
十七/1196
27 賈島
十八/1307
40 賈大隱
附上/1684
44 賈黄中
二/99
60 賈思勰
十二/692
賈黯
六/304
賈昌朝
四/221
四/226
十二/698
十六/1106
77 賈同
十/582
80 賈公彦
二/93
二/94

1111_4班

60 班固
四/195
五/244
九/504
67 〔班〕昭
五/244

1118_6項

30 項安世
附上/1517
附上/1705

1123_2張

00 張彦遠

十五/956
張方
十七/1180
張方平
附下/1783
張商英
十一/654
十九/1407
張唐英
六/354
七/374
九/531
十三/794
附上/1580
張文伯
附上/1721
03 張詠
十九/1337
04 張詵
二十/1451
張讀
十三/729
07 張詢古
六/317
08 張議
十二/755
十七/1189
張說
七/422
十七/1179
11 張預
十四/897
附下/1659
12 張登
十八/1233
14 張瑾
十六/1085
16 張璪
二/105
17 張孟
十四/951
張弼
一/46
張君房
十三/739
十三/816
十六/1059
張君相
十一/631
20 張舜民
七/383
十三/782
十九/1385
張維
附下/1884
21 張衡
附下/1943
張師正
十三/740
十三/796
23 張參
十四/891
張縯
附下/1946
24 張斛
四/237
張德釗
四/179
附上/1506
附上/1509
張幼倫
二/96
25 張仲景
十五/995
十五/996
26 張繹
附下/1866
27 張叔夜
附下/1670
附下/1918
張紹文
二/75
二/90
附上/1499
附上/1501
附上/1502
30 張宣公　見張栻

張守
八/461
附下/1901
張守約
八/499
〔張〕安期
十九/1321
張良
十四/869
32 張淵
附下/1836
33 張浚(忠獻公)
附上/1513
附下/1920
34 張湛
十一/643
張祜
十八/1266
35 張禮
八/498
36 張泊
十三/773
十七/1223
十九/1321
37 張洞
十五/1012
張滄
五/258
40 張九齡
九/555
十七/1181
張九成(橫浦)
附上/1544
附上/1597
附上/1717
附下/1880
附下/1884
附下/1898
附下/1929
張有
四/234
張希讓
八/454
42 張樸
附上/1630
43 張栻(張宣公、南軒、南軒先生)
附上/1547
附上/1597
附上/1660
附下/1825
附下/1882
附下/1883
附下/1884
附下/1921
張載(橫渠先生、橫渠)
一/41
三/154
十/581
十/620
十/622
十/624
十四/886
十九/1376
附上/1512
附上/1522
附上/1597
附下/1867
附下/1868
附下/1898
44 張孝祥
附下/1843
附下/1923
張華
十三/719
十七/1156
張著
七/426
45 張耕
附下/1844
46 張觀
九/565
47 張翃
附下/1856
張愬

八/497
張根
三/161
50 張耒
十九/1388
52 張揆
十/596
53 張蟠
十八/1295
55 張耕
附下/1637
60 張昌宗
十四/913
張固
十二/756
張景
一/62
十九/1318
十九/1336
67 張昭遠
五/256
74 張隨
十六/1062
77 〔張〕同然
附上/1675
張用成
十六/1089
張又新
十二/701
張開
八/492
80 張俞
十九/1366
88 張簡
十/578
張籍
十七/1228
91 張烜
十四/906

1173_2 裴

08 裴説
十八/1285
12 裴廷裕
六/339
24 裴休
六/294
30 張良甫
附上/1561
46 裴珀
六/291
48 裴松之
五/246
60 裴日休
十/582
76 裴駰
五/243
82 裴铏
十三/737

1212_7 瑞

90 瑞光
十六/1141

1220_0 列

27 列禦寇
十一/643

1222_7 彌

26 彌伽釋迦
十六/1116

1240_1 延

40 延壽
十六/1138

1241_0 孔

10 孔平仲
附上/1693
附上/1694
附下/1801
13 孔武仲
一/60
十/579
十三/783
17 孔子(仲尼)
四/202

20 孔稚圭
附下/1764
21 孔穎達
一/3
一/57
二/76
二/95
三/141
五/255
24 孔鮒
十二/672
〔孔〕鮒
附上/1682
25 孔傳
九/512
九/513
27 孔伋
十/574
30 孔安國
一/55
一/58
孔宗翰
九/558
60 孔晁
六/313
72 孔氏
四/205

1249_3孫

00 孫奕
附上/1709
06 孫諤
一/72
二/105
四/223
11 孫彊
四/211
13 孫武
十四/874
17 孫巽
七/396
20 孫季邕
十四/846
孫季良
十四/906
21 孫何
十九/1332
24 孫緯
二/114
26 孫自修
附下/1873
28 孫復(孫明復)
三/149
十九/1365
35 孫洙
十九/1378
附下/1899
37 孫逢吉
一/2
附上/1497
附上/1605
38 孔棨
十三/765
40 孫奭
六/303
十/576
十四/927
孫樵
十八/1264
46 孔覿
附下/1797
50 孫抃
十九/1341
53 孫甫
六/353
七/407
附上/1602
60 孫晟
十八/1302
孫思邈
十五/1020
十五/1021
67 孫明復見孫復
77 孫覺
一/66
三/148
六/305

十九/1445
孫朋吉
二/87
附上/1500
87 孫郃
十八/1282
十八/1287
90 孫光憲
五/268
十三/770
十八/1299
孫尚
十五/1037
91 孫愐
四/212

1314_0武

10 武三思
六/285
武元衡
十七/1215
72 武后(武氏)
十/613
武氏　見武后

1623_6强

10 强至
十/582
附下/1938

1710_7孟

00 孟彥深
二十/1457
07 孟郊
十七/1225
10 孟元老
附上/1656
14 孟珙
附上/1759
34 孟浩然
十七/1190
37 孟遲
十八/1259
38 孟棨
二十/1459
51 孟軻
十/575

1712_0刁

21 刁衎
十四/927

1712_7鄧

23 鄧綰
十二/691
26 鄧自和
九/569
36 鄧溫伯
六/307
50 鄧忠臣
附下/1814

1714_7瓊

88 瓊管
附上/1631

1720_0了

00 了齋
附上/1597

1721_4翟

34 翟汝文
附下/1818
44 〔翟〕耆年
附下/1818

1722_7鬻

21 鬻熊
十一/627
附上/1680

1740_0子

00 子玄
十六/1075
10 子夏
四/202
11 子璿

十六/1114

1742₇邢

14 邢璹
一/2
46 邢恕
附下/1866
60 邢昺
二/94
三/174
四/181
四/204
77 邢居實
十九/1393

1750₇尹

00 尹文
十一/662
17 尹君
十六/1044
31 尹源
附下/1807
35 尹洙
十五/972
十九/1352
附上/1573
附下/1808
47 尹起莘
附上/1588
60 尹國均
十三/786
90 尹焞(和靜先生)
四/193
附上/1543
附下/1884

1762₀司

30 司空珏
十四/845
司空圖
十八/1272
71 司馬康
一/70
附下/1935
司馬文正公　見司馬光
司馬承禎
十六/1056
司馬穰苴
十四/883
司馬貞
七/401
附上/1562
司馬遷
五/243
司馬溫公　見司馬光
司馬才章
一/3
司馬槱
十九/1431
司馬棫
十九/1432
司馬光（司馬文正公、司馬溫公、溫國文正公、涑水、溫國司馬文正公）
一/36
三/176
五/274
五/276
五/277
五/281
六/307
六/355
七/439
十/585
十/598
十/601
十/609
十/618
十一/635
十三/824
十五/967
十五/973
十九/1365

附上/1618
附下/1898
附下/1928
附下/1942

1762_7邵

00 邵雍(康節先生)
一/28
十九/1429
附上/1522
26 邵伯温
六/312
六/365
〔邵〕伯温
一/28
33 邵溥
十九/1412
34 邵浩
附下/1965
40 邵古
一/25

1814_0致

90 致堂　見胡寅

1918_0耿

12 耿延年
附上/1672
24 耿綽
十七/1208
40 耿南仲
一/45
60 耿思柔
二十/1473

2010_2丘

90 丘光庭
十四/902

2022_7禹

86 禹錫　見掌禹錫

喬

14 喬琳
九/560

2033_1焦

00 焦度
十三/728
07 焦贛　見焦延壽
12 焦延壽(焦贛)
一/9

2043_0奚

27 奚嶼
八/454

2064_8皎

29 皎然
十八/1308

2071_4毛

00 毛文錫

十二/702

2091₄維

00 維摩詰
十六/1104

2110₀上

30 上官儀
十五/965
44 上蔡　見謝良佐

止

00 止齋　見陳傅良

2121₀仁

44 仁英(？)
一/18

2121₇盧

12 盧延讓
十八/1296
22 盧崇
附下/1817
24 盧告
六/296
27 盧多遜
二/99
五/258
28 盧綸
十七/1207
38 盧肇
附下/1776
44 虞世南
十四/904
十四/905
67 盧照鄰
十七/1172
80 盧仝
三/144
十八/1244

虛

50 虛中
十八/1311

2122₀何

17 何璨
十一/652
何承天
十四/869
20 何季羽
附下/1954
23 何俌
附上/1565
24 何休
三/140
32 何遜
十七/1165
37 何洵直
二/105
48 何掄
附上/1676
60 何晏
四/178
80 何鎬
附下/1874
90 何光遠
十三/772
97 何郯
十九/1347

2122₁行

38 行肇
二十/1476
47 行均
四/224

2122₇衛

10 衛元嵩
一/16
22 衛嵩
十五/1003

2123₄虞

00 虞庶
十五/994

2124₁處

90 處常子
二十/1460

2133₁熊

28 熊皦
十八/1292

2172₇師

44 師協
三/164

2190₃紫

90 紫堂先生
十四/872

2190₄柴

53 柴成務
六/302

2210₈豐

26 豐稷
十/579

2220₇岑

23 岑參
十七/1193

27 岑象求
十三/808

80 岑羲
六/285

2221₄任

10 任正一
一/4

23 任弁
八/491

26 任伯雨
三/158
附下/1839

33 任浚
十四/950

35 任洙
四/201--1

60 任昉
十三/722
附上/1712

崔

10 崔靈恩
二/92

15 崔融
六/285
二十/1455

27 崔豹
附上/1713

60 崔恩齊
二十/1486

77 崔鶠
十九/1398

80 崔令欽
二/120

2290₀利

10 利正
十四/892

2290₁崇

31 崇福公　見晁詠之

2290₄欒

34 欒洪
附上/1523

50 欒史
八/472
九/520
九/522
九/523

60 欒思忠
附上/1530

巢

10 巢元方
十五/1000

2300₀卜

17 卜子夏
一/8

2323_4伏
79 伏勝
一/59

2324_0代
32 代淵
一/26

2324_2傅
10 傅霖
八/462

2360_4昝
27 昝殷
十五/1023

2397_2嵇
00 嵇康
十七/1155

2421_1先
17 先君子 見晁沖之

2423_1德
34 德洪 見惠洪

2424_1侍
44 侍其瑗
附上/1553

2424_7彼
22 彼岸
十六/1114

2426_4儲
90 儲光羲
十七/1183

2480_6贊
30 贊寧
十二/688

2500_0牛
21 牛師德
一/53
22 牛嶠
十八/1297
28 牛僧孺
十三/730
十三/732
32 牛叢
六/296

2520_6仲
77 仲尼 見孔子

2590_0朱
00 朱文公 見朱熹
朱玄
十一/642
08 朱敦頤(濂溪)
附下/1898
10 朱正夫
一/60
朱震(漢上先生)
一/50
附上/1522
28 朱倣
十七/1239
朱繪
十二/684
40 朱熹(朱文公 晦翁先生、晦庵先生)
附上/1511
附上/1515
附上/1527
附上/1528
附上/1533
附上/1545
附上/1546
附上/1550
附上/1551
附上/1574
附上/1615
附上/1616

附上/1662
附下/1760
附下/1772
附下/1826
附下/1872
附下/1877
附下/1885
附下/1932
43 朱朴
十二/681
十八/1283
74 朱肱(無求之)
十二/718
十五/1007
十五/1010
79 朱勝非
十三/813

2590₆种

08 种放
十九/1337
附下/1781
〔种〕説
十九/1337

2600₀白

77 白居易
十四/908
十八/1229
二十/1490

2610₄皇

10 皇元真人
十六/1076
26 皇侃
四/180
53 皇甫謐
九/508
皇甫泌
一/27
皇甫湜
十八/1236
皇甫士安
十六/1090
皇甫冉
十七/1203
皇甫鑒
十四/917

2620₀伯

22 伯樂
十五/985

2621₃鬼

80 鬼谷先生
十一/667

2629₄保

36 保暹
二十/1476

2641₃魏

10 魏元忠
六/285
13 魏武帝
十四/874
17 魏了翁
附下/1832
26 魏伯陽
十六/1061
28 魏徵
五/250
五/255
魏收
五/252
44 魏謩
六/296
45 魏椿
附下/1874
附下/1965
50 魏泰
十三/797
十九/1408
67 魏野
十九/1418

2643₀吳

00 吳充

六/305
13 吳琮
附下/1874
17 吳琚
附上/1624
吳子經
附下/1899
18 吳孜
一/60
21 吳仁傑
附下/1762
吳處厚
十三/799
24 吳縝
七/415
七/416
27 吳紹古
附上/1638
30 吳安詩
十/579
吳安時
一/70
吳宏
附上/1704
33 吳祕
十/587
吳必大
附下/1874
附下/1876
37 吳淑
六/302
十三/789
附上/1719
40 吳奎
六/357
吳壽昌
附下/1874
44 吳協
十四/938
吳兢
二/126
六/284
六/285
六/286
六/287
六/321
六/330
九/562
吳芾
附下/1792
吳莘
附上/1566
附上/1600
附上/1703
附下/1951
46 吳如愚
附上/1524
47 吳均
十七/1163
吳起
十四/882
51 吳振
附下/1965
80 吳雉
附下/1965
吳曾
附上/1572
附上/1700
88 吳筠
十六/1055
十七/1201
附下/1944
吳箕
附下/1950

2690₀和

24 〔和〕幪
八/456
26 和峴
二/99
37 和凝
八/456
57 和靜先生　見尹焞

2691₄程

02 程端蒙

附下/1874
08 程敦厚
附下/1949
27 程俱
六/310
七/441
程叔達
附上/1623
60 程晏
十八/1281
61 程顥(明道)
二/101
附上/1512
附下/1806
附下/1834
附下/1898
71 程頤(伊川先生、伊川)
一/42
一/71
二/83
四/186
十/580
十九/1375
附上/1512
附上/1522
附上/1597
附下/1884
附下/1898
程頤門人
十/623
80 程公説
附上/1538
程公許
附下/1834

2692_2穆

27 穆鑫
十五/987

2694_1釋

36 釋迦牟尼
十六/1092

2711_7龜

22 龜山　見楊時

2713_2黎

80 黎錞
三/153

2721_7倪

10 倪天隱(？)
一/24

2722_2修

17 修己
十六/1117

2723_2象

22 象山　見陸九淵

2723_4侯

07 侯望
附下/1940
12 侯延慶
附下/1841

2724_7殷

12 殷璠
附下/1958
25 殷仲茂
九/564
44 殷芸
十三/721
48 殷敬順
十一/644
附下/1941

2725_7伊

22 伊川　見程頤
伊川先生　見程頤

2726_1詹

50 詹事公　見晁説之

2731_2鮑

33 鮑溶
十八/1238
44 鮑若雨
附下/1866
附下/1884
67 鮑照
十七/1160

2742_7 鄒

34 鄒浩(鄒道鄉)
附下/1789
附下/1966
38 鄒道鄉　見鄒浩
41 鄒柄
附下/1866

2771_2 包

47 包拯
十九/1448
56 包揚
附下/1965
80 包羲氏
一/6

2791_7 紀

99 紀燮
十四/878

2793_4 緱

72 緱氏
十二/752

2794_0 叔

12 叔孫通
四/202

2823_7 伶

00 伶玄
九/521

2824_0 徽

30 徽宗皇帝　見宋徽宗

2826_6 僧

34 僧祐
九/559
十六/1142
38 僧肇
十六/1104

2829_4 徐

00 徐彥伯
六/285
徐庸
一/33
十/593
徐度
附上/1708
10 徐靈府
十一/641
25 徐績
十九/1427
26 徐得之
附上/1536
30 徐寓
附下/1873
徐容
附下/1873
38 徐道邈
十六/1047
43 徐機
附下/1903
44 徐夢莘
附上/1583
48 徐幹
十/606
67 徐照
附下/1903
72 徐氏
十六/1061
74 徐陵
二/127
77 徐鳳
附下/1799
徐堅
六/285

十四/906
80 徐鉉
四/208
七/375
十三/738
十八/1306
附下/1912
81 徐鍇
四/209
徐鍇(?)
附上/1559
88 徐筠
附上/1604

2835_1鮮

10 鮮子瓌
十九/1334
鮮于綽
六/366
鮮于侁
一/37
十九/1372
〔鮮于〕之武
十九/1372

3013_7濂

32 濂溪 見朱敦頤

3020_1寧

30 寧宗皇帝 見宋寧宗

3021_4寇

13 寇瑊
七/380
30 寇準
十九/1320
附下/1963
寇宗奭
九/540
十五/1015

3021_7扈

44 扈蒙
二/99
五/258
六/300

3022_7扁

47 扁鵲(?)
十五/1016

房

00 房庶
二/122
房玄齡
六/282
六/283
15 房融
十六/1114
十六/1116
20 房喬
五/247
30 房審權
一/47

3023_2家

71 家頤
附上/1687

3030_2適

30 適適先生
七/421

3040_1宇

00 宇文籍
六/293
67 宇昭
二十/1476

3040_4安

26 安保衡

十六/1107

3060_6富

17 富弼
七/382
十九/1348
附上/1650

3080_1蹇

31 蹇濬
十七/1225

3080_6賓

66 賓唱
九/553

實

40 實乂難詫
附上/1752

竇

26 竇儼
二十/1482
28 竇儀
八/454
竇從周
附下/1873
44 竇苹
七/405
90 竇惟鋈
十四/840
竇常
二十/1458

3090_1宗

30 宗密
十六/1097
十六/1106
十六/1110
十六/1131
十六/1137
90 宗懍
十二/696

3090_4宋

00 宋齊丘
十二/685
宋高宗（高宗皇帝）
附下/1906
附下/1907
宋度
六/302
宋庠
三/165
五/272
七/442
八/457
九/562
十三/774
十九/1344
附下/1714
16 宋聖寵
七/431
17 宋君
十三/837
宋子安
十二/707
21 〔宋〕仁宗
十四/893
22 宋綬（宋宣獻公）
五/260
六/303
九/536
十四/922
二十/1469
附上/1725
26 宋白
六/300
十九/1323
附下/1892
28 宋徽宗（徽宗皇帝）
十五/1005
附上/1679
附上/1728
附上/1735

附上/1742
附下/1962
〔宋〕徽宗
十一/634
十二/709
30 宋寧宗（寧宗皇帝）
附下/1908
宋之問
十七/1176
35 宋神宗
十九/1315
37 宋祁
四/226
五/257
十三/775
十九/1345
附上/1692
宋次道
十七/1225
40 宋真宗（真宗皇帝）
附下/1904
44 宋孝宗（孝宗皇帝）
附上/1751
53 宋咸
一/38
附上/1682
63 宋貽序
十四/927
71 宋巨
六/326
九/533
77 宋居白
六/326
87 宋欽宗（欽宗皇帝）
附下/1905
88 宋敏求
六/304
七/439
八/484
八/485
八/486
十/592
十三/781
二十/1467
二十/1468
附上/1622
宋敏公
附上/1697
90 宋惟幹
十/592

3094₀寂

53 寂感禪師
附上/1758

3111₀江

24 江休復
十三/778
34 江淹
十七/1164
86 江鈿
二十/1478

3111₄汪

00 汪應辰
附下/1823
24 汪德輔
附下/1965
26 汪伯彥
六/335
附下/1901
44 汪藻
六/311
六/367
八/476
十九/1413
附下/1820
汪革
四/190

3112₀河

21 河上公
十一/629

十六/1076

3112_7馮

07 馮翊子
六/340
10 馮正符
三/157
馮元
五/260
十四/922
22 馮山
三/160
十九/1402
馮繼先
三/167
24 馮休
十/584
37 馮潔己
七/430
57 馮拯
六/303
八/494
88 馮鑑
五/269
十二/683
二十/1489
91 馮炳
七/392

3128_6顧

36 顧況
十七/1205
78 顧臨
一/60

3211_8澄

46 澄觀
十六/1094
十六/1096

3214_7浮

20 浮丘公
十五/984

3216_9潘

00 潘文燾
附下/1798
24 潘佑
十八/1303
26 潘侃
附上/1655
41 潘柄
附下/1874
44 潘若同
十三/788
潘植
附下/1874
64 潘時舉
附下/1873
77 潘閬
十九/1419
潘履孫
附下/1873

3390_4梁

00 梁文
四/202
10 梁元帝
十二/676
十四/900
43 梁載言
八/469
61 梁顥
六/301

3411_2沈

01 沈顏
十八/1288
10 沈亞之
十八/1240
25 沈傳師
六/293
27 沈倜
附下/1873
沈約
二/102

五/248
28 沈佺期
十七/1177
沈倫
六/300
40 沈大臨
附上/1673
42 沈彬
十八/1290
52 沈括
三/170
十三/784
十五/1028
十五/1029
71 沈長卿
附上/1716
80 沈弇
附下/1861

3412_7 滿

50 滿中行
十九/1401

3413_1 法

14 法琳
十六/1133
十六/1134
15 法珠
十六/1132
26 法泉
十六/1113
44 法藏
十六/1099
十六/1100
十六/1113
50 法東
附上/1759

3413_4 漢

21 漢上先生　見朱震

3418_1 洪

27 洪芻
十四/939
附上/1623
32 洪适
附上/1560
附下/1796
34 洪邁
附上/1564
附上/1706
附下/1948
38 洪肇
十六/1128
77 洪興祖
二十/1494
附下/1771

3426_4 褚

38 褚遂良
五/247
90 褚少孫
五/244

3512_7 清

30 清塞
十八/1310

3519_6 涑

12 涑水　見司馬光

3520_6 神

14 神珙
四/211
30 神宗皇帝　見宋神宗

3611_7 温

00 温庭筠
十三/763
十八/1270
二十/1462
40 温大雅
五/266
60 温國文正公　見司馬光

溫國司馬文正公
見司馬光

3612₇ 湯

12 湯烈
附下/1926
33 湯泳
附下/1873

3621₀ 顧

67 顧野王
四/211

祝

20 祝禹圭
附下/1884
26 祝穆
附上/1654
附上/1720
30 祝充
附下/1773
77 祝熙載
二十/1470
87 祝欽明
六/285

3722₀ 初

21 初虞世
十五/1032

3730₂ 通

17 通子
十五/1006

3730₄ 逢

21 逢行珪
十一/627
附上/1680

3772₇ 郎

38 郎肇
十六/1065
40 郎士元
十七/1204
64 郎曄
附下/1881

3814₇ 游

18 游酢
二/108
附上/1512
附下/1866
附下/1884
27 游倪
附下/1874
48 游敬仲
附下/1874

3830₄ 遵

24 遵化
十六/1080
43 遵式
十六/1101

3830₆ 道

03 道誠
十六/1140
15 道融
十六/1104
24 道生
十六/1104
30 道宣
九/551
十六/1143
31 道潛
十九/1442
37 道通
十六/1102
十六/1103
40 道古
十六/1126
61 道顯
十六/1125

71 道原
十六/1118

3860₄啓

10 啟元子　見王砯

4003₀大

20 大禹
八/466

太

26 太皇子
十六/1070
47 太極真人
十六/1048

4010₁左

00 左玄真人
十六/1049
72 左丘明
三/165

4010₆查

38 查道
十四/927

4021₆克

44 克勤
十六/1127

4022₇希

26 希白
十九/1443
50 希晝
二十/1476

南

21 南卓
二/108
附下/1893
22 南豐先生　見曾鞏
51 南軒　見張栻
南軒先生　見張栻

4024₇皮

60 皮日休
十八/1271
二十/1463
90 皮光業
十三/771

4040₇李

00 李膺
十三/798
李方子
附上/1678
附下/1873
附下/1889
李商隱
十八/1251
李康成
二/128

李庭中
十五/978
李唐濬
十四/862
李廣
十五/962
李文友
二十/1471
李讓夷
六/295
02 李端
十七/1210
李新
十九/1400
03 李誠
七/445
05 李靖
十四/865
十四/889
10 李丙
附上/1582
李耳
十一/628
李石
六/328
李百藥
五/253
12 李彌大
七/432
李延壽
五/247
五/255
六/315
15 李迪
十九/1340
17 李邴
附下/1901
李子威
二十/1486
李羣玉
十八/1265
20 李季札
附下/1873
李維
六/303
九/536
十四/927
十六/1118
十九/1330
21 李虛中
十四/853
李儒用
附下/1873
附下/1874
李師中
十九/1374
李綽
十二/697
十三/767
22 李嶠
十七/1180
李鼎祚
一/12
23 李獻民
十三/817
24 李德裕
六/327
六/329
六/332
八/446
十/614
十二/713
十八/1252
25 李紳
十八/1237
李穗
二十/1486
26 李白
十七/1192
附下/1767
李穆
五/258
六/300
27 李侗
附下/1872
李象先
十四/931

李翺
四/182
十三/723
十七/1227
附上/1541
李綱
附上/1590
附上/1591
附上/1592
附下/1819
附下/1901
李絳
十七/1221
28 李攸
八/453
李復言
十三/731
〔李〕綸
附上/1666
30 李沆
六/301
李淳風
五/247
五/255
十四/870
十四/871
十五/968
李淳風(？)
十四/899
李宗諤
六/301
八/450
二十/1465
附上/1607
〔李〕宗諤
九/528
31 李江
一/16
32 李涉
十八/1249
33 李心傳
附上/1584
附上/1595
附上/1669
34 李漢
六/293
〔李〕汝納
九/534
35 李清照（李格非之女）
十九/1415
李清臣
二/105
36 李暹
十一/640
37 李洞
十八/1279
李淑
四/226
五/260
六/303
九/567
十四/922
二十/1492
李通玄
十六/1093
十六/1095
李逢吉
十八/1246
二十/1461
38 李瀚
十四/942
李途
十四/910
李遵勗
十六/1120
李肇
六/325
七/425
附上/1607
40 李九齡
五/258
李有中
十八/1304
李燾
附上/1576
李嘉祐

十七/1194
李壽朋
附上/1643
李雄
十八/1293
43 李朴
附上/1663
附下/1884
44 李孝美
十四/933
李蓍
附下/1886
附下/1887
李若谷
九/565
李林甫
二/97
七/422
46 李觀
十七/1222
李賀
十八/1243
47 李格非
八/500
李格非之女 見 李清照
54 李軌
十/600
56 李覯
附下/1846
60 李昉
二/99
五/258
六/300
八/473
十三/744
十四/925
李昊
六/299
李昌齡
附上/1748
67 李郢
十八/1261
李嗣真
十五/954
68 李畋
九/527
十三/777
70 李壁
附下/1800
附下/1833
71 李匡文
六/326
十二/751
72 李氏
二十/1456
76 李陽冰
四/208
四/217
77 李周翰
二十/1451
李閎祖
附下/1873
〔李〕賢
五/245
80 李仝
十四/852
李益
十七/1211
李義府
五/247
李善
二十/1450
81 李籲
附下/1866
88 李筌
七/423
十一/655
十四/875
李鋭
十四/906
李繁
九/516
十六/1136
90 李光
附下/1795
李光弼

十四/891
李常
十九/1449
96 李煜
四/220
十八/1300
97 李煇
附下/1965

支

34 支法領
十六/1093

4050₆韋

00 韋齊休
七/389
韋應物
十七/1209
21 韋行規
十二/694
韋處玄
十六/1045
韋處厚
六/291
六/293
附上/1607
26 韋保衡
六/297
27 韋叡
十二/754
韋絢
十三/758
十三/766
30 韋安仁
五/255
33 韋述
七/434
十四/906
44 韋莊
十八/1298
韋執誼
附上/1607
67 韋昭
三/165
94 韋慎微
八/447

4060₅喜

77 喜學
十六/1093

4073₂袁

07 袁郊
十三/734
18 袁政
十二/677
30 袁宏
五/263
53 袁甫
附下/1930
98 袁悦
十四/912

4080₁真

00 真文忠公　見真德秀
真諦
十六/1131
24 真德秀（真文忠公）
附上/1526
附上/1690
附下/1931
30 真宗皇帝　見宋真宗

4191₆桓

30 桓寬
十/604

4192₀柯

44 柯夢得
附下/1959
60 柯田山樵
附下/1947

4196₀栖

40 栖真子

十五/1033

4212_2彭

10 彭百川
附上/1732
25 彭仲堪
十六/1081
27 彭龜年
附上/1731
64 彭曉
十六/1061

4241_3姚

60 姚思廉
五/250
五/251
77 姚闢
一/60
二/100
附下/1899
80 姚鉉
十九/1342
二十/1453
姚合
十八/1241

4385_0戴

16 戴聖
二/89
17 求那跋陀羅
十六/1109
24 戴德
二/91
27 戴凱之
十二/711
戴叔倫
十八/1230
80 卦氣圖
附上/1523

4410_0封

20 封丘府君　見晁載之
33 封演
十二/753

4410_4董

10 董正功
十/608
25 董仲舒
三/138
30 董淳
六/300
31 董逌
十四/935
54 董拱壽
附下/1874
80 董無心
十/587
85 董銖
附下/1873
董□
十九/1440

4411_2范

06 范諤昌
一/22
07 范望
十/590
10 范百禄
十九/1384
21 范師道
十四/924
附上/1724
25 范仲淹
十九/1339
附下/1784
范純仁
附下/1786
30 范甯
三/136
35 范冲
六/309
附上/1664
36 范温
十三/828
37 范祖禹

一/70
三/177
四/187
六/307
七/408
十/579
十/621
附下/1866
43 范越鳳
十四/845
48 范乾九
十一/658
51 范攄
十三/760
53 范成大
附上/1627
附上/1652
64 范曄
五/245
72 范質
五/270
七/397
十九/1316
84 范鎮
二/113
六/304
十三/780
十四/947
十九/1446
附下/1899

4412₇蒲

30 蒲宗孟
十九/1370
48 蒲乾貫
一/20

4420₇夢

32 夢溪丈人
十二/717
44 夢英
四/229

4421₄莊

77 莊周
十一/645

4422₇蕭

17 蕭子顯
五/249
20 蕭統
二十/1450
21 蕭穎士
十七/1188
24 蕭佐
附下/1965
蕭綺
九/510
〔蕭〕緒
八/455
44 蕭世基
十五/1009

萬

80 萬人傑
附下/1873

4424₂蔣

00 蔣之奇
一/60
20 蔣舜元
十五/971
21 蔣偕
六/296
22 蔣係
六/293
40 蔣乂
六/291

4426₇蒼

41 蒼頡
一/5
一/6

4433₁燕

50 燕肅
十三/837

4439₄ 蘇

10 蘇元朗
十六/1079
11 蘇頲
十七/1174
17 蘇子才
一/60
20 蘇舜元
十九/1423
蘇舜欽
十九/1350
24 蘇德融
一/3
31 蘇源明
一/16
37 蘇洵
一/65
二/100
二/113
十九/1360
蘇滌
六/294
44 蘇耆
十三/779
附上/1607
53 蘇軾
一/40
一/69
四/185
四/223
十一/650
十三/826
十九/1361
附下/1899
附下/1966
58 蘇轍
二/82
三/155
七/409
十一/638
十三/785
十九/1362
附上/1563
附下/1899
附下/1966
60 蘇易簡
七/427
十四/932
附上/1607
蘇景裔
六/293
六/294
61 蘇昞
附下/1866
64 蘇曉
八/454
67 蘇鶚
一/17
十三/759
81 蘇頌
十五/1012
十五/1013

4440₇ 孝

30 孝宗皇帝　見宋孝宗

4443₀ 樊

21 樊綽
七/390
24 樊先生
七/417
25 樊紳
六/291

4445₆ 韓

00 韓康伯
一/1
一/2
06 韓諤
十二/693
十二/695
11 韓非
十一/660
13 韓琬
七/429

14 韓琦
六/304
附下/1779
20 韓維
六/304
六/305
十九/1430
27 韓偓
六/331
十八/1278
35 韓迴
十四/894
47 韓翃
十七/1199
50 韓忠彦
九/543
66 韓嬰
二/77
77 韓駒
十九/1435
韓熙載
十二/686
十八/1301
80 韓愈(昌黎先生)
四/182
六/292
十七/1220
附上/1541
附下/1769
90 韓肖胄
附下/1901

4450_6 革

40 革希元
五/245

4460_1 菩

56 菩提達磨
十六/1129

4462_7 荀

28 荀以道
二/130
36 荀況
十/586
77 荀卿(？)
三/169
98 荀悦
五/262
附下/1763

4471_1 老

17 老子
十六/1042
十六/1050
十六/1066
十六/1069
十六/1073

4472_7 葛

10 葛天民
附下/1865
27 葛紹體
附下/1863
34 葛洪
六/316
九/547
十二/675
十六/1058
十六/1068

4474_1 薛

21 薛能
十八/1260
34 薛濤
十八/1312
37 薛漁思
十三/735
薛逢
十八/1256
77 薛用弱
十三/726
薛居正
五/258
80 薛公
十五/989
90 薛尚功

四/235
四/240

4477₀甘

44 甘夢叔
附下/1862
80 甘公
十三/831
88 甘節
附下/1873

4480₆黄

00 黄帝
十四/841
十四/865
十五/997
十五/1018
黄庭堅(黄山谷)
六/307
十九/1386
附下/1966
10 黄石公
十一/653
12 黄璞
九/509
13 黄琮
附下/1945
17 黄君俞
附下/1802
20 黄秉
十四/936
21 黄卓
附下/1965
22 黄山谷　見黄庭堅
24 黄休復
十三/803
十五/961
黄升卿
附下/1874
31 黄灝
附上/1552
附下/1965
40 黄大昌
附上/1511
黄大輿
二十/1495
黄希
附下/1768
46 黄觀
十九/1428
47 黄朝英
十三/800
〔黄〕鶴
附下/1768
48 黄幹
附上/1548
附上/1668
附下/1874
附下/1890
附下/1965
60 黄日新
附上/1556
64 黄晞
十/616
附上/1686
77 黄履
二/105
80 黄義剛
附下/1873
附下/1874
88 黄鑑
五/260
99 黄番
附下/1874
〔黄〕番
附上/1677
附下/1811

4490₁蔡

00 蔡廣成
一/19
蔡襄
十二/706
十二/714
十九/1356
附下/1838

蔡京
六/308
10 蔡元定
附上/1521
附上/1620
附上/1710
蔡元道
附上/1608
13 蔡確
六/307
22 蔡邕
四/196
十七/1151
附下/1934
24 蔡幼學
附上/1577
37 蔡沉
附上/1527
43 蔡戡
附上/1628
44 蔡蕃
十三/745
蔡模
附下/1878
45 蔡柟
附下/1860
50 蔡抗
附下/1965
77 蔡愳
附下/1874
蔡興宗
十七/1200
90 蔡省風
二十/1475

4490_3 綦

30 綦崈禮
附下/1821

4490_4 葉

28 葉儀鳳
附上/1539
30 葉適
附下/1829
34 葉法静
十六/1072
44 葉夢得
附上/1699
46 葉賀孫
附下/1873

4491_0 杜

06 杜諤
三/172
10 杜元穎
六/293
11 杜預
三/132
三/139
12 杜延業
附上/1571
21 杜順
十六/1097
24 杜佑
十四/909
28 杜牧
十四/876
十八/1247
30 杜審言
十七/1178
杜竇
六/320
44 杜荀鶴
十八/1280
杜植
附下/1899
53 杜甫
十七/1200
附下/1768
63 杜默
十九/1424
80 杜鎬
四/204
十四/927
90 杜光庭
八/470
九/548
十九/1447

附下/1866

4491_4 權

24 權德輿
十八/1231
30 〔權〕憲孫
十八/1231

4498_6 横

31 横渠　見張載横
渠先生　見張載
33 横浦　見張九成

4499_0 林

10 林至
附下/1957
林靈素
十六/1091
林可山
附上/1733
17 林子蒙
附下/1965
20 林億
十五/1012
21 林能千
附上/1738
林慮
六/360
附下/1937
30 林寶
六/291
九/556
33 林逋
十九/1420
40 林希
六/307
44 林夔孫
附下/1873
林英發
附上/1633
66 林賜
附下/1874
77 林罕
四/216
林學蒙
附下/1874
林學履
附下/1965
林開
十四/855
80 林會
附上/1644
97 林恪
附下/1873

4622_7 獨

12 獨孤及
十七/1202
獨孤郁
六/291

4680_6 賀

17 賀琛
二/112

4692_7 楊

00 楊方
附下/1965
楊玄操
十五/992
10 楊至
附下/1874
附下/1965
楊至質
附上/1749
楊可
十三/839
20 楊億
五/260
六/302
十四/927
十六/1118
十九/1326
二十/1465
附下/1780
楊倞
十/586

24 楊備
五/280
26 楊侃
七/410
十四/926
27 楊名
十四/912
楊叔虎
附下/1854
28 楊繪
一/64
十九/1373
30 楊完
二/105
34 楊漢公
六/294
楊祐甫
七/420
36 楊湜
八/477
37 楊退修
十五/1038
楊咨
十四/952
38 楊遵道
附下/1866
楊道夫
附下/1873
40 楊九齡
七/371
楊士勛
三/143
附上/1510
楊堯臣
九/518
楊存亮
附下/1900
44 楊萬里
附上/1514
附上/1599
楊若海
附下/1874
46 楊恕
附上/1632
64 楊時(龜山)
一/68
二/84
二/106
二/109
四/192
附上/1512
附上/1597
附下/1870
附下/1884
附下/1898
67 楊昭儉
二/99
70 楊驤
附下/1874
71 楊巨源
十七/1218
楊長孺
附下/1874
77 楊與立
附下/1874
附下/1875
80 楊介
十五/1011
楊弇
十八/1287
楊谷
十六/1088
81 楊鉅
附上/1607
88 楊筠
十四/943
92 楊恬
十九/1434
97 楊炯
十七/1170

4702_7 鳩

00 鳩摩羅什
十六/1104
十六/1106
附上/1753

4740_2 麴

20 麴信陵
十七/1217

4762_0 胡

11 胡璩
十三/761
12 胡瑗
一/24
一/61
二/121
八/452
〔胡〕瑗
九/539
21 胡衛
附上/1570
24 胡納
九/538
九/539
30 〔胡〕寧
附上/1667
胡安國
三/162
附下/1791
胡宏
附上/1555
附上/1569
附下/1824
附下/1879
〔胡〕宏
附上/1667
胡寅(致堂)
附上/1519
附上/1552
附上/1596
附上/1597
附下/1822
〔胡〕寅
附上/1667
33 胡泳
附下/1874
37 胡逸駕
附上/1711
38 胡洽
十五/1000
40 〔胡〕大壯
附上/1555
44 胡世將
十九/1411
48 胡乾
十四/866
60 胡旦
四/199
十九/1319
88 胡銓
附下/1884
附下/1925

4792_0 柳

11 柳玭
九/526
16 柳珵
十三/768
十三/769
17 柳璨
七/400
30 柳宗元
三/166
十七/1223
附下/1770
柳宗直
二十/1481
44 柳芳
五/264
77 柳開
十九/1318
附下/1804
柳同
六/286
97 柳鄰
十七/1214

4864_0 敬

52 敬播
六/282
六/283

4895_7 梅

40 梅堯臣
六/359
十四/879
十九/1351
二十/1491

4980_2 趙

00 趙彦端
附下/1842
趙彦若
六/307
七/439
10 趙震
附上/1520
12 趙弘智
一/3
趙延
十九/1441
17 趙子崧
附上/1594
19 趙璘
十三/748
21 趙師秀
附下/1903
附下/1960
附下/1961
趙槩
六/357
〔趙〕綽
八/455
22 趙鼎
附下/1790
24 趙岐
十/575
30 趙安仁
六/301
34 趙逵
附下/1798
36 〔趙〕湜
附上/1672
37 趙次公
十七/1200
40 〔趙〕士輵
附上/1672
趙志忠
七/398
47 趙嘏
十八/1258
48 趙乾叶
一/3
50 趙抃
八/488
趙忠定
附下/1895
60 趙昂
十七/1222
趙景先
附上/1621
64 趙曄
六/314
67 趙瞻
十九/1371
80 趙令畤
附上/1698
〔趙〕令畤
附下/1840
趙普
六/350
十九/1317
附下/1778
趙善俊
附上/1625
85 趙牲
十二/678
88 〔趙〕鑰夫
附下/1896
97 趙鄰幾
六/300

5000_{6}史

00 史玄道
十五/965
02 史證
一/13
10 史正志
附上/1624
12 史彌寧
附下/1852
38 史游
四/206
44 史蘇
十四/864

吏

07 吏部公　見晁補之

5022_{7}青

25 青牛道士(?)
十六/1082

5033_{3}惠

21 惠能　見慧能
22 惠崇
十二/712
二十/1476
34 惠洪(德洪)
九/554
十三/802
十六/1144
十九/1416
二十/1496
37 惠淨
二十/1454
62 惠昕
十六/1139
88 惠敏
九/549

5033_{6}忠

23 忠獻公　見張浚

5090_{4}秦

10 秦再思
十三/742
42 秦韜玉
十八/1275
43 秦越人
十五/992
46 秦觀
十九/1389

5090_{6}東

00 東方明
十四/852
東方朔
九/506
十四/869
44 東萊　見呂祖謙
東萊先生　見呂祖謙

5104_{0}軒

54 軒轅述
十五/1004
軒轅氏
一/6

5302_{7}輔

00 輔廣
附下/1873

5320_{0}成

00 成彥雄
十八/1305
成玄英
一/18
十一/646
26 成伯璵
二/96

戚

28 戚綸
十四/927

5340_{0}戎

60 戎昱
十八/1234

5500₀井

00 井度
八/496
十六/1116
十六/1121

5533₇慧

20 慧皎
九/550
21 慧能(惠能)
十六/1108
十六/1111
50 慧忠
十六/1112

5560₆曹

00 曹唐
十八/1274
27 曹叔達
附上/1529
30 曹憲
四/210
44 曹植
十七/1152
48 曹松
十八/1284
72 曹氏
十三/835

5580₆費

72 費氏
附下/1967

5602₇揚

40 揚雄
四/207
十/589
十/600
十七/1168

暢

40 暢大隱
附下/1866

5743₀契

22 契嵩
十六/1135

6010₄墨

17 墨翟
十一/665

6011₃晁

02 晁端友(新城府君)
十九/1367
03 晁詠之(崇福公)
十九/1404
08 晁説之(詹事公)
一/48
一/49
二/107
四/191
九/517
十/599
十/626
十九/1403
33 晁補之(吏部公)
十七/1148
十七/1149
十七/1150
十九/1387
35 晁沖之(先君子)
十九/1438
37 晁迥(文元公、晁某)

五/260
十九/1324
二十/1465
附上/1607
40 晁克一
十四/940
43 晁載之(封丘府君)
十九/1405
44 晁某　見晁迥
二十/1465

6022_7易

33 易祓
附上/1518
附上/1531
附上/1653

6024_7𣊟

32 𣊟淵
附下/1873

6040_0田

24 田緯
七/384
36 田況
三/135
八/449
十九/1346
附上/1516
田況(?)
三/137
64 田疇
二/107
80 田鎬
九/571
86 田錫
十九/1329

6040_4晏

15 晏殊
六/303
九/536
十四/928
十九/1338
66 晏嬰
十一/666

6050_4畢

25 畢仲詢
十三/790
畢仲衍
七/440
畢仲游
十九/1391
畢仲荀
附上/1581

6060_0吕

00 吕廣
十五/992
02 吕端
六/301
07 吕望
十四/873
08 吕誨
九/544
十九/1444
10 吕不韋
十二/669
吕夏卿
六/304
六/347
七/403
12 吕延濟
二十/1451
吕延祚
二十/1451
26 吕和叔　見吕大鈞
27 吕向
二十/1451
昌黎先生　見韓愈
36 吕温
十七/1226
37 吕祖謙(東萊、東萊先生、吕成

公)
附上/1516
附上/1525
附上/1534
附上/1537
附上/1597
附上/1598
附上/1702
附下/1761
附下/1877
40 吕才
十四/843
吕大忠
七/413
十九/1380
吕大辨
十三/795
吕大防
一/39
十九/1381
附下/1884
〔吕〕大防
六/307
吕大臨
一/43
二/73
二/102
二/103
四/189
四/239
十一/637
十九/1383
附下/1866
附下/1884
吕大鈞(吕和叔)
十九/1382
附上/1617
吕希哲
十/579
吕熹
附下/1874
50 吕中
附上/1589
吕本中
十九/1437
附上/1696
吕惠卿
十一/636
十一/648
十二/708
十九/1406
附上/1612
吕夷簡
五/260
53 吕成公　見吕祖謙
60 吕昌明
八/499
71 吕頤浩
附下/1901
80 吕公著
六/305
六/307

6080_6 員

37 員逢原
十九/1394

6090_6 景

24 景先
三/164
32 景溪
十三/787

6091_4 羅

02 羅誘
八/495
52 羅虬
十八/1286
72 羅隱
十二/687
十八/1294
十八/1314
80 羅公遠
十六/1072

6401_1 曉

77 曉月

十六/1115

6624 8 嚴

28 嚴從
十七/1191
38 嚴遵
十一/632

6702 0 明

38 明道　見程顥

6716 4 路

51 路振
七/372
七/381
74 路隨
六/293
六/294

6802 1 喻

41 喻樗
附上/1665

6805 7 晦

00 晦庵先生　見朱熹
80 晦翁先生　見朱熹

7121 1 阮

37 阮逸
二/121
77 阮閱
附下/1835
88 阮籍
十七/1154

龐

44 龐蘊
十六/1124
88 龐籍
八/457

7132 7 馬

26 馬總
五/267
十二/679
30 馬永易
六/338
十四/930
40 馬嘉運
一/3
44 馬某
附下/1859
67 馬鳴大士
十六/1131

7173 2 長

12 長孫無忌
五/255
〔長孫〕無忌
六/283

7210 0 劉

00 劉立之
附下/1866
劉商
十八/1291
劉奕
附上/1635
01 劉顔
七/444
04 劉訥言
五/245
10 劉元承　見劉安節
劉元城　見劉安世
劉平仲
十一/636
11 劉礪
附下/1965
12 劉砥
附下/1965
14 劉砀

十一/664
17 劉子寮
附下/1965
20 劉秀
八/466
劉禹卿
二十/1474
劉禹錫
十七/1224
十七/1226
21 劉仁軌
五/265
22 劉崇遠
十三/762
24 劉綺莊
十四/907
十八/1255
25 劉仲甫
十五/983
26 劉得仁
十八/1254
27 劉向
九/511
九/546
十/602
十/603
附上/1658
劉絢
三/156
附下/1866
28 劉徽
十五/968
劉攽
一/30
一/31
30 劉安
十二/670
十四/869
劉安世(元城、劉元城)
附上/1597
附下/1869
附下/1898
附下/1966
劉安節(劉元承)
附下/1866
附下/1884
劉良
二十/1451
31 劉涇
七/419
九/570
十一/639
十九/1399
35 劉清之
附下/1884
36 劉温潤
七/387
劉温叟
二/99
劉温舒
十五/1008
37 劉次莊
四/238
劉迅
四/197
38 劉滄
十八/1263
劉道成
十五/957
十五/960
40 劉乂
十八/1245
44 劉蒙
七/414
劉孝孫
十二/682
劉孝標
十二/677
十三/720
附上/1691
劉贄
附下/1787
46 劉恕
五/278
七/373
附上/1587

劉緦
十二/677
二十/1488
50 劉耆
十二/677
附下/1685
劉肅
六/322
劉奉世
七/411
51 劉軻
五/269
60 劉異
十二/704
67 劉昫
五/256
劉昭
五/245
劉鶚
十/615
71 劉長卿
十七/1186
72 劉氏
六/341
80 〔劉〕義仲
附上/1587
劉兼
五/258
劉義慶
十三/720
〔劉〕義慶
附上/1691
81 劉渠
附下/1858
85 劉餗
十三/821
86 劉知幾
六/284
六/285
六/287
七/399
劉知古
十六/1074
88 劉筠
五/260
十四/927
十九/1335
二十/1465
劉攽
五/275
七/411
七/412
十三/827
附下/1564
附下/1809
附下/1936
90 劉炎
附下/1965
98 劉敞
一/60
三/152
四/200
七/411
十/617
十五/982
十九/1354
附上/1695

7420_0 尉

24 尉繚子
十四/885
37 尉遲偓
六/343
附上/1736
附下/1766

7421_4 陸

10 陸雲
十七/1158
12 陸璣
二/79
17 陸羽
十二/699
十二/700
陸子才
附下/1837
20 陸乘

十五/966
陸秉
一/23
24 陸德明
四/214
陸勳
十三/727
26 陸佃
二/105
四/232
六/307
十一/636
27 陸龜蒙
十四/918
十八/1277
二十/1463
陸紀
六/349
30 陸淳
三/145
三/146
34 陸法言
四/212
40 陸九齡
附下/1828
陸九淵
附下/1827
陸希聲
一/14
十七/1222
42 陸機
十七/1157
43 陸棱山
附下/1885
44 陸贄
十四/914
十七/1212

7529₆ 陳

00 陳充
十九/1331
陳商
六/295
陳文蔚
附下/1873
陳襄
二/105
04 陳詁
十九/1425
06 陳諤
二/99
08 陳説之(?)
十七/1146
陳謙
附上/1629
10 陳正敏
十三/806
陳亞
十九/1422
14 陳瓘
十九/1396
附下/1788
17 陳子昂
十七/1175
20 陳季雅
附上/1601
陳岳
三/147
21 陳岠
十三/757
陳師道
十三/823
十九/1390
附下/1812
23 陳傅良(止齋)
附上/1529
附上/1535
附上/1579
附上/1597
陳峻
附上/1689
24 陳先生
附上/1741
26 陳皥
十四/877
陳繹
六/304

七/436
七/437
27 陳黿
十二/705
陳翶
十三/723
陳叔達
五/254
28 陳從易
十四/927
30 陳淳
附上/1557
附下/1874
陳之方
附下/1899
32 陳漸
十/595
34 陳祐
十九/1397
38 陳祥道(陳用之)
二/115
四/184
40 陳堯佐
五/260
六/303
十九/1328
陳壽
五/246
陳雄
九/514
42 陳彭年
七/376
八/450
八/451
十四/927
43 陳越
十四/927
44 陳埴
附下/1873
陳薦
六/304
陳芝
附下/1965
陳耆卿
附下/1830
47 陳均
附上/1578
48 陳翰
十三/724
50 陳申之
八/487
陳夷行
六/293
陳蛻
十七/1206
60 陳黯
十八/1253
67 陳昭遇
十五/1025
陳嗣古
附上/1684
77 陳陶
十八/1267
陳用之　見陳祥道
陳舉
十六/1087
陳與義
十九/1410
80 陳令舉
八/471
90 陳少南
二/85
92 陳恬
十九/1439

7721_6覺

48 覺救
十六/1110

7722_0周

00 周亶父
附下/1899
04 周謨
附下/1874
08 周敦頤
十/619

附下/1805
11 周頲
十五/1023
20 周孚先
附下/1866
24 周德貞
一/56
周德臣
附上/1498
27 周邦彦
附下/1813
周絳
十二/705
28 周綸
附上/1550
33 周必大
附上/1609
附上/1610
附下/1848
40 周去非
附下/1935
43 周越
四/227
44 周世昌
附下/1953
60 周日用
十三/719
67 周明作
附下/1874
周明寂
十三/809
77 周興嗣
四/213
80 周公
四/202
周公(?)
十五/968
88 周範
一/60

陶

12 陶弘景
十四/901
十六/1043
十六/1054
十六/1071
20 陶岳
六/346
八/493
十四/934
27 陶叔獻
二十/1483
二十/1484
32 陶淵明
十七/1159
72 陶氏
二十/1431

同

00 同玄子
十六/1046

7724_0屏

22 屏山
附上/1597

7726_4屠

77 屠鵬
附上/1740

7736_4駱

30 駱賓王
十七/1173

7744_7段

23 段允迪
附下/1857
30 段安節
二/116
附下/1893
53 段成式
十三/736
二十/1462
80 段全緯
十八/1252

7755_0毋

67 毋昭裔
四/203

7760_6 閭

20 閭丘昕
附上/1519

7777_2 關

37 關朗
一/11

7777_7 閻

20 閻季忠
十五/1031
26 閻自若
六/345

7778_2 歐

76 歐陽忞
八/475
歐陽靖
六/351
歐陽詢
十四/903
歐陽謙之
附下/1874
歐陽修(歐陽永叔)
二/78
二/80
五/257
五/259
六/353
六/357
六/363
十二/715
十三/825
十九/1353
附下/1782
附下/1899
歐陽詹
十七/1219
歐陽永叔 見歐陽修

7780_6 貫

24 貫休
十八/1309

7790_4 桑

87 桑欽
八/468

7823_1 陰

87 陰鏗
十七/1167

7923_2 滕

16 滕强恕
附上/1626
19 滕璘
附下/1874
53 滕輔
附上/1683

8010$_9$ 金

40 金去僞
附下/1873
44 金華先生
十/625
77 金闕上真
十六/1052

8012$_7$ 翁

90 翁卷
附下/1903

8022$_0$ 俞

46 俞觀能
十四/948

8030$_7$ 令

42 令狐峘
六/290
令狐德棻
五/254
六/284
令狐楚
十八/1246
十八/1269
二十/1461

8033$_1$ 無

43 無求子 見朱肱

8033$_7$ 兼

22 兼山郭先生 見郭忠孝

8040$_4$ 姜

27 姜嶼
八/489
77 姜輿
十四/927

8050$_1$ 羊

17 羊子謂
十七/1216
21 羊衜之
八/482
23 羊參微(?)
十六/1077

8055$_3$ 義

32 義淨
九/552

8060$_3$ 谷

35 谷神子
十一/632
十三/725

8060$_5$ 善

18 善孜
十六/1098

8060$_6$ 曾

00 曾文清
附下/1966
17 曾子門人
十/573
17 曾鞏(南豐先生)
六/305
六/378
十九/1358
附下/1847
附下/1899
30 曾宰
附下/1899
37 曾祖道
附下/1873
38 曾肇
六/307
十九/1359
40 曾布
六/306
六/307
六/361
68 曾旼
二十/1472

80 曾公
十三/793
曾公亮
五/257
六/305
十四/896
94 曾慥
十三/814
二十/1479

8073_0公

12 公孫鞅
十一/661

8090_4余

05 余靖
六/353
30 余安行
三/163
十九/1377
40 余大雅
附下/1873
86 余知古
八/481
二十/1462
87 余欽
十四/906

8211_4鍾

10 鍾震
附下/1965
29 鍾嶸
附下/1765

8315_3錢

07 錢諷
附上/1558
17 錢乙
十五/1031
40 錢希白
六/333
十三/743
錢木之
附下/1873
44 錢藻
六/305
錢若水
六/301
六/302
47 錢起
十七/1197
77 錢聞詩
附下/1884
80 錢公輔
十九/1379
90 錢惟演
七/428
十四/927
二十/1465
附上/1604

8471_1饒

88 饒節
十九/1417

8640_0知

60 知恩
十六/1106

8660_0智

21 智顗
十六/1105
30 智永
四/213
60 智昇
九/568

8718_2欽

30 欽宗皇帝　見宋欽宗

8742_7鄭

00 鄭彥
十五/1025
鄭康成　見鄭玄
鄭文寶
七/377

鄭褒
十九/1425
鄭玄(鄭氏、鄭康成)
一/5
一/7
一/59
二/74
二/78
二/86
二/88
二/89
10 鄭亞
六/295
鄭可學
附下/1874
13 鄭戩
四/226
21 鄭處誨
六/323
24 鄭俠
附下/1816
26 鄭嵎
十八/1262
34 鄭汝諧
附下/1927
38 鄭澣
六/293
鄭遂
十三/733
鄭遨
十二/716
鄭棨
六/326
40 鄭克
八/463
鄭南升
附下/1874
44 鄭某
附上/1715
47 鄭獬
十九/1357
附下/1899
50 鄭夬
一/32
68 鄭畋
十八/1257
71 鄭厚
十九/1414
72 鄭氏 見鄭玄
80 鄭谷
十八/1276
88 鄭範
附下/1803
90 鄭常
八/478
十三/733

8762₂ 舒

00 舒高
附下/1965
27 舒邦佐
附下/1853
70 舒雅
八/467

8822₇ 簡

71 簡長
二十/1476

8824₃ 符

00 符彥卿
十四/892
43 符載
十八/1232

8877₇ 管

25 管仲
十一/659

9001_4 惟

26 惟白
十六/1122
77 惟鳳
二十/1476

9003_2 懷

40 懷古
二十/1476

9022_7 常

11 常璩
七/370
15 常建
十七/1185
30 常寶鼎
九/563

9050_2 掌

20 掌禹錫(禹錫)
十五/1012
十五/1013

9090_4 米

44 米芾
十五/750

9408_1 慎

12 慎到
附上/1683

9923_2 滎

76 滎陽公
十二/750